A book for You
# 赤本バックナンバーの



## 赤本バックナンバーを1年単位で印刷製本しお届けしま

弊社発行の「**高校別入試対策シリーズ(赤本)**」の収録から外れた古い年度 … く
ことができます。
「**赤本バックナンバー**」はamazon(アマゾン)の***プリント・オン・デマンドサービス**によりご提供いたします。
定評のあるくわしい解答解説はもちろん赤本そのまま,解答用紙も付けてあります。
志望校の受験対策をさらに万全なものにするために,「**赤本バックナンバー**」をぜひご活用ください。

⚠ *プリント・オン・デマンドサービスとは,ご注文に応じて1冊から印刷製本し,お客様にお届けするサービスです。

### ご購入の流れ

① 英俊社のウェブサイト https://book.eisyun.jp/ にアクセス
② トップページの「高校受験」 赤本バックナンバー をクリック
③ ご希望の学校・年度をクリックすると,amazon(アマゾン)のウェブサイトの該当書籍のページにジャンプ
④ amazon(アマゾン)のウェブサイトでご購入

⚠ 納期や配送,お支払い等,購入に関するお問い合わせは,amazon(アマゾン)のウェブサイトにてご確認ください。
⚠ 書籍の内容についてのお問い合わせは英俊社(06−7712−4373)まで。

## 国私立高校・高専 バックナンバー

⚠ 表中の×印の学校・年度は,著作権上の事情等により発刊いたしません。あしからずご了承ください。

(アイウエオ順)　　※価格はすべて税込表示

| 学校名 | 2019年実施問題 | 2018年実施問題 | 2017年実施問題 | 2016年実施問題 | 2015年実施問題 | 2014年実施問題 | 2013年実施問題 | 2012年実施問題 | 2011年実施問題 | 2010年実施問題 | 2009年実施問題 | 2008年実施問題 | 2007年実施問題 | 2006年実施問題 | 2005年実施問題 | 2004年実施問題 | 2003年実施問題 |
|---|---|---|---|---|---|---|---|---|---|---|---|---|---|---|---|---|---|
| 大阪教育大附高池田校舎 | 1,540円 66頁 | 1,430円 60頁 | 1,430円 62頁 | 1,430円 60頁 | 1,430円 60頁 | 1,430円 58頁 | 1,430円 58頁 | 1,430円 60頁 | 1,430円 58頁 | 1,430円 56頁 | 1,430円 54頁 | 1,320円 50頁 | 1,320円 52頁 | 1,320円 52頁 | 1,320円 48頁 | 1,320円 48頁 | |
| 大阪星光学院高 | 1,320円 48頁 | 1,320円 44頁 | 1,210円 42頁 | 1,210円 34頁 | × | 1,210円 36頁 | 1,210円 30頁 | 1,210円 32頁 | 1,650円 88頁 | 1,650円 84頁 | 1,650円 84頁 | 1,650円 80頁 | 1,650円 86頁 | 1,650円 80頁 | 1,650円 82頁 | 1,320円 52頁 | 1,430円 54頁 |
| 大阪桐蔭高 | 1,540円 74頁 | 1,540円 66頁 | 1,540円 68頁 | 1,540円 66頁 | 1,540円 66頁 | 1,430円 64頁 | 1,540円 68頁 | 1,430円 62頁 | 1,430円 62頁 | 1,540円 68頁 | 1,430円 62頁 | 1,430円 62頁 | 1,430円 60頁 | 1,430円 62頁 | 1,430円 58頁 | | |
| 関西大学高 | 1,430円 56頁 | 1,430円 56頁 | 1,430円 58頁 | 1,430円 54頁 | 1,320円 52頁 | 1,320円 52頁 | 1,430円 54頁 | 1,320円 50頁 | 1,320円 52頁 | 1,320円 50頁 | | | | | | | |
| 関西大学第一高 | 1,540円 66頁 | 1,430円 64頁 | 1,430円 64頁 | 1,430円 56頁 | 1,430円 62頁 | 1,430円 54頁 | 1,320円 48頁 | 1,430円 56頁 | 1,430円 56頁 | 1,430円 56頁 | 1,430円 56頁 | 1,320円 52頁 | 1,320円 52頁 | 1,320円 50頁 | 1,320円 46頁 | 1,320円 52頁 | |
| 関西大学北陽高 | 1,540円 68頁 | 1,540円 72頁 | 1,540円 70頁 | 1,430円 64頁 | 1,430円 62頁 | 1,430円 60頁 | 1,430円 60頁 | 1,430円 58頁 | 1,430円 58頁 | 1,430円 58頁 | 1,430円 56頁 | 1,430円 54頁 | | | | | |
| 関西学院高 | 1,210円 36頁 | 1,210円 36頁 | 1,210円 34頁 | 1,210円 34頁 | 1,210円 32頁 | 1,210円 32頁 | 1,210円 32頁 | 1,210円 32頁 | 1,210円 28頁 | 1,210円 30頁 | 1,210円 28頁 | 1,210円 30頁 | × | 1,210円 30頁 | 1,210円 28頁 | × | 1,210円 26頁 |
| 京都女子高 | 1,540円 66頁 | 1,430円 62頁 | 1,430円 60頁 | 1,430円 60頁 | 1,430円 60頁 | 1,430円 54頁 | 1,430円 56頁 | 1,430円 56頁 | 1,430円 56頁 | 1,430円 56頁 | 1,430円 56頁 | 1,430円 54頁 | 1,430円 54頁 | 1,320円 50頁 | 1,320円 50頁 | 1,320円 48頁 | |
| 近畿大学附属高 | 1,540円 72頁 | 1,540円 68頁 | 1,540円 68頁 | 1,540円 66頁 | 1,430円 64頁 | 1,430円 62頁 | 1,430円 58頁 | 1,430円 60頁 | 1,430円 58頁 | 1,430円 60頁 | 1,430円 54頁 | 1,430円 58頁 | 1,430円 56頁 | 1,430円 54頁 | 1,430円 56頁 | 1,320円 52頁 | |
| 久留米大学附設高 | 1,430円 64頁 | 1,430円 62頁 | 1,430円 58頁 | 1,430円 60頁 | 1,430円 58頁 | 1,430円 58頁 | 1,430円 58頁 | 1,430円 58頁 | 1,430円 56頁 | 1,430円 58頁 | 1,430円 54頁 | × | 1,430円 54頁 | 1,430円 54頁 | | | |
| 四天王寺高 | 1,540円 74頁 | 1,430円 62頁 | 1,430円 64頁 | 1,540円 66頁 | 1,210円 40頁 | 1,210円 40頁 | 1,430円 64頁 | 1,430円 64頁 | 1,430円 58頁 | 1,430円 62頁 | 1,430円 60頁 | 1,430円 60頁 | 1,430円 64頁 | 1,430円 58頁 | 1,430円 62頁 | 1,430円 58頁 | |
| 須磨学園高 | 1,210円 40頁 | 1,210円 40頁 | 1,210円 36頁 | 1,210円 42頁 | 1,210円 40頁 | 1,210円 40頁 | 1,210円 38頁 | 1,210円 38頁 | 1,320円 44頁 | 1,320円 48頁 | 1,320円 46頁 | 1,320円 48頁 | 1,320円 46頁 | 1,320円 44頁 | 1,210円 42頁 | | |
| 清教学園高 | 1,540円 66頁 | 1,540円 66頁 | 1,430円 64頁 | 1,430円 56頁 | 1,320円 52頁 | 1,320円 50頁 | 1,320円 52頁 | 1,320円 48頁 | 1,320円 52頁 | 1,320円 50頁 | 1,320円 50頁 | 1,320円 46頁 | | | | | |
| 西南学院高 | 1,870円 102頁 | 1,760円 98頁 | 1,650円 82頁 | 1,980円 116頁 | 1,980円 112頁 | 1,980円 112頁 | 1,870円 110頁 | 1,870円 112頁 | 1,870円 106頁 | 1,540円 76頁 | 1,540円 76頁 | 1,540円 72頁 | 1,540円 72頁 | 1,540円 70頁 | | | |
| 清風高 | 1,430円 58頁 | 1,430円 54頁 | 1,430円 60頁 | 1,430円 60頁 | 1,430円 60頁 | 1,430円 60頁 | 1,430円 60頁 | 1,430円 60頁 | 1,430円 56頁 | 1,430円 58頁 | × | 1,430円 56頁 | 1,430円 58頁 | 1,430円 54頁 | 1,430円 54頁 | | |

※価格はすべて税込表示

| 学校名 | 2019年<br>実施問題 | 2018年<br>実施問題 | 2017年<br>実施問題 | 2016年<br>実施問題 | 2015年<br>実施問題 | 2014年<br>実施問題 | 2013年<br>実施問題 | 2012年<br>実施問題 | 2011年<br>実施問題 | 2010年<br>実施問題 | 2009年<br>実施問題 | 2008年<br>実施問題 | 2007年<br>実施問題 | 2006年<br>実施問題 | 2005年<br>実施問題 | 2004年<br>実施問題 | 2003年<br>実施問題 |
|---|---|---|---|---|---|---|---|---|---|---|---|---|---|---|---|---|---|
| 清風南海高 | 1,430円<br>64頁 | 1,430円<br>64頁 | 1,430円<br>62頁 | 1,430円<br>60頁 | 1,430円<br>60頁 | 1,430円<br>58頁 | 1,430円<br>58頁 | 1,430円<br>60頁 | 1,430円<br>56頁 | 1,430円<br>56頁 | 1,430円<br>56頁 | 1,430円<br>56頁 | 1,430円<br>58頁 | 1,430円<br>58頁 | 1,320円<br>52頁 | 1,430円<br>54頁 | |
| 智辯学園和歌山高 | 1,320円<br>44頁 | 1,210円<br>42頁 | 1,210円<br>40頁 | 1,210円<br>40頁 | 1,210円<br>38頁 | 1,210円<br>38頁 | 1,210円<br>40頁 | 1,210円<br>38頁 | 1,210円<br>38頁 | 1,210円<br>40頁 | 1,210円<br>40頁 | 1,210円<br>38頁 | 1,210円<br>38頁 | 1,210円<br>38頁 | 1,210円<br>38頁 | 1,210円<br>38頁 | |
| 同志社高 | 1,430円<br>56頁 | 1,430円<br>56頁 | 1,430円<br>54頁 | 1,430円<br>54頁 | 1,430円<br>56頁 | 1,430円<br>54頁 | 1,320円<br>52頁 | 1,320円<br>52頁 | 1,320円<br>50頁 | 1,320円<br>48頁 | 1,320円<br>50頁 | 1,320円<br>50頁 | 1,320円<br>46頁 | 1,320円<br>48頁 | 1,320円<br>44頁 | 1,320円<br>48頁 | 1,320円<br>46頁 |
| 灘高 | 1,320円<br>52頁 | 1,320円<br>46頁 | 1,320円<br>48頁 | 1,320円<br>46頁 | 1,320円<br>46頁 | 1,320円<br>48頁 | 1,210円<br>42頁 | 1,320円<br>44頁 | 1,320円<br>50頁 | 1,320円<br>48頁 | 1,320円<br>46頁 | 1,320円<br>48頁 | 1,320円<br>48頁 | 1,320円<br>46頁 | 1,320円<br>44頁 | 1,320円<br>46頁 | 1,320円<br>46頁 |
| 西大和学園高 | 1,760円<br>98頁 | 1,760円<br>96頁 | 1,760円<br>90頁 | 1,540円<br>68頁 | 1,540円<br>66頁 | 1,430円<br>62頁 | 1,430円<br>62頁 | 1,430円<br>62頁 | 1,430円<br>64頁 | 1,430円<br>64頁 | 1,430円<br>62頁 | 1,430円<br>64頁 | 1,430円<br>64頁 | 1,430円<br>62頁 | 1,430円<br>60頁 | 1,430円<br>56頁 | 1,430円<br>58頁 |
| 福岡大学附属大濠高 | 2,310円<br>152頁 | 2,310円<br>148頁 | 2,200円<br>142頁 | 2,200円<br>144頁 | 2,090円<br>134頁 | 2,090円<br>132頁 | 2,090円<br>128頁 | 1,760円<br>96頁 | 1,760円<br>94頁 | 1,650円<br>88頁 | 1,650円<br>84頁 | 1,760円<br>88頁 | 1,760円<br>90頁 | 1,760円<br>92頁 | | | |
| 明星高 | 1,540円<br>76頁 | 1,540円<br>74頁 | 1,540円<br>68頁 | 1,430円<br>62頁 | 1,430円<br>62頁 | 1,430円<br>64頁 | 1,430円<br>64頁 | 1,430円<br>60頁 | 1,430円<br>58頁 | 1,430円<br>56頁 | 1,430円<br>56頁 | 1,430円<br>54頁 | 1,430円<br>54頁 | 1,430円<br>54頁 | 1,320円<br>52頁 | 1,320円<br>52頁 | |
| 桃山学院高 | 1,430円<br>64頁 | 1,430円<br>64頁 | 1,430円<br>62頁 | 1,430円<br>60頁 | 1,430円<br>58頁 | 1,430円<br>54頁 | 1,430円<br>56頁 | 1,430円<br>54頁 | 1,430円<br>58頁 | 1,430円<br>58頁 | 1,430円<br>56頁 | 1,320円<br>52頁 | 1,320円<br>52頁 | 1,320円<br>48頁 | 1,320円<br>46頁 | 1,320円<br>50頁 | 1,320円<br>50頁 |
| 洛南高 | 1,540円<br>66頁 | 1,430円<br>64頁 | 1,540円<br>66頁 | 1,540円<br>66頁 | 1,430円<br>62頁 | 1,430円<br>64頁 | 1,430円<br>62頁 | 1,430円<br>62頁 | 1,430円<br>62頁 | 1,430円<br>60頁 | 1,430円<br>58頁 | 1,430円<br>64頁 | 1,430円<br>60頁 | 1,430円<br>62頁 | 1,430円<br>58頁 | 1,430円<br>58頁 | 1,430円<br>60頁 |
| ラ・サール高 | 1,540円<br>70頁 | 1,540円<br>66頁 | 1,430円<br>60頁 | 1,430円<br>62頁 | 1,430円<br>60頁 | 1,430円<br>58頁 | 1,430円<br>60頁 | 1,430円<br>60頁 | 1,430円<br>58頁 | 1,430円<br>54頁 | 1,430円<br>60頁 | 1,430円<br>54頁 | 1,430円<br>56頁 | 1,320円<br>50頁 | | | |
| 立命館高 | 1,760円<br>96頁 | 1,760円<br>94頁 | 1,870円<br>100頁 | 1,760円<br>96頁 | 1,870円<br>104頁 | 1,870円<br>102頁 | 1,870円<br>100頁 | 1,760円<br>92頁 | 1,650円<br>88頁 | 1,760円<br>94頁 | 1,650円<br>88頁 | 1,650円<br>86頁 | 1,320円<br>48頁 | 1,650円<br>80頁 | 1,430円<br>54頁 | | |
| 立命館宇治高 | 1,430円<br>62頁 | 1,430円<br>60頁 | 1,430円<br>58頁 | 1,430円<br>58頁 | 1,430円<br>56頁 | 1,430円<br>54頁 | 1,430円<br>54頁 | 1,320円<br>52頁 | 1,320円<br>52頁 | 1,430円<br>54頁 | 1,430円<br>56頁 | 1,320円<br>52頁 | | | | | |
| 国立高専 | 1,650円<br>78頁 | 1,540円<br>74頁 | 1,540円<br>66頁 | 1,430円<br>64頁 | 1,430円<br>62頁 | 1,430円<br>62頁 | 1,430円<br>62頁 | 1,540円<br>68頁 | 1,540円<br>70頁 | 1,430円<br>64頁 | 1,430円<br>62頁 | 1,430円<br>62頁 | 1,430円<br>60頁 | 1,430円<br>58頁 | 1,430円<br>60頁 | 1,430円<br>56頁 | 1,430円<br>60頁 |

## 公立高校 バックナンバー

※価格はすべて税込表示

| 府県名・学校名 | 2019年<br>実施問題 | 2018年<br>実施問題 | 2017年<br>実施問題 | 2016年<br>実施問題 | 2015年<br>実施問題 | 2014年<br>実施問題 | 2013年<br>実施問題 | 2012年<br>実施問題 | 2011年<br>実施問題 | 2010年<br>実施問題 | 2009年<br>実施問題 | 2008年<br>実施問題 | 2007年<br>実施問題 | 2006年<br>実施問題 | 2005年<br>実施問題 | 2004年<br>実施問題 | 2003年<br>実施問題 |
|---|---|---|---|---|---|---|---|---|---|---|---|---|---|---|---|---|---|
| 岐阜県公立高 | 990円<br>64頁 | 990円<br>60頁 | 990円<br>60頁 | 990円<br>60頁 | 990円<br>58頁 | 990円<br>56頁 | 990円<br>58頁 | 990円<br>52頁 | 990円<br>54頁 | 990円<br>52頁 | 990円<br>52頁 | 990円<br>48頁 | 990円<br>50頁 | 990円<br>52頁 | | | |
| 静岡県公立高 | 990円<br>62頁 | 990円<br>58頁 | 990円<br>58頁 | 990円<br>60頁 | 990円<br>60頁 | 990円<br>56頁 | 990円<br>58頁 | 990円<br>58頁 | 990円<br>56頁 | 990円<br>54頁 | 990円<br>52頁 | 990円<br>54頁 | 990円<br>52頁 | 990円<br>52頁 | | | |
| 愛知県公立高 | 990円<br>126頁 | 990円<br>120頁 | 990円<br>114頁 | 990円<br>114頁 | 990円<br>114頁 | 990円<br>110頁 | 990円<br>112頁 | 990円<br>108頁 | 990円<br>108頁 | 990円<br>110頁 | 990円<br>102頁 | 990円<br>102頁 | 990円<br>102頁 | 990円<br>100頁 | 990円<br>100頁 | 990円<br>96頁 | 990円<br>96頁 |
| 三重県公立高 | 990円<br>72頁 | 990円<br>66頁 | 990円<br>66頁 | 990円<br>64頁 | 990円<br>66頁 | 990円<br>64頁 | 990円<br>66頁 | 990円<br>64頁 | 990円<br>62頁 | 990円<br>62頁 | 990円<br>58頁 | 990円<br>58頁 | 990円<br>52頁 | 990円<br>54頁 | | | |
| 滋賀県公立高 | 990円<br>66頁 | 990円<br>62頁 | 990円<br>60頁 | 990円<br>62頁 | 990円<br>62頁 | 990円<br>46頁 | 990円<br>48頁 | 990円<br>46頁 | 990円<br>48頁 | 990円<br>44頁 | 990円<br>44頁 | 990円<br>44頁 | 990円<br>46頁 | 990円<br>44頁 | 990円<br>44頁 | 990円<br>40頁 | 990円<br>42頁 |
| 京都府公立高(中期) | 990円<br>60頁 | 990円<br>56頁 | 990円<br>54頁 | 990円<br>54頁 | 990円<br>56頁 | 990円<br>54頁 | 990円<br>56頁 | 990円<br>54頁 | 990円<br>56頁 | 990円<br>54頁 | 990円<br>52頁 | 990円<br>50頁 | 990円<br>50頁 | 990円<br>50頁 | 990円<br>46頁 | 990円<br>46頁 | 990円<br>48頁 |
| 京都府公立高(前期) | 990円<br>40頁 | 990円<br>38頁 | 990円<br>40頁 | 990円<br>38頁 | 990円<br>38頁 | 990円<br>36頁 | | | | | | | | | | | |
| 京都市立堀川高<br>探究学科群 | 1,430円<br>64頁 | 1,540円<br>68頁 | 1,430円<br>60頁 | 1,430円<br>62頁 | 1,430円<br>64頁 | 1,430円<br>60頁 | 1,430円<br>60頁 | 1,430円<br>58頁 | 1,430円<br>58頁 | 1,430円<br>64頁 | 1,430円<br>54頁 | 1,320円<br>48頁 | 1,210円<br>42頁 | 1,210円<br>38頁 | 1,210円<br>36頁 | 1,210円<br>40頁 | |
| 京都市立西京高<br>エンタープライジング科 | 1,650円<br>82頁 | 1,540円<br>76頁 | 1,650円<br>80頁 | 1,540円<br>72頁 | 1,540円<br>72頁 | 1,540円<br>70頁 | 1,320円<br>46頁 | 1,320円<br>50頁 | 1,320円<br>46頁 | 1,320円<br>44頁 | 1,210円<br>42頁 | 1,210円<br>42頁 | 1,210円<br>38頁 | 1,210円<br>38頁 | 1,210円<br>40頁 | 1,210円<br>34頁 | |
| 京都府立嵯峨野高<br>京都こすもす科 | 1,540円<br>68頁 | 1,540円<br>66頁 | 1,540円<br>68頁 | 1,430円<br>64頁 | 1,430円<br>64頁 | 1,430円<br>62頁 | 1,210円<br>42頁 | 1,210円<br>42頁 | 1,320円<br>46頁 | 1,320円<br>44頁 | 1,210円<br>42頁 | 1,210円<br>40頁 | 1,210円<br>40頁 | 1,210円<br>36頁 | 1,210円<br>36頁 | 1,210円<br>34頁 | |
| 京都府立桃山高<br>自然科学科 | 1,320円<br>46頁 | 1,320円<br>46頁 | 1,210円<br>42頁 | 1,320円<br>44頁 | 1,320円<br>46頁 | 1,320円<br>44頁 | 1,210円<br>42頁 | 1,210円<br>38頁 | 1,210円<br>42頁 | 1,210円<br>40頁 | 1,210円<br>40頁 | 1,210円<br>38頁 | 1,210円<br>34頁 | 1,210円<br>34頁 | | | |

※価格はすべて税込表示

| 府県名・学校名 | 2019年 実施問題 | 2018年 実施問題 | 2017年 実施問題 | 2016年 実施問題 | 2015年 実施問題 | 2014年 実施問題 | 2013年 実施問題 | 2012年 実施問題 | 2011年 実施問題 | 2010年 実施問題 | 2009年 実施問題 | 2008年 実施問題 | 2007年 実施問題 | 2006年 実施問題 | 2005年 実施問題 | 2004年 実施問題 | 2003年 実施問題 |
|---|---|---|---|---|---|---|---|---|---|---|---|---|---|---|---|---|---|
| 大阪府公立高(一般) | 990円 148頁 | 990円 140頁 | 990円 140頁 | 990円 122頁 | | | | | | | | | | | | | |
| 大阪府公立高(特別) | 990円 78頁 | 990円 78頁 | 990円 74頁 | 990円 72頁 | | | | | | | | | | | | | |
| 大阪府公立高(前期) | | | | | 990円 70頁 | 990円 68頁 | 990円 66頁 | 990円 72頁 | 990円 70頁 | 990円 60頁 | 990円 58頁 | 990円 56頁 | 990円 56頁 | 990円 54頁 | 990円 52頁 | 990円 52頁 | 990円 48頁 |
| 大阪府公立高(後期) | | | | | 990円 82頁 | 990円 76頁 | 990円 72頁 | 990円 64頁 | 990円 64頁 | 990円 64頁 | 990円 62頁 | 990円 62頁 | 990円 62頁 | 990円 58頁 | 990円 56頁 | 990円 58頁 | 990円 56頁 |
| 兵庫県公立高 | 990円 74頁 | 990円 78頁 | 990円 74頁 | 990円 74頁 | 990円 74頁 | 990円 68頁 | 990円 66頁 | 990円 64頁 | 990円 60頁 | 990円 56頁 | 990円 58頁 | 990円 56頁 | 990円 58頁 | 990円 56頁 | 990円 56頁 | 990円 54頁 | 990円 52頁 |
| 奈良県公立高(一般) | 990円 62頁 | 990円 50頁 | 990円 50頁 | 990円 52頁 | 990円 50頁 | 990円 52頁 | 990円 50頁 | 990円 48頁 | 990円 48頁 | 990円 48頁 | 990円 48頁 | 990円 48頁 | × | 990円 44頁 | 990円 46頁 | 990円 42頁 | 990円 44頁 |
| 奈良県公立高(特色) | 990円 30頁 | 990円 38頁 | 990円 44頁 | 990円 46頁 | 990円 46頁 | 990円 44頁 | 990円 40頁 | 990円 40頁 | 990円 32頁 | 990円 32頁 | 990円 32頁 | 990円 32頁 | 990円 28頁 | 990円 28頁 | | | |
| 和歌山県公立高 | 990円 76頁 | 990円 70頁 | 990円 68頁 | 990円 64頁 | 990円 66頁 | 990円 64頁 | 990円 64頁 | 990円 62頁 | 990円 66頁 | 990円 62頁 | 990円 60頁 | 990円 60頁 | 990円 58頁 | 990円 56頁 | 990円 56頁 | 990円 56頁 | 990円 52頁 |
| 岡山県公立高(一般) | 990円 66頁 | 990円 60頁 | 990円 58頁 | 990円 56頁 | 990円 58頁 | 990円 56頁 | 990円 58頁 | 990円 60頁 | 990円 56頁 | 990円 56頁 | 990円 52頁 | 990円 52頁 | 990円 50頁 | | | | |
| 岡山県公立高(特別) | 990円 38頁 | 990円 36頁 | 990円 34頁 | 990円 34頁 | 990円 34頁 | 990円 32頁 | | | | | | | | | | | |
| 広島県公立高 | 990円 68頁 | 990円 70頁 | 990円 74頁 | 990円 68頁 | 990円 60頁 | 990円 58頁 | 990円 54頁 | 990円 46頁 | 990円 48頁 | 990円 46頁 | 990円 46頁 | 990円 46頁 | 990円 44頁 | 990円 46頁 | 990円 44頁 | 990円 44頁 | 990円 44頁 |
| 山口県公立高 | 990円 86頁 | 990円 80頁 | 990円 82頁 | 990円 84頁 | 990円 76頁 | 990円 78頁 | 990円 76頁 | 990円 64頁 | 990円 62頁 | 990円 58頁 | 990円 58頁 | 990円 60頁 | 990円 56頁 | | | | |
| 徳島県公立高 | 990円 88頁 | 990円 78頁 | 990円 86頁 | 990円 74頁 | 990円 76頁 | 990円 80頁 | 990円 64頁 | 990円 62頁 | 990円 60頁 | 990円 58頁 | 990円 60頁 | 990円 54頁 | 990円 52頁 | | | | |
| 香川県公立高 | 990円 76頁 | 990円 74頁 | 990円 72頁 | 990円 74頁 | 990円 72頁 | 990円 68頁 | 990円 68頁 | 990円 66頁 | 990円 66頁 | 990円 62頁 | 990円 62頁 | 990円 60頁 | 990円 62頁 | | | | |
| 愛媛県公立高 | 990円 72頁 | 990円 68頁 | 990円 66頁 | 990円 64頁 | 990円 68頁 | 990円 64頁 | 990円 62頁 | 990円 60頁 | 990円 62頁 | 990円 56頁 | 990円 58頁 | 990円 56頁 | 990円 54頁 | | | | |
| 福岡県公立高 | 990円 66頁 | 990円 68頁 | 990円 68頁 | 990円 66頁 | 990円 60頁 | 990円 56頁 | 990円 56頁 | 990円 54頁 | 990円 56頁 | 990円 58頁 | 990円 52頁 | 990円 54頁 | 990円 52頁 | 990円 48頁 | | | |
| 長崎県公立高 | 990円 90頁 | 990円 86頁 | 990円 84頁 | 990円 84頁 | 990円 82頁 | 990円 80頁 | 990円 80頁 | 990円 82頁 | 990円 80頁 | 990円 80頁 | 990円 80頁 | 990円 78頁 | 990円 76頁 | | | | |
| 熊本県公立高 | 990円 98頁 | 990円 92頁 | 990円 92頁 | 990円 92頁 | 990円 94頁 | 990円 74頁 | 990円 72頁 | 990円 70頁 | 990円 70頁 | 990円 68頁 | 990円 68頁 | 990円 64頁 | 990円 68頁 | | | | |
| 大分県公立高 | 990円 84頁 | 990円 78頁 | 990円 80頁 | 990円 76頁 | 990円 80頁 | 990円 66頁 | 990円 62頁 | 990円 62頁 | 990円 62頁 | 990円 58頁 | 990円 58頁 | 990円 56頁 | 990円 58頁 | | | | |
| 鹿児島県公立高 | 990円 66頁 | 990円 62頁 | 990円 60頁 | 990円 60頁 | 990円 60頁 | 990円 60頁 | 990円 60頁 | 990円 60頁 | 990円 60頁 | 990円 58頁 | 990円 58頁 | 990円 54頁 | 990円 58頁 | | | | |

# 英語リスニング音声データのご案内

## 英語リスニング問題の音声データについて

**赤本収録年度の音声データ**　弊社発行の**「高校別入試対策シリーズ（赤本）」に収録している年度**の音声データは，以下の一覧の学校分を提供しています。希望の音声データをダウンロードし，赤本に掲載されている問題に取り組んでください。

**赤本収録年度より古い年度の音声データ**　**「高校別入試対策シリーズ（赤本）」に収録している年度よりも古い年度**の音声データは，6ページの国私立高と公立高を提供しています。赤本バックナンバー（1～3ページに掲載）と音声データの両方をご購入いただき，問題に取り組んでください。

## ご購入の流れ

① 英俊社のウェブサイト https://book.eisyun.jp/ にアクセス
② トップページの「高校受験」 リスニング音声データ をクリック
③ ご希望の学校・年度をクリックすると，オーディオブック（audiobook.jp）のウェブサイトの該当ページにジャンプ
④ オーディオブック（audiobook.jp）のウェブサイトでご購入。※初回のみ会員登録（無料）が必要です。

⚠ ダウンロード方法やお支払い等，購入に関するお問い合わせは，オーディオブック（audiobook.jp）のウェブサイトにてご確認ください。

## 音声データを入手できる学校と年度

### 赤本収録年度の音声データ

ご希望の年度を1年分ずつ，もしくは赤本に収録している年度をすべてまとめてセットでご購入いただくことができます。セットでご購入いただくと，1年分の単価がお得になります。

⚠ ×印の年度は音声データをご提供しておりません。あしからずご了承ください。

国私立高（アイウエオ順）

※価格は税込表示

| 学校名 | 税込価格 | | | | |
|---|---|---|---|---|---|
| | 2020年 | 2021年 | 2022年 | 2023年 | 2024年 |
| アサンプション国際高 | ¥550 | ¥550 | ¥550 | ¥550 | ¥550 |
| 5か年セット | ¥2,200 | | | | |
| 育英西高 | ¥550 | ¥550 | ¥550 | ¥550 | ¥550 |
| 5か年セット | ¥2,200 | | | | |
| 大阪教育大附高池田校 | ¥550 | ¥550 | ¥550 | ¥550 | ¥550 |
| 5か年セット | ¥2,200 | | | | |
| 大阪薫英女学院高 | ¥550 | ¥550 | ¥550 | ¥550 | × |
| 4か年セット | ¥1,760 | | | | |
| 大阪国際高 | ¥550 | ¥550 | ¥550 | ¥550 | ¥550 |
| 5か年セット | ¥2,200 | | | | |
| 大阪信愛学院高 | ¥550 | ¥550 | ¥550 | ¥550 | ¥550 |
| 5か年セット | ¥2,200 | | | | |
| 大阪星光学院高 | ¥550 | ¥550 | ¥550 | ¥550 | ¥550 |
| 5か年セット | ¥2,200 | | | | |
| 大阪桐蔭高 | ¥550 | ¥550 | ¥550 | ¥550 | ¥550 |
| 5か年セット | ¥2,200 | | | | |
| 大谷高 | × | × | × | ¥550 | ¥550 |
| 2か年セット | ¥880 | | | | |
| 関西創価高 | ¥550 | ¥550 | ¥550 | ¥550 | ¥550 |
| 5か年セット | ¥2,200 | | | | |
| 京都先端科学大附高（特進・進学） | ¥550 | ¥550 | ¥550 | ¥550 | ¥550 |
| 5か年セット | ¥2,200 | | | | |

※価格は税込表示

| 学校名 | 税込価格 | | | | |
|---|---|---|---|---|---|
| | 2020年 | 2021年 | 2022年 | 2023年 | 2024年 |
| 京都先端科学大附高（国際） | ¥550 | ¥550 | ¥550 | ¥550 | ¥550 |
| 5か年セット | ¥2,200 | | | | |
| 京都橘高 | ¥550 | × | ¥550 | ¥550 | ¥550 |
| 4か年セット | ¥1,760 | | | | |
| 京都両洋高 | ¥550 | ¥550 | ¥550 | ¥550 | ¥550 |
| 5か年セット | ¥2,200 | | | | |
| 久留米大附設高 | × | ¥550 | ¥550 | ¥550 | ¥550 |
| 4か年セット | ¥1,760 | | | | |
| 神戸星城高 | ¥550 | ¥550 | ¥550 | ¥550 | ¥550 |
| 5か年セット | ¥2,200 | | | | |
| 神戸山手グローバル高 | × | × | × | ¥550 | ¥550 |
| 2か年セット | ¥880 | | | | |
| 神戸龍谷高 | ¥550 | ¥550 | ¥550 | ¥550 | ¥550 |
| 5か年セット | ¥2,200 | | | | |
| 香里ヌヴェール学院高 | ¥550 | ¥550 | ¥550 | ¥550 | ¥550 |
| 5か年セット | ¥2,200 | | | | |
| 三田学園高 | ¥550 | ¥550 | ¥550 | ¥550 | ¥550 |
| 5か年セット | ¥2,200 | | | | |
| 滋賀学園高 | ¥550 | ¥550 | ¥550 | ¥550 | ¥550 |
| 5か年セット | ¥2,200 | | | | |
| 滋賀短期大学附高 | ¥550 | ¥550 | ¥550 | ¥550 | ¥550 |
| 5か年セット | ¥2,200 | | | | |

## 国私立高（アイウエオ順）

※価格は税込表示

| 学校名 | 税込価格 | | | | |
|---|---|---|---|---|---|
| | 2020年 | 2021年 | 2022年 | 2023年 | 2024年 |
| 樟蔭高 | ¥550 | ¥550 | ¥550 | ¥550 | ¥550 |
| 5か年セット | ¥2,200 | | | | |
| 常翔学園高 | ¥550 | ¥550 | ¥550 | ¥550 | ¥550 |
| 5か年セット | ¥2,200 | | | | |
| 清教学園高 | ¥550 | ¥550 | ¥550 | ¥550 | ¥550 |
| 5か年セット | ¥2,200 | | | | |
| 西南学院高(専願) | ¥550 | ¥550 | ¥550 | ¥550 | ¥550 |
| 5か年セット | ¥2,200 | | | | |
| 西南学院高(前期) | ¥550 | ¥550 | ¥550 | ¥550 | ¥550 |
| 5か年セット | ¥2,200 | | | | |
| 園田学園高 | ¥550 | ¥550 | ¥550 | ¥550 | ¥550 |
| 5か年セット | ¥2,200 | | | | |
| 筑陽学園高(専願) | ¥550 | ¥550 | ¥550 | ¥550 | ¥550 |
| 5か年セット | ¥2,200 | | | | |
| 筑陽学園高(前期) | ¥550 | ¥550 | ¥550 | ¥550 | ¥550 |
| 5か年セット | ¥2,200 | | | | |
| 智辯学園高 | ¥550 | ¥550 | ¥550 | ¥550 | ¥550 |
| 5か年セット | ¥2,200 | | | | |
| 帝塚山高 | ¥550 | ¥550 | ¥550 | ¥550 | ¥550 |
| 5か年セット | ¥2,200 | | | | |
| 東海大付大阪仰星高 | ¥550 | ¥550 | ¥550 | ¥550 | ¥550 |
| 5か年セット | ¥2,200 | | | | |
| 同志社高 | ¥550 | ¥550 | ¥550 | ¥550 | ¥550 |
| 5か年セット | ¥2,200 | | | | |
| 中村学園女子高(前期) | × | ¥550 | ¥550 | ¥550 | ¥550 |
| 4か年セット | ¥1,760 | | | | |
| 灘高 | ¥550 | ¥550 | ¥550 | ¥550 | ¥550 |
| 5か年セット | ¥2,200 | | | | |
| 奈良育英高 | ¥550 | ¥550 | ¥550 | ¥550 | ¥550 |
| 5か年セット | ¥2,200 | | | | |
| 奈良学園高 | ¥550 | ¥550 | ¥550 | ¥550 | ¥550 |
| 5か年セット | ¥2,200 | | | | |
| 奈良大附高 | ¥550 | ¥550 | ¥550 | ¥550 | ¥550 |
| 5か年セット | ¥2,200 | | | | |

※価格は税込表示

| 学校名 | 税込価格 | | | | |
|---|---|---|---|---|---|
| | 2020年 | 2021年 | 2022年 | 2023年 | 2024年 |
| 西大和学園高 | ¥550 | ¥550 | ¥550 | ¥550 | ¥550 |
| 5か年セット | ¥2,200 | | | | |
| 梅花高 | ¥550 | ¥550 | ¥550 | ¥550 | ¥550 |
| 5か年セット | ¥2,200 | | | | |
| 白陵高 | ¥550 | ¥550 | ¥550 | ¥550 | ¥550 |
| 5か年セット | ¥2,200 | | | | |
| 初芝立命館高 | × | × | × | × | ¥550 |
| 東大谷高 | × | × | ¥550 | ¥550 | ¥550 |
| 3か年セット | ¥1,320 | | | | |
| 東山高 | × | × | × | × | ¥550 |
| 雲雀丘学園高 | ¥550 | ¥550 | ¥550 | ¥550 | ¥550 |
| 5か年セット | ¥2,200 | | | | |
| 福岡大附大濠高(専願) | ¥550 | ¥550 | ¥550 | ¥550 | ¥550 |
| 5か年セット | ¥2,200 | | | | |
| 福岡大附大濠高(前期) | ¥550 | ¥550 | ¥550 | ¥550 | ¥550 |
| 5か年セット | ¥2,200 | | | | |
| 福岡大附大濠高(後期) | ¥550 | ¥550 | ¥550 | ¥550 | ¥550 |
| 5か年セット | ¥2,200 | | | | |
| 武庫川女子大附高 | × | × | ¥550 | ¥550 | ¥550 |
| 3か年セット | ¥1,320 | | | | |
| 明星高 | ¥550 | ¥550 | ¥550 | ¥550 | ¥550 |
| 5か年セット | ¥2,200 | | | | |
| 和歌山信愛高 | ¥550 | ¥550 | ¥550 | ¥550 | ¥550 |
| 5か年セット | ¥2,200 | | | | |

## 公立高

※価格は税込表示

| 学校名 | 税込価格 | | | | |
|---|---|---|---|---|---|
| | 2020年 | 2021年 | 2022年 | 2023年 | 2024年 |
| 京都市立西京高（エンタープライジング科） | ¥550 | ¥550 | ¥550 | ¥550 | ¥550 |
| 5か年セット | ¥2,200 | | | | |
| 京都市立堀川高（探究学科群） | ¥550 | ¥550 | ¥550 | ¥550 | ¥550 |
| 5か年セット | ¥2,200 | | | | |
| 京都府立嵯峨野高（京都こすもす科） | ¥550 | ¥550 | ¥550 | ¥550 | ¥550 |
| 5か年セット | ¥2,200 | | | | |

## 赤本収録年度より古い年度の音声データ

以下の音声データは,赤本に収録以前の年度ですので,赤本バックナンバー(P.1～3に掲載)と合わせてご購入ください。
赤本バックナンバーは1年分が1冊の本になっていますので,音声データも1年分ずつの販売となります。

※価格は税込表示

国私立高（アイウエオ順）

| 学 校 名 | 税込価格 | | | | | | | | | | | | | | | | |
|---|---|---|---|---|---|---|---|---|---|---|---|---|---|---|---|---|---|
| | 2003年 | 2004年 | 2005年 | 2006年 | 2007年 | 2008年 | 2009年 | 2010年 | 2011年 | 2012年 | 2013年 | 2014年 | 2015年 | 2016年 | 2017年 | 2018年 | 2019年 |
| 大阪教育大附高池田校 | | ¥550 | ¥550 | ¥550 | ¥550 | ¥550 | ¥550 | ¥550 | ¥550 | ¥550 | ¥550 | ¥550 | ¥550 | ¥550 | ¥550 | ¥550 | ¥550 |
| 大阪星光学院高(1次) | ¥550 | ¥550 | ¥550 | ¥550 | ¥550 | ¥550 | ¥550 | ¥550 | ¥550 | ¥550 | × | ¥550 | × | ¥550 | ¥550 | ¥550 | ¥550 |
| 大阪星光学院高(1.5次) | | | ¥550 | ¥550 | ¥550 | ¥550 | ¥550 | ¥550 | × | × | × | × | × | × | × | × | × |
| 大阪桐蔭高 | | | | | | ¥550 | ¥550 | ¥550 | ¥550 | ¥550 | ¥550 | ¥550 | ¥550 | ¥550 | ¥550 | ¥550 | ¥550 |
| 久留米大附設高 | | | | ¥550 | ¥550 | × | ¥550 | ¥550 | ¥550 | ¥550 | ¥550 | ¥550 | ¥550 | ¥550 | ¥550 | ¥550 | ¥550 |
| 清教学園高 | | | | | | | | | | | | | | ¥550 | ¥550 | ¥550 | ¥550 |
| 同志社高 | | | | | | ¥550 | ¥550 | ¥550 | ¥550 | ¥550 | ¥550 | ¥550 | ¥550 | ¥550 | ¥550 | ¥550 | ¥550 |
| 灘高 | | | | | | | | | | | | | | | | ¥550 | ¥550 |
| 西大和学園高 | | | | ¥550 | ¥550 | ¥550 | ¥550 | ¥550 | ¥550 | ¥550 | ¥550 | ¥550 | ¥550 | ¥550 | ¥550 | ¥550 | ¥550 |
| 福岡大附大濠高(専願) | | | | | | | | | | | ¥550 | ¥550 | ¥550 | ¥550 | ¥550 | ¥550 | ¥550 |
| 福岡大附大濠高(前期) | | | | ¥550 | ¥550 | ¥550 | ¥550 | ¥550 | ¥550 | ¥550 | ¥550 | ¥550 | ¥550 | ¥550 | ¥550 | ¥550 | ¥550 |
| 福岡大附大濠高(後期) | | | | ¥550 | ¥550 | ¥550 | ¥550 | ¥550 | ¥550 | ¥550 | ¥550 | ¥550 | ¥550 | ¥550 | ¥550 | ¥550 | ¥550 |
| 明星高 | | | | | | | | | | | | | | | ¥550 | ¥550 | ¥550 |
| 立命館高(前期) | | | | | | ¥550 | ¥550 | ¥550 | ¥550 | ¥550 | ¥550 | ¥550 | ¥550 | × | × | × | × |
| 立命館高(後期) | | | | | | ¥550 | ¥550 | ¥550 | ¥550 | ¥550 | ¥550 | ¥550 | ¥550 | × | × | × | × |
| 立命館宇治高 | | | | | | | | | | ¥550 | ¥550 | ¥550 | ¥550 | ¥550 | ¥550 | ¥550 | × |

※価格は税込表示

公立高（府県順）

| 府県名・学校名 | 税込価格 | | | | | | | | | | | | | | | | |
|---|---|---|---|---|---|---|---|---|---|---|---|---|---|---|---|---|---|
| | 2003年 | 2004年 | 2005年 | 2006年 | 2007年 | 2008年 | 2009年 | 2010年 | 2011年 | 2012年 | 2013年 | 2014年 | 2015年 | 2016年 | 2017年 | 2018年 | 2019年 |
| 岐阜県公立高 | | | | ¥550 | ¥550 | ¥550 | ¥550 | ¥550 | ¥550 | ¥550 | ¥550 | ¥550 | ¥550 | ¥550 | ¥550 | ¥550 | ¥550 |
| 静岡県公立高 | | | | ¥550 | ¥550 | ¥550 | ¥550 | ¥550 | ¥550 | ¥550 | ¥550 | ¥550 | ¥550 | ¥550 | ¥550 | ¥550 | ¥550 |
| 愛知県公立高(Aグループ) | ¥550 | ¥550 | ¥550 | ¥550 | ¥550 | ¥550 | ¥550 | ¥550 | ¥550 | ¥550 | ¥550 | ¥550 | ¥550 | ¥550 | ¥550 | ¥550 | ¥550 |
| 愛知県公立高(Bグループ) | ¥550 | ¥550 | ¥550 | ¥550 | ¥550 | ¥550 | ¥550 | ¥550 | ¥550 | ¥550 | ¥550 | ¥550 | ¥550 | ¥550 | ¥550 | ¥550 | ¥550 |
| 三重県公立高 | | | | ¥550 | ¥550 | ¥550 | ¥550 | ¥550 | ¥550 | ¥550 | ¥550 | ¥550 | ¥550 | ¥550 | ¥550 | ¥550 | ¥550 |
| 滋賀県公立高 | ¥550 | ¥550 | ¥550 | ¥550 | ¥550 | ¥550 | ¥550 | ¥550 | ¥550 | ¥550 | ¥550 | ¥550 | ¥550 | ¥550 | ¥550 | ¥550 | ¥550 |
| 京都府公立高(中期選抜) | ¥550 | ¥550 | ¥550 | ¥550 | ¥550 | ¥550 | ¥550 | ¥550 | ¥550 | ¥550 | ¥550 | ¥550 | ¥550 | ¥550 | ¥550 | ¥550 | ¥550 |
| 京都府公立高(前期選抜 共通学力検査) | | | | | | | | | | | | ¥550 | ¥550 | ¥550 | ¥550 | ¥550 | ¥550 |
| 京都市立西京高 (エンタープライジング科) | | ¥550 | ¥550 | ¥550 | ¥550 | ¥550 | ¥550 | ¥550 | ¥550 | ¥550 | ¥550 | ¥550 | ¥550 | ¥550 | ¥550 | ¥550 | ¥550 |
| 京都市立堀川高 (探究学科群) | | | | | | | | | | | | ¥550 | ¥550 | ¥550 | ¥550 | ¥550 | ¥550 |
| 京都府立嵯峨野高(京都こすもす科) | | ¥550 | ¥550 | ¥550 | ¥550 | ¥550 | ¥550 | ¥550 | ¥550 | ¥550 | ¥550 | ¥550 | ¥550 | ¥550 | ¥550 | ¥550 | ¥550 |
| 大阪府公立高(一般選抜) | | | | | | | | | | | | | | ¥550 | ¥550 | ¥550 | ¥550 |
| 大阪府公立高(特別選抜) | | | | | | | | | | | | | | ¥550 | ¥550 | ¥550 | ¥550 |
| 大阪府公立高(後期選抜) | ¥550 | ¥550 | ¥550 | ¥550 | ¥550 | ¥550 | ¥550 | ¥550 | ¥550 | ¥550 | ¥550 | ¥550 | ¥550 | × | × | × | × |
| 大阪府公立高(前期選抜) | ¥550 | ¥550 | ¥550 | ¥550 | ¥550 | ¥550 | ¥550 | ¥550 | ¥550 | ¥550 | ¥550 | ¥550 | ¥550 | × | × | × | × |
| 兵庫県公立高 | ¥550 | ¥550 | ¥550 | ¥550 | ¥550 | ¥550 | ¥550 | ¥550 | ¥550 | ¥550 | ¥550 | ¥550 | ¥550 | ¥550 | ¥550 | ¥550 | ¥550 |
| 奈良県公立高(一般選抜) | ¥550 | ¥550 | ¥550 | ¥550 | × | ¥550 | ¥550 | ¥550 | ¥550 | ¥550 | ¥550 | ¥550 | ¥550 | ¥550 | ¥550 | ¥550 | ¥550 |
| 奈良県公立高(特色選抜) | | | | ¥550 | ¥550 | ¥550 | ¥550 | ¥550 | ¥550 | ¥550 | ¥550 | ¥550 | ¥550 | ¥550 | ¥550 | ¥550 | ¥550 |
| 和歌山県公立高 | ¥550 | ¥550 | ¥550 | ¥550 | ¥550 | ¥550 | ¥550 | ¥550 | ¥550 | ¥550 | ¥550 | ¥550 | ¥550 | ¥550 | ¥550 | ¥550 | ¥550 |
| 岡山県公立高(一般選抜) | | | | | ¥550 | ¥550 | ¥550 | ¥550 | ¥550 | ¥550 | ¥550 | ¥550 | ¥550 | ¥550 | ¥550 | ¥550 | ¥550 |
| 岡山県公立高(特別選抜) | | | | | | | | | | | | ¥550 | ¥550 | ¥550 | ¥550 | ¥550 | ¥550 |
| 広島県公立高 | ¥550 | ¥550 | ¥550 | ¥550 | ¥550 | ¥550 | ¥550 | ¥550 | ¥550 | ¥550 | ¥550 | ¥550 | ¥550 | ¥550 | ¥550 | ¥550 | ¥550 |
| 山口県公立高 | | | | | ¥550 | ¥550 | ¥550 | ¥550 | ¥550 | ¥550 | ¥550 | ¥550 | ¥550 | ¥550 | ¥550 | ¥550 | ¥550 |
| 香川県公立高 | | | | | ¥550 | ¥550 | ¥550 | ¥550 | ¥550 | ¥550 | ¥550 | ¥550 | ¥550 | ¥550 | ¥550 | ¥550 | ¥550 |
| 愛媛県公立高 | | | | | ¥550 | ¥550 | ¥550 | ¥550 | ¥550 | ¥550 | ¥550 | ¥550 | ¥550 | ¥550 | ¥550 | ¥550 | ¥550 |
| 福岡県公立高 | | | | ¥550 | ¥550 | ¥550 | ¥550 | ¥550 | ¥550 | ¥550 | ¥550 | ¥550 | ¥550 | ¥550 | ¥550 | ¥550 | ¥550 |
| 長崎県公立高 | | | | | ¥550 | ¥550 | ¥550 | ¥550 | ¥550 | ¥550 | ¥550 | ¥550 | ¥550 | ¥550 | ¥550 | ¥550 | ¥550 |
| 熊本県公立高(選択問題A) | | | | | | | | | | | | | ¥550 | ¥550 | ¥550 | ¥550 | ¥550 |
| 熊本県公立高(選択問題B) | | | | | | | | | | | | | ¥550 | ¥550 | ¥550 | ¥550 | ¥550 |
| 熊本県公立高(共通) | | | | | ¥550 | ¥550 | ¥550 | ¥550 | ¥550 | ¥550 | ¥550 | ¥550 | × | × | × | × | × |
| 大分県公立高 | | | | | ¥550 | ¥550 | ¥550 | ¥550 | ¥550 | ¥550 | ¥550 | ¥550 | ¥550 | ¥550 | ¥550 | ¥550 | ¥550 |
| 鹿児島県公立高 | | | | | ¥550 | ¥550 | ¥550 | ¥550 | ¥550 | ¥550 | ¥550 | ¥550 | ¥550 | ¥550 | ¥550 | ¥550 | ¥550 |

# 受験生のみなさんへ

## 英俊社の高校入試対策問題集

各書籍のくわしい内容はこちら→

### 近畿の高校入試シリーズ

最新の近畿の入試問題から良問を精選。
私立・公立どちらにも対応できる定評ある問題集です。

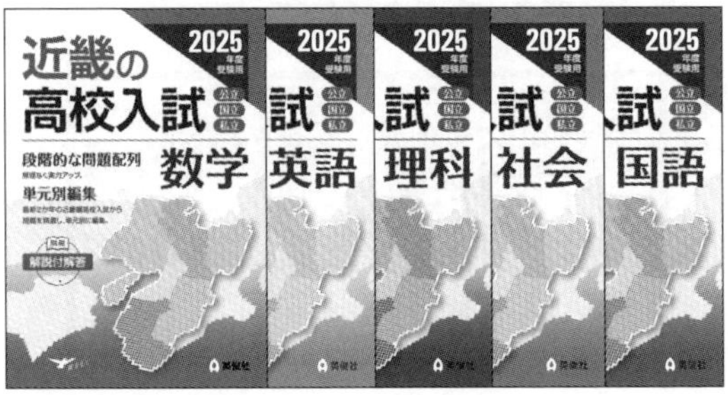


### 近畿の高校入試シリーズ

中1・2の復習

近畿の入試問題から１・２年生までの範囲で解ける良問を精選。
高校入試の基礎固めに最適な問題集です。

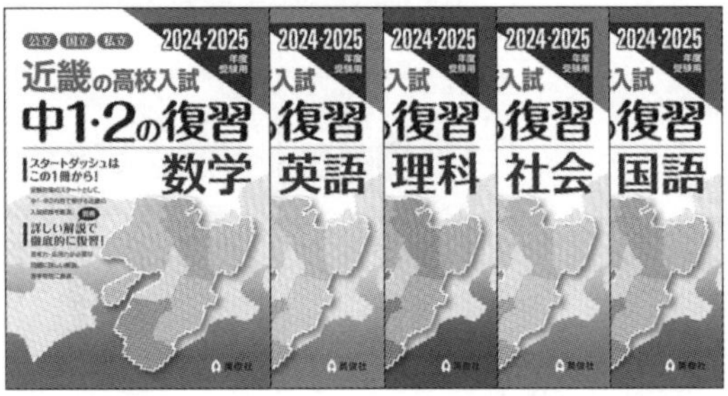


### 最難関高校シリーズ

最難関高校を志望する受験生諸君におすすめのハイレベル問題集。
灘、洛南、西大和学園、久留米大学附設、ラ・サールの最新７か年入試問題を単元別に分類して収録しています。

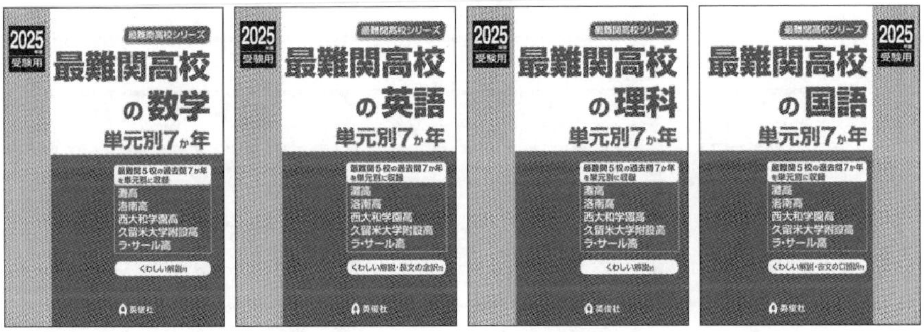


### ニューウイングシリーズ　出題率

入試での出題率を徹底分析。出題率の高い単元、問題に集中して効率よく学習できます。

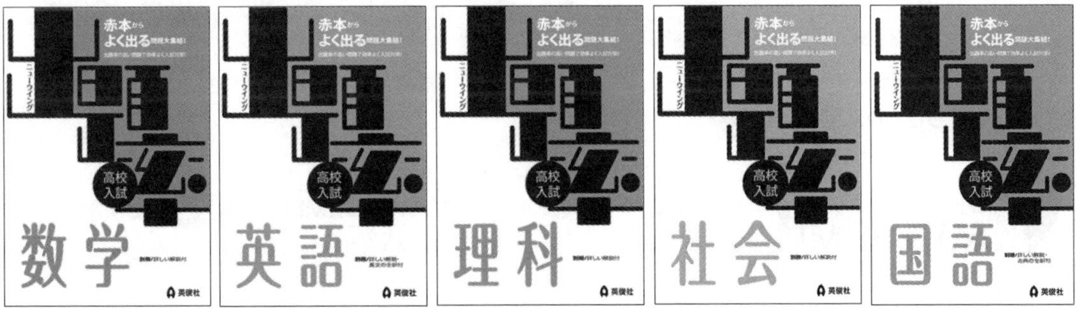

## 近道問題シリーズ

重要ポイントに絞ったコンパクトな問題集。苦手分野の集中トレーニングに最適です!

**数学5分冊**

01 式と計算
02 方程式·確率·資料の活用
03 関数とグラフ
04 図形〈1·2年分野〉
05 図形〈3年分野〉

**英語6分冊**

06 単語·連語·会話表現
07 英文法
08 文の書きかえ·英作文
09 長文基礎
10 長文実践
11 リスニング

**理科6分冊**

12 物理
13 化学
14 生物·地学
15 理科計算
16 理科記述
17 理科知識

**社会4分冊**

18 地理
19 歴史
20 公民
21 社会の応用問題 ー資料読解·記述ー

**国語5分冊**

22 漢字·ことばの知識
23 文法
24 長文読解 ー攻略法の基本ー
25 長文読解 ー攻略法の実践ー
26 古典

## 学校·塾の指導者の先生方へ

**赤本収録**の**入試問題データベース**を利用して、**オリジナルプリント教材**を作成していただけるサービスが登場!! 生徒**ひとりひとりに合わせた**教材作りが可能です。

プリント教材作成システム
**KAWASEMI Lite**

くわしくは KAWASEMI Lite 検索 で検索!
まずは**無料体験版**をぜひお試しください。

※指導者の先生方向けの専用サービスです。受験生など個人の方はご利用いただけませんので、ご注意ください。

公立高校入試対策シリーズ 3030

# もくじ

## ●公立入試はこうだ！



## ●過去５か年の県立高入試問題



〈英語長文の全訳を付けてある〉



（注）　著作権の都合により，実際に使用された写真と異なる場合があります。　　（編集部）

2020～2024年度のリスニング音声（書籍収録分すべて）は
英俊社ウェブサイト「**リスもん**」から再生できます。
https://book.eisyun.jp/products/listening/index/

再生の際に必要な入力コード→ **23589674**
（コードの使用期限：2025年７月末日）

リスもん
リスニング問題　音声再生ウェブページ

スマホはこちら ——→

※音声は英俊社で作成したものです。

# ❖全日制公立高校 入学者選抜制度の概要(前年度参考)

本書の編集時点では，2025年度入学者選抜の実施要項が未発表ですので，前年度の情報を以下に掲載します。2025年度入学者選抜の詳細については，教育委員会から発表される募集要項を必ず確認してください。

## 1．一般選抜

募集定員を定めたすべての学校・学科〔募集定員を定めたコース（以下「コース等」という）を含む〕で実施する。

なお，一般出願の後，県教育委員会は出願者数を公表し，受検生は後日，本出願を行うこととする。志願者は本出願にあたって，一般出願時に志望した学校・学科（コース等）を1回に限り変更することができる。

検　　査　①**学力検査**

国語，社会，数学，理科，英語（リスニングを含む）各50分

②**面接，作文または小論文，実技検査**（プレゼンテーションを含む）を実施する学校・学科（コース等）がある。

※各校の実施内容については，5・6ページを参照。

合否判定　①**判定資料の評価**

**調査書**：第1・第2学年の9教科の5段階評定の合計（90点満点）と，第3学年の9教科の5段階評定の合計の2倍（90点満点）を合計し，180点満点とする。傾斜評価を実施する学科（コース等）においては，傾斜評価後の合計を満点とする。「特別活動」「校内外の活動等」「観点別学習状況」及びその他の記載内容についても総合的に評価する。

**学力検査**：5教科各100点満点とし，計500点満点とする。傾斜配点を実施する学科（コース等）においては，傾斜配点後の合計を満点とする。

**面接・実技検査等**：面接（口頭による検査を含む）は段階的に評価，作文・小論文，実技（プレゼンテーション等を含む）による検査は検査結果を適切に点数化して評価する。

②**合否判定の手順**

次の第1段階～第4段階の段階順に判定していくものとし，第2志望を認める学校にあっては，初めに第1志望の者を対象として第2段階までの判定を行い，次に第2段階まで合格予定者にならなかった者にスポーツ推薦で合格しなかった者及び第2志望の者を加えて，第3段階の判定を行う。なお，受検者の数が募集枠に満たない場合は，第1段階，第2段階に示した人数の割合を，いずれも全受検者に対する割合としたうえで，合否を判定するものとする。

〈第1段階〉

全受検者のうち，次のア，イ及び，面接・実技検査等を実施した場合はウのいずれかにおいて，それぞれの条件を満たす者を合格予定者とする。ただし，第1段階での合格予定者数は，募集枠の80％を上限とし，80％を超えた場合は，ア～ウをそれぞれの割合（募集枠に対する割合）が保たれるよう減じることにより調整する。

ア．「調査書」の記載内容が優れた者で「学力検査の成績」が募集枠内にある者のうち，「選抜選考基準」（5・6ページ）に示した割合内にある者。ただし，面接・実技検査等を実施した場合は，その成績が著しく下位の者を除く。

イ．「学力検査の成績」が優れた者で「評定」が募集枠内にある者のうち，「選抜選考基準」（5・6ページ）に示した割合内にある者。ただし，面接・実技検査等を実施した場合は，その成績が著しく下位の者を除く。

ウ．「面接・実技検査等の成績」が優れた者で「評定」及び「学力検査の成績」が募集枠内にある者のうち，「選抜選考基準」（5・6ページ）に示した割合内にある者。

〈第2段階〉

第1段階における合格予定者数が募集枠の80％に満たない場合は，第1段階のア～ウを同じ割合（募集枠に対する割合）が保たれるよう増加させることにより，合格予定者数が募集枠の80％になるまで調整する。

〈第3段階〉

第1段階及び第2段階の合格予定者を除いたすべての受検者に，スポーツ推薦で合格しなかった者及び第2志望の者を加え，「調査書」及び「学力検査の成績」並びにその他の資料や面接・実技検査等の成績も含め，学科（コース等）の特色を考慮しながら総合的に判定し，合格予定者とする。

〈第4段階〉

第3段階において，募集枠までを合格予定者としたうえ，さらに，全受検者について総合的な観点から検討し，最終的に合格者を決定する。

## 2．スポーツ推薦

中学校長からの推薦に基づき，指定する競技スポーツに優れた実績，能力をもつ生徒を対象に実施する。なお，一般出願後の志願先の変更はできない。

**日　　程**　　一般選抜と同じ日程で実施する。

**検　　査**　　一般選抜学力検査及びスポーツ実技検査等を実施する。

**実施校等**　　スポーツ推薦実施校及び指定競技スポーツは7ページを参照。

## 2025年度入学者選抜日程

★特色化選抜

出願受付：2025年1月24日(金)

面接等：2025年1月30日(木)

合格内定：2025年2月6日(木)

★一般選抜・スポーツ推薦

一般出願受付：2025年2月17日(月)

本出願受付：2025年2月26日(水)・27日(木)

学力検査：2025年3月10日(月)

面接・実技検査等：2025年3月11日(火)

合格発表：2025年3月18日(火)

★追募集

出願受付：2025年3月24日(月)

学力検査等：2025年3月26日(水)

合格発表：2025年3月28日(金)

# 2024年度入学者選抜選考基準（全日制課程）

（注）以下の表は2024年度入試の情報ですので，参考資料としてご覧ください。

| 学校名 | 学科名（コース等） | 調査書 | | 学力検査 | | 面接・実技検査等 | |
|---|---|---|---|---|---|---|---|
| | | 割合 | 傾斜評価 | 割合 | 傾斜配点 | 割合 | 内容 |
| 橋　本 | 普　通 | 40% | | 60% | | | |
| | ◇普通(県立中) | | | | | | |
| 紀北工業 | 機　械 | 40% | | 60% | | | |
| | 電　気 | 40% | | 60% | | | |
| | システム化学 | 40% | | 60% | | | |
| 紀北農芸 | 生産流通 | 30% | | 40% | | 30% | 面接 |
| | 施設園芸 | 30% | | 40% | | 30% | 面接 |
| | 環境工学 | 30% | | 40% | | 30% | 面接 |
| 笠　田 | 普　通 | 50% | | 50% | | | |
| | 商業科系　※1 | 50% | | 50% | | | |
| 粉　河 | 普通科系　※2 | 30% | | 70% | | | |
| 那　賀 | 普　通 | 30% | | 70% | | | |
| | 国　際 | 30% | | 70% | 国 1.5　英 1.5 | | |
| 貴志川 | 普　通 | 40% | | 60% | | | |
| 和歌山北 | 普通(北校舎) | 50% | | 50% | | | ※3 |
| | 普通(西校舎) | 50% | | 50% | | | ※3 |
| | スポーツ健康科学 | 30% | | 30% | | 40% | 面接・実技検査 |
| 和歌山 | 総合学科 | 30% | | 40% | | 30% | 面接・パーソナルプレゼンテーション |
| 向　陽 | 普　通 | 30% | | 70% | | | |
| | ◇環境科学 | | | | | | |
| 桐　蔭 | 普　通 | 30% | | 70% | | | |
| | ◇普通(県立中) | | | | | | |
| 和歌山東 | 普　通 | 40% | | 40% | | 20% | 面接 |
| 星　林 | 普　通 | 30% | | 70% | 英 1.5 | | |
| | 国際交流 | 30% | | 70% | 英 1.5 | | |
| 和歌山工業 | 機　械 | 40% | | 60% | 数 1.3　理 1.3 | | |
| | 電　気 | 40% | | 60% | 数 1.3　理 1.3 | | |
| | 化学技術 | 40% | | 60% | 数 1.3　理 1.3 | | |
| | 建　築 | 40% | | 60% | 数 1.3　理 1.3 | | |
| | 土　木 | 40% | | 60% | 数 1.3　理 1.3 | | |
| | 産業デザイン | 40% | | 60% | 数 1.3　理 1.3 | | |
| | 創造技術 | 40% | | 60% | 数 1.3　理 1.3 | | |
| 和歌山商業 | ビジネス創造 | 40% | | 60% | | | |
| 海　南 | 普通科系(海南校舎)※4 | 30% | | 70% | | | |
| | 普通(大成校舎) | 40% | | 40% | | 20% | 面接 |
| (美里分校) | 普　通 | 30% | | 40% | | 30% | 面接 |
| 箕　島 | 普通科系　※5 | 50% | | 50% | | | |
| | 専門学科系※5 | 50% | | 50% | | | |

※1　笠田高校は，総合ビジネス科及び情報処理科を「商業科系」とする。
※2　粉河高校は，普通科及び理数科を「普通科系」とする。
※3　和歌山北高校スポーツ健康科学科を第2志望とする者は，スポーツ健康科学科が実施する面接・実技検査等を受けること。
※4　海南高校は，普通科（海南校舎）及び教養理学科を「普通科系（海南校舎）」とする。
※5　箕島高校は，普通科の普通コース及びスポーツコースを「普通科系」とし，情報経営科及び機械科を「専門学科系」とする。

| 学校名 | 学科名 | 調査書 | | 学力検査 | | 面接・実技検査等 | |
|---|---|---|---|---|---|---|---|
| | | 割合 | 傾斜評価 | 割合 | 傾斜配点 | 割合 | 内容 |
| 有田中央 | 総合学科(総合) | 35% | | 35% | | 30% | 面接 |
| | 総合学科(福祉) | 30% | | 40% | | 30% | 面接 |
| (清水分校) | 普　通 | 40% | | 60% | | | |
| 耐　久 | 普　通 | 40% | | 60% | | | |
| 日　高 | 普　通 | 30% | | 70% | | | |
| | ◇総合科学 | | | | | | |
| (中津分校) | 普　通 | 30% | | 50% | | 20% | 面接・作文 |
| 紀央館 | 普　通 | 30% | | 70% | | | |
| | 工業技術 | 30% | | 70% | | | |
| 南　部 | 普　通 | 40% | | 40% | | 20% | 面接 |
| | 食と農園(園芸・加工流通) | 40% | | 40% | | 20% | 面接 |
| | 食と農園(調理) | 40% | | 40% | | 20% | 面接 |
| (龍神分校) | 普　通 | 30% | | 50% | | 20% | 面接 |
| 田　辺 | 普　通 | 30% | | 70% | | | |
| | ◇自然科学 | | | | | | |
| 田辺工業 | 機　械 | 50% | | 50% | | | |
| | 電気電子 | 50% | | 50% | | | |
| | 情報システム | 50% | | 50% | | | |
| 神　島 | 普　通 | 40% | | 60% | | | |
| | 経営科学 | 40% | | 60% | | | |
| 熊　野 | 看　護 | 30% | | 70% | | | |
| | 総合学科 | 40% | | 60% | | | |
| 串本古座 | 未来創造学科(宇宙探究) | 40% | | 60% | | | |
| | 未来創造学科(地域探究・文理探究) | 40% | | 60% | | | |
| 新　宮 | 普　通 | 30% | | 70% | | | |
| 新　翔 | 総合学科 | 30% | | 60% | | 10% | 面接 |

注1）割合は，一般選抜募集枠に対する割合を示す。
注2）傾斜評価，傾斜配点内の教科名の横の数字は，それぞれの教科に対する倍率を表す。
注3）◇を付した学科については，それぞれの県立中学校からの進学者のみとし，県立高等学校入学者選抜による募集は行わない。

# 2024年度スポーツ推薦実施校及び指定競技スポーツ

（注）以下の表は2024年度入試の情報ですので，**参考資料**としてご覧ください。

<table>
<tr><th rowspan="2">学校名</th><th rowspan="2">競技スポーツ名</th><th colspan="2">募集枠</th></tr>
<tr><th>男子</th><th>女子</th></tr>
<tr><td rowspan="3">紀北工業</td><td>レスリング</td><td colspan="2">3</td></tr>
<tr><td>自転車</td><td colspan="2">2</td></tr>
<tr><td>ウエイトリフティング</td><td colspan="2">2</td></tr>
<tr><td>紀北農芸</td><td>ハンドボール</td><td>3</td><td>−</td></tr>
<tr><td>笠　田</td><td>ソフトボール</td><td>−</td><td>3</td></tr>
<tr><td rowspan="2">粉　河<br>（普通科のみ）</td><td>ハンドボール</td><td colspan="2">5</td></tr>
<tr><td>卓球</td><td>−</td><td>3</td></tr>
<tr><td rowspan="13">和歌山北<br>（普通科のみ）</td><td>陸上競技</td><td colspan="2">2</td></tr>
<tr><td>体操</td><td colspan="2">2</td></tr>
<tr><td>水泳（競泳）</td><td colspan="2">2</td></tr>
<tr><td>バスケットボール</td><td>2</td><td>−</td></tr>
<tr><td>バレーボール</td><td colspan="2">3</td></tr>
<tr><td>ソフトテニス</td><td>5</td><td>−</td></tr>
<tr><td>サッカー</td><td colspan="2">3</td></tr>
<tr><td>レスリング</td><td colspan="2">2</td></tr>
<tr><td>自転車</td><td colspan="2">2</td></tr>
<tr><td>フェンシング</td><td colspan="2">2</td></tr>
<tr><td>ボート</td><td colspan="2">2</td></tr>
<tr><td>柔道</td><td>2</td><td>−</td></tr>
<tr><td>なぎなた</td><td>−</td><td>2</td></tr>
<tr><td rowspan="3">和歌山東</td><td>剣道</td><td colspan="2">5</td></tr>
<tr><td>レスリング</td><td colspan="2">2</td></tr>
<tr><td>フェンシング</td><td colspan="2">2</td></tr>
<tr><td>星　林</td><td>ヨット</td><td colspan="2">2</td></tr>
<tr><td rowspan="10">和歌山工業</td><td>陸上競技</td><td>3</td><td>−</td></tr>
<tr><td>バスケットボール</td><td>3</td><td>−</td></tr>
<tr><td>卓球</td><td>3</td><td>−</td></tr>
<tr><td>サッカー</td><td>2</td><td>−</td></tr>
<tr><td>ラグビーフットボール</td><td>5</td><td>−</td></tr>
<tr><td>剣道</td><td colspan="2">5</td></tr>
<tr><td>レスリング</td><td>2</td><td>−</td></tr>
<tr><td>ウエイトリフティング</td><td>2</td><td>−</td></tr>
<tr><td>バレーボール</td><td>3</td><td>−</td></tr>
<tr><td>ヨット</td><td colspan="2">2</td></tr>
<tr><td rowspan="4">和歌山商業</td><td>陸上競技</td><td colspan="2">2</td></tr>
<tr><td>バレーボール</td><td>−</td><td>3</td></tr>
<tr><td>卓球</td><td colspan="2">3</td></tr>
<tr><td>相撲</td><td>3</td><td>−</td></tr>
</table>

<table>
<tr><th rowspan="2">学校名</th><th rowspan="2">競技スポーツ名</th><th colspan="2">募集枠</th></tr>
<tr><th>男子</th><th>女子</th></tr>
<tr><td rowspan="9">箕　島</td><td>バレーボール</td><td>−</td><td>2</td></tr>
<tr><td>フェンシング</td><td colspan="2">2</td></tr>
<tr><td>バスケットボール</td><td>−</td><td>2</td></tr>
<tr><td>ソフトボール</td><td>2</td><td>−</td></tr>
<tr><td>ホッケー</td><td>2</td><td>−</td></tr>
<tr><td>相撲</td><td>2</td><td>−</td></tr>
<tr><td>空手道</td><td colspan="2">5</td></tr>
<tr><td>柔道</td><td colspan="2">3</td></tr>
<tr><td>剣道</td><td colspan="2">2</td></tr>
<tr><td rowspan="3">紀央館</td><td>陸上競技</td><td colspan="2">2</td></tr>
<tr><td>柔道</td><td colspan="2">3</td></tr>
<tr><td>ホッケー</td><td colspan="2">3</td></tr>
<tr><td rowspan="6">熊　野<br>（総合学科のみ）</td><td>ソフトボール</td><td>−</td><td>2</td></tr>
<tr><td>バレーボール</td><td>−</td><td>2</td></tr>
<tr><td>ラグビーフットボール</td><td>2</td><td>−</td></tr>
<tr><td>柔道</td><td colspan="2">2</td></tr>
<tr><td>空手道</td><td colspan="2">5</td></tr>
<tr><td>陸上競技</td><td colspan="2">2</td></tr>
</table>

注）募集枠欄の「２」は２名程度，「３」は３名程度，「５」は５名程度とする。
ただし，複数の学科がある場合は，すべての学科を合わせたものとし，和歌山北高校普通科は，北校舎及び西校舎を合わせたものとする。

# ❖2024年度全日制公立高校　募集人員と受検状況

| 学校名 | 学科名（コース等） | 入学者枠数 A | 受検者数 | | 受検倍率 (B+C)／A |
|---|---|---|---|---|---|
| | | | スポーツ推薦 B | 一般選抜 C | |
| 橋本 | 普通 | 160 | | 160 | 1.00 |
| | 普通（県立中）※1 | | | | |
| 紀北工業 | 機械 | 80 | 1 | 76 | 0.96 |
| | 電気 | 40 | 0 | 30 | 0.75 |
| | システム化学 | 40 | 1 | 33 | 0.85 |
| 紀北農芸 | 生産流通 | 35 | 1 | 18 | 0.54 |
| | 施設園芸 | 30 | 0 | 17 | 0.57 |
| | 環境工学 | 40 | 3 | 15 | 0.45 |
| 笠田 | 普通 | 80 | 0 | 75 | 0.94 |
| | 商業科系 | 80 | 0 | 82 | 1.03 |
| 粉河 | 普通科系 | 240 | 10 | 234 | 1.02 |
| 那賀 | 普通 | 240 | | 251 | 1.05 |
| | 国際 | 40 | | 31 | 0.78 |
| 貴志川 | 普通 | 120 | | 60 | 0.50 |
| 和歌山北 | 普通（北校舎） | 316 | 21 | 318 | 1.07 |
| | 普通（西校舎） | 80 | 0 | 35 | 0.44 |
| | スポーツ健康科学 | 40 | | 34 | 0.85 |
| 和歌山 | 総合 | 200 | | 187 | 0.94 |
| 向陽 | 普通 | 240 | | 265 | 1.10 |
| | 環境科学※1 | | | | |
| 桐蔭 | 普通 | 200 | | 232 | 1.16 |
| | 普通（県立中）※1 | | | | |
| 和歌山東 | 普通 | 200 | 1 | 112 | 0.57 |
| 星林 | 普通 | 280 | 0 | 297 | 1.06 |
| | 国際交流 | 40 | 0 | 39 | 0.98 |
| 和歌山工業 | 機械 | 80 | 6 | 73 | 0.99 |
| | 電気 | 80 | 3 | 57 | 0.75 |
| | 化学技術 | 40 | 0 | 35 | 0.88 |
| | 建築 | 40 | 8 | 42 | 1.25 |
| | 土木 | 40 | 0 | 40 | 1.00 |
| | 産業デザイン | 40 | 5 | 42 | 1.18 |
| | 創造技術 | 40 | 1 | 52 | 1.33 |
| 和歌山商業 | ビジネス創造 | 280 | 6 | 255 | 0.93 |
| 海南 | 普通科系（海南校舎） | 200 | | 206 | 1.03 |
| | 普通（大成校舎） | 40 | | 29 | 0.73 |
| （美里分校） | 普通※2 | 40 | | 7 | 0.18 |

| 学校名 | 学科名（コース等） | 入学者枠数 A | 受検者数 | | 受検倍率 (B+C)／A |
|---|---|---|---|---|---|
| | | | スポーツ推薦 B | 一般選抜 C | |
| 箕島 | 普通科系 | 76 | 11 | 57 | 0.89 |
| | 専門学科系 | 80 | 0 | 30 | 0.38 |
| 有田中央 | 総合（総合）<br>総合（福祉）※3 | 120 | | 66 | 0.55 |
| （清水分校） | 普通※2 | 40 | | 0 | 0.00 |
| 耐久 | 普通 | 200 | | 175 | 0.88 |
| 日高 | 普通 | 200 | | 179 | 0.90 |
| | 総合科学※1 | | | | |
| （中津分校） | 普通※2 | 40 | | 22 | 0.55 |
| 紀央館 | 普通 | 118 | 4 | 117 | 1.03 |
| | 工業技術 | 39 | 1 | 33 | 0.87 |
| 南部 | 普通 | 80 | | 23 | 0.29 |
| | 食と農園（園芸・加工流通）<br>食と農園（調理）※4 | 116 | | 46 | 0.40 |
| （龍神分校） | 普通※2 | 37 | | 11 | 0.30 |
| 田辺 | 普通 | 200 | | 203 | 1.02 |
| | 自然科学※1 | | | | |
| 田辺工業 | 機械 | 80 | | 67 | 0.84 |
| | 電気電子 | 40 | | 22 | 0.55 |
| | 情報システム | 40 | | 50 | 1.25 |
| 神島 | 普通 | 120 | | 127 | 1.06 |
| | 経営科学 | 120 | | 142 | 1.18 |
| 熊野 | 看護 | 40 | | 33 | 0.83 |
| | 総合 | 160 | 5 | 146 | 0.94 |
| 串本古座 | 未来創造学科（宇宙探究）※5<br>未来創造学科（地域探究・文理探究） | 116 | | 67 | 0.58 |
| 新宮 | 普通 | 200 | | 188 | 0.94 |
| 新翔 | 総合 | 120 | | 84 | 0.70 |
| 和歌山市立和歌山 | 総合ビジネス | 160 | 15 | 150 | 1.03 |
| | デザイン表現 | 40 | | 42 | 1.05 |
| | 普通 | 60 | | 64 | 1.07 |

※1）次の学科についてはそれぞれの県立中学校からの進学者のみとし，県立高等学校入学者選抜による募集は行わない。
　○橋本高校普通科のうち１クラス　○向陽高校環境科学科　○桐蔭高校普通科のうち２クラス　○日高高校総合科学科　○田辺高校自然科学科
※2）海南高校美里分校，有田中央高校清水分校，日高高校中津分校，南部高校龍神分校の入学者枠数には，全国募集枠数を含む。
※3）有田中央高校総合学科福祉系列の人数は，26名以内である。総合学科受検者数66名のうち，福祉系列の受検者数は6名である。
※4）南部高校食と農園科調理コースの人数は，24名以内である。食と農園科受検者数46名のうち，調理コースの受検者数は34名である。
※5）串本古座高校未来創造学科宇宙探究コースの人数は40名以内で，特色化選抜合格内定者数を除いた入学者枠数は36名である。未来創造学科受検者数67名のうち，宇宙探究コースの受検者数は3名である。

# ❖傾向と対策〈数学〉

## 出題傾向

| | 数と式 | | | | | | | 方程式 | | | | | | 関数 | | | | | 図形 | | | | | | | | 資料の活用 | |
|---|---|---|---|---|---|---|---|---|---|---|---|---|---|---|---|---|---|---|---|---|---|---|---|---|---|---|---|---|
| | | | | | | | | | | | | | | | | | | | | | | | | 中3単元 | | | | |
| | 数の計算 | 数の性質 | 平方根の計算 | 平方根の性質 | 文字式の利用 | 式の計算 | 式の展開・因数分解 | 一次方程式の計算 | 一次方程式の応用 | 連立方程式の計算 | 連立方程式の応用 | 二次方程式の計算 | 二次方程式の応用 | 比例・反比例 | 一次関数 | 関数 $y=ax^2$ | いろいろな事象と関数 | 関数と図形 | 図形の性質 | 平面図形の計量 | 空間図形の計量 | 図形の証明 | 作図 | 相似 | 三平方の定理 | 円周角の定理 | 場合の数・確率 | 資料の分析と活用・標本調査 |
| 2024 年度 | ○ | | ○ | ○ | ○ | ○ | ○ | | | ○ | ○ | | | ○ | | ○ | ○ | ○ | ○ | ○ | | ○ | | ○ | ○ | ○ | ○ | ○ |
| 2023 年度 | ○ | ○ | ○ | | ○ | ○ | ○ | | | | ○ | | | ○ | ○ | | | ○ | | ○ | ○ | ○ | | ○ | ○ | ○ | ○ | ○ |
| 2022 年度 | ○ | ○ | ○ | ○ | | ○ | ○ | | | | ○ | ○ | | ○ | | ○ | | ○ | | ○ | ○ | ○ | | ○ | ○ | ○ | ○ | ○ |
| 2021 年度 | ○ | | ○ | | ○ | ○ | ○ | | | | ○ | ○ | | ○ | ○ | ○ | | ○ | | ○ | ○ | ○ | | ○ | ○ | ○ | ○ | ○ |
| 2020 年度 | ○ | | ○ | ○ | ○ | ○ | ○ | | | | ○ | | | | ○ | ○ | | ○ | | ○ | ○ | ○ | | ○ | ○ | ○ | ○ | ○ |

## 出題分析

★数と式…………数の計算では，正負の数の計算と平方根の計算が必ず出題されている。式では，多項式の計算，式の展開，因数分解などから出題されている。

★方程式…………方程式の計算問題が小問で出題されることがあるほか，文章題が出題されることもある。また，規則的に並べられた図形を題材とした大問で，方程式を利用するものもある。

★関　数…………この領域は大問で必ず出題されている。グラフ上を動く点と定点がつくる図形や回転体への応用など，図形の性質を用いて解くものが多い。

★図　形…………点・図形の移動や，円に関する問題が題材としてよく出題され，円の性質や合同，相似，三平方の定理などを利用する。空間図形は，回転体や投影図などから多く出題されている。証明問題は毎年出題されている。

★資料の活用……カードやサイコロを使った場合の数や確率の問題がよく出題されている。また，ヒストグラムや度数分布表といった資料の分析と活用の分野の問題も出題されている。

## 来年度の対策

①基本事項をマスターすること！

全体としては標準レベルだが，やや難易度の高い問題も含まれるので，時間配分に気をつけ，確実に得点できる問題から手をつけていけるように意識をしておこう。また，幅広い単元からまんべんなく出題されているので，苦手単元をなくしておくことが重要になる。「**数学の近道問題シリーズ**（全5冊）」（英俊社）から苦手単元を選んでやっておくとよい。全体的な復習を効率良く行いたい人は，出題率を詳しく分析し，高校入試でよく出題される問題を中心に編集された「**ニューウイング 出題率 数学**」（英俊社）を活用しよう。

②関数や図形に強くなっておくこと！

出題頻度の高い2次関数，平面図形，規則性の問題は集中的に学習をしておこう。証明問題も含めて，記述式の問題も多く出題されているので，解法の手順や考えをスムーズに記述できるよう，日頃から意識をして問題演習に取り組もう。

# ❖傾向と対策〈英語〉

## 出題傾向

| | 放送問題 | 語い | 音声 | | | 英文法 | | | | | 英作文 | | | 読解 | | 長文問題 | | | | | | | | | | |
|---|---|---|---|---|---|---|---|---|---|---|---|---|---|---|---|---|---|---|---|---|---|---|---|---|---|---|
| | | | 語の発音 | 語のアクセント | 文の区切り・強勢 | 語形変化 | 英文完成 | 同意文完成 | 指示による書きかえ | 正誤判断 | 整序作文 | 和文英訳 | その他の英作文 | 問答・応答 | 絵や表を見て答える問題 | 会話文 | 長文読解 | 長文総合 | 設問の内容 | | | | | | | |
| | | | | | | | | | | | | | | | | | | | 音声・語い | 文法事項 | 英文和訳 | 英作文 | 内容把握 | 文の整序・挿入 | 英問英答 | 要約 |
| 2024 年度 | ○ | | | | | | | | | | | | ○ | | | ○ | | ○ | | | | ○ | ○ | ○ | ○ | |
| 2023 年度 | ○ | | | | | | | | | | | | ○ | | | ○ | | ○ | | | | ○ | ○ | ○ | ○ | |
| 2022 年度 | ○ | | | | | | | | | | | | ○ | | | ○ | | ○ | | | | ○ | ○ | ○ | ○ | |
| 2021 年度 | ○ | | | | | | | | | | | | ○ | | | ○ | | ○ | | | | ○ | ○ | ○ | ○ | |
| 2020 年度 | ○ | | | | | | | | | | | | ○ | | | ○ | | ○ | | | | ○ | ○ | ○ | ○ | |

## 出題分析

★読解問題は，難易度は標準的なものであるが，会話文を含め合計３題出題されており，問題量はやや多い。記述問題が日本語・英語ともに毎年出されており，書く力が求められている。

★リスニングテストは，対話の内容に合う絵を選ぶ問題，英文を聞いて質問に答える問題，英文と質問を聞いて質問の答えとなるように空欄に入る語句を選ぶ問題が出題されている。

## 来年度の対策

①長文になれておくこと！

日ごろからできるだけたくさんの長文を読み，大意をつかみながらスピードをあげて読めるようになっておきたい。会話特有の表現も復習しておこう。「**英語の近道問題シリーズ**（全６冊）」（英俊社）で苦手単元の学習をしておくとよい。

②リスニングに慣れておくこと！

リスニングは今後も実施されると思われるので，日ごろからネイティブスピーカーの話す英語に慣れておこう。

③効率的な学習を心がけること！

日常ではもちろん，入試間近では特に大切なことである。これにピッタリの問題集が「**ニューウイング 出題率 英語**」（英俊社）だ。過去の入試問題を詳しく分析し，出題される確率が高い形式の問題を中心に編集してあるので，仕上げておけば心強い。

# ❖傾向と対策〈社会〉

## 出題傾向

| | 地理 | | | | | | | 歴史 | | | | | | | 公民 | | | | | | | | | | 融合問題 |
|---|---|---|---|---|---|---|---|---|---|---|---|---|---|---|---|---|---|---|---|---|---|---|---|---|---|
| | 世界地理 | | | 日本地理 | | | 世界地理・日本地理総合 | 日本史 | | | | | 世界史 | 日本史・世界史総合 | 政治 | | | | 経済 | | | | 国際社会 | 公民総合 | |
| | 全域 | 地域別 | 地図・時差（単独） | 全域 | 地域別 | 地形図（単独） | | 原始・古代 | 中世 | 近世 | 近代・現代 | 複数の時代 | | | 人権・憲法 | 国会・内閣・裁判所 | 選挙・地方自治 | 総合・その他 | しくみ・企業 | 財政・金融 | 社会保障・労働・人口 | 総合・その他 | | | |
| 2024 年度 | ○ | | | ○ | | | | | | | ○ | | | ○ | | | | | | | | | | ○ | |
| 2023 年度 | ○ | | | | ○ | | | | | | | ○ | | ○ | | | | | | | | ○ | | ○ | |
| 2022 年度 | | ○ | | | ○ | | | | | | ○ | | | ○ | | | | ○ | | | | | | ○ | |
| 2021 年度 | ○ | | | ○ | | | | | | | ○ | ○ | | | | | | ○ | | | | ○ | | | |
| 2020 年度 | ○ | | | ○ | | | | | | | ○ | ○ | | | | ○ | | | | | | | | ○ | |

## 出題分析

★出題数と時間　過去 5 年間の大問数は 6 で一定。小問数は 38～39。50 分の試験時間に対する問題量はそれほど多くはない。

★出題形式　解答は記述式が半分以上を占め，短文記述により説明させる問題も多く出されている。

★出題内容　①地理的分野

地図を示した上で，地形，気候，産業の特徴や貿易などの統計を読解させる問題が必ず出題される。「和歌山」をテーマとした出題にも注意しておきたい。

②歴史的分野

古代から現代までの大きな流れから出題され，外交関係や社会経済などをテーマにしている。法令や王朝名，人名などの記述問題と，事項の年代順や年代判断が問われることが多い。また，日本史の内容だけでなく，同時代の世界史の出来事についての出題もある。

③公民的分野

政治・経済ともに幅の広いテーマからの出題となっており，国際分野についても問われることがある。

## 来年度の対策

①**地理的分野**では，地図と統計資料を参照しながら学習することが大切。日本や世界の各都市の位置と気候や特色をまとめておこう。

②**歴史的分野**では，各時代の特色をまとめるため，時代ごとの象徴的な事件を年代，人物，影響などに注意して学習すること。また，同時代の世界史事項と関連づけて覚えるよう心がけたい。

③**公民的分野**では，憲法の重要な条文をよく読んで理解しておこう。日常の生活や新聞・テレビ・インターネットのニュースでよく出る用語に関心をもち，それらをまとめてみることも必要。

「**社会の近道問題シリーズ**（全４冊）」（英俊社）で苦手な部分を克服し，仕上げには「**ニューウイング 出題率 社会**」（英俊社）を使い，入試直前の最終チェックにも活用できる単元ごとの重要例題を役立ててほしい。

# ❖傾向と対策〈理科〉

## 出題傾向

| | 物理 | | | | | 化学 | | | | | 生物 | | | | | 地学 | | | | | 環境問題 |
|---|---|---|---|---|---|---|---|---|---|---|---|---|---|---|---|---|---|---|---|---|---|
| | 光 | 音 | 力 | 電流の性質とその利用 | 運動とエネルギー | 物質の性質 | 物質どうしの化学変化 | 酸素が関わる化学変化 | いろいろな化学変化 | 酸・アルカリ | 植物 | 動物 | ヒトのからだのつくり | 細胞・生殖・遺伝 | 生物のつながり | 火山 | 地震 | 地層 | 天気とその変化 | 地球と宇宙 | |
| 2024 年度 | ○ | ○ | | | | | ○ | ○ | | | | ○ | | ○ | | | | | ○ | | |
| 2023 年度 | | | | ○ | | ○ | | | | ○ | ○ | | | ○ | | | | | | ○ | |
| 2022 年度 | | | | | ○ | ○ | | | ○ | | | ○ | ○ | | ○ | ○ | ○ | | | | |
| 2021 年度 | | | | ○ | | | ○ | ○ | | | ○ | | | | | | | | | ○ | |
| 2020 年度 | | | ○ | | | | ○ | | | | ○ | | | | | | | | ○ | | |

## 出題分析

各分野から均等に出題されている。また，各分野の複合問題も出題されている。環境問題やエネルギー問題など，最近の話題からも出題されているので，注意しておこう。記述式が多く，理由を答えるもの，作図やグラフの作成なども出題されている。

**★物理的内容**

基礎的な実験をもとに，表・グラフからの読み取りや計算力を問う問題がよく出題されている。知識を総合的に応用した問題もあるので，力をつけておくこと。

**★化学的内容**

基礎的な実験をもとに，表・グラフからの読み取りや計算，化学反応式やモデル化の能力を問う問題が多い。

**★生物的内容**

観察や実験をもとに，基礎的な内容が出題されている。生命に関する内容はよく出題されているので注意。

**★地学的内容**

基礎的な観察・実験をもとに，系統的な幅広い知識を問う問題が出題されている。

## 来年度の対策

①**物理**→基本法則を理解し，的確な計算力とグラフの読み取りや作図を身につけておくこと。総合的な応用力も必要。

②**化学**→化学実験の方法と結果，化学式や化学反応式についてまとめておく。計算力も身につけておくこと。

③**生物**→基礎実験，観察の把握と生物の生命に関する事柄について，知識を整理しておくこと。

④**地学**→実験，観察の結果から総合的に考察できるようにしておくこと。

不得意分野は「**理科の近道問題シリーズ**（全6冊）」（英俊社）で強化しよう。仕上げには，出題頻度を分析して編集した「**ニューウイング 出題率 理科**」（英俊社）がお勧め。出題率の高い問題ばかりを集めているので，効率良く学習できるだろう。

# ❖傾向と対策〈国語〉

## 出題傾向

| | 現代文の読解 | | | | | | | | | 国語の知識 | | | | | | | | | 作文 | | 古文・漢文 | | | | | | | | |
|---|---|---|---|---|---|---|---|---|---|---|---|---|---|---|---|---|---|---|---|---|---|---|---|---|---|---|---|---|---|
| | 内容把握 | 原因・理由 | 接続語 | 適語挿入 | 脱文挿入 | 段落の働き・論の展開 | 要旨・主題 | 心情把握・人物把握 | 表現把握 | 漢字の読み書き | 漢字・熟語の知識 | ことばの知識 | 慣用句・ことわざ・四字熟語 | 文法 | 敬語 | 文学史 | 韻文の知識 | 表現技法 | 課題作文・条件作文 | 短文作成・表現力 | 読解問題 | 主語・動作主把握 | 会話文・心中文 | 要旨・主題 | 古語の意味・口語訳 | 仮名遣い | 文法・係り結び | 返り点・書き下し文 | 古文・漢文・漢詩の知識 |
| 2024年度 | ○ | ○ | ○ | ○ | | | ○ | ○ | ○ | ○ | ○ | ○ | | | ○ | | | | ○ | | | | | | | | | ○ | ○ |
| 2023年度 | ○ | ○ | | | | ○ | | ○ | ○ | ○ | ○ | | ○ | ○ | ○ | | | ○ | ○ | | ○ | | | | | | | ○ | |
| 2022年度 | ○ | ○ | | ○ | | ○ | | ○ | | ○ | | ○ | ○ | ○ | ○ | | | | ○ | | ○ | | | | | ○ | | | |
| 2021年度 | ○ | ○ | | ○ | ○ | | | | ○ | ○ | ○ | | | ○ | ○ | | | | ○ | | ○ | | | | ○ | ○ | | | |
| 2020年度 | ○ | ○ | ○ | ○ | | | | ○ | | ○ | ○ | ○ | ○ | | | | | | ○ | | ○ | ○ | | | | | | | |

**【出典】**

2024年度　1漢文　王之渙「登鸛鵲楼」
2論理的文章　市橋伯一「増えるものたちの進化生物学」
3文学的文章　岸田奈美「飽きっぽいから、愛っぽい」

2023年度　1漢文　「論語」　2論理的文章　古田徹也「いつもの言葉を哲学する」
3文学的文章　佐藤いつ子「ソノリティ　はじまりのうた」

2022年度　1国語の知識　金田一春彦「心にしまっておきたい日本語」
2論理的文章　本川達雄「生物学的文明論」　3文学的文章　森谷明子「南風吹く」

2021年度　1古文　「古今和歌集」　2論理的文章　山極寿一「『サル化』する人間社会」
3文学的文章　梨木香歩「やがて満ちてくる光の」　4作文　重松　清「きみの町で」

2020年度　1国語の知識・古文　「沙石集」
2論理的文章　林　将之「葉っぱはなぜこんな形なのか？」
3文学的文章　佐川光晴「駒音高く」

## 出題分析

★現代文…………論理的文章と文学的文章が１題ずつ出される。内容把握の問題が中心となっており，40～80字程度の記述式問題もある。

★古　文…………現代文や，国語の知識を問う大問のなかで出題されている。問題数は少ないながら，仮名遣いなどの古文の基礎知識から，内容把握まで問われている。2023・2024年度は漢文が出題された。

★国語の知識……国語の知識の大問が出題されている。そのなかで，漢字の読み書きがあわせて８問程度，そして行書体，慣用句・ことわざ・四字熟語，文法，敬語などが幅広く問われている。

## 来年度の対策

問題数や形式に多少の変化はあるものの，内容については来年度も大きな変化はないと予想される。また，選択式や記述式といった出題形式のバランスにも変化はないだろう。

設問内容も，内容の理解を問うものに加え，書体に関する問いが必ず出されるなど，頻出のパターンがある。過去の問題を通して徹底的に研究しておくことが大切である。

①**論理的文章・文学的文章**については，筆者の主張や考え，場面の状況や登場人物の心情などを的確に読みとることが大切になってくる。多くの文章に目を通して，指示語や同一内容の表現を確認したり，段落相互のつながりを意識したりして読む習慣を身につけておきたい。文法，漢字，熟語などについては基本的なものをしっかり身につけておくこと。

②**古典**については，現代文や国語の知識を問う大問のなかで出されているので，どんな出題形式にも対応できるように，古典の基本的な知識と読解力を養ってほしい。

③**作文**については，限られた時間と字数の中で，自分の考えを簡潔に表現するトレーニングをしておくことが不可欠である。最近，社会的な話題になっていることにも関心を持ち，新聞，ニュースなどを見て，しっかりした自分自身の意見を持つように心がけよう。

中学校の学習内容全般にわたって出題されるので，できるだけ苦手な部分をなくしておくことが大切だ。「**国語の近道問題シリーズ**（全５冊）」（英俊社）は薄手ながら，弱い分野の対策にはふさわしい問題集なので，是非やってほしい。また，仕上げには「**ニューウイング 出題率 国語**」（英俊社）をやっておくとよいだろう。出題率の高い問題で編集されているので，最後の対策として，是非活用してもらいたい。

**【写真協力】** ピクスタ株式会社 ／ 株式会社フォトライブラリー ／ 芸術新聞社 ／ 毎日新聞社 ／ 和歌山県

**【地形図】** 本書に掲載した地形図は，国土地理院発行の地形図・地勢図を使用したものです。

~MEMO~

~MEMO~

~MEMO~

# 和歌山県公立高等学校

## 2024年度
## 入学試験問題

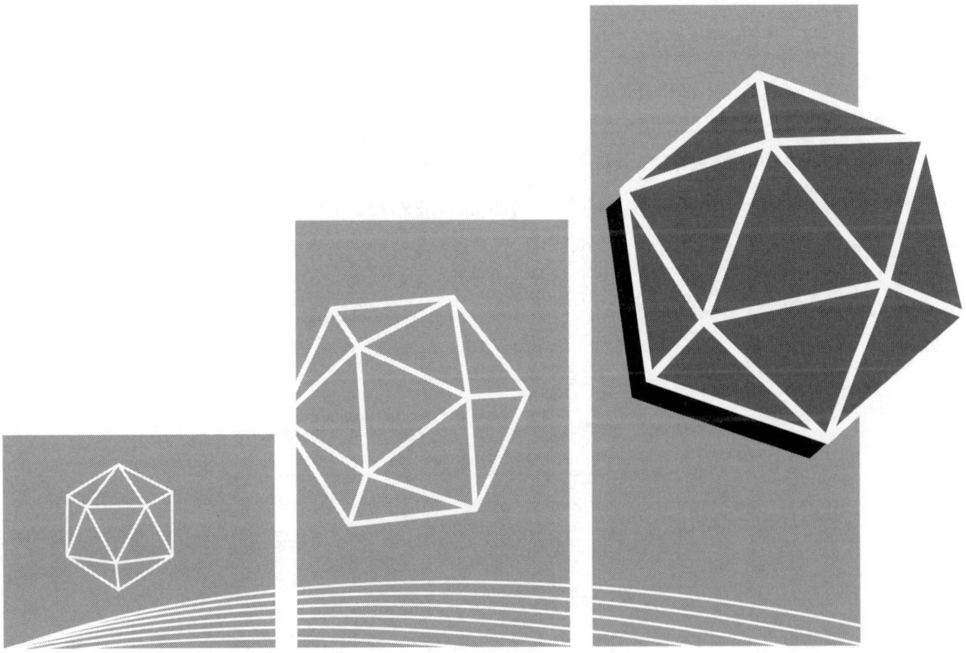

# 数学

時間　50分　　　満点　100点

1　次の〔問1〕～〔問6〕に答えなさい。

〔問1〕　次の(1)～(5)を計算しなさい。

(1)　$-4+7$　(　　　)

(2)　$6+\frac{7}{9}\times(-12)$　(　　　)

(3)　$-2(a-b)+5(2a-b)$　(　　　)

(4)　$\sqrt{28}-\sqrt{7}+\sqrt{63}$　(　　　)

(5)　$(a+5)^2-(a-8)(a-2)$　(　　　)

〔問2〕　次の二次方程式を解きなさい。

$(x+2)^2=13$　(　　　)

〔問3〕　$\sqrt{126n}$ の値が自然数となるような自然数 $n$ のうち，最も小さいものを求めなさい。

(　　　)

〔問4〕　$y$ は $x$ に反比例し，$x=2$ のとき，$y=-3$ である。

このとき，$y$ を $x$ の式で表しなさい。(　　　)

〔問5〕　AB = BC の直角二等辺三角形 ABC がある。右の図のように，辺 AB を3等分する点を A に近いほうから D，E，辺 BC を3等分する点を B に近いほうから F，G，辺 CA を3等分する点を C に近いほうから H，I とし，それぞれ点を結ぶ。また，線分 EH と線分 FI の交点を J とする。

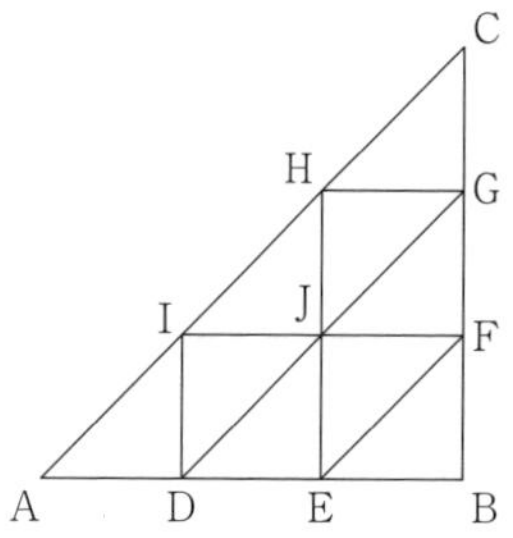


次の(1)，(2)に答えなさい。

(1)　△ADI と合同な三角形のうち，平行移動だけで△ADI の位置に移るものは△ADI 以外にいくつあるか，求めなさい。(　　　個)

(2)　△DEJ を△GHJ の位置に移す方法を次の2通り考えた。

次の［ア］にはあてはまる数を，［イ］にはあてはまる直線を答えなさい。

ア(　　　)　イ(　　　)

方法1

> △DEJ を点 J を中心に［ア］度回転移動させる。

方法2

> △DEJ を△JFG の位置に移るように平行移動し，さらに直線［イ］を対称の軸として対称移動させる。

〔問6〕 右の図のように，円Oの周上に3点A，B，Cがあり，線分OBと線分ACの交点をDとする。

OA∥CB，∠BDC = 114°のとき，∠$x$の大きさを求めなさい。

(　　　)

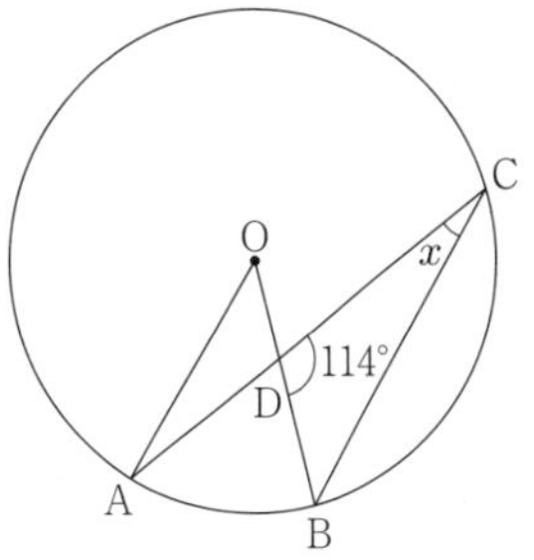


2 次の〔問1〕～〔問5〕に答えなさい。

〔問1〕 右の図のような長方形ABCDがある。点Pは点Aを出発して長方形の辺上をB，Cの順にCまで動くものとし，点Pが点Aから$x$ cm動いたときの△APDの面積を$y$ cm$^2$とする。

このとき，点PがAからCまで動くときの$x$と$y$の関係を表したグラフとして適切なものを，次のア～エの中から1つ選び，記号で答えなさい。(　　　)

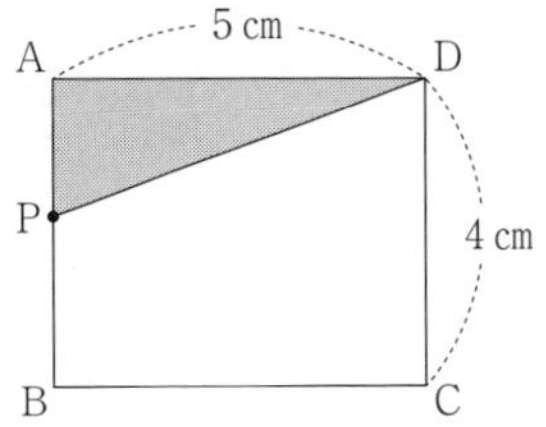


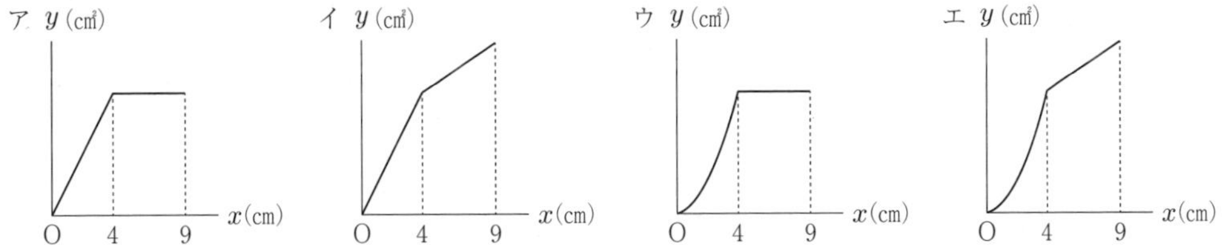


〔問2〕 たかしさんは家族でドライブに出かけました。午前9時に家を出発して目的地まで，一般道路を時速30km，高速道路を時速80kmで走り，午前11時に目的地に到着しました。

走った道のりがあわせて130kmのとき，一般道路と高速道路をそれぞれ何km走ったか，求めなさい。ただし，答えを求める過程がわかるようにかきなさい。

(求める過程)(　　　　　　　　　　　　　　　　　　　　　　　　　　　　)

一般道路(　　　km)　高速道路(　　　km)

〔問3〕 右の図は，あるクラスの生徒17人が懸垂を行い，その回数をグラフに表したものである。

このとき，懸垂の回数の記録を箱ひげ図で表したものとして適切なものを，次のア～エの中から1つ選び，記号で答えなさい。(　　　)

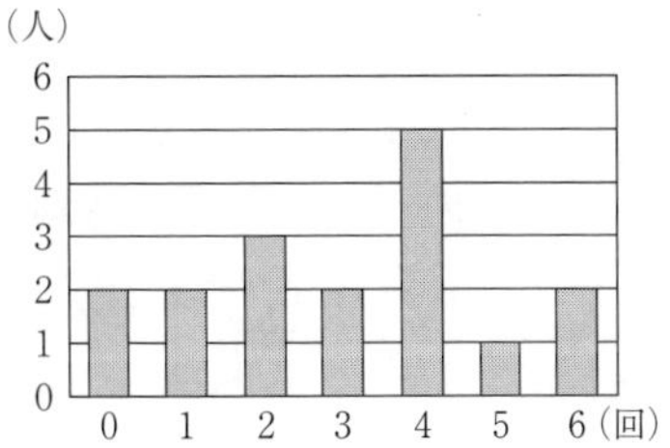


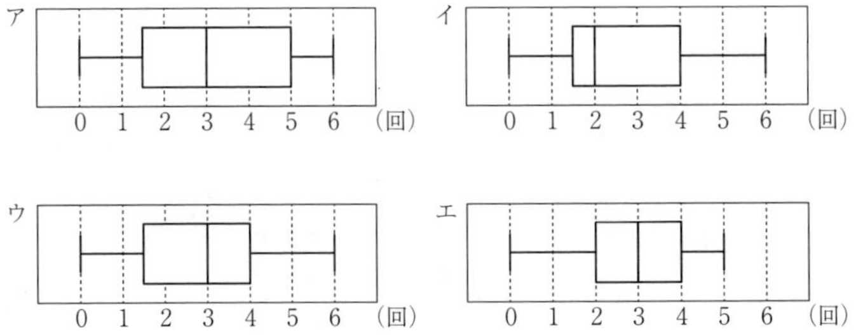

〔問4〕 箱Aの中に，1，2，3，4，5の数字が1つずつかかれた5枚のカードが，箱Bの中に，「$6+a$」，「$6-a$」，「$6\times a$」の式が1つずつかかれた3枚のカードが入っている。

箱A，箱Bの中からカードを1枚ずつ取り出し，箱Aから取り出したカードにかかれた数を$a$とし，箱Bから取り出したカードにかかれた計算をするとき，その結果が奇数になる確率を求めなさい。

ただし，どのカードを取り出すことも，それぞれ同様に確からしいものとする。(　　　)

箱A

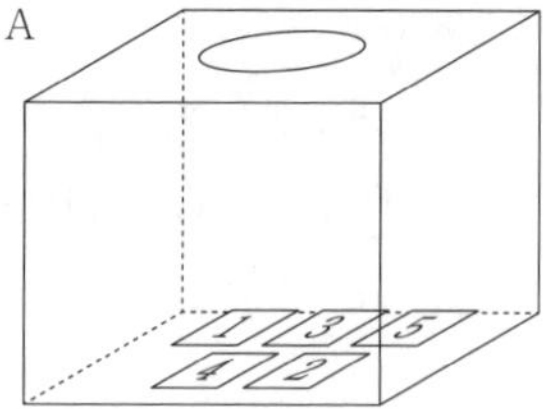


箱B

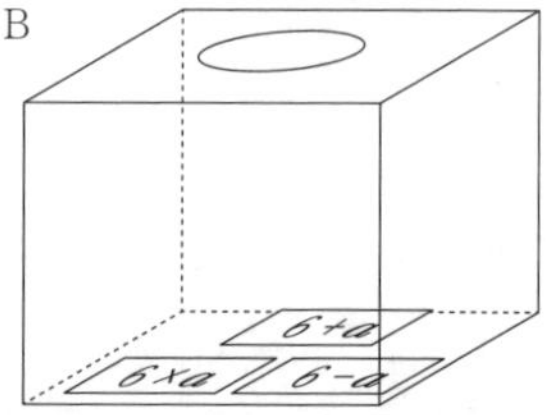


〔問5〕 右の図は，ある月のカレンダーです。このカレンダーで，3つの数をの形で囲みます。次の文は，ようこさんと先生が，囲んだ3つの数の和がどんな数になるかを話し合っている会話の一部です。

| 日 | 月 | 火 | 水 | 木 | 金 | 土 |
|---|---|---|---|---|---|---|
| | | 1 | 2 | 3 | 4 | 5 |
| 6 | 7 | 8 | 9 | 10 | 11 | 12 |
| 13 | 14 | 15 | 16 | 17 | 18 | 19 |
| 20 | 21 | 22 | 23 | 24 | 25 | 26 |
| 27 | 28 | 29 | 30 | 31 | | |

ようこ：カレンダーで，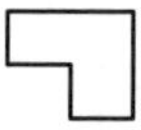の形で囲んだ3つの数の和は，$1+2+9=12$，$11+12+19=42$のように，いつでも2の倍数になるのかな。

先　生：［ア］のような場合があるので，いつでも2の倍数になるとは限りませんね。他の場合も計算して，どんな数になるか考えてみましょう。

ようこ：他の場合も計算すると，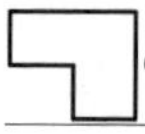の形で囲んだ3つの数の和はいつでも3の倍数になるといえそうですね。

次の(1)，(2)に答えなさい。

(1) ［ア］について，の形で囲んだ3つの数の和が2の倍数にならない式の例を，$1+2+9=12$のような形で1つかきなさい。(　　　)

(2) 下線部のことがらが成り立つ理由を説明しなさい。

ただし，の形で囲んだ3つの数のうち，最も小さい数を$n$として説明しなさい。

(説明)(　　　　　　　　　　　　　　　　　　　　　　　　　　　　)

3 図1のように，関数 $y = 2x^2$ のグラフ上に2点A(2, 8)，B(－1, 2)がある。

次の〔問1〕～〔問4〕に答えなさい。

図1

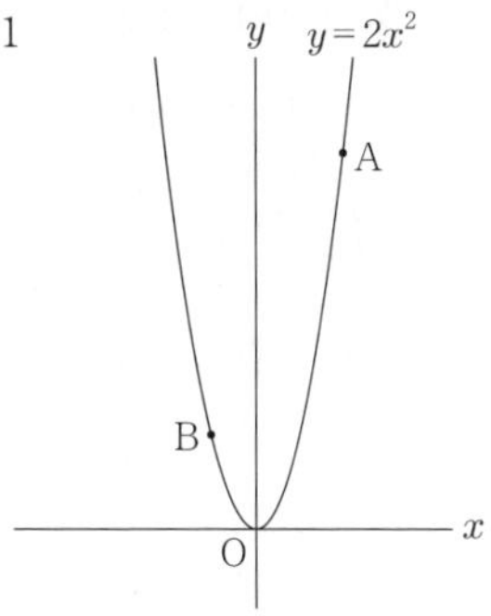


〔問1〕 関数 $y = 2x^2$ について，$x$ の変域が $-2 \leqq x \leqq 1$ のとき，$y$ の変域を求めなさい。(　　　　　)

〔問2〕 図2のように，点Aを通り，$y$ 軸に平行な直線と $x$ 軸との交点をCとする。

このとき，直線BCの式を求めなさい。(　　　　)

図2

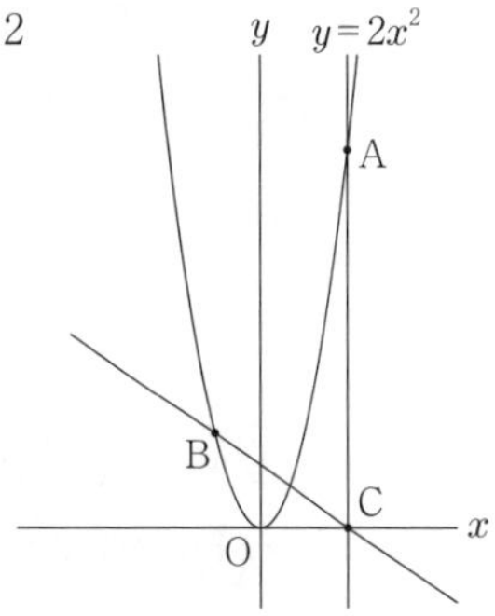


〔問3〕 図3のように，直線ABと $x$ 軸との交点をDとする。

このとき，AB : BDを最も簡単な整数の比で表しなさい。

(　　　　)

図3

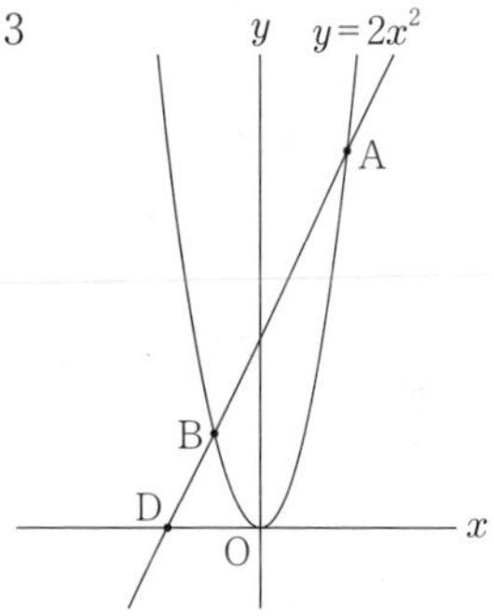


〔問4〕 図4のように，$y$ 軸上に点E(0, －4)をとる。

また，関数 $y = -\frac{1}{2}x^2$ のグラフ上に点Pをとり，△OPEの面積が△OABの面積の $\frac{1}{2}$ 倍となるようにする。

このとき，点Pの座標をすべて求めなさい。(　　　　)

図4

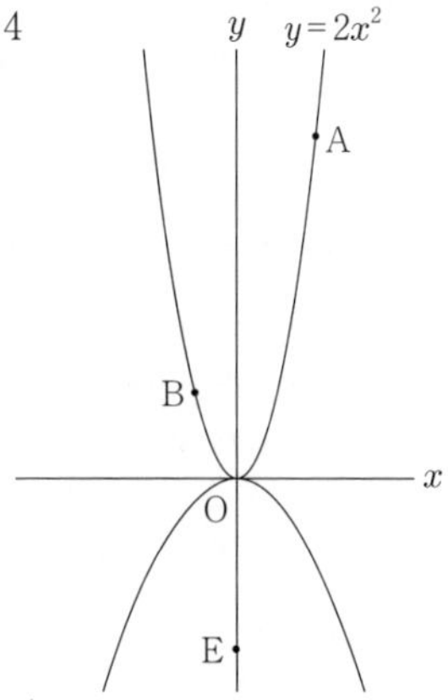

4　図1のように，一辺の長さが $a$ cm の正方形ABCDと，一辺の長さが $b$ cm の正方形EFGHがあり，点Cと点Fが一致するように辺CDと辺EFが重なっている。

次の〔問1〕～〔問3〕に答えなさい。

図1

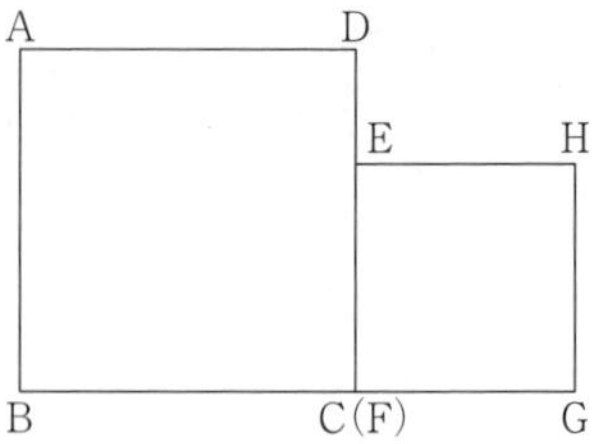


〔問1〕　図1において，点Bと点Hを結ぶ。

$a = 3$，$b = 2$ のとき，線分BHの長さを求めなさい。

(　　　cm)

〔問2〕　$a = b$ とし，図2のように，正方形EFGHを点Fを中心に反時計回りに70°回転させた。

このとき，$\angle x$ の大きさを求めなさい。(　　　)

図2

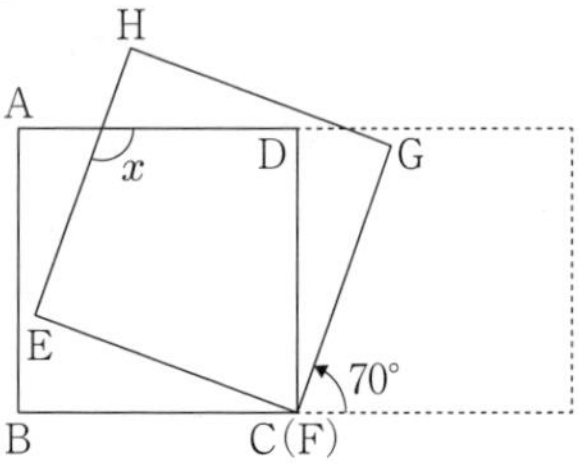


〔問3〕　$a = 5$，$b = 3$ とし，図3，図4のように，正方形EFGHを，3点D，H，Gがこの順で一直線上に並ぶように点Fを中心に反時計回りに回転させた。

次の(1)，(2)に答えなさい。

(1)　図3において，辺CDと辺EHの交点をIとする。

このとき，△DIHの面積を求めなさい。(　　　$cm^2$)

図3

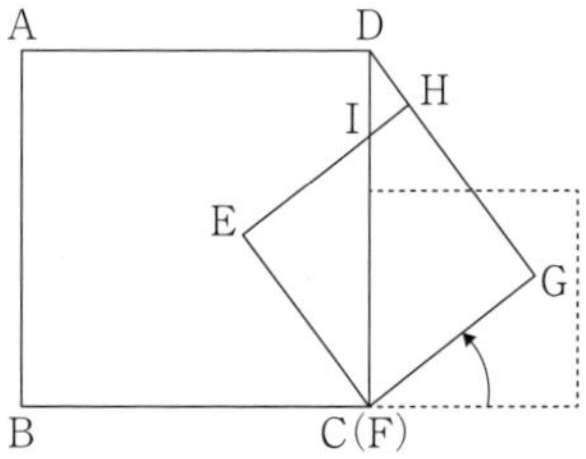


(2)　図4において，3点B，E，Hは一直線上に並ぶことを証明しなさい。

(　　　)

図4

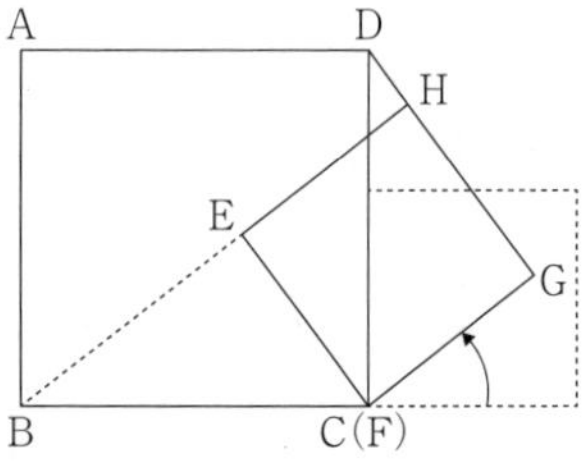

# 英語

時間　50分　　　　満点　100点

（編集部注）　放送問題の放送原稿は英語の末尾に掲載しています。
音声の再生についてはもくじをご覧ください。

1　放送をよく聞いて，次の〔問1〕～〔問3〕に答えなさい。

〔問1〕　No.1～No.3の順に，それぞれ対話を1回放送します。No.1～No.3の対話の内容に最も合う絵を，A～Dの中から1つずつ選び，その記号を書きなさい。

No.1（　　　）　No.2（　　　）　No.3（　　　）

No.1　A　B　C　D

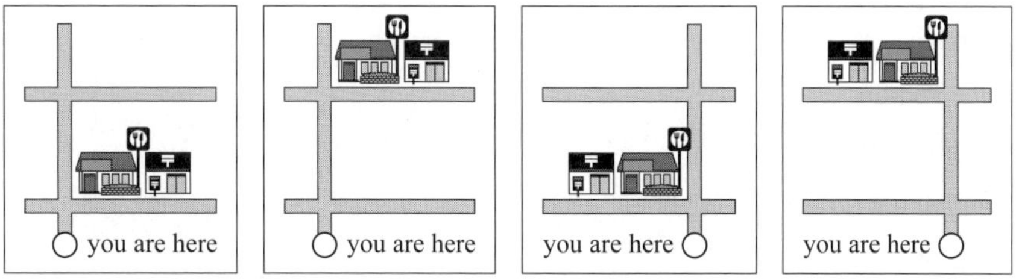


No.2　A　B　C　D

No.3　A　B　C　D

〔問2〕　No.1，No.2の順に，それぞれ質問と英文を放送します。質問に対する答えとして最も適切なものを，A～Dの中から1つずつ選び，その記号を書きなさい。

No.1　中学生の里美（Satomi）が，英語の授業で部活動についてスピーチをします。スピーチの内容に合うものはどれですか。（　　　）

A　Satomi thinks she is very good at playing tennis.

B　Satomi has been playing tennis since she was ten years old.

C　Satomi stopped practicing tennis.

D　Satomi wants to be a good tennis player.

No.2　あなたは，留学生のメグ（Meg）に，彼女が週末に訪れる自然公園での過ごし方について話しています。その内容に合うものはどれですか。(　　　)

A　Meg can't touch animals in the park.　　B　Meg can't watch birds in the park.

C　Meg can't enjoy local food in the park.　　D　Meg can't take pictures in the park.

〔問３〕 高校生の健太（Kenta）が英語の授業で行ったスピーチと，その内容について５つの質問を２回放送します。No.1～No.5 の英文が質問の答えとなるように，□ に入る最も適切なものを，A～D の中から１つずつ選び，その記号を書きなさい。

No.1　He went to America □.

A　last spring　　B　last summer　　C　last fall　　D　last winter

No.2　He is □.

A　a Japanese teacher in America　　B　a science teacher in America

C　a math teacher in America　　D　a history teacher in America

No.3　She studied Japanese □.

A　by going to the museum　　B　by learning American culture

C　by talking with her teacher　　D　by watching Japanese anime

No.4　Because □.

A　she was very interested in American culture

B　she was very interested in Japanese culture

C　she felt her Japanese was good

D　she felt her Japanese was not good

No.5　He wants to □.

A　go to America again　　B　study math harder　　C　be an English teacher

D　improve his English more

[2] 次の英文は，高校生の悠真（Yuma）が，英語の授業で行った，和歌山の観光についてのプレゼンテーションの原稿です。これを読み，〔問1〕～〔問3〕に答えなさい。

Do you know that Wakayama is popular among foreign visitors? Last summer, I went to Kyoto for sightseeing, and I made some foreign friends there. One Chinese friend, Jing, asked me a question about famous places in Wakayama. She asked me because she was going to visit Wakayama with her family. I could not answer the question well.

When I went back home, I told my father about my experience in Kyoto. He said, "In Wakayama, we have many places to visit. For example, we have some famous World Heritage Sites. So, many foreign people from different areas visit Wakayama every year." I was surprised to hear that because I thought Wakayama was not so popular among foreign tourists.

I wanted to know more about foreign people who visit Wakayama, so I used the Internet and found some interesting data. From the data, I made two graphs. ①Graph 1 shows the number of foreign tourists who visited Wakayama. From 2013 to 2019, the number increased almost every year. However, in 2017, the number decreased. ②Graph 2 shows where the visitors came from in 2019. The percentage of tourists from Asia was the highest. I thought more people came to Wakayama from North America than from Europe. But that was not true. Nine percent of visitors did not come from those three areas.

From making these graphs, I learned that many people from different areas came to visit Wakayama. I want more foreign people to visit Wakayama. So, I will study about famous places in Wakayama and I want to introduce them to many foreign people.

（注） sightseeing 観光　Jing ジン（女性の名前）　decrease 減る　percentage 割合
North America 北アメリカ　Europe ヨーロッパ

〔問1〕 本文の内容に合うように，次の(1)，(2)の（　　）にあてはまる最も適切なものを，それぞれア～エの中から1つ選び，その記号を書きなさい。

(1) Jing asked Yuma a question because (　　　).

ア her teacher asked her to do that
イ she had a plan to go to Wakayama
ウ she visited Kyoto for sightseeing
エ her father told her about his experience in Kyoto

(2) Yuma was surprised because he (　　　).

ア visited some famous World Heritage Sites in Wakayama
イ thought that his father did not know about Wakayama
ウ learned about famous places in Wakayama
エ thought that not many foreign people visited Wakayama

〔問2〕 文中の下線部①，②について，あとの(1)，(2)に答えなさい。

(1) 下線部①Graph 1について，悠真が作成した「和歌山県を訪れた外国人観光客数」のグラフとして最も適切なものを，次のア～エの中から1つ選び，その記号を書きなさい。(　　　)

ア
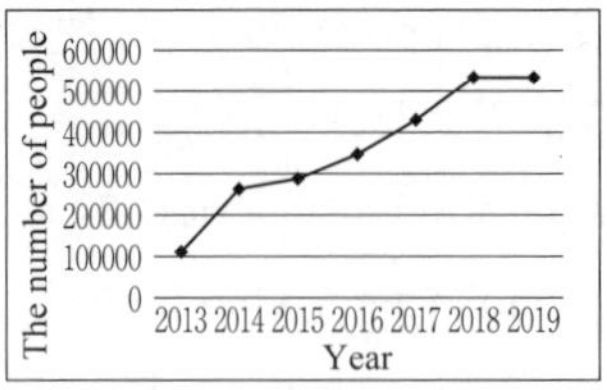


イ
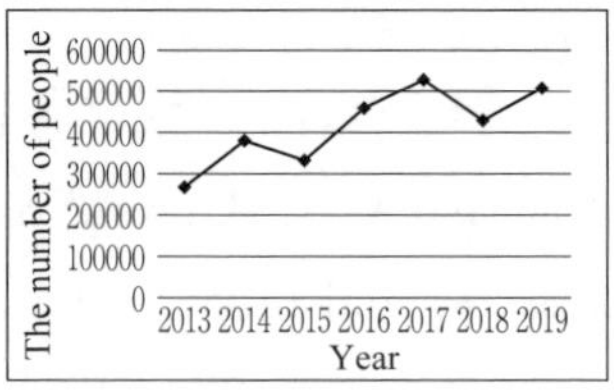


ウ
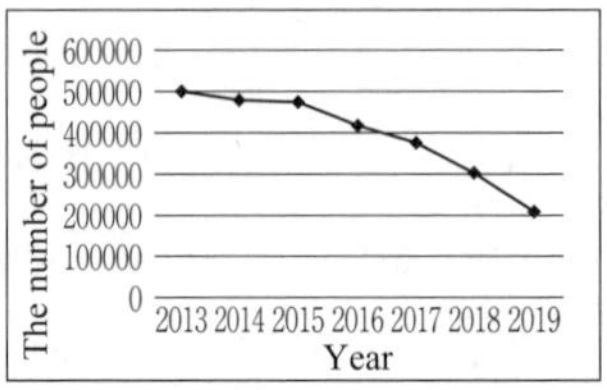


エ
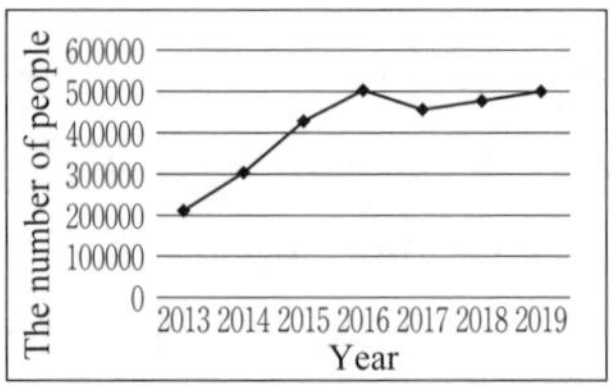


(2)　下線部②Graph 2について，悠真が作成した「和歌山県を訪れた外国人観光客の地域別割合」のグラフのA～Cにあてはまるものを，次のア～ウの中から1つずつ選び，その記号を書きなさい。A（　　　）　B（　　　）　C（　　　）

ア　Europe　　イ　Asia　　ウ　North America

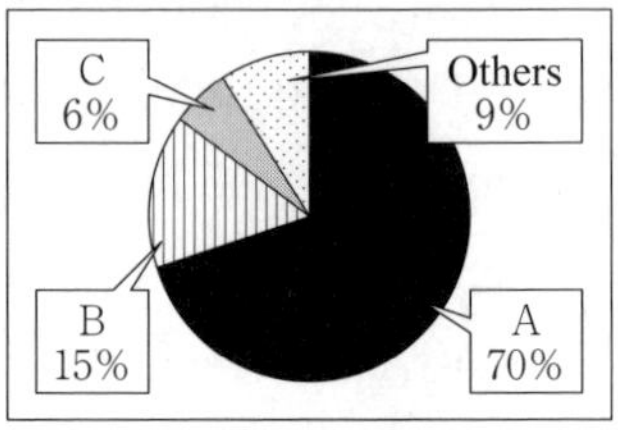


〔問3〕　悠真は，プレゼンテーションの後，ALT（外国語指導助手）のサム（Sam）と話をしました。次の対話文は，そのやりとりの一部です。これを読み，あとの(1)，(2)に答えなさい。

Yuma：　Thank you for listening. Do you have any questions?
Sam　：　Yes, how will you study about famous places in Wakayama?
Yuma：　By visiting them.
Sam　：　Good idea! [　①　]
Yuma：　I will go to Koyasan.
Sam　：　Nice. How will you introduce famous places in Wakayama to many foreign people?
Yuma：　[　②　]
Sam　：　Good. I am sure many foreign people will be interested in Wakayama.

（注）　Koyasan　高野山

(1)　対話の流れに合うように，文中の[　①　]にふさわしい英語を書きなさい。ただし，語数は4語以上とし，符号（.,?!など）は語数に含まないものとする。

（　　　　　　　　　　　　　　　　　　　　　　　　　　　　　）

(2)　対話の流れに合うように，文中の[　②　]にあてはまる最も適切なものを，次のア～エの中から1つ選び，その記号を書きなさい。（　　　）

ア　I will use the Internet and show many pictures of them.

イ　I will make a poster of them and put it in my class.

ウ　I will study more information about them.

エ　I will talk about them with my family.

3　次の英文は，高校生の真利子（Mariko）と留学生のジャック（Jack）の対話です。これを読み，〔問1〕～〔問5〕に答えなさい。

Jack　：　Hi, Mariko. What are you doing?

Mariko：　Hi, Jack. I'm preparing for tomorrow's presentation.

Jack　：　What is the topic of the presentation?

Mariko：　It is about SDGs. I have been preparing for the presentation for two weeks. Look at the first slide in the presentation.

Jack　：　It shows six people, right?

Mariko：　Yes. That picture shows one of the SDGs. I'm interested in helping people in developing countries.

Jack　：　Sounds great.

Mariko：　This is the next slide. I think fair trade is important to solve that problem. By the way, do you know anything about it?

Jack　：　Of course. I like buying fair trade products. Do many Japanese people know about fair trade?

Mariko：　Please look at the next slide. Actually, there are many young Japanese people who know the word "fair trade". I was surprised to learn that. I want more people to learn about fair trade.

Jack　：　What does the fourth slide mean?

Mariko：　These three are the fair trade products produced much in the world.

Jack　：　I see. I often buy fair trade tea. Mariko, [　　　]?

Mariko：　I sometimes buy fair trade chocolate.

Jack　：　By buying fair trade products, the people's lives in developing countries are protected.

Mariko：　<u>That</u>'s true.

Jack　：　I hope your presentation will be successful.

Mariko：　Thank you.

（注）SDGs　持続可能な開発目標　　slide　スライド　　developing country　開発途上国
fair trade　フェアトレード（開発途上国の商品を適正な価格で購入する仕組み）
by the way　ところで　　produce　生産する

〔問1〕　次のア～エのスライドを，真利子の発表順に並べかえると，どのような順序になりますか。その記号を順に書きなさい。(　　→　　→　　→　　)

ア

イ
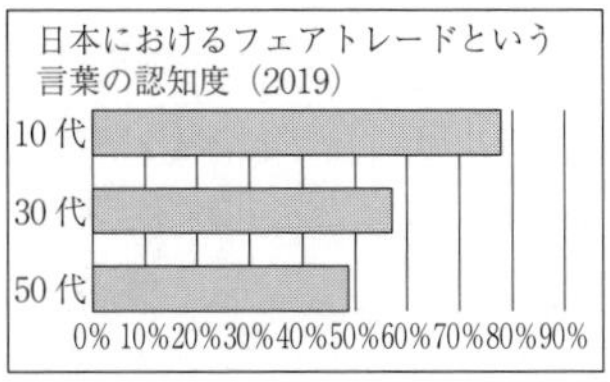

ウ

エ

『Fairtrade International』より作成

〔問2〕 対話の流れに合うように，文中の □ にあてはまる最も適切なものを，次のア～エの中から1つ選び，その記号を書きなさい。(　　　)

ア　how about fair trade　　イ　how about SDGs　　ウ　how about tea

エ　how about you

〔問3〕 下線部Thatの内容を，日本語で具体的に書きなさい。

(　　　　　　　　　　　　　　　　　　　　)

〔問4〕 次の(1)，(2)の質問の答えを，それぞれ英語で書きなさい。

(1)　How long has Mariko been preparing for the presentation?

(　　　　　　　　　　　　　　　　　　　　)

(2)　What fair trade products does Jack often buy?

(　　　　　　　　　　　　　　　　　　　　)

〔問5〕 対話の内容に合う最も適切なものを，次のア～エの中から1つ選び，その記号を書きなさい。(　　　)

ア　Mariko has never bought a fair trade product.

イ　Mariko hopes more people will learn about fair trade.

ウ　Jack does not know about fair trade at all.

エ　Jack is going to talk about fair trade with Mariko tomorrow.

4　次の表は，ある町で行われる 10 月のイベントの内容です。これを読んで，あなたならイベント 1，2 のうち，どちらに参加しますか。〔　　〕に参加するイベントの番号を入れた上で，その理由を，次の［　　］に，25 語以上の英語で書きなさい。ただし，符号（.,?! など）は語数に含まないものとする。

I will join Event〔　　　〕.

(　　　　　　　　　　　　　　　　　　　　　　　　　　　　　　　　　　)

表

Event Information for Next Month (October)

| | Event Name | Date | Time |
|---|---|---|---|
| Event 1 | Enjoying Cooking Local Vegetables | 20 (Sunday) | 10:00-12:00 |
| Event 2 | Enjoying Watching Beautiful Stars in the Night Sky | 25 (Friday) | 18:30-20:00 |

I will join Event〔　　〕.

[　　　　　　　　　　　　　　　　　　　　　　　　　　　　　　　　　　]

5　次の英文は，高校生の沙希（Saki）が，タイからの留学生ナエン（Naen）との出会いをきっかけに学んだことについて，英語の授業で行ったスピーチの原稿です。これを読み，〔問1〕～〔問5〕に答えなさい。

Today, I'd like to talk about one of my best friends, Naen. She lives in Thailand. About two years ago, she came to Japan to study Japanese and stayed at my house for six months. Our family had a very good time with her. [ A ] Now we sometimes talk online both in English and Japanese. It's fun.

Since Naen came to my house, I have been interested in foreign cultures. And I have learned there are many differences between cultures. [ B ], there is a big difference about being punctual between Japan and Thailand. During Naen's stay at my house, we had one family rule. We had to come home before seven in the evening. But Naen often came home several minutes late. And she never said, "I'm sorry to be late." One day, I asked her, "Why do you often come home late?" She answered, "In my country, it is not a problem to be several minutes late." She also said, "Sorry. I never thought I broke the rule. I didn't know Japanese people were so punctual." If I didn't know <u>this cultural difference about being punctual</u>, I would think she is the person who often breaks rules.

Now the number of foreign people living in Japan has increased from about 2,000,000 to about 3,000,000 in the past ten years. In the future, the number will increase more. This means we will have more chances to live and work with foreign people. And many of them have different cultures from us. I asked myself, "How can we live well in a society with cultural diversity?"

I think Leitch Michael, a famous rugby player, tells us something important about [ C ]. He was interested in playing rugby in Japan, so he came to Japan from New Zealand twenty years ago. Now he is a member of the Japan men's national rugby team. Many members of the team are from foreign countries. They have different cultures. He says, "In our team there are many players with different cultures and we respect each other to be one team. So we have learned different ideas and ways of thinking from each other. This has made the team stronger. I think Japan needs to create its future together with foreign people from now. Our team can be a good model for that."

From Naen and Leitch, I have learned a lot. First, we need to know the differences between cultures. If we don't understand the differences, we may misunderstand each other. Second, we also need to respect each culture and its differences. By doing so, we can learn different ideas and ways of thinking. I believe this can help us make our society better.

（注）online　オンラインで　　punctual　時間に正確な　　late　遅刻して
broke < break（(規則)を破る）の過去形　　chance　機会　　cultural diversity　文化的多様性
Leitch Michael　リーチマイケル　　model　模範　　misunderstand　誤解する

〔問1〕　本文の流れに合うように，文中の [ A ] ～ [ C ] にあてはまる最も適切なものを，それぞれア～エの中から1つずつ選び，その記号を書きなさい。

A（　　　）B（　　　）C（　　　）

A　ア　She was like a real student.　　イ　She was like a real family member.

　　ウ　She was like a real leader.　　エ　She was like a real Japanese teacher.

B　ア　For example　　イ　Like this　　ウ　At first　　エ　Second

C　ア　this language　　イ　this rule　　ウ　this work　　エ　this question

〔問2〕 下線部this cultural difference about being punctualの内容を，日本語で具体的に書きなさい。

（　　　　　　　　　　　　　　　　　　　　　　　　　　　　　　　　）

〔問3〕 次の(1)，(2)の質問の答えを，それぞれ英語で書きなさい。

(1) What languages do Saki and Naen use when they talk online?

（　　　　　　　　　　　　　　　　　　　　　　　　　　　　　　　　）

(2) Why did Leitch Michael come to Japan?

（　　　　　　　　　　　　　　　　　　　　　　　　　　　　　　　　）

〔問4〕 本文中で，沙希が引用しているリーチマイケルの考えと一致する適切なものを，次のア～エの中から1つ選び，その記号を書きなさい。（　　　）

ア　Leitch Michael does not think that cultural diversity in his team is its strong point to win games. It is because the team members cannot communicate well with each other.

イ　Leitch Michael does not think that cultural diversity in his team is its strong point to win games. It is because Japan needs to create its future together with foreign people.

ウ　Leitch Michael thinks that cultural diversity in his team is its strong point to win games. It is because the team members can get different ideas and ways of thinking.

エ　Leitch Michael thinks that cultural diversity in his team is its strong point to win games. It is because the foreign players are better at playing rugby.

〔問5〕 本文の内容に合うものを，次のア～オの中から2つ選び，その記号を書きなさい。

（　　　）（　　　）

ア　Naen came to Japan and stayed at Saki's house for one year.

イ　Saki has been interested in Japanese culture since she went to Thailand.

ウ　In Japan, people will have more chances to work with foreign people in the future.

エ　Naen always came home before seven in the evening because she understood the family rule.

オ　Saki thinks that both knowing and respecting differences between cultures are important.

〈放送原稿〉

これから，2024年度和歌山県公立高等学校入学試験英語リスニング問題を行います。(10秒)

それでは，問題冊子を開きなさい。

リスニング問題は〔問1〕，〔問2〕，〔問3〕の3つがあります。放送を聞きながら，メモをとってもかまいません。

〔問1〕は，対話の内容に合った絵を選ぶ問題です。はじめに，No.1からNo.3の絵を見なさい。

(10秒)

これから，No.1からNo.3の順に，それぞれ対話を1回放送します。No.1からNo.3の対話の内容に最も合う絵を，AからDの中から1つずつ選び，その記号を書きなさい。放送は一度しか流れません。注意して聞いてください。それでは始めます。

No.1　A：　Excuse me, where is the post office?

B：　Go straight and turn right at the second corner. You will find a restaurant on your left. The post office is next to the restaurant. (5秒)

No.2　A：　May I help you?

B：　Yes. I want a T-shirt.

A：　How about this one with a car on it?

B：　Well, I really like cats. I will buy that one with a cat. (5秒)

No.3　A：　When is the cleaning activity?

B：　Look. It is Sunday afternoon.

A：　Do we need to bring anything?

B：　Yes, you need a towel. (5秒)

〔問2〕は，英文を聞いて，答える問題です。まず，No.1，No.2の問題を読みなさい。(10秒)

これから，No.1，No.2の順に，それぞれ質問と英文を放送します。質問に対する答えとして最も適切なものを，AからDの中から1つずつ選び，その記号を書きなさい。英文は2回放送します。それでは始めます。

No.1　中学生の里美が，英語の授業で部活動についてスピーチをします。スピーチの内容に合うものはどれですか。

I am going to tell you about my club activity. I like playing sports, so, I'm in the tennis club now. I want to be a good tennis player in the future. I have been playing tennis since I was twelve years old. I am not so good at playing tennis, but I like playing it. My father tells me that it is important to continue practicing every day. Practicing is very hard, but I will do my best. (7秒)

もう一度放送します。

I am going to tell you about my club activity. I like playing sports, so, I'm in the tennis club now. I want to be a good tennis player in the future. I have been playing tennis since I was twelve years old. I am not so good at playing tennis, but I like playing it. My father tells me that it is important to continue practicing every day. Practicing is very hard, but I will do my best.（7秒）

No.2 あなたは，留学生のメグに，彼女が週末に訪れる自然公園での過ごし方について話しています。その内容に合うものはどれですか。

I think you will have a good time in the nature park. There, you can watch many animals and birds. They are very cute, but you can't touch them because they are not safe. You can enjoy local food and beautiful nature. You can also take pictures there.（7秒）

もう一度放送します。

I think you will have a good time in the nature park. There, you can watch many animals and birds. They are very cute, but you can't touch them because they are not safe. You can enjoy local food and beautiful nature. You can also take pictures there.（7秒）

これで，〔問2〕を終わります。

〔問3〕は，英語のスピーチを聞いて，答える問題です。まず，〔問3〕の問題を読みなさい。（8秒）

これから，高校生の健太が英語の授業で行ったスピーチと，その内容について5つの質問を2回放送します。No.1からNo.5の英文が質問の答えとなるように，空欄に入る最も適切なものを，AからDの中から1つずつ選び，その記号を書きなさい。それでは始めます。

I am going to talk about my experience in America. Last summer, I visited my aunt's friend, John in America. My aunt was an English teacher at a high school in Japan and she sometimes taught English with John.

Now, he is a math teacher at a high school in America. I stayed with his family and we went to movie theaters and museums together. I was surprised to see many new things there.

When I was staying in America, I met a girl. Her name was Sally. She was one of John's students. She was very interested in Japanese culture. She studied Japanese by watching Japanese anime. She told me that she wanted to visit Japan and learn how to wear kimono. So she asked me many questions about Japanese culture. But I couldn't understand her English well. I felt that my English was not good enough.

Since I came back to Japan, I have been studying English harder to communicate with foreign people. I would like to improve my English more.

Question No.1：When did Kenta go to America?（4秒）

Question No.2：Who is John?（4秒）

Question No.3：How did Sally study Japanese?（4秒）

Question No.4：Why did Sally ask Kenta many questions?（4秒）

Question No.5：What does Kenta want to do?（4秒）

もう一度放送します。

I am going to talk about my experience in America. Last summer, I visited my aunt's friend, John in America. My aunt was an English teacher at a high school in Japan and she sometimes taught English with John.

Now, he is a math teacher at a high school in America. I stayed with his family and we went to movie theaters and museums together. I was surprised to see many new things there.

When I was staying in America, I met a girl. Her name was Sally. She was one of John's students. She was very interested in Japanese culture. She studied Japanese by watching Japanese anime. She told me that she wanted to visit Japan and learn how to wear kimono. So she asked me many questions about Japanese culture. But I couldn't understand her English well. I felt that my English was not good enough.

Since I came back to Japan, I have been studying English harder to communicate with foreign people. I would like to improve my English more.

Question No.1：When did Kenta go to America?（4秒）

Question No.2：Who is John?（4秒）

Question No.3：How did Sally study Japanese?（4秒）

Question No.4：Why did Sally ask Kenta many questions?（4秒）

Question No.5：What does Kenta want to do?（4秒）

これで，リスニング問題を終わります。

# 社会

時間 50分　　満点 100点

1 ひかりさんは，社会科の授業で，「世界のさまざまな国々」について調べました。次の略地図は，ひかりさんが緯線と経線が直角に交わる地図に，面積の広い上位6か国の国名を書き込んだものです。略地図を見て，〔問1〕～〔問6〕に答えなさい。

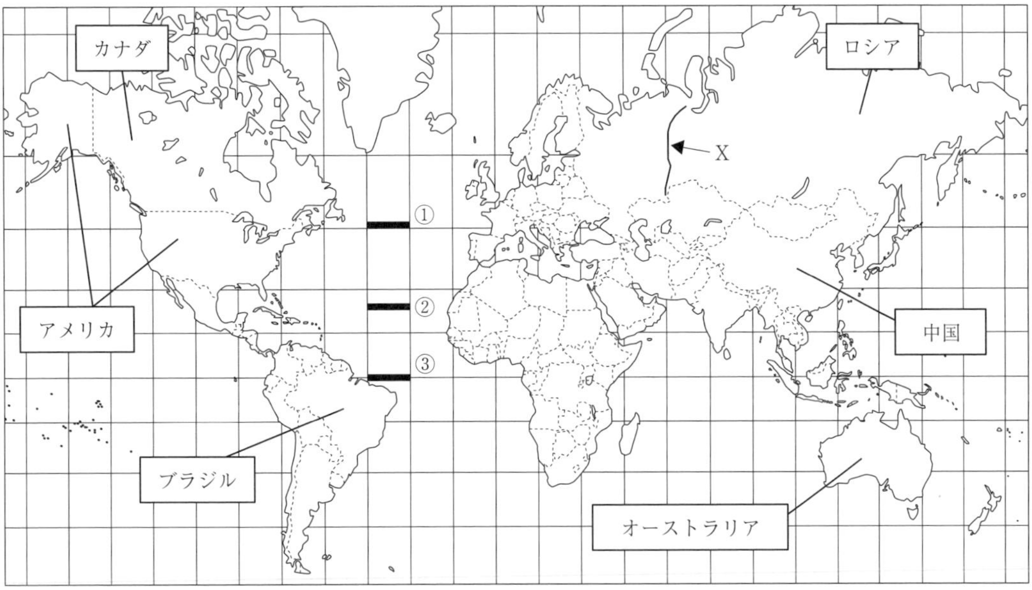


〔問1〕 略地図中の①～③で示した━━は，地図上では同じ長さです。実際の地球上での距離について適切に述べているものを，次のア～エの中から1つ選び，その記号を書きなさい。(　　　)

ア 実際の地球上での距離は，①，②，③ともに等しい。

イ 実際の地球上での距離は，①が最も長い。

ウ 実際の地球上での距離は，②が最も長い。

エ 実際の地球上での距離は，③が最も長い。

〔問2〕 ロシアは，略地図中のXの山脈を挟んでヨーロッパ州からアジア州にまたがる，面積が世界最大の国です。Xの山脈を何といいますか，書きなさい。(　　　山脈)

〔問3〕 アメリカの都市であるサンフランシスコの南に位置する，情報通信技術（ICT）関連の企業が集中する地域を何といいますか，書きなさい。(　　　)

〔問4〕 中国は，1970年代末に一組の夫婦がもつことのできる子どもを一人に制限する一人っ子政策を始めました。しかし，2015年頃にその政策は見直されています。表1は，中国の年齢3区分別人口割合の推移を示したものです。一人っ子政策が見直された理由として考えられることを，表1に着目して，書きなさい。

(　　　　　　　　　　　　　　　　)

表1　（単位　%）

| | 1950年 | 1982年 | 2014年 |
|---|---|---|---|
| 年少人口（0～14歳） | 34.8 | 33.6 | 16.4 |
| 生産年齢人口（15～64歳） | 60.2 | 61.5 | 73.4 |
| 老年人口（65歳以上） | 5.0 | 4.9 | 10.2 |

（「データブック　オブ・ザ・ワールド　2023年版」などから作成）

〔問5〕　ブラジルでは，さとうきびやとうもろこしなどの植物を原料とした燃料で走る自動車が普及しています。このような植物を原料とした燃料を何といいますか，書きなさい。(　　　)

〔問6〕　表2は，ロシア，カナダ，アメリカ，中国，ブラジル，オーストラリアの6か国について，それぞれの国の人口，人口密度，国内総生産，輸出品目の輸出総額に占める割合の上位5品目を示したものです。オーストラリアにあたるものを，表2中のア～エの中から1つ選び，その記号を書きなさい。(　　　)

表2　（2021年）

| | 人口（千人） | 人口密度（人/km$^2$） | 国内総生産（百万ドル） | 輸出品目の輸出総額に占める割合の上位5品目（%） |
|---|---|---|---|---|
| 中国 | 1,425,893 | 149 | 17,734,131 | 機械類（43.0），衣類（5.2），繊維品（4.3），金属製品（4.3），自動車（4.2） |
| ア | 336,998 | 34 | 23,315,081 | 機械類（22.8），自動車（6.7），石油製品（5.2），医薬品（4.7），精密機械（4.2） |
| イ | 214,326 | 25 | 1,608,981 | 鉄鉱石（15.9），大豆（13.7），原油（10.9），肉類（6.9），機械類（5.2） |
| ウ | 145,103 | 8 | 1,778,782 | 原油（22.5），石油製品（14.6），鉄鋼（6.0），石炭（4.0），金（非貨幣用）（3.5） |
| カナダ | 38,155 | 4 | 1,988,336 | 原油（16.3），機械類（9.2），自動車（8.7），金（非貨幣用）（3.1），木材（2.8） |
| エ | 25,921 | 3 | 1,734,532 | 鉄鉱石（33.9），石炭（13.6），液化石油ガス（10.9），金（非貨幣用）（5.1），肉類（3.3） |

（「世界国勢図会 2023／24」から作成）

2 次の文は，のぞみさんが夏休みの自由研究で，「日本の空港の愛称」についてまとめたものの一部です。これを読み，〔問 1〕～〔問 4〕に答えなさい。

> 日本全国には，正式な名称に加えて，愛称をもつ空港があります。愛称の由来はさまざまで，ⓐ富山県の富山空港の愛称は「富山きときと空港」といいます。「きときと」とは富山の方言で「新鮮な」という意味で，富山の海の幸などの魅力を発信することを目的に，富山県は全国で初めて方言を空港の愛称に使用しました。同じように，方言を愛称に使用した空港には，沖縄県の「かりゆす多良間《たらま》空港」があります。
>
> また，地域の文化や歴史を由来とする愛称をもつ空港もあります。ⓑ岡山県の「岡山桃太郎空港」は，昔話『桃太郎』が岡山の伝説をもとに生まれたという説にちなんでつけられており，徳島県の「徳島阿波《あわ》おどり空港」は徳島の伝統芸能である阿波おどりにちなんでいます。ⓒ高知県の「高知龍馬《りょうま》空港」は，幕末に活躍した坂本《さかもと》龍馬が高知県出身であることからつけられました。
>
> これまで，空港の役割は，人やⓓ貨物を輸送する拠点だけだと思っていましたが，その愛称によって地域の特徴を広く人々に示すものでもあることを知りました。

〔問 1〕 下線ⓐは，図 1 中のア～エの県に接しています。このうち，県名と県庁所在地名が異なる県を 1 つ選び，その記号を書きなさい。また，その県庁所在地名を書きなさい。

県(　　　)　県庁所在地名(　　　市)

図 1

〔問 2〕 下線ⓑに関し，次の(1)，(2)に答えなさい。

(1) 岡山県は，本州四国連絡橋の 1 つである瀬戸大橋で四国と結ばれています。図 2 は，本州四国連絡橋の 3 つのルートを示したものです。図 2 中の X ～ Z にあてはまるルートを，次のア～ウの中から 1 つ選び，その記号を書きなさい。

X(　　　)　Y(　　　)　Z(　　　)

ア 尾道《おのみち》・今治《いまばり》ルート　　イ 神戸・鳴門《なると》ルート
ウ 児島《こじま》・坂出《さかいで》ルート

図 2

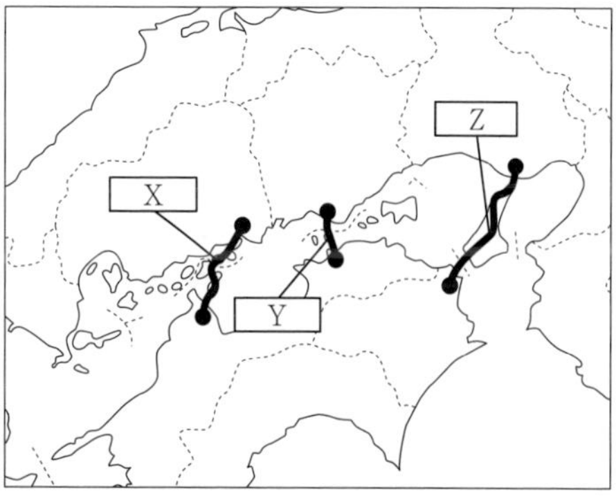


(2) 次のア～エは，岡山県の県庁所在地を含め，富山県，沖縄県，高知県のいずれかの県庁所在地の雨温図です。岡山県の県庁所在地にあたるものを 1 つ選び，その記号を書きなさい。(　　　)

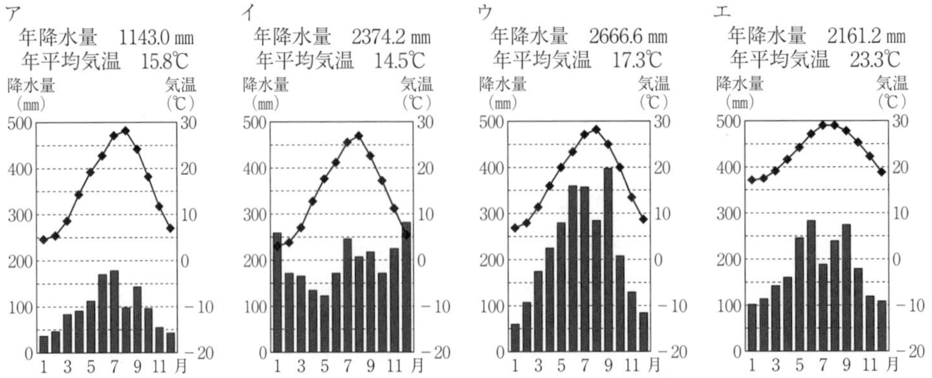


（気象庁ホームページから作成）

〔問３〕　下線ⓒに関し，次の⑴，⑵に答えなさい。

⑴　高知県の土佐《とさ》湾には，深さがおよそ200mまでの傾斜がゆるやかで平坦な地形が広がっています。この地形を何といいますか，書きなさい。（　　　）

⑵　図３は，高知県高岡《たかおか》郡佐川《さかわ》町の一部を示した２万５千分の１の地形図です。図３から読み取れる内容として正しいものを，後のア～エの中から１つ選び，その記号を書きなさい。

（　　　）

図３

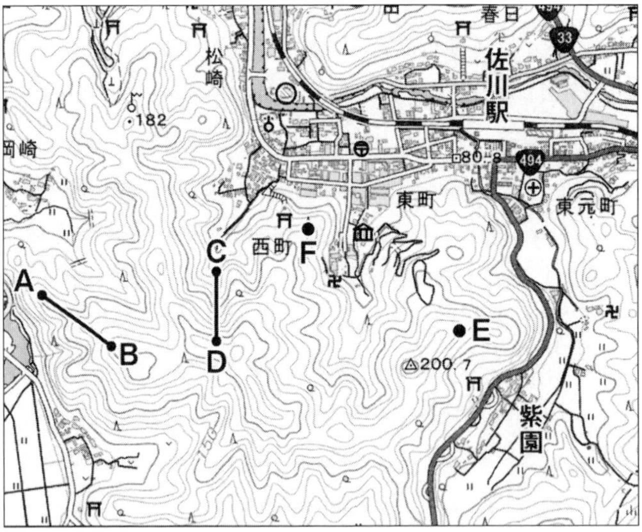


（国土地理院「電子地形図25000」(2023）を加工して作成）

ア　A—B間とC—D間では，A—B間の傾斜の方が急である。

イ　Eの地点は，Fの地点より標高が高い。

ウ　「佐川駅」の南東には，博物館がある。

エ　「紫園《むらさきえん》」周辺には，茶畑が多く見られる。

〔問４〕　下線ⓓに関し，表は，日本の航空貨物および海上貨物の輸出入における総額に占める割合の上位３品目を示したものです。表を参考に，航空貨物は海上貨物に比べ，どのような特徴があるか，簡潔に書きなさい。

（　　　　　　　　　　　　　　　　　　　　　　　　　　　　　　　　　）

表

| | | 輸出入における総額に占める割合の上位３品目 | | |
|---|---|---|---|---|
| | | １位 | ２位 | ３位 |
| 日本の主な航空貨物 | 輸出 | 半導体等電子部品 | ※科学光学機器 | 金属および同製品 |
| | 輸入 | 医薬品 | 半導体等電子部品 | 事務用機器 |
| 日本の主な海上貨物 | 輸出 | 機械類 | 乗用自動車 | 電気製品 |
| | 輸入 | 原油 | 液化天然ガス | 石炭 |

※カメラ・レンズ・計測機器など

(「データブック　オブ・ザ・ワールド　2023 年版」から作成)

③　次のA～Fのカードは，まことさんの班が社会科の調べ学習で，「歴史の転換期」についてまとめたものの一部です。これらを読み，〔問1〕～〔問9〕に答えなさい。

A　古代文明のおこり

農耕と牧畜の普及によって人々の生活が安定すると，人口が増加し都市が誕生しました。こうした都市を中心に，アフリカではエジプト文明，アジアではメソポタミア文明・インダス文明・ⓐ中国文明，地中海沿岸ではⓑギリシャ・ローマの文明がおこり，発展していきました。

B　律令《りつりょう》国家の成立

中大兄《なかのおおえの》皇子らは，ⓒ蘇我《そが》氏をたおして政権をにぎったあと，公地公民《こうちこうみん》の方針を出すなど天皇に権力を集中させようとしました。その後，朝廷《ちょうてい》は律令の制定に取り組み，701年にⓓ大宝《たいほう》律令を完成させ，律令国家が成立しました。

C　元《げん》の襲来と鎌倉幕府《かまくらばくふ》の衰退

フビライ＝ハンは日本を従えようとして使者を送りました。しかし，執権《しっけん》の北条時宗《ほうじょうときむね》がこれを無視したため，元の襲来を招きました。ⓔ幕府は苦戦しながらも，元を2度退けることに成功しましたが，恩賞《おんしょう》が不十分であったことなどから，御家人《ごけにん》の不満が高まり，鎌倉幕府は衰退しました。

D　室町《むろまち》幕府の衰退

ⓕ8代将軍足利義政《あしかがよしまさ》のあとつぎ問題がきっかけとなり，11年にわたる戦乱が起こりました。その後，戦乱は全国に広がり，各地の守護大名《しゅごだいみょう》などが領地の拡大のために戦ったり，下剋上《げこくじょう》の風潮が強まったりして，室町幕府は衰退しました。

E　江戸《えど》幕府の成立と社会の安定

徳川家康《とくがわいえやす》は，1603年に征夷大将軍《せいいたいしょうぐん》に任じられて江戸幕府を開きました。江戸幕府は，ⓖ各地の大名をきびしく統制することで支配を強め，戦乱のない社会を確立しました。およそ260年間，平和が続いたことにより，農業や商業が発達し，ⓗ三都が発展しました。

F　開国と江戸幕府の衰退

井伊直弼《いいなおすけ》が朝廷の許可を得ないまま日米修好通商《にちべいしゅうこうつうしょう》条約に調印したことなどに対して，一部の大名や志《し》士《し》たちは幕府を批判しました。井伊直弼は，批判した者たちをきびしく処罰したことをきっかけに暗殺され，ⓘ幕府の権威は大きく損なわれました。

〔問1〕　下線ⓐに関し，次のア～ウは，古代の中国でおこった国について述べたものです。これらの国を年代の古い順に並べ，その記号を書きなさい。(　　→　　→　　)

ア　この国では，亀の甲や牛や鹿の骨に刻まれた甲骨《こうこつ》文字が生まれ，占いなどに使われた。

イ　この国では，シルクロードと呼ばれる交易路が開かれたことにより，仏教などがもたらされた。

ウ　この国では，万里《ばんり》の長城《ちょうじょう》が築かれ，長さ・容積・重さの基準や貨幣が初めて統一された。

〔問2〕　下線ⓑに関し，地中海各地に成立した，アテネやスパルタのような都市国家のことを何といいますか，書きなさい。(　　　)

〔問3〕　下線ⓒが政治を行った時期を中心に栄えた飛鳥《あすか》文化の特徴について，適切に述べているものを，次のア～エの中から1つ選び，その記号を書きなさい。(　　　)

ア　遣唐使《けんとうし》を通じて中国の文化がもたらされ，その影響を強く受けた国際色豊かな文化を形成した。

イ　上方《かみがた》を中心に，経済力をつけた新興の町人《ちょうにん》を担い手とする文化を形成した。

ウ　仏教を中心とし，南北朝《なんぼくちょう》時代であった中国や西アジア，インドの影響を受けた文化を形成した。

エ　貴族の文化と武士の文化が混じりあった文化を形成した。

〔問4〕　下線ⓓに関し，この時期の律令国家について述べているものを，次のア～エの中から1つ選び，その記号を書きなさい。(　　　)

ア　地方を多くの国に区分し，それぞれの国には都から国司《こくし》を派遣した。

イ　荘園《しょうえん》や公領《こうりょう》ごとに，現地を管理・支配する地頭《じとう》を置いた。

ウ　誰でも自由に商工業ができるよう，楽市令《らくいちれい》を定めた。

エ　才能や功績のある人物を役人に取り立てるため，冠位十二階《かんいじゅうにかい》を定めた。

〔問5〕　下線ⓔに関し，資料1は，幕府軍と元軍の戦いを描いたものです。幕府軍が苦戦した理由を，元軍の戦い方と武器に着目して，書きなさい。

(　　　　　　　　　　　　　　　　　　　　　　　　　　　　　)

資料1

〔問6〕　下線ⓕの戦乱を何といいますか，書きなさい。(　　　)

〔問7〕　下線ⓖに関し，資料2は，江戸幕府が大名を統制するために出した法令の一部です。この法令を何といいますか，書きなさい。(　　　)

資料2

一　学問と武芸にひたすら精を出すようにしなさい。

一　新しい城をつくってはいけない。石垣などがこわれたときは奉行所《ぶぎょうしょ》の指示を受けること。

一　大名は，幕府の許可なく結婚してはいけない。

(部分要約)

〔問８〕　下線ⓗに関し，表は，江戸時代の三都の特徴をまとめたものです。表中の①～③にあてはまる三都の都市名をそれぞれ書きなさい。①(　　　　)　②(　　　　)　③(　　　　)

表

| 都市名 | 特徴 |
|---|---|
| ① | 朝廷や大きな寺社があり，文化・芸能・学問の中心として栄え，西陣織《にしじんおり》などの手工業が盛んだった。 |
| ② | 商業都市として発展し，「天下の台所」と呼ばれた。また，各地の大名は蔵《くら》屋《や》敷《しき》をおき，年貢米《ねんぐまい》や特産物を売りさばいた。 |
| ③ | 政治の中心で，「将軍のおひざもと」と呼ばれた。18 世紀初めには人口が約 100 万人を数え，国内最大の消費地となった。 |

〔問９〕　下線ⓘに関し，井伊直弼の死後，幕府が権威を取り戻すために行った公武合体《こうぶがったい》の政策の内容について，簡潔に書きなさい。

(　　　　　　　　　　　　　　　　　　　　　　　　　　　　　　　　　　)

4　しょうへいさんは，夏休みの課題で，「近代以降の国民のくらし」についてまとめた略年表を作成しました。次の略年表はその一部です。これを見て，〔問 1〕～〔問 4〕に答えなさい。

| 時期 | できごと |
|---|---|
| 1860 年<br>1880 年<br>1900 年<br>1920 年<br>1940 年<br>1960 年<br>↕ X<br>1980 年 | ⓐ地租改正《ちそかいせい》に対して，農民が反対運動を各地で起こした<br>ⓑ三国干渉《さんごくかんしょう》に反発した国民の間で，「臥薪嘗胆《がしんしょうたん》」の言葉が流行した<br>ⓒ大正《たいしょう》デモクラシーの風潮の中，日本で最初のメーデーが行われた<br>兵器の生産のため，鍋や釜，鉄くずなどの金属類を供出させられた<br><br><br>日本人の平均寿命が，男女とも世界一になった |

〔問 1〕　下線ⓐが実施されたとき，土地の所有者には土地の権利証が発行されました。この権利証を何といいますか，書きなさい。(　　　)

〔問 2〕　下線ⓑで，ロシア・ドイツ・フランスが日本に求めたことを，簡潔に書きなさい。
(　　　　　　　　　　　　　　　　　　　　　　　　　　　　　　　　　　　　　　)

〔問 3〕　下線ⓒに関し，次の(1)，(2)に答えなさい。

(1)　大正デモクラシーの時期に起こったできごとを，次のア～エの中から 1 つ選び，その記号を書きなさい。(　　　)

ア　中江兆民《なかえちょうみん》らは，欧米の民主主義思想を紹介した。
イ　田中正造《たなかしょうぞう》は，銅山の操業停止や鉱毒被害民の救済を求めて活動した。
ウ　幸徳秋水《こうとくしゅうすい》らは，日本で最初の社会主義政党である社会民主党《しゃかいみんしゅとう》を結成した。
エ　吉野作造《よしのさくぞう》は，民本《みんぽん》主義をとなえ，政党内閣の確立と参政権の拡大を主張した。

(2)　大正デモクラシーの風潮は，様々な社会運動に影響を与えました。西光万吉《さいこうまんきち》らを中心とした被差別部落の人々が，人間としての平等を求めて，1922 年に結成した団体を何といいますか，書きなさい。(　　　)

〔問 4〕　略年表中の X の時期に起こったできごとを象徴する写真として適切なものを，次のア～エの中から 1 つ選び，その記号を書きなさい。(　　　)

ア

闇市《やみいち》への買い出し

イ

大気汚染対策でマスクをする四日市《よっかいち》市の子どもたち

ウ

ラジオ放送の開始と普及

エ

日本国憲法公布の祝賀会

5　次の文は，社会科の授業で，「主要国首脳会議（サミット）」について学習した時の生徒と先生の会話の一部です。これを読み，〔問1〕～〔問6〕に答えなさい。

先生：去年，ⓐ広島市でサミットが開催されたことは知っていますか。

ゆい：はい。7か国の先進国の首脳が広島市に集まって，会議が開かれた様子をテレビで見ました。

りく：サミットでは，ⓑ世界経済やⓒ地球環境などの重要な課題について議論されるんですよね。

先生：よく知っていますね。サミットは，ⓓ国際連合の理念を尊重しつつ，ⓔ法の支配に基づく国際秩序を守り強化することをめざして，毎年開かれているんですよ。

ゆい：毎年開かれているということは，その時々の世界情勢に合わせて，扱われる議題が変わるということですか。

先生：その通りですね。今回は広島市で開かれたということもあり，核軍縮について議論が行われ，「核軍縮に関するG7首脳広島ビジョン」が発表されたんですよ。

りく：サミットでの話し合いが，これからのⓕ世界の安全と平和につながるといいですね。

〔問1〕　下線ⓐに関し，図1は，市町村などにおける首長と地方議会の関係を表したものです。図1中の［　　］にあてはまる首長の権限として適切なものを，下のア～エの中から1つ選び，その記号を書きなさい。（　　　）

図1

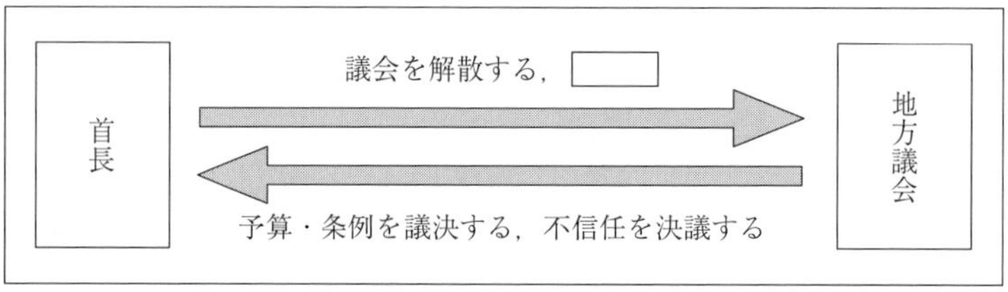


ア　教書を送付する　　イ　議決を拒否・再議する　　ウ　開示請求を行う
エ　弾劾裁判所を設置する

〔問2〕　下線ⓑに関し，次の説明文は，円安が日本経済に与える影響について述べたものです。説明文中の［A］，［B］にあてはまる語句の組み合わせとして正しいものを，下のア～エの中から1つ選び，その記号を書きなさい。（　　　）

説明文

> 円安が進むと，主に商品を［A］する日本の企業にとっては国際競争で有利になります。また，海外旅行については，［B］への旅行者が増加すると考えられます。

ア　A―輸出　B―海外から日本　　イ　A―輸出　B―日本から海外
ウ　A―輸入　B―海外から日本　　エ　A―輸入　B―日本から海外

〔問3〕　下線ⓒに関し，地球環境問題に対応するため，2015年にパリ協定が採択されました。資料は，パリ協定の内容の一部をまとめたものです。資料中の［　　］にあてはまる内容を，「削減」という語を用いて，簡潔に書きなさい。

（　　　　　　　　　　　　　　　　　　　　　　　　　　）

資料

① 産業革命前からの世界の気温上昇を，2℃を十分に下回る水準に抑えるとともに，1.5℃以内に抑える努力も続ける。
② ＿＿＿＿に取り組む。
③ 5年ごとに実施状況を確認する。

〔問4〕 下線ⓓに関し，図2は，2022年における国連予算の分担率を示したものです。図2中の X ～ Z にあてはまる国名を，次のア～ウの中からそれぞれ1つ選び，その記号を書きなさい。X（　　　）Y（　　　）Z（　　　）

ア　アメリカ　　イ　中国　　ウ　日本

図2

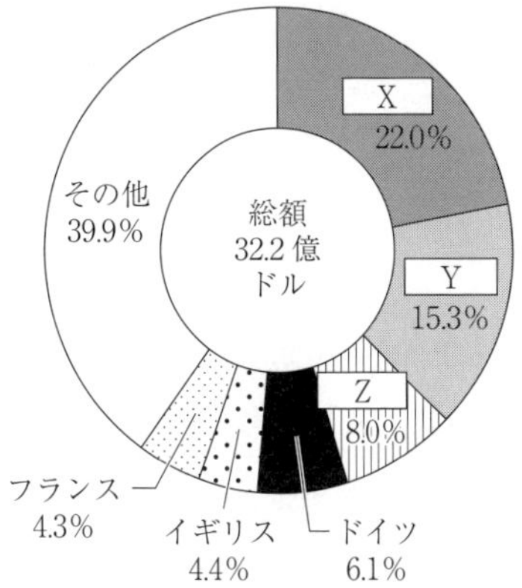


（「世界国勢図会　2023／24」から作成）

〔問5〕 下線ⓔの考え方に基づき，人権を保障するため，憲法によって国家権力の濫用を防ぐという考え方を何といいますか，書きなさい。（　　　）

〔問6〕 下線ⓕに関し，冷戦終結後，地域紛争の増加やグローバル化の進展を背景に，国際社会や国際協調のしくみの中で新たな概念が世界的に広まりました。この概念と内容の組み合わせとして適切なものを，下のア～エの中から1つ選び，その記号を書きなさい。（　　　）

概念

Ⅰ　人間の安全保障

Ⅱ　平和主義

内容

Ⅲ　武力攻撃を受けた他国からの要請に基づき，その国の防衛のために武力を行使する権利

Ⅳ　一人一人の人間の生命や人権を大切にし，戦争や貧困などの脅威から守り，同時に，人々が自ら生きるための能力を強化するという考え方

ア　Ⅰ・Ⅲ　　イ　Ⅰ・Ⅳ　　ウ　Ⅱ・Ⅲ　　エ　Ⅱ・Ⅳ

6 ひろとさんのクラスでは，社会科の授業で，「平成の時代に日本で起こったできごと」について発表することになりました。次の資料は各班が作成した，テーマと副題の書かれた発表用スライドの1ページ目です。これらを読み，〔問1〕～〔問6〕に答えなさい。

〈1班〉

ⓐ消費税の導入
平成元年（1989年）

～社会保障を充実させるための税制改革～

〈2班〉

アイヌ文化振興法の成立
平成9年（1997年）

～ⓑアイヌ民族の伝統文化の尊重～

〈3班〉

平成初，ⓒ経済成長率がマイナスに
平成10年（1998年）

～停滞する日本経済～

〈4班〉

戦後初，日本の人口が前年を下回る
平成17年（2005年）

～ⓓ変化する人口構成と家族の形～

〈5班〉

裁判員制度が始まる
平成21年（2009年）

～国民に開かれたⓔ司法制度へ～

〈6班〉

ⓕ持続可能な開発目標（SDGs）の
取り組みが日本でも始まる
平成27年（2015年）
～豊かで活力ある未来を創るために～

〔問1〕　下線ⓐは，同じ金額の商品の購入に対して，誰もが同じ金額を負担する税金です。そのため，消費税の課題として逆進性があります。消費税における逆進性について，次の語を用いて，簡潔に書きなさい。

(　　　　　　　　　　　　　　　　　　　　　　　　　　　　)

所得　　割合

〔問2〕　下線ⓑに関し，次の文は，アイヌ民族に関連する法律の移り変わりについて書かれたものです。文中の ＿＿＿ にあてはまる適切な語を，書きなさい。(　　　　)

文

明治政府の政策により，アイヌ民族の暮らしや文化は否定されましたが，1997年にアイヌ民族としての誇りが尊重される社会を実現するため，アイヌ文化振興法が制定されました。さらに，2019年には ＿＿＿ 法が制定されたことにより，アイヌ民族は先住民族として法的に位置づけられました。

〔問3〕　下線ⓒに関し，不景気のときには物価が下がり続けるデフレーションが起こりやすくなります。図は，不景気のときのデフレーションのしくみについて表したものです。図中の X ～ Z にあてはまるものを，後のア～ウの中からそれぞれ1つ選び，その記号を書きなさい。X(　　　)　Y(　　　)　Z(　　　)

図

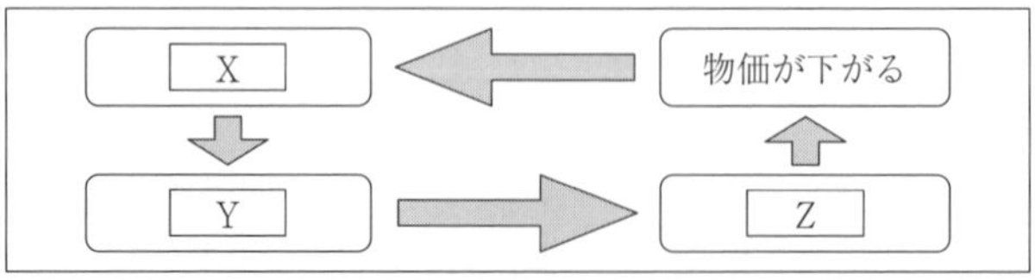


ア　家計の消費が減る　　イ　家計の所得が減る　　ウ　企業の利益が減る

〔問4〕　下線ⓓに関し，資料1は，2000年と2020年における日本の1世帯あたりの平均構成人員と，全世帯に占める核家族世帯の割合を示しています。文は，日本の家族構成の変化について，4

班の生徒が資料1をもとに作成したレポートの一部です。文中の□にあてはまる内容として適切なものを，下のア～エの中から1つ選び，その記号を書きなさい。(　　　)

資料1

| | 1世帯あたりの平均構成人員(人) | 全世帯に占める核家族世帯の割合(%) |
|---|---|---|
| 2000年 | 2.70 | 58.3 |
| 2020年 | 2.26 | 54.1 |

(「日本国勢図会 2022／23」から作成)

文

2000年と2020年を比較すると，1世帯あたりの平均構成人員と全世帯に占める核家族世帯の割合がともに減少しています。これは□だと考えられます。

ア　夫婦と子供のみの世帯の割合が増加したから
イ　祖父母と夫婦と子供で構成される世帯の割合が増加したから
ウ　単独（一人）世帯の割合が増加したから
エ　老年人口の割合が減少したから

〔問5〕 下線ⓔに関し，くじで選ばれた国民により構成され，検察官が事件を起訴しなかったことを適切かどうか判断する組織を何といいますか，書きなさい。(　　　)

〔問6〕 下線ⓕに関し，資料2は，SDGsの達成に向けて政府が具体的政策をまとめた「SDGsアクションプラン2023」の一部です。資料2の取り組みと直接関係のあるSDGs（持続可能な開発目標）を，後のア～エの中からすべて選び，その記号を書きなさい。(　　　)

資料2

(担当省庁)　農林水産省
(事 業 名)　有害化学物質・微生物リスク管理等総合対策事業
(事業概要)　国産食品の安全性を向上させ，消費者の健康への悪影響を未然に防止するため，食品等の有害化学物質・微生物の汚染実態調査や汚染防止・低減対策の策定・普及等を実施する。

ア
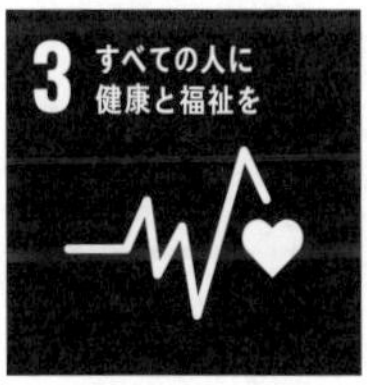


イ

ウ

エ

# 理科

時間　50分　　　　満点　100点

1　和美さんたちは，理科の授業で学んだ元素の周期表をもとに，調べ学習に取り組んだ。図1は，元素の周期表の一部である。下の〔問1〕～〔問4〕に答えなさい。

| 族＼周期 | 1 | 2 | 3 | 4 | 5 | 6 | 7 | 8 | 9 | 10 | 11 | 12 | 13 | 14 | 15 | 16 | 17 | 18 | 族／周期 |
|---|---|---|---|---|---|---|---|---|---|---|---|---|---|---|---|---|---|---|---|
| 1 | H | | | | | | | | | | | | | | | | | He | 1 |
| 2 | Li | Be | | | | | | | | | | | B | C | N | O | F | Ne | 2 |
| 3 | Na | Mg | | | | | | | | | | | Al | Si | P | S | Cl | Ar | 3 |
| 4 | K | Ca | Sc | Ti | V | Cr | Mn | □ | Co | Ni | Cu | Zn | Ga | Ge | As | Se | Br | Kr | 4 |

図1　元素の周期表の一部

〔問1〕　次の文は，和美さんが「酸素」について調べ，まとめたものの一部である。下の(1)，(2)に答えなさい。

> 酸素は原子番号8番の元素で，「O」という元素記号で表されます。酸素は，ヒトが生きるために必要な元素で，呼吸によって体内に入ります。体内に入った酸素は，肺で血液にとりこまれ，血液の成分である①赤血球によって②全身に運ばれます。

(1)　下線部①について，赤血球にふくまれており，肺胞などの酸素の多いところでは酸素と結びつき，逆に酸素の少ないところでは酸素をはなす性質がある物質を何というか，書きなさい。
(　　　)

(2)　下線部②について，全身の細胞に酸素を供給して酸素が少なくなった血液は，再び肺で酸素をとりこみ，くり返し体内を循環する。この循環において，酸素を多くふくむ血液を何というか，書きなさい。(　　　)

〔問2〕　次の文は，紀夫さんが「ナトリウム」について調べ，まとめたものの一部である。下の(1)，(2)に答えなさい。

> ナトリウムは原子番号11番の元素で，「Na」という元素記号で表されます。ナトリウムの化合物である水酸化ナトリウムは，水溶液中で③ナトリウムイオンと水酸化物イオンに分かれ，水溶液は強いアルカリ性を示します。水酸化ナトリウムは，洗面台の排水口のつまりを取り除く洗浄剤などにふくまれています。

(1)　ナトリウム原子がナトリウムイオンになるときの変化を表す式を，イオンの化学式を用いて書きなさい。ただし，電子1個は$e^-$と表すこと。(　　　　　　　　)

(2)　下線部③について，物質が陽イオンと陰イオンに分かれることを何というか，書きなさい。

(　　　)

〔問3〕　次の文は，美紀さんが「ケイ素」について調べ，まとめたものの一部である。下の(1)，(2)に答えなさい。

> ケイ素は原子番号14番の元素で，「Si」という元素記号で表されます。ケイ素は，地球全体を構成する元素の中で3番目に多く，④火成岩や堆積岩といった岩石にも多くふくまれています。火成岩はマグマが冷え固まってできた岩石で，もとになったマグマのねばりけなどの違いによって，できる火成岩の種類が変わります。また，マグマが地表に噴出してできた⑤火山も，マグマのねばりけによって形が変わります。こうしたマグマのねばりけの違いは，ケイ素など，ふくまれる成分の違いが関係しています。

(1)　下線部④について，図2はある火成岩を観察したときのスケッチである。この火成岩のように，肉眼で見分けられるような大きさの鉱物が組み合わさった岩石のつくりを何というか，書きなさい。(　　　)

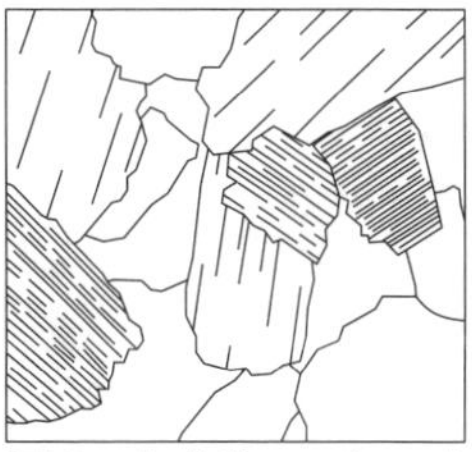

図2　火成岩のスケッチ

(2)　下線部⑤について，マグマのねばりけが小さいときの火山の特徴について説明した文として最も適切なものを，次のア～エの中から1つ選んで，その記号を書きなさい。(　　　)

ア　傾斜が急で盛り上がった形の火山になり，冷え固まった溶岩は白っぽい。

イ　傾斜が急で盛り上がった形の火山になり，冷え固まった溶岩は黒っぽい。

ウ　傾斜がゆるやかな形の火山になり，冷え固まった溶岩は白っぽい。

エ　傾斜がゆるやかな形の火山になり，冷え固まった溶岩は黒っぽい。

〔問4〕　次の文は，和男さんが身近に使われている金属である「アルミニウム」，「鉄」，「銅」について調べ，まとめたものの一部である。下の(1)，(2)に答えなさい。

> アルミニウム，鉄，銅は，それぞれ「Al」，「□」，「Cu」という元素記号で表される金属の元素です。これらの単体は，金属光沢がある，⑥熱を伝えやすい，電気を通しやすいといった性質があります。これらの金属は，調理器具や電気コードの導線などに使われています。

(1)　図1および文中の□に入る，鉄の元素記号を書きなさい。(　　　)

(2)　下線部⑥について，図3のように熱いココアを金属製のスプーンで混ぜていると，スプーンの持ち手にもココアの熱が伝わり，あたたかくなってくる。このような熱の伝わり方を何というか，書きなさい。

(　　　)

図3　熱いココア

2　池や川にいる生物について，観察や調べ学習を行った。次の〔問1〕，〔問2〕に答えなさい。

〔問1〕　次の観察について，下の(1)～(3)に答えなさい。

観察　「水中の生物の観察」

(i)　池や川などから，水といっしょにいろいろな生物を採集した。

(ii)　ルーペを用いて採集した生物を観察した。採集した生物の中には，ルーペではよく見えない小さな生物もいた。

(iii)　小さな生物は，図1のように①プレパラートをつくり，②顕微鏡を用いて観察した。

(iv)　採集した生物は，オオカナダモ，ミジンコ，アメーバ，ミカヅキモであった。これらの生物について，特徴を記録し，スケッチした。また，これらの生物の共通点についてまとめた。

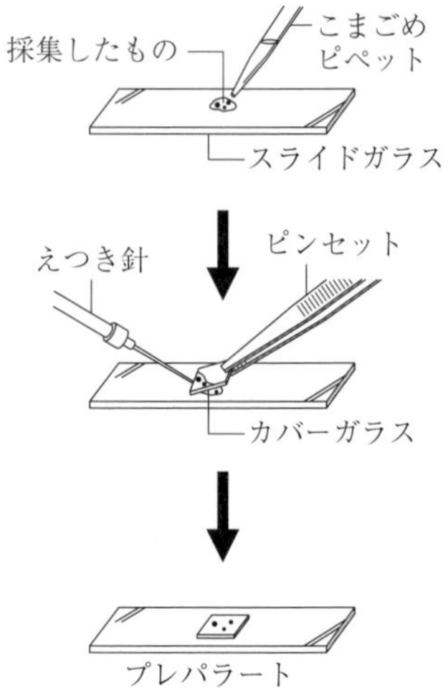

図1　プレパラートのつくり方

(1)　下線部①について，プレパラートをつくるとき，カバーガラスをはしからゆっくり下ろさなければならない。その理由を簡潔に書きなさい。

(　　　　　　　　　　　　　　　　　　　　　　　　　　　　　　　　　　　　)

(2)　下線部②について，(iii)では，図2のような顕微鏡を使った。図2中の［X］，［Y］にあてはまる2種類のレンズの名称をそれぞれ書きなさい。X(　　　　レンズ)　Y(　　　　レンズ)

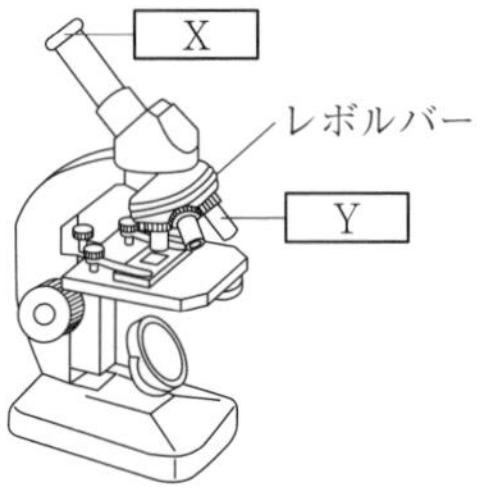

図2　顕微鏡

(3)　(iv)について，採集した生物のうち，単細胞生物はどれか。次のア～エの中からすべて選んで，その記号を書きなさい。(　　　)

ア　オオカナダモ　　イ　ミジンコ　　ウ　アメーバ

エ　ミカヅキモ

〔問2〕　次の文は，生殖について調べ，まとめたものの一部である。次の(1)～(4)に答えなさい。

生物が自分（親）と同じ種類の新しい個体（子）をつくることを生殖という。生殖には，無性生殖と有性生殖の2種類がある。図3はゾウリムシによる無性生殖のようすを，図4はヒキガエルによる有性生殖のようすを示している。

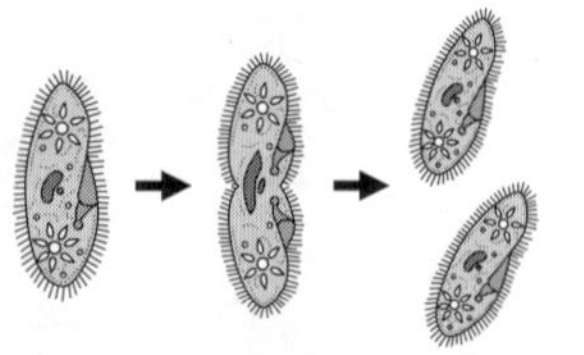
図3　ゾウリムシの無性生殖

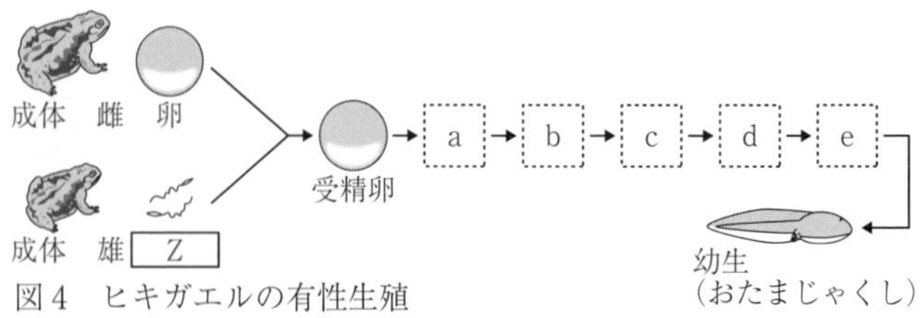

図4　ヒキガエルの有性生殖

⑴　図3のように，ゾウリムシの無性生殖では，体細胞分裂によって子がつくられ，子には親とまったく同じ形質が現れる。子には親とまったく同じ形質が現れる理由を簡潔に書きなさい。

(　　　　　　　　　　　　　　　　　　　　　　　　　　　　　　　　　　　　　　　　　)

⑵　図4中の Z にあてはまる，雄の体内でつくられる生殖のための特別な細胞を何というか，書きなさい。(　　　　)

⑶　次のア～オは，ヒキガエルの成長過程において，受精卵から幼生に成長するまでの胚《はい》のようすを表した図である。図4中のa～eにあてはまる図として最も適切なものを，ア～オの中から1つずつ選んで，その記号を書きなさい。

a(　　　)　b(　　　)　c(　　　)　d(　　　)　e(　　　)

ア　イ　ウ　エ　オ

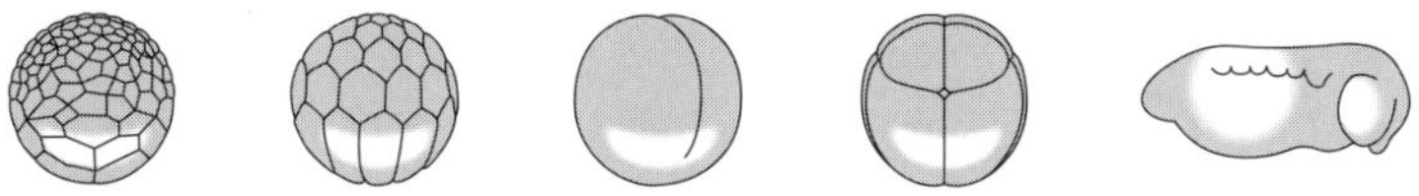

⑷　有性生殖において，受精卵から胚を経て成体になるまでの成長過程を何というか，書きなさい。(　　　　)

3　気象観測と日本の天気について，次の〔問 1〕，〔問 2〕に答えなさい。

〔問 1〕　次の実験について，下の(1)～(3)に答えなさい。

実験「簡易雨量計をつくり，雨量を調べる」

(i)　1.5L の円筒形のペットボトルを用意し，図 1 ①のように上側を切り離して逆さにし，下側とテープで貼り付けた。このとき，簡易雨量計の口の部分と，円柱形の部分の直径が同じになるようにした（図 1 ②）。

(ii)　目盛りを書いたテープを，測定する範囲が円柱形の部分になるように，0 mm を少し高い位置にして貼り付けた（図 1 ③）。

(iii)　[　　　　]

(iv)　雨が降っている日に屋外に設置し，1 時間ごとに目盛りを読み，記録した。

(v)　(iv)の結果を表 1 にまとめた。

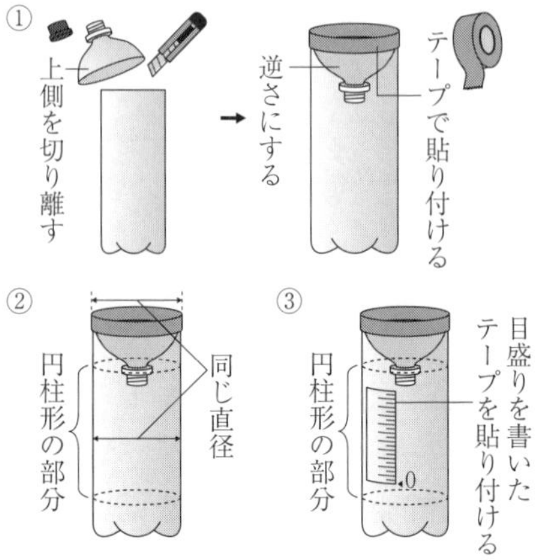

図 1　簡易雨量計のつくり方

表 1　実験結果

| 時刻〔時〕 | 9 | 10 | 11 | 12 | 13 |
|---|---|---|---|---|---|
| 雨量〔mm〕 | 0 | 5 | 20 | 30 | 35 |

(1)　(iii)について，雨量を正確にはかるために行う準備として [　　　] にあてはまる適切な内容を書きなさい。(　　　　　　　　　　　　　　　　　　　　　　　　　　)

(2)　1 時間あたりの雨量が最も多かった時間として最も適切なものを，次のア～エの中から 1 つ選んで，その記号を書きなさい。(　　　)

ア　9 時～10 時　　イ　10 時～11 時　　ウ　11 時～12 時　　エ　12 時～13 時

(3)　ある中学校の屋外プールは，長さ 25m，幅 13m の大きさである。ある 1 時間に雨量 4 mm の雨が降ったとき，このプールの中の水の量は何 $m^3$ 増えるか，書きなさい。ただし，プールから出ていく水やプールサイドから入ってくる水の量は考えないものとする。(　　　$m^3$)

〔問 2〕　図 2 はある春の日の天気図，図 3 はある冬の日の天気図である。次の(1)～(5)に答えなさい。

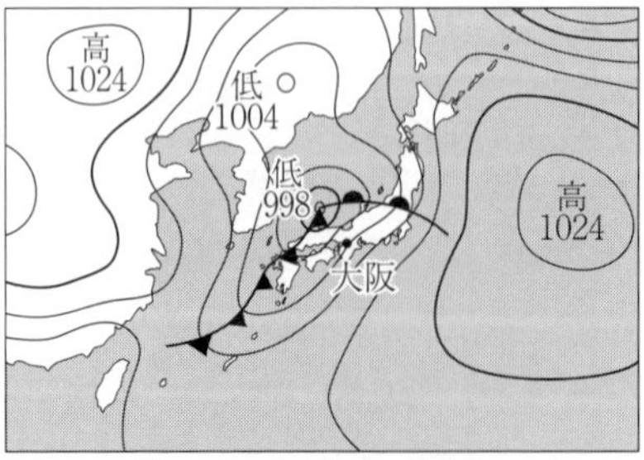

図 2　4 月 14 日 21 時の天気図

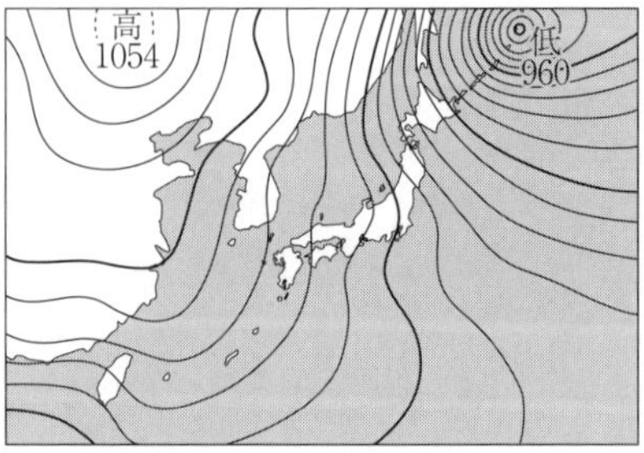

図 3　12 月 29 日 21 時の天気図

(1)　図2に見られる前線をともなう低気圧は，中緯度帯で発生したものである。このような低気圧を何というか，書きなさい。(　　　　)

(2)　次の文は，図2の時刻以降の風向と気温の変化について説明したものである。文中の①～③について，それぞれア，イのうち適切なものを1つ選んで，その記号を書きなさい。

①(　　　　)　②(　　　　)　③(　　　　)

> 大阪では，図2の時刻から約6時間後に①｛ア　寒冷　　イ　温暖｝前線が通過し，風向は②｛ア　北西　　イ　南西｝に変わった。この前線が通過することで，気温は急に③｛ア　上がった　　イ　下がった｝。

(3)　図3では，冬の天気で特徴的な高気圧が見られる。この高気圧が発達することで形成される気団を何というか，書きなさい。(　　　　気団)

(4)　図4は，図3の時刻における和歌山の気象を，天気図の記号で表したものである。このときの和歌山の風向・風力と天気をそれぞれ書きなさい。

風向(　　　　)　風力(　　　　)　天気(　　　　)

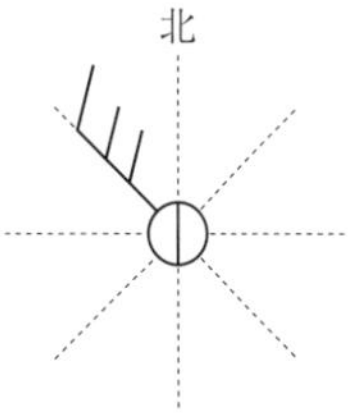


図4　和歌山の気象

(5)　図5は，大陸からふき出した大気が冬の季節風として日本列島を通過していくようすを模式的に表している。図中の⟷の区間を通過する間に，大気にふくまれる水蒸気の量は増えるか減るか，書きなさい。また，その理由を簡潔に書きなさい。

水蒸気の量(　　　　)　理由(　　　　　　　　　　　　　　　　　　　　　　　　)

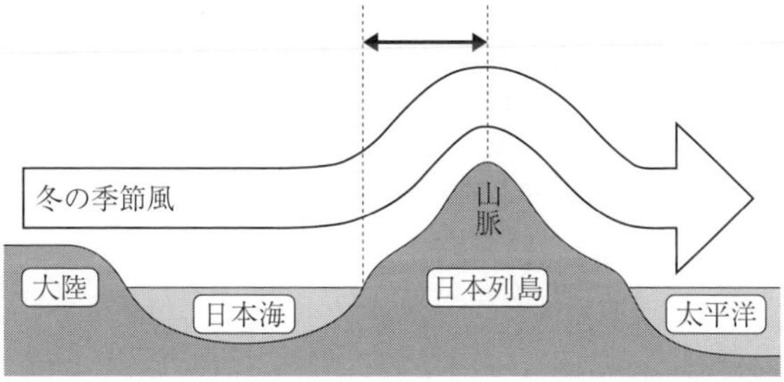


図5　冬の季節風

4　身のまわりの物質の性質について調べるために，実験Ⅰ，実験Ⅱを行った。下の〔問1〕～〔問7〕に答えなさい。

実験Ⅰ　「発生した気体の性質を調べる実験」

(ⅰ)　石灰石にうすい塩酸を加え，気体を発生させた。

(ⅱ)　□

(ⅲ)　(ⅰ)，(ⅱ)の気体のそれぞれについて，次の①～③を行った。

①　気体を試験管に集め，火のついた線香を入れた。

②　気体を石灰水に通した。

③　水を半分程度入れたペットボトルに気体を加えて，ふたをしてよく振った。

(ⅳ)　(ⅲ)の結果を表1にまとめた。

表1　実験結果

| | (ⅰ)の気体 | (ⅱ)の気体 |
|---|---|---|
| ①線香のようす | 火が消えた。 | 激しく燃えた。 |
| ②石灰水のようす | 白くにごった。 | 変化しなかった。 |
| ③ペットボトルのようす | へこんだ。(図1) | 変化しなかった。 |

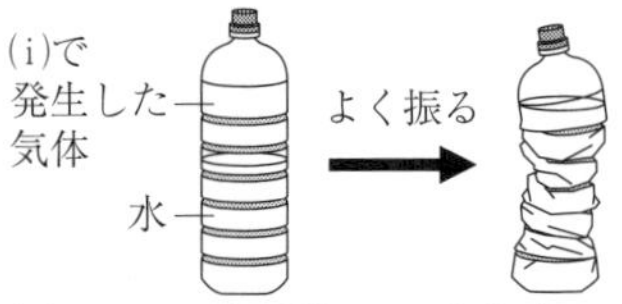

図1　ペットボトルのようす

実験Ⅱ　「水にとけた物質をとり出す実験」

(ⅰ)　60℃の水200gを入れたビーカーを2つ用意し，一方にはミョウバンを，もう一方には塩化ナトリウムを40.0gずつ入れた（図2）。

(ⅱ)　それぞれの水溶液をガラス棒でかき混ぜると，固体はすべてとけた。

(ⅲ)　2つのビーカーを室温で放置し，水溶液をゆっくりと冷ましたところ，一方のビーカーの中に固体が出てきた。

(ⅳ)　水溶液の温度が下がらなくなったところで，固体が出てきたビーカーの水溶液をろ過し，固体とろ液に分けた。ろ紙に残った固体を乾燥させ，集めた。とり出した固体の質量は，11.8gであった（図3）。

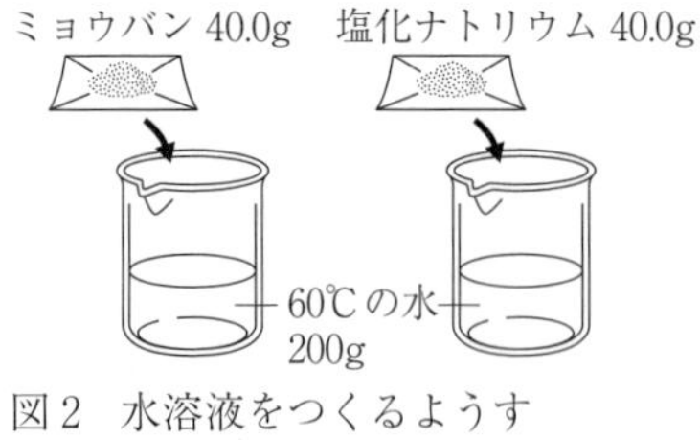

図2　水溶液をつくるようす

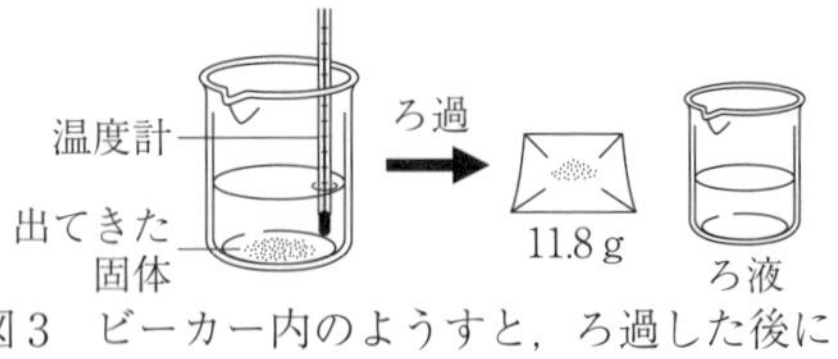

図3　ビーカー内のようすと，ろ過した後にとり出した固体とろ液のようす

〔問1〕　実験Ⅰ(ⅰ)で発生した気体を表す化学式を書きなさい。(　　　)

〔問2〕　実験Ⅰ(ⅱ)での気体の発生方法について，表1の結果をふまえて，□にあてはまる内容として最も適切なものを，次のア～エの中から1つ選んで，その記号を書きなさい。(　　　)

ア　亜鉛にうすい塩酸を加え，気体を発生させた。

イ　炭酸水素ナトリウムを加熱し，気体を発生させた。

ウ　二酸化マンガンにうすい過酸化水素水を加え，気体を発生させた。

エ　塩化アンモニウムと水酸化カルシウムの混合物を加熱し，気体を発生させた。

〔問3〕　実験Ⅰ(iii)③は，気体のどのような性質を調べるために行ったか，簡潔に書きなさい。

(　　　　　　　　　　　　　　　　　　　　　　　　　　　　　　)

〔問4〕　実験Ⅱ(ii)について，ミョウバンがすべてとけた水溶液のようすをモデルで表した図として最も適切なものを，次のア～エの中から1つ選んで，その記号を書きなさい。ただし，図中の●はミョウバンの粒子を表している。(　　　)

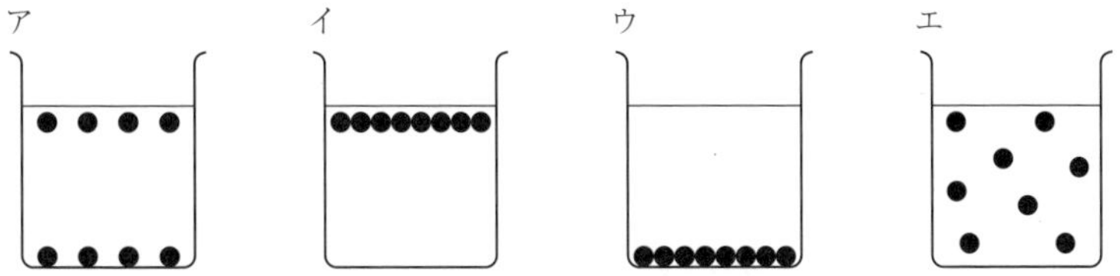


〔問5〕　実験Ⅱ(i)～(iii)のように，物質を水などの溶媒にとかし，温度を下げて再び固体としてとり出す操作を何というか，書きなさい。(　　　)

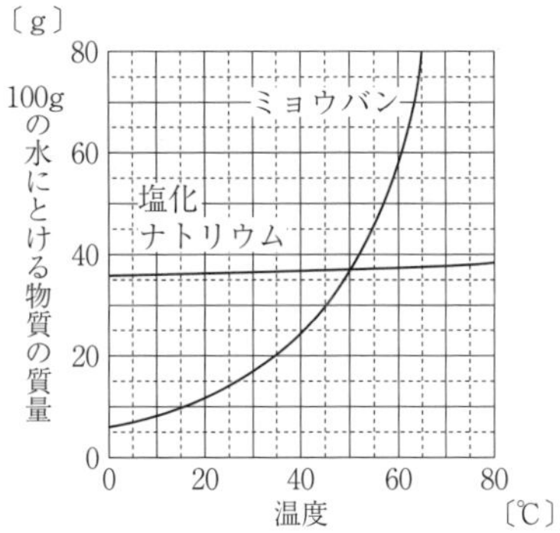


図4　溶解度曲線

〔問6〕　実験Ⅱ(iii)について，ミョウバンと塩化ナトリウムの溶解度曲線（図4）を参考にして，次の①，②に答えなさい。

①　出てきた固体はミョウバンと塩化ナトリウムのどちらであったか，書きなさい。(　　　)

②　固体が出はじめるときの温度として最も適切なものを，次のア～エの中から1つ選んで，その記号を書きなさい。

(　　　)

ア　25℃　　イ　35℃　　ウ　45℃　　エ　55℃

〔問7〕　実験Ⅱ(iv)について，固体をとり出した後の水溶液の質量パーセント濃度は何％か。小数第2位を四捨五入し，小数第1位まで書きなさい。ただし，ろ紙にしみこむ水溶液の質量は考えないものとする。(　　　％)

5　音や光の性質を調べるために，実験Ⅰ～実験Ⅲを行った。次の〔問 1〕～〔問 3〕に答えなさい。

〔問 1〕　次の実験Ⅰについて，下の(1)～(3)に答えなさい。

実験Ⅰ　「音の高さと振動の関係を調べる実験」

(i)　モノコードの弦をはじいて，発生した音をマイクロホンでコンピュータに取り込んだ（図 1）。

(ii)　コンピュータに表示させた音の波形を記録した（図 2）。

(iii)　ことじを動かして，はじく弦の長さを短くした。(i)と同じ強さで弦をはじいたときの音の高さを聞いて確認し，音の波形を記録した。

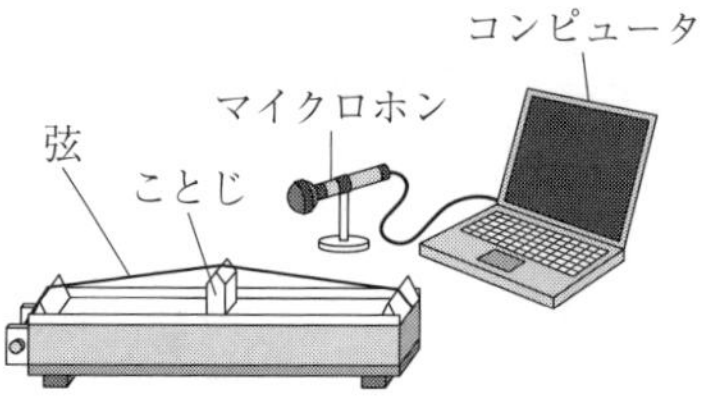

図 1　実験装置

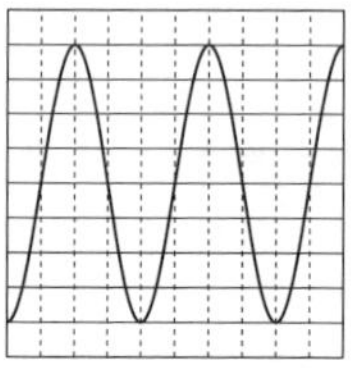
グラフの縦軸は振幅，横軸は時間を示す。
図 2　音の波形

(1)　はじいたモノコードの弦のように，音を発生している物体を何というか，書きなさい。
（　　　）

(2)　図 2 について，音の振動数は何 Hz か，書きなさい。ただし，グラフの横軸の 1 目盛りは 0.001 秒を表している。（　　　Hz）

(3)　(iii)で発生した音の高さは，(i)で発生した音の高さと比べてどのようになったか，書きなさい。また，(iii)で記録した音の波形として適切なものを，次のア～エの中から 1 つ選んで，その記号を書きなさい。ただし，目盛りの間隔は図 2 と同じである。

音の高さ（　　　　　）　波形（　　　）

ア
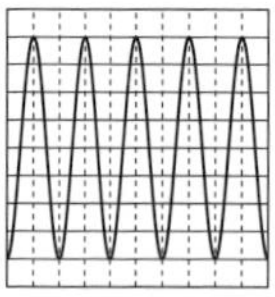
イ
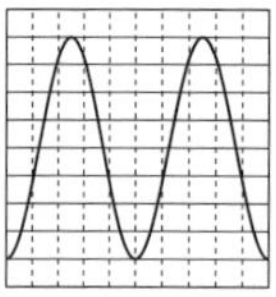
ウ
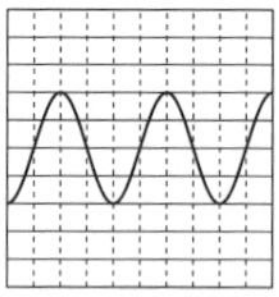
エ
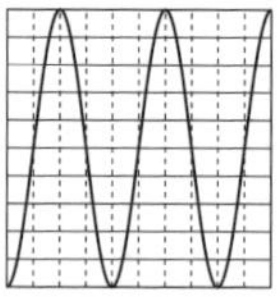

〔問 2〕　次の実験Ⅱについて，次の(1)，(2)に答えなさい。

実験Ⅱ　「鏡ではね返る光の進み方を調べる実験」

(i)　図 3 のように，方眼紙の上に鏡を垂直に立てて置き，点 A に鉛筆を立てて置いた。点 P の位置から鏡を見たところ，鉛筆は鏡の中央に映って見えた。

(ii)　図 4 の点アに鉛筆を移動させ，点 P から鏡を見て，鉛筆が鏡に映って見えるか調べた。同様に，点イ～カに鉛筆を移動させたときについても調べた。

(iii)　鏡を見る位置を点Qに変えて，(ii)と同様に，鉛筆を点ア～カのどこに立てて置いたときに鏡に映って見えるか調べた。

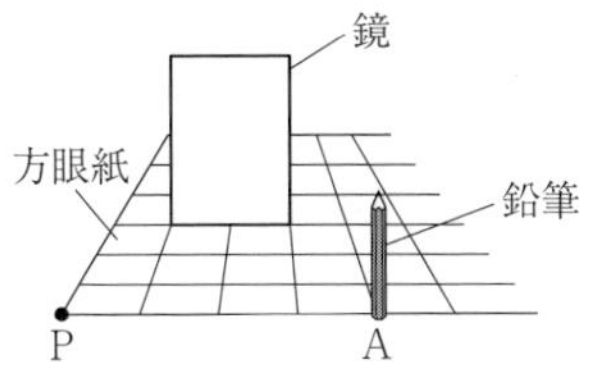

図3　鏡と鉛筆のようす

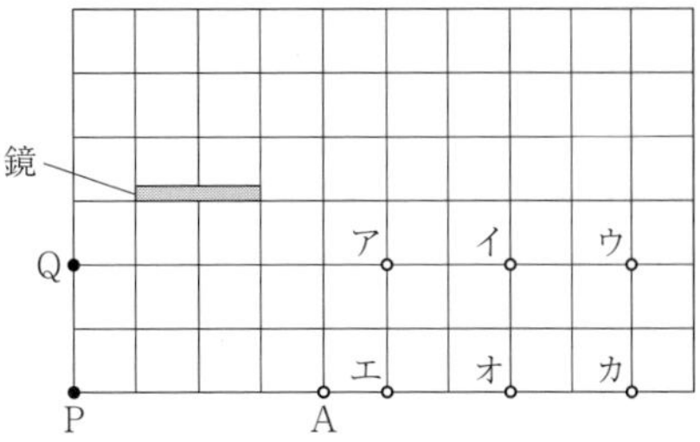

図4　鏡と鉛筆を真上から見たようす

(1)　(i)について，図5は，図3を真上から見たようすである。点Aに立てて置いた鉛筆からの光が鏡ではね返って点Pに届くまでの光の道すじを，右の図にかき入れなさい。

(2)　(ii)，(iii)について，点Pからも点Qからも鉛筆が鏡に映って見えなかったのは，鉛筆をどこに立てて置いたときか。図4のア～カの中からすべて選んで，その記号を書きなさい。(　　　)

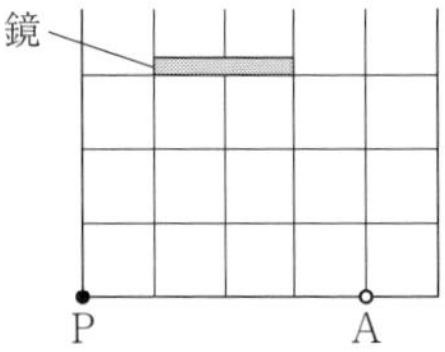

図5　鏡と鉛筆を真上から見たようす

〔問3〕　次の実験Ⅲについて，次の(1)，(2)に答えなさい。

実験Ⅲ　「空気とガラスの間での光の進み方を調べる実験」

(i)　光源装置と半円形ガラス，全円分度器を用意し，半円形ガラスを全円分度器の上に，中心が重なるように置いた。

(ii)　図6のように，入射光が中心（点O）に向かうようにしながら，入射角がしだいに大きくなるように光源装置を動かし，空気からガラスへ進む光の進み方を調べた。

(iii)　図7のように，入射光がガラスを通って中心（点O）に向かうようにしながら，入射角がしだいに大きくなるように光源装置を動かし，ガラスから空気へ進む光の進み方を調べた。

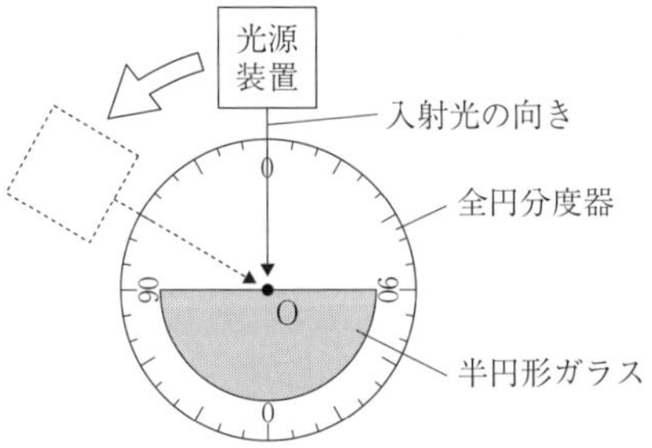

図6　空気からガラスへ進む光を調べる実験

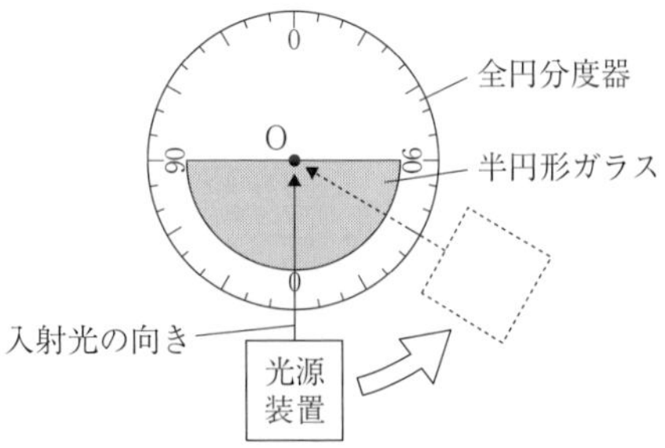

図7　ガラスから空気へ進む光を調べる実験

(1)　(ii)について，空気からガラスへ進むときの光の進み方を表した図として最も適切なものを，次のア～エの中から１つ選んで，その記号を書きなさい。(　　　)

ア　　　　　　　イ　　　　　　　ウ　　　　　　　エ

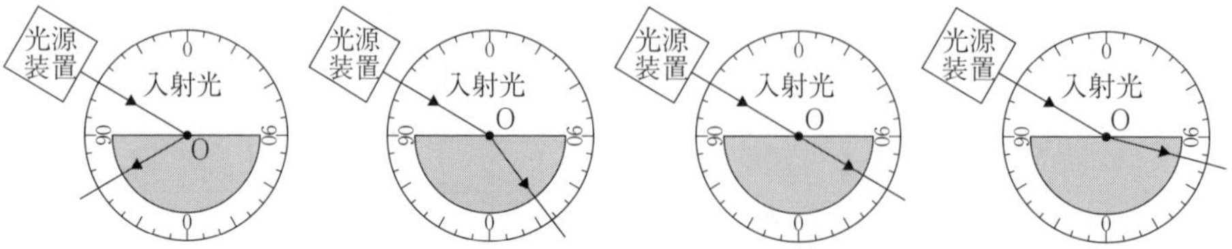


(2)　(iii)について，入射角を大きくしていくと，ある角度からはガラスから空気へ光が進まなくなり，すべての光がはね返るようになった。この現象を何というか，書きなさい。(　　　)

に聞こえるということ。

ウ　サイレンの音が呼吸や波風の音に吸収されて、異なる響きになるということ。

エ　サイレンの音に集中することで、自分の呼吸の音さえも聞こえなくなるということ。

〔問5〕　本文中、D重ねた手の人差し指を、ぴったりと額にそわせて、うつむきすぎてしまいそうになる頭を支えるように、時間を使っていたとありますが、一代さんはどのような思いで祈っていたと思いますか。あなたの考えを六十字以内で書きなさい。（句読点やその他の符号も一字に数える。）

4　次の写真を見て、この写真の情景とあなたが感じたことや考えたことを書きなさい。ただし、あとの条件(1)～(4)にしたがうこと。

写真

（芸術新聞社編『Twitter 発　写真が好きだ。』から）

［条件］

(1)　原稿用紙の正しい使い方にしたがって書くこと。ただし、題名や自分の氏名は書かないこと。

(2)　二段落構成とし、八行以上、十行以内であること。

(3)　第一段落には、この写真を見たことがない人にも分かるように、写真の情景を書くこと。

(4)　第二段落には、この写真を見てあなたが感じたことや考えたことを、その理由とともに書くこと。

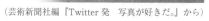

っていた。

サイレンは六十秒間、鳴り続け、止まった。

「それじゃあ、帰ろうか」

「あっちで、りゅうくんのリフティング見せてもらおう」

「やったー」

さっきまでの無音が嘘《うそ》みたいに、またみんなが、初詣みたいな騒がしさのなかへ戻ってきた。一番ちいさな子どもが、おばあさんとおじいさんに片方ずつつかまり、ぶらんぶらんと宙に浮いている。

一人の無音からみんなの有音に変わるこの瞬間を、かつおくんが写真に撮った。それは、わたしにとっての今回の旅を象徴する、いちばん好きな一枚になった。

帰る前に、一代さんの話を聞いた。一代さんは、船の事故で旦那さんと三女のご主人が行方不明になり、長女が亡《な》くなったそうだ。それにくわえて、震災後のきびしい生活。同じ立場を自分に置き換えることができなかった。

「過去は変えられないから、いまを明るく生きるしかないよね」

「明るく生きるために、どうしているんですか」

「みんなが楽しめることだけを考えて、それで忙しくすること」

一代さんは、迷いなく言いきった。

「旦那さんも喜んでくれるから」

苦しみが入ってくるヒマもないくらい、楽しむことに忙しく生きる。それもまた、確かな祈りだ。騒音と静寂で、時間は流れていく。わたしもそうやって、数え切れないほどの夜を乗り越えてきたじゃないか。

祈りたくなったとき、言葉にできなかった港町のサイレンを思う。

（岸田奈美《きしだなみ》「飽きっぽいから、愛っぽい」より。一部省略等がある。）

（注）・パフォーマー＝演技・演奏などの表現活動をする人。

・ツリーハウス＝樹木の上に作られた家。

・サウナワゴン＝サウナ設備を搭載した車。

〔問1〕本文中、Aしっくりとありますが、これに近い意味の語として最も適切なものを、次のア～エの中から選び、その記号を書きなさい。（　　）

ア　はっきり　イ　あっさり　ウ　ぴったり　エ　うんざり

〔問2〕本文中の□にあてはまる最も適切な語を、次のア～エの中から一つ選び、その記号を書きなさい。（　　）

ア　街　イ　海　ウ　時　エ　家

〔問3〕本文中、B身構えたとありますが、ここでの「身構え」るとはどうすることですか。「黙禱」という言葉を用いて、三十五字以内で書きなさい。「黙禱」は「黙とう」と書いてもよいこととする。（句読点やその他の符号も一字に数える。）

〔問4〕本文中、C自分の呼吸の音すらも、サイレンに集約されていくとありますが、これはどのようなことを表していますか。最も適切なものを、次のア～エの中から選び、その記号を書きなさい。（　　）

ア　サイレンの音が静まることで、呼吸と波風の音だけが聞こえてくるということ。

イ　サイレンの音と呼吸の音が複雑に混じり合って、深みのある音気仙沼の、青色と緑色を混ぜた濃い色の海をのぞむ、船着き場に着いた。ちゃぷ、ちゃぷ、と静かな波がすぐ足元まできている。でかい鳥と雲が浮かぶ空は美しかった。

二時四十六分、きっかり。
黙禱のサイレンが鳴った。
すぐ頭上にあった、電柱のスピーカーから聞こえた気がしたけど、すぐに、向こう側の堤防からも、裏手の山の中からも、同じ音が重なっているとわかった。この街のどこにいても、同じ音が響いているのだ。
あれだけ騒がしかったはずの声は、ぴたりと止《や》んだ。だれもが手をあわせ、まぶたを閉じる。
サイレンは単調だった。強弱も、旋律もない。それを集中して聞いていると、わずかに鳴っていた波の音も、風の音も、あっという間に消えた。C自分の呼吸の音すらも、サイレンに集約されていく。
たった一つの音だけに、これほど耳をゆだねたこともない。
ゆだねるほどに、確信した。
これはきっと、無音に一番近い。
プワーンとか、ジリリリとか、ウーウーとか、どんな表現を使っても、あの音は書き表せない。
どんなささいなことでも、自分の目で見て、耳で聞いて、手で触ったことなら、なんでも言葉にしてしまえる自信が、わたしにはあった。そういうふうに生きてきた。浅はかだった。そのわたしが、このサイレンだけは、一文字も似せられなかった。
マイクで録音した音に、自動的に五十音をあてはめ、文字をモニターに映し出せる機械みたいなものがあったなら、あのサイレンは適切に表現されるだろう。
人間のわたしが表現できないのは、単純に語彙力が足りないのか、それとも、文字にすることを拒むなにかがあるからか。前者だと心がくじけてしまいそうなので、一旦、後者を考えてみよう。
あのサイレンは、聞くための音ではない。
祈るための音だ。サイレンは祈れない。祈るのは、サイレンを聞いた、人間だ。
祈りとはなんだろう。希望のためだけに、自分の時間を使うことじゃないか。
愛《いと》しい人の死や、死んだ方がマシとすら思えるほどの苦しみは、耐えがたい。どんな格言も、どんな優しさも、心の拠《よ》り所にはなるが、苦しみを取り払うほどの力はない。
苦しみを少しずつ、少しずつやわらげていく方法があるとするなら、それはやはり時間だけ。一年後の自分は今ほど絶望していないし、十年後の自分は今ほど泣き濡《ぬ》れてはいない。
祈りは、時間を確実に使わせてくれる。時間は限りある命そのものだ。希望のために命をけずっている時は、祈り以外の、余計なすべては入ってこない方がいい。
そのためのサイレンだ。まわりの音を鎮《しず》め、祈りに集中させる。
祈っているわたしは、サイレンの音を書けなかった。聞こえているはずなのに、頭で言葉にできない。
それは、本来ならありえない、無音という状況に近いのではないだろうか。
一代さんを横目で見た。D重ねた手の人差し指を、ぴったりと額にそわせて、うつむきすぎてしまいそうになる頭を支えるように、時間を使

③ 次の文章を読んで、〔問1〕～〔問5〕に答えなさい。※印には（注）がある。

エッセイストの「わたし」は、写真家の「かつおくん」、サッカーボールを使う※パフォーマーの「りゅうくん」と一緒に、東日本大震災の追悼日の取材のため、宮城県気仙沼《けせんぬま》市を訪れた。

わたしたちはどこへ行っても街の人から大歓迎され、口にするものはなんでも美味《おい》しく、特に漁師さんがとってきたばかりの魚は絶品で、とどめの温泉は気持ちよすぎて意識が飛ぶかと思った。

「まあまあ、おかえり。さあ入って、座って、食べて」

お城のように立派な屋根を持つ民宿で、女将《おかみ》さんをしている一代《いちよ》さん。はじめて会ったのに「おかえり」なんて変だ。変なのに、Aしっくりきた。石油ストーブと人から発せられるあたたかさ、気持ちのいい大雑把さ、老いも若きも赤子も一緒にくつろぐ騒がしさ、テーブルに載り切らないほど運ばれてくるおやつ（おやつと言いながら、味噌汁《みそしる》があった）。来たこともないのに、実家のような場所だ。一代さんの人柄が、そのまま□になっていた。

「一代さんって、すっごいパワフルですね」

「わたしはここへ集まってくれるみんなに、本当に助けてもらったからさ。いつも楽しいことばかり考えてるよ。みんなに喜んでもらいたくて」

震災でぐちゃぐちゃになった一代さんの家に、ボランティアの人たちが寝泊まりしたことがきっかけで、この民宿を作ったそうだ。

「裏に※ツリーハウスと※サウナワゴンを作ってもらったんだ。みんなで見てきてよ」

それからわたしたちは、おのおの遊んだり、寝転んだり、おやつを食べたり、かつおくんが撮った写真を眺めたりして、くつろいだ。三階建ての家ぜんたいがゲラゲラと笑っているみたいだ。

「あっ、もうすぐ黙禱《もくとう》はじまる」

だれかが言った。わたしはドキリとした。

それは美しくて愉快な気仙沼へ来て、ようやく実感した、震災を感じさせる言葉だった。

わたしは神戸の出身で、震災が残す悲しみは、幼いころからいろいろな方法で見聞きしてきた。どれだけいまが明るくなろうとも、悲しみは、悲しみとして確かに存在する。家や人を失った傷には、他人が優しく寄り添うことはできても、一ミリの誤差もなく共感することはできないと思う。

B身構えた。この愉快な気持ちを、外から来たわたしが引きずってはだめだ。

「じゃあ、そろそろ海の方へ行きますかあ」

「そうだねえ。よっこいしょ」

「間に合うかなあ、ちょっと走ろっか」

「やだ、ちょっと、ころばないでよ」

聞こえてきたのはくつろいだ会話の延長で、わたしは肩から拍子抜けしそうになった。二十人ほどがコートやマフラーをひっかけて、ポケットに手をつっこみ、隙あらば散ろうとする小さな子どもの手を引いて、ばらばらっと横にならび、「でかい鳥だ」「なんの鳥だろ」なんて言いながら、笑ったりもする。

あれだ。この心地いい騒がしさは、初詣の風景っぽい。

〔問3〕　本文中、B現在の人間たちの協力の最たるものは「職業」ですとありますが、このようにいえるのはなぜですか。その理由を述べた次の文の［　］にあてはまる表現を、文中から四十五字以内でそのまま抜き出し、最初と最後の五字をそれぞれ書きなさい。（句読点やその他の符号も一字に数える。）

［　］ができているから。

［　　　　　］～［　　　　　］

〔問4〕　本文中、C社会が全く存在しない状況を考えてみましょうとありますが、「社会が全く存在しない状況」を例として挙げた理由を、解答欄の書き出しに続く形で、「強調」という語句を用いて、五十字以内で書きなさい。（句読点やその他の符号も一字に数える。）

社会が全く存在しない状況を例として挙げることによって、

〔問5〕　本文中の［Ⅰ］、［Ⅱ］には、あとに続く文章の「見出し」が入ります。「見出し」として最も適切なものを、次のア～エの中からそれぞれ選び、その記号を書きなさい。Ⅰ（　　）　Ⅱ（　　）

Ⅰ　ア　人間社会の協力関係
　　イ　社会の歯車になる危険性
　　ウ　快適な生活を送るための技術
　　エ　コミュニケーション能力の重要性

Ⅱ　ア　高度な言語能力　　イ　やさしさの進化
　　ウ　能力や運による繁栄　　エ　他者を認識する知能

〔問6〕　本文中、D増える単位が自分の体を超えて広がっているとありますが、これはどのようなことを述べていますか。文中の言葉を用いて、八十字以内で書きなさい。（句読点やその他の符号も一字に数える。）

りません。

一方で私たちの社会は違います。力や体力が必要な職業もあれば、勉強や絵を描くことやコミュニケーション能力が必要な職業もあります。どれか1つの能力が優れていれば、十分に活躍の場が見つかります。少なくとも狩猟採集社会よりは、今の社会の方が自分に合った役割（歯車）が見つかる可能性が高いように思います。

Ⅱ

こうした他人との協力からなる社会を形成するようになると、人間という生物が増える単位も変わってきます。人間以前の生き物は自分の力で自分だけを増やしていました。細菌も線虫もカエルも虫もサルも、増えることができるかどうかは自分の能力や運によって決まっていました。優れた能力を持っていれば生殖に成功し、子孫を作ることができますし、そうでなければ血統は途絶えてしまいます。

ところが協力関係の網の目の中にいる人間は違います。自分が生き残って増えるためには他の人の能力も重要です。また自分の能力もほかの人が生き残って増えることに貢献しています。自分の命が大事なのと同じように、他の人の命も大事になっていきます。D増える単位が自分の体を超えて広がっているといってもいいかもしれません。

このような大規模な協力関係は人間ならではの特徴です。人間以外の生物が非血縁個体と協力することは、特殊なケースを除いてほとんどありません。なぜ人間のみでこのような特殊な能力が生まれたのかについてはいろいろな説があります。人間の持つ高度な言語能力や認知能力や寿命の長さが大事だったと言われています。また、それらの能力が生まれた背景には、狩猟採集生活の中で協力する必要性があったことや、子どもが成長するまでに時間がかかることから子育てに他の個体の協力が必要だったことなどが指摘されています。

このような性質のどれが直接的な原因だったのかはわかりませんが、いずれにせよ、このような他の個体との協力を可能とする人間の性質は、元をたどれば少産少死の戦略によってもたらされたものです。命を大事にして長く生きるようになり、他個体と付き合うことが可能になったために協力することが有利になりました。

しかも、人間には他者を認識する知能や、他者の気持ちを察することのできる共感能力も備わっています。結果として協力関係がどんどん発展していきました。私たち人間は地球上の他のどんな生物よりも協力的な、いわば「やさしい」生物です。このようなやさしさの進化は少産少死の戦略を極めてきた生物にとって必然だったように思えます。

（市橋伯一《いちはしのりかず》「増えるものたちの進化生物学」より。一部省略等がある。）

（注）・少産少死の戦略＝増えるのは遅くても、その分死ににくくすることで、最終的にたくさん子孫を残すという戦略。

〔問1〕本文中の[a]、[b]にあてはまる最も適切な語の組み合わせを、次のア～エの中から選び、その記号を書きなさい。（　）

ア　a　もし　　b　しかし
イ　a　もし　　b　ただし
ウ　a　たとえば　　b　もし
エ　a　まったく　　b　もし

〔問2〕本文中、A協調的な行動が有利に働くとありますが、人間の場合、「協調的な行動」は何に「有利に働く」と筆者は考えていますか。[1]～[5]の段落の文中から適切な語句を六字でそのまま抜き出して書きなさい。[　　　　　　]

寿命の長い生物どうしは生涯でまた出会う可能性が高まります。人間は長生きで成長に時間のかかる生物です。これは※少産少死の戦略によるものです。その結果として同じ他人と長く付き合うことになり、敵対したり無視したりするよりも仲良くなって協力し合うほうがお互いの生存に有利になっています。こうして人間の場合は、血縁関係にない個体との協力関係が発展してきたと考えられています。

Ⅰ

B現在の人間たちの協力の最たるものは「職業」です。多くの人は職を持っていて、特定の仕事をするだけで生きていけるようになっています。私の場合であれば大学教員ですので、大学で講義をしたり、研究をしているだけで給料をもらって、衣食住を賄うことができます。私が身に着けている衣服も毎日食べている食料も、住んでいる家も、自分で作ったものではありません。作ろうと思っても質の高いものは作ることができません。その代わりに他のもっと技術のある人間が仕事として作ってくれたものを買っています。

現代人には当たり前すぎて普段はあまり意識しないかもしれませんが、これは大きな協力関係です。皆が自分以外の誰かのために質の高い仕事をすることで、全員が安全で快適な生活を送ることができています。

職業という協力関係の重要さは、誰かが仕事を辞めたらどうなるかを考えるとすぐにわかります。たとえば、衣服を作る仕事の人が全員辞めてしまったら、みんな自分の服は自分で作らないといけなくなります。きっと粗末な衣服しか作れないことでしょう。忙しい人は全く作れないかもしれません。着替えを用意しておくのも大変ですし、洗っているうちにぼろになるでしょうから、洗濯もあまりしなくなるでしょう。衣服は汚れ、感染症も広まりやすくなるかもしれません。現代人が安く品質の高い衣服を手に入れることができているのは、作ることに特化した人が専門に作ってくれるおかげです。

そしてそれは一方的な関係ではありません。衣服を作る人も食料や住居は別の専門家に作ってもらっています。私たち人間は、現在、社会という大きな協力関係の網の目の中に組み込まれています。

「社会の中に組み込まれる」ということは「社会の歯車になる」ということです。この言葉にはあまりいい印象はないかもしれません。自分の個性とかアイデンティティがおびやかされていると感じるかもしれません。しかしそれは誤解だと私は思います。むしろ社会の歯車になることでほとんどの人は個性を発揮して、みんなの役に立てるのだと思います。

たとえば、C社会が全く存在しない状況を考えてみましょう。父親、母親、小さい子どもの3人家族だけで無人島で暮らしているような状況です。この場合、生きていくために必要な仕事はすべて3人だけで分担しないといけません。狩りをするのは、生物的に力の強い大人の男性である父親になるでしょう。植物や果物を採集したり、調理したりするのは、狩りに不向きな女性や子どもの仕事になるでしょう。たとえ、狩りなんて荒っぽいことが嫌いな男性や、採集よりも狩りの方が好きな女性だったとしても、餓《う》えないためには身体的に向いている方をやらざるをえません。狩りに失敗したり、食べ物を見つけることに失敗したりすれば、すぐに命の危機が訪れます。また、この世界では、勉強が得意とか、絵をかくのが得意とか、コミュニケーション能力が高いとか低いなどの個性が役に立つことはありません。なにより必要なのは、獲物をしとめたり、食料を確保する能力です。力や体力が何よりも重要です。強く丈夫で健康な人間だけが生き残る世界です。それ以外の個性には出番はあ

（注）・鸛鵲楼＝中国にある塔の名前。
・白日＝太陽。
・千里の目＝千里のかなたの眺望。
・窮めんと＝見きわめようと。

(1)　この【漢詩】の形式を何といいますか。次のア～エの中から一つ選び、その記号を書きなさい。（　　）

ア　五言絶句　　イ　七言絶句　　ウ　五言律詩　　エ　七言律詩

(2)　【書き下し文】を参考にして、【漢詩】中の「欲《シ》窮《メント》千里《ノ》目《ヲ》」に返り点を付けなさい。

欲《シ》　窮《メント》　千　里《ノ》　目《ヲ》

---

[2]　次の文章を読んで、〔問1〕～〔問6〕に答えなさい。※印には（注）がある。

**人間における他の個体との付き合い方**

[1]　現代の人間の場合は、初対面の人に威嚇や攻撃など敵対的な行動をすることはまずありません。小さな子どもどうしであればありえるかもしれませんが、普通の大人であれば、失礼のない程度に愛想よくするのではないでしょうか。

[2]　どのくらい愛想よくするかは、「その人とまた会うかどうか」も重要なポイントになっているように思います。[a]、近所に住んでいる人や、学校の同級生、あるいは会社の同僚など毎日のように顔を合わせる人であれば、敵対していてもいいことは何もありません。[b]敵対していたら、顔を合わせるたびに嫌な気分になってしまいますし、困ったときに助けてくれないかもしれません。多くの人は、頻繁に会う人たちとはできるだけ仲良くするように、少なくとも険悪な関係にならないように努力するのではないかと思います。

[3]　それでは近所の人ではなく、旅先でたまたま出会った人であればどうでしょうか。たとえ険悪な雰囲気になったとしても二度と会うことはありません。失礼のない程度の付き合いはするにしても、良好な関係を築く必要性は感じないのではないでしょうか。

[4]　このように、今後もつきあう可能性がある人とない人で態度を変えることは、いたって合理的です。この傾向は「進化ゲーム理論」という理論的な研究でも確かめられています。同じ個体と長く付き合えば付き合うほど、A協調的な行動が有利に働くことから、付き合いの長さが安定な協力関係を生み出すひとつの要因になることが分かっています。

[5]　そして付き合いの長さに大きく影響を与えるのは寿命の長さです。

# 国語

時間　五〇分
満点　一〇〇点

1　次の〔問1〕～〔問4〕に答えなさい。

〔問1〕　次の①～⑧の文の――を付した、カタカナは漢字に直して書き、漢字は読みがなをひらがなで書きなさい。

①　実力をヤシナう。（　　う）
②　教室のごみをヒロう。（　　う）
③　事件をホウドウする。（　　）
④　店のカンバンを出す。（　　）
⑤　初日の出を拝む。（　　む）
⑥　わが身を顧みる。（　　みる）
⑦　凡庸な作品。（　　）
⑧　山の輪郭を描く。（　　）

〔問2〕　次の□で囲まれたA～Dの漢字について、楷書で書いた場合、同じ総画数になる組み合わせを、あとのア～カの中から一つ選び、その記号を書きなさい。（　　）

| A | B | C | D |
|---|---|---|---|
| 清 | 納 | 補 | 棒 |

ア　AとB　　イ　AとC　　ウ　AとD
エ　BとC　　オ　BとD　　カ　CとD

〔問3〕　次の会話は、朝日中学校二年生の中田さんが、職場体験の事前打ち合わせについて、電話で問い合わせている場面の一部です。会話文中のいますかを尊敬語を用いて適切な表現に書き直しなさい。
（　　　　）

中田　「私は、朝日中学校二年生の中田と申します。このたびは職場体験をお受けいただき、ありがとうございます。本日は、事前打ち合わせの件で、お電話をいたしました。ご担当の林さんはいますか。」
林　「はい。私が担当の林です。」
中田　「お忙しいところ恐れ入ります。事前の打ち合わせのため、来月三日、火曜日の午後一時に伺いたいと考えているのですが、ご都合はいかがでしょうか。」
林　「いいですよ。お待ちしております。」
中田　「ありがとうございます。ではよろしくお願いいたします。」

〔問4〕　次の【漢詩】と、その【書き下し文】を読んで、あとの(1)、(2)に答えなさい。※印には（注）がある。

【漢詩】

登ル二鸛鵲楼ニ一　　王之渙

白日依リテレ山ニ尽キ
黄河入リテレ海ニ流ル
欲シ窮メント千里ノ目ヲ
更ニ上ル一層ノ楼

【書き下し文】

※鸛鵲楼《かんじやくろう》に登る　　王之渙《おうしかん》

※白日山に依《よ》りて尽き
黄河《こうが》海に入りて流る
※千里の目を※窮《きは》めんと欲《ほっ》し
更に上る一層の楼

（「唐詩三百首」より）

# 2024年度／解答

## 数　学

1 【解き方】〔問1〕(1) 与式$=7-4=3$　(2) 与式$=6+\left(-\frac{28}{3}\right)=-\frac{10}{3}$　(3) 与式$=-2a+2b+10a-5b=8a-3b$　(4) 与式$=2\sqrt{7}-\sqrt{7}+3\sqrt{7}=4\sqrt{7}$　(5) 与式$=a^2+10a+25-(a^2-10a+16)=a^2+10a+25-a^2+10a-16=20a+9$

〔問2〕両辺の平方根をとって，$x+2=\pm\sqrt{13}$だから，$x=-2\pm\sqrt{13}$

〔問3〕$\sqrt{126n}=\sqrt{2\times3^2\times7\times n}$だから，この値が自然数となるような最も小さい自然数$n$は，$n=2\times7=14$

〔問4〕$y=\frac{a}{x}$として，$x=2$，$y=-3$を代入すると，$-3=\frac{a}{2}$より，$a=-6$　よって，$y=-\frac{6}{x}$

〔問5〕(1) △DEJ，△EBF，△IJH，△JFG，△HGCの5つ。

〔問6〕OA∥CBより，∠OAD＝∠$x$　また，円周角の定理より，∠AOB＝2∠ACB＝2∠$x$　対頂角だから，∠ODA＝114°なので，△OADで，∠$x$＋2∠$x$＋114°＝180°が成り立つ。3∠$x$＝66°より，∠$x$＝22°

【答】〔問1〕(1) 3　(2) $-\frac{10}{3}$　(3) $8a-3b$　(4) $4\sqrt{7}$　(5) $20a+9$　〔問2〕$x=-2\pm\sqrt{13}$　〔問3〕14

〔問4〕$y=-\frac{6}{x}$　〔問5〕(1) 5(個)　(2) ア．180　イ．GJ(または，GD，JD)　〔問6〕22°

2 【解き方】〔問1〕点Pが辺AB上を動くとき($0\leqq x\leqq4$)，△APD＝$\frac{1}{2}$×AP×AD＝$\frac{5}{2}x$(cm$^2$)より，$y=\frac{5}{2}x$となる。点Pが辺BC上を動くとき($4\leqq x\leqq9$)，底辺をADとすると，高さは一定だから，$y$の値も一定となる。したがって，グラフはア。

〔問2〕一般道路を$x$km，高速道路を$y$km走ったとすると，道のりについて，$x+y=130$……①が成り立つ。また，かかった時間は2時間だから，時間について，$\frac{x}{30}+\frac{y}{80}=2$……②が成り立つ。①，②を連立させて解くと，②×240より，$8x+3y=480$……③　③－①×3より，$5x=90$だから，$x=18$　これを①に代入して，$18+y=130$より，$y=112$　よって，一般道路は18km，高速道路は112kmである。

〔問3〕グラフより，最小値は0回，最大値は6回である。また，度数の合計は17人だから，第2四分位数(中央値)は小さい方から9番目の値となるので3回，第1四分位数は小さい方から4番目と5番目の値の平均となるので，$\frac{1+2}{2}=1.5$(回)　第3四分位数は大きい方から4番目と5番目の値の平均となるので4回である。これらをすべて満たす箱ひげ図はウである。

〔問4〕箱Aには5枚のカード，箱Bには3枚のカードが入っているから，それぞれの箱からカードを1枚ずつ取り出すとき，取り出し方は全部で，$5\times3=15$(通り)　このうち，計算結果が奇数になる場合を，箱Bから取り出すカードについて順に考える。Bから「$6+a$」を取り出したとき，Aからは1，3，5を取り出す3通り。Bから「$6-a$」を取り出したとき，Aからは1，3，5を取り出す3通り。Bから「$6\times a$」を取り出したとき，Aからどのカードを取り出しても偶数になる。よって，求める確率は，$\frac{3+3}{15}=\frac{2}{5}$

〔問5〕(1) 最も小さい数が偶数となるように囲むと，偶数が2つと奇数が1つとなるから，和は奇数となり，2の倍数にならない。

【答】〔問 1〕ア 〔問 2〕(一般道路) 18 (km) (高速道路) 112 (km) 〔問 3〕ウ 〔問 4〕$\frac{2}{5}$

〔問 5〕(1) $2+3+10=15$ (2) 3 つの数は，$n$，$n+1$，$n+8$ と表されるから，3 つの数の和は，$n+(n+1)+(n+8)=3n+9=3(n+3)$ $n+3$ は整数だから，$3(n+3)$は 3 の倍数である。よって，3 つの数の和はいつでも 3 の倍数になる。

3 【解き方】〔問 1〕$y=2x^2$ は，$x=0$ のとき $y=0$ で最小値をとり，$x=-2$ のとき，$y=2\times(-2)^2=8$ で最大値をとる。よって，$y$ の変域は，$0 \leqq y \leqq 8$

〔問 2〕C (2，0) より，直線 BC は傾きが，$\frac{0-2}{2-(-1)}=-\frac{2}{3}$ だから，直線の式を $y=-\frac{2}{3}x+b$ とおいて，点 C の座標を代入すると，$0=-\frac{2}{3}\times 2+b$ より，$b=\frac{4}{3}$ よって，$y=-\frac{2}{3}x+\frac{4}{3}$

〔問 3〕直線 AB は傾きが，$\frac{8-2}{2-(-1)}=2$ だから，式を $y=2x+c$ とおいて，点 B の座標を代入すると，$2=2\times(-1)+c$ より，$c=4$ $y=2x+4$ に $y=0$ を代入すると，$0=2x+4$ より，$x=-2$ だから，D (−2，0) ここで，点 B から $x$ 軸に垂線 BH をひくと，H (−1，0)で，AC ∥ BH より，AB : BD = CH : HD = {2 − (− 1)} : {− 1 − (− 2)} = 3 : 1

〔問 4〕線分 AB と $y$ 軸との交点を Q とすると，Q (0，4)だから，△OAB = △OAQ + △OBQ = $\frac{1}{2}\times 4\times 2+\frac{1}{2}\times 4\times 1=6$ 点 P の $x$ 座標を $p$ ($p>0$)とすると，△OPE = $\frac{1}{2}\times 4\times p=2p$ △OPE = $\frac{1}{2}$△OAB より，$2p=3$ となるので，$p=\frac{3}{2}$ となり，点 P の $y$ 座標は，$y=-\frac{1}{2}\times\left(\frac{3}{2}\right)^2=-\frac{9}{8}$ だから，P$\left(\frac{3}{2},\ -\frac{9}{8}\right)$ また，$y$ 軸について，点$\left(\frac{3}{2},\ -\frac{9}{8}\right)$と対称な点$\left(-\frac{3}{2},\ -\frac{9}{8}\right)$を P とした場合も条件を満たすので，求める点 P の座標は，$\left(\frac{3}{2},\ -\frac{9}{8}\right)$，$\left(-\frac{3}{2},\ -\frac{9}{8}\right)$

【答】〔問 1〕$0 \leqq y \leqq 8$ 〔問 2〕$y=-\frac{2}{3}x+\frac{4}{3}$ 〔問 3〕3 : 1 〔問 4〕$\left(\frac{3}{2},\ -\frac{9}{8}\right)$，$\left(-\frac{3}{2},\ -\frac{9}{8}\right)$

4 【解き方】〔問 1〕BG = 3 + 2 = 5 (cm)，HG = 2 cm だから，△BGH で三平方の定理より，BH = $\sqrt{5^2+2^2}=\sqrt{29}$ (cm)

〔問 2〕辺 AD と辺 EH との交点を P とする。∠ECD = 70°，∠PEC = ∠PDC = 90° だから，四角形 PECD で，∠$x$ = 360° − (90° + 70° + 90°) = 110°

〔問 3〕(1) DC = 5 cm，CG = 3 cm だから，△CDG で，DG = $\sqrt{5^2-3^2}=\sqrt{16}=4$ (cm) DH = DG − HG = 4 − 3 = 1 (cm) △DCG で，IH ∥ CG より，IH : CG = DH : DG だから，IH : 3 = 1 : 4 よって，4IH = 3 より，IH = $\frac{3}{4}$cm したがって，△DIH = $\frac{1}{2}$ × IH × DH = $\frac{1}{2}\times\frac{3}{4}\times 1=\frac{3}{8}$ (cm$^2$)

【答】〔問 1〕$\sqrt{29}$ (cm) 〔問 2〕110°

〔問 3〕(1) $\frac{3}{8}$ (cm$^2$) (2) △BCE と△DCG で，四角形 ABCD，四角形 EFGH は正方形だから，BC = DC……① CE = CG……② また，∠BCE = ∠BCD − ∠ECD = 90° − ∠ECD……③ ∠DCG = ∠ECG − ∠ECD = 90° − ∠ECD……④ ③，④より，∠BCE = ∠DCG……⑤ ①，②，⑤より，2 組の辺とその間の角がそれぞれ等しいから，△BCE ≡ △DCG よって，∠BEC = ∠DGC = 90° ∠CEH = 90° だから，∠BEC + ∠CEH = 90° + 90° = 180° したがって，3 点 B，E，H は一直線上に並ぶ。

# 英 語

① 【解き方】〔問 1〕No.1. まっすぐ行って 2 つ目の角を右折し，左側に見えるレストランの隣に郵便局がある。No.2. 男性は「T シャツ」を欲しがっており，「ネコが描いてあるもの」を買うつもりである。No.3. 清掃活動は「日曜日」の午後にあり，「タオル」を持っていく必要がある。

〔問 2〕No.1. A. 里美はあまりテニスをするのが上手ではないと思っている。B. 里美は 12 歳のときからテニスをしている。C. 里美はテニス部に所属し，今もテニスをしている。D.「里美は良いテニス選手になりたいと思っている」。内容に合う。No.2. 公園でできることとして「たくさんの動物や鳥を見ること」「地元の食べ物と美しい自然を楽しむこと」「写真を撮ること」があげられている。「動物に触ることはできない」と話している。

〔問 3〕No.1. 健太は去年の夏アメリカに行った。No.2. ジョンはアメリカの高校の数学教師である。No.3. サリーは日本のアニメを見ることによって日本語を勉強した。No.4. サリーは日本の文化にとても興味があったので，健太にたくさんの質問をした。No.5. 健太はもっと自分の英語を上達させたいと思っている。

【答】〔問 1〕No.1. B No.2. C No.3. D 〔問 2〕No.1. D No.2. A

〔問 3〕No.1. B No.2. C No.3. D No.4. B No.5. D

◀全訳▶ 〔問 1〕

No.1.

A：すみません，郵便局はどこですか？

B：まっすぐ行って，2 つ目の角で右に曲がってください。あなたは左側にレストランを見つけるでしょう。郵便局はレストランの隣にあります。

No.2.

A：お手伝いいたしましょうか？

B：はい。私は T シャツが欲しいです。

A：車が描いてあるこちらのものはいかがでしょうか？

B：そうですね，私はネコがとても好きなのです。私はネコが描いてあるあの T シャツを買います。

No.3.

A：いつ清掃活動がありますか？

B：見てください。それは日曜日の午後です。

A：私たちは何か持っていく必要はありますか？

B：はい，あなたはタオルが必要です。

〔問 2〕

No.1. 私は私のクラブ活動についてあなたたちにお話します。私はスポーツをするのが好きなので，今はテニス部に所属しています。私は将来良いテニス選手になりたいです。私は 12 歳のときからテニスをしています。私はテニスをするのがあまり上手ではありませんが，それをするのは好きです。私の父は私に毎日練習し続けることが大切だと言います。練習することはとても大変ですが，私は最善を尽くすつもりです。

No.2. 私はあなたが自然公園で楽しい時間を過ごすだろうと思います。そこで，あなたはたくさんの動物や鳥を観察することができます。それらはとてもかわいいですが，安全ではないのであなたはそれらを触ることができません。あなたは地元の食べ物と美しい自然を楽しむことができます。あなたはそこで写真を撮ることもできます。

〔問 3〕僕はアメリカでの僕の経験について話します。去年の夏，僕はアメリカにいるおばの友人のジョンを訪ねました。僕のおばは日本の高校の英語教師で，時々ジョンと一緒に英語を教えていました。

　現在，彼はアメリカの高校の数学教師です。僕は彼の家族のところに滞在し，僕たちは一緒に映画館や博物館に行きました。僕はそこでたくさんの新しいものを見て驚きました。

僕はアメリカに滞在していたとき，ある女の子に出会いました。彼女の名前はサリーでした。彼女はジョンの生徒の1人でした。彼女は日本文化にとても興味がありました。彼女は日本のアニメを見ることによって日本語を勉強しました。彼女は日本を訪れて着物の着方を学びたいと僕に言いました。だから彼女は僕に日本文化についてたくさんの質問をしました。しかし僕は彼女の英語をあまり理解できませんでした。僕は自分の英語が十分に良くはないと感じました。

僕は日本に帰ってきてから，外国の人々とコミュニケーションをとるために英語をより一生懸命勉強しています。僕はもっと自分の英語を上達させたいと思っています。

質問 No.1：健太はいつアメリカに行きましたか？

質問 No.2：ジョンは誰ですか？

質問 No.3：どのようにしてサリーは日本語を勉強しましたか？

質問 No.4：なぜサリーは健太にたくさんの質問をしたのですか？

質問 No.5：健太は何をしたいですか？

2 **【解き方】**〔問1〕(1) 第1段落の3・4文目に着目する。ジンは和歌山に行く計画があったので，悠真に和歌山の有名な場所について質問をした。(2) 第2段落に着目する。悠真は和歌山は外国人観光客にあまり人気がないと思っていたので，父から「毎年異なる地域から多くの外国人が和歌山を訪れる」と聞いて驚いた。

〔問2〕(1) 直後の文に「2013年から2019年まで，その数はほぼ毎年増えた。しかし，2017年には，その数が減った」とある。2017年だけ下がり，それ以外は上がっているグラフを選ぶ。(2) 第3段落の後半を見る。「アジアからの旅行者の割合が最も高かった」とあるので，Aがアジア。「ヨーロッパよりも北アメリカから，より多くの人が来たと思っていたが，それは正しくなかった」とあるので，Bがヨーロッパ，Cが北アメリカ。

〔問3〕(1) 直後に悠真が「僕は高野山に行くつもりだ」と答えていることから，どこに行くつもりかを尋ねる疑問文が入る。Where =「どこに」。(2) 直前にサムが「あなたはどのようにしてたくさんの外国人に和歌山の有名な場所を紹介するつもりですか？」と尋ねていることから，外国人に広く伝えられる手段としてふさわしいものを選ぶ。アの「僕はインターネットを使って，それらの多くの写真を見せるつもりだ」が適切。

**【答】**〔問1〕(1) イ　(2) エ　〔問2〕(1) エ　(2) A. イ　B. ア　C. ウ

〔問3〕(1) (例) Where will you go?　(2) ア

**◀全訳▶**　あなたたちは和歌山が外国人観光客に人気があることを知っていますか？　去年の夏，僕は京都に観光に行き，そこで何人かの外国人の友達を作りました。1人の中国人の友達であるジンが僕に和歌山の有名な場所について質問しました。彼女は家族と和歌山を訪れる予定なので僕に尋ねたのです。僕はその質問にうまく答えることができませんでした。

家に帰ったとき，僕は父に京都での経験について話しました。彼は「和歌山には，訪れるべき場所がたくさんあるよ。たとえば，私たちにはいくつかの有名な世界遺産がある。そのため，毎年異なる地域から多くの外国人が和歌山を訪れるんだ」と言いました。僕は，和歌山は外国人観光客にあまり人気がないと思っていたので，それを聞いて驚きました。

僕は和歌山を訪れる外国人についてもっと知りたいと思ったので，インターネットを使い，いくつかの興味深いデータを見つけました。そのデータから，僕は2つのグラフを作成しました。グラフ1は和歌山を訪れた外国人観光客の数を示しています。2013年から2019年まで，その数はほぼ毎年増えました。しかし，2017年には，その数が減りました。グラフ2は2019年にどこから観光客が来たかを示しています。アジアからの観光客の割合が最も高かったです。僕は，ヨーロッパよりも北アメリカから，より多くの人々が和歌山に来たと思っていました。しかし，それは正しくありませんでした。観光客の9パーセントはそれら3つの地域から来ていませんでした。

これらのグラフを作ることから，僕は異なる地域から多くの人が和歌山を訪問しに来ていると学びました。

僕はもっと多くの外国人に和歌山を訪れてほしいです。そのため，僕は和歌山の有名な場所について勉強して，たくさんの外国人にそれらを紹介したいと思っています。

③ **【解き方】**〔問 1〕ジャックの 3 番目のせりふを見る。最初のスライドには，6 人の人々が描かれている(ウ)→真利子の 4 番目のせりふを見る。次のスライドを見せて，フェアトレードが重要だと述べている(ア)→真利子の 5 番目のせりふを見る。その次のスライドを見せて，「フェアトレード」という言葉を知っている日本の若者はたくさんいると述べている(イ)→真利子の 6 番目のせりふを見る。4 つ目のスライドには，世界でたくさん生産されているフェアトレード商品の 3 つが示されている(エ)。

〔問 2〕直後に真利子が「私はフェアトレードのチョコレートを時々買う」と答えていることに着目する。ジャックは「僕はフェアトレードのお茶をよく買う」と述べたあと，真利子に「君はどう？」と尋ねた。

〔問 3〕直前のジャックのせりふの内容を指す。by ～ing =「～することによって」。the people's lives in developing countries =「開発途上国の人々の生活」。protect =「守る」。

〔問 4〕(1) 質問は「真利子はどれくらいの間プレゼンテーションの準備をしていますか？」。真利子の 2 番目のせりふを見る。彼女は 2 週間プレゼンテーションの準備をしている。(2) 質問は「ジャックは何のフェアトレード商品をよく買いますか？」。ジャックの 7 番目のせりふを見る。彼はよくお茶を買う。

〔問 5〕ア．真利子の 7 番目のせりふを見る。真利子は時々フェアトレードのチョコレートを買う。イ．「真利子はもっと多くの人々がフェアトレードについて学んでくれることを願っている」。真利子の 5 番目のせりふを見る。内容に合う。ウ．ジャックの 5 番目のせりふを見る。ジャックはフェアトレードについて知っている。エ．真利子は明日 SDGs についてのプレゼンテーションをするが，明日ジャックが真利子とフェアトレードについて話す予定だという記述はない。

**【答】**〔問 1〕ウ→ア→イ→エ　〔問 2〕エ

〔問 3〕フェアトレード商品を買うことで，開発途上国の人々の生活が守られるということ。(同意可)

〔問 4〕(例) (1) She has been preparing for it for two weeks.　(2) He often buys tea.　〔問 5〕イ

**◀全訳▶**

ジャック：こんにちは，真利子。君は何をしているの？

真利子　：こんにちは，ジャック。私は明日のプレゼンテーションの準備をしているのよ。

ジャック：プレゼンテーションのテーマは何？

真利子　：それは SDGs（持続可能な開発目標）についてよ。私は 2 週間プレゼンテーションの準備をしているの。プレゼンテーションの最初のスライドを見て。

ジャック：それは 6 人の人々を表しているよね？

真利子　：そうよ。その絵は SDGs の 1 つを示しているの。私は開発途上国の人々を助けることに興味があるの。

ジャック：それは素晴らしいね。

真利子　：これは次のスライドよ。私はその問題を解決するためにフェアトレードが重要だと思うの。ところで，あなたはそれについて何か知っている？

ジャック：もちろんだよ。僕はフェアトレード商品を買うのが好きだよ。多くの日本人はフェアトレードについて知っている？

真利子　：その次のスライドを見て。実は，「フェアトレード」という言葉を知っている日本の若者はたくさんいるの。私はそれを知って驚いたわ。私はもっと多くの人にフェアトレードについて学んでもらいたいわ。

ジャック：4 番目のスライドは何を意味しているの？

真利子　：これらの 3 つは世界でたくさん生産されているフェアトレード商品よ。

ジャック：なるほど。僕はフェアトレードのお茶をよく買うよ。真利子，君はどう？

真利子　：私はフェアトレードのチョコレートを時々買うわ。
ジャック：フェアトレード商品を買うことで，開発途上国の人々の生活が守られるんだ。
真利子　：その通りね。
ジャック：僕は君のプレゼンテーションが成功することを願っているよ。
真利子　：ありがとう。

4【解き方】「地元の野菜を料理して楽しむ」か「夜空の美しい星を見て楽しむ」か参加したいと思うイベントを選び，内容や曜日や時間の観点からそれを選ぶ理由を述べる。1を選ぶ場合，「地元の野菜は新鮮なので，おいしい料理を食べることができる」「平日の夜よりも日曜日の午前中の方がゆっくりイベントを楽しむことができる」などが理由として考えられる。2を選ぶ場合，「夜のイベントはとてもわくわくする」「地元の野菜はよく料理するが，星を見ることは初めてである」などが理由として考えられる。

【答】(例) 2／I think the event at night is very exciting. I often cook local vegetables with my mother and brother, but watching stars is new to me. (26語)

5【解き方】〔問1〕A. 直前に，ナエンが6か月間沙希の家に滞在し，家族はナエンととても楽しい時間を過ごしたと述べられている。「彼女は本当の家族の一員のようだった」が適切。like ～＝「～のような」。B. 直前に「文化の間にはたくさんの違いがある」とあり，直後に「日本とタイの間で時間に正確であることに関して大きな違いがある」と述べられている。For example＝「たとえば」。C. 直前の段落の最後にある「文化的多様性のある社会で私たちはどうやってうまく生きていくことができるだろうか？」という問いかけを指す語句が入る。

〔問2〕第2段落の後半にある「なぜあなたはよく遅れて家に帰ってくるの？」と沙希が尋ねたあとのナエンの答えに着目し，日本とタイの間の時間に正確であることについての違いについてまとめる。

〔問3〕(1) 質問は「沙希とナエンはオンラインで話すときに何語を使いますか？」。第1段落の最後から2文目を見る。彼女たちは英語と日本語を使う。(2) 質問は「リーチマイケルはなぜ日本に来たのですか？」。第4段落の2文目を見る。彼は日本でラグビーをすることに興味があった。

〔問4〕リーチマイケルの言葉に「私たちのチームには異なる文化を持った選手がたくさんいて，私たちは1つのチームになるためにお互いを尊重し合っている。そのため私たちはお互いから異なるアイデアや考え方を学んできた。このことがチームをより強くしてきた」とある。ウの「リーチマイケルは，チームの文化的多様性が試合に勝つための強みであると考えている。それはチームのメンバーたちが異なるアイデアや考え方を得ることができるからだ」が適切。

〔問5〕ア. 第1段落の3文目を見る。ナエンが沙希の家に滞在した期間は1年ではなく6か月。イ. 第2段落の1文目を見る。沙希はナエンが日本の自分の家に来てから，ずっと外国の文化に興味を持っている。ウ.「日本では，今後人々は外国人と仕事をするより多くの機会を持つだろう」。第3段落の3文目を見る。内容に合う。エ. 第2段落の中ほどを見る。夜7時までに家に帰らないといけないという家族の規則があるのに，ナエンはよく数分遅刻して家に帰ってきた。オ.「沙希は，文化の間の違いを知ることと尊重することの両方が重要だと考えている」。最終段落を見る。内容に合う。

【答】〔問1〕A. イ　B. ア　C. エ

〔問2〕タイでは数分の遅れは問題ないが，日本の人々はとても時間に正確だということ。(同意可)

〔問3〕(例) (1) They use English and Japanese.　(2) Because he was interested in playing rugby in Japan.

〔問4〕ウ　〔問5〕ウ・オ

◀全訳▶　今日，私は親友の1人であるナエンについて話したいと思います。彼女はタイに住んでいます。約2年前，彼女は日本語を勉強するために日本に来て，私の家に6か月間滞在しました。私たちの家族は彼女ととても楽しい時間を過ごしました。彼女は本当の家族の一員のようでした。今私たちは時々オンラインで英語と日本語の両方で話します。それは楽しいです。

ナエンが家に来てから，私はずっと外国の文化に興味を持っています。そして私は文化の間にはたくさんの違いがあることを学びました。たとえば，日本とタイの間で時間に正確であることに関して大きな違いがあります。ナエンの私の家での滞在中，私たちには1つの家族の規則がありました。私たちは夜7時までに家に帰らなければなりませんでした。しかしナエンはよく数分遅刻して家に帰ってきました。そして彼女は一度も「遅くなってごめんなさい」と言いませんでした。ある日，私は彼女に「なぜあなたはよく遅れて家に帰ってくるの？」と尋ねました。彼女は「私の国では，数分遅れることは問題ではないの」と答えました。彼女はまた「ごめんなさい。私は規則を破っているとは全く思っていなかったの。日本人がそんなに時間に正確だと知らなかったわ」と言いました。もし私がこの時間に正確であることについての文化の違いを知らなかったら，私は彼女がよく規則を破る人だと思っていたでしょう。

今，日本に住む外国人の数は過去10年間で約200万人から約300万人に増加しました。今後，その数はさらに増えるでしょう。これは，私たちが外国人と暮らしたり，一緒に働いたりするより多くの機会を持つだろうということを意味します。そして彼らの多くは私たちとは異なる文化を持っています。私は「文化的多様性のある社会で私たちはどうやってうまく生きていくことができるだろうか？」と自問しました。

私は有名なラグビー選手であるリーチマイケルがこの問いについて私たちに重要なことを語っていると思います。彼は日本でラグビーをすることに興味があったので，20年前にニュージーランドから日本にやってきました。現在，彼はラグビー男子日本代表チームのメンバーです。チームのメンバーの多くは外国出身です。彼らは異なる文化を持っています。彼は「私たちのチームには異なる文化を持った選手がたくさんいて，私たちは1つのチームになるためにお互いを尊重し合っています。そのため私たちはお互いから異なるアイデアや考え方を学んできました。このことがチームをより強くしてきました。日本はこれから外国の人々と未来を一緒に創造する必要があると私は思います。私たちのチームはそのための良い見本になることができます」と言っています。

ナエンとリーチから，私はたくさん学びました。まず，私たちは文化の間の違いを知る必要があります。もし私たちが違いを理解していないと，お互いに誤解するかもしれません。次に，私たちはそれぞれの文化とその違いを尊重する必要もあります。そうすることで，私たちは異なるアイデアや考え方を学ぶことができます。このことは私たちが社会をより良くすることを助けることができると私は信じています。

# 社　会

1 **【解き方】**〔問1〕③は赤道にあたる。緯線と経線が直角に交わるメルカトル図法の地図では，高緯度になるほど，地図上の長さは，実際の地球上での距離よりも長く描かれる。

〔問2〕石炭，鉄鉱石などの地下資源が豊富に産出する。

〔問3〕サンベルトに含まれている地域。

〔問4〕年少人口の割合がほぼ半減し，老年人口の割合が約2倍になっていることが表からわかる。

〔問5〕石炭や石油などの化石燃料に代わるエネルギーのひとつ。

〔問6〕オーストラリアは鉱産資源の輸出が多く，人口密度が極端に低い。アはアメリカ，イはブラジル，ウはロシア。

**【答】**〔問1〕エ　〔問2〕ウラル(山脈)　〔問3〕シリコンバレー

〔問4〕年少人口割合が減少し，老年人口割合が増加する，少子高齢化が進んだから。(同意可)

〔問5〕バイオ〔マス〕燃料(または，バイオエタノール)　〔問6〕エ

2 **【解き方】**〔問1〕アは石川県。イは岐阜県，ウは長野県，エは新潟県。

〔問2〕(1) X は瀬戸内しまなみ海道，Y は瀬戸大橋，Z は明石海峡大橋などで結ばれている。(2) 岡山県は，一年を通して温暖で降水量の少ない瀬戸内の気候に属する。イは富山県，ウは高知県，エは沖縄県の各県庁所在地の雨温図。

〔問3〕(1) プランクトンが多く，良い漁場となっている。(2) ア．傾斜が急であるほど，等高線の間隔は狭く描かれるので，C—D 間の傾斜の方が急。ウ．正しくは南西。地形図では，特に断りがない限り，地図の上が北を示す。エ．「茶畑」ではなく，田が正しい。

〔問4〕航空輸送は，海上輸送にくらべて費用が高いものの，小型・軽量で高価な品目を運ぶことで採算をとっている。

**【答】**〔問1〕(県) ア　(県庁所在地名) 金沢(市)　〔問2〕(1) X．ア　Y．ウ　Z．イ　(2) ア

〔問3〕(1) 大陸棚　(2) イ　〔問4〕航空貨物は，海上貨物に比べて，軽くて高価な品目を扱っている。(同意可)

3 **【解き方】**〔問1〕アは殷，イは漢，ウは秦の時代のできごと。

〔問3〕アは奈良時代の天平文化，イは江戸時代の元禄文化，エは室町文化の特徴。

〔問4〕地方の豪族は郡司に任命された。

〔問5〕資料1の左側が元軍，右側が幕府軍のようす。また中央に「てつはう」の爆発が描かれていることにも注目。

〔問6〕1467年に始まった戦い。

〔問7〕1615年に最初に出された法令。将軍の代替わりごとに加筆・修正された。

〔問8〕①の「朝廷」がおかれたのは京都御所。②の大阪は，西廻り航路で東北地方の日本海側の地域と結びついていた。③の「将軍」は，江戸城で政治を行った。

〔問9〕孝明天皇の妹の和宮を，14代将軍徳川家茂《いえもち》の妻にむかえ，融和を図った。

**【答】**〔問1〕ア→ウ→イ　〔問2〕ポリス　〔問3〕ウ　〔問4〕ア

〔問5〕元軍が集団戦法をとり，火薬を使った武器を使用したから。(同意可)　〔問6〕応仁の乱

〔問7〕武家諸法度　〔問8〕① 京都　② 大阪(または，大坂)　③ 江戸

〔問9〕天皇の妹を将軍の夫人にむかえた。(同意可)

4 **【解き方】**〔問1〕地租改正によって，地主が地価の3％を現金で納めることになった。

〔問2〕日清戦争の結果，下関条約により，日本は遼東半島を得たが，三国干渉を受けて清に返還した。

〔問3〕(1) ア～ウは明治時代のできごと。(2) 京都で創立し，結成時には「水平社宣言」が読み上げられた。

〔問4〕アは太平洋戦争の終結直後のこと。イに関連する公害対策基本法の制定は1967年。ウのラジオ放送の

開始は1925年。エの日本国憲法の公布は1946年11月3日。

**【答】**〔問1〕地券　〔問2〕遼東半島を清に返還すること。(同意可)　〔問3〕(1) エ　(2)〔全国〕水平社

〔問4〕イ

5 **【解き方】**〔問1〕アの「教書」は，アメリカの大統領が連邦議会に提出するもの。エの「弾劾裁判所」は国会に設置される。

〔問2〕円安とは，海外通貨に対して円の価値が下がること。日本からみて，海外の商品・サービスは割高になり，逆に海外からみて，日本の商品・サービスは割安になる。

〔問3〕パリ協定より前に採択されていた京都議定書では，先進国のみに削減義務が課されていた。

〔問4〕分担率は，各国の経済力（支払い能力）に合わせて決められている。

〔問5〕政府による恣《し》意《い》的な権力の行使を防ぐための考え方。

〔問6〕Ⅲは集団的自衛権の考え方。

**【答】**〔問1〕イ　〔問2〕ア　〔問3〕すべての国が温室効果ガスを削減すること（同意可）

〔問4〕X. ア　Y. イ　Z. ウ　〔問5〕立憲主義　〔問6〕イ

6 **【解き方】**〔問1〕現在の消費税率は10％となっている（一部で軽減税率の8％が導入されている)。

〔問2〕ただし，先住権など先住民族の権利保障については，明示されていない。

〔問3〕「物価が下がる」と売上や利益が下がるため，企業は従業員に高い賃金を払うことができなくなる。

〔問4〕「核家族」とは，夫婦のみ，または夫婦と未婚の子ども（ひとり親世帯も含む）で構成される世帯のこと。

〔問5〕有権者の中からくじで選ばれた11名で構成される。任期は6ヶ月。

〔問6〕資料中の「国産食品の安全性」や「健康への悪影響」などに注目する。

**【答】**〔問1〕所得が少ない人ほど所得に占める税の負担の割合が高くなること。(同意可)

〔問2〕アイヌ施策推進(または，アイヌ民族支援)　〔問3〕X. ウ　Y. イ　Z. ア　〔問4〕ウ

〔問5〕検察審査会　〔問6〕ア・ウ

# 理　科

1 **【解き方】**〔問 2〕⑴ ナトリウム原子は，1 個の電子を失ってナトリウムイオンになる。

**【答】**〔問 1〕⑴ ヘモグロビン　⑵ 動脈血　〔問 2〕⑴ $Na \rightarrow Na^{+} + e^{-}$　⑵ 電離

〔問 3〕⑴ 等粒状組織　⑵ エ　〔問 4〕⑴ Fe　⑵〔熱〕伝導

2 **【解き方】**〔問 1〕⑶ ア・イは多細胞生物。

〔問 2〕⑶ 受精卵は細胞分裂が始まると胚となり，1 回目の分裂で細胞数は 2 個に，2 回目の分裂で細胞数が 4 個になる。その後，分裂をくり返し細胞数が増え，幼生になる前には前後にのびて頭や尾ができる。

**【答】**〔問 1〕⑴ 空気の泡が入らないようにするため。(同意可)　⑵ X. 接眼(レンズ)　Y. 対物(レンズ)　⑶ ウ・エ

〔問 2〕⑴ 親から同じ遺伝子をそのまま受けつぐため。(同意可)　⑵ 精子　⑶ a. ウ　b. エ　c. イ　d. ア　e. オ　⑷ 発生

3 **【解き方】**〔問 1〕⑵ 表 1 より，9 時～10 時の雨量は，5 mm。10 時～11 時の雨量は，20 (mm) − 5 (mm) = 15 (mm)　11 時～12 時の雨量は，30 (mm) − 20 (mm) = 10 (mm)　12 時～13 時の雨量は，35 (mm) − 30 (mm) = 5 (mm)　よって，1 時間あたりの雨量が最も多かった時間は 10 時～11 時。⑶ 1 時間にプールの中の水の深さが 4 mm 増加するので，増える水の量は，4 mm = 0.004m より，25 (m) × 13 (m) × 0.004 (m) = 1.3 ($m^3$)

**【答】**〔問 1〕⑴ 0 mm の目盛りまで水を入れた。(同意可)　⑵ イ　⑶ 1.3 ($m^3$)

〔問 2〕⑴ 温帯低気圧　⑵ ① ア　② ア　③ イ　⑶ シベリア(気団)　⑷ (風向) 北西　(風力) 3　(天気) 晴れ　⑸ (水蒸気の量) 減る　(理由) 雪を降らせて水蒸気を失うため。(同意可)

4 **【解き方】**〔問 1〕発生した気体は二酸化炭素。

〔問 2〕表 1 より，線香が激しく燃えたので(ii)の気体は酸素。アは水素，イは二酸化炭素，エはアンモニアの発生方法。

〔問 4〕粒子はばらばらになって，水中に均一に広がる。

〔問 6〕① 塩化ナトリウムの溶解度は温度による変化がほとんどないので，冷やしても固体をとり出すことができない。② 60 ℃の水 200g にミョウバンを 40.0g とかしたので，水 100g あたりにとけているミョウバンの質量は，$40.0\,(\mathrm{g}) \times \dfrac{100\,(\mathrm{g})}{200\,(\mathrm{g})} = 20.0\,(\mathrm{g})$　図 4 より，ミョウバンの溶解度曲線から 100g の水にとける質量が 20g になる温度を読みとる。

〔問 7〕水 200g 中にとけているミョウバンの質量は，40.0 (g) − 11.8 (g) = 28.2 (g)　よって，固体をとり出した後の水溶液の質量パーセント濃度は，$\dfrac{28.2\,(\mathrm{g})}{200\,(\mathrm{g}) + 28.2\,(\mathrm{g})} \times 100 \fallingdotseq 12.4\,(\%)$

**【答】**〔問 1〕$CO_2$　〔問 2〕ウ　〔問 3〕水へのとけやすさ。(同意可)　〔問 4〕エ　〔問 5〕再結晶

〔問 6〕① ミョウバン　② イ　〔問 7〕12.4 (%)

5 **【解き方】**〔問 1〕⑵ 図 2 より，音の波形は 4 目盛りで 1 回振動しているので，1 回の振動にかかる時間は，0.001 (秒/目盛り) × 4 (目盛り) = 0.004 (秒)　よって，音の振動数は，$\dfrac{1\,(回)}{0.004\,(秒)} = 250\,(\mathrm{Hz})$　⑶ 弦の長さが短くなると，振動数が大きくなる。同じ強さで弦をはじくので，音の大きさは変わらず，振幅は変わらない。

〔問 2〕⑵ 物体の像は，鏡をはさんで対称の位置に見える。鉛筆を点ア～カに置き，次図アのように鏡をはさんでそれぞれの対称の位置 (点ア′～カ′) から点 P に進む光が鏡を通過するとき，点 P から見て鉛筆が鏡に映って見えるので，点エに置いた鉛筆は鏡に映って見え，点ア・イ・ウ・オ・カに置いた鉛筆は見えない。同

様に，次図イのように鏡をはさんでそれぞれの対称の位置（点ア′～カ′）から点Qに進む光が鏡を通過するとき，点Qから見て鉛筆が鏡に映って見えるので，点ア・エ・オ・カに置いた鉛筆は鏡に映って見え，点イ・ウに置いた鉛筆は見えない。よって，鉛筆を点イ・ウに置いたときには点Pからも点Qからも鉛筆が鏡に映って見えない。

図ア

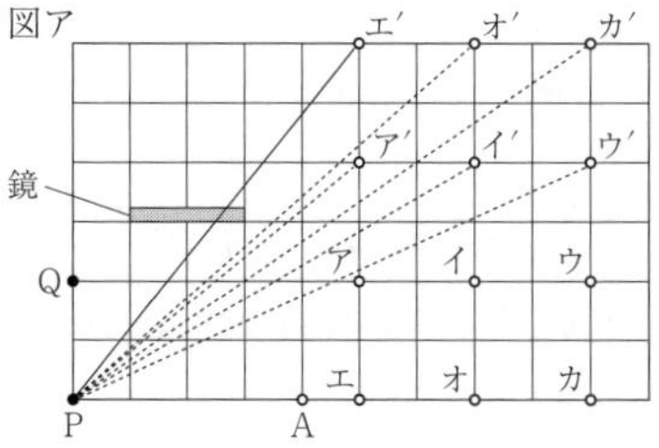


図イ

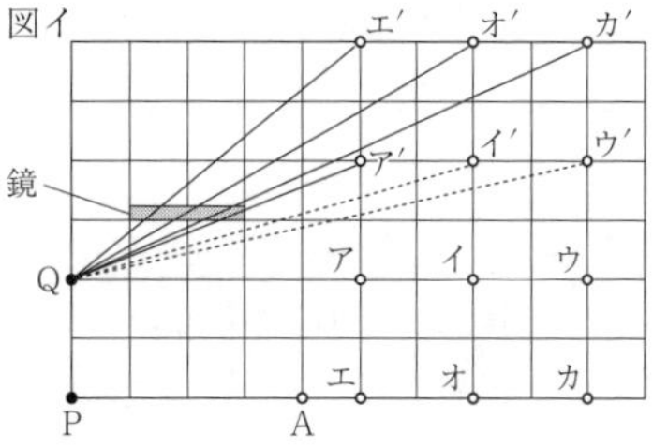


〔問3〕⑴ 光が空気からガラスへ進むときは，屈折角は入射角より小さくなる。

**【答】**〔問1〕⑴ 音源(または，発音体) ⑵ 250 (Hz) ⑶ (音の高さ) 高くなった。(波形) ア

〔問2〕⑴ (右図) ⑵ イ・ウ 〔問3〕⑴ イ ⑵ 全反射

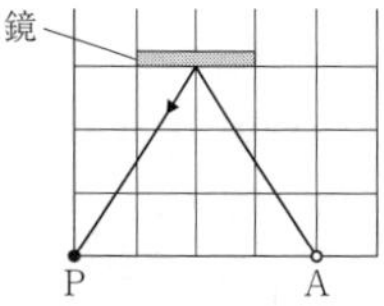

# 国　語

1 **【解き方】**〔問 2〕A は「清」で 11 画，B は「納」で 10 画，C は「補」で 12 画，D は「棒」で 12 画。

〔問 4〕(1) 四句で構成され，それぞれの句が五字で書かれている詩。(2) 一字戻って読む場合には「レ点」を，二字以上戻って読む場合には「一・二点」を用いる。

**【答】**〔問 1〕① 養(う)　② 拾(う)　③ 報道　④ 看板　⑤ おが(む)　⑥ かえり(みる)　⑦ ぼんよう　⑧ りんかく

〔問 2〕カ　〔問 3〕いらっしゃいますか(または，おいでになりますか)　〔問 4〕(1) ア　(2) (右図)

欲シレ窮メント二千里ノ目ヲ一

**◀口語訳▶**　(輝く) 太陽が西の山に寄り添いながら沈んでいき，黄河は海に向かって流れている。(はるか) 千里のかなたの眺望を見きわめようとして，さらにもう一階上へと登ってみる。

2 **【解き方】**〔問 1〕a.「その人」について，近所に住んでいる人や，学校の同級生などの「毎日のように顔を合わせる人」の例を挙げている。b.「毎日のように顔を合わせる人」と「敵対していた」場合を仮定して，「顔を合わせるたびに嫌な気分に」なる，「困ったときに助けてくれない」と述べている。

〔問 2〕寿命の長い生物として人間を挙げ，「同じ他人と長く付き合う」ことになるため，「協力し合うほうがお互いの生存に有利」だと説明していることをおさえる。

〔問 3〕筆者は，衣服や食料や住居などは自分で作らず，「技術のある人間が仕事として作ってくれたものを買ってい」ることを指して，「大きな協力関係」と言っている。

〔問 4〕「社会の歯車になることで…個性を発揮して，みんなの役に立てる」という筆者の考えを示すために，社会が存在しない状況と社会が存在する状況とを比較していることをふまえる。「社会が全く存在しない状況」の例として無人島での生活を挙げ，力や体力が何よりも重要で「それ以外の個性には出番はありません」と述べたあと，「今の社会」について取り上げ，自分の個性が役立つ「活躍の場」が見つけやすいと説明していることから考える。

〔問 5〕Ⅰ.「職業という協力関係の重要さ」について述べていることに着目する。さまざまな仕事をする人がいることで生活が成り立つことを説明し，「人間は，現在，社会という大きな協力関係の網の目の中に組み込まれて」いるとまとめていることから考える。Ⅱ. 人間が「地球上の他のどんな生物よりも協力的」であることから，人間を「やさしい」生物だと表現していることに着目する。

〔問 6〕人間以前の生き物は，「自分の能力や運」に任せて自分の子孫だけを増やしていたのに対し，人間は，「自分の命が大事なのと同じように，他の人の命も大事」にしながら協力して子孫を増やしていることをおさえる。

**【答】**〔問 1〕ウ　〔問 2〕お互いの生存　〔問 3〕皆が自分以～を送ること

〔問 4〕(社会が全く存在しない状況を例として挙げることによって，)社会が存在する方が，個性を発揮して，活躍できる場が見つかる可能性が高いということを強調するため。(48 字) (同意可)

〔問 5〕Ⅰ. ア　Ⅱ. イ

〔問 6〕自分の能力や運で自分だけの子孫を増やすのではなく，自分や他の人の能力を生かし合い，お互いの命を大事にしながら協力し，社会全体で子孫を増やしていくということ。(78 字) (同意可)

3 **【解き方】**〔問 2〕「わたし」がはじめて来た民宿で，「おかえり」と出迎えられ，あたたかさや気持ちのいい大雑把さや騒がしさにふれたことで，民宿を「実家のような場所」だと感じていることに着目する。

〔問 3〕「黙禱」とは黙ったまま亡くなった人に祈りを捧げることなので，「愉快な気持ちを…わたしが引きずってはだめだ」と考え，気持ちを落ち着かせてから黙禱しようとしていることをおさえる。

〔問 4〕「集中して聞いていると…波の音も，風の音も，あっという間に消えた」とあるので，周りの音が聞こえなくなるほど「わたし」がサイレンの音に集中していることをとらえる。また，サイレンについて，聞くための音ではなく祈るための音であり，「まわりの音を鎮め，祈りに集中させる」ためのものだと考えていることに着目する。

〔問 5〕黙禱のためのサイレンなので，一代さんが亡くなった人を思いながら祈ったであろうことをおさえる。また，一代さんの「過去は変えられないから，いまを明るく生きるしかない」「みんなが楽しめることだけを考えて，それで忙しくする」という思いに着目する。

**【答】**〔問 1〕ウ　〔問 2〕エ

〔問 3〕愉快な気持ちから落ち着いた気持ちに切り替えて，黙禱に備えること。(32 字)（同意可）〔問 4〕エ

〔問 5〕（例）亡くなった人を思いつつも，過去は変えられないから，みんなが楽しむことを考えて，いまを明るく生きていこうと祈っていた。(58 字)

4 **【答】**（例）

この写真は，制服姿の生徒が校庭の白線の手前にかがんだ姿勢で両手をつき，これから走りだそうと構えている写真だ。

私はこの写真を見て，これから始まる高校生活への準備が整い，今まさに新しい生活がスタートしようとしているところを表現しているのではないかと感じた。その理由は，ユニフォーム姿ではなく，制服姿の生徒がスタートラインに手をかけて，走りだす直前の構えをしているからだ。(十行)

~MEMO~

~MEMO~

~MEMO~

~MEMO~

~MEMO~

# 和歌山県公立高等学校

## 2023年度
# 入学試験問題

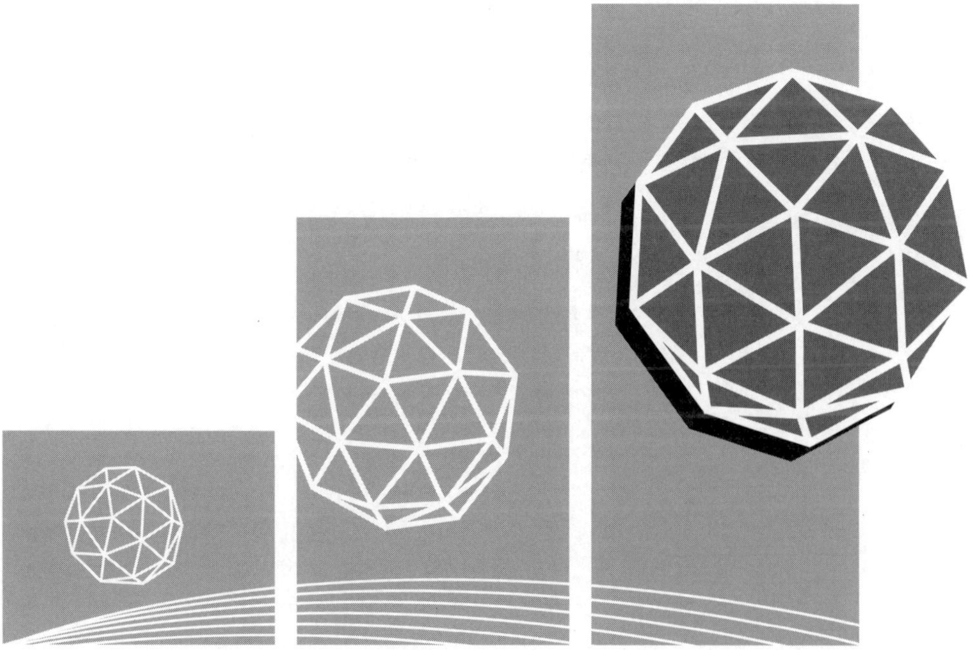

# 数学

時間　50分　　　　満点　100点

1　次の〔問1〕〜〔問6〕に答えなさい。

〔問1〕　次の(1)〜(5)を計算しなさい。

(1)　$2-6$　(　　　)

(2)　$\dfrac{8}{5}+\dfrac{7}{15}\times(-3)$　(　　　)

(3)　$3(2a+b)-(a+5b)$　(　　　)

(4)　$\dfrac{9}{\sqrt{3}}-\sqrt{75}$　(　　　)

(5)　$a(a+2)+(a+1)(a-3)$　(　　　)

〔問2〕　次の式を因数分解しなさい。

$x^2-12x+36$　(　　　)

〔問3〕　絶対値が4以下の整数はいくつあるか，求めなさい。(　　　個)

〔問4〕　次の表は，ある学年の生徒の通学時間を調査し，その結果を度数分布表にまとめたものである。表中の［ア］，［イ］にあてはまる数をそれぞれ求めなさい。ア(　　　)　イ(　　　)

| 通学時間(分) | 度数(人) | 相対度数 | 累積度数(人) |
|---|---|---|---|
| 以上　未満<br>0 〜 10 | 24 | * | * |
| 10 〜 20 | 56 | * | * |
| 20 〜 30 | 64 | 0.32 | ［イ］ |
| 30 〜 40 | 40 | 0.20 | * |
| 40 〜 50 | 16 | ［ア］ | * |
| 計 | 200 | 1.00 | |

*は，あてはまる数を省略したことを表している。

〔問5〕　$y$は$x$の2乗に比例し，$x=3$のとき，$y=-18$である。

このとき，$y$を$x$の式で表しなさい。(　　　)

〔問6〕　右の図のように，円Oの周上に4点A，B，C，Dがある。

$\angle BDC=39°$，$\overset{\frown}{BC}=3\overset{\frown}{AB}$のとき，$\angle x$の大きさを求めなさい。

(　　　)

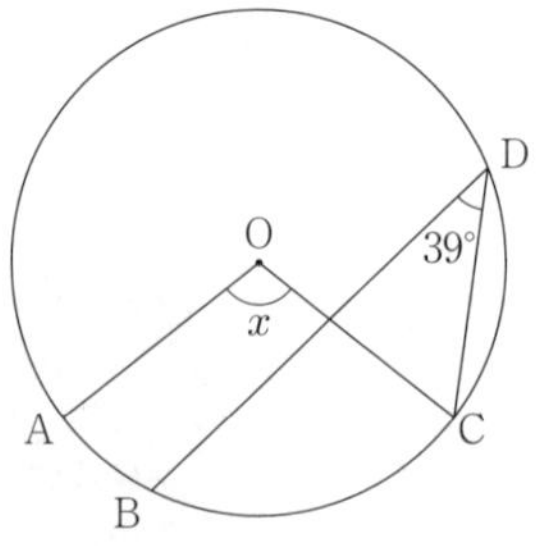

2　次の〔問1〕～〔問5〕に答えなさい。

〔問1〕　図1の展開図をもとにして，図2のように正四角錐《すい》Pをつくった。

次の(1)，(2)に答えなさい。

(1)　図2において，点Aと重なる点を図1のE，F，G，Hの中から1つ選び，その記号をかきなさい。

(　　　)

図1

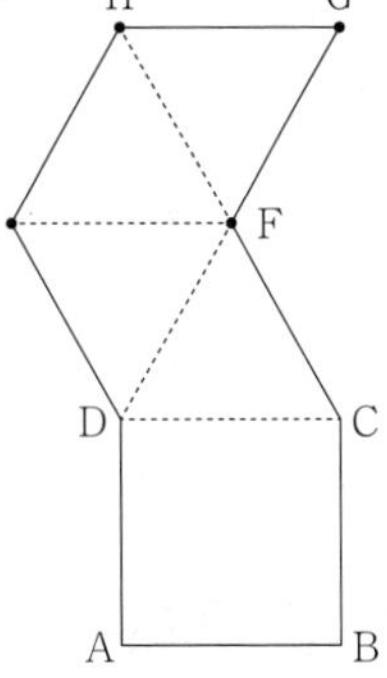


図2

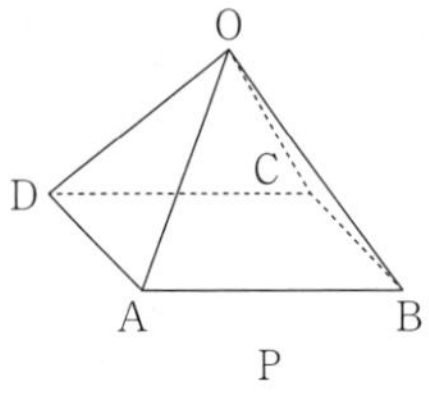


(2)　正四角錐Pの辺OA上にOI：IA ＝ 1：2となる点Iをとる。

図3のように，点Iを通り，底面ABCDに平行な平面で分けられた2つの立体をそれぞれQ，Rとする。

このとき，QとRの体積の比を求め，最も簡単な整数の比で表しなさい。(　　　)

図3

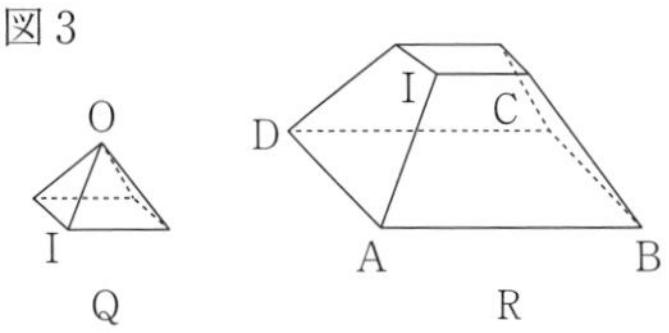


〔問2〕　1辺の長さが7cmの正方形である緑，赤，青の3種類の色紙がある。

この色紙を，図のように左から緑，赤，青の順に繰り返して右に2cmずつずらして並べていく。

表は，この規則に従って並べたときの色紙の枚数，一番右の色紙の色，横の長さについてまとめたものである。

このとき，下の(1)，(2)に答えなさい。

図

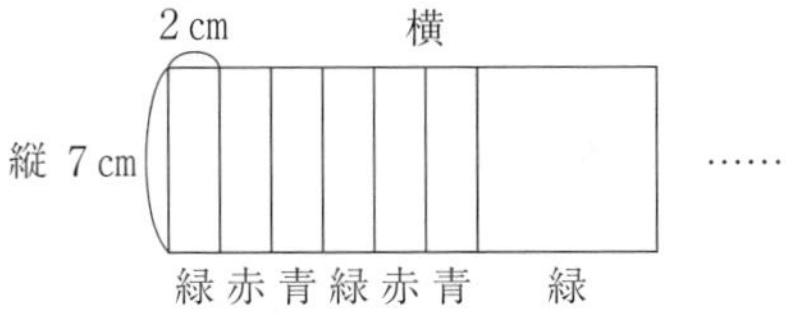


表

| 色紙の枚数（枚） | 1 | 2 | 3 | 4 | 5 | 6 | 7 | … | 13 | … |
|---|---|---|---|---|---|---|---|---|---|---|
| 一番右の色紙の色 | 緑 | 赤 | 青 | 緑 | 赤 | 青 | 緑 | … | □ | … |
| 横の長さ（cm） | 7 | 9 | 11 | ＊ | ＊ | ＊ | ＊ | … | ＊ | … |

＊は，あてはまる数を省略したことを表している。

(1)　表中の□にあてはまる色をかきなさい。(　　　色)

(2)　色紙を $n$ 枚並べたときの横の長さを $n$ の式で表しなさい。(　　　cm)

〔問3〕　2つのさいころを同時に投げるとき，出る目の数の積が12の約数になる確率を求めなさい。

ただし，さいころの1から6までのどの目が出ることも同様に確からしいものとする。(　　　)

〔問4〕　右の表は，ある洋菓子店でドーナツとカップケーキをそれぞれ1個つくるときの小麦粉の分量を表したものである。

| メニュー＼材料 | 小麦粉 |
|---|---|
| ドーナツ | 25g |
| カップケーキ | 15g |

この分量にしたがって，小麦粉400gを余らせることなく使用して，ドーナツとカップケーキをあわせて18個つくった。

このとき，つくったドーナツとカップケーキはそれぞれ何個か，求めなさい。

ただし，答えを求める過程がわかるようにかきなさい。

求める過程(　　　　　　　　　　　　　　　　　　　　　　　　　　　　)

ドーナツ(　　　個)　カップケーキ(　　　個)

〔問5〕　右の箱ひげ図は，太郎さんを含む15人のハンドボール投げの記録を表したものである。

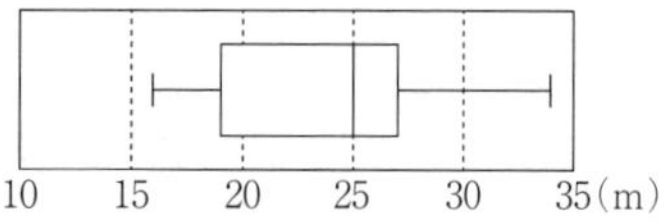


また，次の文は太郎さんと先生の会話の一部である。

> 太郎：先生，15人のハンドボール投げの記録の平均値は何mですか。わたしの記録は24.0mでした。
>
> 先生：平均値は23.9mです。
>
> 太郎：そうすると，わたしの記録は平均値より大きいから，15人の記録の中で上位8番以内に入りますね。

下線部の太郎さんの言った内容は正しくありません。その理由をかきなさい。

理由(　　　　　　　　　　　　　　　　　　　　　　　　　　　　)

3　図1のように，関数 $y = \frac{1}{2}x + 3$……①のグラフ上に点A(2，4)があり，$x$軸上に点Pがある。

次の〔問1〕～〔問4〕に答えなさい。

図1

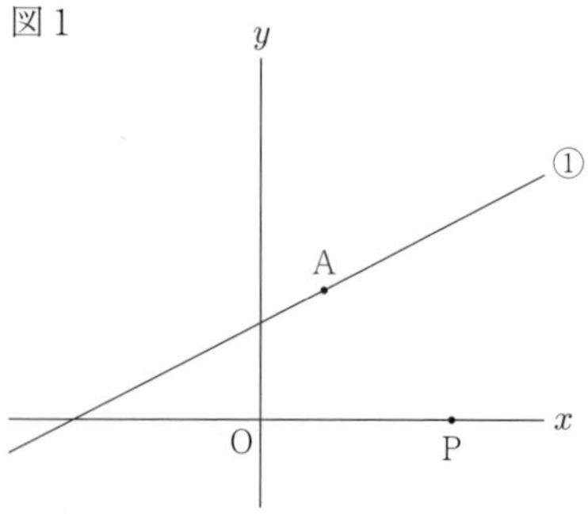


〔問1〕　関数 $y = \frac{1}{2}x + 3$ について，$x$の増加量が4のとき，$y$の増加量を求めなさい。(　　　)

〔問2〕　Pの$x$座標が6のとき，直線APの式を求めなさい。

(　　　)

〔問3〕　図2のように，∠APO＝30°のとき，Pの$x$座標を求めなさい。(　　　)

図2

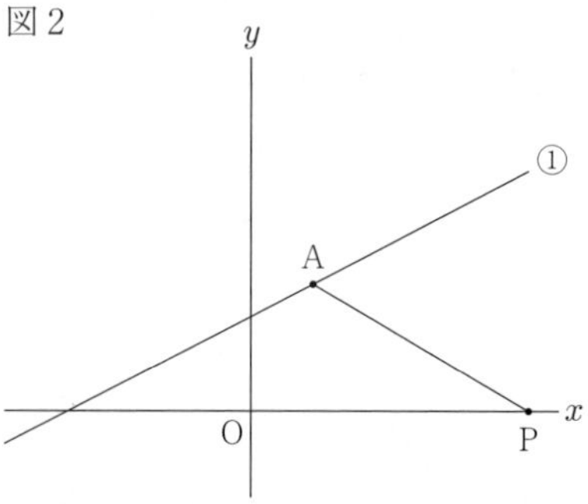

〔問4〕　図3のように，①のグラフと $y$ 軸との交点をBとする。
また，$y$ 軸上に点Qをとり，△ABPと△ABQの面積が等しくなるようにする。
Pの $x$ 座標が4のとき，Qの座標をすべて求めなさい。
（　　　）

図3

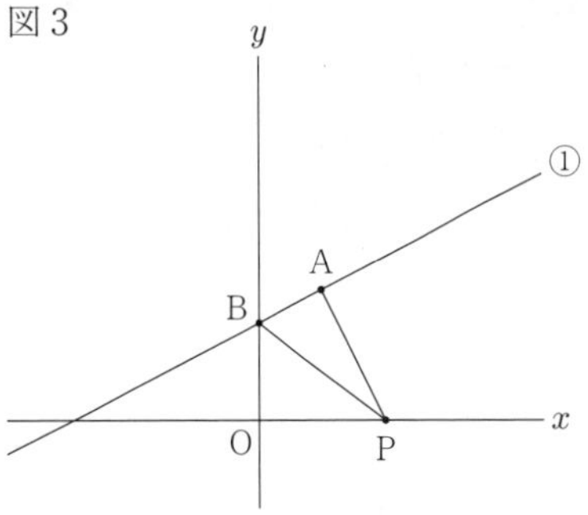


4　平行四辺形ABCDの辺BC上に点Eがある。
ただし，辺BCの長さは辺ABの長さより長いものとする。
次の〔問1〕～〔問4〕に答えなさい。

〔問1〕　図1のように，AB = AE, ∠BCD = 118°のとき，∠BAEの大きさを求めなさい。（　　　）

図1

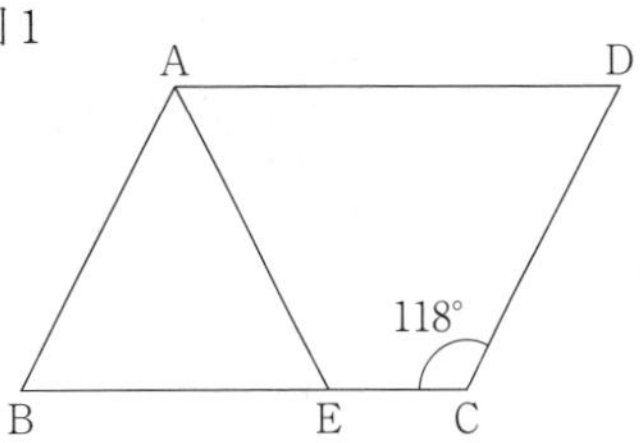


〔問2〕　図2のように，BC = 5cm，AE = 3cm，∠AEB = 90°のとき，線分DEの長さを求めなさい。（　　　cm）

図2

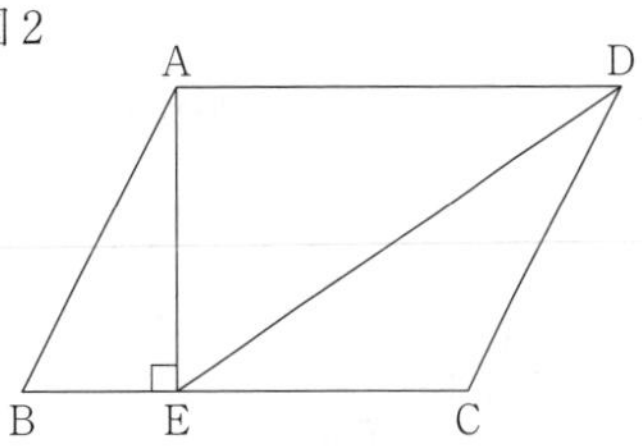


〔問3〕　図3のように，平行四辺形ABCDの対角線の交点をOとし，直線EOと辺ADの交点をFとする。このとき，四角形BEDFは平行四辺形であることを証明しなさい。

（　　　）

図3

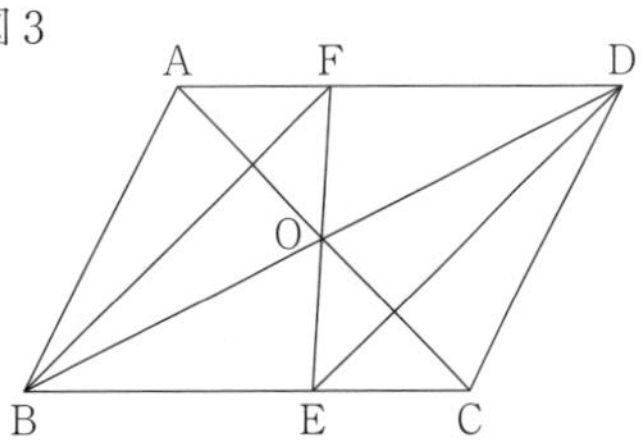


〔問4〕　図4のように，AB = 4cm，BE = 3cm，EC = 2cmのとき，辺BAの延長上にAG = 2cmとなるように点Gをとる。また，GEとADの交点をHとする。このとき，台形ABEHの面積は，平行四辺形ABCDの面積の何倍になるか，求めなさい。（　　　倍）

図4

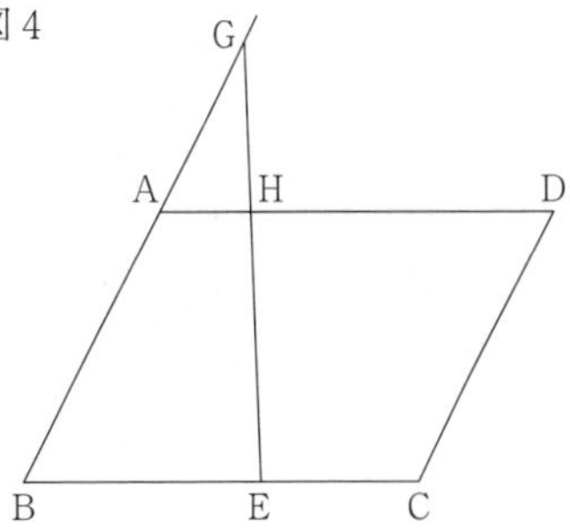

# 英語

時間　50分　　　　満点　100点

（編集部注）　放送問題の放送原稿は英語の末尾に掲載しています。
音声の再生についてはもくじをご覧ください。

1　放送をよく聞いて，次の〔問1〕～〔問3〕に答えなさい。

〔問1〕　No.1～No.3 の順に，それぞれ対話を1回放送します。No.1～No.3 の対話の内容に最も合う絵を，A～D の中から1つずつ選び，その記号を書きなさい。

No.1（　　）　No.2（　　）　No.3（　　）

No.1　A　B　C　D

No.2　A　B　C　D

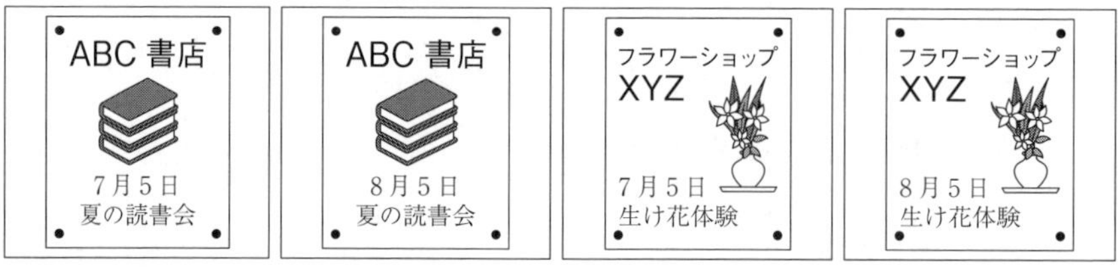


No.3　A　B　C　D

〔問2〕　No.1，No.2 の順に，それぞれ質問と英文を放送します。質問に対する答えとして最も適切なものを，A～D の中から1つずつ選び，その記号を書きなさい。

No.1　中学生の和也（Kazuya）が，英語の授業で自分の趣味についてスピーチをします。スピーチの内容に合うものはどれですか。（　　）

A　Kazuya has been interested in English songs since he was seven years old.

B　Kazuya bought a CD of English songs when he was five years old.

C　Kazuya enjoyed listening to English songs last week.

D　Kazuya wants to sing English songs in his class next week.

No.2　カナダでホームステイ中のあなたが，観光案内所で博物館への移動手段をたずねたところ，4つの方法が提示されました。次の2つの条件を満たす移動手段はどれですか。（　　）

条件

◇　20分以内で博物館に到着すること
◇　料金が8ドル以内であること

A　Bike　　B　Train　　C　Bus　　D　Taxi

〔問3〕　高校生の健（Ken）が英語の時間に行ったスピーチと，その内容について5つの質問を2回放送します。No.1〜No.5の英文が質問の答えとなるように，［　　　］に入る最も適切なものを，A〜Dの中から1つずつ選び，その記号を書きなさい。

No.1　She started it about ［　　　］.

A　ten years ago　　B　twelve years ago　　C　fourteen years ago
D　forty years ago

No.2　He was surprised because ［　　　］ his grandmother's shop.

A　so many customers came to　　B　so many foreign people came to
C　there were only a few kinds of cakes in　　D　there were so many kinds of cakes in

No.3　She was ［　　　］.

A　Ken's mother　　B　Ken's teacher　　C　a customer at Ken's grandmother's shop
D　a clerk at Ken's grandmother's shop

No.4　He usually goes to her shop ［　　　］.

A　in the morning　　B　after school　　C　on weekends　　D　on his birthday

No.5　He wants to ［　　　］.

A　meet Meg and her son again
B　start his own shop in the future
C　buy a birthday cake for his grandmother
D　make his grandmother's shop more popular

2　次の英文は，高校生の武志（Takeshi）が，英語の授業で行った，惑星についてのスピーチの原稿です。これを読み，〔問 1〕～〔問 3〕に答えなさい。

Today, I'd like to talk about some planets in space. I love planets. Last year, my father gave me a book about planets with beautiful pictures. It was great. The book made me happy. Since then, I've been interested in planets.

When I talked with our science teacher, Ms. Suzuki, she said, "There are many planets in space. And they have their own features. Do you know Venus? Venus is a beautiful planet which is smaller than the Earth." I knew the names of some planets, but I didn't know much about them. So I wanted to know about planets more.

Last weekend, I researched the four planets which are close to the Sun. They are Mercury, Venus, Earth and Mars. I got data about them from books and websites. I wanted to share the data, so I made charts. Please look at these charts. Chart 1 shows the order of the four planets from the Sun. Chart 2 shows the order of their size. From these charts, we can see that Mercury is the closest to the Sun and it is the smallest of the four. From the Sun, Mars is farther than the Earth.

Of these four planets, I thought that the largest planet was Mars because it's the farthest from the Sun. But I was not right. Mars is the second smallest planet of the four. I learned new things from making these charts. I love to learn about planets because there are many things I don't know. In the future, I'll continue to learn about them.

図

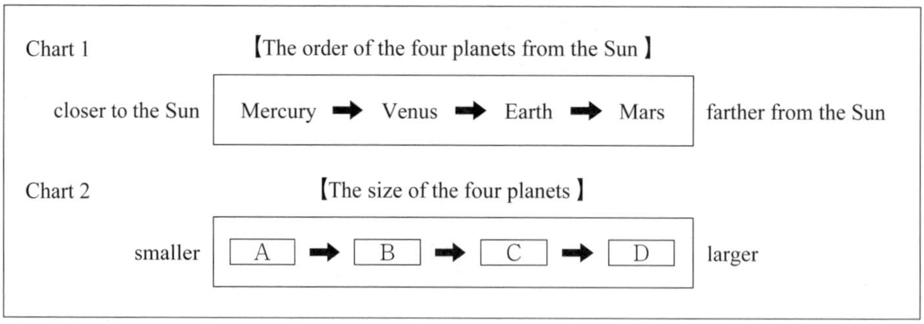


（注）　space　宇宙　　feature　特徴　　Venus　金星　　research　調べる　　close to ～　～に近い
Sun　太陽　　Mercury　水星　　Mars　火星　　chart　図　　order　順番　　size　大きさ
farther < far の比較級　　farthest < far の最上級

〔問 1〕　本文の内容に合うように，次の(1)，(2)の（　　）にあてはまる最も適切なものを，それぞれア～エの中から 1 つ選び，その記号を書きなさい。

(1)　Takeshi is interested in planets because (　　　).

ア　the book his father gave him was great

イ　his science teacher gave him a book about them

ウ　there are many planets in space

エ he learned about planets in space in his science class

(2) Takeshi (　　　).

ア thought that the largest planet in space was Venus

イ thought that there are only four planets in space

ウ loves planets and wants to learn about planets in the future

エ loves planets because he knows everything about them

〔問2〕 文中の下線部Chart 2について，本文の内容に合うように，図の [ A ] ～ [ D ] にあてはまるものを，次のア～エの中から1つずつ選び，その記号を書きなさい。

A (　　　) B (　　　) C (　　　) D (　　　)

ア Mercury　イ Venus　ウ Earth　エ Mars

〔問3〕 武志は，スピーチの後，ALT（外国語指導助手）のジェシー（Jessy）と話をしました。次の対話文は，そのやりとりの一部です。これを読み，あとの(1)，(2)に答えなさい。

Jessy : Your speech about planets was interesting.

Takeshi : Oh, really? Thank you.

Jessy : From listening to your speech, I know you really like to learn about planets. So, [ ① ]

Takeshi : Well, actually, it's one of my future dreams.

Jessy : Wow! That's exciting. You can do it! I hope you can visit some planets such as Mars in the future.

Takeshi : I hope so.

Jessy : [ ② ] if you could go to Mars tomorrow?

Takeshi : If I could go there tomorrow, I would look at the Earth from it.

Jessy : Sounds good!

(1) 対話の流れに合うように，文中の [ ① ] にあてはまる最も適切なものを，次のア～エの中から1つ選び，その記号を書きなさい。(　　　)

ア I want to tell you about my dream for the future.

イ I want you to tell me about your dream for the future

ウ I want to become a space scientist in the future.

エ I want you to become a space scientist in the future.

(2) 対話の流れに合うように，文中の [ ② ] にふさわしい英語を書きなさい。ただし，語数は4語以上とし，符号（.,?!など）は語数に含まないものとする。

(　　　　　　　　　　　　　　　　　　　　)

3　次の英文は，高校生の彩（Aya）と留学生のケリー（Kelly）の対話と，ある海外の大学が日本の高校生に提供する Online Study Program についての案内です。これらを読み，〔問 1〕～〔問 5〕に答えなさい。

Kelly：　Hello, Aya.

Aya　：　Hello, Kelly. Look at this paper. This is about the Online Study Program I have joined.

Kelly：　Interesting! I guess you chose Sports because you love basketball.

Aya　：　Well, no. I had some big events for basketball club on Sundays in November. So I didn't choose Sports.

Kelly：　I see.

Aya　：　I have already finished Science and Language. Tomorrow, I'll have the last class of [ A ].

Kelly：　Oh, how is the Online Study Program?

Aya　：　At first, it was difficult for me to speak English. So I practiced speaking English very hard after the class every day. Now I'm happy because I can speak English better than before.

Kelly：　Oh, that's great! Which theme is the most interesting for you?

Aya　：　Actually, it's Children.

Kelly：　Tell me more about it.

Aya　：　In the world, there are many children who can't study at school. I was surprised to learn that. I have also learned there are some activities to support those children. I want to know more about the activities and join them. I'll do my best in the tomorrow's class.

Kelly：　That's great!

案内

## Online Study Program

Do you want to study in English? You can choose three themes.
You must speak only English in the classes.

| Themes | Contents | Schedule |
|---|---|---|
| Science | Living on Other Planets | Every Sunday in May |
| Health | Natural Environment and Our Health | Every Saturday in June |
| Sports | Sports in the World | Every Sunday in [ B ] |
| Language | Language Learning | Every Sunday in December |
| Children | Activities to Support Children | Every Saturday in February |
| Music | Power of Music | Every Sunday in March |

・You need a computer.
・You are going to have classes at home.

（注）　Online Study Program　オンラインスタディプログラム（インターネットを利用してオンライン

で学ぶ学習講座)

chose ＜ choose の過去形　　theme　テーマ　　schedule　スケジュール

〔問1〕 対話の流れに合うように，文中の［ A ］にあてはまる適切なものを，次のア～エの中から1つ選び，その記号を書きなさい。(　　　)

ア　Health　　イ　Sports　　ウ　Children　　エ　Music

〔問2〕 案内の［ B ］にふさわしい英語を書きなさい。(　　　)

〔問3〕 次の(1)，(2)の質問の答えを，それぞれ英語で書きなさい。

(1) Why is Aya happy?

(　　　　　　　　　　)

(2) What product do high school students need for the Online Study Program?

(　　　　　　　　　　)

〔問4〕 下線部thatの内容を，日本語で具体的に書きなさい。

(　　　　　　　　　　)

〔問5〕 対話の内容に合う最も適切なものを，次のア～エの中から1つ選び，その記号を書きなさい。(　　　)

ア　Aya wants to join some activities to support children.

イ　Aya wants to have some big events for basketball club with Kelly.

ウ　Aya has already finished all the classes of the Online Study Program.

エ　Aya has joined some activities to support children before.

4　あなたは，英語の授業で，「中学生の時の思い出」について話すことになりました。次の［　　］に，30語以上の英語を書き，授業で話す原稿を完成させなさい。ただし，符号(.,?!など)は語数に含まないものとする。

(　　　　　　　　　　)

Hello. I'll talk about one of my memories in my junior high school days.

［　　　　　　　　　　］

Thank you.

(注) memories ＜ memory (思い出) の複数形

5　次の英文は，高校生の奈菜（Nana）が，英語の授業で行ったスピーチの原稿です。これを読み，〔問1〕～〔問6〕に答えなさい。

Today, I'd like to talk about my dream. But before telling you what my dream is, [ A ] There are seven members in my family. The oldest member of the seven is my great-grandfather. He is now 98 years old. When he was young, he was in the battlefields overseas for two years during World War Ⅱ. A few months ago, my great-grandfather and I were watching TV news about wars in foreign countries. Then he told me about his own sad experiences in World War Ⅱ. He also told me, "Wars make many people sad. Please try to imagine their feelings. It's something everyone can do."

ⓐ After talking with my great-grandfather, (learn, began, about, to, I) wars in the world. I visited many websites for world peace. I also read many newspaper articles about wars. I was surprised to learn there are so many people feeling sad because of wars. And I have realized I should think about wars more. [ B ]

I've also learned there are many kinds of online activities to support world peace. Even high school students can join some of them. Actually, I joined an online international forum for peace last week. Many foreign high school students joined it. We talked about peace and shared our ideas. After the forum, I told my great-grandfather about ⓑ my good experience in the forum. He looked very happy.

ⓒ Now my friends, my dream is to (peaceful, the world, make, more). Some of you may think it's very difficult for high school students to do something for world peace. But that's not true. After the forum, I received many e-mails from the high school students who joined the forum. In the e-mails, some of the students say they have groups for peace in their schools. The members of the group work together to take actions for peace, such as making messages and songs. Some groups have peace events at their school festivals. It's cool! Even high school students can do many things for world peace.

Joining the forum was just the first action to reach my dream. And my next action is to make a group for peace in our school. ⓓ These actions may be small, but I believe even a small action can make the world better if many people try. Why don't we work together?

（注）great-grandfather　祖父母の父　　battlefield　戦場
World War Ⅱ　第二次世界大戦　　online　オンラインで行われる
forum　フォーラム，討論会

〔問1〕　本文の流れに合うように，文中の [ A ]，[ B ] にあてはまる最も適切なものを，それぞれア～エの中から1つずつ選び，その記号を書きなさい。A（　　　）　B（　　　）

A　ア　let me ask you about a member of your family.
　　イ　let me ask you about your dream.
　　ウ　let me tell you about a member of my family.
　　エ　let me tell you about my dream.

B　ア　This is an interesting message from the TV news.

　　イ　This is an important message from my great-grandfather.

　　ウ　This is an international experience in our daily lives.

　　エ　This is a sad experience in World War Ⅱ.

〔問２〕 下線部ⓐ，ⓒについて，それぞれ本文の流れに合うように（　　）の中の語句を並べかえ，英文を完成させなさい。

ⓐ After talking with my great-grandfather, (　　　　　　　　　　　　　　　　　　　　　　　　　　)
wars in the world.

ⓒ Now my friends, my dream is to (　　　　　　　　　　　　　　　　　　　　　　　　　　　　　　).

〔問３〕 下線部ⓑ my good experienceの内容を，日本語で具体的に書きなさい。

(　　　　　　　　　　　　　　　　　　　　　　　　　　　　　　　　　　　　　　　　　　　　　)

〔問４〕 次の(1)，(2)の質問の答えを，それぞれ英語で書きなさい。

(1) How many members are there in Nana's family?

(　　　　　　　　　　　　　　　　　　　　　　　　　　　　　　　　　　　　　　　　　　　)

(2) What do some groups of the students do at their school festivals?

(　　　　　　　　　　　　　　　　　　　　　　　　　　　　　　　　　　　　　　　　　　　)

〔問５〕 次のア～エの英文を，奈菜のスピーチの流れに合うように並べかえると，どのような順序になりますか。その記号を順に書きなさい。(　　→　　→　　→　　)

ア　She joined an online international forum for peace.

イ　She received e-mails about peace actions from high school students.

ウ　She was surprised to learn so many people were feeling sad because of wars.

エ　She watched TV news about wars with her great-grandfather.

〔問６〕 下線部ⓓ These actionsの内容を，日本語で具体的に書きなさい。

(　　　　　　　　　　　　　　　　　　　　　　　　　　　　　　　　　　　　　　　　　　　　　)

〈放送原稿〉

これから，2023 年度和歌山県公立高等学校入学試験英語リスニング問題を行います。(10 秒)

それでは，問題冊子を開きなさい。

リスニング問題は〔問 1〕，〔問 2〕，〔問 3〕の 3 つがあります。放送を聞きながら，メモをとってもかまいません。

〔問 1〕は，対話の内容に合った絵を選ぶ問題です。はじめに，No.1 から No.3 の絵を見なさい。

(10 秒)

これから，No.1 から No.3 の順に，それぞれ対話を 1 回放送します。No.1 から No.3 の対話の内容に最も合う絵を，A から D の中から 1 つずつ選び，その記号を書きなさい。放送は一度しか流れません。注意して聞いてください。それでは始めます。

No.1　男の子：　Mom, I'm looking for my watch.

　　　母　親：　It's by the dictionary on your desk.（5 秒）

No.2　女の子：　Are you free on July fifth?

　　　男の子：　Yes.

　　　女の子：　Look. On that day, the bookstore will have this event.

　　　男の子：　That's nice. Let's go together.（5 秒）

No.3　店　員：　Hello. Can I help you?

　　　女の子：　Yes. I want a hamburger and two hot dogs.

　　　店　員：　Sure. Do you want anything to drink?

　　　女の子：　No, thank you.（5 秒）

これで，〔問 1〕を終わります。

〔問 2〕は，英文を聞いて，答える問題です。まず，No.1，No.2 の問題を読みなさい。(10 秒)

これから，No.1，No.2 の順に，それぞれ質問と英文を放送します。質問に対する答えとして最も適切なものを，A から D の中から 1 つずつ選び，その記号を書きなさい。英文は 2 回放送します。それでは始めます。

No.1　中学生の和也が，英語の授業で自分の趣味についてスピーチをします。スピーチの内容に合うものはどれですか。

I like listening to music. I've been interested in Japanese pop music since I was seven years old. Last week, my father gave me a CD and I listened to it. It was my first CD of English songs. It was fun to listen to the songs. I was very happy because I could understand some of the words in the songs. I want to listen to other English songs, too.（7 秒）

もう一度放送します。

I like listening to music. I've been interested in Japanese pop music since I was seven years old. Last week, my father gave me a CD and I listened to it. It was my first CD of English songs. It was fun to listen to the songs. I was very happy because I could understand some of the words in the songs. I want to listen to other English songs, too.（7 秒）

No.2　カナダでホームステイ中のあなたが，観光案内所で博物館への移動手段をたずねたところ，4

つの方法が提示されました。次の2つの条件を満たす移動手段はどれですか。

If you pay ten dollars, you can use a bike until tomorrow. And you can get to the museum in twenty minutes. Trains are faster than bikes. And you need to pay four dollars. If you take a bus, you can get there in twenty-five minutes. And you need to pay three dollars. If you take a taxi, you can get there in ten minutes. But you have to pay more than twelve dollars.

(7秒)

もう一度放送します。

If you pay ten dollars, you can use a bike until tomorrow. And you can get to the museum in twenty minutes. Trains are faster than bikes. And you need to pay four dollars. If you take a bus, you can get there in twenty-five minutes. And you need to pay three dollars. If you take a taxi, you can get there in ten minutes. But you have to pay more than twelve dollars.

(7秒)

これで,〔問2〕を終わります。

〔問3〕は,英語のスピーチを聞いて,答える問題です。まず,〔問3〕の問題を読みなさい。(8秒)

これから,高校生の健が英語の時間に行ったスピーチと,その内容について5つの質問を2回放送します。No.1からNo.5の英文が質問の答えとなるように,空欄に入る最も適切なものを,AからDの中から1つずつ選び,その記号を書きなさい。それでは始めます。

Today, I will talk about my grandmother's cake shop. She started the shop about forty years ago. It is small and old. She works alone in the shop, so she can't make many kinds of cakes. But her cakes are delicious and I wanted to learn how to make them. So, I helped her in her shop last summer. I was surprised because so many customers came to the shop.

One day, I met a woman. Her name was Meg. She came to the shop to buy her son's birthday cake. She told me that she bought a birthday cake for him in my grandmother's shop every year. I was glad to hear that everyone in her family likes my grandmother's cakes.

Now, I usually go to her shop after school. When I see the happy faces of my grandmother and her customers, I also feel happy. I love her shop. I want to make the shop more popular.

Question No.1：When did Ken's grandmother start her shop?(4秒)

Question No.2：Why was Ken surprised last summer?(4秒)

Question No.3：Who was Meg?(4秒)

Question No.4：When does Ken usually go to his grandmother's shop?(4秒)

Question No.5：What does Ken want to do?(4秒)

もう一度放送します。

Today, I will talk about my grandmother's cake shop. She started the shop about forty years ago. It is small and old. She works alone in the shop, so she can't make many kinds of cakes. But her cakes are delicious and I wanted to learn how to make them. So, I helped her in her shop last summer. I was surprised because so many customers came to the shop.

One day, I met a woman. Her name was Meg. She came to the shop to buy her son's birthday cake. She told me that she bought a birthday cake for him in my grandmother's shop every year. I was glad to hear that everyone in her family likes my grandmother's cakes.

Now, I usually go to her shop after school. When I see the happy faces of my grandmother and her customers, I also feel happy. I love her shop. I want to make the shop more popular.

Question No.1：When did Ken's grandmother start her shop?（4秒）

Question No.2：Why was Ken surprised last summer?（4秒）

Question No.3：Who was Meg?（4秒）

Question No.4：When does Ken usually go to his grandmother's shop?（4秒）

Question No.5：What does Ken want to do?（4秒）

これで，リスニング問題を終わります。

# 社会

時間　50分　　　　満点　100点

1　次の文は，みさきさんが自由研究で，「赤道が通る国」について調べ，レポートにまとめたものの一部です。これを読み，下の略地図を見て，〔問1〕～〔問5〕に答えなさい。

> 赤道を本初子午線から西にたどっていくと，最初にⓐ南アメリカ州北部を通ります。赤道が通る国は，ブラジル，コロンビア，エクアドルです。ブラジルは，コーヒー豆の生産と輸出が世界1位であり，コロンビアは，南アメリカ州の中でも人種・民族構成において混血の割合が高い国です。エクアドルには，固有の動植物が多く生息しているガラパゴス諸島があります。
> 次に赤道は，オセアニア州とⓑアジア州の島々を通ります。アジア州のインドネシアは，世界4位のⓒ人口をもつ，約13,500の島々からなる国です。
> さらに西に進むと，赤道はⓓアフリカ州の中央付近を通り，本初子午線に戻ります。赤道が通る国は，アフリカ大陸で最も長い海岸線をもつソマリア，アフリカ州最大の湖であるビクトリア湖に面するケニアやウガンダなどです。

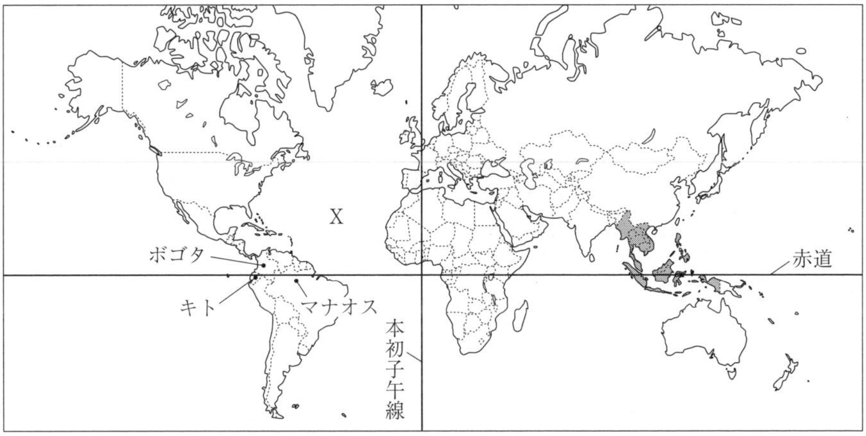


〔問1〕　略地図中のXで示された大洋を何といいますか，書きなさい。

(　　　)

〔問2〕　下線ⓐに関し，次の(1)，(2)に答えなさい。

(1)　図1は，略地図中のマナオスとボゴタの月別平均気温を表しています。ボゴタがマナオスに比べ，1年を通して常に気温が低い主な理由を，簡潔に書きなさい。

(　　　　　　　　　　　　　　　　　　　　)

(2)　略地図中のキトは，日本と14時間の時差があります。キトの時刻の基準となる経線の経度を，次のア～エの中から1つ選び，その記号を書きなさい。ただし，日本の時刻は，東経135度を基準とします。

(　　　)

図1

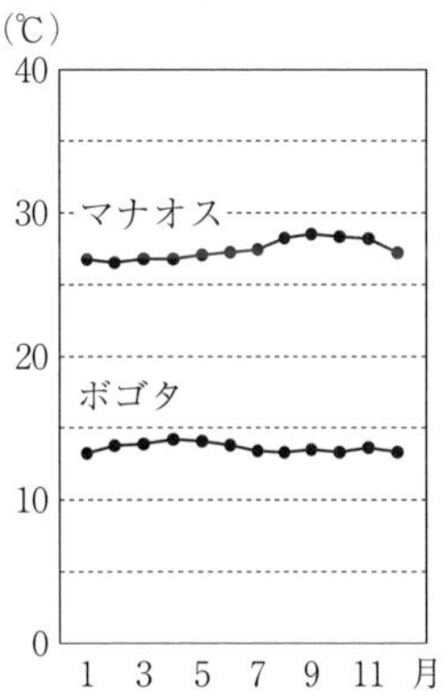


(気象庁ホームページから作成)

ア　西経 15 度　　イ　西経 45 度　　ウ　西経 75 度　　エ　西経 105 度

〔問 3〕　下線ⓑに関し，1967 年に結成され，2022 年において略地図中の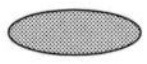で示された国々が加盟している組織を何といいますか，書きなさい。(　　　)

〔問 4〕　下線ⓒに関し，図 2 は，主な地域の世界の人口に対する割合の推移を表したものです。図 2 中のA～Cにあてはまる地域を，後のア～ウの中からそれぞれ 1 つ選び，その記号を書きなさい。

A(　　　)　B(　　　)　C(　　　)

図 2

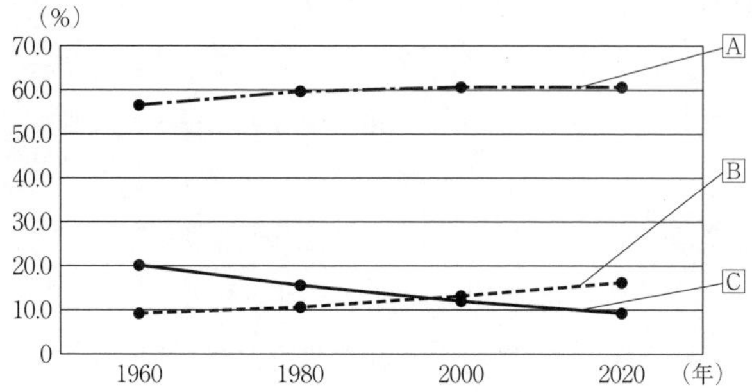


(「世界国勢図会 2022／23」から作成)

ア　アジア　　イ　ヨーロッパ　　ウ　アフリカ

〔問 5〕　下線ⓓの多くの国々でみられる，特定の鉱産資源や商品作物の輸出にたよって成り立つ経済を何といいますか，書きなさい。(　　　)

[2]　ゆうたさんたちのクラスでは，社会科の課題学習で，日本の諸地域から１つを取り上げ，テーマを設定して調べ，発表することになりました。次の２つの文は，それぞれの発表原稿の一部です。これらを読み，〔問1〕～〔問6〕に答えなさい。

〈ゆうたさん〉

ⓐ関東地方の自然

関東地方には，日本で最も広い流域面積をもつ[ X ]が流れる関東平野があります。関東平野は，日本で最も広いⓑ平野で，関東山地や越後《えちご》山脈などに囲まれています。冬には，これらをこえてくる，[ Y ]北西からの季節風がふきます。熊谷《くまがや》や館林《たてばやし》などの内陸部では，夏に極めて高い気温が観測されることがあります。また近年は，狭い地域に突然短時間の大雨をもたらすゲリラ豪雨とよばれる局地的大雨が関東地方のいたるところで起こっています。

〈あやのさん〉

九州地方の産業

九州地方のⓒ農業は，南北のちがいが目立ちます。平野が広がる九州北部は，稲作が中心で，九州南部は，ⓓ火山の噴出物によってできたシラス台地が広がり，畑作や畜産が盛んです。工業では，明治時代以降，製鉄業やⓔ化学工業など様々な工業が発展しました。現在では，交通網の発達により，九州各地に多くのIC（集積回路）工場や自動車関連工場が進出するなど，機械工業が盛んとなっています。

〔問１〕　文中の[ X ]にあてはまる河川と，[ Y ]にあてはまる語の組み合わせとして正しいものを，次のア～エの中から１つ選び，その記号を書きなさい。(　　　)

ア　X―利根川《とねがわ》　　Y―湿った

イ　X―利根川　　Y―乾燥した

ウ　X―信濃川《しなのがわ》　　Y―湿った

エ　X―信濃川　　Y―乾燥した

〔問２〕　下線ⓐに関し，図１は，関東１都６県について，それぞれの※昼夜間人口比率を表したものです。図１中の[A]～[C]にあてはまる都県名を，次のア～ウの中からそれぞれ１つ選び，その記号を書きなさい。

[A](　　　)　[B](　　　)　[C](　　　)

※昼夜間人口比率とは，夜間の人口100人あたりの昼間の人口の割合のことである。

(昼夜間人口比率＝昼間の人口÷夜間の人口× 100)

ア　群馬県　　イ　埼玉県　　ウ　東京都

図１

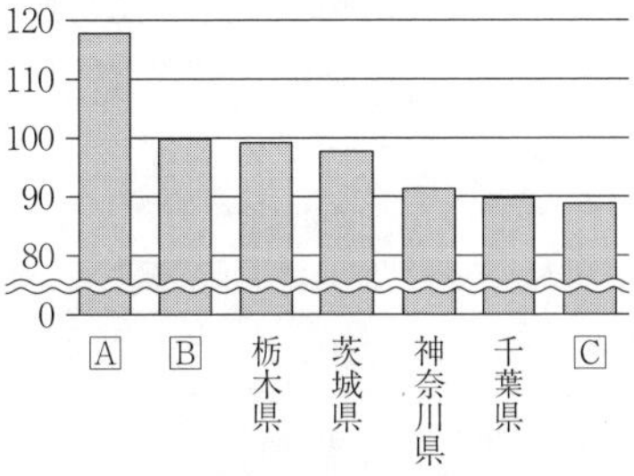


(「データでみる県勢 2022 年版」から作成)

〔問3〕　下線ⓑに関し，図2は，河口付近の地形を模式的に表したものです。図2中のZで示された，川の流れによって運ばれた土砂が，積み重なってできた地形を何といいますか，書きなさい。
（　　　）

図2

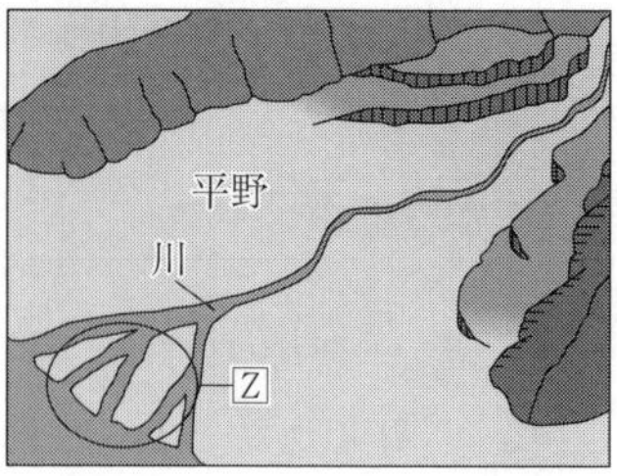


〔問4〕　下線ⓒに関し，表1は，九州地方，関東地方，東北地方，北海道地方について，それぞれの地方の米，野菜，果実，畜産の農業産出額を表したものです。九州地方にあたるものを，表1中のア～エの中から1つ選び，その記号を書きなさい。（　　　）

表1　(単位　億円)

| | 米 | 野菜 | 果実 | 畜産 |
|---|---|---|---|---|
| ア | 1,254 | 1,951 | 71 | 7,350 |
| イ | 2,713 | 5,826 | 536 | 5,121 |
| ウ | 4,876 | 2,345 | 2,147 | 4,358 |
| エ | 1,611 | 4,358 | 1,303 | 8,774 |

(「データでみる県勢 2022 年版」から作成)

〔問5〕　下線ⓓの爆発や噴火による陥没などによってできた大きなくぼ地を何といいますか，書きなさい。（　　　）

〔問6〕　下線ⓔに関し，図3は，石油化学コンビナートの分布を，表2は，日本の原油の生産量と輸入量を表したものです。石油化学コンビナートが立地している場所の特徴を，図3から読み取り，書きなさい。また，その特徴がみられる理由として考えられることを，表2に着目して，簡潔に書きなさい。

特徴（　　　）

理由（　　　）

図3

(「日本国勢図会 2022／23」から作成)

表2　(単位　千 kL)

| | |
|---|---|
| 原油の生産量 | 490 |
| 原油の輸入量 | 144,663 |

(「日本国勢図会 2022／23」から作成)

3　次のA～Eのカードは，令子さんの班が社会科の調べ学習で，それぞれの時代の特徴あるできごとについてまとめ，年代の古い順に並べたものです。これらを読み，〔問1〕～〔問8〕に答えなさい。

A　ⓐ聖武《しょうむ》天皇の政治
　聖武天皇は，仏教の力によって国を守ろうと考え，都に東大寺《とうだいじ》を建てるとともに，大仏をつくらせ，国ごとに国分寺《こくぶんじ》・国分尼寺《こくぶんにじ》を建てました。さらに，農地を増やすため，墾田永年私《こんでんえいねんし》財法《ざい(の)ほう》を出して開墾を奨励しました。この法では，新しく開墾した土地の私有が認められ，子孫に私有地として引き継ぐことができるとされました。

B　院政《いんせい》の始まり
　後三条《ごさんじょう》天皇のあとをついだ［　　　］は，幼少の皇子《おうじ》に位をゆずり，上皇《じょうこう》となったのちも，政治の実権を握り続けました。上皇は，天皇と異なり，摂政《せっしょう》や関白《かんぱく》をおさえて自由な立場で政治を行うことができました。上皇が力をもつと，多くの荘園《しょうえん》が上皇に寄進されました。上皇やその住まいである御所《ごしょ》のことを「院」とよんだので，この政治を院政といいます。

C　元寇《げんこう》後の御家人《ごけにん》の不満と生活苦
　幕府《ばくふ》は，ⓑフビライ＝ハンによる２度の襲来（元寇）の危機を乗り切りました。元寇により御家人は，多くの費用を使ったにも関わらず，恩賞を十分与えられませんでした。さらに，領地の分割相続などがあり，御家人の生活が苦しくなりました。幕府は，ⓒ御家人を救うため，対策を行いましたが，効果は一時的でした。

D　検地《けんち》と刀狩《かたながり》
　豊臣秀吉《とよとみひでよし》は，年貢《ねんぐ》を確実に集めるために，役人を全国に派遣して，検地を行い，村ごとに検地帳を作成しました。これをⓓ太閤《たいこう》検地といいます。また，武力による一揆《いっき》を防ぐため，刀狩を行って，百姓から刀・弓・やり・鉄砲などの武器を取り上げました。これらの政策によって，兵農分離《へいのうぶんり》を進めました。

E　田沼意次《たぬまおきつぐ》の政治
　老中《ろうじゅう》田沼意次は，商工業者が株仲間《かぶなかま》をつくることを奨励し，これに特権を与える代わりに一定の税を取りました。しかし，役人へのわいろなどが横行するようになると，政治への批判が高まり，さらに全国的にききんや打ちこわしなどが続くと，意次は老中を辞めさせられました。その後，ⓔ松平定信《まつだいらさだのぶ》やⓕ水野忠邦《みずのただくに》は，意次とは異なる方法で改革を進めましたが，うまくいきませんでした。

〔問1〕 文中の［　　］にあてはまる天皇はだれですか，書きなさい。(　　　天皇)

〔問2〕 下線ⓐに関し，次の(1)，(2)に答えなさい。

(1) 資料1は，聖武天皇が使用していた品などが納められた歴史的建造物です。この建造物を何といいますか，書きなさい。(　　　)

資料1

(2) 奈良時代の仏教に関するできごととして適切なものを，次のア〜エの中から1つ選び，その記号を書きなさい。(　　　)

ア　鑑真《がんじん》は，何度も遭難し，失明しながらも来日して，仏教の発展に貢献した。

イ　法隆寺《ほうりゅうじ》の金堂《こんどう》や釈迦三尊像《しゃかさんぞんぞう》などが，主に渡来人《とらいじん》の子孫によってつくられた。

ウ　浄土真宗《じょうどしんしゅう》（一向宗《いっこうしゅう》）の信仰で結びついた武士と農民が，各地で一向一揆を起こした。

エ　法然《ほうねん》は，「南無阿弥陀仏《なむあみだぶつ》と念仏を唱えよ」と説いて，浄土宗《じょうどしゅう》を開いた。

〔問3〕 下線ⓑが行ったこととして適切なものを，次のア〜エの中から1つ選び，その記号を書きなさい。(　　　)

ア　勘合《かんごう》という証明書を日本の船に与えて貿易を行った。

イ　都を大都《だいと》に移し，国号を定めて，中国を支配した。

ウ　イギリスが持ち込んだインド産アヘンの輸入を禁止した。

エ　新羅《シルラ》《しらぎ》と結んで，百済《ベクチェ》《くだら》と高句麗《コグリョ》《こうくり》を滅ぼした。

〔問4〕 下線ⓒに関し，資料2は，幕府が出した法令の一部です。この法令を何といいますか，書きなさい。(　　　)

資料2

> 自分の所領（領地）を質に入れたり売買してしまったりしたために，御家人が困窮することになっている。それゆえ，御家人の土地売買や質入れは，以後，これを禁止する。以前に売却した土地については，本来の持ち主に返却せよ。(部分要約)

〔問5〕 下線ⓓには，どのような特徴がありますか，次の2つの語を用いて，簡潔に書きなさい。

(　　　　　　　　　　　　　　　　　　　　　　　　　　　　　　　)

ものさし　　ます

〔問6〕 下線ⓔが行った政策として適切なものを，次のア〜エの中から1つ選び，その記号を書きなさい。(　　　)

ア　朝廷の許可を得ないまま日米修好通商条約《にちべいしゅうこうつうしょうじょうやく》を結び，5港を開港した。

イ　異国船打払令《いこくせんうちはらいれい》をやめ，来航した外国船に必要な燃料や水などを与えた。

ウ　これまでの法を整理し，裁判の基準となる公事方御定書《くじかたおさだめがき》を定めた。

エ　出版物を厳しく統制するとともに，武士に朱子学《しゅしがく》を学ばせた。

〔問7〕 下線ⓕは，株仲間についてどのような政策を行いましたか，ねらいも含めて簡潔に書きなさい。

(　　　　　　　　　　　　　　　　　　　　　　　　　　　　　　　)

〔問8〕 資料3のカードを，A〜Eのカードに追加することにしました。年代の古い順に並ぶようにするには，資料３のカードをどの位置におくことが適切ですか，後のア～エの中から１つ選び，その記号を書きなさい。(　　　)

資料３

| |
|---|
| 琉球《りゅうきゅう》王国の成立<br>　琉球では，北山《ほくざん》，中山《ちゅうざん》，南山《なんざん》の三つの勢力が並び立っていましたが，中山の王となった尚《しょう》氏（尚巴志《はし》）が，北山，南山の勢力を滅ぼし，沖縄島を統一して琉球王国を築き，首里《しゅり》を都としました。琉球は，明《みん》・日本・朝鮮《ちょうせん》，さらには東南アジア各地に進出し，産物をやりとりする中継《なかつぎ》貿易で栄えました。 |

ア　ＡとＢの間　　イ　ＢとＣの間　　ウ　ＣとＤの間　　エ　ＤとＥの間

4　次のA～Dのカードは，純子さんが社会科の授業で，日本の歴史に大きな影響を与えたできごとについてまとめたものの一部です。これらを読み，〔問1〕～〔問5〕に答えなさい。

A　大日本帝国《だいにっぽんていこく》憲法の発布

ⓐ国会開設を約束した政府は，伊藤博文《いとうひろぶみ》を中心として憲法の草案づくりを進め，1889年2月11日，大日本帝国憲法を発布しました。このことにより，日本はアジアで最初の近代的立憲制国家となりました。

B　日英同盟《にちえいどうめい》の締結

日本とイギリスは，義和団《ぎわだん》事件の後も満州《まんしゅう》に大軍をとどめるロシアに脅威を感じ，日英同盟を結びました。日本政府はロシアとの戦争を回避するため，交渉を続けましたが，両者の対立は大きく，ⓑ日露《にちろ》戦争が始まりました。

C　第一次世界大戦の長期化

第一次世界大戦は人々の予想をこえて長引き，国家の総力をあげた総力戦となりました。戦場となったヨーロッパ諸国に代わり，ⓒアメリカがⓓ世界経済の中心となり，日本もかつてない好景気をむかえました。

D　連合国軍《れんごうこくぐん》による占領

第二次世界大戦が終結すると，日本はアメリカを中心とする連合国軍によって占領されました。連合国軍総司令部《そうしれいぶ》（GHQ）は日本軍を解散させ，日本政府に対して教育の自由化やⓔ経済の民主化を求めました。

〔問1〕　下線ⓐに関し，次のア～ウは，国会の開設を求める自由民権運動《じゆうみんけんうんどう》の中で起こったできごとについて述べたものです。これらのできごとを年代の古い順に並べ，その記号を書きなさい。

（　　→　　→　　）

ア　各地の自由民権運動の代表が大阪に集まり，国会期成同盟《こっかいきせいどうめい》を結成した。

イ　国会を早期に開設することを主張していた大隈重信《おおくましげのぶ》が政府から追い出された。

ウ　板垣退助《いたがきたいすけ》らが民撰議院設立《みんせんぎいんせつりつ》（の）建白書《けんぱくしょ》を政府に提出した。

〔問2〕　下線ⓑに関し，資料は，戦時下においてよまれた詩の一部です。この詩をよんだ人物はだれですか，書きなさい。（　　　）

資料

ああ　弟よ　君を泣く　君死にたまふ《(う)》ことなかれ
末に生まれし君なれば　親のなさけはまさりしも
親は刃《やいば》をにぎらせて　人を殺せと教へ《(え)》しや
人を殺して死ねよとて　二十四までを育てしや

〔問3〕　下線ⓒのよびかけで開催されたワシントン会議について述べているものを，次のア～エの中から1つ選び，その記号を書きなさい。（　　　）

ア　この会議において四《し》か国《こく》条約が結ばれ，日英同盟は廃止された。

イ　この会議において清《しん》は日本に2億両《テール》の賠償金を支払うことが決められた。

ウ　この会議において要求が拒絶された中国では五《ご》・四《し》運動とよばれる運動が起こった。

エ　この会議において結ばれた軍縮条約への批判から，浜口雄幸《はまぐちおさち》首相がおそわれた。

〔問4〕　下線ⓓに関し，次の説明文は，アメリカから始まった世界恐慌《せかいきょうこう》について述べたものです。説明文中の［ X ］にあてはまる国名を書きなさい。また，［ X ］が，このころ行っていた政策を，後のア～エの中から1つ選び，その記号を書きなさい。国名（　　　）　政策（　　　）

説明文

| |
|---|
| ニューヨークで株価が大暴落したことにより，アメリカで恐慌が起こりました。アメリカは資金を多くの国に貸していたため，その影響は世界中に広まり，世界恐慌となりました。しかし，独自の政策をとっていた［ X ］は恐慌の影響を受けませんでした。 |

ア　ニューディール政策により大規模な公共投資などが行われた。

イ　植民地との貿易を拡大する一方，他国の商品に対する関税を高くした。

ウ　重工業の増強と農業の集団化を強行し，計画経済を進めた。

エ　新たに建国された満州国へ農民などを集団移住させた。

〔問５〕 下線ⓔに関し，日本政府が行った農地改革の内容を，次の２つの語を用いて，簡潔に書きなさい。

（　　　　　　　　　　　　　　　　　　　　　　　　　　　　　　　　　）

**地主　　小作人**

5　次の文は，ひろしさんが自由研究で，「成年年齢の引き下げと私たちの生活」について調べ，レポートにまとめたものの一部です。これを読み，〔問1〕～〔問6〕に答えなさい。

〈テーマ〉

「成年年齢の引き下げと私たちの生活」

〈テーマ設定の理由〉

2022年4月1日からⓐ成年年齢が18歳になったことを知り，どのような経緯で引き下げられたのか，また，私たちの生活に，どのような影響を与えるのかについて，興味をもちました。

〈調べてわかったこと〉

○引き下げられた経緯

日本では1876年以来，成年年齢を20歳と定めていました。しかし，近年，18，19歳の人たちに，私たちの生活に関わる重要な事項の判断に参加してもらうための政策が進められました。また，世界的にも成年年齢を18歳とすることが主流となっています。このような状況の中で，民法でも18歳以上を大人として扱うことが適当ではないかという意見が強くなり，成年年齢が18歳に引き下げられました。

| これまでの主な政策 | |
|---|---|
| 2014年 | ⓑ憲法を改正する際に行われる国民投票の投票権を得る年齢が18歳に引き下げられる。 |
| 2015年 | ⓒ国会議員などを選ぶためのⓓ選挙権を得る年齢が18歳に引き下げられる。 |

| 成年年齢を18歳とする主な国 |
|---|
| アメリカ，イギリス，イタリア，オーストラリア，スペイン，ドイツ，フランスなど |

○私たちの生活への影響

18，19歳の人たちの自己決定権が尊重され，社会参加がうながされます。また，親の同意がなくても，自分の意思でⓔ契約を結べるようになります。しかし，18，19歳の人たちにとって，親の同意を得ずに契約した場合に取り消すことのできる未成年者取消権がなくなるため，ⓕ消費者被害にあわないよう，これまで以上に注意が必要になります。

〔問1〕　下線ⓐに関し，2022年4月1日から対象となる年齢が20歳以上から18歳以上に引き下げられた制度の1つで，18歳以上の選ばれた国民が裁判官とともに刑事裁判を行う制度を何といいますか，書きなさい。(　　　)

〔問2〕　下線ⓑに関し，次の説明文は，憲法改正の手続きについて述べたものです。説明文中の［ X ］，［ Y ］にあてはまる語の組み合わせとして正しいものを，後のア～エの中から1つ選び，その記号を書きなさい。(　　　)

説明文

日本国憲法の改正には，まず衆議院と参議院それぞれの総議員の［ X ］の賛成で国会が憲法改正案を国民に発議します。次に，国民投票が行われ，有効投票の［ Y ］の賛成で，憲法は改正されることになります。

ア　X―過半数　　Y―3分の2以上　　イ　X―過半数　　Y―過半数

ウ　X―3分の2以上　　Y―3分の2以上　　エ　X―3分の2以上　　Y―過半数

〔問3〕 下線ⓒに関し，図は，2021年に実施された衆議院議員総選挙における2つの小選挙区の有権者数を表したものです。この図から読み取れる，小選挙区制の課題の1つを，次の2つの語を用いて，簡潔に書きなさい。

(　　　　　　　　　　　　　　　　　　　　　　　　　　　　)

**有権者　　一票**

図

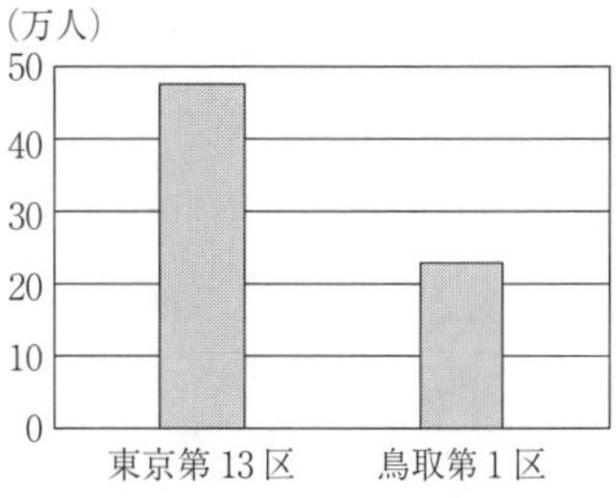


(総務省ホームページより作成)

〔問4〕 下線ⓓに関し，表は，地方公共団体の選挙権と被選挙権について表したものです。表中の A ， B にあてはまる数値を書きなさい。

A (　　　) B (　　　)

表

<table>
<tr><th></th><th>選挙権</th><th>被選挙権</th></tr>
<tr><td>都道府県知事</td><td rowspan="3">18歳以上</td><td>A 歳以上</td></tr>
<tr><td>市（区）町村長</td><td rowspan="2">B 歳以上</td></tr>
<tr><td>都道府県・市（区）町村議会の議員</td></tr>
</table>

〔問5〕 下線ⓔに関し，資料は，商品購入の流れを表したものです。契約が成立する時点を，資料中のア～エの中から1つ選び，その記号を書きなさい。(　　　)

資料

〔問6〕 下線ⓕに関し，欠陥品で消費者が被害を受けたとき，損害賠償の責任を企業や生産者に負わせることを定めた法律を何といいますか，書きなさい。(　　　)

6　次の文は，けいこさんが社会科の授業で，「人口減少・少子高齢化によって生じる課題」をテーマにして，レポートにまとめたものの一部です。これらを読み，〔問1〕～〔問5〕に答えなさい。

> 労働力の不足
>
> 　少子化によって，働く世代の人口が徐々に減少しています。働く機会は，性別・年齢・障がいの有無などを問わず，広く提供されることが重要です。国や企業は，様々な人々が働きやすいⓐ労働環境を整備する必要があります。

> 地方の過疎化
>
> 　大都市への人口流出が多い地方では，人口減少によって，より一層活力が失われつつあります。人口減少が著しいⓑ地方公共団体は，地域でのⓒ経済活動を支援したり，都市の人々に地方への移住をすすめたりといった，地域が活性化する取り組みを考えていく必要があります。

> 財政の悪化
>
> 　高齢化によるⓓ社会保障の費用の増加が主な原因で，国の財政が圧迫され，国の借金である［　　］の発行の増加にもつながっています。社会保障制度を将来にわたって持続可能なものとするため，社会保障の充実と国民の負担とのバランスを考えていく必要があります。

〔問1〕　文中の［　　］にあてはまる語を書きなさい。(　　　)

〔問2〕　下線ⓐに関し，使用者（経営者）に対して労働条件の改善などを交渉するために，労働者が結成する組織を何といいますか，書きなさい。(　　　)

〔問3〕　下線ⓑに関し，次の説明文は，地方自治の特徴について述べたものです。説明文中の［X］にあてはまる語句を書きなさい。(　　　)

説明文

> 　地方自治は，よりよい社会を形成するために，住民自身が地域の運営に直接参加する場面が多く，また，地域のことを合意で決めていく経験が積めるので，「［X］」とよばれている。

〔問4〕　下線ⓒに関し，一般に銀行は家計などからお金を預かり，企業などに貸し出しています。その際，銀行はどのように利益をあげていますか，簡潔に書きなさい。

(　　　　　　　　　　　　　　　　　　　　　　　　　　　)

〔問5〕　下線ⓓに関し，次の(1)，(2)に答えなさい。

(1)　日本の社会保障制度の基本的な柱の１つで，高齢者や障がいのある人，子どもなど社会的に弱い立場になりやすい人々に対して，生活の保障や支援のサービスを行う制度を何といいますか，次のア～エの中から１つ選び，その記号を書きなさい。(　　　)

ア　社会福祉　　イ　公衆衛生　　ウ　社会保険　　エ　公的扶助

(2)　次の文は，これからの社会保障に対する考え方の１つを述べたものです。図は，政府のあり方と課税方法について表したものです。この文で示された考え方が含まれる部分を，図中のア～エの中から１つ選び，その記号を書きなさい。

（　　　）

文

> 政府が，社会保障を充実させるために，消費税の税率を上げることで税収を増やし，財源を確保すべきだ，という考え方。

図

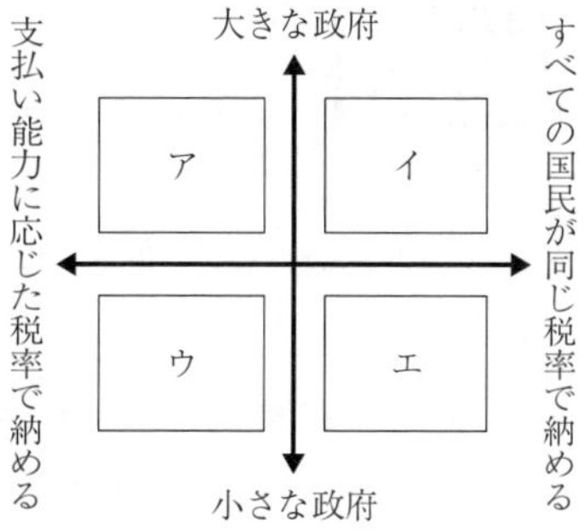

# 理科

時間　50分　　　　満点　100点

[1]　和美さんたちは，「世界の科学者」というテーマで調べ学習に取り組んだ。次の〔問1〕～〔問3〕に答えなさい。

〔問1〕　次の文は，和美さんがフランスの科学者である「ラボアジエ」について調べ，まとめたものの一部である。下の(1)，(2)に答えなさい。

> フランスの科学者であるラボアジエは，化学変化の前後で，その反応に関係している物質全体の質量は変わらないということを発見し，「［X］の法則」と名づけました。また，物質の燃焼とは，空気中の①酸素が物質に結びつくことであると示しました。

(1)　文中の［X］にあてはまる適切な語を書きなさい。(　　　)

(2)　下線部①について，酸素は単体である。単体として適切なものを，次のア～エの中から1つ選んで，その記号を書きなさい。(　　　)

ア　海水　　イ　銅　　ウ　二酸化炭素　　エ　硫化鉄

〔問2〕　次の文は，紀夫さんがイギリスの科学者である「フック」について調べ，まとめたものの一部である。下の(1)～(4)に答えなさい。

> イギリスの科学者であるフックは，自作の顕微鏡でコルクの一部を観察したところ，中が空洞になっている多数の小さな部屋のようなものを発見し，これを「②細胞」と名づけました。また，さまざまな植物や昆虫，③ヒトの皮膚など数多くのものを観察し，これらの記録を「ミクログラフィア」という本にまとめました。
>
> さらに，④ばねについても研究し，ばねののびは，ばねを引く⑤力の大きさに比例するということを発見しました。

(1)　下線部②について，植物の細胞と動物の細胞に共通するつくりを，次のア～エの中からすべて選んで，その記号を書きなさい。(　　　)

ア　核　　イ　細胞壁　　ウ　細胞膜　　エ　葉緑体

(2)　下線部③のように，多細胞生物のからだにおいて，形やはたらきが同じ細胞が集まったものを何というか，書きなさい。(　　　)

(3)　下線部④について，図1は，ばねにつるしたおもりが静止したときのようすを表したものである。このとき，重力（地球がおもりを引く力）とばねがおもりを引く力はつり合っている。図1の［Y］にあてはまる，力によって変形したばねがもとにもどろうとして生じる力を何というか，書きなさい。(　　　)

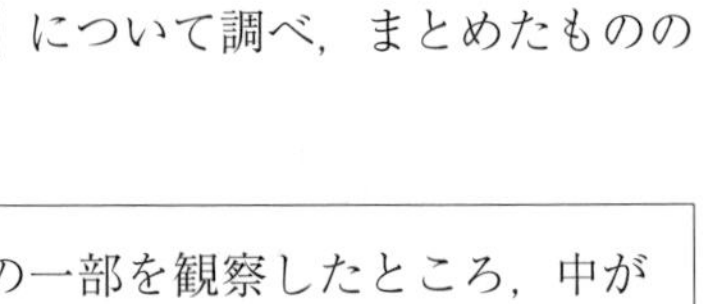

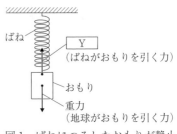


図1　ばねにつるしたおもりが静止したときのようす

(4)　下線部⑤について，力の大きさは「N」という単位で表される。この単位のよみをカタカナで書きなさい。(　　　)

〔問３〕　次の文は，美紀さんがドイツの科学者である「ウェゲナー」について調べ，まとめたものの一部である。下の(1)，(2)に答えなさい。

> ドイツの科学者であるウェゲナーは，アフリカ大陸と南アメリカ大陸について，それぞれの⑥堆積岩の中から同じような⑦化石が見つかることや，海岸線の形がよく似ていることなどから，大陸移動説を提唱しました。これは，地震や火山活動が，地球の表面をおおっている複数のプレートが動くことで生じるという，現在の考え方に通じるところがあります。

(1)　下線部⑥について，次の表１は，生物の遺骸が集まってできた２種類の堆積岩の性質について調べ，まとめたものである。 Z にあてはまる岩石の名称を書きなさい。(　　　)

表１　堆積岩の性質

| | 主な成分 | くぎでひっかいた結果 | 塩酸を加えた結果 |
|---|---|---|---|
| 石灰岩 | 炭酸カルシウム | 傷がつく | 泡を出してとける |
| Z | 二酸化ケイ素 | 傷がつかない | 反応しない |

(2)　下線部⑦について，図２の化石の名称を，次のア～エの中から１つ選んで，その記号を書きなさい。(　　　)

ア　アンモナイト　　イ　サンヨウチュウ　　ウ　ビカリア
エ　フズリナ

図２　化石

2　和也さんたちのクラスでは，理科の授業でエンドウの花を観察した。次の〔問1〕，〔問2〕に答えなさい。

〔問1〕　和也さんは，次の観察を行った。下の(1)〜(4)に答えなさい。

観察　「エンドウの花のつくり」

(i)　エンドウの花（図1）を用意し，花全体を①ルーペを使って観察した。

(ii)　花の各部分をピンセットではずし，特徴を確認して，スケッチした（図2）。

(iii)　めしべの子房をカッターナイフで縦に切り，断面を観察した（図3）。

図1　エンドウの花

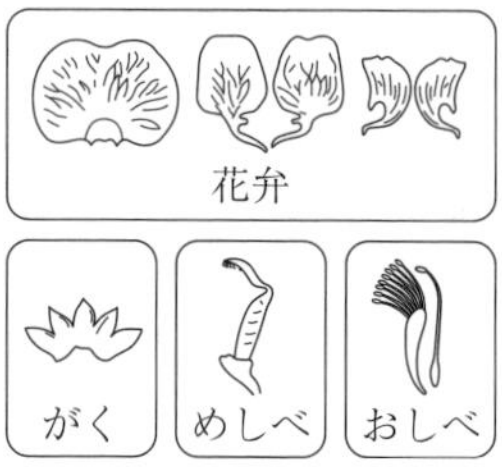


図2　花の各部分のスケッチ

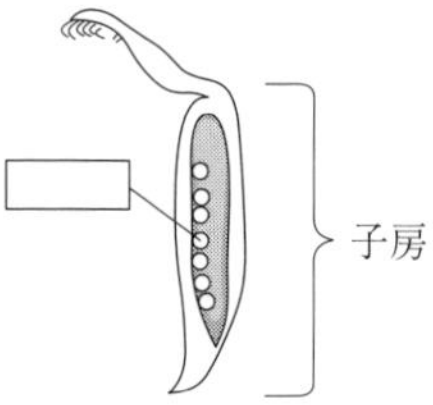


図3　子房を縦に切っためしべの断面

(1)　下線部①について，手に持ったエンドウの花を観察するときのルーペの使い方として最も適切なものを，次のア〜エの中から1つ選んで，その記号を書きなさい。(　　　)

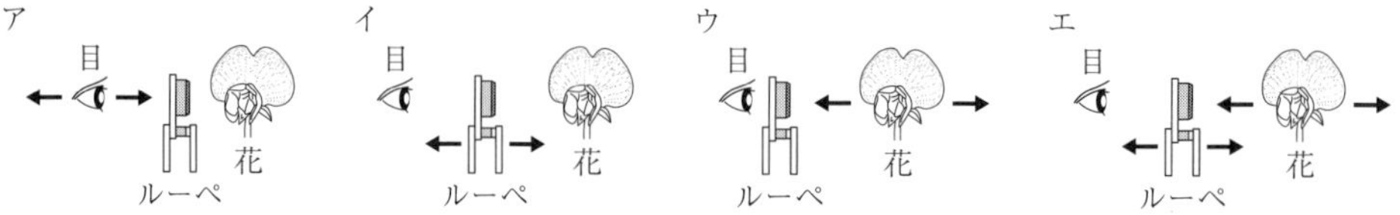


ア　顔だけを動かす　イ　ルーペだけを動かす　ウ　花だけを動かす　エ　ルーペと花を動かす

(2)　図2について，花の各部分は，中心にあるめしべから外側に向かってどのような順番でついていたか。花弁，がく，めしべ，おしべを順に並べて，その名称を書きなさい。ただし，めしべをはじまりとする。(めしべ→　　　→　　　→　　　)

(3)　図2の花弁について，エンドウのように，花弁が1枚ずつ分かれている植物のなかまを何というか，書きなさい。(　　　)

(4)　図3の□にあてはまる，子房の中にあって受粉すると種子になる部分の名称を書きなさい。(　　　)

〔問2〕　次の文は，美和さんが，エンドウの花の観察の後，さらにエンドウの遺伝について調べ，まとめたものの一部である。あとの(1)〜(4)に答えなさい。

エンドウの種子の形には，「丸」と「しわ」の2つの形質がある。図4のように，丸い種子をつくる純系のエンドウ（親X）としわのある種子をつくる純系のエンドウ（親Y）をかけ合わせると，②子はすべて丸い種子（子Z）になることがわかっている。種子にある細胞には，対になる染色体があり，それぞれの染色体には種子の形を決める遺伝子が存在する。

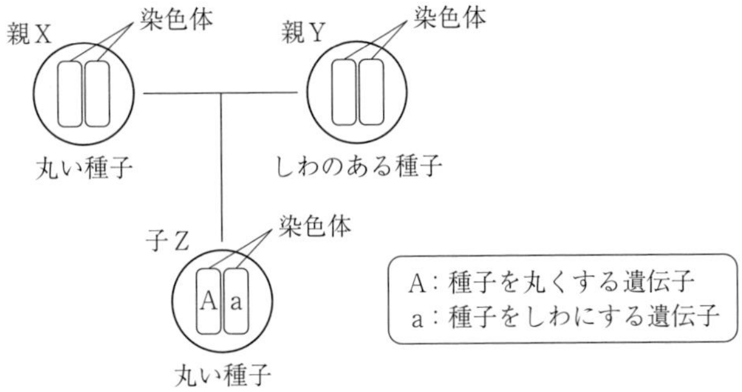


図4　エンドウの種子の形の遺伝

(1)　図4の親Xと親Yの染色体にある，種子の形を決める遺伝子の組み合わせは，それぞれどのようになるか。Aとaを用いて，解答欄の図にかき入れなさい。

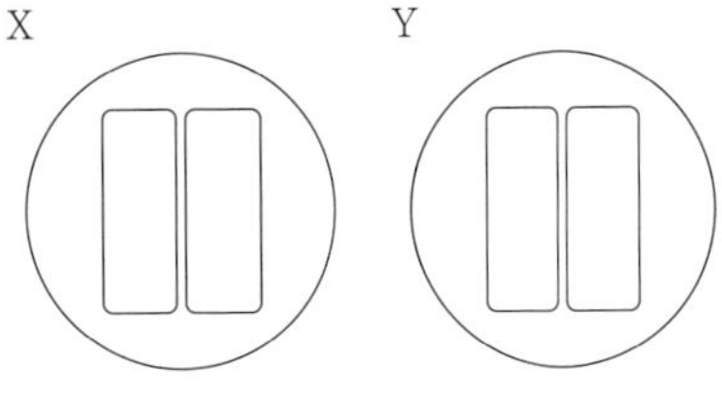


(2)　下線部②について，対立形質をもつ純系どうしをかけ合わせたとき，子に現れる形質を何というか，書きなさい。(　　　形質)

(3)　図4の子Zの種子を育て，自家受粉させたところ，種子が全部で1000個得られた。このとき得られたしわのある種子のおよその数として最も適切なものを，次のア～オの中から1つ選んで，その記号を書きなさい。(　　　)

ア　0個　　イ　250個　　ウ　500個　　エ　750個　　オ　1000個

(4)　遺伝の規則性には，分離の法則が関係している。分離の法則とはどのような法則か，「減数分裂によって，」という言葉に続けて簡潔に書きなさい。

(減数分裂によって，　　　　　　　　　　　　　　　　　　　　)

3　次の文は，和夫さんが「空のようす」について調べ，まとめたものの一部である。下の〔問1〕～〔問7〕に答えなさい。

2022年（令和4年）6月24日の午前4時頃に空を見ると，①太陽はまだのぼっておらず，細く光る②月と，その近くにいくつかの明るい星が見えました。

図1は，インターネットで調べた，この時刻の日本の空を模式的に表したものです。このとき，地球を除く太陽系のすべての③惑星と月が空に並んでいました。この日の太陽と地球，④金星の位置関係をさらに詳しく調べると，図2のようになっていたことがわかりました。

惑星という名称は「星座の中を惑う星」が由来であり，毎日同じ時刻，同じ場所で惑星を観測すると，惑星は複雑に動いて見えます。それは，公転周期がそれぞれ異なることで，⑤惑星と地球の位置関係が日々変化しているからです。

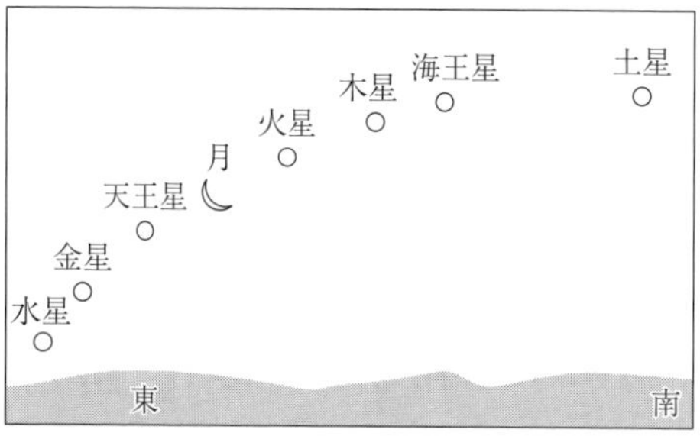


図1　午前4時頃の日本の空の模式図
(2022年6月24日)

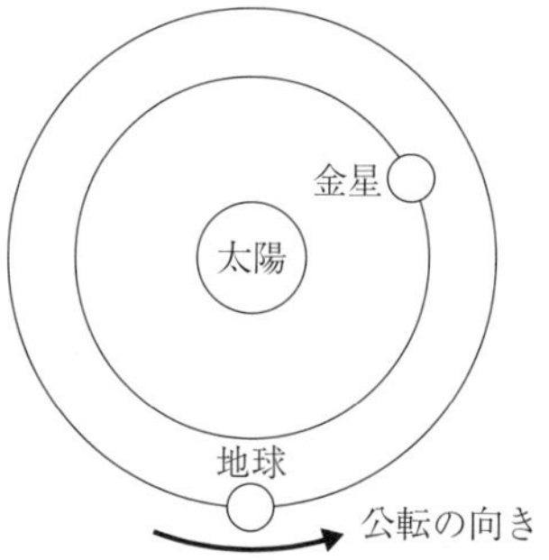


図2　太陽と地球，金星の位置関係
(2022年6月24日)

〔問1〕　下線部①について，太陽のように，自ら光や熱を出してかがやいている天体を何というか，書きなさい。(　　　)

〔問2〕　下線部②について，次の文は，月食について説明したものである。 X にあてはまる適切な内容を書きなさい。ただし，「影」という語を用いること。(　　　　　　　　　)

月食は，月が X 現象である。

〔問3〕　下線部②について，図1の時刻のあと観測を続けると，月はどの向きに動くか。動く向きを→で表したとき，最も適切なものを，右のア～エの中から1つ選んで，その記号を書きなさい。(　　　)

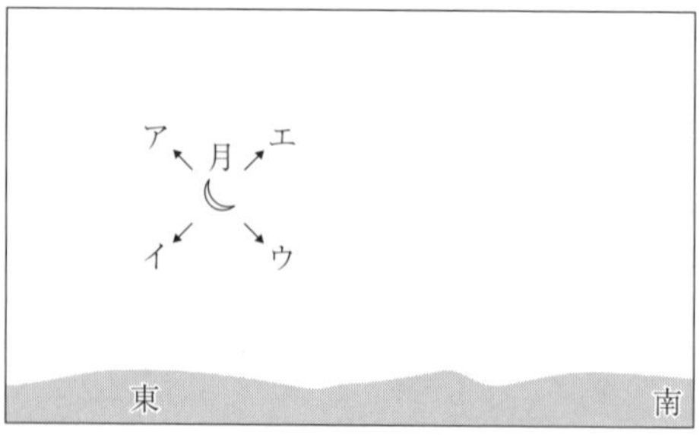


〔問4〕　下線部③について，太陽系の惑星のうち，地球からは明け方か夕方に近い時間帯にしか観測できないものをすべて書きなさい。(　　　　　)

〔問5〕　下線部③について，次の文は，太陽系の惑星を比べたときに，地球に見られる特徴を述べたものである。 Y にあてはまる適切な内容を書きなさい。(　　　　　　　　　)

地球は，酸素を含む大気におおわれていることや，適度な表面温度によって表面に［ Y ］があることなど，生命が存在できる条件が備わっている。また，活発な地殻変動や火山活動によって，地表は変化し続けている。

〔問6〕 下線部④について，図2の位置関係のときに地球から見える金星の形を表した図として最も適切なものを，次のア～オの中から1つ選んで，その記号を書きなさい。ただし，黒く示した部分は太陽の光があたっていない部分を表している。(　　　)

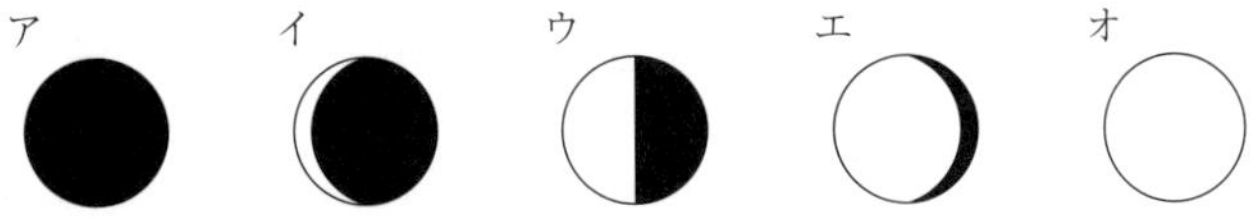


〔問7〕 下線部⑤について，地球から見える惑星が図1のように並んでいることから，図2に火星の位置をかき加えるとどのようになるか。最も適切なものを，次のア～エの中から1つ選んで，その記号を書きなさい。(　　　)

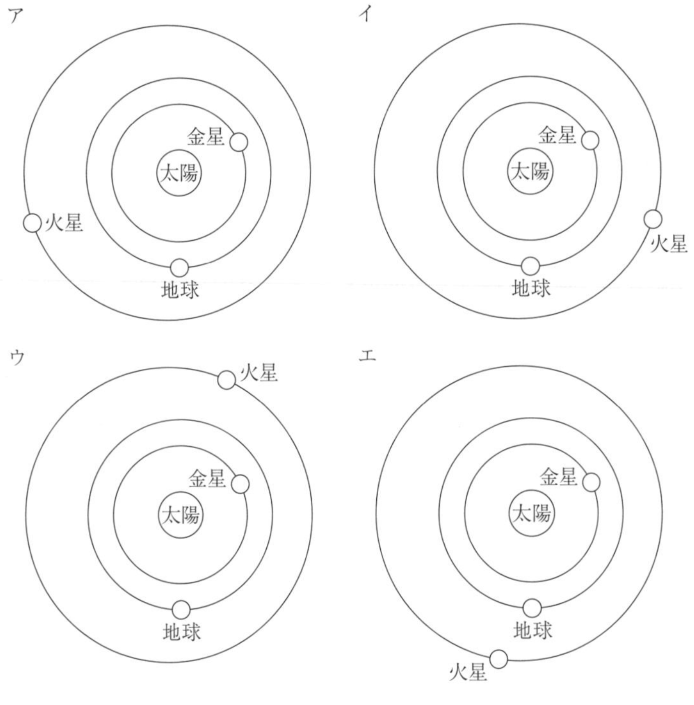

4　水溶液に関する実験Ⅰ，実験Ⅱを行った。あとの〔問1〕～〔問6〕に答えなさい。

実験Ⅰ　「水溶液を特定する実験」

(i)　うすいアンモニア水，うすい塩酸，塩化ナトリウム水溶液，砂糖水のいずれかの水溶液が入ったビーカーが1つずつあり，それぞれにA，B，C，Dのラベルを貼った。

(ii)　図1のように，Aの水溶液を，こまごめピペットを使って，スライドガラスに1滴のせて，試験管に少量入れた。スライドガラスにのせた水溶液はドライヤーで乾燥させ，試験管の水溶液にはフェノールフタレイン溶液を数滴加えて，それぞれのようすを観察した。

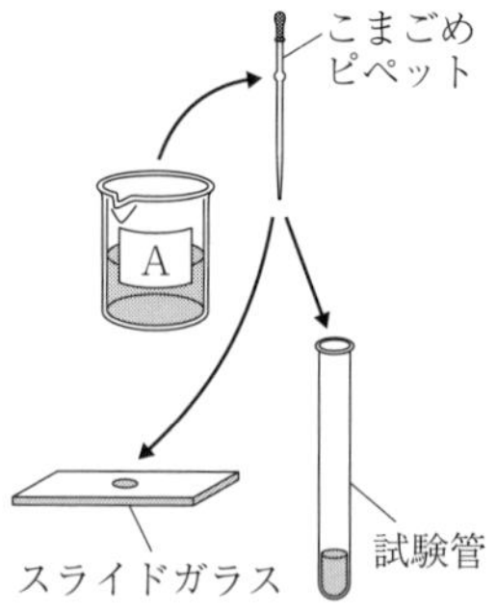

図1　実験のようす

(iii)　B，C，Dの水溶液についても，それぞれ(ii)と同じ操作を行った。

(iv)　(ii)，(iii)の結果を表1にまとめた。

表1　実験結果

| | Aの水溶液 | Bの水溶液 | Cの水溶液 | Dの水溶液 |
|---|---|---|---|---|
| 水溶液を乾燥させた後のようす | 何も残らなかった。 | 白い物体が残った。 | 白い物体が残った。 | 何も残らなかった。 |
| フェノールフタレイン溶液による変化 | 変化しなかった。 | 変化しなかった。 | 変化しなかった。 | 赤色に変化した。 |

実験Ⅱ　「水溶液を混合し，性質を調べる実験」

(i)　うすい水酸化バリウム水溶液を20cm$^3$入れたビーカーを用意し，緑色のBTB溶液を数滴加え，ビーカー内の水溶液を観察した。

(ii)　図2のような実験装置を使って，ビーカー内の水溶液に電流が流れるかを調べた。

(iii)　図3のように，(ii)のビーカーにうすい硫酸を2cm$^3$加え，ガラス棒を使ってよくかき混ぜ，ビーカー内の水溶液を観察した。また，電流が流れるかを調べた。

(iv)　(iii)の操作を，加えたうすい硫酸が合計20cm$^3$になるまで繰り返した。実験結果を表2にまとめた。

(v)　うすい硫酸を加える過程において，白い沈殿物が生じたので，(iv)でうすい硫酸を20cm$^3$加えたときのビーカーの中身をろ過した。

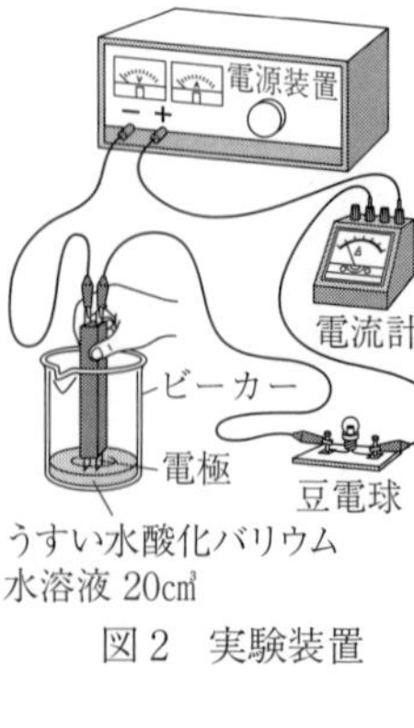

図2　実験装置

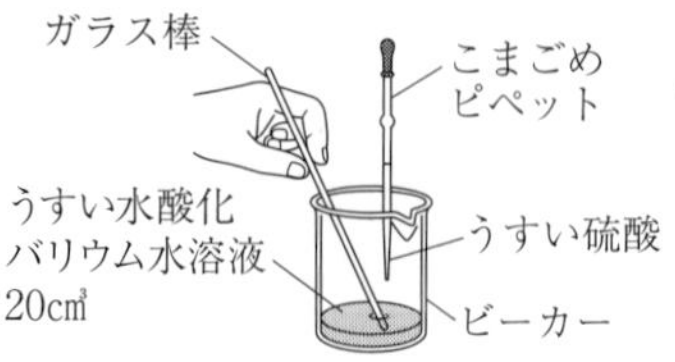

図3　水溶液を混ぜるようす

表２　実験結果

| 加えたうすい硫酸の体積〔$cm^3$〕 | 0 | 2 | 4 | 6 | 8 | 10 | 12 | 14 | 16 | 18 | 20 |
|---|---|---|---|---|---|---|---|---|---|---|---|
| ビーカー内の水溶液の色 | 青 | 青 | 青 | 青 | 青 | 青 | 青 | 青 | 緑 | 黄 | 黄 |
| 電流のようす | ○ | ○ | ○ | ○ | ○ | ○ | ○ | ○ | × | ○ | ○ |

電流のようすは，電流が流れたときを○，流れなかったときを×で表している。

〔問１〕　実験Ⅰの下線部について，こまごめピペットの正しい使い方を示したものを，次のア～エの中から１つ選んで，その記号を書きなさい。(　　　)

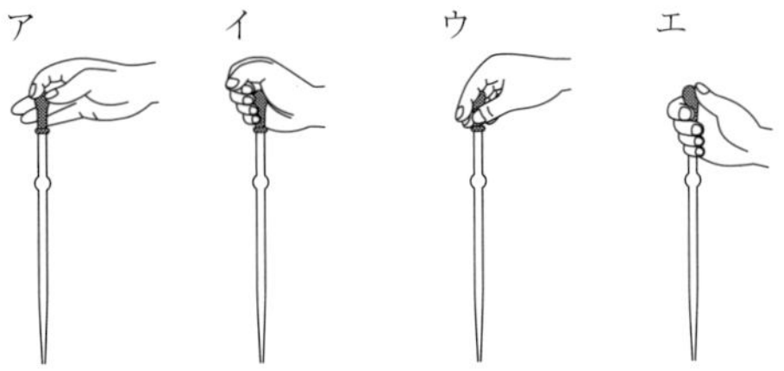


〔問２〕　次の文は，実験Ⅰの実験結果から考えられることをまとめたものの一部である。下の(1)，(2)に答えなさい。

水溶液を乾燥させた後のようすから，A，Dの水溶液はうすいアンモニア水，うすい塩酸のいずれかであると特定できた。残りのB，Cの水溶液を特定するために，スライドガラスに残った白い物体を顕微鏡で観察した。図４は，そのときのBの水溶液を乾燥させて残ったもののスケッチである。

図４　Bの水溶液を乾燥させて残ったもののスケッチ

(1)　A，Dの水溶液にとけていたものに共通する特徴は何か。表１の結果をふまえて，書きなさい。(　　　　　　　　　　)

(2)　A～Dの水溶液の組み合わせとして最も適切なものを，次のア～エの中から１つ選んで，その記号を書きなさい。(　　　)

| | Aの水溶液 | Bの水溶液 | Cの水溶液 | Dの水溶液 |
|---|---|---|---|---|
| ア | うすい塩酸 | 塩化ナトリウム水溶液 | 砂糖水 | うすいアンモニア水 |
| イ | うすい塩酸 | 砂糖水 | 塩化ナトリウム水溶液 | うすいアンモニア水 |
| ウ | うすいアンモニア水 | 塩化ナトリウム水溶液 | 砂糖水 | うすい塩酸 |
| エ | うすいアンモニア水 | 砂糖水 | 塩化ナトリウム水溶液 | うすい塩酸 |

〔問３〕　実験Ⅱの表２より，うすい硫酸を10$cm^3$加えたときのビーカー内の水溶液の性質として最も適切なものを，次のア～ウの中から１つ選んで，その記号を書きなさい。(　　　)

ア　酸性　　イ　中性　　ウ　アルカリ性

〔問４〕　実験Ⅱの表２について，うすい硫酸を16$cm^3$加えたときに電流が流れなかったのはなぜか，その理由を簡潔に書きなさい。ただし，「**イオン**」という語を用いること。

(　　　　　　　　　　)

〔問５〕　実験Ⅱについて，次の化学反応式はこの実験の化学変化を表したものである。［X］，［Y］にあてはまる化学式をそれぞれ書きなさい。X（　　　）　Y（　　　）

$H_2SO_4 + Ba(OH)_2 \rightarrow$ ［X］ + 2［Y］

〔問６〕　実験Ⅱ(v)について，ろ紙に残った白い沈殿物を乾燥させ，質量を測定すると，0.8g であった。うすい硫酸を $10cm^3$ 加えた時点では，ビーカー内に白い沈殿物は何 g あったと考えられるか，書きなさい。（　　　g）

5　電流に関する実験Ⅰ，電力に関する実験Ⅱを行った。次の〔問１〕，〔問２〕に答えなさい。ただし，導線や端子，スイッチの抵抗はなく，電熱線で発生した熱はすべて水の温度上昇に使われたものとする。

〔問１〕　次の実験Ⅰについて，下の(1)〜(4)に答えなさい。

実験Ⅰ　「回路に流れる電流について調べる実験」

(i)　電気抵抗が５Ωの抵抗器を４つ用意し，導線やスイッチなどを使って電源装置とつなぎ，図１のような回路A，図２のような回路Bをそれぞれつくった。

(ii)　回路Aのスイッチを入れ，電源装置の電圧を変化させながら，a 点を流れる電流の大きさと ab 間に加わる電圧の大きさを測定し，結果を表にまとめた（表１）。

(iii)　回路Bのスイッチを入れ，電源装置の電圧を 6.0V にして，回路の各点における電流の大きさと各区間に加わる電圧の大きさを測定した。

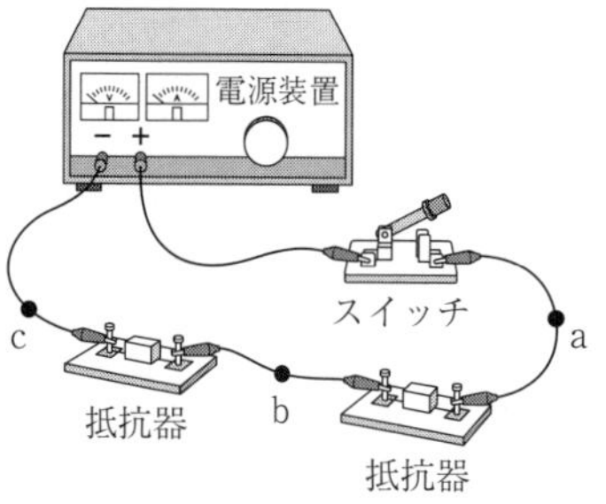


図１　回路A

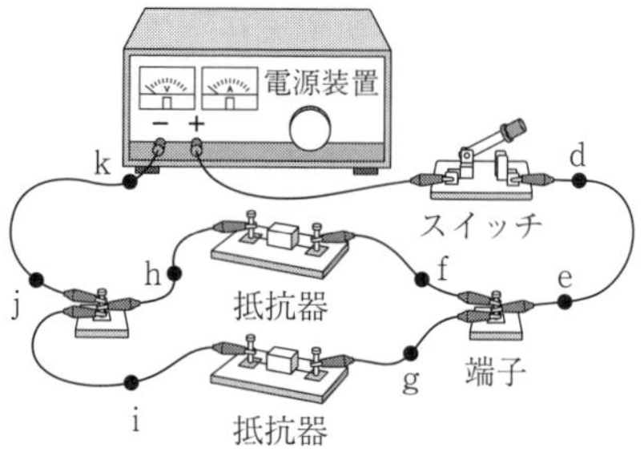


図２　回路B

表１　実験結果

| 電流〔A〕 | 0 | 0.2 | 0.4 | 0.6 |
|---|---|---|---|---|
| 電圧〔V〕 | 0 | 1.0 | 2.0 | 3.0 |

(1)　(ii)について，表１から，抵抗器に流れる電流の大きさは，加わる電圧の大きさに比例することがわかる。この関係を何の法則というか，書きなさい。（　　　の法則）

(2)　回路Aについて，電源装置の電圧を 8.0V にすると，c 点を流れる電流の大きさは何 A になるか，書きなさい。（　　　A）

(3)　(iii)について，図３は，回路Ｂを表そうとした回路図の一部である。解答欄の回路図を，電気用図記号を用いて完成させなさい。ただし，スイッチが開いた状態でかくこと。

図３　回路図の一部

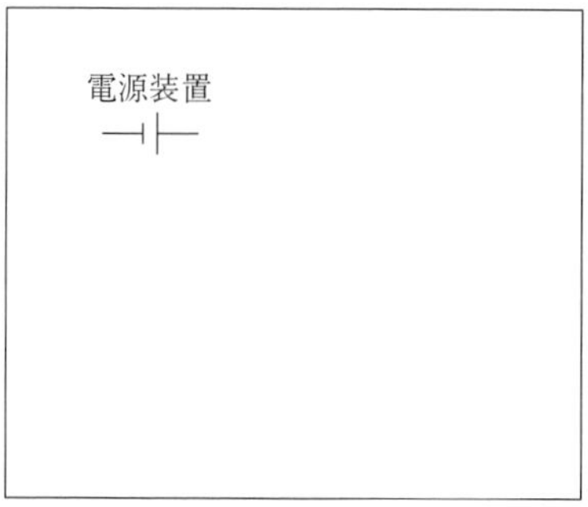


(4)　回路Ｂについて述べた文として適切なものを，次のア～エの中から１つ選んで，その記号を書きなさい。(　　　)

ア　ej 間の電圧の大きさは，fh 間の電圧の大きさと gi 間の電圧の大きさの合計に等しい。

イ　de 間，fh 間，gi 間，jk 間の電圧の大きさは，すべて等しい。

ウ　e 点を流れる電流の大きさは，h 点を流れる電流の大きさと i 点を流れる電流の大きさの合計に等しい。

エ　回路を流れる電流は，f → h → i → g → f と循環している。

〔問２〕　次の実験Ⅱについて，あとの(1)～(3)に答えなさい。

実験Ⅱ　「電熱線の発熱と電力の関係を調べる実験」

(i)　「6 V，3 W」の電熱線 x を水 $100cm^3$ が入ったポリエチレンのビーカーに入れ，電源装置，電圧計，電流計などを使って図４のような実験装置をつくった。また，この電熱線 x に 6 V の電圧を加えたときの電流を測定し，電力が 3 W になることを確認した。

(ii)　ポリエチレンのビーカー内の水の温度を室温と同じにしてから，電熱線 x に 6 V の電圧を加え，ガラス棒でときどきかき混ぜながら，1 分ごとに 5 分間，水温を測定して水の温度上昇を求めた。

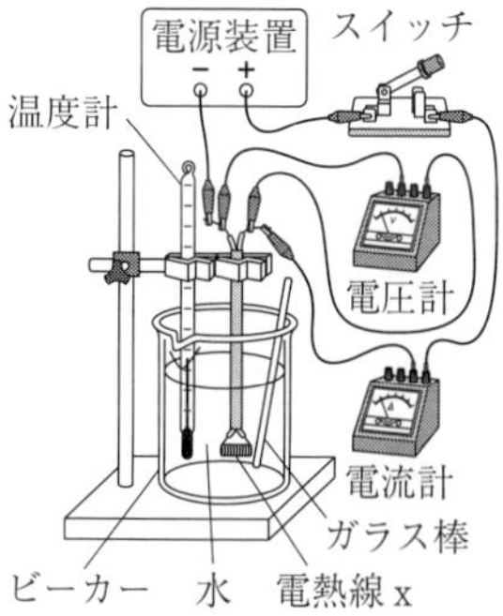


図４　実験装置

(iii)　(ii)の結果を表にまとめた（表 2）。

表２　(ii)の実験結果

| 時間〔分〕 | 0 | 1 | 2 | 3 | 4 | 5 |
|---|---|---|---|---|---|---|
| 水の温度上昇〔℃〕 | 0 | 0.4 | 0.8 | 1.2 | 1.6 | 2.0 |

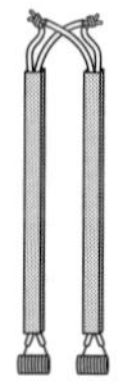

図５　電熱線２つを並列つなぎにしたもの

(iv)　図５のように，「6 V，3 W」の電熱線２つを並列つなぎにしたものを用意し，電熱線 x とかえて，(ii)と同じ操作を行った。

(1)　(ii)について，電熱線 x に 6 V の電圧を加えたときに流れる電流の大きさは何 A か，書きなさい。(　　　　A)

(2)　(ii)について，電熱線 x に 6 V の電圧を加え，5 分間電流を流したときの発熱量は何 J か，書きなさい。(　　　　J)

(3)　図 6 は，(ii)の結果をグラフに表したものである。図 6 に(iv)の結果をかき加えた図として最も適切なものを，次のア〜エの中から 1 つ選んで，その記号を書きなさい。(　　　　)

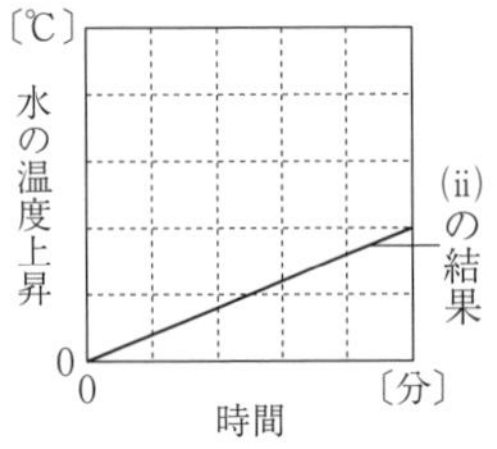


図 6　水の温度上昇と時間の関係

ア

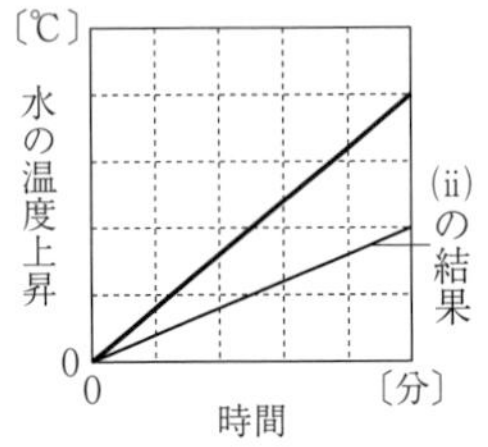


イ

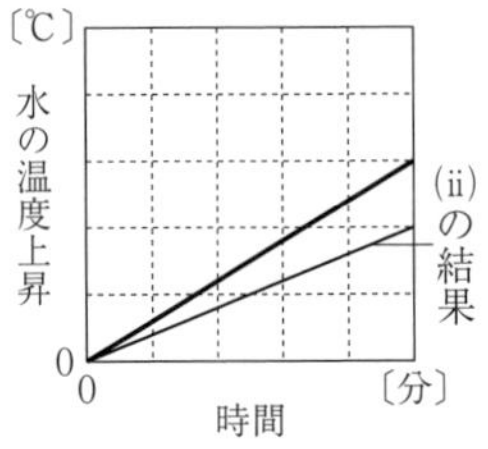


ウ

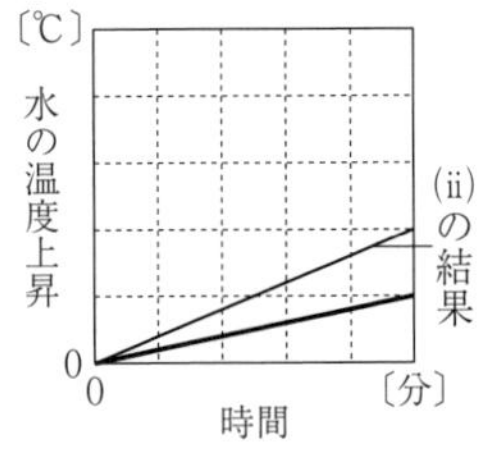


エ

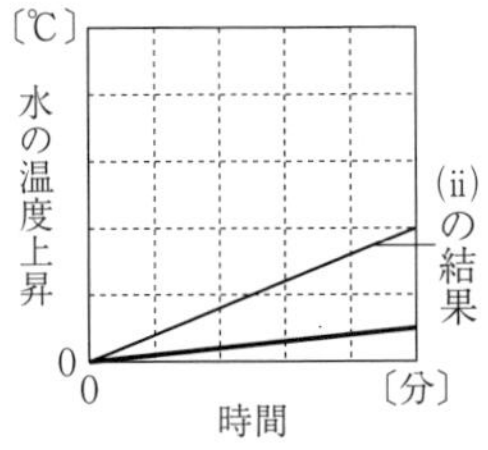

【I】

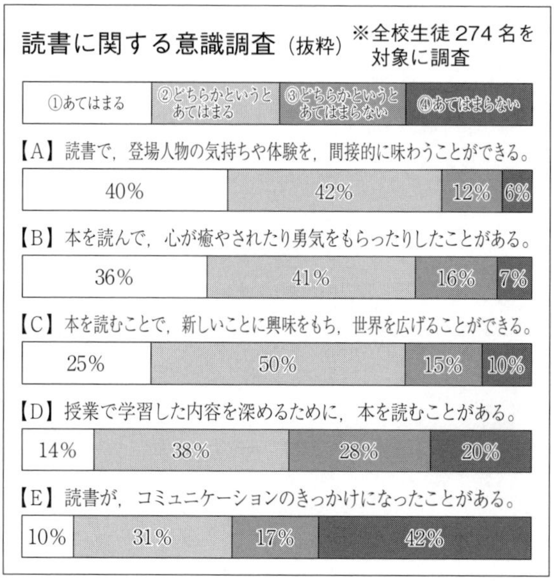
読書に関する意識調査(抜粋)
※全校生徒274名を対象に調査
①あてはまる
②どちらかというとあてはまる
③どちらかというとあてはまらない
④あてはまらない
【A】読書で,登場人物の気持ちや体験を,間接的に味わうことができる。
40% 42% 12% 6%
【B】本を読んで,心が癒やされたり勇気をもらったりしたことがある。
36% 41% 16% 7%
【C】本を読むことで,新しいことに興味をもち,世界を広げることができる。
25% 50% 15% 10%
【D】授業で学習した内容を深めるために,本を読むことがある。
14% 38% 28% 20%
【E】読書が,コミュニケーションのきっかけになったことがある。
10% 31% 17% 42%

【II】

読書は『□』

□に入る漢字の候補

海、知、旅、友、光

万の心情の説明として最も適切なものを、次のア～エの中から選び、その記号を書きなさい。（　　）

ア　早紀のために一生懸命に歌い続けていたので、歌い終わったらきっと感謝してもらえると思っていたのに、お礼の言葉をはっきりと言ってもらえず傷ついた。

イ　早紀と互いに引き合うように歌い続けられたのは、自分の気持ちが伝わったと確信できたからであり、声をかけられたことで両思いであると分かって胸が躍った。

ウ　早紀のために一生懸命歌っていたが、目が合っているような感覚は自分の気のせいだと思おうとしていたので、早紀から反応があったことに、驚くとともに心が弾んだ。

エ　早紀の合唱への向き合い方が気にかかり、助けるつもりで自分も必死に歌ったが、曲が終わって話しかけられた瞬間、途中で音を外したことを思い出し、恥ずかしくなった。

4　ある中学校の図書委員会では、本の貸出数が減っていることから、全校生徒を対象に読書に関する意識調査を行いました。

【Ⅰ】は、意識調査の結果の一部です。

この結果をもとに、本が読みたくなるようなキャッチコピーを作ることにしました。

【Ⅱ】は、キャッチコピーを検討するために図書委員会が作成した資料です。□に入れる漢字の候補が五つ示されています。

あなたなら、【Ⅱ】の□に、どの漢字を入れてキャッチコピーを作りますか。「海」「知」「旅」「友」「光」の中から一つ選び、そのキャッチコピーにした理由を、【Ⅰ】から読み取った情報を用いて書きなさい。

ただし、次の条件(1)～(3)にしたがうこと。

［条件］(1)　解答欄の□に、あなたが選んだ漢字一字を入れ、この文に続く形で書き始めること。

(2)　原稿用紙の正しい使い方にしたがって書くこと。

(3)　書き出しの部分を含めて、八行以上、十行以内であること。

私なら、「読書は『□』」というキャッチコピーにする。

・イレギュラーして＝不規則に変化して。
・晴美＝いつもリーダーシップを取るクラスメイト。
・ティンカーベル＝物語に登場する妖精《ようせい》。

〔問1〕本文中、A背筋がぴりっと伸びたとありますが、この表現には涼万のどのような気持ちが表れていますか。最も適切なものを、次のア～エの中から選び、その記号を書きなさい。（　　）
ア　気分がほぐれ、脱力している。
イ　身が引き締まり、緊張している。
ウ　不安のあまり、虚勢を張っている。
エ　恐怖を感じ、身体が硬くなっている。

〔問2〕本文中、B今までとはうってかわってぎこちない姿になったとありますが、早紀の指揮がぎこちなくなったのはなぜですか。文中の言葉を用いて、三十字以内で書きなさい。（句読点やその他の符号も一字に数える。）

〔問3〕本文中のCメロディーラインを逸脱した「な」は、派手にイレギュラーしてあさっての方向にバウンドし、続く「がら」を蹴飛ばしていったに使われている表現技法を何といいますか。次の①～④の中から選び、その記号を書きなさい。また、この表現技法を使うことで、この一文にどのような効果を与えていますか。その説明として最も適切なものを、あとのア～エの中から選び、その記号を書きなさい。
表現技法（　　）　効果（　　）

【表現技法】
①　直喩　②　体言止め　③　擬人法　④　倒置

【効果】
ア　「逸脱」という言葉で、涼万が音を外したことを強調し、他の生徒の集中力をそらしてしまったことを暗示している。
イ　「な」を主体にすることで、声がひっくり返ったのは、涼万の意思ではどうにもならなかったことを印象づけている。
ウ　「バウンド」という言葉を用いることで、音が思い切り跳ね回るような印象を読者に与え、場面を明るくしている。
エ　「蹴飛ばしていった」という文末が、音を外すことを気にせずに歌った、涼万の思い切りのよい性格を強調している。

〔問4〕本文中、D音心は何くわぬ顔をして、いったん最大にひねったボリュームのつまみを、調整してもとに戻したとありますが、ここから音心がどのような人物であると考えられますか。音心の人物像の説明として最も適切なものを、次のア～エの中から選び、その記号を書きなさい。（　　）
ア　周りの目を気にして、遠慮がちな態度を取る人物。
イ　突飛な行動で周囲を楽しませる、個性的な人物。
ウ　いつも一生懸命で、一心不乱に努力する人物。
エ　平然とした態度で、大胆な行動をする人物。

〔問5〕本文中、Eとても新鮮な感覚だったとありますが、涼万が「新鮮な感覚」になったのはなぜですか。涼万の気持ちの変化を踏まえて、八十字以内で書きなさい。（句読点やその他の符号も一字に数える。）

〔問6〕本文中、F胸がトンと飛び跳ねたとありますが、このときの涼となりの男子がついに吹き出した。もう混声のフレーズにメロディーはうつっているのに、それが伝染したみたいに、前の男子も涼万を振り返って笑った。女子は笑いをこらえながら歌っている。

昨日の咳に続き、またやらかしてしまった……。

うなだれかけたときだった。突然、大音量の伴奏で窓ガラスがびりっと震えた。みんな同時に肩を縮めて、号令がかかったみたいに音心の方を見た。

D音心は何くわぬ顔をして、いったん最大にひねったボリュームのつまみを、調整してもとに戻した。

音心のおかげで、涼万のひっくり返った声で乱れた空気が、リセットされた。指揮者の早紀は、何があっても止めることなく、懸命に指揮棒を振り続けている。

※晴美《はるみ》がまた歌い出すと、女子も引っ張られるように歌い出す。涼万も恥ずかしさをこらえて歌に加わる。すると他の男子もつられて、真面目に声を出し始めた。

井川、サンキュ。

長い前髪に隠されて表情の分からない音心に、涼万は心の中で手を合わせて、失敗しないよう慎重に、でも一生懸命歌い続けた。

早紀の目が輝きだした。初めて合唱らしい合唱になってきた。ひとつひとつの声が重なって、一本の帯のような流れになる。ソプラノ、アルト、男声のそれぞれが、自分のメロディーに忠実に、でも別のパートを感じながら歌っていた。それがうまく調和し、互いに互いの良さを引き出した。

早紀の指揮棒は※ティンカーベルの魔法の杖《つえ》みたいだ。そこから放たれる不思議な力で、三十数人のハーモニーを誘導する。

音楽を聴くのは楽しいが、自分たちがつくる音楽、みんなで合わせて歌う音楽も楽しいことを発見した。Eとても新鮮な感覚だった。

指揮者の早紀と互いに引き合うように歌い続けた。涼万は早紀とずっと目が合っているような感覚になった。でも、そんなわけはない。早紀は全体を見ているはずだ。

ラストの繰り返しのフレーズに入った。

——新しい本当のわたし
　未来へと歌は響きわたる

曲の始めに出てきたときと同じフレーズとは思えないくらい、音量も伸びもある。早紀が曲を締めるために両腕を掲げてぴたっと止めた。

曲が終わったとたん、満足のため息のような声がもれた。

「今のすっごく良かったよね。いいじゃん、うちらのクラス」

頬を紅潮させた晴美が興奮してまくしたてている。クラス中が弾んだ空気に包まれた。涼万は両手を組んで伸びをしたが、まだやっぱり早紀と目が合っているような錯覚が続いていた。

んなわけないし。

目をそらそうとした瞬間、早紀の口もとが動いた。

（あ・り・が・と）

F胸がトンと飛び跳ねた。

（佐藤《さとう》いつ子《こ》「ソノリティ　はじまりのうた」より。一部省略等がある。）

（注）・岳＝涼万と仲のよいクラスメイト。

のボタンを押した。前奏が始まる。CDから流れる伴奏は、音心の生伴奏とは全然違う。楽譜通りに正しく弾かれているのだろうが、伴奏にだって臨場感や迫力に差がずいぶんあることを、昨日の音心の演奏で実感した。

　早紀が正面に向き直って、前奏のあいだ抑え気味に指揮をする。そして歌い出しの合図で、指揮棒を大きく右に振り出した。

　　──はじめはひとり孤独だった
　　ふとした出会いに希望が生まれ
　　……

　早紀の上体はなめらかに優雅に揺れる。指揮棒は弧を描くように宙を舞う。

　涼万は歌うのも忘れて、その姿に一瞬で吸い込まれた。不思議なことに、涼万の頭の中では、みんなの歌声の代わりに、昨日こっそり聴いた早紀の歌声が流れていた。

　やがて、早紀の指揮棒からなめらかさが消えた。男声パートが始まったのだ。

　　──迷いながら躓《つまず》きながら
　　歩いてきた

　※岳《がく》やあと何人かは合唱の練習に来ていなかったが、ここにいる十数人の声とは思えぬ、ぼそぼそとした辛気くさい歌声が、床に這《は》うように広がった。何とか歌ってもらおうと、早紀は必死に指揮棒を振った。でも必死になればなるほど、B今まではうってかわってぎこちない姿になった。涼万は我に返った。

　歌わなきゃ。

　水野のために、歌わなきゃ。

　そのために、俺、来たんだ。

　　──どうしようもない

　迷っているうちに、メロディーに置き去りにされる。

　歌うぞ。さ、早く！

　すっと息を吸い込んだ。吐く息とともに、これ以上は出せないというくらいの大きな声を出した。肺の息をすっからかんに出して、全てを歌声に注ぐ。

「苛立《いらだ》ちをー」

　自分でもびっくりするくらいの大音量だった。涼万以外の男子生徒十数人を合わせた歌声よりも、涼万ひとりの声の方が圧倒的に大きかった。周りの男子があれっというふうに反応した。涼万は構わず続けた。

「感じなーーー・がら」

　涼万の額からボッと火が出た。高音の「な」の音が完全にひっくり返り、素っ頓狂な声が飛び出したのだ。Cメロディーラインを逸脱した「な」は、派手に※イレギュラーしてあさっての方向にバウンドし、続く「がら」を蹴飛ばしていった。

考えました。

ウ　文章のはじめに具体的なエピソードをもってくることで、読者をひきつけ、オノマトペについて考えるきっかけを提示していると思いました。

エ　育児の場面におけるコミュニケーションの例を挙げることで、オノマトペが未発達な言語であるという筆者の主張が強調されていると感じました。

---

3　次の文章を読んで、〔問1〕～〔問6〕に答えなさい。※印には（注）がある。

> 中学校一年生の山東《さんとう》涼万《りょうま》のクラスでは、合唱コンクールに向け、指揮者の水野《みずの》早紀《さき》と伴奏者の井川《いがわ》音心《そうる》を中心に練習を行っているが、なかなかまとまらない。涼万も、困っている早紀の様子が気にはなるものの、こういった行事に積極的ではなかった。
> ある日、涼万は練習中にひどくせき込み、練習の雰囲気を壊してしまったことで、ますます練習から気持ちが離れそうになっていた。しかし、放課後、早紀が音楽室で一人歌いながら指揮の練習をしているところを目撃し、翌朝の練習に参加しようと思い直す。

なんかみんな、熱いな。

俺がもっている熱の温度と、違うんだ。

行事なんかで一生懸命真面目にやるって、なんか格好良くない気がして。なんかダサいような、なんかこっぱずかしいような、実際めんどくさかったりもして。

考えごとをしていたら、となりの男子がサッと足を開いた。顔を上げると、早紀が指揮棒を頭上に掲げている。涼万は少し遅れて、足を肩幅に開いた。

合唱が始まる。A背筋がぴりっと伸びた。

どうか今日は咳《せき》が出ませんように。俺のせいで合唱がめちゃくちゃになりませんように。

涼万はゆっくりとつばを飲み込んだ。喉は落ち着いている。

早紀が音心の方を向いて指揮棒で合図をすると、音心はCDプレイヤーオノマトペは、いわば言語以前の生理的な感覚と密接に結びつきながら、同時に、固有の文化的背景をもった紛れもない言葉の一種として、子どもから大人まで、全世代の生活に広く深く根を張っている。そしてときに、コミュニケーションのある種の切り札、生命線として、他に代えがたい役割を果たすこともあるのだ。

(古田《ふるた》徹也《てつや》「いつもの言葉を哲学する」より。一部省略等がある。)

(注) ・ガチャガチャ＝硬貨を入れレバーを回すとおもちゃなどが入ったカプセルが出てくる装置。
・広辞苑＝市販されている国語辞典の一つ。
・バイアスのかかった＝偏った。
・meowed ＝ meow (ニャーと鳴く) の過去形。
・鑑みると＝照らして考えると。
・尿路結石＝尿が通る道に石のようなかたまりが生じる病気。

〔問1〕 本文中、A彼女は、「噛むの?」と尋ねたとありますが、彼女がなぜこのように尋ねたと筆者は考えていますか。その理由を述べた次の文の[ ]にあてはまる表現を、文中から四十字以内でそのまま抜き出し、最初と最後の五字をそれぞれ書きなさい。(句読点やその他の符号も一字に数える。)

彼女は、[ ]から。

[ ]～[ ]

〔問2〕 本文中の[1]～[5]の段落について、段落の関係の説明として最も適切なものを、次のア～エの中から選び、その記号を書きなさい。( )

ア [2]は、[1]の具体的な例を一つ挙げて、内容を否定している。
イ [3]は、[2]と異なる種類の例を示し、内容を付け加えている。
ウ [4]は、[3]と類似する例を挙げ、移り変わりを説明している。
エ [5]は、[1]から[4]の内容を踏まえ、新しい視点を示している。

〔問3〕 本文中の[ ]には品詞名が入ります。次の①～④の中から最も適切なものを選び、その記号を書きなさい。また、その品詞が用いられている文を、あとのア～エの中から選び、その記号を書きなさい。品詞名( ) 文( )

【品詞名】 ① 形容動詞 ② 副詞 ③ 連体詞 ④ 感動詞

【文】 ア きれいに花が咲く。 イ さあ行こうと誘う。
ウ ゆっくり道を歩く。 エ この問題は難しい。

〔問4〕 本文中、B成熟した言語表現とありますが、筆者がオノマトペを「成熟した」と考えるのはなぜですか。三十五字以内で書きなさい。(句読点やその他の符号も一字に数える。)

〔問5〕 本文中のCこれが指す内容を、文中の言葉を用いて二十五字以内で書きなさい。(句読点やその他の符号も一字に数える。)

〔問6〕 ある中学校の生徒たちが、授業でこの文章を読み、印象に残ったところについて話し合いました。本文の構成や内容に合う発言として適切なものを、次のア～エの中から二つ選び、その記号を書きなさい。( )( )

ア 日常生活における様々な場面を取り上げることで、オノマトペがあらゆる世代の人々の生活に入り込んだ身近なものだと再認識しました。
イ 日本語と同じ構造をもっている他国の言語を比較対象とすることで、日本語にオノマトペが多い理由が客観的に示されていると

「さくさくした歯ごたえ」、「さくさくのパイ」といった用法である。それがいつの頃からか、「さくさく片づける」とか「さくさく進む」という風に、「物事が気持よく進行するさま」（同書）という意味をもつようにもなった。

4　他方で、「レンジでチンする」という表現は、もはや「チン」という音を発する電子レンジが希少となった現在でも、時代を超えて生き続けている。「レンチン」という短縮形の表現も広く行き渡っているほどだ。

5　ともあれ、私たちは日々、無数のオノマトペに取り囲まれ、それらを縦横に駆使しながら生活している。日中は「きびきび」動きなさいとか、「しゃきっ」としなさいなどと怒られ、「くよくよ」したり、「もやもや」したり、「うじうじ」したりするけれども、夜、帰宅して、好きな番組で「げらげら」笑い、「もふもふ」した飼い猫に癒やされ、やがて「すやすや」眠る、といった具合である。

日本語はこのようにオノマトペが多用される言語として知られているが、同様に（あるいは日本語以上に）オノマトペが豊富な言語は世界各国に存在する。英語やドイツ語などのヨーロッパ言語の一部はオノマトペが比較的少ない、ということもあってか、オノマトペは未開・未発達の地域の言語に多いという説も根強い。しかし、それこそ日本語（および、朝鮮・韓国語などの諸語）のオノマトペの多さを考えれば、これは多分に※バイアスのかかった見方だと言えるだろう。

むしろ、オノマトペを研究する言語学者たちが指摘しているように、それぞれの言語ごとのオノマトペの構造の違いに目を向ける方が適当かもしれない。たとえば、英語のようにオノマトペが主に動詞であるような言語（"The cat ※meowed" など）よりも、日本語のようにオノマトペが主に□であるような言語（「猫がニャーと鳴いた」など）の方がオノマトペに富む、といった可能性が考えられる。

この点に※鑑《かんが》みると、オノマトペは言葉未満の幼稚な代物であるという、しばしば見受けられる捉え方にも疑問符がつく。雨が降る様子だけでも「しとしと」、「ぽつぽつ」、「ぱらぱら」、「ざあざあ」といった繊細な使い分けがときに要求されるということはむしろ、オノマトペが幼稚どころかB成熟した言語表現であることを示しているように思われる。

とはいえ、他方で、育児の過程でオノマトペが実際に重宝され、多用されるということも確かである。たとえば、「ブーブーが来たね」、「ワンワンだよ」、「これをチョキチョキやって」、「これをピカピカにして」といった表現は、小さな子どもとのコミュニケーションにおいて不可欠なものだ。一～二歳児向けの絵本『もこ　もこもこ』や『じゃあじゃあびりびり』は、オノマトペだけで成り立っているが、絵との相乗効果もあって、子どもの「食いつき」が抜群によい名作だ。

また、子どもがまだ比喩を使いこなせないとき、たとえば「痛い、痛い！」と叫んでいる子の体に具体的に何が起こっているのかを探るために、私たちはしばしばオノマトペに頼って聞き出そうとする。ズキズキするのか、キリキリするのか、ジンジンくるのか、それとも、グーーッときているのか、等々。

そしてCこれは、子どもだけの話ではない。たとえば昨年私は、生まれてはじめての※尿路結石の痛みに襲われた。はじめてだから、何が何やら分からない。とにかく猛烈に苦しく、痛い。気の利《き》いた比喩など一切思いつかない。医師に対して、「ここが、ズーンときて、ガンガンして……」と伝えるほかなかった。実際、患者の発するオノマトペは、医療現場において診断の一助として重視される要素のひとつだという。

子《先生》曰《いは》く、三人行けば《同じ道を行けば》、必ず我が師有り。A其《そ》の善なる者を擇《えら》び《選んで》て之《これ》に従《したが》ひ、B其の不善なる者にして之を改む。　（「論語」より）

(1) 文中、A其の善なる者を擇びてとありますが、この書き下し文の読み方になるように、「擇《ビテ》　其《ノ》　善《ナル》　者《ヲ》」に返り点を付けなさい。

擇《ビテ》　其《ノ》　善《ナル》　者《ヲ》

(2) 文中、B其の不善なる者にして之を改むとありますが、これに近い意味の故事成語として最も適切なものを、次のア～エの中から選び、その記号を書きなさい。（　　）

ア　漁夫の利　　イ　推敲《すいこう》　　ウ　他山の石　　エ　蛇足

2　次の文章を読んで、〔問1〕～〔問6〕に答えなさい。※印には（注）がある。

ひどく暑い夏の日曜日。ずっと家に籠もっているのもなんだから、娘と散歩に出た。アスファルトからの陽《ひ》の照り返しもきつく、道中で娘はたくさん汗をかいた。家に戻り、彼女に冷たい麦茶の入ったコップを渡して、「がぶがぶいっちゃって」と促すと、A彼女は、「嚙《か》むの？」と尋ねた。

確かに言われてみれば、「がぶがぶ」というのは嚙む様子も表す言葉だ。むしろ、飲み物を勢いよく飲む様子をなぜ「がぶがぶ」と表現するのか、また、そのことをなぜ自分はこれまで不自然に感じなかったのか、急に疑問に思えてきた。少なくとも娘は、「がぶがぶ」と言われて、それを麦茶を飲む行為と結びつけることができなかったのだ。

1　「さらさら」、「かさかさ」、「わんわん」、「ごくごく」といった擬音語や、「いらいら」、「ふらふら」、「まったり」、「にやり」といった擬態語の総称を、一般にオノマトペと言うが、その種類は実にさまざまだ。

2　たとえば「どんぶらこ」のように、大きな桃が川を流れる様子のみを事実上表すオノマトペもあるし、「はるばる」や「ほのぼの」などのように、オノマトペに分類すべきかどうか微妙なものもある。また、おおよそ一九七〇年代から日本の街中で見られるようになった「ガチャガチャ」※（あるいは「ガチャポン」等々）は、まさにこの装置を操作するときの音や効果を表している。

3　さらに、時代とともにこれまでとは異なる意味をもち始めるものもある。たとえば「さくさく」は従来、「菓子・果物・野菜などの嚙みごこちや切れ方が小気味よいさま」（※広辞苑《こうじえん》第七版）を主に指す言葉だった。

イ　あいまいな意見については、何度も質問をし、説明を引き出そうとしている。

ウ　話し合いの途中で、発言しやすくなるように、指名して意見を求めている。

エ　提案された意見ごとに、効果と実現性を検討し、次の話題に進めている。

〔問3〕　田中さんは、職場体験に行った事業所にお礼の手紙を書き、封筒に入れて送ることにしました。次の文章は手紙の下書きです。これを読んで、あとの(1)~(3)に答えなさい。

> 拝啓　晩秋の候　皆様がたにはお元気でお過ごしのことと思います。
>
> 　さて、先日の職場体験では、いろいろと教えていただきありがとうございました。A体験の中で最も印象に残っていることは、仕事に取り組まれるときの皆様は真剣な表情が印象的です。その熱心なお姿に接したことで、働くことについて深く考えるようになりました。
>
> 　今回の職場体験で学んだことをレポートにまとめましたので、そのコピーを同封しています。どうぞB見てください。
>
> 　これから寒さの厳しい季節となります。風邪などひかれませんように、お体を大切になさってください。　　敬具
>
> 　　令和四年十一月四日
>
> 　　　　　あさひ中学校　田中幸子
>
> C和歌山書店　御中

(1)　文中、A体験の中で最も印象に残っていることは、仕事に取り組まれるときの皆様は真剣な表情が印象的ですとありますが、この一文には表現上の誤りがあります。適切な表現になるように、次の[a]、[b]にあてはまる言葉を書き、文を完成させなさい。a（　　）　b（　　）

　体験の中で最も印象に残っていることは、仕事に取り組まれるときの皆様[a]真剣な表情[b]。

(2)　文中のB見てくださいを適切な敬語表現に書き直しなさい。（　　）

(3)　田中さんは、封筒の表書きを行書で書くことにしました。次の[　]は、文中のC和歌山書店　御中を、その宛名として書いたものの一部です。ⓐ、ⓑの部分の特徴の組み合わせとして最も適切なものを、次のア~エの中から選び、その記号を書きなさい。（　　）

ア　ⓐ　筆順の変化　ⓑ　点画の連続

イ　ⓐ　点画の省略　ⓑ　点画の変化

ウ　ⓐ　点画の変化　ⓑ　筆順の変化

エ　ⓐ　点画の連続　ⓑ　点画の省略

〔問4〕　次の文章は、『論語』の一節を書き下し文にしたものです。これを読んで、あとの(1)、(2)に答えなさい。

# 国語

時間　五〇分
満点　一〇〇点

1 次の〔問1〕～〔問4〕に答えなさい。

〔問1〕 次の①～⑧の文の――を付した、カタカナは漢字に直して書き、漢字は読みがなをひらがなで書きなさい。

① マフラーをアむ。（　　む）
② 文化がサカえる。（　　える）
③ センモン学校に進学する。（　　）
④ 道をオウフクする。（　　）
⑤ 使者を遣わす。（　　わす）
⑥ 工夫を凝らす。（　　らす）
⑦ 世界平和を祈念する。（　　）
⑧ 悠久の歴史。（　　）

〔問2〕 次の会話は、山田さんのクラスでの話し合いの一部です。これを読んで、あとの(1)、(2)に答えなさい。

司会：今から、卒業する先輩に向けた『贈る言葉』について話し合いたいと思います。まず『贈る言葉』のテーマから考えていきます。山田さんから意見をお願いします。

山田：私は、「感謝」をテーマにするのがよいと思いました。先輩方は、学校生活の多くの場面で私たちを助けてくれたからです。

司会：ありがとうございます。では、次に小林さんはどうですか。

小林：私も、山田さんと同じ意見です。体育祭のときにバトンパスのコツを教えてくれたり、□したので「感謝の気持ち」を伝えたいと思いました。

司会：なるほど。「感謝」という提案がありましたが、石川さんはいかがですか。

石川：卒業後は、楽しいことだけでなく苦しいこともあると思うので、私は、「応援の気持ち」をテーマにするのがよいと考えます。

司会：その他の意見はありませんか。（全体を見渡す）他に意見はないようですね。では、今、二つの意見が出ていますが、これらの意見について皆さんはどう考えますか。

木村：はい。どちらのテーマもよいと思うので、二つの意見を合わせた言葉にしてはどうでしょうか。

司会：他の皆さん、どうですか。

一同：（うなずく）

司会：それでは、そのテーマで『贈る言葉』を考えていきましょう。

(1) 会話文中の□には、小林さんの言葉が入ります。話の内容に合う発言として最も適切なものを、次のア～エの中から選び、その記号を書きなさい。（　）

ア テスト勉強で悩んでいるときに助けてくれたり
イ 音楽祭の歌声が大人っぽくてかっこよかったり
ウ 生徒会活動の内容を全校集会の中で発表したり
エ 校外学習では学年全員で楽しそうにしていたり

(2) この話し合いでの司会の進め方を説明したものとして、最も適切なものを、次のア～エの中から選び、その記号を書きなさい。（　）

ア 話題がずれそうになったところで、意見を整理し、テーマの見直しをしている。

# 2023年度／解答

## 数　学

1【解き方】〔問1〕(1) 与式 $= -(6-2) = -4$　(2) 与式 $= \dfrac{8}{5} + \left(-\dfrac{7}{5}\right) = \dfrac{1}{5}$　(3) 与式 $= 6a + 3b - a - 5b = 5a - 2b$　(4) 与式 $= 3\sqrt{3} - 5\sqrt{3} = -2\sqrt{3}$　(5) 与式 $= a^2 + 2a + a^2 - 2a - 3 = 2a^2 - 3$

〔問2〕与式 $= x^2 - 2 \times 6 \times x + 6^2 = (x-6)^2$

〔問3〕$-4, -3, -2, -1, 0, 1, 2, 3, 4$ の9個。

〔問4〕ア．$16 \div 200 = 0.08$　イ．$24 + 56 + 64 = 144$

〔問5〕$y$ は $x$ の2乗に比例するから，$y = ax^2$ とおける。$x = 3$，$y = -18$ を代入して，$-18 = a \times 3^2$ より，$a = -2$　よって，$y = -2x^2$

〔問6〕点Oと点Bを結ぶ。円周角の定理より，$\angle BOC = 2\angle BDC = 78°$　$\overset{\frown}{BC} = 3\overset{\frown}{AB}$ より，$\angle BOC = 3\angle AOB$ だから，$\angle AOB = \dfrac{1}{3}\angle BOC = 26°$　よって，$\angle x = \angle AOB + \angle BOC = 104°$

【答】〔問1〕(1) $-4$　(2) $\dfrac{1}{5}$　(3) $5a - 2b$　(4) $-2\sqrt{3}$　(5) $2a^2 - 3$　〔問2〕$(x-6)^2$　〔問3〕9(個)

〔問4〕ア．0.08　イ．144　〔問5〕$y = -2x^2$　〔問6〕104°

2【解き方】〔問1〕(1) 図1の線分DEと線分DAが重なるから，点Aと重なるのは点E。(2) 立体Qと正四角錐Pは相似で，相似比は，OI：OA $= 1 : (1+2) = 1 : 3$ だから，体積比は，$1^3 : 3^3 = 1 : 27$　よって，立体QとRの体積比は，$1 : (27-1) = 1 : 26$

〔問2〕(1) この規則では(緑，赤，青)の3色の組がくり返し並ぶ。よって，色紙の枚数が13枚のとき，$13 \div 3 = 4$ あまり1より，(緑，赤，青)の組が4回と次の1枚の紙が並ぶので，一番右の色紙は緑色。(2) 正方形の紙を1枚追加して並べると，横の長さは2cm長くなるから，$n$ 枚並べたときの横の長さは，$7 + 2(n-1) = 2n + 5$ (cm)

〔問3〕2つのさいころを同時に投げるとき，目の出方は全部で，$6 \times 6 = 36$(通り)　このうち，出る目の数の積が12の約数になるのは，積が1，2，3，4，6，12のとき。・積が1のときは，(1，1)の1通り。・積が2のときは，(1，2)，(2，1)の2通り。・積が3のときは，(1，3)，(3，1)の2通り。・積が4のときは，(1，4)，(2，2)，(4，1)の3通り。・積が6のときは，(1，6)，(2，3)，(3，2)，(6，1)の4通り。・積が12のときは，(2，6)，(3，4)，(4，3)，(6，2)の4通り。よって，積が12の約数になるのは，$1 + 2 + 2 + 3 + 4 + 4 = 16$(通り)より，求める確率は，$\dfrac{16}{36} = \dfrac{4}{9}$

〔問4〕ドーナツを $x$ 個，カップケーキを $y$ 個つくったとすると，使用した小麦粉の量について，$25x + 15y = 400$……①，ドーナツとカップケーキの個数について，$x + y = 18$……②が成り立つ。①－②×15より，$10x = 130$　よって，$x = 13$　これを②に代入して，$13 + y = 18$ より，$y = 5$

【答】〔問1〕(1) E　(2) 1：26　〔問2〕(1) 緑(色)　(2) $2n + 5$ (cm)　〔問3〕$\dfrac{4}{9}$

〔問4〕(ドーナツ) 13(個)　(カップケーキ) 5(個)

〔問5〕15人の記録の中央値は大きいほうから8番目の生徒の記録である。また，箱ひげ図より中央値は25mである。よって，太郎さんの記録は中央値より小さいから上位8番以内に入ることはない。

3【解き方】〔問1〕関数 $y = \dfrac{1}{2}x + 3$ の変化の割合は $\dfrac{1}{2}$ だから，($y$ の増加量) = (変化の割合) × ($x$ の増加量) =

$\frac{1}{2} \times 4 = 2$

〔問 2〕P (6, 0)より，直線 AP は傾きが，$\frac{0-4}{6-2} = -1$ なので，直線の式を $y = -x + b$ とおいて P の座標を代入すると，$0 = -6 + b$ より，$b = 6$　よって，$y = -x + 6$

〔問 3〕A から $x$ 軸に垂線 AH を引くと，AH = 4 で，△APH は 30°，60° の直角三角形だから，HP = $\sqrt{3}$AH = $4\sqrt{3}$　よって，OP = $2 + 4\sqrt{3}$ より，P の $x$ 座標は $2 + 4\sqrt{3}$

〔問 4〕△ABP ＝△ABQ のとき，△ABP と△ABQ の底辺を AB とすると高さが等しくなるから，右図のように点 P を通り，直線 AB に平行な直線をひくと，$y$ 軸との交点が Q となる。この点を $Q_1$ とする。直線 $PQ_1$ の式を $y = \frac{1}{2}x + c$ として，点 P の座標を代入すると，$0 = \frac{1}{2} \times 4 + c$ より，$c = -2$　よって，直線 $PQ_1$ の式は $y = \frac{1}{2}x - 2$ だから，$Q_1$ (0, − 2)　また，①の上側に $\triangle ABQ_2 = \triangle ABQ_1$ となる点 $Q_2$ をとると，$\triangle ABQ_2 = \triangle ABP$ となる。$\triangle ABQ_1$ と $\triangle ABQ_2$ の底辺をそれぞれ $BQ_1$，$BQ_2$ とすると，高さが等しいので，$BQ_2 = BQ_1$ となり，B (0, 3)より，$BQ_1 = 3 - (-2) = 5$　よって，$Q_2$ の $y$ 座標は，$3 + 5 = 8$ なので，$Q_2$ (0, 8)

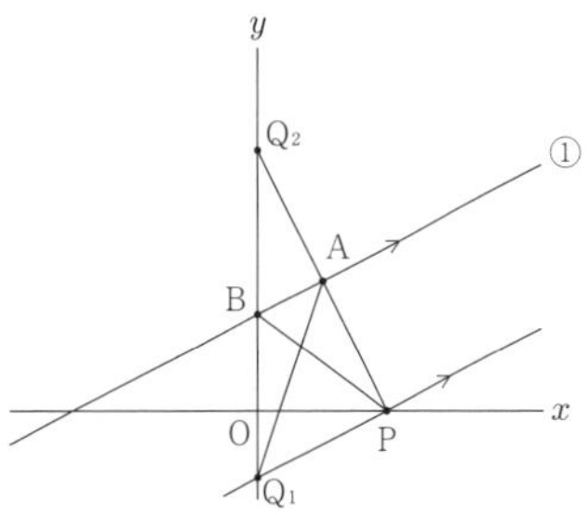


**【答】**〔問 1〕2　〔問 2〕$y = -x + 6$　〔問 3〕$2 + 4\sqrt{3}$　〔問 4〕(0, − 2)，(0, 8)

[4] **【解き方】**〔問 1〕辺 BC を C の方に延長し点 P をとると，∠DCP = 180° − 118° = 62°　AB ∥ DC より，∠ABE = ∠DCP = 62°　△ABE は AB = AE の二等辺三角形だから，∠BAE = 180° − 62° × 2 = 180° − 124° = 56°

〔問 2〕四角形 ABCD は平行四辺形だから，AD = BC = 5 cm　AD ∥ BC より，∠EAD = ∠AEB = 90°　よって，△AED で三平方の定理より，DE = $\sqrt{3^2 + 5^2} = \sqrt{34}$ (cm)

〔問 4〕AH ∥ BE より，△GAH ∽△GBE で，GA : GB = 2 : (2 + 4) = 1 : 3 だから，△GAH : △GBE = $1^2 : 3^2$ = 1 : 9　△GAH の面積を S とすると，△GBE = 9S だから，四角形 ABEH = 9S − S = 8S　また，△GAH : △ABH = GA : AB = 1 : 2 より，△ABH = 2S　よって，△BEH = 8S − 2S = 6S だから，△BCH : △BEH = BC : BE = (3 + 2) : 3 = 5 : 3 より，△BCH = $\frac{5}{3}$ × 6S = 10S　したがって，▱ABCD = 2△BCH = 20S より，台形 ABEH の面積は▱ ABCD の面積の，8S ÷ 20S = $\frac{2}{5}$ (倍)

**【答】**〔問 1〕56°　〔問 2〕$\sqrt{34}$ (cm)

〔問 3〕△OBE と△ODF で，O は平行四辺形の対角線の交点だから，OB = OD……①　BE ∥ FD から，錯角は等しいので，∠OBE = ∠ODF……②　また，対頂角は等しいので，∠BOE = ∠DOF……③　①，②，③から，1 組の辺とその両端の角がそれぞれ等しいので，△OBE ≡△ODF　よって，OE = OF……④　①，④から，四角形 BEDF の対角線がそれぞれの中点で交わるので，四角形 BEDF は平行四辺形である。

〔問 4〕$\frac{2}{5}$ (倍)

# 英　語

1 【解き方】〔問 1〕No.1. 男の子は「腕時計」を探しており，母親がそれは「机の上の辞書のそば」にあると言っている。No.2.「7 月 5 日」に「書店」でイベントがあると話している。July fifth =「7 月 5 日」。No.3. 女の子は「ハンバーガーを 1 つとホットドッグを 2 つ」と注文し，飲み物はいらないと断っている。

〔問 2〕No.1. A. 和也が 7 歳のときから興味を持っているのは日本のポップミュージック。B. 和也は先週，父親から初めて英語の歌の CD をもらい，それを聞いた。C.「和也は先週，英語の歌を聞くのを楽しんだ」。内容に合う。D. 和也は他の英語の歌も聞きたいと言っている。来週，授業で英語の歌を歌いたいとは言っていない。No.2. 20 分以内で博物館に到着するには，「自転車」，「電車」，「タクシー」のどれかになる。料金が 8 ドル以内は「電車」か「バス」。よって 2 つの条件を満たす移動手段は「電車」。

〔問 3〕No.1. 健のおばあさんは約 40 年前にケーキ屋を始めた。No.2. 健は昨年の夏におばあさんの店の手伝いをしたとき，とてもたくさんの客が彼女の店に来たので驚いた。No.3. メグは健のおばあさんの店に息子の誕生日ケーキを買いに来た客である。No.4. 健はたいてい放課後におばあさんの店に行く。No.5. 健はおばあさんの店をもっと人気のあるものにしたいと思っている。

【答】〔問 1〕No.1. D　No.2. A　No.3. C　〔問 2〕No.1. C　No.2. B
〔問 3〕No.1. D　No.2. A　No.3. C　No.4. B　No.5. D

◀全訳▶ 〔問 1〕

No.1.
男の子：お母さん，僕は自分の腕時計を探しているんだ。
母親　：それはあなたの机の上の辞書のそばにあるわよ。

No.2.
女の子：あなたは 7 月 5 日は空いている？
男の子：うん。
女の子：見て。その日，書店がこのイベントを開催するのよ。
男の子：それはいいね。一緒に行こう。

No.3.
店員　：こんにちは。ご注文はお決まりですか？
女の子：はい。私はハンバーガーを 1 つとホットドッグを 2 つほしいです。
店員　：かしこまりました。何かお飲み物はいかがですか？
女の子：いいえ，結構です。

〔問 2〕

No.1. 私は音楽を聞くのが好きです。私は 7 歳のときから日本のポップミュージックに興味を持っています。先週，父が私に CD をくれて，私はそれを聞きました。それは私の初めての英語の歌の CD でした。それらの歌を聞くのは楽しかったです。歌の歌詞の一部が理解できたので，私はとてもうれしかったです。私は他の英語の歌も聞きたいです。

No.2. 10 ドル支払えば，あなたは明日まで自転車を使うことができます。そしてあなたは 20 分で博物館に着くことができます。電車は自転車より速いです。そしてあなたは 4 ドル支払う必要があります。バスに乗れば，あなたは 25 分でそこに着くことができます。そしてあなたは 3 ドル支払う必要があります。タクシーに乗れば，あなたは 10 分でそこに着くことができます。しかしあなたは 12 ドル以上支払わなければなりません。

〔問 3〕今日，私は祖母のケーキ屋について話します。彼女は約 40 年前にその店を始めました。そこは小さくて古いです。彼女は店で 1 人で働いているので，たくさんの種類のケーキを作ることができません。しかし彼女のケーキはおいしくて，私はそれらの作り方を習いたいと思っていました。そのため，昨年の夏，私は彼女の店で彼女を手伝いました。とてもたくさんのお客さんが店に来たので私は驚きました。

ある日，私は1人の女性に会いました。彼女の名前はメグでした。彼女は彼女の息子の誕生日ケーキを買いに店に来ました。彼女は毎年私の祖母の店で彼のために誕生日ケーキを買っていると私に話してくれました。彼女の家族はみんな祖母のケーキが好きだと聞いて私はうれしく思いました。

今，私はたいてい放課後に彼女の店に行きます。祖母とお客さんのうれしそうな顔を見ると，私も幸せな気持ちになります。私は彼女の店が大好きです。私はその店をもっと人気のあるものにしたいと思います。

質問 No.1：健のおばあさんが彼女の店を始めたのはいつですか？

質問 No.2：昨年の夏，健が驚いたのはなぜですか？

質問 No.3：メグは誰でしたか？

質問 No.4：健はたいてい，いつおばあさんの店に行きますか？

質問 No.5：健は何をしたいですか？

2 **【解き方】**〔問1〕(1) 第1段落の3～6文目に着目する。父親が武志にくれた美しい写真つきの惑星についての本が素晴らしかったことから，武志は宇宙に興味を持つようになった。(2) ア．最終段落の1文目を見る。武志は水星，金星，地球，火星の4つの中で最も大きな惑星は火星だと考えた。イ．武志は太陽に近い4つの惑星について調べただけで，宇宙に4つしか惑星がないと思っていたわけではない。ウ．武志は「惑星が大好きで，将来惑星について学びたいと思っている」。第1段落の2文目と最終段落の最後の2文を見る。最も適切である。エ．最終段落の最後から2文目を見る。武志は惑星について知らないことがたくさんあるから，惑星について学ぶのが大好きなのである。

〔問2〕第3段落の後半に「水星が4つの中で最も小さい」とあるので，Aに「水星」が入る。また，第4段落の3文目に「火星が4つの中で2番目に小さい惑星だ」とあるので，Bに「火星」が入る。次に，第2段落で鈴木先生が「金星は地球よりも小さい美しい惑星だ」と言ったとあるので，Cに「金星」，Dに「地球」が入る。

〔問3〕(1) 直後に武志が「それは私の夢の1つだ」と言っていることから，ジェシーは惑星について学びたがっている武志に対し，「私はあなたに将来，宇宙科学者になってほしいと思う」と言ったと考えられる。「Aに～してほしい」= want A to ～。(2) 直後に武志が「もし私が明日そこ（火星）に行くことができたら，そこから地球を見るだろう」と答えていることから，何をするかを仮定法を用いてたずねる疑問文にする。

**【答】**〔問1〕(1) ア (2) ウ 〔問2〕A. ア B. エ C. イ D. ウ

〔問3〕(1) エ (2)（例）What would you do

**◀全訳▶** 今日，私は宇宙のいくつかの惑星について話したいと思います。私は惑星が大好きです。昨年，私の父が私に美しい写真つきの惑星についての本をくれました。それは素晴らしかったです。その本は私を幸せにしてくれました。そのとき以来，私は惑星に興味を持っています。

私が理科の鈴木先生と話したとき，彼女は「宇宙にはたくさんの惑星があります。そしてそれらにはそれぞれの特徴があります。あなたは金星を知っていますか？ 金星は地球よりも小さい美しい惑星です」と言いました。私はいくつかの惑星の名前は知っていましたが，それらについてあまり知りませんでした。そのため私は惑星についてもっと知りたいと思いました。

先週末，私は太陽に近い4つの惑星を調べました。それらは水星，金星，地球，そして火星です。私は本やウェブサイトからそれらに関するデータを入手しました。私はデータを共有したかったので，図を作成しました。これらの図を見てください。図1は太陽からの4つの惑星の順番を示しています。図2はそれらの大きさの順番を示しています。これらの図から，私たちは水星が太陽に最も近く，4つの中で最も小さいことがわかります。太陽から，火星は地球よりも遠いです。

これらの4つの惑星の中で，火星が太陽から最も遠いので，最も大きな惑星は火星だと私は考えました。しかし私は正しくありませんでした。火星は4つの中で2番目に小さい惑星です。これらの図を作成することから私は新しいことを学びました。私が知らないことがたくさんあるので，私は惑星について学ぶのが大好きです。将来，私はそれらについて学び続けるつもりです。

[3]【解き方】〔問1〕彩の5つ目と6つ目のせりふを見る。彩が最も興味のあるテーマは「子供」で，「明日の授業で精一杯頑張る」と言っているので，明日最後の「子供」の授業があると考えられる。

〔問2〕彩の2つ目のせりふを見る。「スポーツ」を選ばなかった理由として，「私は11月の日曜日にバスケットボール部のいくつかの大きなイベントがあった」と言っていることから，「スポーツ」の授業が11月の日曜日にあったとわかる。「11月」= November。

〔問3〕(1) 質問は「なぜ彩は幸せなのですか？」。彩の4つ目のせりふを見る。彩は以前よりも上手に英語を話すことができるので，今は幸せだと感じている。better than before =「以前より上手に」。(2) 質問は「オンラインスタディプログラムのために高校生はどんな製品が必要ですか？」。「案内」の最後の部分に着目する。彼らはコンピューターが必要である。

〔問4〕直前の文の内容を指す。主格の関係代名詞である who 以下は children を後ろから修飾している。

〔問5〕ア.「彩は子供たちを支援するためのいくつかの活動に参加したいと思っている」。彩の最後のせりふを見る。内容に合う。イ. 彩の2つ目のせりふを見る。「バスケットボール部のいくつかの大きなイベント」に関して，彩は「11月の日曜日にあった」と言っているが，ケリーと一緒に参加したいという話はしていない。ウ. 彩の3つ目のせりふを見る。明日最後の授業があると言っているので，彩はまだオンラインスタディプログラムの全ての授業を終えたわけではない。エ. 彩の最後のせりふを見る。子供たちを支援するいくつかの活動があることを知り，それらの活動に参加したいと言っていることから，彩はまだ参加したことがないと考えられる。

**【答】**〔問1〕ウ　〔問2〕November

〔問3〕(例) (1) Because she can speak English better than before.　(2) They need a computer.

〔問4〕世界には，学校で勉強できない子供が多くいること。(同意可)　〔問5〕ア

**◀全訳▶**

ケリー：こんにちは，彩。

彩　　：こんにちは，ケリー。この紙を見て。これは私が参加しているオンラインスタディプログラムについてよ。

ケリー：おもしろそうね！　あなたはバスケットボールが好きだからスポーツを選んだと私は思うわ。

彩　　：うーん，違うわ。私は11月の日曜日にバスケットボール部のいくつかの大きなイベントがあったの。だから私はスポーツを選ばなかったわ。

ケリー：なるほど。

彩　　：私はもう自然科学と語学を終えたのよ。明日，私は子供の最後の授業があるの。

ケリー：へえ，そのオンラインスタディプログラムはどう？

彩　　：最初，私にとって英語を話すのは難しかったわ。だから私は毎日授業のあと，とても一生懸命英語を話す練習をしたの。以前よりも上手に英語を話すことができるから，今私は幸せよ。

ケリー：まあ，それは素晴らしいわ！　あなたにとって最も興味深いテーマはどれ？

彩　　：実は，それは子供よ。

ケリー：それについてもっと教えて。

彩　　：世界には，学校で勉強できない子供たちがたくさんいるの。私はそれを知って驚いたわ。私はそのような子供たちを支援するいくつかの活動があることも知ったの。私はその活動についてもっと知りたいし，それらに参加したいわ。明日の授業で精一杯頑張るわ。

ケリー：それは素晴らしい！

案内

オンラインスタディプログラム

あなたは英語で勉強したいですか？　あなたは３つのテーマを選択することができます。

クラスでは英語のみを話さなければなりません。

| テーマ | 内容 | スケジュール |
|---|---|---|
| 自然科学 | 他の惑星の生物 | 5 月の毎週日曜日 |
| 健康 | 自然環境と私たちの健康 | 6 月の毎週土曜日 |
| スポーツ | 世界のスポーツ | 11 月の毎週日曜日 |
| 語学 | 言語学習 | 12 月の毎週日曜日 |
| 子供 | 子供を支援する活動 | 2 月の毎週土曜日 |
| 音楽 | 音楽の力 | 3 月の毎週日曜日 |

・あなたはコンピューターが必要です。

・あなたは自宅で授業を受けます。

4 **【解き方】** 中学で楽しかったことや頑張ったことなど心に残っていることを具体的に説明し，その思い出についての気持ちや感想を書く。解答例は「私は中学校での英語の授業が好きでした。私は多くの活動やゲームで英語を話すことを楽しみました。先生はよく私によいアドバイスをくれたので私はとてもうれしかったです」。

**【答】**（例）I liked our English classes in junior high school. I enjoyed speaking English in many activities and games. I was very happy because our teacher often gave me some good advice.（31 語）

5 **【解き方】**〔問 1〕A. 直後に自分の家族のことを話している。「私の家族の一員について私にお話させてください」が適切。〈let ＋ A ＋原形不定詞〉=「A に～させる」。B. 曽祖父から戦争の話を聞いたあと，奈菜は世界の戦争のことを学び始め，自分が戦争についてもっと考えるべきだと気づいている。「これは私の曽祖父からの重要なメッセージだ」が適切。

〔問 2〕ⓐ「曽祖父と話したあと，私は世界の戦争について学び始めた」という意味の文にする。「～し始める」= begin to ～。ⓒ「私の夢は世界をもっと平和にすることだ」という意味の文にする。「A を B（の状態に）する」= make A B。

〔問 3〕奈菜が先週参加した平和のためのオンラインの国際フォーラムについて述べた第 3 段落の 4・5 文目の内容をまとめる。

〔問 4〕⑴ 質問は「奈菜の家族は何人のメンバーがいますか？」。第 1 段落の 3 文目を見る。奈菜の家族には 7 人のメンバーがいる。⑵ 質問は「生徒たちのいくつかのグループは学園祭で何をしますか？」。第 4 段落の最後から 3 文目を見る。いくつかのグループは学園祭で平和イベントを行う。

〔問 5〕「彼女は曽祖父と戦争についてのテレビのニュースを見た（エ）（第 1 段落の 7 文目）」→「彼女はたくさんの人々が戦争のせいで悲しい思いをしていることを知って驚いた（ウ）（第 2 段落の 4 文目）」→「彼女は平和のためのオンライン国際フォーラムに参加した（ア）（第 3 段落の 3 文目）」→「彼女は高校生から平和活動について E メールを受け取った（イ）（第 4 段落の 4 文目）」の順。

〔問 6〕直前の 2 文に着目する。世界をよりよくするための行動として 2 つのことがあげられている。

**【答】**〔問 1〕A. ウ　B. イ　〔問 2〕ⓐ I began to learn about　ⓒ make the world more peaceful

〔問 3〕多くの外国の高校生たちと平和について話し合い，お互いの考えを共有したこと。(同意可)

〔問 4〕（例）⑴ There are seven members in her family.　⑵ They have peace events at their school festivals.

〔問 5〕エ→ウ→ア→イ

〔問6〕フォーラムに参加したり，平和のためのグループを作ったりすること。(同意可)

**◀全訳▶**　今日，私は私の夢についてお話したいと思います。しかし，あなたたちに私の夢が何であるかをお話しする前に，私の家族の一員について私にお話させてください。私の家族には7人のメンバーがいます。7人のうちの最年長は私の曽祖父です。彼は現在98歳です。彼は若い頃，第二次世界大戦中の2年間，海外の戦場にいました。数か月前，曽祖父と私は外国での戦争についてのテレビニュースを見ていました。そのとき彼は私に第二次世界大戦での自分自身の悲しい経験について話してくれました。彼は私に「戦争は多くの人を悲しませるんだ。彼らの気持ちを想像してみてごらん。それは誰にでもできることだよ」とも話してくれました。

曽祖父と話したあと，私は世界の戦争について学び始めました。私は世界平和のための多くのウェブサイトを訪れました。私は戦争に関する新聞記事もたくさん読みました。私は戦争のせいで悲しい思いをしている人がとてもたくさんいることを知って驚きました。そして私は自分が戦争についてもっと考えるべきだと気づきました。これは私の曽祖父からの重要なメッセージです。

私は世界平和を支援するためのさまざまな種類のオンライン活動があることも知りました。それらの中のいくつかは高校生でも参加できます。実は，先週私は平和のためのオンラインの国際フォーラムに参加しました。多くの外国の高校生がそれに参加していました。私たちは平和について話し，自分たちの考えを共有しました。フォーラムのあと，私は曽祖父にフォーラムでのよい経験について話しました。彼はとても幸せそうでした。

さてみなさん，私の夢は世界をもっと平和にすることです。あなたたちの中には高校生が世界平和のために何かをするのはとても難しいと思う人がいるかもしれません。しかし，そうではありません。フォーラムのあと，私はフォーラムに参加した高校生からたくさんのEメールを受け取りました。Eメールの中で，学校に平和のためのグループがあると言っている生徒たちもいました。グループのメンバーはメッセージや歌を作るなど，平和のための行動を起こすように一緒に取り組んでいます。学園祭で平和イベントを行うグループもあります。それはかっこいいです！　高校生でも世界平和のためにたくさんのことができるのです。

フォーラムに参加することは私の夢を実現するための最初の行動に過ぎませんでした。そして私の次の行動は，私たちの学校で平和のためのグループを作ることです。これらの行動は小さなことかもしれませんが，小さな行動でも多くの人が頑張れば世界をよりよくすることができると私は信じています。一緒に取り組みませんか？

## 社　会

1【解き方】〔問 1〕ヨーロッパ・アフリカ大陸と南北アメリカ大陸の間に位置する大洋。

〔問 2〕(1) ボゴタは，アンデス山脈にある高山都市であることに注目。(2) 経度差 15 度で 1 時間の時差が生じるので，15 × 14 より日本から 210 度移動した地点となる。

〔問 3〕2023 年 6 月現在の加盟国は，インドネシア，カンボジア，シンガポール，タイ，フィリピン，ブルネイ，ベトナム，マレーシア，ミャンマー，ラオスの 10 か国。

〔問 4〕世界でも人口の多い中国，インド，インドネシアは全てアジアの国。アフリカでは人口爆発と呼ばれる状態の国も多い。

〔問 5〕特定の生産物の輸出によって国の経済を支えているため，その生産物の国際価格が変動するたび，その国の経済も不安定になりやすい。

【答】〔問 1〕大西洋　〔問 2〕(1) ボゴタはマナオスより標高の高いところに位置するから。(同意可)　(2) ウ

〔問 3〕東南アジア諸国連合(または，ASEAN・アセアン)　〔問 4〕A ア　B ウ　C イ

〔問 5〕モノカルチャー経済

2【解き方】〔問 1〕X.「信濃川」は，日本で最も長い川。Y. この風を「からっ風」という。

〔問 2〕昼夜間人口比率が 100 を超える地域は夜間人口より昼間人口が多く，100 より低い地域は夜間人口の方が多いことがわかる。企業や学校などが多い都市部には，昼に通勤や通学をする人々が集まり，夜に自宅のある郊外に戻る場合が多いことから，昼夜間人口比率は 100 を超えることが多い。

〔問 3〕水田や住宅地などに利用されることが多い。

〔問 4〕九州地方では，南部を中心に畜産がさかん。アは北海道地方，イは関東地方，ウは東北地方。

〔問 6〕原油は，主にサウジアラビアなどの中東の国々からタンカーで運ばれてくることに着目する。

【答】〔問 1〕イ　〔問 2〕A ウ　B ア　C イ　〔問 3〕三角州(または，デルタ)　〔問 4〕エ　〔問 5〕カルデラ

〔問 6〕(特徴) 臨海部に立地している。(理由) 原油の輸入に便利だから。(それぞれ同意可)

3【解き方】〔問 1〕白河天皇は上皇となり，1086 年に院政を始めた。

〔問 2〕(1) 校倉《あぜくら》造で建てられた倉庫。(2) イは飛鳥時代，ウは主に室町時代，エは平安時代末のできごと。

〔問 3〕アは明，ウは清，エは唐の時代に行われたこと。

〔問 4〕御家人の借金を帳消しにすることを命じた法令。

〔問 5〕それまでも検地は行われていたが，家臣や土地の所有者などから土地の面積や収穫量などを自己申告させる方法をとっていたことから，測量のしかたが統一されていなかった。

〔問 6〕アは井伊直弼，イは水野忠邦，ウは徳川吉宗が行った政策。

〔問 7〕物価高の原因が株仲間にあるとして解散させたが，経済状況の回復にはいたらなかった。

〔問 8〕琉球王国の成立は 1429 年。日本の室町時代にあたる。

【答】〔問 1〕白河(天皇)　〔問 2〕(1) 正倉院〔正倉〕　(2) ア　〔問 3〕イ　〔問 4〕〔永仁の〕徳政令

〔問 5〕ものさしやますの基準を統一したこと。(同意可)　〔問 6〕エ

〔問 7〕物価の上昇をおさえるため，営業を独占していた株仲間を解散させた。(同意可)　〔問 8〕ウ

4【解き方】〔問 1〕アは 1880 年，イは 1881 年，ウは 1874 年のできごと。

〔問 2〕歌集『みだれ髪』などが代表作の女性歌人。

〔問 3〕イは下関条約，ウはパリ講和会議，エはロンドン海軍軍縮会議の内容。

〔問 4〕ソ連は世界で初めて誕生した社会主義国であった。アはアメリカ，イはイギリスやフランス，エは日本が行った政策。

〔問 5〕封建的な地主制の解体を目的とした政策。これにより，自作農の割合が大幅に増えた。

【答】〔問 1〕ウ→ア→イ　〔問 2〕与謝野晶子　〔問 3〕ア

〔問 4〕(国名）ソビエト〔社会主義共和国連邦〕(または，ソ連）（政策）ウ

〔問 5〕政府が地主から農地を買い上げ，小作人に安く売りわたした。(同意可)

5 **【解き方】**〔問 1〕殺人や放火などの重大な犯罪を裁く刑事裁判の第一審に適用される制度。裁判員は，裁判官とともに，被告人が有罪か無罪か，また有罪の場合は量刑も決める。

〔問 2〕日本国憲法の内容は複雑な手続きを経ないと変更できないようになっている。このような憲法を硬性憲法という。

〔問 3〕小選挙区制は，一つの選挙区から一人の当選者を選ぶ方法。有権者数の多い選挙区と少ない選挙区では，当選に必要な票数が異なることから，本来同じであるはずの一票の価値が異なってしまうという課題がある。

〔問 4〕A は参議院議員，B は衆議院議員と同じ条件。

〔問 5〕契約の成立は，当事者間（売買の場合は売り手と買い手の間）で，お互いの意思表示が合致したとき。

〔問 6〕安全で安心な消費生活が送れるように定められた法律。

**【答】**〔問 1〕裁判員制度　〔問 2〕エ

〔問 3〕選挙区によって有権者の数に差があるので，一票の格差が生じること。(同意可)

〔問 4〕A. 30　B. 25　〔問 5〕イ　〔問 6〕製造物責任法(または，PL 法)

6 **【解き方】**〔問 1〕現在，国の歳入の約 3 分の 1 を占めている。

〔問 2〕日本国憲法で団結権が認められ，労働組合を結成することができる。

〔問 3〕イギリスの法学者ブライスの言葉。

〔問 4〕銀行は，貸したお金に対して利子を受け取り，預けられたお金に対して利子を支払っている点に着目する。

〔問 5〕(1) イは感染症の予防，ウは年金保険や医療保険，エは生活保護などが含まれる。(2)「社会保障を充実させる」ことは，国民生活に政府が積極的に介入することを意味しており，大きな政府の考え方となる。「消費税」は，すべての国民が同じ税率で納める税。

**【答】**〔問 1〕国債(または，公債）〔問 2〕労働組合　〔問 3〕民主主義の学校

〔問 4〕銀行は，家計などに支払う利子よりも，企業などから受け取る利子を高くすることで利益をあげている。(同意可)

〔問 5〕(1) ア　(2) イ

# 理　科

1 **【解き方】**〔問1〕⑵ アは混合物，ウ・エは化合物。

〔問2〕⑴ イ・エは植物の細胞だけにあるつくり。

**【答】**〔問1〕⑴ 質量保存　⑵ イ　〔問2〕⑴ ア・ウ　⑵ 組織　⑶ 弾性の力(または，弾性力)　⑷ ニュートン

〔問3〕⑴ チャート　⑵ ア

2 **【解き方】**〔問1〕⑴ 観察するものが動かせるときは，ルーペを目に近づけてもち，観察するものを動かして，ピントを合わせる。

〔問2〕⑴ 親X，親Yはともに純系のエンドウなので，親Xは種子を丸くする遺伝子A，親Yは種子をしわにする遺伝子aだけをもつ。⑶ 子Zのもつ遺伝子の組み合わせはAaなので，自家受粉させたとき，得られた種子のもつ遺伝子の組み合わせとその割合は，AA：Aa：aa = 1：2：1となり，丸い種子としわのある種子が，(1 + 2)：1 = 3：1で生じる。よって，種子が1000個得られたときのしわのある種子のおよその数は，

$$1000\,(\text{個}) \times \frac{1}{3+1} = 250\,(\text{個})$$

**【答】**〔問1〕⑴ ウ　⑵ (めしべ→)おしべ→花弁→がく　⑶ 離弁花類

⑷ 胚珠

〔問2〕⑴ (右図)　⑵ 顕性(または，優性)(形質)　⑶ イ

⑷ (減数分裂によって,)対になっている遺伝子が分かれて別々の生殖細胞に入るという法則。(同意可)

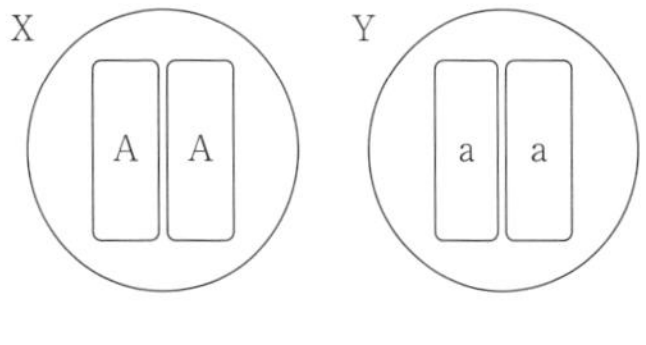


3 **【解き方】**〔問3〕月は地球の自転により，東からのぼり，南の空を通って，西の方向へ動いて見える。

〔問4〕地球よりも太陽の近くを公転している惑星は，地球から見て太陽と反対の方向に位置することはなく，明け方か夕方に近い時間帯にしか観測できない。

〔問6〕地球—太陽—金星をむすぶ角度が鈍角になっているので，金星の輝いて見える部分は，半月よりも大きい。

〔問7〕金星がおよそ東の空に見える地球の場所から考えると，アでは，火星が東の地平線に沈んでおり，金星と同時に観測することができない。ウでは，火星が金星よりも東側に観測される。エでは，火星が西の地平線に沈んでおり，金星と同時に観測することができない。

**【答】**〔問1〕恒星　〔問2〕地球の影に入る(同意可)　〔問3〕エ　〔問4〕水星・金星　〔問5〕〔液体の〕水

〔問6〕エ　〔問7〕イ

4 **【解き方】**〔問2〕⑴ 水溶液を乾燥させた後，何も残らなかったので，溶質は気体と考えられる。⑵ 表1より，Dの水溶液でフェノールフタレイン溶液により赤色に変化したことから，アルカリ性とわかるので，Dの水溶液はうすいアンモニア水。図4は，塩化ナトリウムの結晶なので，Bの水溶液は塩化ナトリウム水溶液。

〔問3〕BTB溶液は，酸性で黄色，中性で緑色，アルカリ性で青色となる。表2より，ビーカー内の水溶液の色が青なのでアルカリ性。

〔問5〕1個の硫酸バリウムと2個の水分子が生成する。

〔問6〕表2より，うすい硫酸を16cm$^3$加えたときに完全に中和しているので，このとき白い沈殿物が0.8g生成し，うすい硫酸を16cm$^3$以上加えても，水溶液中に水酸化バリウムがないので，得られる白い沈殿物の質量は増加しない。よって，うすい硫酸を10cm$^3$加えた時点でできた白い沈殿物の質量は，0.8(g)×

$$\frac{10\,(\text{cm}^3)}{16\,(\text{cm}^3)} = 0.5\,(\text{g})$$

**【答】**〔問1〕エ　〔問2〕⑴ 気体であること。(同意可)　⑵ ア　〔問3〕ウ

〔問4〕イオンが存在しないから。(同意可)　〔問5〕X. $BaSO_4$　Y. $H_2O$　〔問6〕0.5(g)

5 【解き方】〔問 1〕⑵ 回路 A は直列回路なので，回路全体の電気抵抗は，5 (Ω) + 5 (Ω) = 10 (Ω)　電源装置の電圧が 8.0V のとき，c 点を流れる電流の大きさは，オームの法則より，$\frac{8.0\ (\mathrm{V})}{10\ (\Omega)}$ = 0.8 (A)　⑷ 回路 B は並列回路なので，枝分かれする前の電流の大きさは，分かれた後の電流の大きさの合計に等しい。

〔問 2〕⑴ $\frac{3\ (\mathrm{W})}{6\ (\mathrm{V})}$ = 0.5 (A)　⑵ 5 分 = 300 秒より，3 (W) × 300 (s) = 900 (J)　⑶ 電熱線 2 つを並列つなぎにすると，両方の電熱線に 6 V の電圧が加わるので，時間あたりの発熱量は 2 倍になり，水の温度上昇も 2 倍になる。

【答】〔問 1〕⑴ オーム(の法則)　⑵ 0.8 (A)　⑶ (右図)　⑷ ウ
〔問 2〕⑴ 0.5 (A)　⑵ 900 (J)　⑶ ア

(例)
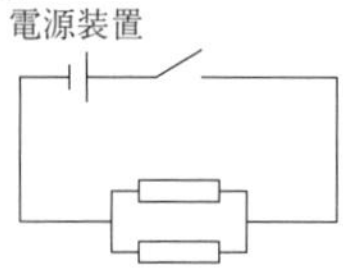

# 国　語

1 【解き方】〔問2〕⑴「コツを教えてくれたり」と同様に「助けてくれた」という内容であり，「感謝の気持ち」につながるものが入る。⑵「山田さん」「小林さん」「石川さん」を順に指名し，意見を引き出しながら話し合いを進めている。

〔問3〕⑴ 主部の「印象に残っていることは」に対応する述語がない。「印象に残っていることは…表情です」という正しい対応になるように書き換える。⑵「見る」は相手の動作だから，尊敬語の「ご覧になる」を使う。⑶ 楷書で書いたときと比べて考える。ⓐは楷書では2画で書く。ⓑは楷書では右にはらって書く。

〔問4〕⑴ 二字以上戻って読む場合には「一・二点」を用いる。⑵「三人行けば，必ず我が師有り」と言っている。「善なる者」に対しては，それを見習うのだから，「不善なる者」に対しては，それを戒めとして自分自身のよくない点を改めるということ。これと同様に，他人の失敗やよくない言行も，自分を磨く助けとなることを表したのがウ。アは，人と人が争っている間に第三者が利益を得てしまうこと。イは，文章を何度も練り直すこと。エは，余計なもののこと。

【答】〔問1〕① 編(む)　② 栄(える)　③ 専門　④ 往復　⑤ つか(わす)　⑥ こ(らす)　⑦ きねん　⑧ ゆうきゅう

〔問2〕⑴ ア　⑵ ウ

〔問3〕⑴ a. の　b. です（それぞれ同意可）　⑵ ご覧ください（同意可）　⑶ イ

〔問4〕⑴（右図）　⑵ ウ

擇ビテ二其ノ善ナル者ヲ一

◀口語訳▶　先生がおっしゃるには，三人で同じ道を行けば，必ず自分の手本となる人がいる。その中のよい人を選んでそのよい点を見習い，その中のよくない人については（自分自身に同じような点がないか反省して）そのよくない点を改める。（ということだ。）

2 【解き方】〔問1〕「娘」にとって「がぶがぶ」は「噛む様子」を表す言葉であり，「飲む行為と結びつけることができなかった」から，疑問に思ったのである。

〔問2〕1で「オノマトペ」の種類が「さまざま」であることを述べ，2でその例を複数挙げている。3では，「さらに」と「異なる意味をもち始めるもの」という別の例を付け加えている。

〔問3〕「ニャーと」にあたる品詞。「ニャーと」は活用せず，「鳴いた」を修飾している。活用のない自立語で，用言を修飾するのは副詞。同様に，ウの「ゆっくり」も活用せず，「歩く」を修飾している。アは形容動詞，イは感動詞，エは連体詞。

〔問4〕「ということはむしろ…であることを示している」という文の構造に注目する。「雨が降る様子だけでも…要求されるということ」が，オノマトペが「成熟した言語表現であること」の根拠とされている。「雨が降る様子」は具体例なので，一般的な物事を指す表現にする。

〔問5〕前で，「子ども」が「比喩を使いこなせないとき」，私たちが「オノマトペに頼って聞き出そうとする」と述べている。これが「子どもだけの話ではない」ことの例として，後では，大人である「私」が「尿路結石の痛みに襲われた」ときに，「比喩など一切思いつか」ず，「オノマトペ」で「伝えるほかなかった」ことを述べている。

〔問6〕本文冒頭の「がぶがぶ」という表現をめぐる「娘」とのエピソードは，「オノマトペ」についての考察へと，読者をスムーズに導入する働きをしている。また，様々なオノマトペやその用法を具体的に取り上げ，私たちが「無数のオノマトペに取り囲まれ…生活している」ことや，オノマトペが「全世代の生活に広く深く根を張っている」ことを示している。

【答】〔問1〕「がぶがぶ～きなかった　〔問2〕イ　〔問3〕（品詞名）②　（文）ウ

〔問4〕一つの様子に対しても様々な表現があり，繊細な使い分けができるから。(33字)（同意可）

〔問5〕比喩を使いこなせないときにオノマトペに頼ること。(24字)（同意可）〔問6〕ア・ウ

[3] **【解き方】**〔問 1〕姿勢を正して真剣に取り組む態度を表す「背筋が伸びる」に，態度が引き締まった感じを表す「ぴりっと」を重ねることで，涼万が「みんな」の「熱い」様子を感じ取り，「どうか今日は…なりませんように」と思いながら合唱を始めるときの緊張感の高まりを表している。

〔問 2〕早紀が「必死に」指揮棒を振っている理由をおさえる。「必死に」なったのは，「ぼそぼそとした…歌声」の「男声パート」に対し，「何とか歌ってもらおう」としたからである。

〔問 3〕人でないものを人にたとえて表現する方法を「擬人法」という。涼万の声がひっくり返り，「な」の音を派手に外した様子を，「な」が主体的に行動したかのように，「蹴飛ばしていった」と表現することで，それが涼万の意思とは関係なく起きてしまったように印象づけている。

〔問 4〕音心が，合唱の「乱れた空気」を「リセット」するために，伴奏のボリュームを「最大に」するという大胆なやり方を，「何くわぬ顔」で行ったことに注目する。

〔問 5〕合唱が始まる前，涼万は「一生懸命真面目にやるって，なんか格好良くない」と考えていたが，合唱が始まり，「水野のために，歌わなきゃ」と「一生懸命歌い続けた」結果，「自分たちがつくる音楽…楽しいことを発見した」というように変化したことをおさえる。

〔問 6〕涼万は，「早紀とずっと目が合っているような感覚」を，「んなわけないし」と否定していたが，早紀が涼万に対する感謝の気持ちを伝える行動をとったから驚いたのである。また，「水野のために」と思って歌った涼万にとってそれはうれしいことであり，その驚きと喜びが「胸が…飛び跳ねた」に表れている。

**【答】**〔問 1〕イ　〔問 2〕男声パートの人に何とか歌ってもらおうと必死になっているから。(30 字)（同意可）

〔問 3〕(表現技法) ③　(効果) イ　〔問 4〕エ

〔問 5〕行事で一生懸命真面目にやるのは格好良くない気がしていたが，合唱の練習で一生懸命歌い続けたことで，みんなで合わせて歌うことの楽しさを発見することができたから。(78 字)（同意可）

〔問 6〕ウ

[4] **【答】**(例)

(私なら，「読書は『光』」というキャッチコピーにする。) 意識調査の【B】より，読書で「心が癒されたり勇気をもらったり」した経験のある生徒が八割近くもいることがわかる。私たちは悩んだり迷ったりしがちな年齢だが，つらい思いをしているときに本の中の別世界に行くことで心休まる時間を持てたり，同じ悩みを持つ人が書いた本を読むことで問題解決のヒントを見つけられたりする。読書が希望の光になることを多くの人に伝えたい。(10 行)

# 和歌山県公立高等学校

## 2022年度
## 入学試験問題

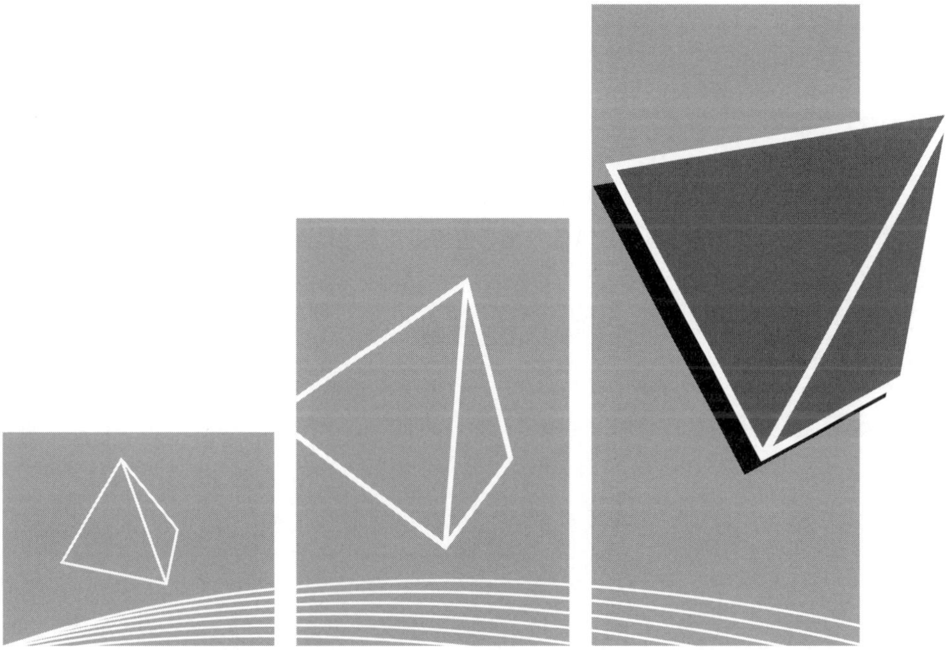

# 数学

時間　50分　　　　満点　100点

1　次の〔問1〕～〔問6〕に答えなさい。

〔問1〕　次の(1)～(5)を計算しなさい。

(1)　$-9+4$　(　　　)

(2)　$\dfrac{10}{3}+2\div\left(-\dfrac{3}{4}\right)$　(　　　)

(3)　$(3a+5b)+2(2a-b)$　(　　　)

(4)　$\sqrt{48}-\sqrt{3}+\sqrt{12}$　(　　　)

(5)　$(a+3)^2-(a+4)(a-4)$　(　　　)

〔問2〕　次の二次方程式を解きなさい。

$x^2+5x-14=0$　(　　　)

〔問3〕　$\sqrt{\dfrac{20}{n}}$ の値が自然数となるような自然数 $n$ を，すべて求めなさい。(　　　)

〔問4〕　$y$ は $x$ に反比例し，$x=5$ のとき，$y=4$ である。$x=-10$ のとき，$y$ の値を求めなさい。

(　　　)

〔問5〕　右の図のように，円Oの周上に5点A，B，C，D，Eがあり，線分AD，CEはともに円Oの中心を通る。

∠CED = 35°のとき，∠$x$ の大きさを求めなさい。(　　　)

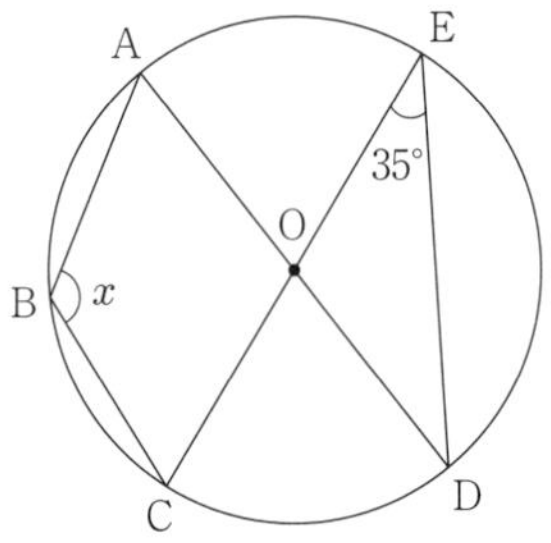


〔問6〕　右の図のおうぎ形OABは，半径4cm，中心角90°である。

このおうぎ形OABを，AOを通る直線 $\ell$ を軸として1回転させてできる立体の体積を求めなさい。

ただし，円周率は $\pi$ とする。(　　　cm$^3$)

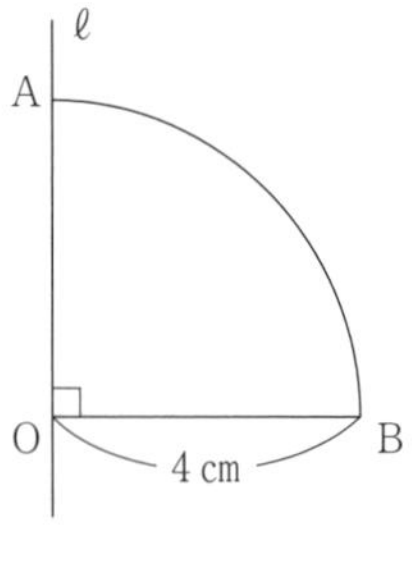

2 次の〔問1〕～〔問4〕に答えなさい。

〔問1〕 Aさん，Bさん，Cさん，Dさんの4人がリレーの走る順番を，次の方法で決める。

方法

① 同じ大きさの玉を4つ用意する。それぞれの玉に，1，2，3，4の数字を1つずつかき，1つの箱に入れる。

② Aさん，Bさん，Cさん，Dさんの順に，箱の中の玉を1つずつ取り出していく。
ただし，取り出した玉はもとにもどさないものとする。

③ 取り出した玉にかかれた数字を走る順番とする。
例えば，2の数字がかかれた玉を取り出した場合は，第二走者となる。

このとき，第一走者がAさんで，第四走者がDさんとなる確率を求めなさい。

ただし，どの玉の取り出し方も，同様に確からしいものとする。(　　　)

〔問2〕 図のように，5色のリングを左から青，黄，黒，緑，赤の順に繰り返し並べていく。

下の表は，並べたときのリングの順番と色についてまとめたものである。

このとき，下の(1)，(2)に答えなさい。

図

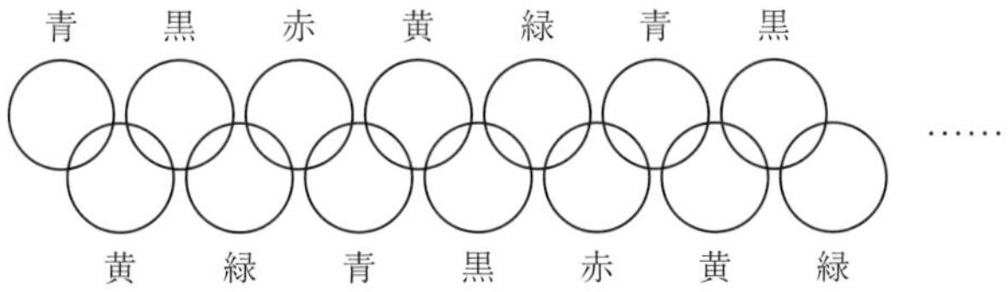


表

| 順番(番目) | 1 | 2 | 3 | 4 | 5 | 6 | 7 | 8 | 9 | 10 | 11 | 12 | 13 | 14 | … | 27 | … |
|---|---|---|---|---|---|---|---|---|---|---|---|---|---|---|---|---|---|
| 色 | 青 | 黄 | 黒 | 緑 | 赤 | 青 | 黄 | 黒 | 緑 | 赤 | 青 | 黄 | 黒 | 緑 | … | □ | … |

(1) 表中の□にあてはまる27番目の色をかきなさい。(　　　色)

(2) 124番目までに，黒色のリングは何個あるか，求めなさい。(　　　個)

〔問3〕 あるスーパーマーケットでは，唐揚げ弁当とエビフライ弁当を，それぞれ20個ずつ販売している。

エビフライ弁当1個の定価は，唐揚げ弁当1個の定価より50円高い。

エビフライ弁当は，すべて売り切れたが，唐揚げ弁当が売れ残りそうだったので，唐揚げ弁当10個を定価の5割引にしたところ，2種類の弁当をすべて売り切ることができた。その結果，2種類の弁当の売り上げの合計は，15000円となった。

このとき，唐揚げ弁当1個とエビフライ弁当1個の定価はそれぞれいくらか，求めなさい。

ただし，答えを求める過程がわかるようにかきなさい。なお，消費税は考えないものとする。

求める過程(　　　　　　　　　　　　　　　　　　　　　　　　　　　　　　)

唐揚げ弁当1個の定価(　　　円)　エビフライ弁当1個の定価(　　　円)

〔問4〕 和夫さんと紀子さんの通う中学校の3年生の生徒数は，A組35人，B組35人，C組34人である。

図書委員の和夫さんと紀子さんは，3年生のすべての生徒について，図書室で1学期に借りた本の冊数の記録を取り，その記録をヒストグラムや箱ひげ図に表すことにした。

次の図は，3年生の生徒が1学期に借りた本の冊数の記録を，クラスごとに箱ひげ図に表したものである。

下の(1)～(3)に答えなさい。

図
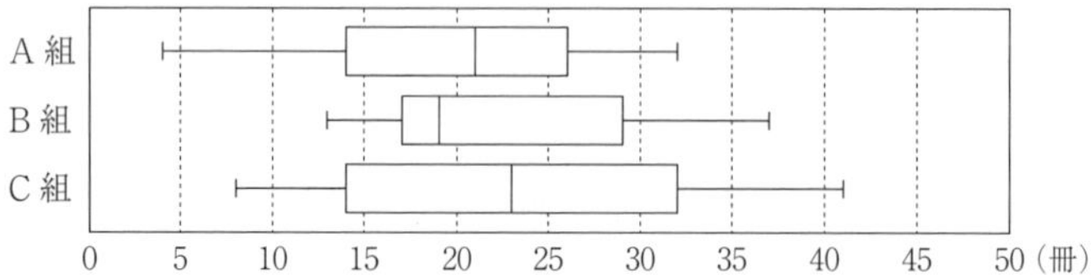


(1)　和夫さんは，図から読みとれることとして，次のように考えた。

和夫さんの考え

> (Ⅰ)　四分位範囲が最も大きいのはA組である。
> (Ⅱ)　借りた本の冊数が20冊以下である人数が最も多いのはB組である。
> (Ⅲ)　どの組にも，借りた本の冊数が30冊以上35冊以下の生徒が必ずいる。

図から読みとれることとして，和夫さんの考え(Ⅰ)～(Ⅲ)はそれぞれ正しいといえますか。次のア～ウの中から最も適切なものを1つずつ選び，その記号をかきなさい。

(Ⅰ)(　　　)　(Ⅱ)(　　　)　(Ⅲ)(　　　)

ア　正しい　　イ　正しくない　　ウ　この資料からはわからない

(2)　C組の記録をヒストグラムに表したものとして最も適切なものを，次のア～エの中から1つ選び，その記号をかきなさい。(　　　)

ア
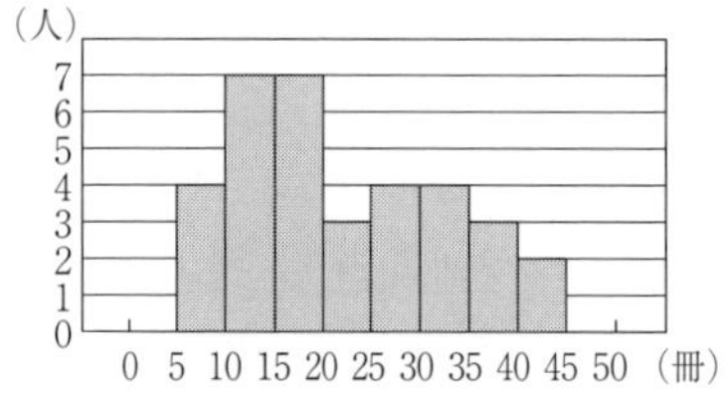


イ
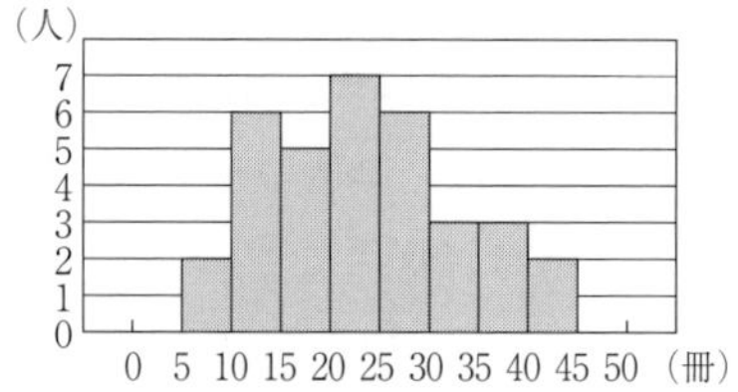


ウ
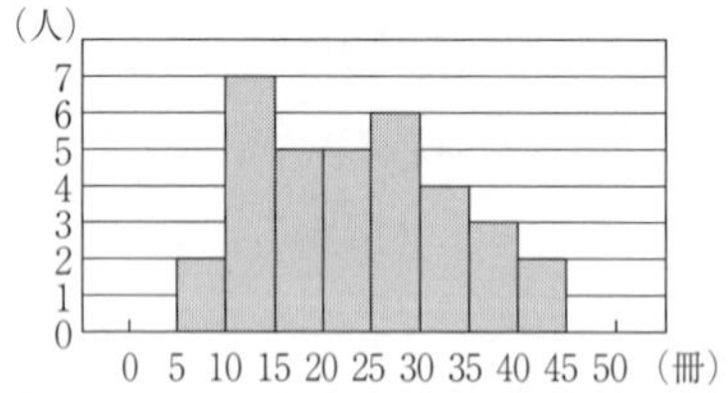


エ
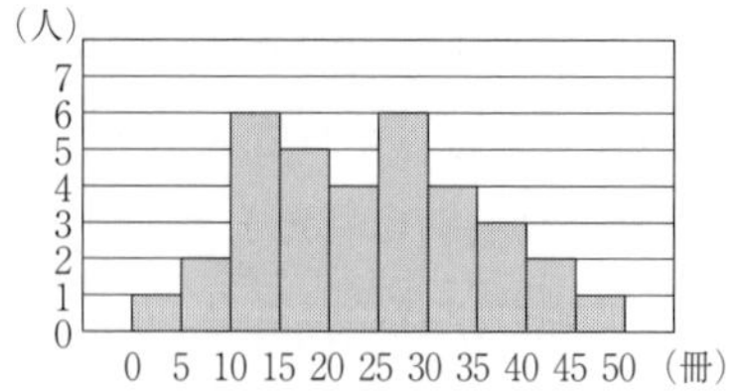


(3)　和夫さんと紀子さんは，「この中学校の生徒は，どんな本が好きか」ということを調べるために，アンケート調査をすることにした。次の文は，調査についての2人の会話の一部である。

> 紀子：1年生から3年生までの全校生徒300人にアンケート調査をするのは人数が多くてたいへんだから，標本調査をしましょう。
> 和夫：3年生の生徒だけにアンケート調査をして，その結果をまとめよう。

紀子：その標本の取り出し方は適切ではないよ。

下線部について，紀子さんが適切ではないといった理由を，簡潔にかきなさい。

理由(　　　　　　　　　　　　　　　　　　　　　　　　　　　　　　　　　)

3　図1のように，関数 $y = \dfrac{1}{4}x^2$……①のグラフ上に点A(−2, 1)がある。また，点Pは，①のグラフ上の点である。

次の〔問1〕〜〔問4〕に答えなさい。

図1

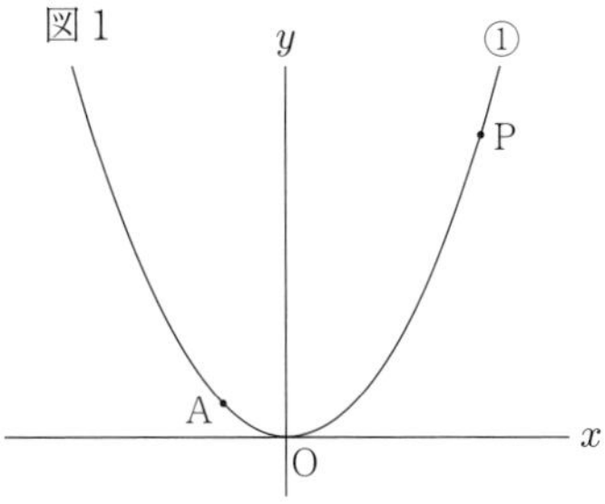


〔問1〕　関数 $y = \dfrac{1}{4}x^2$ について，$x$ の値が−2から0まで増加するときの変化の割合を求めなさい。(　　　)

〔問2〕　次の文中の(ア)，(イ)にあてはまる数を求めなさい。

関数 $y = \dfrac{1}{4}x^2$ について，$x$ の変域が $-2 \leqq x \leqq$ (ア)のとき，$y$ の変域は(イ) $\leqq y \leqq 9$ である。(ア)(　　　)　(イ)(　　　)

〔問3〕　図2のように，$x$ 軸上に点Bをとる。

Pの $x$ 座標が−4のとき，△OPBが二等辺三角形となるようなBはいくつかある。

そのうち，$x$ 座標が最も大きいBの座標と，$x$ 座標が最も小さいBの座標を，それぞれ求めなさい。

$x$ 座標が最も大きい座標(　　,　　)

$x$ 座標が最も小さい座標(　　,　　)

図2

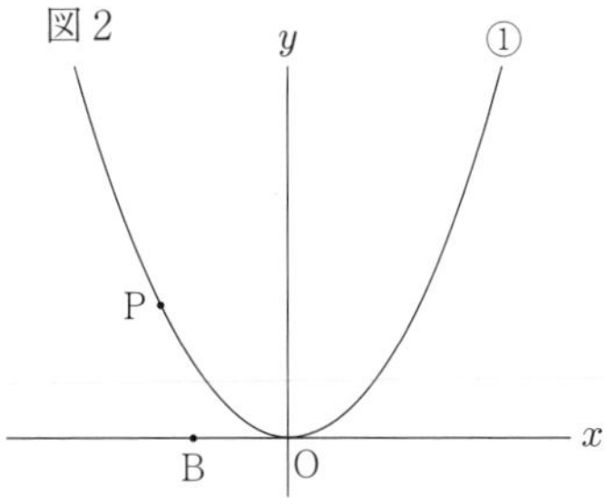


〔問4〕　図3のように，①のグラフ上に点C(4, 4)があり，直線PCと $y$ 軸との交点をDとする。

△OPDと△ODCの面積比が3：2であるとき，Aを通り，四角形OAPCの面積を2等分する直線の式を求めなさい。

(　　　)

図3

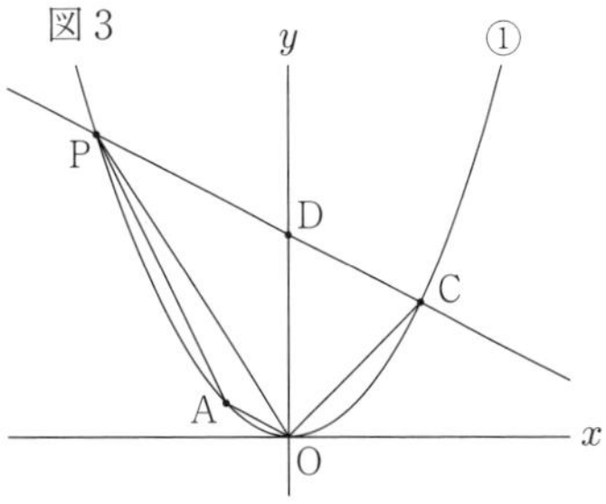

4　1辺が6cmの正方形ABCDの辺BC上に点P，辺CD上に点Qがある。
次の〔問1〕〜〔問3〕に答えなさい。

〔問1〕　図1のように，$\angle APB = 60^\circ$，$\angle AQD = 70^\circ$のとき，次の(1)，(2)に答えなさい。

(1)　$\angle PAQ$の大きさを求めなさい。(　　　　)

(2)　$\triangle ABP$の面積を求めなさい。(　　　　$cm^2$)

図1

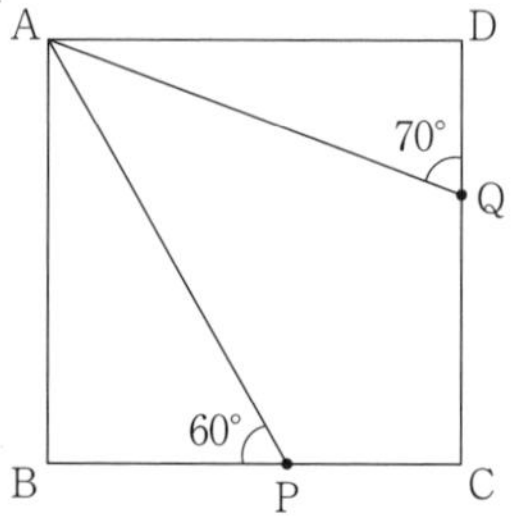


〔問2〕　図2のように，BP = CQのとき，BQとAPとの交点をEとする。
このとき，$\angle AEB = 90^\circ$であることを証明しなさい。

(　　　　　　　　　　　　　　　　)

図2

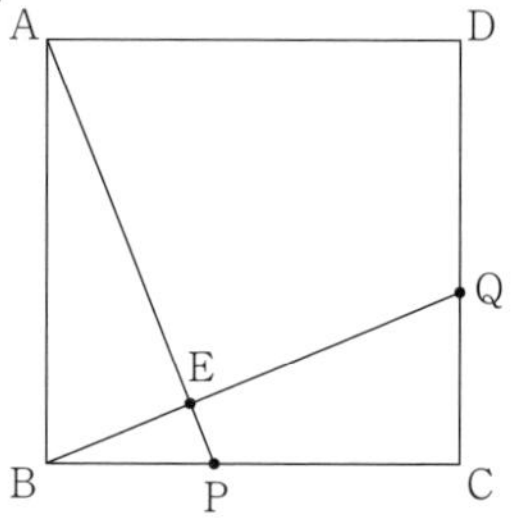


〔問3〕　図3のように，BP = PC，$\angle BAP = \angle CPQ$とする。
このとき，3点A，P，Qを通る円の半径を求めなさい。

(　　　　cm)

図3

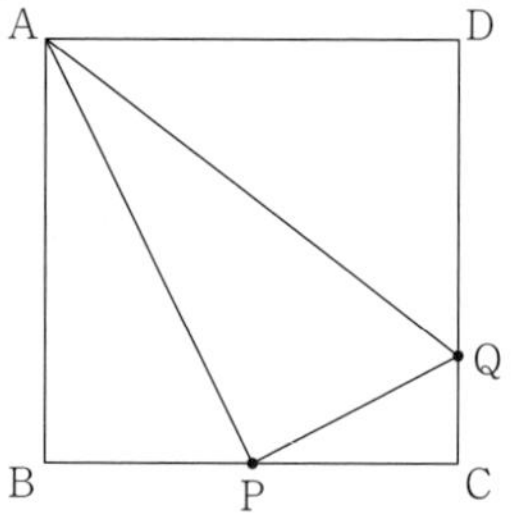

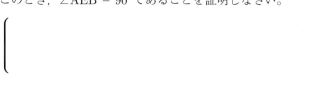

# 英語

時間 50分　　満点 100点

（編集部注） 放送問題の放送原稿は英語の末尾に掲載しています。
音声の再生についてはもくじをご覧ください。

1 放送をよく聞いて，次の〔問1〕～〔問3〕に答えなさい。

〔問1〕 No.1～No.3の順に，それぞれ対話を1回放送します。No.1～No.3の対話の内容に最も合う絵を，A～Dの中から1つずつ選び，その記号を書きなさい。

No.1（　　） No.2（　　） No.3（　　）

No.1

A

B

C

D

No.2

A

B

C

D

No.3

A

B

C

D

〔問2〕 No.1，No.2の順に，それぞれ質問と英文を放送します。質問に対する答えとして最も適切なものを，A～Dの中から1つずつ選び，その記号を書きなさい。

No.1 英語の授業を担当する田中（Tanaka）先生が，授業の最初に英語で自己紹介をします。自己紹介の内容に合うものはどれですか。（　　）

A　Ms. Tanaka has been teaching English at the school for ten years.

B　Ms. Tanaka doesn't live in Wakayama City.

C　Ms. Tanaka plays the guitar almost every day.

D　Ms. Tanaka hasn't traveled overseas.

No.2　日本を訪れる予定の友人ケビンに，メモの項目についてたずねたところ，ケビンは留守番電話に回答をメッセージとして残していました。留守番電話の英語のメッセージを聞いた後，ケビンにもう一度たずねることとして最も適切なものはどれですか。(　　　)

メモ

◇　日本への到着日
◇　日本での滞在日数
◇　日本で行きたい場所
◇　日本で食べたいもの

A　When will you come to Japan?　　B　How long will you stay in Japan?

C　Where do you want to go in Japan?　　D　What do you want to eat in Japan?

〔問３〕　中学生の香織（Kaori）が英語の時間に行ったスピーチと，その内容について５つの質問を２回放送します。No.1～No.5 の英文が質問の答えとなるように，＿＿＿に入る最も適切なものを，A～D の中から１つずつ選び，その記号を書きなさい。

No.1　She has been doing judo ＿＿＿.

A　for one year　　B　for five years　　C　for nine years　　D　for fourteen years

No.2　He was ＿＿＿.

A　a junior high school teacher　　B　a student in the judo school

C　Kaori's judo teacher　　D　Kaori's brother

No.3　She met him ＿＿＿.

A　when she joined a judo tournament　　B　when she talked with her judo teacher

C　when she went to India　　D　when she practiced judo in her school

No.4　She was surprised because she heard ＿＿＿ in India.

A　there were many music teachers　　B　there were many judo teachers

C　there weren't many music teachers　　D　there weren't many judo teachers

No.5　She wants ＿＿＿.

A　to teach music in elementary schools　　B　to teach judo in foreign countries

C　to go to India to meet Mr. Sato　　D　to go to judo schools in Japan

2 次の英文は，高校生の由衣（Yui）が，販売実習について，英語の授業で行ったスピーチの原稿です。これを読み，〔問 1〕～〔問 4〕に答えなさい。

In our school, we can study agriculture. I'm in the agriculture course. I learn how to grow good vegetables, flowers, and fruits. I grow them with my classmates. At school, we sometimes make processed products like juice.

In June, we started to sell vegetables, flowers, fruits, and processed products. Every Friday, we sold them at the station near our school. When we sold them, I recorded the sales there. I was happy when many people came to the station to buy our products. I sometimes asked them how they liked our products.

At the end of each month, I made a pie chart to check the percentage of all sales in the month. Today, I'll show you the pie charts of June and July. In those months, we sold vegetables the most. In June, the percentage of processed products was higher than fruits and flowers. However, in July, processed products weren't so popular. Compared to June, the percentage of fruits became higher and the percentage of flowers was the same.

It has been a great experience for me to make and sell products. At the station, people tell me what they think about our products. And the pie charts show me the popular products in different seasons. I'm glad I have some useful information now.

Well, here is the thing which I want to tell you the most. I want to improve our products by making use of the things I learned.

円グラフ

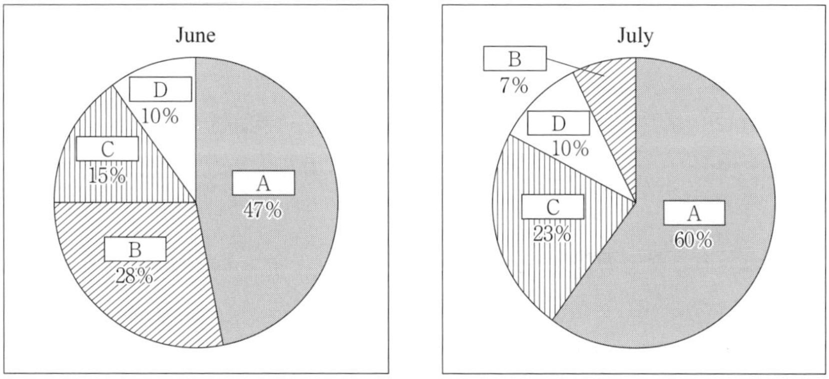


（注） agriculture 農業　course 学科　grow 育てる　processed product 加工製品
sold < sell の過去形　record 記録する　sales 売上げ　end 終わり
pie chart 円グラフ　percentage 割合　compared to ～ ～と比較すると
make use of ～ ～を生かす

〔問 1〕 本文の内容に合うように，次の（　　）にあてはまる最も適切なものを，ア～エの中から 1 つ選び，その記号を書きなさい。

Yui (　　　).

ア sold the products in her school　　イ made juice at the station

ウ　wanted to teach agriculture at school　　エ　recorded the sales at the station

〔問2〕　文中の下線部the pie chartsについて，本文の内容に合うように，円グラフの[ A ]～[ D ]にあてはまる最も適切なものを，次のア～エの中から1つずつ選び，その記号を書きなさい。A（　　）　B（　　）　C（　　）　D（　　）

ア　vegetables　　イ　flowers　　ウ　fruits　　エ　processed products

〔問3〕　由衣が，スピーチを通して一番伝えたいことはどのようなことですか。最も適切なものを，次のア～エの中から1つ選び，その記号を書きなさい。（　　）

ア　Yui wants to make better products.

イ　Yui wants to show her pie charts.

ウ　Yui wants to record the sales.

エ　Yui wants to think about more products.

〔問4〕　由衣は，スピーチの後，ALT（外国語指導助手）のトム（Tom）と話をしました。次の対話文は，そのやりとりの一部です。これを読み，あとの(1)，(2)に答えなさい。

Tom：　That was a wonderful speech. It's a good idea to sell products at the station.

Yui　：　Yes. People look happy when they buy our products. So I become happy.

Tom：　Good. I want to buy some fruits next Friday.

Yui　：　Please come to the station. I want more people to come.

Tom：　Well, what can you do about that?

Yui　：　I think I can [　　].

Tom：　That's a good idea. If you do it, more people will come to the station.

(1)　対話の流れに合うように，文中の[　　]にふさわしい英語を書きなさい。ただし，語数は2語以上とし，符号（.,?! など）は語数に含まないものとする。

（　　　　　　　　　　　　　　　　　　　　　　　　）

(2)　対話の内容に合う最も適切なものを，次のア～エの中から1つ選び，その記号を書きなさい。

（　　）

ア　Yui could buy some fruits on Sunday.

イ　Yui wants people to enjoy the products.

ウ　Tom was sad to hear Yui's speech.

エ　Tom has a question about fruits.

[3] 次の英文は，高校生の正人（Masato）と ALT（外国語指導助手）のサラ（Sara）の対話です。これを読み，〔問 1〕～〔問 4〕に答えなさい。

Masato : Hi, Sara. How are you?

Sara : Good! I hear you joined an international event yesterday. 〔　　　　　〕?

Masato : It was exciting. Ten foreign students from five countries came to Wakayama to talk about global problems with Japanese students.

Sara : Great! [ A ]

Masato : The topic was climate change. We had some ideas to solve the problem. It was a good experience.

Sara : You speak English well. So I don't think it's difficult for you to work with foreign students.

Masato : Well, I like speaking English. But I had a problem last year.

Sara : What problem did you have?

Masato : In an English class, I talked with students from Australia on the Internet. We talked about global warming. But it didn't go smoothly because I didn't get any information about their country before the class. It was my mistake. Japanese culture and Australian culture aren't the same.

Sara : I see. When you work with foreign students, it's important [ B ].

Masato : I agree. For yesterday's event, I did some research on the five countries which joined the event. I could talk with the foreign students well because I got some information in advance. We knew our differences and respected them. So we had some good ideas.

Sara : Good!

Masato : I think there are important things which we can learn from our mistakes.

Sara : I think so, too.

（注） global　地球上の　　climate change　気候変動　　global warming　地球温暖化
go smoothly　順調に進む　　mistake　失敗　　Australian　オーストラリアの
do some research on ～　～の情報を集める　　in advance　前もって
knew < know の過去形　　difference　違い　　respect　尊重する

〔問 1〕 対話の流れに合うように，文中の〔　　〕にふさわしい英語を書きなさい。ただし，語数は 3 語以上とし，符号（.,?! など）は語数に含まないものとする。

(　　　　　　　　　　　　　　　　　　　　　　　　　　　　　)?

〔問 2〕 対話の流れに合うように，文中の [ A ]，[ B ] にあてはまる最も適切なものを，それぞれア～エの中から 1 つずつ選び，その記号を書きなさい。A (　　　) B (　　　)

A ア What did you talk about?
イ What did you do to help the students?
ウ What did you hear about the students?

エ　What did you learn about the five countries?

B　ア　to speak perfect English

イ　to join the wonderful event

ウ　to know each country has its own culture

エ　to learn everything about Australian students

〔問３〕 下線部soの内容を，日本語で具体的に書きなさい。

(　　　　　　　　　　　　　　　　　　　　　　　　　　　　　　)

〔問４〕 対話の内容に合う最も適切なものを，次のア～エの中から１つ選び，その記号を書きなさい。(　　　)

ア　Masato went to Australia to talk about climate change.

イ　Masato talked with students from ten countries in the event.

ウ　Masato did some research on global warming after the event.

エ　Masato learned about the five countries before the event he joined.

4　あなたは，英語の授業で，ALT（外国語指導助手）にあなたが住んでいる町のお気に入りの場所を紹介することになりました。次の□に，お気に入りの場所を１つ挙げ，理由や説明を含めて，30語以上の英語で書きなさい。ただし，符号（.,?!など）は語数に含まないものとする。

(　　　　　　　　　　　　　　　　　　　　　　　　　　　　　　)

Hello. I'll talk about my favorite place, today.

□

Thank you.

5　次の英文は，高校生の和紀（Kazuki）が，英語の授業で行ったスピーチの原稿です。これを読み，〔問1〕～〔問6〕に答えなさい。

In April, I saw a poster at school. The poster said, "We need staff members for the school festival." I wanted to make a wonderful memory in my school life, so I decided to become a staff member. I was excited because there was a chance to play an important role in the school festival.

After becoming a staff member, I talked with one of the other members, Shiho, about the school festival. I said, "This year, the main theme of the school festival is 'Smile'. How about collecting pictures of smiles and making a photomosaic of a big smile?" Shiho said, "It's a nice plan. Let's suggest it to the other members."

In May, I told my plan to the other members. They liked it. I was very happy. We decided to collect 5,000 pictures.

In June, we started to collect pictures. I told my classmates about the project. One of them said, "It's a great project. [　A　]" Sometimes they brought pictures of their brothers, sisters, or parents. At the end of June, however, we had only 500 pictures. One of the staff members said, "ⓐ It's difficult to collect 5,000 pictures and finish making the photomosaic." I was sad to hear that.

ⓑ I talked with Shiho (about, collect, a way, more pictures, to). She said, "We should introduce our project on the Internet. How about creating a website? We may get pictures from more people."

At the beginning of July, I created a website and introduced the project. Creating the website was very hard because I did it for the first time. A few days later, many pictures arrived. I was very surprised. ⓒ I also (some messages, by, received, local people, written) and graduates. A message from a man who lives in our city said, "Here is my picture. It may not be easy to collect 5,000 pictures, but I'm sure you can achieve your goal if you keep trying." A woman who lives in Tokyo wrote a message to us. It said, "I found your website on the Internet. I'm a graduate of your school. [　B　]"

We finally collected 5,000 pictures. I was very happy. Because of the cooperation of many people, we could finish making the big photomosaic.

On the day of the school festival in September, the photomosaic was exhibited at school. Many people enjoyed it. I was very glad to make many people happy.

Well, here is the most important thing I learned from my experience. If we think about what we can do and keep trying, we can achieve our goals.

（注）chance　機会　　play an important role　重要な役割を果たす　　theme　テーマ
smile　笑顔　　photomosaic　モザイク写真（複数の写真をつなぎ合わせて１枚の作品としたもの）
suggest　提案する　　project　企画　　end　終わり　　introduce　紹介する
graduate　卒業生　　achieve　達成する　　goal　目標　　cooperation　協力

exhibit　展示する

〔問1〕 本文の流れに合うように，文中の A ， B にあてはまる最も適切なものを，それぞれア～エの中から1つずつ選び，その記号を書きなさい。A（　　）　B（　　）

A　ア　I will join the school festival and buy a picture.

イ　I will take my picture and bring it to you.

ウ　I will tell my friends how to collect pictures at the school festival.

エ　I will help my friends send pictures to Tokyo.

B　ア　I'm glad to receive your picture at the school festival.

イ　I'm glad to start collecting 5,000 pictures.

ウ　I'm glad to suggest the project to your team.

エ　I'm glad to support your project by sending my picture.

〔問2〕 下線部ⓐItの内容を，日本語で具体的に書きなさい。

（　　　　　　　　　　　　　　　　　　　　　　　　）

〔問3〕 下線部ⓑ，ⓒについて，それぞれ本文の流れに合うように（　　）の中の語句を並べかえ，英文を完成させなさい。

ⓑ I talked with Shiho (　　　　　　　　　　　　　　　　).

ⓒ I also (　　　　　　　　　　　　　　　　) and graduates.

〔問4〕 次の(1)，(2)の質問の答えを，それぞれ英語で書きなさい。

(1) What did Kazuki decide to become to make a wonderful memory?

（　　　　　　　　　　　　　　　　　　　　　　　　）

(2) When was the school festival?

（　　　　　　　　　　　　　　　　　　　　　　　　）

〔問5〕 次のア～エの英文を，本文の流れに合うように並べかえると，どのような順序になりますか。その記号を順に書きなさい。（　　）→（　　）→（　　）→（　　）

ア　Kazuki and the other members decided to collect 5,000 pictures.

イ　Kazuki and the other members finished making the big photomosaic.

ウ　Kazuki created a website to introduce the project.

エ　Kazuki read a message from a woman living in Tokyo.

〔問6〕 和紀が，自身の経験を通じて学んだ最も大切なことはどのようなことですか。日本語で書きなさい。

（　　　　　　　　　　　　　　　　　　　　　　　　）

〈放送原稿〉

これから，2022年度和歌山県公立高等学校入学試験英語リスニング問題を行います。(10秒)

それでは，問題冊子を開きなさい。

リスニング問題は〔問1〕，〔問2〕，〔問3〕の3つがあります。放送を聞きながら，メモをとってもかまいません。

〔問1〕は，対話の内容に合った絵を選ぶ問題です。はじめに，No.1からNo.3の絵を見なさい。

(10秒)

これから，No.1からNo.3の順に，それぞれ対話を1回放送します。No.1からNo.3の対話の内容に最も合う絵を，AからDの中から1つずつ選び，その記号を書きなさい。放送は一度しか流れません。注意して聞いてください。それでは始めます。

No.1 母　親： When is the sports day of your school this year?
男の子： It's October twelfth. (5秒)

No.2 女の子： Can you give me that book?
男の子： Yes. Where is it?
女の子： It's on the table.
男の子： OK. (5秒)

No.3 女の子： Look at this picture. The two dogs are very cute.
男の子： Yes. I think so, too. Who is the woman?
女の子： She is Miki, my friend.
男の子： Oh, I see. She has a nice bag. (5秒)

これで，〔問1〕を終わります。

〔問2〕は，英文を聞いて，答える問題です。まず，No.1，No.2の問題を読みなさい。(10秒)

これから，No.1，No.2の順に，それぞれ質問と英文を放送します。質問に対する答えとして最も適切なものを，AからDの中から1つずつ選び，その記号を書きなさい。英文は2回放送します。それでは始めます。

No.1 英語の授業を担当する田中先生が，授業の最初に英語で自己紹介をします。自己紹介の内容に合うものはどれですか。

Hello, everyone. My name is Tanaka Yoshiko. I've been teaching English at this school for five years. I've lived in Wakayama City for ten years. I like playing the guitar. I play it almost every day. I also like traveling overseas. I've been to Australia three times. I want to tell you about cultures and food in foreign countries. Let's enjoy English class together.

(7秒)

もう一度放送します。

Hello, everyone. My name is Tanaka Yoshiko. I've been teaching English at this school for five years. I've lived in Wakayama City for ten years. I like playing the guitar. I play it almost every day. I also like traveling overseas. I've been to Australia three times. I want to tell you about cultures and food in foreign countries. Let's enjoy English class together.

(7 秒)

No.2　日本を訪れる予定の友人ケビンに，メモの項目についてたずねたところ，ケビンは留守番電話に回答をメッセージとして残していました。留守番電話の英語のメッセージを聞いた後，ケビンにもう一度たずねることとして最も適切なものはどれですか。

Hello. This is Kevin. I'll arrive in Japan on August third and stay in Japan for two weeks. I'm interested in libraries in Japan. I want to visit some of them. I also want to see Japanese movies with you. I'm looking forward to seeing you. (7 秒)

もう一度放送します。

Hello. This is Kevin. I'll arrive in Japan on August third and stay in Japan for two weeks. I'm interested in libraries in Japan. I want to visit some of them. I also want to see Japanese movies with you. I'm looking forward to seeing you. (7 秒)

これで，〔問 2〕を終わります。

〔問 3〕は，英語のスピーチを聞いて，答える問題です。まず，〔問 3〕の問題を読みなさい。(8 秒)

これから，中学生の香織が英語の時間に行ったスピーチと，その内容について 5 つの質問を 2 回放送します。No.1 から No.5 の英文が質問の答えとなるように，空欄に入る最も適切なものを，A から D の中から 1 つずつ選び，その記号を書きなさい。それでは始めます。

Today, I'll talk about my dream. I love judo. I've been doing judo for nine years. I started it with my brother when I was five. When I was an elementary school student, I joined a judo school. Mr. Sato was my judo teacher. He was strong and very kind. I often talked with him after practicing. I liked him.

Now, I'm a member of the judo club. I practice judo hard every day. Last year, I joined a judo tournament in our city. On that day, I met Ben for the first time. He was a boy from India. He was very strong. After the tournament, I talked to him. We talked about many things like sports and music. We became good friends.

One day, he told me about his country. He told me that there weren't many judo teachers in India. I was surprised to hear that.

I want many people to enjoy judo. We have many judo teachers in Japan, but there are some countries which need more judo teachers. I want to go to foreign countries to teach judo in the future.

Question No.1 : How long has Kaori been doing judo? (4 秒)

Question No.2 : Who was Mr. Sato? (4 秒)

Question No.3 : When did Kaori meet Ben for the first time? (4 秒)

Question No.4 : Why was Kaori surprised? (4 秒)

Question No.5 : What is Kaori's dream? (4 秒)

もう一度放送します。

Today, I'll talk about my dream. I love judo. I've been doing judo for nine years. I started it with my brother when I was five. When I was an elementary school student, I joined a judo school. Mr. Sato was my judo teacher. He was strong and very kind. I often talked with him after practicing. I liked him.

Now, I'm a member of the judo club. I practice judo hard every day. Last year, I joined a judo tournament in our city. On that day, I met Ben for the first time. He was a boy from India. He was very strong. After the tournament, I talked to him. We talked about many things like sports and music. We became good friends.

One day, he told me about his country. He told me that there weren't many judo teachers in India. I was surprised to hear that.

I want many people to enjoy judo. We have many judo teachers in Japan, but there are some countries which need more judo teachers. I want to go to foreign countries to teach judo in the future.

Question No.1：How long has Kaori been doing judo?（4秒）

Question No.2：Who was Mr. Sato?（4秒）

Question No.3：When did Kaori meet Ben for the first time?（4秒）

Question No.4：Why was Kaori surprised?（4秒）

Question No.5：What is Kaori's dream?（4秒）

これで，リスニング問題を終わります。

# 社会

時間　50分　　　　満点　100点

1　良夫さんのクラスでは，世界の諸地域の中からグループごとに1つの州を選び，その特色についてまとめることにしました。2つのグループが，それぞれ選んだ州の略地図Ⅰ，Ⅱを見て，〔問1〕～〔問6〕に答えなさい。

略地図Ⅰ

略地図Ⅱ

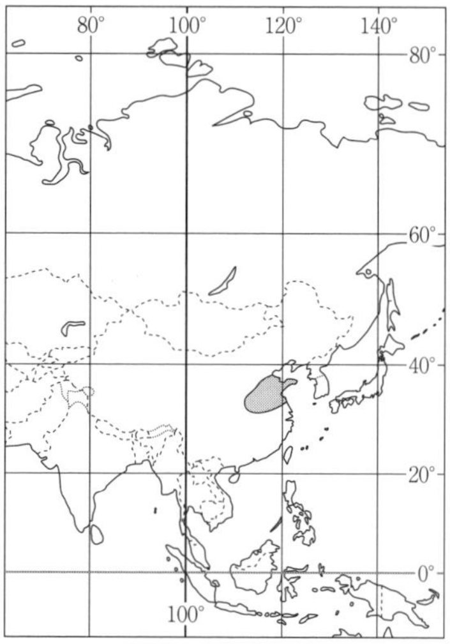


〔問1〕　略地図Ⅰ中のXで示された地域の沿岸部に見られる，氷《ひょう》河《が》によってけずられた谷に海水が深く入りこんだ地形を何といいますか，書きなさい。(　　　)

〔問2〕　図1は，略地図Ⅰで示されたヨーロッパ州の国の言語を，大きく3つに分類して表したものです。図1中の Y にあてはまる語を書きなさい。(　　　)

図1

| | |
|---|---|
| ゲルマン系言語 | …英語，ドイツ語，ノルウェー語など |
| Y 系言語 | …フランス語，イタリア語，スペイン語など |
| スラブ系言語 | …ロシア語，ポーランド語，ブルガリア語など |

〔問3〕　略地図Ⅰで示されたヨーロッパ連合（EU）加盟国において，EUの成立は人々の生活に大きな変化をもたらしました。多くのEU加盟国で起こった変化の1つを，「**パスポート**」という語を用いて，簡潔に書きなさい。

(　　　　　　　　　　　　　　　　　　　　)

〔問4〕　略地図Ⅱ中の ⬭ で示された地域は，中国が世界第1位の生産量をあげている，ある穀物の主要な生産地域を表しています。この穀物の説明として適切なものを，次のア～エの中から1

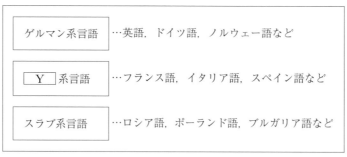

つ選び，その記号を書きなさい。(　　　)

ア　アジア州で生産されるほか，ブラジルではバイオ燃料の原料として盛んに生産されている。

イ　アジア州とヨーロッパ州で約8割が生産され，世界各地で人々の主食の原料となっている。

ウ　アジア州や南アメリカ州などの熱帯地域で，輸出作物として大規模に生産されている。

エ　アジア州の降水量が多い平野部を中心として，世界の約9割が生産されている。

〔問5〕　図2は，略地図Ⅱ中で示された東経100度線上での緯度ごとの気候区分を模式的に表したものです。図2中のA～Cにあてはまる気候区分を，あとのア～ウの中からそれぞれ1つ選び，その記号を書きなさい。A(　　　)　B(　　　)　C(　　　)

図2

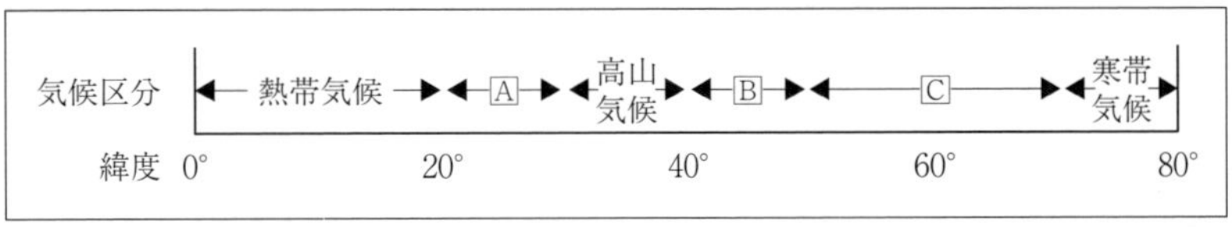


ア　乾燥帯気候　　イ　温帯気候　　ウ　冷帯気候

〔問6〕　図3は，略地図Ⅱで示されたアジア州の主な国の2001年から2019年におけるGDP（国内総生産）の推移を，表は，アジア州における2019年の自動車生産台数の上位5か国を表したものです。図3中と表中の Z にあてはまる国名を書きなさい。(　　　)

図3

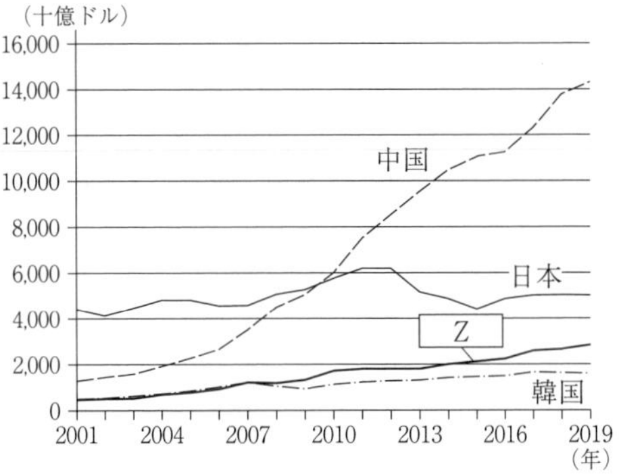


(国際通貨基金資料から作成)

表

| 国名 | 自動車生産台数（千台） |
|---|---|
| 中国 | 25,751 |
| 日本 | 9,685 |
| Z | 4,524 |
| 韓国 | 3,951 |
| タイ | 2,014 |

(「世界国勢図会 2021／22」から作成)

2　明子さんのクラスでは，グループごとに日本の諸地域の１つを取り上げ，その地域に関係する１枚の写真をもとにその特徴をまとめることにしました。次のⅠ，Ⅱのカードは，生徒がまとめたものの一部です。これらを読み，〔問１〕～〔問６〕に答えなさい。

| | | |
|---|---|---|
| Ⅰ 北海道地方 |  ウポポイ | ⓐ北海道は，もともと先住民族であるアイヌの人々が住んでいた土地でした。明治時代になって，明治政府はこの地に，□という役所を置き，移住者を多く集め，欧米のⓑ農業に学んで農耕地を広げました。それとともにアイヌの人々の土地を奪い，同化政策を進めました。現在，政府は法整備によりアイヌ文化の振興に取り組み，2020 年にはアイヌ文化の復興・発展のための拠点としてウポポイ（民族共生象徴空間）を開設しました。 |
| Ⅱ 中部地方 |  北陸の豪雪 | 中部地方の日本海側にある北陸は，ⓒ雪がひじょうに多く降る，世界有数の豪雪地帯です。雪は生活に困難を与えることも多いですが，人々はこの環境を工夫しながら乗り越えてきました。冬季に農家では，農作業が難しくなるため，副業が古くから発達し，ⓓ地場産業として現在まで受け継がれているものもあります。また，山岳地帯から豊富に供給される雪解け水は，ⓔ発電にも利用されています。 |

〔問１〕　文中の□にあてはまる語を書きなさい。(　　　)

〔問２〕　下線ⓐに関する説明として最も適切なものを，次のア～エの中から１つ選び，その記号を書きなさい。(　　　)

ア　広大な平野には，日本で最大の流域面積をもつ河川が流れている。

イ　フォッサマグナとよばれる，南北に帯状に広がるみぞ状の地形がある。

ウ　中央部の平野には，かつて泥炭《でいたん》地《ち》とよばれる排水の悪いやせ地が広がっていた。

エ　南部には，シラスとよばれる古い火山の噴出物によってできた台地が広く分布している。

〔問３〕　下線ⓑに関し，北海道では，自然条件に応じて地域ごとに特色ある農業が展開されています。図１は，その特色別に４つの地域区分を表したものです。十勝《とかち》平野を含む地域を，図１中のＡ～Ｄの中から１つ選び，その記号を書きなさい。また，その地域の農業の説明として最も適切なものを，次のア～ウの中から１つ選び，その記号を書きなさい。地域(　　　)　説明(　　　)

図１

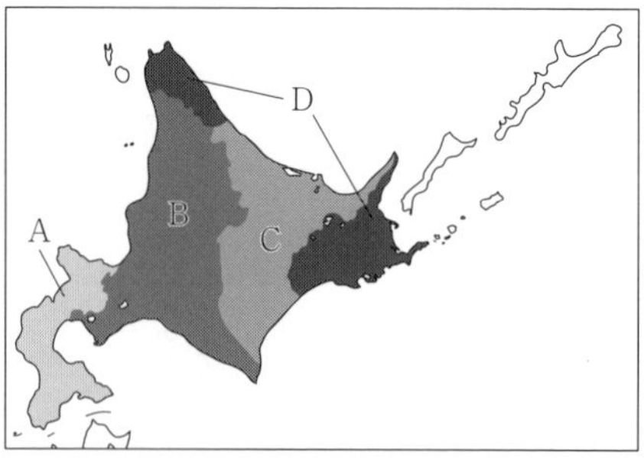


ア　稲作を中心に野菜・畑作などの農業

イ　畑作での輪作と酪農《らくのう》を中心とした農業

ウ　酪農を中心とした農業

〔問４〕　下線ⓒに関し，次の説明文は，日本海側の地域で冬に雪が多く降るしくみについて述べたものです。説明文中の□にあてはまる内容を，簡潔に書きなさい。

(　　　　　　　　　　　　　　　　　　　　　　　　　　　　　　　　)

説明文

> 資料は，日本海側の地域で冬に雪が多く降るしくみを模式的に表したものです。大陸からふいてくる季節風が，日本海を渡るときに，［　　　　　　］，本州の山地にぶつかって，日本海側の地域に多くの雪を降らせます。
>
> 資料
>
> 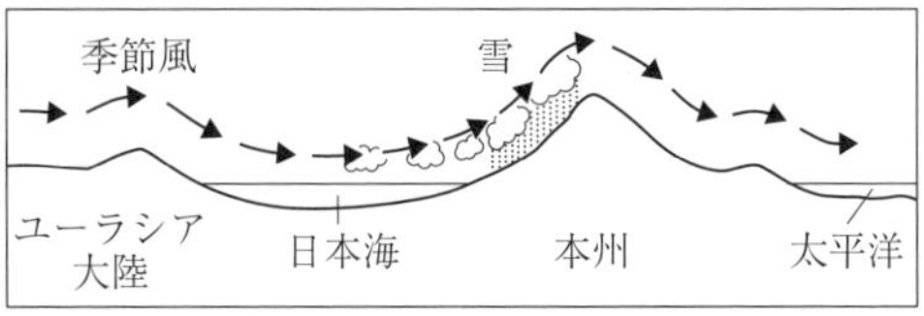
> 

〔問5〕 下線ⓓに関し，製造技術が代々受け継がれている産業は伝統産業（伝統工業）といわれます。北陸の伝統産業（伝統工業）にあたるものを，次のア～エの中から1つ選び，その記号を書きなさい。(　　　)

ア　会津塗《あいづぬり》　　イ　西陣織《にしじんおり》　　ウ　南部鉄器《なんぶてっき》　　エ　輪島塗《わじまぬり》

〔問6〕 下線ⓔに関し，図2は，日本の発電電力量の発電方法による内訳の推移を表したものです。図2中の[A]～[C]にあてはまる発電方法を，あとのア～ウの中からそれぞれ1つ選び，その記号を書きなさい。[A](　　　)　[B](　　　)　[C](　　　)

図2

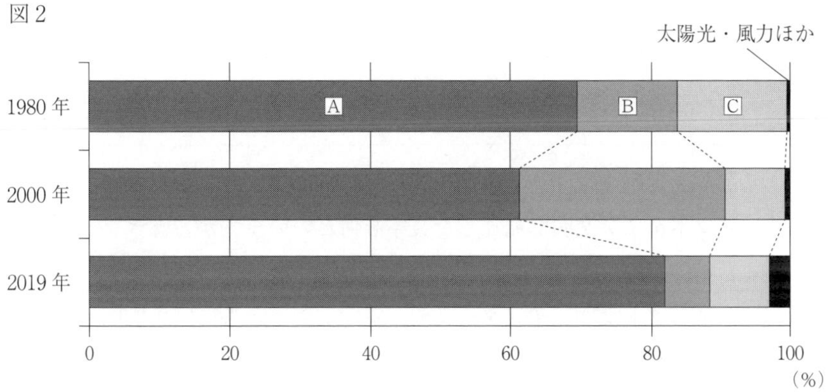


(「日本国勢図会 2021／22」から作成)

ア　水力　　イ　火力　　ウ　原子力

3　次のA～Fのカードは，こうじさんが社会科の調べ学習で，文化遺産についてまとめたものの一部です。これらを読み，〔問1〕～〔問9〕に答えなさい。

A　ⓐハンムラビ法典《ほうてん》碑《ひ》

この石碑に刻まれた法典は，ハンムラビ（ハムラビ）王が，諸民族を支配するために制定しました。「目には目を，歯には歯を」という考え方が有名です。この発見により，ⓑメソポタミア文明の繁栄が明らかになりました。

B　法隆寺《ほうりゅうじ》

法隆寺は，ⓒ聖徳太子《しょうとくたいし》（厩戸皇子《うまやどのおうじ》）によって建立《こんりゅう》された，飛鳥《あすか》時代を代表する寺院です。7世紀後半に火災にあい，再建されましたが，それでも現存する世界最古の木造建築といわれています。

C　厳島《いつくしま》神社

厳島神社は，ⓓ平清盛《たいらのきよもり》によって平家《へいけ》一門の守護神として位置づけられ，信仰を集めました。その後，ⓔ鎌倉《かまくら》時代に二度の火災によって焼失しましたが，鎌倉幕府の支えもあり，そのつど再建されました。

D　鉄砲

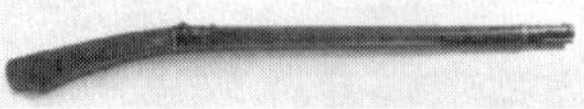

15世紀から16世紀にかけて，ⓕヨーロッパの国々が海外に進出し，日本にはその時期に鉄砲が伝えられました。ⓖ戦国大名《せんごくだいみょう》は，鉄砲の威力に注目し，買い求めました。その結果，戦い方が変化し，全国統一の動きが加速しました。

E　唐蘭館絵巻《とうらんかんえまき》

この絵巻には，長崎の出《で》島《じま》で取引された交易商品の重さを量るようすがえがかれています。ⓗオランダや日本の商人が，この地で銅や砂糖などを取引していました。

F　傘連判状《からかされんぱんじょう》

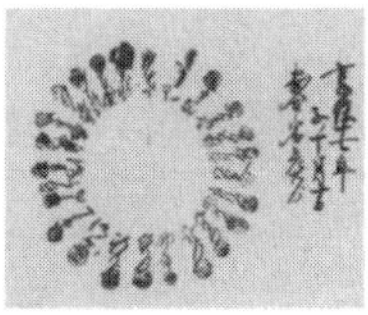

ⓘ江戸《えど》時代の農民が起こした一揆《いっき》では，誓約のしるしとして，傘連判状が作られることがありました。署名を円形にしたのは，一揆の指導者がだれかを，分からないようにするためだといわれています。

〔問1〕　下線ⓐに関し，資料1は，ハンムラビ法典碑の一部です。この石碑に刻まれている，メソポタミア文明で発達した文字を何といいますか，書きなさい。(　　　)

資料1

〔問2〕　下線ⓑは，エジプト文明，インダス文明，中国文明とともに四大文明とよばれています。これらの文明に共通する特徴として適切なものを，次のア～エの中から1つ選び，その記号を書きなさい。(　　　)

ア　大河《たいが》の流域で成立した。　　イ　イスラム教を信仰した。

ウ　東アジアで成立した。　　エ　太陽暦《たいようれき》が主に用いられた。

〔問3〕　下線ⓒが，対等の立場で国交を結び，東アジアでの立場を有利にするために使者を派遣した国名と，その時派遣された人物の組み合わせとして正しいものを，次のア～エの中から1つ選び，その記号を書きなさい。(　　　)

| 記号 | ア | イ | ウ | エ |
|---|---|---|---|---|
| 国名 | 唐《とう》 | 唐 | 隋《ずい》 | 隋 |
| 人物 | 鑑真《がんじん》 | 小野妹子《おののいもこ》 | 鑑真 | 小野妹子 |

〔問4〕　下線ⓓは，武士として初めて太政《だいじょう》大臣となりました。資料2は平氏《へいし》の系図の一部を示したものです。資料2からは，平氏が，その後さらに権力を強めるようになった要因の1つが読み取れます。その要因について，簡潔に書きなさい。

(　　　　　　　　　　　　　　　　　　　　　　　　　　　　　　)

資料2

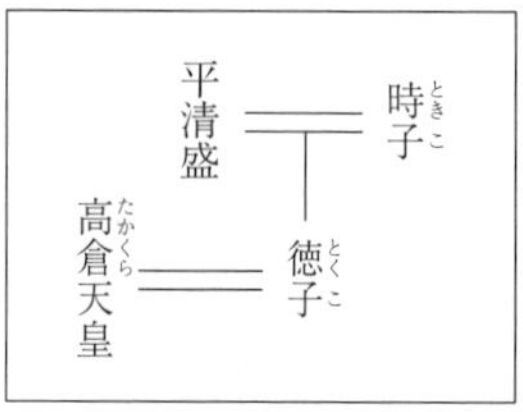


〔問5〕　下線ⓔに関し，資料3は東大寺《とうだいじ》南大門《なんだいもん》にある，この時代に制作された仏像です。この仏像の名称を書きなさい。(　　　　)

資料3

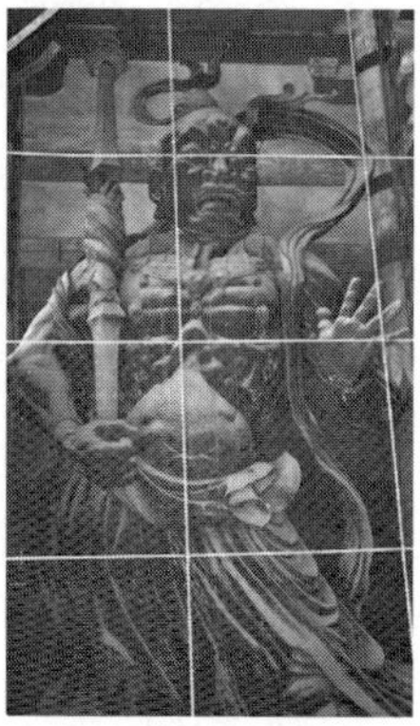

〔問6〕　下線ⓕに関し，次のア～ウは，ヨーロッパ人の海外への進出について述べたものです。これらのできごとを年代の古い順に並べ，その記号を書きなさい。(　　→　　→　　)

ア　ラクスマンが，漂流民の引き渡しのため，根室《ねむろ》に来航した。

イ　ポルトガル人を乗せた中国船が，種子島《たねがしま》に流れ着き，日本に鉄砲を伝えた。

ウ　コロンブスが，西インド諸島に到達した。

〔問7〕　下線ⓖが，それぞれの領国を支配するために定めた法を何といいますか，書きなさい。(　　　　)

〔問8〕　下線ⓗは，鎖国下の日本で，貿易を許された唯一のヨーロッパの国でした。オランダが日本との貿易を許された理由を，宗教に着目して簡潔に書きなさい。

(　　　　　　　　　　　　　　　　　　　　　　　　　　　　　　　　　　　　)

〔問9〕　下線ⓘに関し，この時代の農業や農民のくらしについて述べたものとして，最も適切なものを，次のア～エの中から1つ選び，その記号を書きなさい。(　　　　)

ア　6歳以上の男女には口分田《くぶんでん》が与えられ，その面積に応じて租《そ》を負担するようになった。

イ　米と麦を交互に作る二毛作《にもうさく》を行うようになり，草や木の灰を肥料に用いるようになった。

ウ　農具が改良され，土を深く耕すことができる備中《びっちゅう》ぐわなどが広く使われるようになった。

エ　有力な農民を中心に村ごとにまとまり，惣《そう》とよばれる自治組織を作るようになった。

4　香織さんと拓也さんは，社会科の自由研究で，授業で興味をもったテーマについて，略年表にまとめました。次の略年表Ⅰ，Ⅱは，その一部です。これらを見て，〔問1〕～〔問5〕に答えなさい。

略年表Ⅰ

| 【幕末の動乱】 | |
|---|---|
| 1853年 | ⓐペリーが来航する |
| 1858年 | 日米修好通商条約《にちべいしゅうこうつうしょうじょうやく》が締結される<br>安政《あんせい》の大獄《たいごく》がはじまる |
| 1860年 | 江戸城の桜田門外《さくらだもんがい》で，大老の井伊直弼《いいなおすけ》が暗殺される |
| ↑ X ↓ | |
| 1868年 | 旧幕府は，戦うことなく新政府軍に江戸城を明けわたす |

略年表Ⅱ

| 【戦後日本の復興】 | |
|---|---|
| 1945年 | ポツダム宣言を受諾し降伏する |
| 1946年 | ⓑ戦後初の衆議院議員総選挙が行われる<br>日本国憲法が公布される |
| 1955年 | ⓒ日本の経済水準が戦前の水準に回復する |
| ↑ Y ↓ | |
| 1964年 | 東京オリンピック・パラリンピックが開催される |

〔問1〕　下線ⓐに関し，1853年に来航した場所の地名を，次のア～エの中から1つ選び，その記号を書きなさい。また，その地名の位置を，図中のA～Dの中から1つ選び，その記号を書きなさい。地名(　　　)　位置(　　　)

ア　新潟　　イ　浦賀《うらが》　　ウ　兵庫（神戸）　　エ　下田《しもだ》

図

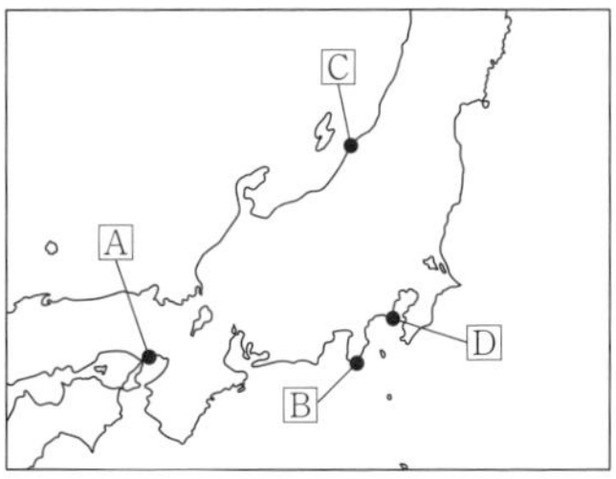


〔問2〕　次のア～ウは，略年表Ⅰ中のXで示した1860年から1868年の時期に起こったできごとについて述べたものです。これらのできごとを起こった順に並べ，その記号を書きなさい。(　　→　　→　　)

ア　朝廷が，王政復古《おうせいふっこ》の大号令《だいごうれい》を出した。

イ　徳川慶喜《とくがわよしのぶ》が，政権を朝廷に返上した。

ウ　旧幕府軍と新政府軍との間で鳥羽《とば》・伏見《ふしみ》の戦いが起こった。

〔問3〕　下線ⓑに関し，次の説明文は，1946年に実施された戦後初の衆議院議員総選挙について述べたものです。説明文中の［　　　］にあてはまる文を，選挙資格に着目して簡潔に書きなさい。

(　　　　　　　　　　　　　　　　　　　　　　　　　　　　　　　)

説明文

資料は，1928年と1946年に実施された衆議院議員総選挙における，全人口にしめる有権者の割合を表しています。この資料から1946年の有権者の割合が，1928年の2倍以上に増えていることがわかります。それは，1946年の選挙では，選挙権が［　　　　　］からです。

資料

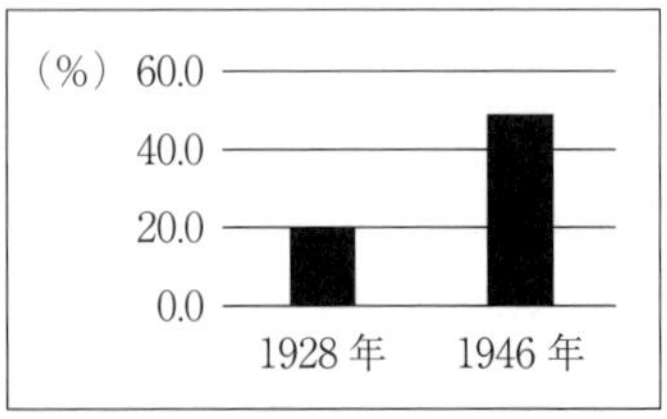


（総務省ホームページより作成）

〔問4〕　下線ⓒに関し，その主な要因となったできごとを，次のア～エの中から1つ選び，その記号を書きなさい。(　　　)

ア　東海道新幹線開通　　イ　国際連合加盟　　ウ　キューバ危機　　エ　朝鮮戦争

〔問5〕　略年表Ⅱ中のYで示した1955年から1964年の時期における，日本社会のようすについて述べたものとして，最も適切なものを，次のア～エの中から１つ選び，その記号を書きなさい。
（　　　）

ア　石油危機をきっかけに，トイレットペーパーの異常な買いだめなどのパニックが起こった。
イ　白黒テレビなどの家庭電化製品が普及するとともに，大規模な団地が建てられていった。
ウ　株式と土地の価格が異常に上がる，バブル経済とよばれる好景気が発生した。
エ　四大公害裁判で住民側が勝訴したことをきっかけに，環境庁が設置された。

5　純子さんのクラスでは，社会科の学習のまとめとして，現代社会に見られる課題の中から，テーマを設定し，そのことについて調べました。次の文は，生徒が考えたテーマとテーマ設定の理由の一部です。これらを読み，〔問１〕～〔問５〕に答えなさい。

【テーマ】　私たちの意見を政治に反映させるには

【テーマ設定の理由】
　直接民主制では，有権者の意見が政治に直接反映されます。しかし，有権者が多くなると，ⓐ合意をすることが困難なため，多くの国では，ⓑ選挙によって選ばれた代表者が，議会で政治を行っています。日本も，この間接民主制を採用しており，私たちはⓒ国会での話し合いに直接参加することはできません。そこで，私たちの意見を国会での話し合いに反映させるには，どうすればよいか考えることにしました。

【テーマ】　情報化が進む社会でいかに生きるか

【テーマ設定の理由】
　私たちは現在，大量のⓓ情報を簡単に手に入れることができます。情報化が進み，私たちの生活はより豊かで便利なものになりました。しかし，情報システムの障害で社会が混乱したり，ⓔプライバシーの権利を侵害する個人情報の流出が起こったりするなど，様々な問題も生まれています。そこで，これらの問題に対応するには，私たちはどうすればよいか考えることにしました。

〔問１〕　下線ⓐに関し，次の説明文は，私たちが対立を解消し，よりよい合意をするための判断基準となる考え方の１つについて述べたものです。この考え方を，あとのア～エの中から１つ選び，その記号を書きなさい。（　　　）

説明文

　全体として，より少ない資源（費用や労力など）が無駄なく使われ，多くの利益を得られる結果になっているか，という考え方。

ア　効率　　イ　多様　　ウ　協調　　エ　公正

〔問２〕　下線ⓑに関し，次の説明文は，日本の選挙制度の１つである小選挙区制の特徴について述べたものです。説明文中の下線で示された語を，簡潔に説明しなさい。
（　　　　　　　　　　　　　　　　　　　　　　　　　　　）

説明文

　小選挙区制は比例代表制に比べて，選挙区ごとに１名しか当選しないため死票が多くなります。その反面，いずれかの政党が単独で議会の過半数を獲得しやすく，政権が安定するといわれています。

〔問3〕 下線ⓒに関し，図は国会，内閣，裁判所の関係を表したものです。これを見て，あとの(1)，(2)に答えなさい。

図

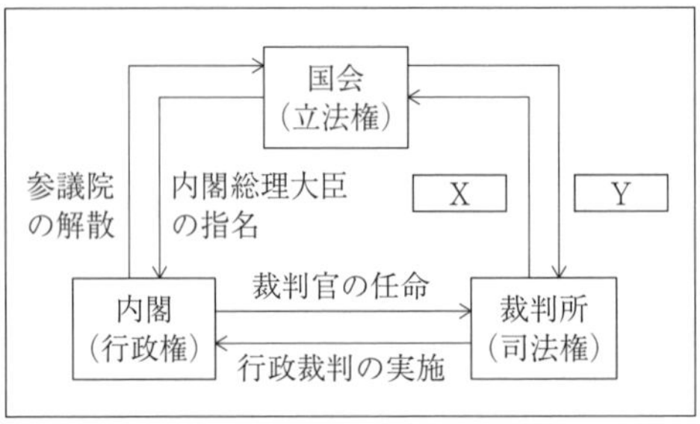


(1) 図のように，権力を立法権，行政権，司法権の3つに分け，それぞれを独立した機関が担当することで，権力のゆきすぎを抑制し合う考え方を何といいますか，書きなさい。(　　　)

(2) 図中の X ，Y にあてはまる語句の組み合わせとして正しいものを，次のア～エの中から1つ選び，その記号を書きなさい。(　　　)

ア　X―違憲審査の実施　　Y―最高裁判所長官の指名

イ　X―国民審査の実施　　Y―最高裁判所長官の指名

ウ　X―違憲審査の実施　　Y―弾劾裁判所の設置

エ　X―国民審査の実施　　Y―弾劾裁判所の設置

〔問4〕 下線ⓓに関し，新聞やテレビの報道などの情報をそのまま信じるのではなく，何が真実かを冷静に判断する力を何といいますか，書きなさい。(　　　)

〔問5〕 下線ⓔに関し，次の文は，プライバシーの権利に関わる，ある裁判の内容について述べたものです。文中の下線で示された権利について述べたものとして，最も適切なものを，あとのア～エの中から1つ選び，その記号を書きなさい。(　　　)

文

ある作家が月刊誌に小説を発表した後に，登場人物のモデルとなった人物から，記述内容がプライバシーの権利を侵害しているとして，裁判を起こされました。この裁判では，モデルとなった人物がもつプライバシーの権利と，作家がもつ自分の作品を発表する権利のどちらの権利が優先されるかが争点となりました。

ア　この権利は，憲法に定められている幸福追求権を根拠としている。

イ　この権利は，自由権の1つである精神の自由（精神活動の自由）に分類される権利である。

ウ　この権利を初めて規定した憲法は，ワイマール憲法である。

エ　この権利に基づいて情報公開の制度が整えられた。

6　次の文は，東京 2020 オリンピック競技大会の開会式を見た，あやさんの家族の会話の一部です。これを読み，〔問 1〕～〔問 5〕に答えなさい。

父　：ついにオリンピックが開幕したね。入場行進で多くのⓐ国や地域の代表選手団の旗手が，2 人だったのを覚えているかい。

あや：そういえば，日本は須崎《すさき》選手と八村《はちむら》選手がつとめていたね。

父　：国際オリンピック委員会は，今大会から男女 1 人ずつが旗手をつとめられるように規則を変更したんだ。これは，性別による差別や不平等をなくそうというⓑジェンダー平等を進めようとしているからだよ。

母　：かつての日本は，女性は家事と育児，男性は仕事という役割の分担があって，それがⓒ女性の社会進出を妨げる一因だったといわれているの。だから，家庭生活を含めてあらゆる分野で男女がともに責任を担い協力していくことが大切だわ。

あや：社会科の授業で，ⓓ政府も，仕事と育児が両立しやすい環境の整備をしていると学んだよ。

父　：ⓔ企業でも，男性も育児休暇を取りやすくするなど，様々な取り組みを進めているね。

母　：今後も，社会全体で性別によらず，すべての人々が活躍できる環境づくりを進めていくことが必要だと思うわ。

あや：今回のオリンピックをきっかけに，もっと女性の社会進出が進むといいな。

〔問 1〕　下線ⓐに関し，他国による支配や干渉を受けないという原則が，主権国家には認められています。この原則を何といいますか，書きなさい。(　　　　の原則)

〔問 2〕　下線ⓑは，2015 年に国連で合意された，世界が直面している様々な課題を解決するための「17 の目標」に取り入れられています。この「17 の目標」を何といいますか，書きなさい。

(　　　　)

〔問 3〕　下線ⓒに関し，資料は，女性解放を目指し，平塚らいてう《(ちょう)》らが設立した団体の宣言の一部です。この団体を何といいますか，書きなさい。(　　　　)

資料

> 元始，女性は実に太陽であった。真正の人であった。今，女性は月である。他によって生き，他の光によってかがやく，病人のような青白い顔の月である。私たちはかくされてしまったわが太陽を今や取り戻さなくてはならない。(部分要約)

〔問 4〕　下線ⓓに関し，次の(1)，(2)に答えなさい。

(1)　次の説明文は，不景気（不況）における政府の財政政策について述べたものです。説明文中の①，②について，ア，イのうち適切なものをそれぞれ 1 つ選び，その記号を書きなさい。

①(　　　　)　②(　　　　)

説明文

> 不景気（不況）のとき，政府は① {ア　増税　　イ　減税} したり，道路や上下水道などの公共事業（公共投資）を② {ア　増やし　　イ　減らし} たりする。

(2)　政府が消費者を保護するために整備した，クーリング・オフとはどのような制度ですか，「契

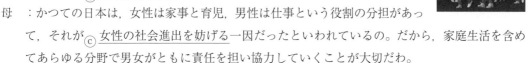

約」という語を用いて，簡潔に説明しなさい。

(　　　　　　　　　　　　　　　　　　　　　　　　　　　　　　　　　　)

〔問５〕 下線ⓔに関し，図は，企業が資金を調達するしくみの１つを表したものです。図のように，企業が株式や社債を発行し，資金を調達するしくみを何といいますか，書きなさい。(　　)

図

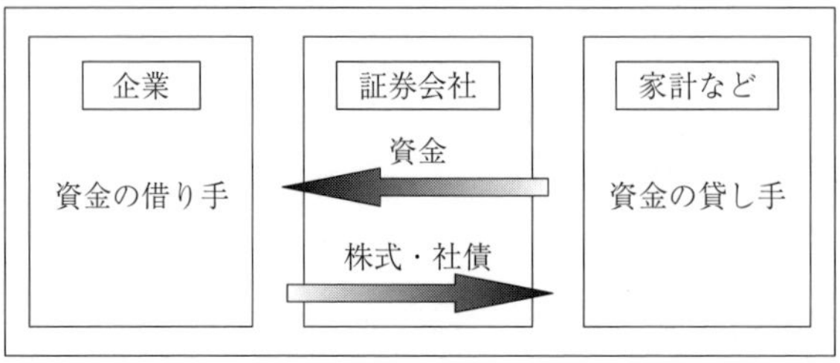

# 理科

時間　50分　　　満点　100点

1　和美さんたちのクラスでは，理科の授業で，グループごとにテーマを設定して調べ学習に取り組んだ。次の〔問1〕，〔問2〕に答えなさい。

〔問1〕　次の文は，和美さんが「光」について調べ，まとめたものの一部である。下の(1)～(4)に答えなさい。

> 太陽や蛍光灯，燃えている①ろうそくのように，自ら光を発する物体を光源という。光源から出た光は四方八方に広がりながら，直進する。しかし，太陽の光によるブラインドの影（図1）を見ると光が平行に進んでいるように見える。これは光源である太陽が［　X　］ためである。
>
> 
>
> 図1　太陽の光によるブラインドの影
>
> 月やりんご，教科書のように，自ら光を出さない物体が見えるのは，光源から出た光が，物体の表面で［　Y　］し，その一部が私たちの②目に届くからである。③真っ暗で光がないところでは，そこに物体があったとしても目で見て確認することはできない。

(1)　文中の［　X　］，［　Y　］にあてはまる語句の組み合わせとして最も適切なものを，右のア～エの中から1つ選んで，その記号を書きなさい。(　　　)

| | X | Y |
|---|---|---|
| ア | 球体である | 屈折 |
| イ | 球体である | 反射 |
| ウ | はるか遠くにある | 屈折 |
| エ | はるか遠くにある | 反射 |

(2)　下線部①について，ろうそくから出た光のうち，焦点を通って凸レンズに入った光の進み方を模式的に表した図として最も適切なものを，次のア～エの中から1つ選んで，その記号を書きなさい。(　　　)

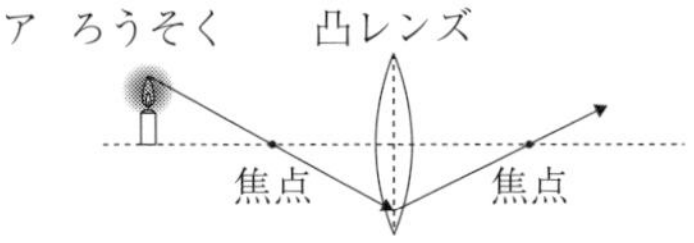


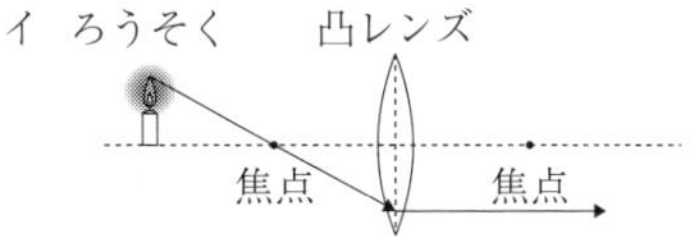


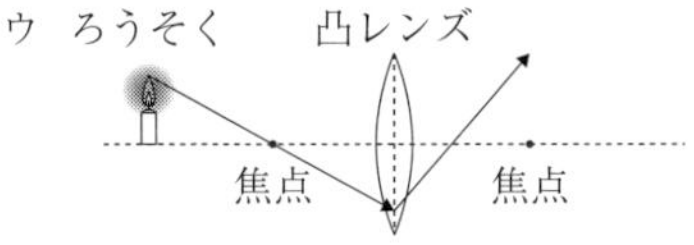


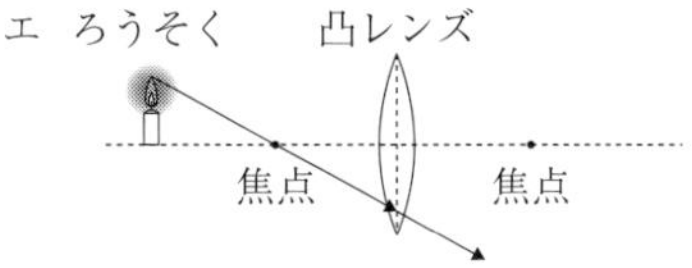


(3)　下線部②について，図2はヒトの右目の横断面を模式的に表したものである。図2中のAは，物体から届いた光が像を結ぶ部分である。この部分を何というか，書きなさい。

(　　　)

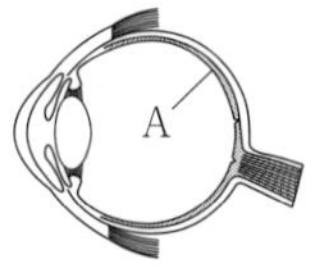


図2　ヒトの右目の横断面の模式図

(4)　下線部③について，暗いところから急に明るいところに移動すると，無意識に瞳の大きさが変化する。このとき，瞳の大きさは「大きくなる」か，「小さくなる」か，どちらかを書きなさい。また，瞳の大きさの変化のように，無意識に起こる反応を述べた文として最も適切なものを，次のア～ウの中から1つ選んで，その記号を書きなさい。瞳の大きさ(　　　)　記号(　　　)

ア　熱いものに触れたとき，思わず手を引っ込めた。

イ　短距離走でピストルがなったので，素早くスタートを切った。

ウ　目覚まし時計がなったとき，とっさに音を止めた。

〔問２〕　次の文は，紀夫さんが「太陽系の天体と銀河系」について調べ，まとめたものの一部である。下の(1)～(4)に答えなさい。

太陽は，自ら光や熱を出して輝く恒星で，主に水素や④ヘリウムでできている。一方，金星は，太陽の光を受けることで輝いている惑星である。金星の大気の主な成分は Z であり，その温室効果もあって金星の表面は約460℃と高温になっている。

太陽だけでなく，⑤オリオン座（図３）のような星座を形づくる星々も，その多くが恒星である。太陽系の外側には，約2000億個の恒星が銀河系とよばれる集団を形成している（図４)。太陽系は銀河系の一員であり，夜空に見られる天の川はこの銀河系を内側から見た姿である。

地上から見たとき，天球上で隣り合っているように見える星々も，その間の実際の距離は非常に大きい値である。そのため，天体間の距離を表すときには⑥光年という単位が用いられる。

図３　オリオン座

図４　銀河系の想像図と太陽系の位置

(1)　文中の Z にあてはまる適切な物質の名称を書きなさい。(　　　)

(2)　下線部④について，陽子，中性子，電子それぞれ２つずつからできているヘリウム原子の構造を模式的に表した図として最も適切なものを，次のア～エの中から１つ選んで，その記号を書きなさい。(　　　)

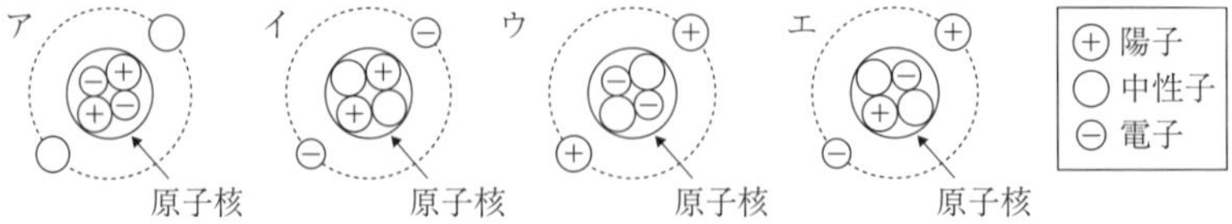


(3)　下線部⑤について，日本でオリオン座が真夜中に南の空に見える時期として最も適切なものを，次のア～エの中から１つ選んで，その記号を書きなさい。(　　　)

ア　春分のころ　　イ　夏至のころ　　ウ　秋分のころ　　エ　冬至のころ

(4)　下線部⑥について，１光年とはどのような距離か。「光が」という言葉に続けて簡潔に書きなさい。(光が　　　　　　　　　　)

2　和也さんたちのクラスでは，理科の授業で，グループごとにテーマを設定して調べ学習や実験を行った。次の〔問1〕,〔問2〕に答えなさい。

〔問1〕　次の文は，和也さんが「生物どうしのつながりと体のつくり」について調べ，まとめたものの一部である。下の(1)～(4)に答えなさい。

> ある地域に生息する動物や植物などのすべての生物と，それらをとり巻く環境をひとつのまとまりとしてとらえたものを［X］という。その中では，多様な生物がそれぞれたがいにかかわり合っている。
>
> 植物は，光合成によって自ら①有機物をつくり出すため，生産者とよばれる。これに対して，②他の生物を食べることで有機物を得る生物は消費者とよばれる。このほか，生物のふんや遺骸などの有機物を無機物に分解する菌類や細菌類などは分解者とよばれる。
>
> これらの生物のうち，消費者である肉食動物や草食動物はそれぞれの生活に合った特徴のある体のつくりをしている。例えば，ライオンとシマウマでは，目のつき方の違いにより視野と立体的に見える範囲が異なっている。また，③歯の特徴や腸の長さなどにも違いがみられる。

(1)　文中の［X］にあてはまる適切な語を書きなさい。(　　　)

(2)　下線部①について，有機物に分類される物質として適切なものを，次のア～エの中からすべて選んで，その記号を書きなさい。(　　　)

ア　酸素　　イ　タンパク質　　ウ　デンプン　　エ　水

(3)　下線部②について，生物どうしは食べる・食べられるという関係でつながっている。このような生物どうしのひとつながりを何というか，書きなさい。(　　　)

(4)　下線部③について，ライオンの歯の特徴と腸の長さを，シマウマと比較したときの組み合わせとして最も適切なものを，次のア～エの中から1つ選んで，その記号を書きなさい。ただし，比較するライオンとシマウマはどちらも成体（親）とする。(　　　)

| | 歯の特徴 | 腸の長さ |
|---|---|---|
| ア | 門歯が発達している | 長い |
| イ | 門歯が発達している | 短い |
| ウ | 犬歯が発達している | 長い |
| エ | 犬歯が発達している | 短い |

〔問2〕　次の文は，美紀さんが「消化」について学習したことをもとに実験を行い，レポートにまとめたものの一部である。あとの(1)～(4)に答えなさい。

> 【学んだこと】
>
> 動物は，食物からエネルギーのもととなる炭水化物や脂肪などの栄養分をとっているが，これらの栄養分はそのままでは吸収できない。胆汁以外の消化液には［Y］が含まれ，消化に関する重要なはたらきをしている。

【課題】　消化液の１つであるだ液にはどのようなはたらきがあるのだろうか。

【方法】

(i)　試験管Aと試験管Bにデンプン溶液とだ液，試験管Cと試験管Dにデンプン溶液と水を入れてよく振って混ぜた後，約40℃の湯の中に5～10分間入れた（図1）。

(ii)　試験管A，Cそれぞれにヨウ素溶液を2，3滴加え，色の変化を観察した。

(iii)　試験管B，Dそれぞれにベネジクト溶液を少量加え，④沸騰石を入れて加熱し，色の変化を観察した。

(iv)　(ii)，(iii)の溶液の色の変化を表1にまとめた。

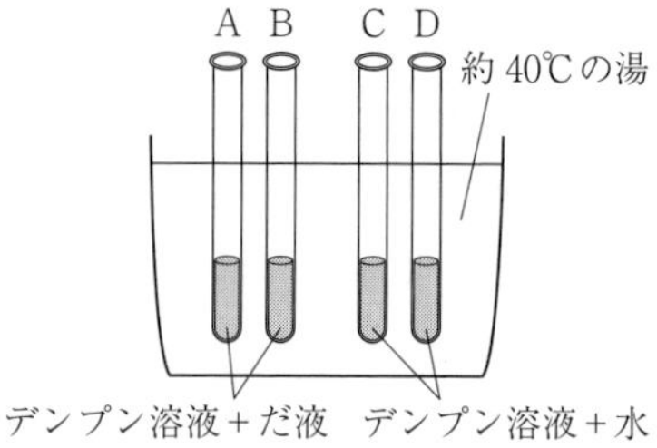

図1　実験のようす

【結果】

表1　溶液の色の変化

| | ヨウ素溶液を加える | | ベネジクト溶液を加えて加熱する | |
|---|---|---|---|---|
| 試験管 | A（デンプン溶液＋だ液） | C（デンプン溶液＋水） | B（デンプン溶液＋だ液） | D（デンプン溶液＋水） |
| 溶液の色の変化 | 変化しなかった | 青紫色に変化した | [Z] に変化した | 変化しなかった |

【わかったこと】

ヨウ素溶液を加えたときの試験管Aと試験管Cの結果から，だ液によって，[a] ことがわかる。

ベネジクト溶液を加えて加熱したときの試験管Bと試験管Dの結果から，だ液によって，[b] ことがわかる。

(1)　文中の [Y] にあてはまる適切な語を書きなさい。(　　　)

(2)　下線部④について，沸騰石を入れる理由を簡潔に書きなさい。

(　　　　　　　　　　　　　　　　　　　　　　　　)

(3)　表1中の [Z] にあてはまる色として最も適切なものを，次のア～エの中から1つ選んで，その記号を書きなさい。(　　　)

ア　黄色　　イ　赤褐色　　ウ　白色　　エ　緑色

(4)　【わかったこと】の [a]，[b] にあてはまる適切な内容を，それぞれ簡潔に書きなさい。

a (　　　　　　　　　　　　)　b (　　　　　　　　　　　　)

3　次の文は，和夫さんが「大地の変化」について調べ，まとめたものの一部である。下の〔問1〕～〔問8〕に答えなさい。

> ①地震は，プレートの運動によって，プレート境界が急に動いたり，プレート内部で断層ができたり，②過去にできた断層が再び動いたりすることで起こる。地震のゆれを地震計で記録すると，③はじめに小刻みなゆれ（初期微動）が記録され，その後に大きなゆれ（主要動）が記録される（図1）。
>
> 地震が発生しやすい地域や④火山が多く分布する地域は，プレートどうしが接する境界付近にあることが多い。プレート境界に位置する日本列島は，大地の活動が活発な地域であるといえる（図2）。
>
> 私たちは，長い年月の間，大地からさまざまな恵みを受けている。しかし，大地の活動が一時的に活発になると，⑤災害がもたらされることもある。

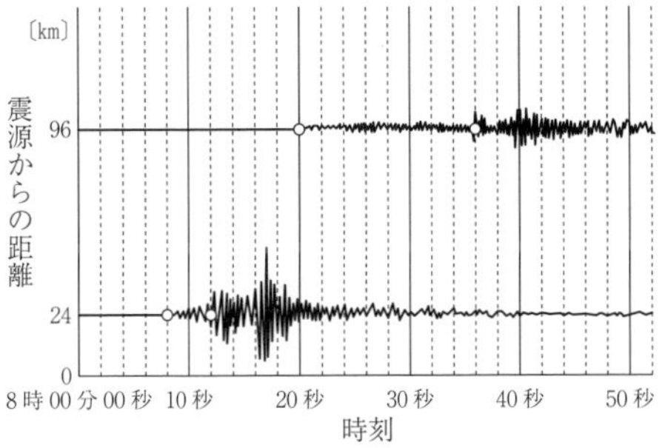


○印は，初期微動や主要動の始まりを，それぞれ示している。

図1　2つの地点の地震計の記録

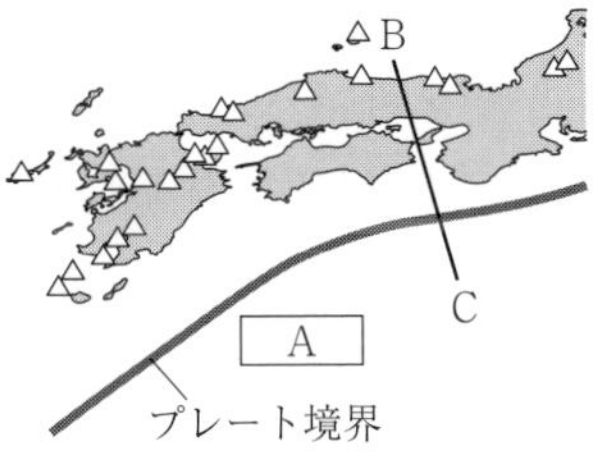


△印は火山の位置を表している。

図2　プレート境界と主な火山

〔問1〕　下線部①について，次の文は，ある日の10時53分頃に発生した地震について発表された地震情報の一部である。 X にあてはまる適切な語を書きなさい。(　　　)

> 10時53分頃，地震がありました。震源の深さは10km，地震の規模を表す X の値は4.6と推定されます。この地震による津波の心配はありません。

〔問2〕　下線部②について，今後も活動する可能性がある断層を何というか，書きなさい。

(　　　)

〔問3〕　下線部③について，初期微動継続時間の長さと震源からの距離はどのような関係にあるか，簡潔に書きなさい。

(　　　　　　　　　　　　　　　　　　　　　　　　　　　　　　　　)

〔問4〕　図1は，ある日の8時頃に発生した地震について，震源から24km地点と96km地点の地震計の記録をまとめたものである。この地震のP波が伝わる速さは何km/sか，書きなさい。ただし，P波の伝わる速さは一定とする。(　　　km/s)

〔問5〕　図2中の A にあてはまる海洋プレートの名称を書きなさい。(　　　プレート)

〔問６〕　図２中のＢ—Ｃの断面のようすとプレートの動き（ ➡ ），震源（●）の分布を模式的に表した図として最も適切なものを，次のア～エの中から１つ選んで，その記号を書きなさい。

（　　　）

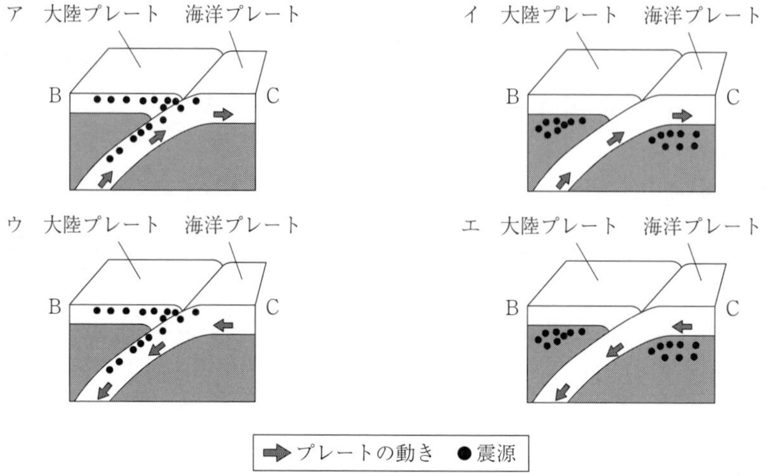


〔問７〕　下線部④について，ある火山の溶岩を観察したところ，長石《ちょうせき》や角閃石《かくせんせき》などの斑晶《はんしょう》を含む斑状《はんじょう》組織がみられた。斑状組織を表すスケッチは次のａ，ｂのどちらか。また，この溶岩をつくる岩石の名称は何か。スケッチと岩石の名称の組み合わせとして最も適切なものを，次のア～エの中から１つ選んで，その記号を書きなさい。（　　　）

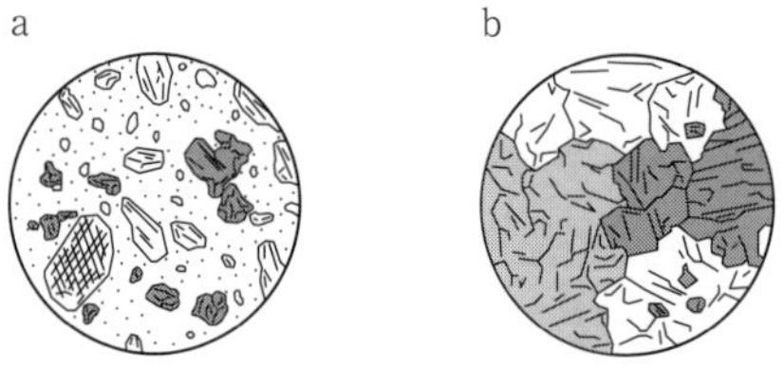


| | スケッチ | 岩石の名称 |
|---|---|---|
| ア | a | 安山岩 |
| イ | a | 花こう岩 |
| ウ | b | 安山岩 |
| エ | b | 花こう岩 |

〔問８〕　下線部⑤について，溶岩の破片や火山灰が，高温の火山ガスとともに，高速で山の斜面を流れ下る現象を何というか，書きなさい。（　　　）

4　金属と水溶液の反応に関する実験Ⅰ，実験Ⅱを行った。下の〔問1〕～〔問8〕に答えなさい。

実験Ⅰ　「亜鉛にうすい塩酸を加える実験」

(i)　図1のように，試験管Aに①亜鉛を入れ，うすい②塩酸を加えて気体を発生させた。はじめに出てきた気体を試験管1本分捨てたあと，試験管Bに気体を集め，水中でゴム栓をしてとり出した。

(ii)　図2のように，試験管Bの口に火のついたマッチを近づけ，試験管Bのゴム栓を外すと，音を立てて燃えた。

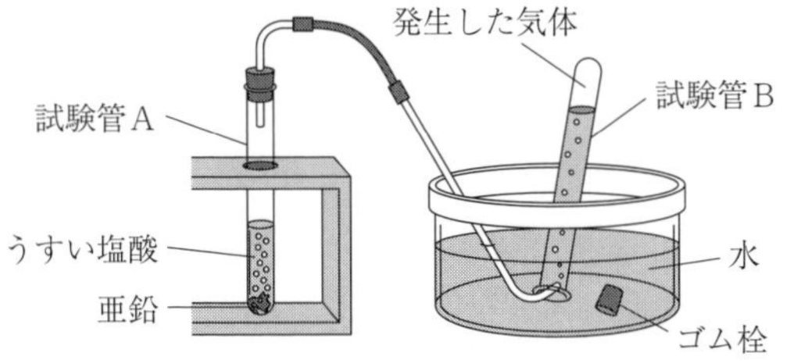


図1　気体を集めているようす

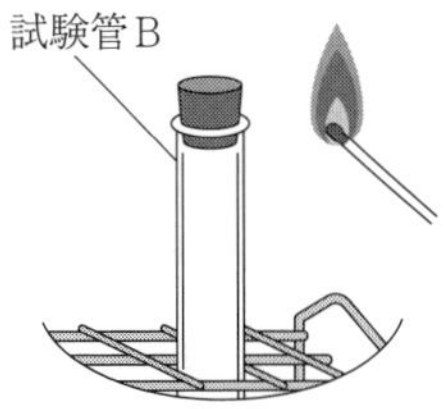


図2　マッチの火を近づけるようす

実験Ⅱ　「化学電池のしくみを調べる実験」

(i)　うすい硫酸亜鉛水溶液を入れたビーカーに亜鉛板を入れた。

(ii)　(i)で用意したビーカーに硫酸銅水溶液と銅板を入れたセロハンチューブを入れ，図3のような化学電池をつくった。

(iii)　図4のように(ii)でつくった化学電池と光電池用のプロペラつきモーターを導線でつなぎ，しばらく電流を流して，プロペラの動きとそれぞれの金属板のようすを観察した。

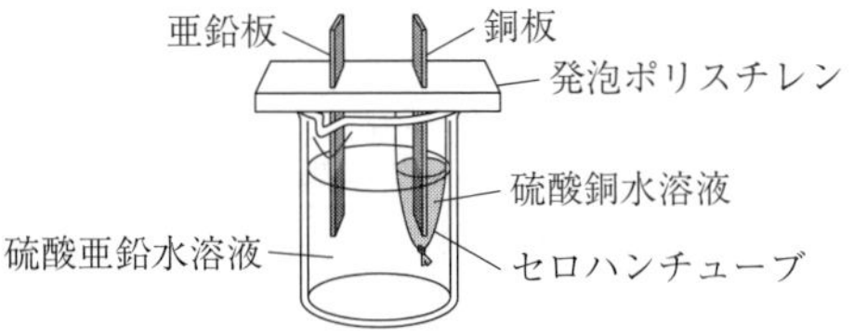


図3　化学電池

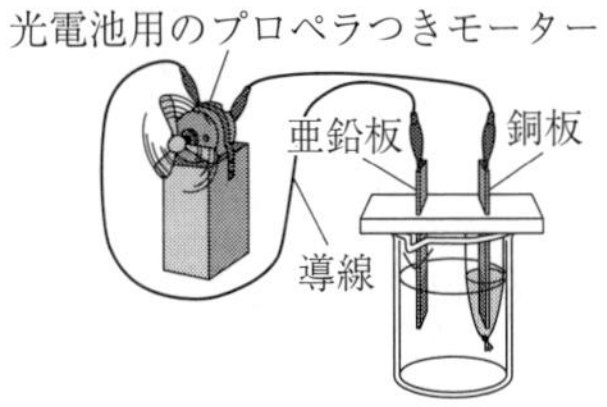


図4　化学電池で電気エネルギーをとり出すようす

〔問1〕　実験Ⅰの下線部①について，亜鉛は金属である。金属に共通する性質として適切なものを，次のア～エの中からすべて選んで，その記号を書きなさい。(　　　)

ア　磁石につく。　　イ　熱を伝えにくい。　　ウ　電気をよく通す。

エ　みがくと特有の光沢が出る。

〔問2〕　実験Ⅰの下線部②について，塩酸は塩化水素が水にとけた水溶液である。次の式は，塩化水素が電離しているようすを化学式を使って表している。[X]，[Y]にあてはまるイオンの化学式を書きなさい。X(　　　)　Y(　　　)

HCl → [X] + [Y]

〔問3〕　実験Ⅰについて，図1の気体の集め方は，どのような性質をもった気体を集めるのに適しているか，簡潔に書きなさい。

(　　　　　　　　　　　　　　　　　　　　　　　　　　　　　　　　　　　　　　　　)

〔問4〕 実験Ⅰで発生した気体と同じ気体が発生する実験として最も適切なものを，次のア～エの中から1つ選んで，その記号を書きなさい。(　　　)

ア うすい水酸化ナトリウム水溶液を電気分解する実験。

イ 酸化銀を熱分解する実験。

ウ 炭酸水素ナトリウムにうすい塩酸を加える実験。

エ 二酸化マンガンにうすい過酸化水素水を加える実験。

〔問5〕 実験Ⅱについて，図3の化学電池のしくみは，約200年前にイギリスの科学者によって発明された。発明した科学者の名前がつけられたこの電池の名称を書きなさい。(　　　電池)

〔問6〕 実験Ⅱについて，硫酸亜鉛や硫酸銅のように，水にとけると水溶液に電流が流れる物質を何というか，書きなさい。(　　　)

〔問7〕 実験Ⅱ(ⅲ)について，亜鉛板や銅板の表面での反応のようすと電流の向きや電子の移動の向きを模式的に表した図として最も適切なものを，次のア～エの中から1つ選んで，その記号を書きなさい。ただし，電流の向きを ➡，電子の移動の向きを ⇨，電子を⊖，原子がイオンになったり，イオンが原子になったりするようすを → で表している。(　　　)

ア

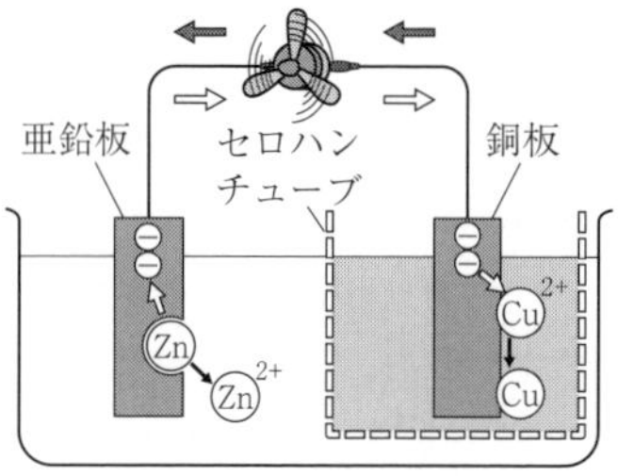


イ

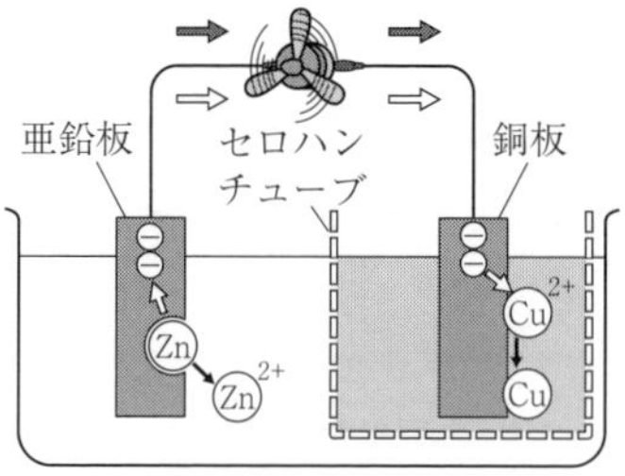


ウ

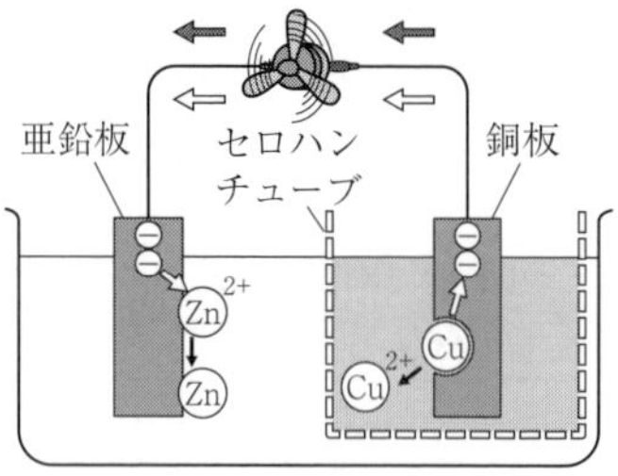


エ

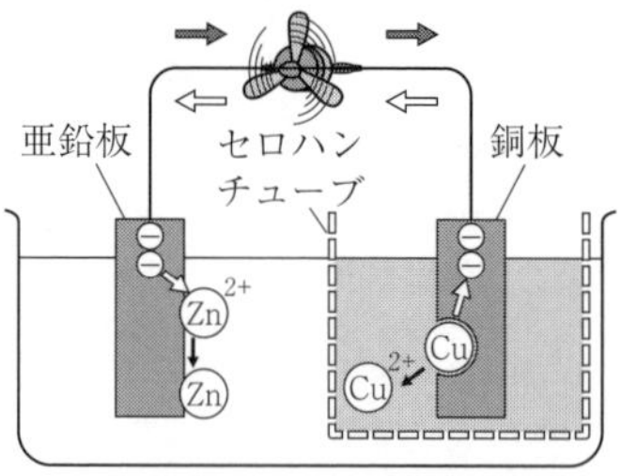


〔問8〕 次の文は，実験Ⅱにおけるセロハンチューブの役割を説明したものである。[ Z ] にあてはまる適切な内容を簡潔に書きなさい。ただし，「**イオン**」という語を用いること。

(　　　　　　　　　　　　　　　　　　　　　　　　　　　　　　　　　　　　　　　　)

> セロハンチューブには，2種類の水溶液がすぐに混ざらないようにする役割と，[ Z ] ことで電流を流し続ける役割がある。

5 仕事やエネルギーに関する実験Ⅰ～実験Ⅲを行った。あとの〔問1〕～〔問7〕に答えなさい。ただし，質量100gの物体にはたらく重力の大きさを1Nとし，実験で用いる糸やばねばかりの質量，糸の伸び，台車と斜面の間の摩擦はないものとする。

実験Ⅰ 「仕事について調べる実験」

(i) 質量500gの台車を，真上にゆっくりと一定の速さで，30cmそのまま引き上げる①仕事を行った（図1）。

(ii) 質量500gの台車を，なめらかな斜面に沿って平行に60cm引き，もとの高さから30cmの高さまでゆっくりと一定の速さで引き上げる仕事を行った（図2）。

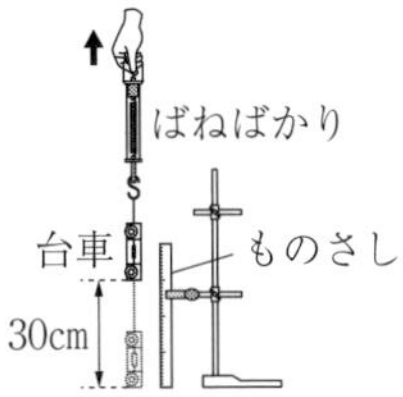

図1 そのまま引き上げる場合の仕事

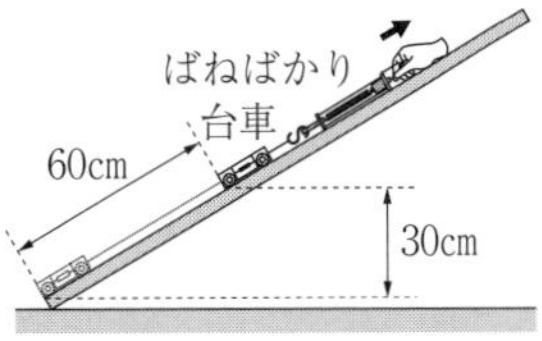

図2 斜面を使う場合の仕事

実験Ⅱ 「エネルギーの変換について調べる実験」

(i) 床から2.0mの高さに設置された台に滑車つきモーターを固定し，豆電球，電流計，電圧計を使って図3のような回路をつくり，滑車に質量55gのおもりを糸でとりつけた。

(ii) おもりを床から2.0mの高さまで巻き上げた後，床まで落下させて発電し，ある程度安定したときの電流と電圧の値を読みとった。また，そのときの落下時間も測定した。

(iii) (ii)の操作を5回行い，測定結果の平均値を表1にまとめた。

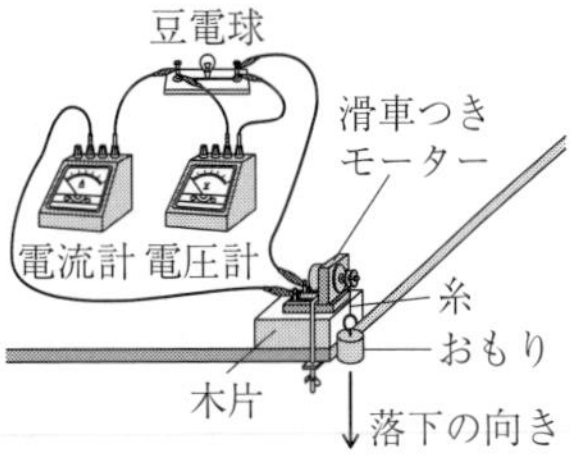

図3 実験装置

表1 実験結果

| 電流〔A〕 | 電圧〔V〕 | 落下時間〔s〕 |
|---|---|---|
| 0.2 | 1.1 | 1.4 |

【わかったこと】

床から2.0mの高さにある質量55gのおもりの位置エネルギー1.1Jのうち， X %が豆電球を光らせる電気エネルギーに変換されたと考えられる。このことから，②おもりの位置エネルギーがすべて電気エネルギーに変換されないことがわかった。

実験Ⅲ 「小球の位置エネルギーと運動エネルギーについて調べる実験」

(i) レールを用意し，小球を転がすためのコースをつくった（図4）。

(ii) BCを高さの基準（基準面）として，高さ40cmの点Aより数cm高いレール上に小球を置き，斜面を下る向きに小球を指で押し出した。小球はレールに沿って点A，点B，点Cの順に通過して最高点の点Dに達した。

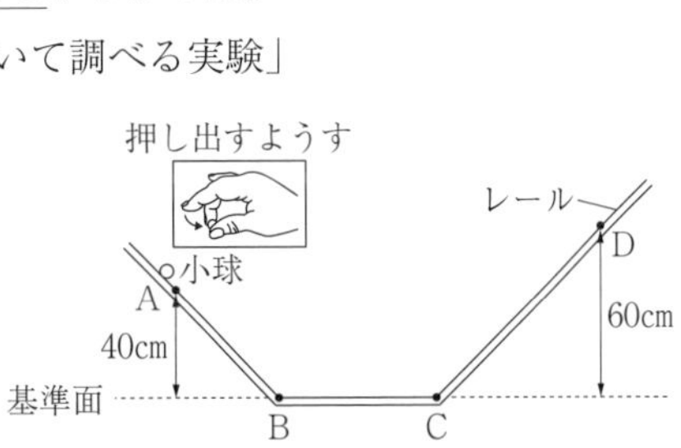

図4 小球が運動するコース

〔問１〕 実験Ⅰの下線部①について，仕事の単位には「J」を用いる。この単位のよみをカタカナで書きなさい。(　　　)

〔問２〕 実験Ⅰ(ii)のとき，ばねばかりの示す力の大きさは何Nか，書きなさい。(　　　N)

〔問３〕 実験Ⅰ(ii)の仕事にかかった時間は(i)のときの時間に対して２倍の時間であった。(ii)の仕事率は(i)の仕事率の何倍か。最も適切なものを，次のア～オの中から１つ選んで，その記号を書きなさい。(　　　)

ア　$\frac{1}{4}$倍　　イ　$\frac{1}{2}$倍　　ウ　1倍　　エ　2倍　　オ　4倍

〔問４〕 実験Ⅱの【わかったこと】の X にあてはまる適切な数値を書きなさい。(　　　)

〔問５〕 実験Ⅱの下線部②について，その理由を「おもりの位置エネルギーの一部が」という言葉に続けて簡潔に書きなさい。

(おもりの位置エネルギーの一部が　　　　　　　　　　　　　　　　　)

〔問６〕 実験Ⅱについて，位置エネルギーを利用して電気エネルギーを生み出す発電方法として最も適切なものを，次のア～エの中から１つ選んで，その記号を書きなさい。(　　　)

ア　火力発電　　イ　原子力発電　　ウ　水力発電　　エ　風力発電

〔問７〕 実験Ⅲについて，次の(1)，(2)に答えなさい。

(1) 位置エネルギーと運動エネルギーの和を何というか，書きなさい。(　　　)

(2) 図５は，レール上を点A～点Dまで運動する小球の位置エネルギーの変化のようすを表したものである。このときの点A～点Dまでの小球の運動エネルギーの変化のようすを，図５にかき入れなさい。ただし，空気の抵抗や小球とレールの間の摩擦はないものとする。

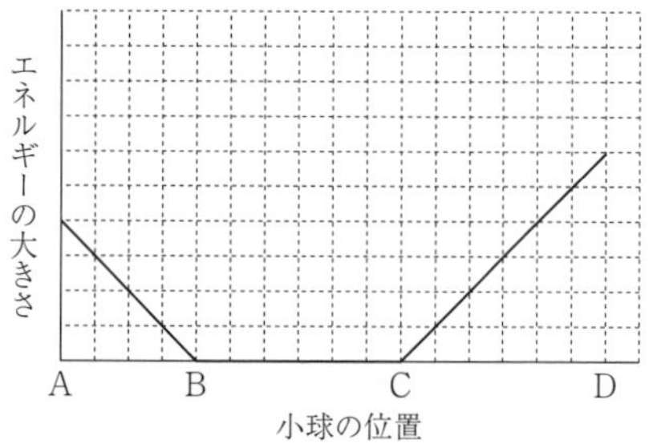

図５　小球の位置エネルギーの変化のようす

④ 次の文章を読んで、あとの〔問〕に答えなさい。

ともみさんの中学校では、「思いやりの気持ちをもち、自分でできることをよく考え、進んで行動する」ことを学校目標に掲げ、学級や学年でさまざまな取り組みをしています。

三年生では、環境問題についての学習の中で、地域の人たちと一緒に、海の豊かさを守ることをPRするポスターを、地域のあちこちに掲示する活動を計画しています。

今、二枚のポスターが用意されています。

ともみさんたちは、活動にあたって、この取り組みにふさわしいものを一枚選ぼうと考えています。

A

B

〔問〕 あなたは、A、Bどちらのポスターを選びますか。二枚のポスターを比較・分析した内容と選んだ理由を、次の条件にしたがって書きなさい。

〔条件〕

(1) 解答欄には、選んだポスターの記号を書くこと。

(2) 原稿用紙の正しい使い方にしたがって書くこと。ただし、題名や自分の氏名は書かないこと。

(3) 八行以上、十行以内であること。

選んだポスター（　　）

たとありますが、このとき日向子は航太の句にどのような思いをもっていたのか、その内容を、解答欄の「という思い。」に続く形で、六十字以内で書きなさい。（句読点やその他の符号も一字に数える。）

□という思い。

〔問2〕本文中、Bこそばゆくなってくるとありますが、この表現の意味として最も適切なものを、次のア～エの中から選び、その記号を書きなさい。（　）

ア　自慢したくなってくる　　イ　ばつが悪くなってくる
ウ　心もとなくなってくる　　エ　照れくさくなってくる

〔問3〕本文中、C何を悶々としているわけ？とありますが、このあと日向子たちに打ち明けた内容を読み取りながら、航太が悶々としている理由として最も適切なものを、次のア～エの中から選び、その記号を書きなさい。（　）

ア　作ろうと思っている上生菓子が、父親の菓子と同じように物々交換されることがわかり、幻滅したから。
イ　小市堂に未来がないと父に言われて、はじめて父や祖母のやりくりを知った自分の甘さに気づいたから。
ウ　父に小市堂を継がなくても食べていけると言われて、未来がないのがわかり、働く意欲をなくしたから。
エ　打ち明けた内容に共感した恵一に、実は動く金の規模が違うことをどう説明したらいいか戸惑ったから。

〔問4〕本文中、D苦笑まじりにうなずいたとありますが、このしぐさから読み取れる航太の心情として最も適切なものを、次のア～エの中から選び、その記号を書きなさい。（　）

ア　自分の将来のことで悩んでいるので、同じような悩みをもつ日向子の存在が心強い。
イ　自分は気持ちを打ち明けたのに、それを聞かず一方的に話し続ける日向子が苦々しい。
ウ　日向子の気遣いは感じながらも、心の奥にある気持ちをわかってもらえずやるせない。
エ　日向子が同調してくれたことにより、不安で悩んでいた気持ちがやわらいでうれしい。

〔問5〕本文中の□にあてはまる最も適切な四字熟語を、次のア～エの中から選び、その記号を書きなさい。（　）

ア　地産地消　　イ　自給自足　　ウ　一石二鳥　　エ　一挙両得

〔問6〕本文中、Eそのポジションは、誰にも必要とされないものなのかもしれないとありますが、このときの航太の気持ちを、「そのポジション」が指す内容を示した上で、八十字以内で書きなさい。（句読点やその他の符号も一字に数える。）

と笑っちゃうほどシンプルなんだぜ」
「シンプル……?」
「入ってくる金も出る金も、少ないの。まず、店のほうはさ、ほんと、微々たる売り上げしかないんだ。毎月の材料費や光熱費を取り除くと、え、これだけ？　って誰でも驚くくらいの額。で、家計簿と照らし合わせると、うまい具合に生活費やおれにかかる費用で差し引きほぼゼロになる感じ。もっと笑っちゃったのがさ、うち、おれ結構大食いだと思ってたんだけど、毎月の食費、一万円程度なの。三人で」
「私は自分の家の食費を知らないから何とも言えないんだけど、まあ、多くはないんだろうね」
そう言う日向子に、航太はD苦笑まじりにうなずいた。
「うん。ほとんど米代と調味料代って感じだった。あとはたぶん、魚も果物も、物々交換なんだ。野菜に関してはもらいもののほかにばあちゃんが家庭菜園やってるしさ。結局たいした金を使わないでも飯が食えるんだ」
「はあ……、すごい□だね」
「もっと笑えること教えてやろうか。時々夕食に鯛《たい》の刺身とかが出てきてたけど、今思えばいつも、親父《おやじ》が上生菓子を作る日だった。あ、焼き魚やアラ煮なんかはその翌日にもあったけど」
「はあ……」
もう一度日向子がため息のような返事をした。「それってつまり……」
「そう。親父の上生菓子が鯛に化けたわけ」
「それはそれで、いいじゃないか」
それまで黙っていた恵一が口を挟む。
「そんなこと言ったら、おれのうちだって金を出して食料買ってないのかもしれないぞ。食っている魚は当然市場へ出せない半端《はんぱ》ものだし、そう言えばうちも、もらいものは一杯あるな。親父もおふくろも、新鮮なうちにって配りまくってるから、きっとお返しがどっさり来るんだ」
「それでも、動く金の規模が違うよ」
どう言えば恵一にわかるだろう。漁師の家は、たしかに天候に左右される不安定さはあるものの、基本、大儲《もう》けを期待できる。当たれば大金が転がり込む。もちろん、出て行く金のほうも——船の維持費、燃料費、設備費、もろもろ——大きい。何もかもちまちまとしている小市堂とは、スケールが違うのだ。
いつのまにか、二年生二人も遠巻きに三人の話を聞いていた。日向子は和彦からペットボトルと財布を受け取りながら言う。
「じゃあ、航太、結局進路はどうするの？　どこの大学に行きたいの？」
ずばりと聞かれた航太は、言葉に詰まる。ちっぽけな島の平凡な航太として、小市堂の作業場が居場所になればいいと思っていた。和菓子は贅沢《ぜいたく》品。その贅沢品を島の人へ届けることを仕事にしたいと。あんなに楽しい美しいものを作って人の生活を豊かにすることができるのなら、こんなにいいことはないと思っていた。
だが、航太の作る菓子を受け取る人が、いないとなれば……。
おれのポジション。
Eそのポジションは、誰にも必要とされないものなのかもしれない。

（森谷明子《もりやあきこ》「南風吹く」より。一部省略等がある。）

（注）・俳句甲子園＝毎年愛媛県で開催されている、高校生を対象とした俳句の大会。
・ポイントガード＝バスケットボールのポジションの一つ。

〔問1〕本文中、A日向子は航太の問いには答えず、そう吟じてみせ

3　次の文章は、※俳句甲子園への出場を果たした航太《こうた》たち文芸部員が、地方大会の決勝戦に向けて作った俳句について話をしている場面です。これを読んで、〔問1〕～〔問6〕に答えなさい。※印には（注）がある。

日向子《ひなこ》が言った。
「ねえ、航太、覚えてる？　あんたが地方大会の決勝戦に作った句」
突然だったが、航太は素直に答えた。
「もちろん覚えてるけど？」

今ここがおれのポジション南風《みなみ》吹く

これが、航太の句だ。試合には使われなかったけど。
「だけど今頃、なんで？」
「『今ここがおれのポジション南風吹く』」
Ａ日向子は航太の問いには答えず、そう吟じてみせた。
「みんなで話し合って、義貞《よしさだ》先生にも意見してもらって、結局航太のこの句、試合には使わないことにしたんだよね」
「うん」
それで当たり前だと思った。自分への迷いを詠《よ》んだ日向子の句や、島の高みから見た海を感じさせる和彦《かずひこ》の句に比べたら、なんと言うか、幼稚な感じなのは自分でもわかっていたから。
「だけど、この句、妙に心に残りはしたんだよな」
恵一《けいいち》が、反対側からそう口を挟んだ。「『おれのポジション』って言い方は、たしかにあんまり俳句らしくはないし、『今ここ』っていうのも、なんか、J―POPあたりで使い古されたベタな感じがする。だけど、これを聞いた時、ぱっと、バスケットコートの中でポイントガード※を務めている航太の姿が浮かんで、ああ、いいなと思ったのは本当だ。だから迷ったんだが……。正直、審査員にどう評価されるか、読みにくい句だとも思ったしな」
日向子が体を乗り出した。
「うん、そう！　私も、この句は残ったんだよ！　絶対に汗びっしょりかいて大声出して、気持ちよさそうに走っているんだろうな航太、ってそこまでひとつづきの景が浮かんだの。恵一の言うとおり安全策を取って、使わずに終わっちゃったけどね。でも、わからないよ？　試合に出したら審査員にすっごい評価してもらえたかもしれないよ？」
二人が口々に言ってくれるのを聞いていると、航太はＢこそばゆくなってくる。
「あ、つまり二人とも褒めてくれてるんだと思うけどさ……、でもあれも、ほかに何も浮かばなくて、ただ屋上に立って南風南風、って風を感じようとしていた時に、ああおれ今ここで生きてるんだって、そういうのをふっと感じただけで」
「それがいいの。今ここがおれのいる場所、そう言い切る単純さが航太のいいところじゃない」
そう言った日向子は、まっすぐ航太を見つめた。
「その単純さが取り柄の小市《おち》航太が、Ｃ何を悶々《もんもん》としているわけ？」
「いや、別に……」
航太は口ごもったが、結局二人に話す羽目になった。
「そう……。小市堂に未来はないってお父さんに言われたの……」
「実際、なかった。そういう目でうちの商売を考えたことがなかったおれが、ほんと、単細胞の甘ちゃんだったわけ。だってさ、ばあちゃん、病気になる前はちゃんと帳簿や家計簿をつけていたんだけど、それを見るありますが、資料を参考にしながら、文中の［a］～［d］にあてはまる最も適切な語を、次のア～オの中からそれぞれ選び、その記号を書きなさい。

a（　　）b（　　）c（　　）d（　　）

ア　水　イ　氷　ウ　海水　エ　地下水　オ　淡水

〔問3〕本文中、Cこれらに使われるとありますが、水がどのような役割で使われると説明していますか。解答欄の「役割」に続く形でそれぞれ七字以内で、二つ書きなさい。

［　　　　　　　］役割　［　　　　　　　］役割

〔問4〕本文中の［Ⅰ］にあてはまる最も適切な語を、次のア～エの中から選び、その記号を書きなさい。（　　）

ア　都合上　イ　道義上　ウ　貿易上　エ　規則上

〔問5〕本文中、Dなぜ水溶液だと化学反応が起こりやすいのかについて、文中の［　］には、筆者の考えが四文で構造的に表現されています。［　］内の一文に続くように、次のア～ウの文を適切な順番に並べ、その記号を書きなさい。（　　→　　→　　）

ア　だから分子同士がぶつかりあって反応しやすくなるのです。

イ　また、乾燥している時には丸まっている高分子もほどけて長く伸び広がって、やはり化学反応が起こりやすくなります。

ウ　水に溶けると、結晶になっていたものもイオンに分かれたり個々の分子になったりとバラバラになり、水の中を熱運動により動きまわれるようになります。

〔問6〕本文中、E水は命の泉とありますが、筆者がこのように表現した理由として最も適切なものを、次のア～エの中から選び、その記号を書きなさい。（　　）

ア　水は、いろいろなものを溶かす性質によって化学反応が起こりやすい環境をつくっており、生命の発生にも、生物が生きている状態を保つのにも不可欠なものだから。

イ　水は、農作物を育てるのに大量に使用され、人間はそれを食べることで必要な水分を間接的に吸収しており、農作物を食べないと五日間も生きることができないから。

ウ　水は、化学反応によって薄い膜で外界とのしきりをもった有機物に変化し、それがさらに水溶液状の海の中で混ぜ合わさることで、新たな生物を次々と生み出しているから。

エ　水は、地球上でふんだんに湧き出しており、随所に見られる泉の周りでは、植物の命を育むことで自然豊かな環境をつくり出し、そこで人間が生活を営んでいるから。

すんですね。生命とは活発な化学反応が、たえず起こっているものです。だから、化学反応の起こりやすい水という環境は、生命が生まれるには、うってつけだったのです。

水に溶かすと化学反応を起こしやすいのは、すでに体験済みでしょう。学校での化学の実験のとき、使った薬品は瓶に入っていて、粉とかつぶつぶ状のもの、すなわち固体だったでしょう。そして、それをそのまま使うことはしませんでしたね。まず、薬品を水に溶かして、水溶液を作ります。そして溶液同士を混ぜ合わせると、化学反応が起こる。水溶液にすると反応するのです。海は水溶液の状態です。この化学反応の起こりやすい状態の下で、生命が発生しました。

D なぜ水溶液だと化学反応が起こりやすいのかを考えておきましょう。

水には多くの物質を溶かす能力があります。

たえず化学反応が起こっているのが生きている状態ですから、海という反応の起こりやすい水溶液から生命が始まったのは、もっともなことです。そして今でも、生物は水溶液の状態を保ち、活発な化学反応を起こし続けています。水が断たれればたちまち死んでしまうわけで、E 水は命の泉なのです。

（本川《もとかわ》達雄《たつお》「生物学的文明論」より。一部省略等がある。）

（注）・アムダリヤ川＝中央アジアの大河。

・アラル海＝かつてはアムダリヤ川が注いだ、中央アジアの塩湖。

・チャド湖＝アフリカ大陸中央部の湖。

資料

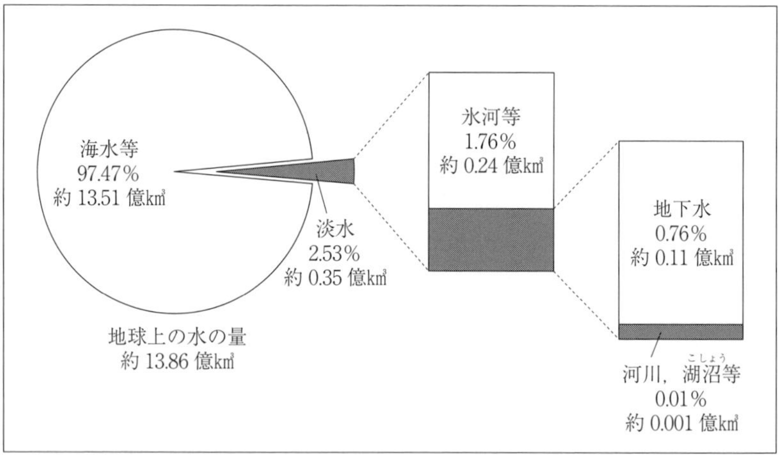


（国土交通省「令和３年版日本の水資源の現況」から作成）

〔問1〕本文中、A これが塩害ですとありますが、筆者は塩害をどのようなものとして考えていますか。文中の言葉を用いて、五十字以内で書きなさい。（句読点やその他の符号も一字に数える。）

〔問2〕本文中、B 地球は水惑星ですから、水はふんだんにありますとら干からびたら、ほとんど何も残りません。

植物でも似たようなものです。草は八～九割が水。木でも半分以上が水。トマトの果実にいたっては九四パーセントが水です。だからこそ植物を育てるには水が要るのです。植物は水を根から吸収します。体に入った水は、いわば水タンクのような体の水分補給にも、もちろん使われますが、さらに大切な別の用途にも用いられます。植物は光合成によりデンプンを作りますが、デンプンの原料となっているのが水と二酸化炭素。食物の原料が水なのです。米やパンを食べれば、間接的に水を食べたとも言えるわけですね。

木は何十メートルもの高さに生長しますが、体の高い部分まで水を運び上げるのにも、水が必要です。植物は水を押し上げるポンプの原動力として水の蒸散を使っているのです。水は葉から水蒸気として逃げていく（蒸散する）のですが、この際に、下の水を上へと引っ張り上げます。葉からの蒸散はまた、日光で熱くなった葉を冷やすのにも使われます。

C これらに使われるため、根から入った水の九割以上は、葉からの蒸散で失われてしまいます。さらに、言うまでもないことですが、川から取水した水が、すべて植物のところまで届くわけではありません。途中でいろいろと無駄が出ます。半分以上が失われてしまうのです。こんな状況ですから、植物を育てるのには、水が大量に要るのですね。

米一キログラムを作るのに三・六トンの水が必要だと見積もられています。なんと三六〇〇倍もの水が要るのです。他の植物も似たようなもので、小麦もトウモロコシも約二〇〇〇倍、大豆だと二五〇〇倍の水が必要です。

ごはん一膳で風呂《ふろ》二・五杯分の水が使われています。炊事・洗濯・風呂・トイレと、毎日ずいぶん水を使っているように感じるでしょうが、家庭で一人が一日に使う水の量は〇・二四トン。この二倍の水が、茶碗《ちゃわん》一杯の米を作るのに必要なのです。

日本は大量の穀物を輸入しています。これはその数千倍もの水を同時に輸入しているとも言える事態です。日本の食糧《しょくりょう》自給率は四割。それだけでも由々しき大問題ですが、水という視点に立てば、世界では不足している水を、日本という水の豊かな国が、これほど多量に輸入していいものかという、[ I ]の問題があることは、覚えておくべきでしょう。

生物の体は半分以上が水。四捨五入すれば「生物は水」です。それほど生物は水っぽいものなのです。

だからこそ、水を飲まなければ生きていけません。「飲まず食わず」と並べて言われますが、人間の場合、八〇日間食べなくても大丈夫だったという記録がある一方で、飲まずに生きられるのは五日ほど。水はこれほどまでに不可欠です。

なぜ生物はこんなにも水を含んでいるのでしょうか？

これは歴史的な経緯によるものでしょう。生命は太古の海で生まれました。太古の海に溶けてただよっていた有機物が、薄い膜で外界とのしきりをつくって自己を確立したのが生命のはじまりだと考えられています。だから「膜で包まれた水」が生物の基本なのです。

この膜に包まれた小さな水溶液こそ細胞です。細胞は、今でも私たちの体を構成する基本単位となっています。細胞の膜は油（脂質）でできています。油は水をはじくので、水を仕切るには格好の材料です。

それではなぜ生命は海で生まれたのでしょうか？

これには水という特別な物質の性質が関係しています。水はいろいろなものを溶かします。そして水に溶けると、ものはよく化学反応を起こ

(1) 文中のA色はにほへどを現代仮名遣いに改め、すべてひらがなで書きなさい。（　　　）

(2) 文中の[Ⅰ]には、漢字一字が入ります。解説文を参考にしながら、あてはまる漢字を書きなさい。（　　）

(3) 文中、Bいろは歌とありますが、この歌を行書とひらがなを交えて書く場合、どのようなことに気をつけるとよいですか。最も適切なものを、次のア～エの中から選び、その記号を書きなさい。（　　）

ア　行書が読めない人がいることも考えて書くため、ひらがなはやや大きめに書くとよい。

イ　どんな場面でも正しく字を書くため、ひらがなは省略や変化をさせず丁寧に書くとよい。

ウ　配列を整えて書くため、行書の特徴に気をつけて筆脈を意識し、全部つなげて書くとよい。

エ　行書に調和するひらがなを書くため、ひらがなの始筆や終筆の方向を変化させて書くとよい。

(4) 文中の[Ⅱ]には、状態を表す形容詞が入ります。筆者の解説の文意にふさわしい語を、文中から抜き出し、直後の「散ってしまい」に続く形で書きなさい。（　　　）

---

2　次の文章と資料を読んで、〔問1〕～〔問6〕に答えなさい。※印には（注）がある。

今や世界的規模で水不足が起こっています。原因は人口の増加。増えた人口を養うために、より多くの穀物を育てなければなりません。農作物を作るのには、大量の水が要ります。川や湖からどんどん取水した結果、黄河や※アムダリヤ川というあれほどの大河でも、水不足で、流れが途中で途切れる断流現象が起こっていますし、※アラル海は失われ、※チャド湖も面積が激減しました。各地の湖や湿地が干上がっています。

地下水もさかんに汲《く》み上げられ、かんがいに用いられています。おかげで地下水の水位が下がり、より深いところから汲み出す事態になっています。深い場所の水ほど、地中に滞在していた時間が長く、より多くの塩類を溶かし込んでいます。これを使い続けると、農地に塩類がたまり、植物が育たなくなります。Aこれが塩害です。また、地下水には砒素《ひそ》など、有毒物質が含まれていることもあり、これも大きな問題になっています。

B地球は水惑星ですから、水はふんだんにあります。でも[a]の九七・四パーセントは[b]で、農耕には使えません。使えるのは[c]。そしてその多くは[d]として極地にあり使用不可。川や湖のように、農耕に自由に使える淡水は、地球の水の〇・〇一パーセント以下と、ごくわずかです。

なぜ農耕に水が要るのでしょうか。それは、生物が水でできているからです。体の半分以上が水です。

人間の場合、全体重の六二パーセントが水の重さです。ヤギだと七六パーセント、魚のタラなら八二パーセント。あのカシャカシャしたゴキブリでさえ、六一パーセントが水なのですから、見かけによらずずいぶんと水っぽいんですね。クラゲにいたっては九五パーセントが水。だか

# 国語

時間　五〇分
満点　一〇〇点

1　次の〔問1〕～〔問3〕に答えなさい。

〔問1〕　次の①～⑧の文の――を付した、カタカナは漢字に直して書き、漢字は読みがなをひらがなで書きなさい。

① 太陽の光をアびる。（　　びる）
② 記録をチヂめる。（　　める）
③ 要人をゴエイする。（　　）
④ 永年のコウセキをたたえる。（　　）
⑤ 彼とは相性がよい。（　　）
⑥ 現実との隔たりを感じる。（　　たり）
⑦ 至福の時間を過ごす。（　　）
⑧ 仰天の結末を迎える。（　　）

〔問2〕　次の文章を読んで、あとの(1)、(2)に答えなさい。

故郷から届いたたくさんのみかんを、受験で頑張っているあおいさんにもおすそ分けしようと思います。そこで、次のような言葉を添えて持っていくことにしました。

「和歌山のおいしいみかんです。勉強の合間に、どうぞいただいてください。」

厳しい寒さもどうやらもうすぐ終わ□そうです。暖かい春が近づいています。

(1)　文中のいただいてを、適切な敬語表現に書き直しなさい。（　　）

(2)　文中の□には、ひらがな一字が入ります。次の条件①、②に合うように、それぞれあてはまるひらがなを書きなさい。

［条件］
① そのことを「人から伝え聞いた」ことを表すように。（　）
② そのことを「自分で推測した」ことを表すように。（　）

〔問3〕　次の古文と解説文を読んで、あとの(1)～(4)に答えなさい。※印には（注）がある。

A　色はにほへど散りぬるを　わが世誰《たれ》ぞ　Ⅰ　ならむ
有為《うゐ》の奥山けふ越えて　浅き夢見じ酔《ゑ》ひもせず

日本の歌で何が一番すぐれているか。文学的な見地から言えばいろいろあるだろうが、一番苦心して作った歌と言われたら、このBいろは歌が挙げられるだろう。七五調で今様※のような感じだが、日本語で使う主な音を全部一音ずつ使い、仏教の無常観をさりげなく取り入れているところは、ちょっと真似《まね》ができない。

花は美しく咲いてはいても一陣の風で　Ⅱ　散ってしまい、楽しく生きている人もその栄華は続くことはない。悲しいことばかりが続く人生の山を越えてきたが、それはまるでお酒を飲んで眠ったときに浅い夢をみたかのようにいま思えばはかないものだ、という意味である。

（金田一春彦《きんだいちはるひこ》「心にしまっておきたい日本語」より。一部省略等がある。）

（注）・今様＝平安朝当時に流行した歌謡。

# 2022年度／解答

## 数　学

1 **【解き方】**〔問1〕(1) 与式＝－(9－4)＝－5　(2) 与式＝$\frac{10}{3}+2\times\left(-\frac{4}{3}\right)=\frac{10}{3}-\frac{8}{3}=\frac{2}{3}$　(3) 与式＝$3a+5b+4a-2b=7a+3b$　(4) 与式＝$4\sqrt{3}-\sqrt{3}+2\sqrt{3}=5\sqrt{3}$　(5) 与式＝$a^2+6a+9-(a^2-16)=a^2+6a+9-a^2+16=6a+25$

〔問2〕左辺を因数分解すると，$(x+7)(x-2)=0$ だから，$x=-7$，2

〔問3〕$\sqrt{\frac{20}{n}}=\sqrt{\frac{2^2\times5}{n}}$ だから，この値が自然数となるような自然数 $n$ は，$n=5$，$n=2^2\times5=20$

〔問4〕$y=\frac{a}{x}$ とおき，$x=5$，$y=4$ を代入すると，$4=\frac{a}{5}$ より，$a=20$　$y=\frac{20}{x}$ に $x=-10$ を代入して，$y=\frac{20}{-10}=-2$

〔問5〕△ODE は二等辺三角形だから，∠DOE＝180°－35°×2＝110°　したがって，小さい方の∠COA の大きさが 110° だから，大きい方の∠COA の大きさが，360°－110°＝250°　円周角の定理より，$\angle x=250°\times\frac{1}{2}=125°$

〔問6〕半径が 4 cm の半球となるから，体積は，$\frac{4}{3}\pi\times4^3\times\frac{1}{2}=\frac{128}{3}\pi\,(\text{cm}^3)$

**【答】**〔問1〕(1) －5　(2) $\frac{2}{3}$　(3) $7a+3b$　(4) $5\sqrt{3}$　(5) $6a+25$　〔問2〕$x=-7$，2　〔問3〕5，20
〔問4〕－2　〔問5〕125°　〔問6〕$\frac{128}{3}\pi\,(\text{cm}^3)$

2 **【解き方】**〔問1〕A さんが 1 の数字がかかれた玉を取り出すとき，残りの 3 人の玉の取り出し方は，右図のように 6 通り。同様に，A さんが 2，3，4 の数字がかかれた玉を取り出す場合も 6 通りずつあるので，4 人の玉の取り出し方は全部で，6 × 4 ＝ 24 (通り)　このうち，A さんが第一走者，D さんが第四走者となるのは，○印をつけた 2 通りだから，確率は，$\frac{2}{24}=\frac{1}{12}$

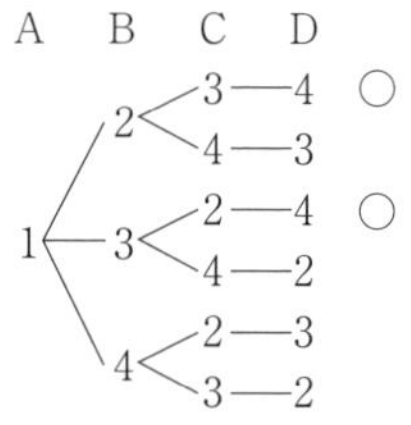


〔問2〕(1) 27 ÷ 5 ＝ 5 あまり 2 より，リングは 27 番目までに，5 色を 5 回繰り返したあと，青，黄と並ぶ。よって，27 番目は黄色。(2) 124 ÷ 5 ＝ 24 あまり 4 より，リングは 124 番目までに，5 色を 24 回繰り返したあと，青，黄，黒，緑と並ぶので，黒色のリングは，24 ＋ 1 ＝ 25 (個)

〔問3〕唐揚げ弁当 1 個の定価を $x$ 円，エビフライ弁当 1 個の定価を $y$ 円とすると，2 種類の弁当の定価について，$x+50=y$……①が成り立つ。また，エビフライ弁当は定価 $y$ 円で 20 個売り，唐揚げ弁当は，定価の 5 割引である $\frac{1}{2}x$ 円で 10 個，定価の $x$ 円で，20 － 10 ＝ 10 (個)売ったから，売り上げの合計について，$20y+\frac{1}{2}x\times10+10x=15000$……②が成り立つ。①より，$x-y=-50$……③　②を整理して，$3x+4y=3000$……④　④－③× 3 より，$7y=3150$ だから，$y=450$　これを③に代入して，$x-450=-50$ より，$x=400$

〔問4〕(1) (I) 四分位範囲が最も大きいのは C 組だから，正しくない。(II) A 組の生徒数は 35 人で，中央値は冊数が少ない方から 18 番目の値である。A 組の中央値は 20 冊より大きいから，借りた冊数が 20 冊以下の人数は 17 人以下となる。B 組の生徒数も 35 人で中央値は 20 冊より小さいから，借りた冊数が 20 冊以下の人数は少なくとも 18 人はいる。C 組の生徒数は 34 人で，中央値は冊数が少ない方から 17 番目と 18 番目の値の平均となる。C 組の中央値は 20 冊より大きいから，借りた冊数が 20 冊以下の人数は 17 人以下となる。よって，正しい。(Ⅲ) B 組は，第 3 四分位数も最大値も 30 冊以上 35 冊以下の範囲にはないので，この図からは 30 冊以上 35 冊以下の生徒がいるかどうかわからない。(2) 箱ひげ図から，最小値は 5 冊から 10 冊の間，第 1 四分位数は 10 冊から 15 冊の間，第 2 四分位数（中央値）は 20 冊から 25 冊の間，第 3 四分位数は 30 冊から 35 冊の間，最大値は 40 冊から 45 冊の間とわかる。C 組は 34 人だから，第 1 四分位数は冊数が少ない方から 9 番目の値，第 2 四分位数は 17 番目と 18 番目の値の平均，第 3 四分位数は 26 番目の値となる。よって，あてはまるのはウ。

**【答】**〔問 1〕 $\frac{1}{12}$ 〔問 2〕(1) 黄(色) (2) 25 (個)

〔問 3〕(唐揚げ弁当 1 個の定価) 400 (円) (エビフライ弁当 1 個の定価) 450 (円)

〔問 4〕(1) (Ⅰ) イ (Ⅱ) ア (Ⅲ) ウ (2) ウ (3) (例) 3 年生の生徒だけでは，標本を無作為に抽出したことにならないため。

3 **【解き方】**〔問 1〕 $y = \frac{1}{4}x^2$ に $x = -2$ を代入すると，$y = \frac{1}{4} \times (-2)^2 = 1$ また，$x = 0$ のとき $y = 0$ だから，変化の割合は，$\frac{0-1}{0-(-2)} = -\frac{1}{2}$

〔問 2〕 $y = \frac{1}{4}x^2$ に $y = 9$ を代入すると，$9 = \frac{1}{4}x^2$ より，$x^2 = 36$ だから，$x = \pm 6$ よって，$x$ の変域は $-2 \leqq x \leqq 6$ となり，$x = 0$ のとき $y = 0$ で最小値をとるので，$y$ の変域は，$0 \leqq y \leqq 9$

〔問 3〕 $y = \frac{1}{4} \times (-4)^2 = 4$ より，P $(-4,\ 4)$ $x$ 座標が最も大きい B は，次図アのように，OP = OB の場合。三平方の定理より，$\mathrm{OP} = \sqrt{\{0-(-4)\}^2 + 4^2} = \sqrt{4^2 + 4^2} = 4\sqrt{2}$ だから，$\mathrm{OB} = \mathrm{OP} = 4\sqrt{2}$ よって，B $(4\sqrt{2},\ 0)$ $x$ 座標が最も小さい B は，次図イのように，OP = BP の場合。P から $x$ 軸に垂線 PH をひくと，$\mathrm{BH} = \mathrm{OH} = 0 - (-4) = 4$ より，$\mathrm{OB} = 4 \times 2 = 8$ だから，B $(-8,\ 0)$

図ア
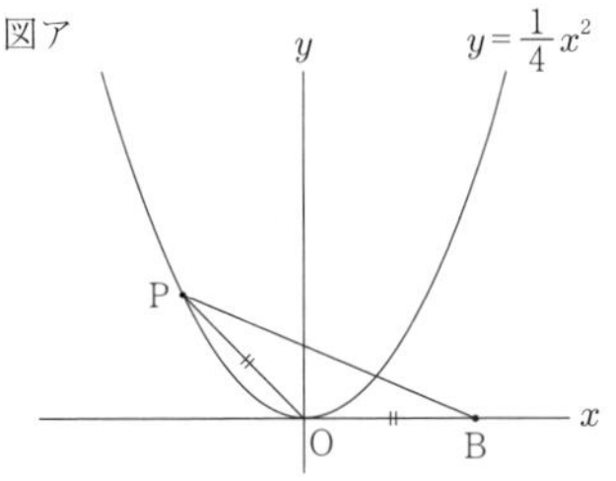


図イ
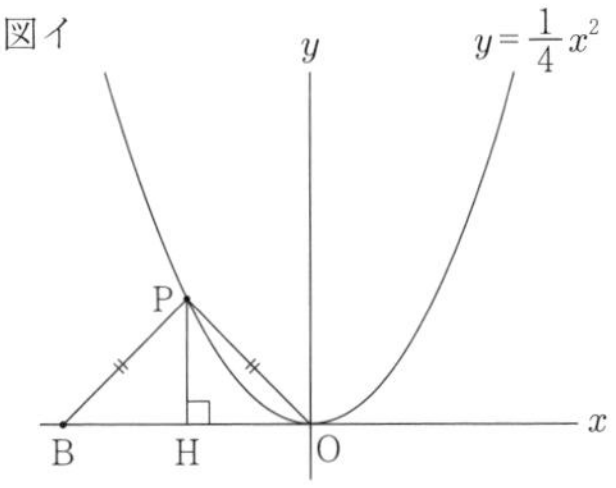


〔問 4〕点 P の $x$ 座標を $t$ とする。△OPD と△ODC の底辺を OD（共通）とすると，高さの比が面積の比となるので，$-t : 4 = 3 : 2$ よって，$t = -6$ $y = \frac{1}{4} \times (-6)^2 = 9$ より，P $(-6,\ 9)$ 直線 PC は傾きが，$\frac{4-9}{4-(-6)} = \frac{-5}{10} = -\frac{1}{2}$ だから，式を $y = -\frac{1}{2}x + b$ とおいて点 C の座標を代入すると，$4 = -\frac{1}{2} \times 4 + b$ より，$b = 6$ よって，D $(0,\ 6)$ ここで，直線 AO の傾きは，$\frac{0-1}{0-(-2)} = -\frac{1}{2}$ だから，PC // AO したがって，△OAP = △OAD だから，四角形 OAPC = △OAP + △OPD + △OCD = △OAD + △OPD + △OCD = $\frac{1}{2} \times 6 \times 2 + \frac{1}{2} \times 6 \times 6 + \frac{1}{2} \times 6 \times 4 = 6 + 18 + 12 = 36$ 四角形 OAPC を直線 AD で分けるとすると，四角形 OADC = 6 + 12 = 18 これは四角形 OAPC の面積の半分だから，求め

る直線はADである。直線ADは傾きが，$\frac{6-1}{0-(-2)}=\frac{5}{2}$ で切片が6だから，式は，$y=\frac{5}{2}x+6$

**【答】**〔問1〕$-\frac{1}{2}$　〔問2〕(ア) 6　(イ) 0

〔問3〕($x$座標が最も大きい座標) $(4\sqrt{2},\ 0)$　($x$座標が最も小さい座標) $(-8,\ 0)$

〔問4〕$y=\frac{5}{2}x+6$

4 **【解き方】**〔問1〕(1) $\angle BAP=180°-(90°+60°)=30°$　$\angle DAQ=180°-(90°+70°)=20°$　よって，$\angle PAQ=90°-(30°+20°)=40°$　(2) △ABPは30°，60°の直角三角形だから，$BP=\frac{1}{\sqrt{3}}AB=2\sqrt{3}$ (cm)　よって，$\triangle ABP=\frac{1}{2}\times2\sqrt{3}\times6=6\sqrt{3}$ ($cm^2$)

〔問3〕△ABPは∠ABP = 90°の直角三角形だから，$\angle BAP+\angle BPA=90°$　$\angle BAP=\angle CPQ$だから，$\angle CPQ+\angle BPA=90°$　したがって，$\angle APQ=180°-(\angle CPQ+\angle BPA)=180°-90°=90°$だから，3点A，P，Qを通る円の直径は線分AQである。ここで，$\angle BAP=\angle CPQ$，$\angle ABP=\angle PCQ=90°$より，2組の角がそれぞれ等しいので，$\triangle ABP\backsim\triangle PCQ$　よって，BP : CQ = AB : PC　$BP=PC=\frac{1}{2}BC=3$ (cm)だから，3 : CQ = 6 : 3　したがって，$CQ=\frac{3}{2}$ (cm)　$DQ=6-\frac{3}{2}=\frac{9}{2}$ (cm)だから，△ADQで三平方の定理より，$AQ=\sqrt{6^2+\left(\frac{9}{2}\right)^2}=\frac{15}{2}$ (cm)　よって，求める円の半径は，$\frac{1}{2}AQ=\frac{15}{4}$ (cm)

**【答】**〔問1〕(1) 40°　(2) $6\sqrt{3}$ ($cm^2$)

〔問2〕△ABPと△BCQで，仮定より，BP = CQ……①　四角形ABCDは正方形だから，AB = BC……②　$\angle ABP=\angle BCQ=90°$……③　①，②，③から，2組の辺とその間の角がそれぞれ等しいので，$\triangle ABP\equiv\triangle BCQ$　よって，$\angle APB=\angle BQC$……④　また，△BCQは∠BCQ = 90°の直角三角形だから，$\angle BQC+\angle CBQ=90°$……⑤　④，⑤より，$\angle APB+\angle CBQ=90°$……⑥　△BPEの内角と外角の関係より，$\angle EPB+\angle PBE=\angle AEB$……⑦　⑥，⑦より，$\angle AEB=90°$

〔問3〕$\frac{15}{4}$ (cm)

# 英 語

1 【解き方】〔問 1〕No.1. October twelfth =「10 月 12 日」。No.2.「本」を取ってほしいと頼んでいる女の子が，それは「テーブルの上」にあると言っている。No.3.「2 匹の犬がとてもかわいい」,「彼女はすてきなバッグを持っている」というせりふから判断する。

〔問 2〕No.1. A. 田中先生がその学校で英語を教えているのは 5 年間。B. 田中先生は和歌山市に 10 年住んでいる。C.「田中先生はほとんど毎日ギターを演奏している」。正しい。D. 田中先生は海外旅行をするのが好きで，オーストラリアに 3 回行ったことがある。No.2.「日本への到着日」,「日本での滞在期間」,「日本で行きたい場所」はケビンによって伝えられている。

〔問 3〕No.1. 香織は 9 年間柔道をしている。No.2. 佐藤先生は香織の柔道の先生だった。No.3. 香織がベンと会ったのは彼女が柔道大会に参加したとき。No.4. 香織はベンから，インドにはあまり柔道の先生がいないと聞いて驚いた。No.5. 香織は将来，外国で柔道を教えたいと思っている。

【答】〔問 1〕No.1. C No.2. B No.3. A 〔問 2〕No.1. C No.2. D

〔問 3〕No.1. C No.2. C No.3. A No.4. D No.5. B

◀全訳▶ 〔問 1〕

No.1.

母親 ：今年，あなたの学校の運動会はいつなの？

男の子：10 月 12 日だよ。

No.2.

女の子：私にあの本を取ってくれない？

男の子：いいよ。それはどこにあるの？

女の子：テーブルの上よ。

男の子：わかった。

No.3.

女の子：この写真を見て。2 匹の犬がとてもかわいいわ。

男の子：うん。僕もそう思う。その女性は誰？

女の子：彼女は私の友だちのミキよ。

男の子：ああ，そうなの。彼女はすてきなバッグを持っているね。

〔問 2〕

No.1. こんにちは，みなさん。私の名前は田中ヨシコです。私は 5 年間この学校で英語を教えています。私は 10 年間和歌山市に住んでいます。私はギターを演奏するのが好きです。私はほとんど毎日それを演奏しています。私は海外旅行をするのも好きです。私はオーストラリアへ 3 回行ったことがあります。私は外国の文化や食べ物についてみなさんに伝えたいと思っています。一緒に英語の授業を楽しみましょう。

No.2. もしもし。ケビンです。私は 8 月 3 日に日本に到着し，日本に 2 週間滞在する予定です。私は日本の図書館に興味があります。私はいくつかの図書館を訪れたいです。私はあなたと一緒に日本の映画も見たいです。あなたに会えるのを楽しみにしています。

〔問 3〕今日は私の夢についてお話しします。私は柔道が大好きです。私は 9 年間柔道をしています。私は 5 歳のときに兄と一緒にそれを始めました。小学生のときに私は柔道のスクールに入りました。佐藤先生が私の柔道の先生でした。彼は強くてとても親切でした。練習後，私はしばしば彼と話をしました。私は彼が好きでした。

今，私は柔道部の部員です。私は毎日，一生懸命に柔道の練習をしています。昨年，私は私たちの市の柔道大会に参加しました。その日，私はベンに初めて会いました。彼はインド出身の少年でした。彼はとても強かったです。大会後，私は彼と話をしました。私たちはスポーツや音楽など，多くのことについて話しました。私たちはよい友だちになりました。

ある日，彼は自分の国について私に話してくれました。彼は，インドにはあまり柔道の先生がいないのだと私に言いました。私はそれを聞いて驚きました。

私は多くの人に柔道を楽しんでほしいと思っています。日本にはたくさん柔道の先生がいますが，もっと多くの柔道の先生を必要としている国もあります。私は将来，柔道を教えるために外国へ行きたいです。

質問 No.1.　香織はどれくらい柔道をしていますか？

質問 No.2.　佐藤先生とは誰でしたか？

質問 No.3.　香織はいつ初めてベンに会いましたか？

質問 No.4.　なぜ香織は驚いたのですか？

質問 No.5.　香織の夢は何ですか？

2 **【解き方】**〔問1〕ア．第2段落の2文目を見る。由衣が生産物を売った場所は，学校近くの駅である。イ．第1段落の最終文を見る。由衣はジュースのような加工製品を学校で作った。ウ．由衣は農業を教えたいとは言っていない。エ．由衣は「駅での売上げを記録した」。第2段落の3文目を見る。正しい。

〔問2〕第3段落を見る。3文目よりAが「野菜」，4文目よりBが「加工製品」，最終文よりCが「果物」，Dが「花」である。

〔問3〕最終段落を見る。由衣は「これが最も伝えたいことです」と言ったあとで，「私たちの生産物を改善したい」と述べている。

〔問4〕(1) より多くの人に駅に生産物を買いにきてもらうためにできることを書く。「ポスターを作る」，「SNSを利用する」などの内容が考えられる。(2) 由衣の1・2番目のせりふから考える。由衣は人々に生産物を楽しんでほしいと思っている。

**【答】**〔問1〕エ　〔問2〕A．ア　B．エ　C．ウ　D．イ　〔問3〕ア　〔問4〕(1) (例) make posters　(2) イ

**◀全訳▶**　私たちの学校では，農業を勉強することができます。私は農業科に所属しています。私はよい野菜，花，そして果物の育て方を学んでいます。私はクラスメートと一緒にそれらを育てています。学校で，私たちは時々ジュースのような加工製品を作ります。

6月に，私たちは野菜，花，果物，そして加工製品を売り始めました。毎週金曜日に，私たちは学校の近くにある駅でそれらを売りました。私たちがそれらを売ったとき，私はそこでの売上げを記録しました。多くの人が私たちの生産物を買うために駅へ来てくれたとき，私はうれしく思いました。私は時々彼らに，私たちの生産物をどう思うかたずねました。

各月の終わりに，その月の全ての売上げの割合を調べるため，私は円グラフを作りました。今日は6月と7月の円グラフをお見せします。それらの月に，私たちは野菜を最も多く売りました。6月は，加工製品の割合が果物や花よりも高くなっていました。しかし7月は，加工製品はあまり人気がありませんでした。6月と比較すると，果物の割合がより高くなり，花の割合は同じでした。

私にとって生産物を作って売るのは素晴らしい経験でした。駅では，人々が私たちの生産物をどう思っているのか，私に教えてくれました。そして円グラフは私に，季節ごとに人気のある生産物を示してくれています。いくつかの役立つ情報を得られて，私は今，うれしく思っています。

さて，これは私がみなさんに最も伝えたいことです。私は自分が学んだことを生かして，私たちの生産物を改善したいと思います。

3【解き方】〔問1〕正人が「楽しかった」と答えていることから，国際イベントの感想をたずねる疑問文が入る。「～はどうでしたか？」は How was ～?や What was ～ like?で表せる。

〔問2〕A．正人が話し合ったテーマを答えていることから考える。B．外国の生徒たちと作業するときに大切なこと。直前で正人が「日本の文化とオーストラリアの文化は同じではない」と言っていることから考える。

〔問3〕直前の正人のせりふを見る。there are ～＝「～がある」。important things which we can learn from ～＝「～から学ぶことのできる重要なこと」。which は目的格の関係代名詞。

〔問4〕ア．正人の2番目のせりふを見る。国際イベントは和歌山で行われた。イ．正人の2番目のせりふを見る。イベントで，正人は5か国から来た10人の外国の生徒たちと話した。ウ．正人はイベント後に地球温暖化の情報を集めたとは言っていない。エ．「正人は彼が参加したイベントの前に，5か国について学んでいた」。正人の6番目のせりふを見る。正しい。

【答】〔問1〕(例) How was it　〔問2〕A．ア　B．ウ

〔問3〕失敗から学ぶことのできる重要なことがあるということ。(同意可)　〔問4〕エ

◀全訳▶

正人：こんにちは，サラ。お元気ですか？

サラ：元気ですよ！　あなたは昨日，国際イベントに参加したそうですね。それはどうでしたか？

正人：楽しかったです。5か国から10人の外国の生徒たちが，日本の生徒たちと地球上の問題について話すため和歌山に来ました。

サラ：素晴らしいですね！　あなたたちは何について話したのですか？

正人：テーマは気候変動でした。僕たちはその問題を解決するためのいくつかのアイデアを考えつきました。それはいい経験でした。

サラ：あなたは上手に英語を話します。だからあなたにとって外国の生徒たちと作業をするのは難しくないと思います。

正人：ええと，僕は英語を話すのが好きです。でも昨年は問題を抱えていました。

サラ：どんな問題を抱えていたのですか？

正人：英語の授業中に，僕はインターネットでオーストラリアの生徒たちと話しました。僕たちは地球温暖化について話しました。でも授業前に彼らの国についての情報を全く得ていなかったため，それは順調には進みませんでした。それは僕の失敗でした。日本の文化とオーストラリアの文化は同じではないのです。

サラ：なるほど。外国の生徒たちと作業するとき，それぞれの国にそれ自身の文化があることを知っておくのは大切なことです。

正人：僕もそう思います。昨日のイベントのために，僕はそのイベントに参加した5か国の情報を集めました。前もっていくらかの情報を得ていたので，僕は外国の生徒たちとうまく話すことができました。僕たちは自分たちの違いを知り，それらを尊重しました。だから僕たちはよいアイデアを考えついたのです。

サラ：よかったですね！

正人：僕は失敗から学ぶことのできる重要なことがあると思います。

サラ：私もそう思います。

4【解き方】公園や美術館，寺社などの場所を1か所選び，その場所に関する情報や好きな理由を書く。解答例は「私のお気に入りの場所は私の市の図書館です。そこには興味深い本がたくさんあるので，私はその図書館が好きです。私の友人や私は本を借りるためによくそこに行きます」。

【答】(例) My favorite place is a library in my city. I like the library because it has a lot of interesting books. My friends and I often go there to borrow books.

5【解き方】〔問 1〕A.「5,000 枚の写真を集めて笑顔のモザイク写真を作る」という和紀の企画を「素晴らしい」と言っていることから,「自分の写真を撮って君のところへ持っていく」という文を選ぶ。B. 企画を応援する卒業生からのメッセージなので,「私の写真を送ることであなたたちの企画を支援することができてうれしい」という文を選ぶ。

〔問 2〕It's ～ to …=「…するのは～だ」。It は同文の to 以下の内容を指している。

〔問 3〕ⓑ「私はさらに多くの写真を集める方法についてシホと話した」という意味の文。「A について B と話す」= talk with B about A。「～する方法」= a way to ～。不定詞の形容詞的用法。ⓒ「私はまた,地元の人たちや卒業生によって書かれたいくつかのメッセージを受け取った」という意味の文。「～によって書かれたメッセージ」= messages written by ～。過去分詞以下による後置修飾。

〔問 4〕(1)「素晴らしい思い出を作るために,和紀は何になろうと決心しましたか？」という質問。第 1 段落の 3 文目を見る。和紀は学園祭のスタッフメンバーになろうと決心した。(2)「学園祭はいつでしたか？」という質問。第 8 段落の 1 文目を見る。学園祭は 9 月だった。

〔問 5〕「和紀と他のメンバーは 5,000 枚の写真を集めることにした（第 3 段落の最終文)」→「企画を紹介するために和紀はウェブサイトを作った（第 6 段落の 1 文目)」→「和紀は東京に住んでいる女性からのメッセージを読んだ（第 6 段落の後半)」→「和紀と他のメンバーは大きなモザイク写真を作り終えた（第 7 段落の最終文)」という流れ。

〔問 6〕最終段落を見る。和紀は「自分の経験から学んだ最も大切なことがある」と言ったあと,最終文でその内容を伝えている。what we can do =「私たちに何ができるか」。keep trying =「努力し続ける」。

【答】〔問 1〕A. イ　B. エ　〔問 2〕5,000 枚の写真を集めてモザイク写真を作り終えること。(同意可)

〔問 3〕ⓑ about a way to collect more pictures　ⓒ received some messages written by local people

〔問 4〕(例) (1) He decided to become a staff member.　(2) It was in September.　〔問 5〕ア→ウ→エ→イ

〔問 6〕私たちに何ができるかを考え,努力し続ければ,目標を達成することができるということ。(同意可)

◀全訳▶　4 月に,私は学校でポスターを見ました。そのポスターには「私たちは学園祭のスタッフメンバーを必要としています」と書いてありました。私は学校生活で素晴らしい思い出を作りたかったので,スタッフメンバーになろうと決心しました。学園祭で重要な役割を果たす機会があったため,私はわくわくしました。

スタッフメンバーになってから,私は他のメンバーであるシホと学園祭について話をしました。私は「今年の学園祭のメインテーマは『笑顔』だ。笑顔の写真を集めて大きな笑顔のモザイク写真を作ってはどうだろう？」と言いました。シホは「それはすてきな計画ね。それを他のメンバーに提案しましょう」と言いました。

5 月に私は自分の計画を他のメンバーに伝えました。彼らはそれを気に入ってくれました。私はとてもうれしい気持ちでした。私たちは 5,000 枚の写真を集めることに決めました。

6 月に,私たちは写真を集め始めました。私はクラスメートにその企画のことを話しました。彼らの 1 人は「それは素晴らしい企画だね。自分の写真を撮って君のところへ持っていくよ」と言ってくれました。時々,彼らは兄弟,姉妹,あるいは親の写真を持ってきてくれました。しかし,6 月の終わりに,私たちにはたった 500 枚の写真しかありませんでした。スタッフメンバーの 1 人が「5,000 枚の写真を集めてモザイク写真を作り終えるのは難しい」と言いました。私はそれを聞いて悲しくなりました。

私はもっと多くの写真を集める方法についてシホと話しました。彼女は「私たちはインターネットで私たちの企画を紹介するべきよ。ウェブサイトを作るのはどう？　私たちはより多くの人々から写真をもらえるかもしれないわ」と言いました。

7 月のはじめに,私はウェブサイトを作り,その企画を紹介しました。ウェブサイトを作るのは初めてだったので,それを作るのはとても大変でした。数日後,たくさんの写真が届きました。私はとても驚きました。私はまた,地元の人たちや卒業生によって書かれたいくつかのメッセージも受け取りました。私たちの市に住んでいる男性からのメッセージには「これは私の写真です。5,000 枚の写真を集めるのは簡単ではないかもしれませんが，努力を続ければきっと目標を達成することができると思います」と書いてありました。東京に住んでいる女性は私たちにメッセージを書いてくれました。それには「インターネットであなたたちのウェブサイトを見つけました。私はあなたたちの学校の卒業生です。私の写真を送ることであなたたちの企画を支援することができて私はうれしいです」と書いてありました。

私たちはとうとう5,000枚の写真を集めました。私はとても幸せでした。多くの人々の協力によって，私たちは大きなモザイク写真を作り終えることができました。

9月の学園祭の日に，そのモザイク写真が学校に展示されました。多くの人々がそれを楽しんでくれました。私は多くの人々を幸せにできてとてもうれしく思いました。

さて，私の経験から学んだ最も大切なことがあります。私たちに何ができるかを考え，努力し続ければ，私たちは目標を達成することができるのです。

## 社　会

1 **【解き方】**〔問 1〕スカンディナビア半島の他にも，チリ南部などで見られる地形。

〔問 3〕シェンゲン協定を結んでいる国同士の移動の際に認められており，EU 発展の大きな要因となっている。

〔問 4〕小麦に関する文を選択。アはさとうきび，ウはとうもろこし，エは米の説明。

〔問 5〕Bにはゴビ砂漠，Cにはタイガが広がっている。

〔問 6〕中国とともに「BRICS」に含まれる。

**【答】**〔問 1〕フィヨルド　〔問 2〕ラテン

〔問 3〕パスポートなしに国境を自由に通過することができるようになった。(同意可)　〔問 4〕イ

〔問 5〕A イ　B ア　C ウ　〔問 6〕インド

2 **【解き方】**〔問 2〕アの「日本で最大の流域面積をもつ河川」は利根川，ウの「中央部の平野」は石狩平野のこと。

〔問 3〕アには B，ウには D の地域があてはまる。

〔問 4〕日本海側には暖流の対馬海流が流れており，その上を冷たい風が吹くと温度差があることから水蒸気が発生しやすい。

〔問 5〕アは福島県，イは京都府，ウは岩手県，エは石川県の伝統産業。

〔問 6〕日本の原子力発電は，2011 年に発生した東日本大震災に伴う福島第一原子力発電所の事故の影響から，国内の全発電所が一時運転停止となった。現在は再稼働しているところもあるが以前よりは割合が低くなっている。

**【答】**〔問 1〕〔北海道〕開拓使　〔問 2〕ウ　〔問 3〕(地域) C　(説明) イ

〔問 4〕大量の水蒸気(または，大量の水分)を含み (同意可)　〔問 5〕エ　〔問 6〕A イ　B ウ　C ア

3 **【解き方】**〔問 2〕メソポタミア文明はチグリス川とユーフラテス川，エジプト文明はナイル川，インダス文明はインダス川，中国文明は黄河の流域で発達した。

〔問 3〕「鑑真」は奈良時代に「唐」から来日した僧。

〔問 4〕平氏は，藤原氏と同じ方法を使って権力を握ることに成功した。

〔問 5〕運慶，快慶らによって制作された。

〔問 6〕アは 1792 年，イは 1543 年，ウは 1492 年のできごと。

〔問 7〕今川氏は「今川仮名目録」を，武田氏は「甲州法度《はっと》之次第」を制定した。

〔問 9〕アは飛鳥時代後期以降，イは鎌倉時代ごろから，エは室町時代のようす。

**【答】**〔問 1〕くさび形文字　〔問 2〕ア　〔問 3〕エ　〔問 4〕自身の娘を天皇のきさきとした。(同意可)

〔問 5〕金剛力士像(または，阿形)　〔問 6〕ウ→イ→ア　〔問 7〕分国法

〔問 8〕キリスト教の布教を行わなかったから。(同意可)　〔問 9〕ウ

4 **【解き方】**〔問 2〕アは 1867 年 12 月，イは 1867 年 10 月，ウは 1868 年のできごと。

〔問 3〕1928 年当時は，満 25 歳以上の男子にのみ選挙権が与えられていた。

〔問 4〕アは 1964 年，イは 1956 年，ウは 1962 年，エは 1950～1953 年のできごと。

〔問 5〕アの石油危機は 1973 年と 1979 年，ウは 1980 年代後半，エは 1971 年のできごと。

**【答】**〔問 1〕(地名) イ　(位置) D　〔問 2〕イ→ア→ウ　〔問 3〕満 20 歳以上の男女に与えられた (同意可)

〔問 4〕エ　〔問 5〕イ

5 **【解き方】**〔問 2〕比例代表制の場合は，得票数に応じて議席を配分することから死票は比較的少なくなるが，多党分立により政治は不安定になりやすい。

〔問 3〕(1) フランスの思想家モンテスキューが『法の精神』で説いた考え方。(2)「国民審査の実施」は国民が裁判所に，「最高裁判所長官の指名」は内閣が裁判所に対してもつ権限。

〔問 4〕「リテラシー」とは，与えられた材料から必要な情報を選び取り，それを活用する能力のこと。

〔問 5〕アは新しい人権全般，ウは社会権，エは知る権利の説明。

**【答】**〔問 1〕ア　〔問 2〕落選者に投票された(または，当選に反映されない)票のこと。(同意可)

〔問 3〕(1) 三権分立(または，権力分立)　(2) ウ　〔問 4〕メディアリテラシー　〔問 5〕イ

6 **【解き方】**〔問 2〕2030 年までの達成を目指している目標。

〔問 3〕雑誌『青鞜《とう》』を出版するなど，女性の自立を呼びかけた。

〔問 4〕(1) 消費を刺激し，雇用を増やす政策を展開する。(2) 特定商取引法で定められている制度。なお，通信販売には，この制度は適用されない。

〔問 5〕銀行からの借り入れにより資金を調達する場合は，間接金融という。

**【答】**〔問 1〕内政不干渉(の原則)　〔問 2〕持続可能な開発目標(または，SDGs)　〔問 3〕青とう社

〔問 4〕(1) ① イ　② ア　(2) 一定の期間内(または，8 日以内)であれば，契約を解除することができる制度。(同意可)

〔問 5〕直接金融

## 理　科

1 【解き方】〔問1〕(2) 物体側の焦点を通って凸レンズに入った光は，屈折した後，光軸に平行に進む。(4) 急に明るいところに移動すると，目に入る光の量が少なくなるように，瞳の大きさが変化する。イ，ウは意識して起こす反応。

〔問2〕(2) 原子は，＋の電気をもった原子核と，－の電気をもった電子からできており，原子核は＋の電気をもった陽子と，電気をもっていない中性子からできている。

【答】〔問1〕(1) エ　(2) イ　(3) 網膜　(4) (瞳の大きさ) 小さくなる　(記号) ア

〔問2〕(1) 二酸化炭素　(2) イ　(3) エ　(4) (光が) 1年間に進む距離。(同意可)

2 【解き方】〔問1〕(2) ア，エは無機物。(4) ライオンは肉食動物なので，獲物をしとめるために犬歯が発達している。腸の長さは，繊維質を消化するのに時間がかかる草食動物の方が長いので，ライオンの方がシマウマよりも短い。

〔問2〕(4) 試験管A，Cにヨウ素溶液を加えると，試験管Cは青紫色に変化したので，試験管Cにはデンプンがあり，変化しなかった試験管Aにはデンプンがない。また，試験管B，Dにベネジクト溶液を加えて加熱すると，試験管Bは色が変化したので，試験管Bには糖があり，変化がなかった試験管Dには糖がない。

【答】〔問1〕(1) 生態系　(2) イ・ウ　(3) 食物連鎖　(4) エ

〔問2〕(1)〔消化〕酵素　(2) 突沸を防ぐため。(または，急に沸騰することを防ぐため。) (同意可)　(3) イ

(4) a．デンプンがなくなった　b．糖ができた (それぞれ同意可)

3 【解き方】〔問4〕図1より，震源から24km地点にP波が到着した時刻は，8時00分08秒，96km地点に到着した時刻は，8時00分20秒。震源からの距離の差は，96 (km) － 24 (km) ＝ 72 (km) なので，P波が72km進むのにかかった時間は，8時00分20秒－8時00分08秒＝12 (秒)　よって，この地震のP波が伝わる速さは，$\dfrac{72\,(\mathrm{km})}{12\,(\mathrm{s})} = 6.0\,(\mathrm{km/s})$

〔問6〕プレートの境界では，海洋プレートが大陸プレートの下に沈み込んでいて，境界付近から大陸プレート側にかけて震源が分布している。

〔問7〕安山岩は斑状組織をもつ火山岩で，花こう岩は等粒状組織をもつ深成岩。

【答】〔問1〕マグニチュード(または，M)　〔問2〕活断層

〔問3〕初期微動継続時間が長いほど，震源からの距離が大きい。(または，初期微動継続時間は，震源からの距離に比例して長くなる。) (同意可)

〔問4〕6.0 (km/s)　〔問5〕フィリピン海(プレート)　〔問6〕ウ　〔問7〕ア　〔問8〕火砕流

4 【解き方】〔問1〕ア．金属のなかには磁石につかないものもある。イ．金属は熱を伝えやすい。

〔問2〕塩化水素は，水素イオンと塩化物イオンに電離する。

〔問4〕実験Ⅰで発生した気体は水素。アは陽極から酸素，陰極から水素が発生する。また，イ・エは酸素，ウは二酸化炭素が発生する。

〔問7〕まず，亜鉛原子が電子を失って亜鉛イオンとなり，水溶液中にとけだす。亜鉛板に残った電子は，導線を通り銅板の方に向かって移動する。よって，電子の移動の向きは亜鉛板から銅板。電流の向きは電子の移動の向きと逆向きなので，銅板から亜鉛板。

【答】〔問1〕ウ・エ　〔問2〕X．$H^+$　Y．$Cl^-$ (順不同)　〔問3〕水にとけにくい性質。(同意可)　〔問4〕ア

〔問5〕ダニエル(電池)　〔問6〕電解質　〔問7〕ア　〔問8〕イオンを通過させる (同意可)

5 【解き方】〔問2〕実験Ⅰ(ii)で行われた仕事は，(i)と同じ重さの物体を同じ高さまで引き上げるので，(i)で行われた仕事と等しい。(i)で，台車にはたらく重力は，$1\,(\mathrm{N}) \times \dfrac{500\,(\mathrm{g})}{100\,(\mathrm{g})} = 5\,(\mathrm{N})$　引き上げられた距離は，

30cm = 0.3m　よって，(i)で行われた仕事は，5 (N) × 0.3 (m) = 1.5 (J)　(ii)のとき，台車が動いた距離は，60cm = 0.6m なので，ばねばかりの示す力の大きさは，$\dfrac{1.5\,(\mathrm{J})}{0.6\,(\mathrm{m})} = 2.5\,(\mathrm{N})$

〔問 3〕〔問 2〕より，(i)の仕事にかかった時間を $t$ 秒とすると，仕事率は，$\dfrac{1.5\,(\mathrm{J})}{t\,(\mathrm{s})} = \dfrac{3}{2t}\,(\mathrm{W})$　(ii)の仕事にかかった時間は $2t$ 秒なので，仕事率は，$\dfrac{1.5\,(\mathrm{J})}{2t\,(\mathrm{s})} = \dfrac{3}{4t}\,(\mathrm{W})$　よって，(ii)の仕事率は，(i)の仕事率の，$\dfrac{3}{4t}\,(\mathrm{W}) \div \dfrac{3}{2t}\,(\mathrm{W}) = \dfrac{1}{2}$ (倍)

〔問 4〕表 1 より，豆電球を光らせる電気エネルギーは，0.2 (A) × 1.1 (V) × 1.4 (s) = 0.308 (J)　よって，位置エネルギーのうち，$\dfrac{0.308\,(\mathrm{J})}{1.1\,(\mathrm{J})} \times 100 = 28$ (%)が電気エネルギーに変換された。

〔問 6〕アは化学エネルギー，イは核エネルギー，エは運動エネルギーを利用している。

〔問 7〕(2) 力学的エネルギー保存の法則より，最高点の点 D に小球があるとき，小球の位置エネルギーは最大で 6 目盛り，運動エネルギーは 0。また，点 BC 間では，小球が基準面にあるので，位置エネルギーは 0。このときの運動エネルギーは最大になるので，6 目盛り。点 A では位置エネルギーの大きさが 4 目盛りなので，運動エネルギーは，6 (目盛り) − 4 (目盛り) = 2 (目盛り)

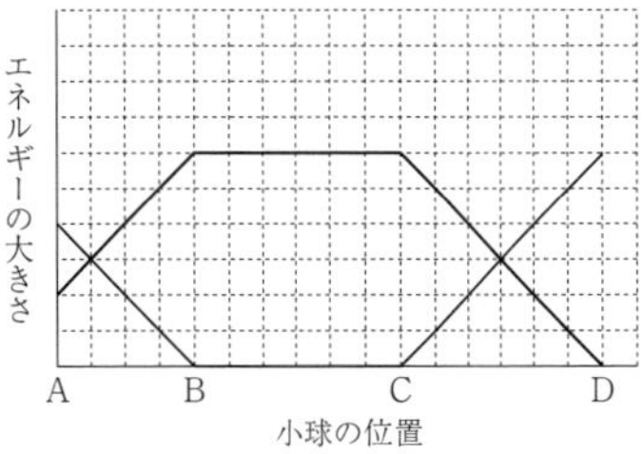


**【答】**〔問 1〕ジュール　〔問 2〕2.5 (N)　〔問 3〕イ　〔問 4〕28

〔問 5〕(おもりの位置エネルギーの一部が)熱や音などのエネルギーに変換されたため。(または，電気エネルギー以外のエネルギーに変換されたため。)(同意可)

〔問 6〕ウ　〔問 7〕(1) 力学的エネルギー　(2) (前図)

## 国　語

1 **【解き方】**〔問2〕(1)「いただく」は「食べる」の謙譲語。ここでの動作の主体は相手なので，尊敬語を用いる。(2) 伝聞の「そうだ」は終止形につき，様態の「そうだ」は連用形につく。

〔問3〕(1) 語頭以外の「は・ひ・ふ・へ・ほ」は「わ・い・う・え・お」にする。「色は」の「は」は，助詞なのでそのまま。(2)「仏教の無常観」，「楽しく生きている人もその栄華は続くことはない」とあることから考える。(3)「行書」は少しくずした書き方で，流れるような美しさがあるので，これに合わせた「ひらがな」の書き方を考える。(4)「花」がいずれは「散って」しまうことと，「人生」が「はかないものだ」ということとを重ねていることに着目する。

**【答】**〔問1〕① 浴(びる)　② 縮(める)　③ 護衛　④ 功績　⑤ あいしょう　⑥ へだ(たり)　⑦ しふく　⑧ ぎょうてん

〔問2〕(1) 召し上がって（同意可）　(2) ① る　② り　〔問3〕(1) いろはにおえど　(2) 常　(3) エ　(4) はかなく

2 **【解き方】**〔問1〕「これが」とあるので，前で「深い場所の水ほど…より多くの塩類を溶かし込んでいます」「これを使い続けると，農地に塩類がたまり，植物が育たなくなります」と述べていることに注目。

〔問2〕a・b. 資料を見ると，「地球上の水の量」の 97.47 %が「海水等」となっている。c. 後に「農耕に自由に使える淡水」とある。d. 資料を見ると，「淡水」のうち 1.76 %は「氷河等」となっている。

〔問3〕「これら」とあるので，前に注目。「木は…体の高い部分まで水を運び上げるのにも，水が必要です」と述べている。また，水の「蒸散」によって「下の水を上へと引っ張り上げます」と説明した後で，「葉からの蒸散はまた…葉を冷やすのにも使われます」と述べている。

〔問4〕「世界では不足している水」を，「水の豊かな国」である日本が「多量に輸入」することの問題点を考える。

〔問5〕水の「多くの物質を溶かす能力」によって「結晶になっていたもの」が「バラバラになり」「動きまわれるように」なることで，「分子同士がぶつかりあって反応しやすくなる」と説明している。そして，「結晶になっていたもの」だけでなく，「乾燥している時には丸まっている高分子」にも同様のことが起こると続く。

〔問6〕「なぜ生命は海で生まれたのでしょうか？」と問いかけた後で，「水はいろいろなものを溶かします」「水に溶けると，ものはよく化学反応を起こす」「化学反応の起こりやすい水という環境は，生命が生まれるには，うってつけだったのです」と説明していることに着目する。また，「生物は水溶液の状態を保ち…水が断たれればたちまち死んでしまう」と述べていることにも着目する。

**【答】**〔問1〕塩類を多く溶かし込んだ深いところの地下水を使い続けると，農地に塩類がたまり，植物が育たなくなること。(50字)（同意可）

〔問2〕a. ア　b. ウ　c. オ　d. イ　〔問3〕水を運び上げる(役割)・葉を冷やす(役割)（それぞれ同意可）

〔問4〕イ　〔問5〕ウ→ア→イ　〔問6〕ア

3 **【解き方】**〔問1〕「この句，妙に心に残りはしたんだよな」「ああ，いいなと思った」という恵一の言葉を聞いた日向子は，「うん，そう！」と同意し，「ひとつづきの景が浮かんだの」「試合に出したら審査員にすっごい評価してもらえたかもしれない」と言っている。またその後で，「今ここがおれのいる場所，そう言い切る単純さが航太のいいところじゃない」と言って，航太の句をほめている。

〔問3〕航太の話を受け，日向子が「そう……。小市堂に未来はないってお父さんに言われたの……」と返していることや，航太が「そういう目でうちの商売を考えたことがなかったおれが…単細胞の甘ちゃんだったわけ」と言い，「微々たる売り上げしかない」店の現状を打ち明けていることに着目する。

〔問4〕「毎月の食費，一万円程度なの。三人で」という航太の言葉に対して，日向子が「まあ，多くはないんだろうね」とあいまいな返答をしていることから考える。

〔問5〕「物々交換」や「家庭菜園」によって，「たいした金を使わないで」生活していることを言い表す語を考える。アは，地域で生産されたものをその地域で消費すること。イは，必要とするものを他に求めず自分でまかなうこと。ウ・エは，一つの行為から二つの利益を得ること。

〔問 6〕「小市堂の作業場が居場所になればいい」と望み，和菓子という「贅沢品」を作って届けることで，島の人の生活を「豊かにすることができるのなら，こんなにいいことはない」と思っていたことをおさえる。そんな航太が，「小市堂に未来はない」という父親の言葉を聞いて，「航太の作る菓子を受け取る人が，いないとなれば……」と迷い始めていることから考える。

**【答】**〔問 1〕ひとつづきの景が浮かぶところや，感じたままを言い切っているところによさがあって，試合に出せば評価されたかもしれない(という思い。)（57 字）（同意可）

〔問 2〕エ　〔問 3〕イ　〔問 4〕ウ　〔問 5〕イ

〔問 6〕小市堂を継ぎ，和菓子で島の人の生活を豊かにする仕事を自分のポジションと考えていたが，買ってくれる人がいなければ，自分が考えていた未来はないと，不安に思う気持ち。(80 字)（同意可）

4 **【答】**（例）（選んだポスター）B

A では「リサイクルしよう」と呼びかけているが，B では「ごみだらけの海そんな未来がいいですか？」と問いかけている。また，A ではピクトグラムを使ってリサイクルを強調しているが，B ではイラストを使ってごみだらけとなった海を強調している。

私は B を選ぶ。イラストによってごみだらけの未来がイメージしやすく，それとともに「そんな未来がいいですか？」と問いかけられると，行動の必要性を強く感じるからだ。(10 行)

~MEMO~

# 和歌山県公立高等学校

## 2021年度
# 入学試験問題

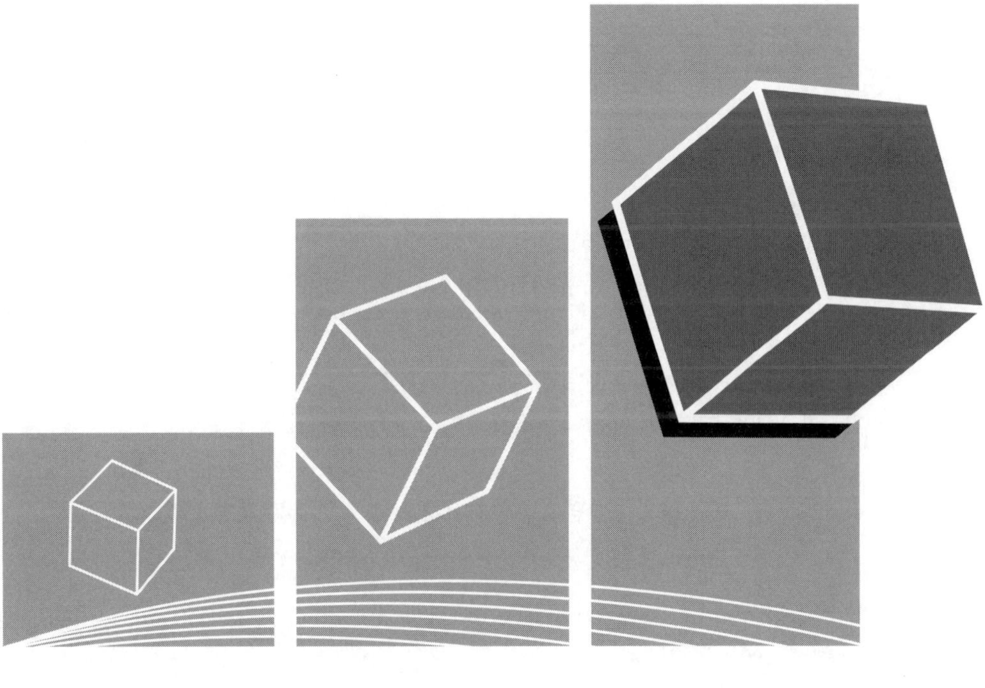

# 数学

時間　50分　　　　満点　100点

1　次の〔問1〕～〔問5〕に答えなさい。

〔問1〕　次の(1)～(5)を計算しなさい。

(1)　$3-7$　(　　　)

(2)　$-1+4\div\dfrac{2}{3}$　(　　　)

(3)　$3(2a+5b)-(a+2b)$　(　　　)

(4)　$\dfrac{10}{\sqrt{2}}-\sqrt{8}$　(　　　)

(5)　$(x-2)(x+2)+(x-1)(x+4)$　(　　　)

〔問2〕　次の二次方程式を解きなさい。

$x^2+5x+3=0$　(　　　)

〔問3〕　等式 $4x+3y-8=0$ を $y$ について解きなさい。(　　　)

〔問4〕　ある数 $a$ の小数第1位を四捨五入すると，14になった。このとき，$a$ の範囲を不等号を使って表しなさい。(　　　)

〔問5〕　次の資料は，10人のハンドボール投げの記録を小さい順に整理したものである。

このとき，資料の中央値（メジアン），最頻値《さいひんち》（モード）をそれぞれ求めなさい。

中央値(　　　m)　最頻値(　　　m)

資料

| | | | | | | | | | |
|---|---|---|---|---|---|---|---|---|---|
| 16 | 17 | 17 | 17 | 20 | 22 | 23 | 25 | 25 | 28 |

（単位　m）

2　次の〔問1〕～〔問4〕に答えなさい。

〔問1〕　右の図は，1辺が5cmの立方体である。

次の(1)～(3)に答えなさい。

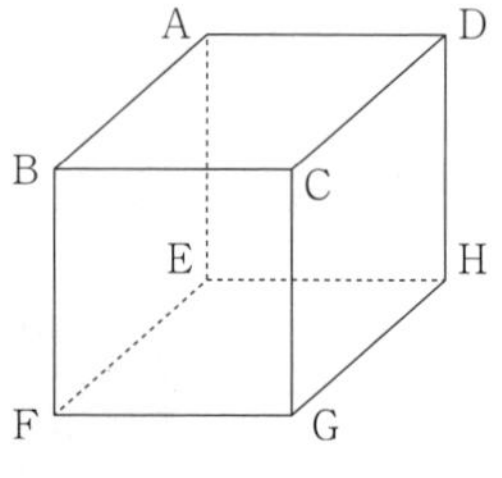


(1)　辺ABと垂直な面を1つ答えなさい。(面　　　)

(2)　辺ADとねじれの位置にある辺はいくつあるか，答えなさい。

(　　　本)

(3)　2点G，Hを結んでできる直線GHと，点Aとの距離を求めなさい。(　　　cm)

〔問2〕 次の条件にあてはまる関数を，下のア～エの中からすべて選び，その記号をかきなさい。

(　　　)

条件

| |
|---|
| $x > 0$ の範囲で，$x$ の値が増加するにつれて，$y$ の値が減少する。 |

ア　$y = 2x$　　イ　$y = -\dfrac{8}{x}$　　ウ　$y = -x - 2$　　エ　$y = -x^2$

〔問3〕 図1のように，1，2，3，4の数字が1つずつ書かれた4枚のカードがある。また，図2のように正三角形ABCがあり，点Pは，頂点Aの位置にある。この4枚のカードをよくきって1枚取り出し，書かれた数字を調べてもとにもどす。このことを，2回繰り返し，次の規則に従ってPを正三角形の頂点上を反時計回りに移動させる。

ただし，どのカードの取り出し方も，同様に確からしいものとする。

図1

図2

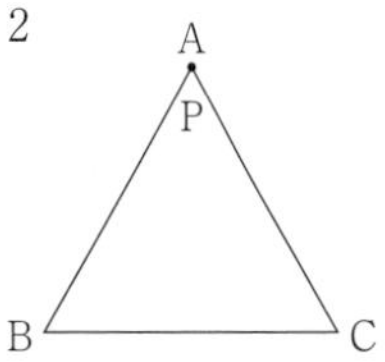


図3

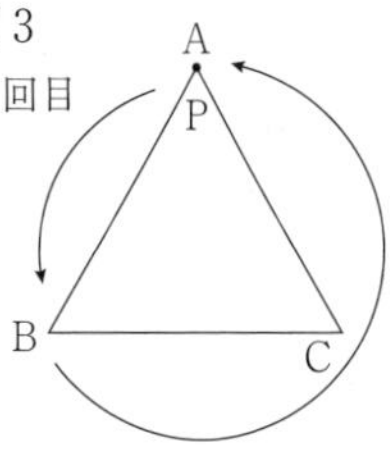


規則

| |
|---|
| 1回目は，Aの位置から，1回目に取り出したカードの数字だけ移動させる。<br>2回目は，1回目に止まった頂点から，2回目に取り出したカードの数字だけ移動させる。<br>ただし，1回目にちょうどAに止まった場合は，2回目に取り出したカードの数字より1大きい数だけAから移動させる。 |

例えば1回目に1のカード，2回目に2のカードを取り出したとすると，Pは図3のように動き，頂点Aまで移動する。

この規則に従ってPを移動させるとき，次の(1)，(2)に答えなさい。

(1) 1回目の移動後に，PがBの位置にある確率を求めなさい。(　　　)

(2) 2回目の移動後に，PがCの位置にある確率を求めなさい。(　　　)

〔問4〕 太郎さんは，放課後，家に置いていた本を図書館に返却しようと考えた。午後4時に学校を出発し，学校から家までは徒歩で帰り，家に到着してから5分後に図書館へ自転車で向かい，午後4時18分に図書館に到着した。徒歩は毎分80m，自転車は毎分240mの速さであった。学校から家を経て図書館までの道のりの合計は2kmである。

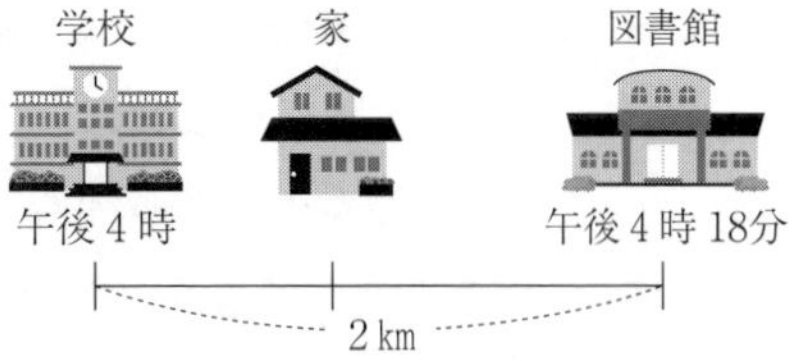


太郎さんは，午後4時何分に家を出発したか，求めなさい。ただし，答えを求める過程がわかるようにかきなさい。

(求める過程)(　　　　　　　　　　　　　　　　　)(午後4時　　分)

③　正夫さんと和歌子さんは，一辺の長さが1 cmの正方形の白と黒のタイルを規則的に並べていった。

タイルの並べ方は，図1のように，まず1番目として白タイルを1枚置き，1段目とする。

2番目は，1番目のタイルの下に2段目として，左側から白と黒のタイルが交互になるように，白タイルを2枚，黒タイルを1枚置く。3番目は，2段目のタイルの下に3段目として，左側から白と黒のタイルが交互になるように，白タイルを3枚，黒タイルを2枚置く。

このように，1つ前に並べたタイルの下に，左側から白と黒のタイルが交互になるように，段と同じ数の枚数の白タイルと，その白タイルの枚数より1枚少ない枚数の黒タイルを置いていく。

あとの〔問1〕，〔問2〕に答えなさい。

図1

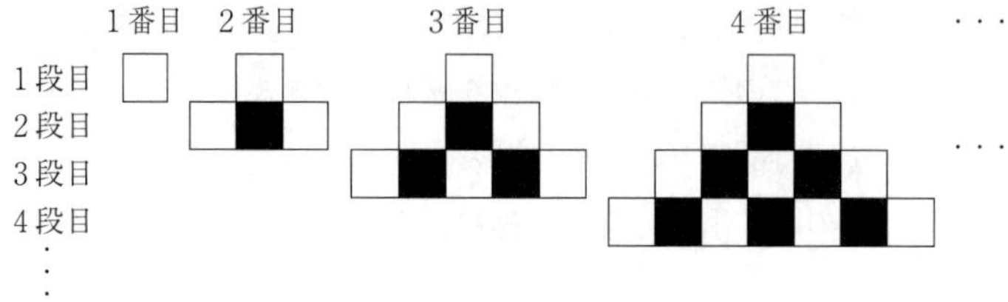


〔問1〕　次の表1は，上の規則に従って並べたときの順番と，タイルの枚数についてまとめたものである。

下の(1)，(2)に答えなさい。

表1

| 順番(番目) | 1 | 2 | 3 | 4 | 5 | 6 | 7 | 8 | … | $n$ | … |
|---|---|---|---|---|---|---|---|---|---|---|---|
| 白タイルの枚数(枚) | 1 | 3 | 6 | 10 | 15 | ア | ＊ | ＊ | … | $x$ | … |
| 黒タイルの枚数(枚) | 0 | 1 | 3 | 6 | 10 | ＊ | ＊ | イ | … | ＊ | … |
| タイルの合計枚数(枚) | 1 | 4 | 9 | 16 | 25 | ＊ | ＊ | ＊ | … | ＊ | … |

(1)　表1中のア，イにあてはまる数をかきなさい。ア(　　　)　イ(　　　)

(2)　正夫さんは，$n$番目の白タイルの枚数を$n$の式で表すことを考えた。次の文は，正夫さんの考え方をまとめたものである。正夫さんは，どのような考え方で$n$番目の白タイルの枚数を$n$の式で表したのか，その考え方の続きを解答欄の□にかき，完成させなさい。

表1において，各順番の白タイルの枚数から黒タイルの枚数をひくと，各順番の黒タイルの枚数は白タイルの枚数より，順番の数だけ少ないことから，$n$番目の白タイルの枚数を$x$枚とおくと，黒タイルの枚数は（$x-n$）枚と表すことができる。

また，各順番のタイルの合計枚数は，1，4，9，16，25となり，それぞれ$1^2$，$2^2$，$3^2$，$4^2$，$5^2$と表すことができる。このことから，$n$番目のタイルの合計枚数を，$n$の式で表すと，

$n$番目の白タイルの枚数　　　枚

〔問2〕 和歌子さんは，図1で並べた各順番のタイルを1つの図形と見て，それらの図形の周の長さを調べた。

次の表2は，各順番における図形の周の長さについてまとめたものである。

下の(1)，(2)に答えなさい。

表2

| 順番(番目) | 1 | 2 | 3 | 4 | | … | ☆ | ★ | | … |
|---|---|---|---|---|---|---|---|---|---|---|
| 周の長さ(cm) | 4 | 10 | 16 | 22 | | … | $a$ | $b$ | | … |

表2中の☆，★は，連続する2つの順番を表している。

(1) 表2中の$a$，$b$の関係を等式で表しなさい。(　　　)

(2) 和歌子さんは，順番が大きくなったときの，図形の周の長さを求めるために，5番目の図形を例に，下のような方法を考えた。

和歌子さんの考え方を参考にして，50番目の図形の周の長さは何cmになるか，求めなさい。

(　　　cm)

〈和歌子さんが考えた方法〉

図2のように，5番目の図形で，┃で示したそれぞれのタイルの縦の辺を，左矢印◂┈と右矢印┈▸に従って，5段目の┃の延長線上にそれぞれ移動させる。

また，図3のように，各段の━で示したそれぞれのタイルの横の辺を，上矢印↑に従って，1段目の━の延長線上に移動させる。

このように考えると，図4のように，もとの図形の周の長さとその図形を囲む長方形の周の長さは等しいことがわかる。

この考え方を使うと，どの順番の図形の周の長さも，その図形を囲む長方形の周の長さと同じであることがわかる。

図2

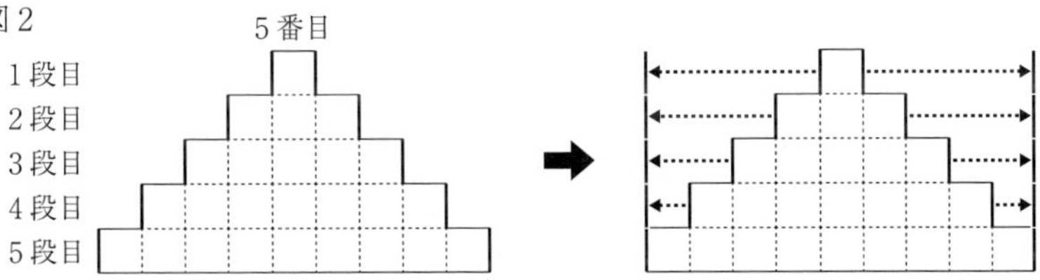


図3

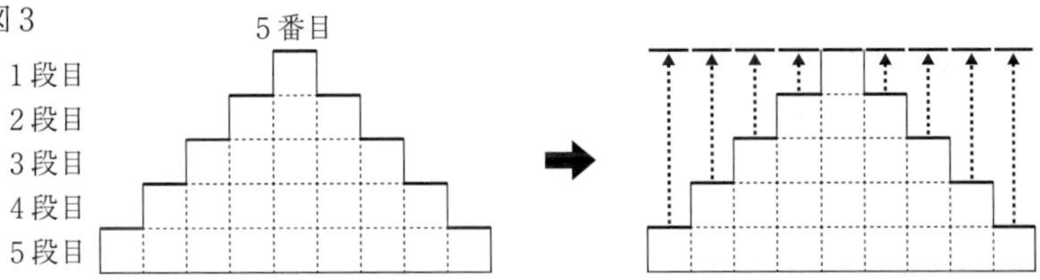


図4

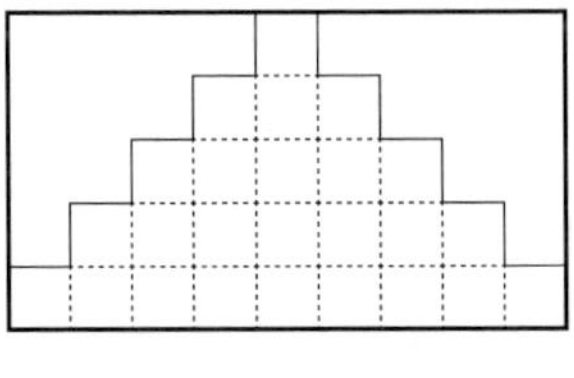

4　図1のように，4点O(0，0)，A(6，0)，B(6，6)，C(0，6)を頂点とする正方形OABCがある。

　2点P，Qは，それぞれOを同時に出発し，Pは毎秒3cmの速さで，辺OC，CB，BA上をAまで動き，Qは毎秒1cmの速さで，辺OA上をAまで動く。

　ただし，原点Oから点(1，0)までの距離，および原点Oから点(0，1)までの距離は1cmとする。

　次の〔問1〕〜〔問4〕に答えなさい。

図1

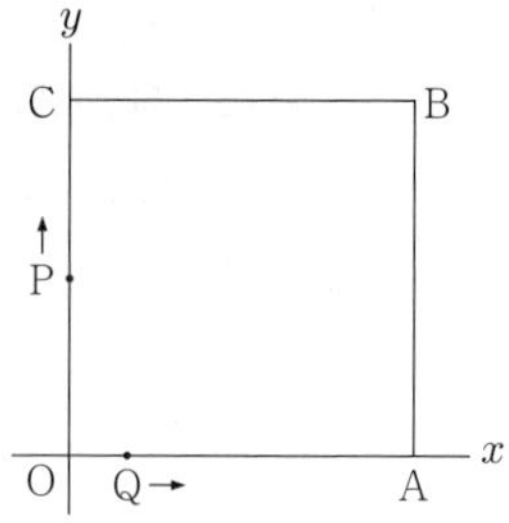


〔問1〕　P，Qが出発してからAに到着するのはそれぞれ何秒後か，求めなさい。

　P(　　　秒後)　Q(　　　秒後)

〔問2〕　P，Qが出発してから1秒後の直線PQの式を求めなさい。(　　　)

〔問3〕　△OPQがPO = PQの二等辺三角形となるのは，P，Qが出発してから何秒後か，求めなさい。(　　　秒後)

〔問4〕　図2のように，P，Qが出発してから5秒後のとき，△OPQと△OPDの面積が等しくなるように点Dを線分AP上にとる。

　このとき，点Dの座標を求めなさい。(　　　)

図2

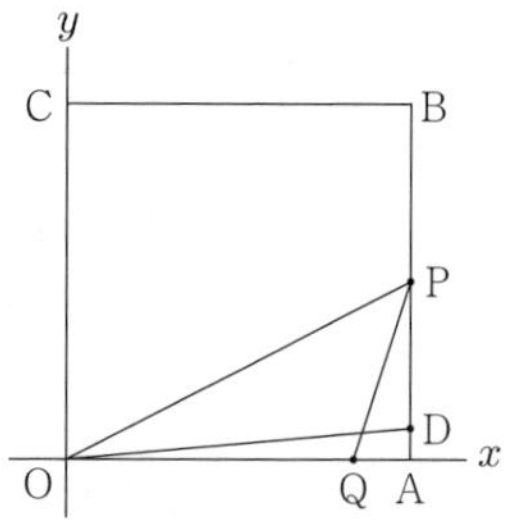

5 図1のように，円Oの周上に4点A，B，C，Dがある。円Oの直径ACと，線分BDとの交点をEとする。

ただし，$\overset{\frown}{CD}$の長さは，$\overset{\frown}{AD}$の長さより長いものとする。

次の〔問1〕～〔問4〕に答えなさい。

図1

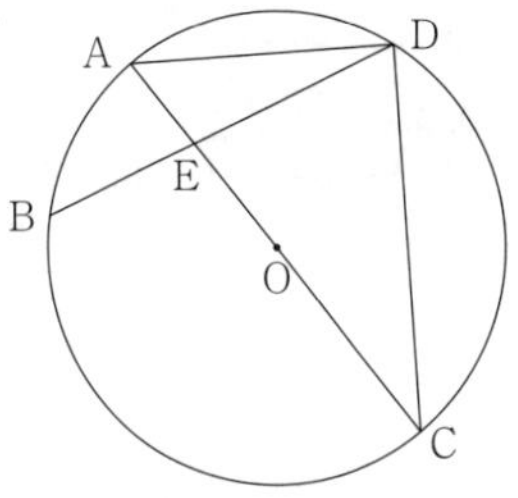


〔問1〕 DB = DC，∠BDC = 70° のとき，∠CAD の大きさを求めなさい。(　　　)

〔問2〕 図2のように，AC = 4 cm，∠ACD = 30° のとき，▨の部分の面積を求めなさい。

ただし，円周率は $\pi$ とする。(　　　cm$^2$)

図2

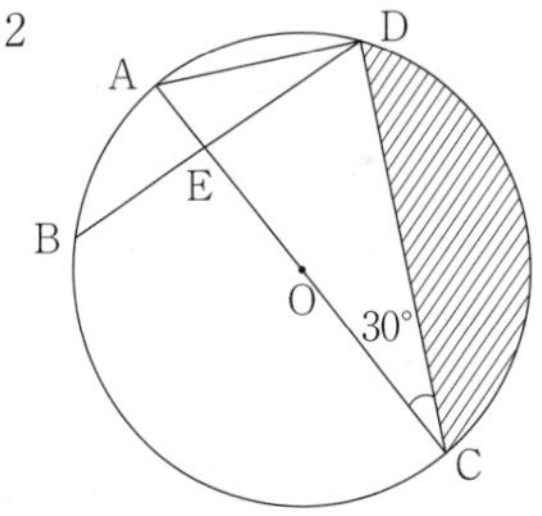


〔問3〕 図3のように，AC ∥ DF となるように円Oの周上に点Fをとる。

このとき，AF = CD を証明しなさい。

(　　　　　　　　　　　　　　　　　　　　　　)

図3

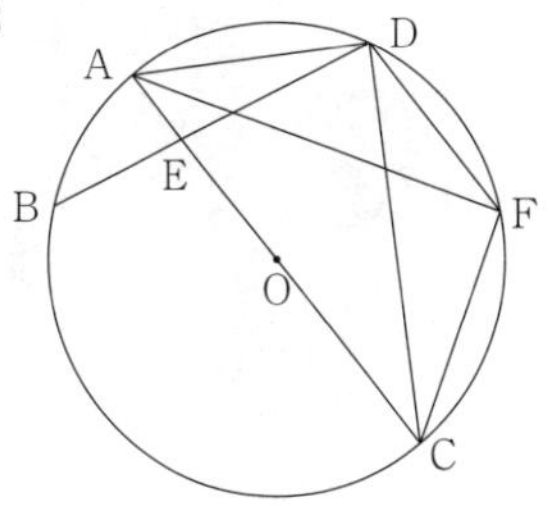


〔問4〕 図4のように，AC ⊥ BD，AD = 3 cm，DE = $\sqrt{5}$ cm とする。また，BA ∥ CF となるように円Oの周上に点Fをとり，直線BDと直線CFの交点をGとする。

このとき，△ABEと△CGEの面積の比を求め，最も簡単な整数の比で表しなさい。(　　　)

図4

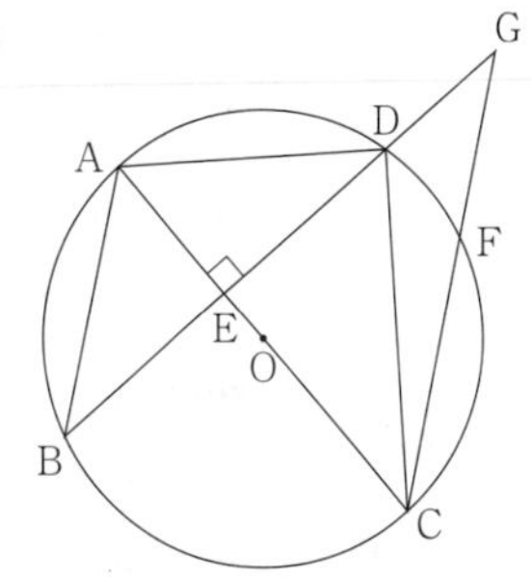

# 英語

時間　50分　　　　満点　100点

（編集部注） 放送問題の放送原稿は英語の末尾に掲載しています。
音声の再生についてはもくじをご覧ください。

1 放送をよく聞いて，次の〔問1〕～〔問3〕に答えなさい。

〔問1〕 No.1，No.2の順に，それぞれA，B，C3つの対話を2回放送します。No.1，No.2の絵にある人物の対話として最も適切なものを，放送されたA，B，Cの中から1つずつ選び，その記号を書きなさい。No.1（　　　） No.2（　　　）

No.1

No.2

〔問2〕 No.1～No.3の順に，二人の対話をそれぞれ2回ずつ放送します。対話の最後にそれぞれチャイムが鳴ります。チャイムが鳴った部分に入る最も適切なものを，A～Dの中から1つずつ選び，その記号を書きなさい。

No.1 先生との対話（　　　）

A I want to have fruit after lunch.

B I want to make delicious food and make people happy.

C Well, I haven't finished my breakfast yet.

D Well, I haven't looked at the menu yet.

No.2 友人との対話（　　　）

A Wow, I want to listen to his music.

B Wow, I like drawing pictures.

C Well, I have lived in Japan for two years.

D Well, I'm playing the guitar with him now.

No.3 母親との対話（　　　）

A Yes. Were you free at that time?

B Yes. You should go to bed because you are tired.

C Yes. Can you clean the table before cooking?

D Yes. We finished dinner today.

〔問3〕 高校生の太郎（Taro）が英語の時間に行ったスピーチと，その内容について5つの質問を

2回放送します。No.1～No.5の英文が質問の答えとなるように，□に入る最も適切なものを，A～Dの中から1つずつ選び，その記号を書きなさい。

No.1 He went to Australia □.

A because he joined a program for students B because he wanted to speak English

C when he was three years old D when he was a junior high school student

No.2 He □.

A tried to encourage Mike B talked to Mike in English

C studied English hard D talked about schools in Australia

No.3 He met Mike □.

A in Japan B in a museum C at Mike's house D at school

No.4 He is going to stay in Japan for □.

A one week B three weeks C one month D three months

No.5 They will □.

A go shopping B talk about Japanese art C tell students to speak English

D join a program in Taro's town

2　次の英文は，高校生の明（Akira）が，英語の授業で行った，移民についてのスピーチの原稿です。これを読み，〔問 1〕～〔問 3〕に答えなさい。

I did a homestay in Australia. I stayed with a host family. My host father and host mother were immigrants from India. I stayed with people from India in Australia! It was interesting. My host mother said, "There are a lot of immigrants from many countries in Australia."

When I came back to Wakayama, I told my family about immigrants in Australia. My father said, "You had a good experience. Well, about 100 years ago, many immigrants from Wakayama worked in foreign countries. They also introduced foreign cultures to Wakayama. You can see Western-style houses in some places." I wanted to know more about immigrants from Wakayama. So I studied about them.

First, I found the number of immigrants from Wakayama in foreign countries. Then I made a graph about them. The immigrants went to many countries. Please look at the graph. It shows the number of people who lived in foreign countries in 1927. The countries in the graph were the top four countries for immigrants from Wakayama. Many people lived in Australia, but more people lived in Canada. More than 10,000 people lived in the United States. Brazil comes after these three countries.

Studying about immigrants from Wakayama is very interesting. I still want to know many things. For example, I want to know about their jobs in foreign countries. I'll keep studying about immigrants.

グラフ

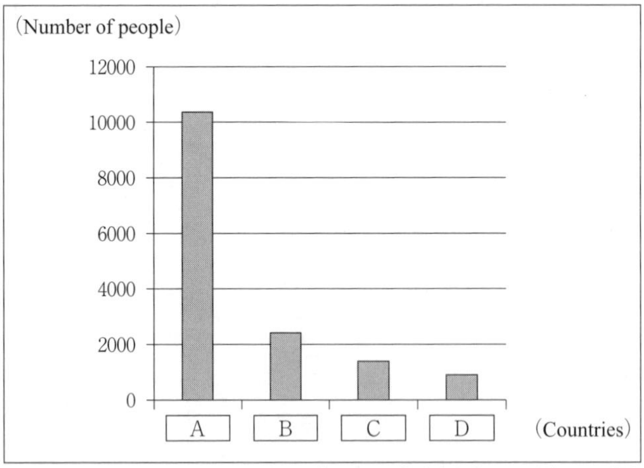


『和歌山県統計書』（和歌山県）から作成

（注）　homestay　ホームステイ　　host　ホストの（ホームステイ先の）　　immigrant　移民
introduce　伝える　　Western-style　西洋式の　　graph　グラフ
top four countries　上位 4 か国　　Canada　カナダ

〔問 1〕　本文の内容に合うように，次の(1)，(2)の（　　）にあてはまる最も適切なものを，それぞれア～エの中から 1 つ選び，その記号を書きなさい。

(1)　Akira (　　　　).

ア　went to India with his father　　イ　met a family from India in Australia

ウ　saw people from Wakayama in Australia　　エ　invited his host mother to Wakayama

(2)　Akira (　　　).

ア　wants his father to go to Australia　　イ　lives in a Western-style house

ウ　will keep studying about immigrants　　エ　will work hard to help immigrants

〔問2〕　文中の下線部the graphについて，本文の内容に合うように，グラフの［ A ］～［ D ］にあてはまる最も適切な国名を，次のア～エの中から１つずつ選び，その記号を書きなさい。

A (　　　)　B (　　　)　C (　　　)　D (　　　)

ア　Australia　　イ　Canada　　ウ　the United States　　エ　Brazil

〔問3〕　明は，スピーチの後，ALT（外国語指導助手）のエレン（Ellen）と話をしました。次の対話文は，そのやりとりの一部です。これを読み，あとの(1)，(2)に答えなさい。

| | |
|---|---|
| Ellen： | Your speech was great. Everyone in your class learned a lot. |
| Akira： | Thank you. |
| Ellen： | You want to know more about immigrants. Is that right? |
| Akira： | Yes. For example, I want to know about their jobs in Australia. |
| Ellen： | What will you do to get the information? |
| Akira： | I will ［　　　］. |
| Ellen： | Good. |

(1)　対話の流れに合うように，文中の［　　　］にふさわしい英語を書きなさい。ただし，語数は２語以上とし，符号（.,?!など）は語数に含まないものとする。

(　　　　　　　　　　　　　　　　　　　　　　　　　　)

(2)　対話の内容に合う最も適切なものを，次のア～エの中から１つ選び，その記号を書きなさい。

(　　　)

ア　Ellen was happy to get a job in Japan.

イ　Ellen was impressed with Akira's speech.

ウ　Akira enjoyed his stay in Australia with Ellen.

エ　Akira wanted to know where to visit in Australia.

[3] 次の英文は，高校生の早紀（Saki）とALT（外国語指導助手）のトム（Tom）の対話です。これを読み，〔問1〕～〔問4〕に答えなさい。

Tom： Saki, how was your holiday?

Saki： Wonderful! I joined a program to guide foreign students in English. Three students came to our town.

Tom： I see. 〔　　　　　〕?

Saki： They were from New Zealand. I guided Mike, one of the students.

Tom： I see. How was it?

Saki： In the morning, I had a problem. I just [ ① ] him my name and started guiding him. I gave him some information from a guidebook. However, he didn't look happy. [ A ]

Tom： So why was your holiday wonderful?

Saki： When we had lunch, we talked about our hobbies, schools, and so on. After that, Mike showed me a book. It was about Japanese movies. I love Japanese movies, too! We talked about Japanese movies which were popular in New Zealand.

Tom： Good! [ B ] You made a good relationship with Mike at lunch time.

Saki： Yes. I really enjoyed lunch time with Mike. In the afternoon, we went to a temple. I started guiding him again. Mike looked happy and asked me many questions about the temple. I answered his questions. Mike smiled. I was glad that he was [ ② ].

Tom： I'm sure he had a good time with you.

Saki： Thank you. I realized the importance of making a good relationship with people.

Tom： That's great.

Saki： By making a good relationship with tourists, we can make their [ ③ ] better.

Tom： That's right.

（注） guide 案内する　New Zealand ニュージーランド　guidebook ガイドブック
hobby 趣味　relationship 関係　answer 答える　tourist 旅行者

〔問1〕 対話の流れに合うように，文中の〔　〕にふさわしい英語を書きなさい。ただし，語数は4語以上とし，符号（.,?!など）は語数に含まないものとする。

(　　　　　　　　　　　　　　　　　　　　　　　　　　　　　　　　)?

〔問2〕 文中の[ ① ]～[ ③ ]にあてはまる語の組み合わせとして最も適切なものを，次のア～エの中から1つ選び，その記号を書きなさい。(　　　)

ア ① told　② interested　③ stay

イ ① gave　② angry　③ experience

ウ ① bought　② surprised　③ holiday

エ ① showed　② excited　③ movies

〔問3〕 対話の流れに合うように，文中の[ A ]，[ B ]にあてはまる最も適切なものを，それぞれア～エの中から1つずつ選び，その記号を書きなさい。A (　　　) B (　　　)

A　ア　He was glad to listen to me.　　イ　He didn't come to my town.

　　ウ　I was also happy when I talked with him.　　エ　I didn't know what to do.

B　ア　Talking about Japanese movies sounds interesting.

　　イ　Visiting a temple sounds interesting.

　　ウ　Making lunch together sounds interesting.

　　エ　Studying foreign languages with Mike sounds interesting.

〔問4〕 下線部Thatの内容を，日本語で具体的に書きなさい。

(　　　　　　　　　　　　　　　　　　　　　　　　　　　　　　　　)

④ 次の質問に対するあなたの返答を，理由を含めて，30語以上の英語で書きなさい。ただし，符号（.,?!など）は語数に含まないものとする。

〔質問〕 Which month do you like the best?

(　　　　　　　　　　　　　　　　　　　　　　　　　　　　　　　　)

5　次の英文は，高校生の美紀（Miki）が，英語の授業で行ったスピーチの原稿です。これを読み，〔問 1〕～〔問 6〕に答えなさい。

Global warming is a serious problem. I want to stop it. One day in fall, I talked with my friends. I wanted to do something with them. A girl said, "I want to help you. But what can high school students do?" A boy said, "Global warming is a big problem. Even if one or two students do something, we cannot change the world." I was sad. But [ A ] I talked to my science teacher, Mr. Yamada. He said, "High school students can do many things for the world. Please read this article."

The article was about a volunteer club in a high school. The students in the club collected old shoes and washed them. Then they sent the shoes to poor children in foreign countries. I was impressed. I thought, "There are many poor children in the world. It's a big problem. The students helped them by doing a small thing. I can also improve the situation of global warming."

I told my friends about the volunteer club. I said, "We don't have to do special things to stop global warming. We can start from a small thing." A boy said, "OK. Let's do something together. How about planting trees? Trees will decrease $CO_2$, one of the causes of global warming. I know some organizations plant trees to stop global warming." A girl said, "Your idea is great. But how can we buy trees? We may need a lot of money." Another girl said, "I have an idea. Oranges are famous in Wakayama. How about selling orange juice to get money? We may get some oranges if we tell farmers our ideas. ⓐ Let's (give, farmers, some oranges, ask, to) to us." Everyone agreed.

We made three groups. Each group visited different farmers and told them our plan. The farmers were very busy, but they listened to our plan. ⓑ Soon we (farmers, who, some, helped, found) us. We got spare oranges from them. We were happy.

We still had many things to do. For example, to make delicious orange juice, we practiced hard. We also made posters. We helped each other.

In my town, a market is held every month. We sold our orange juice there. We talked to many people. One woman said, "I'll buy a lot of orange juice to save the world!" I was glad to hear ⓒ that. On that day, we got enough money to buy some trees.

We took the money to an organization. People in the organization said, "Thank you. [ B ]" We were very happy.

Well, here is the most important thing I learned from my experience. If we want to do something for the world, we can find what to do around us.

（注）even if ～　たとえ～でも　　article　記事　　shoe　靴　　sent ＜ send の過去形
improve　改善する　　situation　状況　　plant　植える　　decrease　減らす
$CO_2$　二酸化炭素　　cause　原因　　organization　団体　　farmer　農家の人
spare　余った　　market　市場《いちば》　　held ＜ hold（開く）の過去分詞形　　sold ＜ sell の過去形

〔問1〕　本文の流れに合うように，文中の A ， B にあてはまる最も適切なものを，それぞれア～エの中から1つずつ選び，その記号を書きなさい。A（　　）　B（　　）

A　ア　I thought my teacher was sad, too.
　　イ　I didn't want to give up.
　　ウ　I agreed and stopped thinking about global warming.
　　エ　I wasn't interested in thinking about global problems.

B　ア　We can plant some trees!　　イ　We can wash some shoes!
　　ウ　Your orange juice is delicious!　　エ　Your posters are beautiful!

〔問2〕　下線部ⓐ，ⓑについて，それぞれ本文の流れに合うように（　　）の中の語句を並べかえ，英文を完成させなさい。

ⓐ Let's (　　　　　　　　　　　　　　　　) to us.

ⓑ Soon we (　　　　　　　　　　　　　　　　) us.

〔問3〕　下線部ⓒ thatの内容を，日本語で具体的に書きなさい。

(　　　　　　　　　　　　　　　　　　　　　　　)

〔問4〕　次の(1)，(2)の質問の答えを，それぞれ英語で書きなさい。

(1)　What subject does Mr. Yamada teach?

(　　　　　　　　　　　　　　　　　　　　　　　)

(2)　How many groups did Miki and her friends make when they visited farmers?

(　　　　　　　　　　　　　　　　　　　　　　　)

〔問5〕　次のア～エの英文を，本文の流れに合うように並べかえると，どのような順序になりますか。その記号を書きなさい。（　　）→（　　）→（　　）→（　　）

ア　Miki was impressed with the students in a volunteer club.
イ　Miki talked to Mr. Yamada.
ウ　Miki and her friends got oranges from farmers.
エ　Miki and her friends went to an organization.

〔問6〕　美紀が，自身の経験を通じて学んだ最も大切なことはどのようなことですか。日本語で書きなさい。

(　　　　　　　　　　　　　　　　　　　　　　　)

〈放送原稿〉

これから，2021 年度和歌山県公立高等学校入学試験英語リスニング問題を行います。(10 秒)

それでは，問題冊子を開きなさい。

リスニング問題は〔問 1〕，〔問 2〕，〔問 3〕の 3 つがあります。放送を聞きながら，メモをとってもかまいません。

〔問 1〕は，絵の内容に合った対話を選ぶ問題です。はじめに，No.1，No.2 のそれぞれの絵を見なさい。(5 秒)

これから，No.1，No.2 の順に，それぞれ A，B，C 3 つの対話を 2 回放送します。No.1，No.2 の絵にある人物の対話として最も適切なものを，放送された A，B，C の中から 1 つずつ選び，その記号を書きなさい。それでは始めます。

No.1　A　女の子：　I hope it will be sunny soon.
　　　　　男の子：　Yes. It's cloudy now. It may rain.
　　　B　女の子：　Shall I open the door?
　　　　　男の子：　Thank you. This box is very big.
　　　C　女の子：　Wow, you are carrying many things.
　　　　　男の子：　Yes. Can you help me? (3 秒)
　　　A　女の子：　I hope it will be sunny soon.
　　　　　男の子：　Yes. It's cloudy now. It may rain.
　　　B　女の子：　Shall I open the door?
　　　　　男の子：　Thank you. This box is very big.
　　　C　女の子：　Wow, you are carrying many things.
　　　　　男の子：　Yes. Can you help me? (3 秒)

No.2　A　女の子：　Let's talk after we buy something in that shop.
　　　　　男の子：　OK. Let's use the table in front of the shop.
　　　B　女の子：　Look at that poster. I love pandas.
　　　　　男の子：　Yes. I love pandas, too. Let's watch the new movie.
　　　C　女の子：　I want to eat Japanese food for dinner.
　　　　　男の子：　OK, but I can't eat dinner now. It's four thirty. (3 秒)
　　　A　女の子：　Let's talk after we buy something in that shop.
　　　　　男の子：　OK. Let's use the table in front of the shop.
　　　B　女の子：　Look at that poster. I love pandas.
　　　　　男の子：　Yes. I love pandas, too. Let's watch the new movie.
　　　C　女の子：　I want to eat Japanese food for dinner.
　　　　　男の子：　OK, but I can't eat dinner now. It's four thirty. (3 秒)

これで，〔問 1〕を終わります。

〔問 2〕は，二人の対話を聞いて答える問題です。まず，〔問 2〕の問題を読みなさい。(7 秒)

これから，No.1 から No.3 の順に，二人の対話をそれぞれ 2 回ずつ放送します。対話の最後にそれぞれチャイムが鳴ります。チャイムが鳴った部分に入る最も適切なものを，AからDの中から1つずつ選び，その記号を書きなさい。それでは始めます。

No.1　先生との対話

先生：　What do you want to do in the future, Yuka?

生徒：　I want to have my own restaurant.

先生：　Why do you want to have your own restaurant?

生徒：　〈チャイム音〉(7秒)

先生：　What do you want to do in the future, Yuka?

生徒：　I want to have my own restaurant.

先生：　Why do you want to have your own restaurant?

生徒：　〈チャイム音〉(7秒)

No.2　友人との対話

男の子：　Look at this picture. Do you know the man playing the guitar?

女の子：　No. Who is he?

男の子：　He is Takeshi, a famous musician in Japan.

女の子：　〈チャイム音〉(7秒)

男の子：　Look at this picture. Do you know the man playing the guitar?

女の子：　No. Who is he?

男の子：　He is Takeshi, a famous musician in Japan.

女の子：　〈チャイム音〉(7秒)

No.3　母親との対話

男の子：　I'm hungry, Mom.

母　親：　Dinner is not ready.

男の子：　Shall we cook together?

母　親：　〈チャイム音〉(7秒)

男の子：　I'm hungry, Mom.

母　親：　Dinner is not ready.

男の子：　Shall we cook together?

母　親：　〈チャイム音〉(7秒)

これで，〔問2〕を終わります。

〔問3〕は，英語のスピーチを聞いて，答える問題です。まず，〔問3〕の問題を読みなさい。(8秒)

これから，高校生の太郎が英語の時間に行ったスピーチと，その内容について5つの質問を2回放送します。No.1からNo.5の英文が質問の答えとなるように，空欄に入る最も適切なものを，AからDの中から1つずつ選び，その記号を書きなさい。それでは始めます。

I joined a program for students and went to Australia. At that time, I was a junior high school student. Before going to Australia, I studied English hard. But English was difficult.

In Australia, I met Mike for the first time at his school. He was very kind to me, but I was afraid of speaking English. However, he always smiled and encouraged me. Soon I began to feel happy when I talked with him. About three weeks later, I went shopping with his family. I enjoyed talking with them, too.

Now I'm in Japan. I still send e-mails to Mike. He studies Japanese in Australia. He's going to come to Japan next month. He will stay here for one week.

He loves Japanese art, so we will talk about it. I want to talk with him in Japanese. I'll encourage him.

Question No.1：When did Taro go to Australia?（4 秒）

Question No.2：What did Taro do before going to Australia?（4 秒）

Question No.3：Where did Taro meet Mike for the first time?（4 秒）

Question No.4：How long is Mike going to stay in Japan?（4 秒）

Question No.5：What will Taro and Mike do when Mike comes to Japan?（4 秒）

もう一度放送します。

I joined a program for students and went to Australia. At that time, I was a junior high school student. Before going to Australia, I studied English hard. But English was difficult.

In Australia, I met Mike for the first time at his school. He was very kind to me, but I was afraid of speaking English. However, he always smiled and encouraged me. Soon I began to feel happy when I talked with him. About three weeks later, I went shopping with his family. I enjoyed talking with them, too.

Now I'm in Japan. I still send e-mails to Mike. He studies Japanese in Australia. He's going to come to Japan next month. He will stay here for one week.

He loves Japanese art, so we will talk about it. I want to talk with him in Japanese. I'll encourage him.

Question No.1：When did Taro go to Australia?（4 秒）

Question No.2：What did Taro do before going to Australia?（4 秒）

Question No.3：Where did Taro meet Mike for the first time?（4 秒）

Question No.4：How long is Mike going to stay in Japan?（4 秒）

Question No.5：What will Taro and Mike do when Mike comes to Japan?（4 秒）

これで，リスニング問題を終わります。

# 社会

時間　50分　　　満点　100点

1　和歌山県では，2019年11月に「和歌山県人会《けんじんかい》世界大会」が開催されました。さおりさんは，そこに参加した高校生の兄から，後日，大会の内容について話を聞きました。次の文は，その会話の一部です。これを読み，後の略地図を見て，〔問1〕～〔問5〕に答えなさい。

兄　　：和歌山県では，新しい土地での仕事を求めて，これまでに3万人以上の人々が海外へ移住したんだ。移住した人々は，お互いに助け合うために各地に県人会を組織して，交流を深めてきたそうだよ。和歌山県で開催された今回の世界大会には，その子孫などが集まったんだ。

さおり：どの地域から集まったのかな。

兄　　：ⓐ南北のアメリカ州の国々からの参加者が多かったよ。

さおり：ⓑ日本から遠く離れたところからも来ているのね。

兄　　：参加者は様々な国から来ているので，言語やⓒ宗教などの文化の違いはあるけれど，和歌山県にゆかりがあるということで，お互いにすぐに打ち解けていたよ。

さおり：素敵な大会だったのね。私も参加したかったわ。

兄　　：そのときに，カナダのバンクーバーからの参加者と知り合いになって，彼が帰国したあとも交流を続けているんだ。この前，夕食後に，初めてビデオ通話をしようとしたら，お父さんから「向こうは今何時か分かっているのかい。」と言われたよ。

さおり：そうか，時差を考えないといけないのね。

兄　　：海外の友人もできたし，様々なことを知ることができて本当によかったよ。

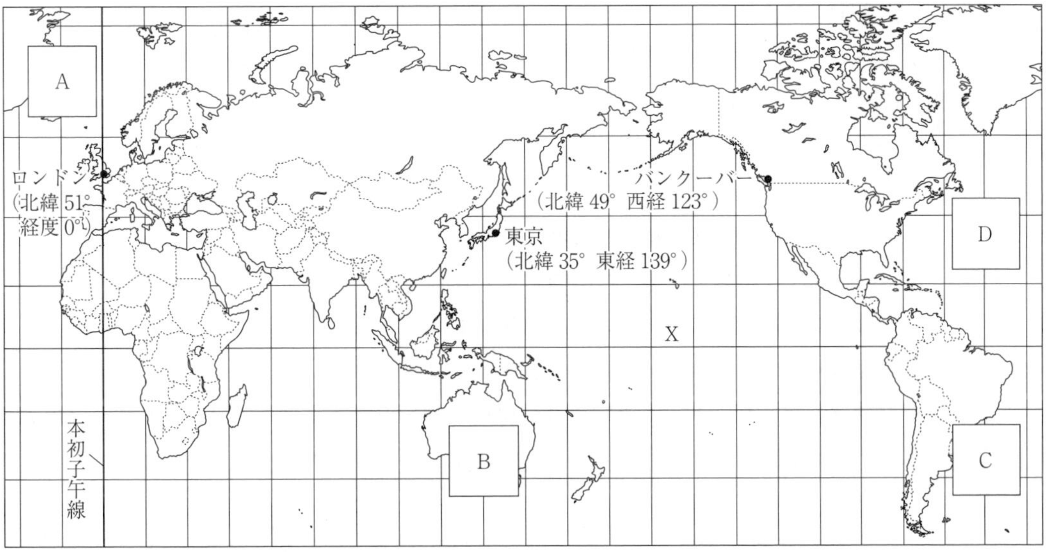


〔問1〕　略地図中のXで示された大洋を何といいますか，書きなさい。(　　　)

〔問2〕　文中の下線ⓐに関し，表1は，2つの州に属するカナダ，アメリカ，メキシコ，ブラジルについて，それぞれの国の人口，面積，輸出品目の輸出総額に占める割合の上位3品目を示したものです。ブラジルにあたるものを，表１中のア～エの中から１つ選び，その記号を書きなさい。

（　　　）

表１

| | 人口（万人） | 面積（万 $km^2$） | 輸出品目の輸出総額に占める割合の上位３品目 | | |
|---|---|---|---|---|---|
| | | | １位 | ２位 | ３位 |
| ア | 21086 | 851 | 大豆 | 鉄鉱石 | 機械類 |
| イ | 13075 | 196 | 機械類 | 自動車 | 原油 |
| ウ | 3695 | 998 | 自動車 | 原油 | 機械類 |
| エ | 32676 | 983 | 機械類 | 自動車 | 石油製品 |

（「データブック　オブ・ザ・ワールド 2019 年版」から作成）

〔問３〕　文中の下線ⓑに関し，日本から最も遠い地球の正反対側は，略地図中のＡ～Ｄのどこになりますか，１つ選び，その記号を書きなさい。（　　　）

〔問４〕　文中の下線ⓒに関し，イスラム教に関係するものを，次のア～エの中からすべて選び，その記号を書きなさい。（　　　）

ア　ユダヤ教を発展させたもので，「聖書（新約聖書）」に教えがまとめられている。

イ　西アジアでおこり，北アフリカや中央アジア，東南アジアに広まった。

ウ　インドでおこり，現在，南アジアで最も多くの人々が信仰している。

エ　教典では，女性の肌や髪はかくしておくべきとされている。

〔問５〕　略地図中の東京，バンクーバー，ロンドンについて，表２は，各都市の標準時を定める経線と１月の平均気温を示したものです。これを見て，次の⑴，⑵に答えなさい。

表２

| | 標準時を定める経線 | １月の平均気温（℃） |
|---|---|---|
| 東京 | 東経 135° | 5.2 |
| バンクーバー | 西経 120° | 4.0 |
| ロンドン | 0° | 5.8 |

（「データブック　オブ・ザ・ワールド 2019 年版」などから作成）

⑴　東京とバンクーバーの時差の説明として最も適切に述べているものを，次のア～エの中から１つ選び，その記号を書きなさい。

（　　　）

ア　東京の時刻は，バンクーバーの時刻よりも８時間早い。

イ　東京の時刻は，バンクーバーの時刻よりも８時間遅い。

ウ　東京の時刻は，バンクーバーの時刻よりも 17 時間早い。

エ　東京の時刻は，バンクーバーの時刻よりも 17 時間遅い。

⑵　ロンドンは，バンクーバーや東京よりも緯度の高いところにあるわりに，１月の平均気温は高くなっています。その理由を，海流と風に着目して，簡潔に書きなさい。

（　　　　　　　　　　　　　　　　　　　　　　　　　　　　　　　　　　　）

2　次の文は，誠さんが社会科の授業で，「日本の第１次産業」について調べ，レポートにまとめたものの一部です。これを読み，〔問１〕～〔問５〕に答えなさい。

ⓐ産業は，一般的に第１次産業，第２次産業，第３次産業に分類されます。このうち，第１次産業に分類される農林水産業では，各地の自然環境に合わせて，様々な生産活動が行われています。

日本の耕地の半分以上は水田で，稲作が全国的に行われています。特に，ⓑ東北地方，北陸地方で米の生産量が多く，日本の穀倉地帯となっています。野菜の生産は，千葉県や茨城県などの近郊農業の地域や，宮崎県や高知県などのⓒビニールハウスを利用して出荷時期を早める栽培方法の地域，岩手県や長野県などの抑制栽培の地域を中心に盛んに行われています。

また，国土の３分の２が森林である日本は，かつては林業が盛んでした。しかし，低価格の外国産木材の輸入が増えたことで，林業の就業人口が減り，高齢化も進んでいます。

海に囲まれた日本は，ⓓ漁業も盛んです。しかし，X の設定や，資源保護などで漁獲量の制限が厳しくなり，国内の漁獲量は減って，水産物の輸入が増えています。こうしたなかで，とる漁業から育てる漁業への転換が進められ，各地で Y や栽培漁業が行われています。

〔問１〕　文中の X ， Y にあてはまる語の組み合わせとして正しいものを，次のア～エの中から１つ選び，その記号を書きなさい。(　　　)

ア　X―排他的経済水域　　Y―沖合漁業　　イ　X―排他的経済水域　　Y―養殖漁業

ウ　X―領海　　Y―沖合漁業　　エ　X―領海　　Y―養殖漁業

〔問２〕　文中の下線ⓐに関し，表は，栃木県，東京都，三重県，鳥取県の産業別人口構成，漁獲量，製造品出荷額を示したものです。三重県にあたるものを，表中のア～エの中から１つ選び，その記号を書きなさい。(　　　)

表

| | 産業別人口構成(%) | | | 漁獲量<br>(百ｔ) | 製造品出荷額<br>(百億円) |
|---|---|---|---|---|---|
| | 第１次産業 | 第２次産業 | 第３次産業 | | |
| ア | 5.9 | 31.1 | 63.0 | 3 | 894 |
| イ | 8.3 | 22.4 | 69.3 | 730 | 73 |
| ウ | 0.5 | 15.8 | 83.7 | 489 | 778 |
| エ | 3.0 | 32.3 | 64.7 | 1705 | 989 |

(「データブック　オブ・ザ・ワールド 2019 年版」から作成)

〔問３〕　文中の下線ⓑに関し，次の説明文は，1993 年に東北地方を中心に発生した冷害について述べたものです。これを読み，後の(1)，(2)に答えなさい。

説明文

東北地方は，1993 年に，北東から吹く冷たく湿った風の影響を強く受け，冷害にみまわれました。特に，青森県八戸《はちのへ》市などの太平洋側の北部地域では，稲が十分に育たず，米の収穫量が大幅に減少しました。

(1)　説明文中の下線に関し，この風を何といいますか，書きなさい。(　　　　)

(2)　図1は，青森県八戸市の月別日照時間，図2は，同市の月別平均気温を，1993年と平年値をそれぞれ比較して表したものです。八戸市において，稲が十分に育たず，米の収穫量が大幅に減少した理由を，図1と図2のそれぞれから読み取り，簡潔に書きなさい。

(　　　　　　　　　　　　　　　　　　　　　　　)

図1

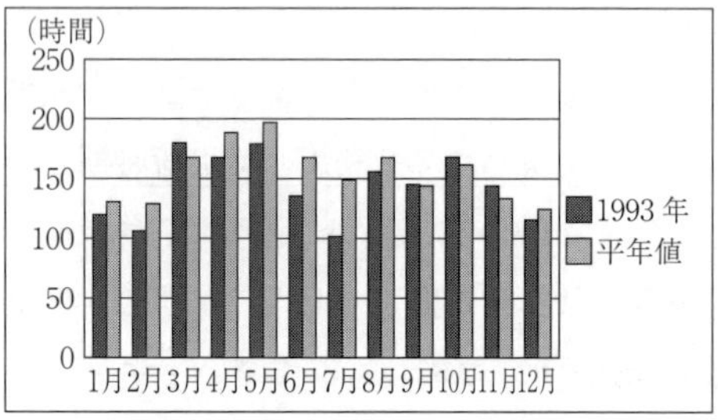


(気象庁ホームページから作成)

図2

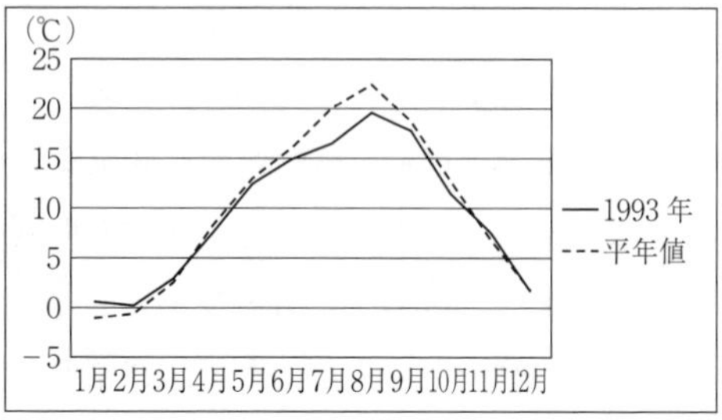


(気象庁ホームページから作成)

※図1と図2の平年値は，1981年から2010年の観測値の平均です。

〔問4〕　文中の下線ⓒに関し，この栽培方法を何といいますか，書きなさい。(　　　　)

〔問5〕　文中の下線ⓓに関し，次の説明文は，宮城県の漁業について述べたものです。説明文中の下線の海域が好漁場となっている理由を簡潔に書きなさい。

(　　　　　　　　　　　　　　　　　　　　　　　　　　　　　　　　)

説明文

気仙沼《けせんぬま》や石巻《いしのまき》など，全国的にみても水揚量の多い漁港があります。三陸《さんりく》海岸の沖合は世界有数の漁場となっており，さんまやかつお類は全国第2位の水揚量を誇っています。東日本大震災により，漁港や水産加工場は大きな被害を受けましたが，国内外の支援を受けて少しずつ復興をとげてきています。

③　たかしさんは，社会科の授業で，日本の歴史の流れについて発表することになりました。次の略年表は，近世までの日本の歴史を４つに区分し，それぞれの区分の主なできごとをまとめたものです。これを見て，〔問1〕～〔問9〕に答えなさい。

| 区分 | 国づくりが始まる | 天皇や貴族が政治を行う | 武士が政治を始める | 武士の政治が安定する |
|---|---|---|---|---|
| 主なできごと | ⓐ打製石器《だせいせっき》の使用が始まる<br>稲作が伝わる<br>ⓑ古墳《こふん》の始まり | ⓒ聖徳太子《しょうとくたいし》が政治をとる<br>ⓓ大化《たいか》の改新《かいしん》が始まる<br>大宝律令《たいほうりつりょう》が制定される<br>平安京《へいあんきょう》に都を移す<br>武士のおこり | 院政《いんせい》が始まる<br>ⓔ源　頼朝《みなもとのよりとも》が征夷大将軍《せいいたいしょうぐん》になる<br>元寇《げんこう》<br>ⓕ建武《けんむ》の新政《しんせい》が始まる<br>ⓖ室町《むろまち》幕府の成立 | 豊臣秀吉《とよとみひでよし》が全国を統一する<br>関ヶ原《せきがはら》の戦《たたか》いがおこる<br>ⓗ江戸《えど》幕府の成立<br>ペリーの来航 |
| | | ←ア→　←イ→ | ←ウ→ | ←エ→ |

〔問１〕　略年表中の傍線ⓐに関し，群馬県の岩宿《いわじゅく》遺跡から打製石器が発見されたことによって，日本での存在が明らかになった時代を何といいますか，書きなさい。(　　　)

〔問２〕　略年表中の傍線ⓑに関し，古墳が盛んにつくられていた頃，朝鮮半島から移り住み，様々な技術を日本にもたらした人々がいました。これらの人々を何といいますか，書きなさい。

(　　　)

〔問３〕　略年表中の傍線ⓒは，蘇我馬子《そがのうまこ》とともに，天皇を中心とする政治制度を整えようとしました。その中の１つである冠位十二階《かんいじゅうにかい》の制度では，どのようなねらいで役人を採用しようとしましたか，簡潔に説明しなさい。

(　　　)

〔問４〕　略年表中の傍線ⓓで行われたことの説明として正しいものを，次のア～エの中から１つ選び，その記号を書きなさい。(　　　)

ア　都を藤原京《ふじわらきょう》から平城京《へいじょうきょう》に移した。

イ　唐《とう》にならって，和同開珎《わどうかいちん》《かいほう》を発行した。

ウ　国家が全国の土地と人々を支配する公地公民《こうちこうみん》の方針を出した。

エ　天皇の命令に従うべきことなど，役人の心構えを示した十七条《じゅうしちじょう》の憲法《けんぽう》を定めた。

〔問５〕　略年表中の傍線ⓔは，御家人《ごけにん》を守護《しゅご》や地頭《じとう》に任命しました。この時代の地頭には女性も多く任命されました。その理由を，「**分割相続**」という語を用いて，簡潔に書きなさい。

(　　　)

〔問６〕　略年表中の傍線ⓕに関し，次の説明文は，この時代の都の様子について述べたものです。説明文中の X ， Y にあてはまる語の組み合わせとして正しいものを，後のア～エの中から１つ選び，その記号を書きなさい。(　　　)

説明文

> 資料は，［X］と呼ばれるもので，建武の新政を始めた［Y］の御所《ごしょ》の目の前にかかげられました。このことから，政治や社会が混乱していたことがわかります。
>
> 資料
>
> このごろ都《みやこ》ではやっているものは，夜襲《やしゅう》，強盗《ごうとう》，天皇《てんのう》のにせの命令《めいれい》。囚人《しゅうじん》，急使《きゅうし》を乗《の》せた早馬《はやうま》，たいしたこともないのに起《お》こる騒動《そうどう》。
>
> （部分要約）

ア　X－二条河原落書《にじょうがわらのらくしょ》　Y－後醍醐《ごだいご》天皇　イ　X－御伽草子《おとぎぞうし》　Y－後醍醐天皇

ウ　X－二条河原落書　Y－後鳥羽上皇《ごとばじょうこう》　エ　X－御伽草子　Y－後鳥羽上皇

〔問7〕　略年表中の傍線ⓖに関し，図1は，室町幕府の仕組みを表したものです。［Z］に入る役職を書きなさい。(　　　)

図1

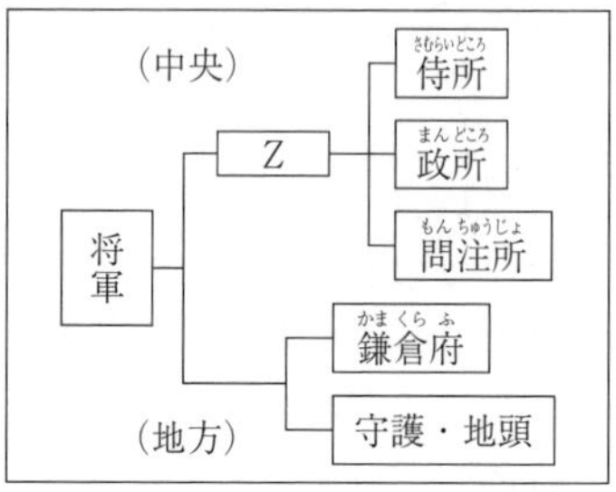


〔問8〕　略年表中の傍線ⓗに関し，次の(1)，(2)に答えなさい。

(1)　図2は，江戸時代初期における大名《だいみょう》の配置を表した地図です。図中の■で示した領地をあたえられた大名を何といいますか，書きなさい。(　　　)

図2　大名の配置（1664年）

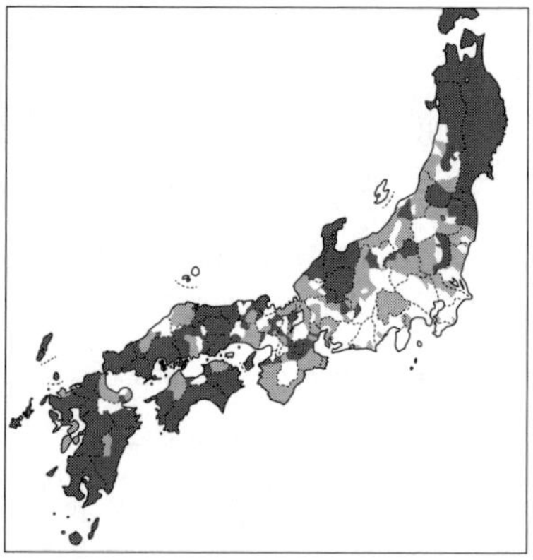

(2)　次のⅠ～Ⅲの政策を行った将軍の組み合わせとして正しいものを，後のア～エの中から1つ選び，その記号を書きなさい。(　　　)

Ⅰ　日本人の海外渡航や海外からの帰国を禁止した。また，参勤交代《さんきんこうたい》の制度を定めた。

Ⅱ　生類憐《しょうるいあわれ》みの令《れい》を出した。また，質を落とした貨幣を増やし，財政を立て直そうとした。

Ⅲ　目安箱《めやすばこ》を設置し，庶民の意見を政治の参考にした。また，公事方御定書《くじかたおさだめがき》を定めた。

ア　Ⅰ　徳川家康《とくがわいえやす》　Ⅱ　徳川家光《いえみつ》　Ⅲ　徳川吉宗《よしむね》

イ　Ⅰ　徳川家光　Ⅱ　徳川吉宗　Ⅲ　徳川家斉《いえなり》

ウ　Ⅰ　徳川家康　Ⅱ　徳川綱吉《つなよし》　Ⅲ　徳川家斉

エ　Ⅰ　徳川家光　Ⅱ　徳川綱吉　Ⅲ　徳川吉宗

〔問9〕　次の説明文は，ある時期の文化の特徴について述べたものです。この文化が発展した時期を，略年表中の矢印で示されたア～エの中から1つ選び，その記号を書きなさい。(　　　)

説明文

> 唐の文化を吸収したうえで，日本の風土やくらしに合った文化が形成された。また，漢字を変形させた仮名文字《かなもじ》が作られ，感情を表現しやすくなり，優れた文学作品が生まれた。

4 次のA～Dのカードは，かおりさんが社会科の授業で「幕末《ばくまつ》以降の日本と国際社会との関わり」についてまとめたものの一部です。これらを読み，〔問1〕～〔問4〕に答えなさい。

A 開港と貿易の始まり
1858年，幕府は日米修好通商条約《にちべいしゅうこうつうしょうじょうやく》を締結しました。これにより，函館《はこだて》などの港が開かれⓐ貿易が始まると，国内産業は打撃を受け，人々の生活は苦しくなりました。

B 不平等条約《ふびょうどうじょうやく》の改正交渉
明治政府は，欧米と対等な地位を得るために，江戸幕府が結んだ不平等条約の改正交渉に積極的に取り組みました。ⓑ条約内容の改正がすべて実現したのは，1911年のことでした。

C 欧米諸国とともにシベリアに出兵《しゅっぺい》
日本は，ロシアで起こった革命による社会主義の影響の拡大を恐れて，1918年にイギリス，アメリカなどとともにⓒシベリア出兵を行いました。

D 自衛隊《じえいたい》の国際貢献
冷戦後，経済援助だけでなく，世界平和の面での国際貢献を求められた日本は，1992年，ⓓ国連平和維持活動《こくれんへいわいじかつどう》に初めて自衛隊の部隊を派遣しました。

〔問1〕 文中の下線ⓐに関し，次の説明文は，開国後の日本の経済について述べたものです。説明文中の X ， Y にあてはまる語を，書きなさい。X（ ） Y（ ）

説明文

開国した当初，欧米と日本におけるそれぞれの金と銀の交換比率は，表のようになっていました。この交換比率の違いを利用して，外国人は自国の X を日本に持ちこみ，日本の Y に交換して自国に持ち帰りました。そこで幕府は，貨幣の質を落として Y の流出を防ぎましたが，物価は急速に上昇し，生活にいきづまる民衆が増え，幕府への不満は高まっていきました。

表

| 欧米の交換比率 |
|---|
| 金1：銀15 |

| 日本の交換比率 |
|---|
| 金1：銀5 |

〔問2〕 文中の下線ⓑに関し，次のア～エは，条約内容の改正がすべて実現するまでのできごとについて述べたものです。これらのできごとを年代の古い順に並べるとどのようになりますか，その記号を順に書きなさい。（ → → → ）

ア 井上馨《いのうえかおる》は，鹿鳴館《ろくめいかん》を建設して欧化政策《おうかせいさく》をとった。
イ 陸奥宗光《むつむねみつ》は，イギリスと交渉して，領事裁判権《りょうじさいばんけん》の撤廃に成功した。
ウ 岩倉具視《いわくらともみ》は，使節団の代表として欧米に派遣された。
エ 小村寿太郎《こむらじゅたろう》は，アメリカと交渉して，関税自主権《かんぜいじしゅけん》の回復に成功した。

〔問3〕 文中の下線ⓒに関し，シベリア出兵に向けた米の買い付けなどによって，米の値段が急上昇しました。それにより，全国で米の安売りを求める民衆が米屋などを襲う事件が起こり，その鎮圧に軍隊が出動しました。このできごとを何といいますか，書きなさい。（ ）

〔問4〕 文中の下線ⓓに関し，自衛隊がこれまでに派遣された国を，次のア～エの中から1つ選び，その記号を書きなさい。（ ）

ア アフガニスタン　　イ キューバ　　ウ ベトナム　　エ カンボジア

5　由美子さんのクラスでは,「民主政治と政治参加」の学習のまとめとして,グループごとに興味のあるテーマを選び,調べることになりました。次の表は,各グループが考えたテーマと調べる内容の一部を示したものです。これを見て,〔問 1〕～〔問 6〕に答えなさい。

| テーマ | 調べる内容 |
| --- | --- |
| 私たちの暮らしと政治 | ⓐ地方公共団体と国は役割分担をして,私たちのためにどのような仕事をしているかを調べる。 |
| 地方財政の仕組み | 地方公共団体の収入と支出について整理し,ⓑ地方財政の状況について調べる。 |
| 行政改革の取り組み | 公務員の数を減らしたり,事業を見直し無駄をなくす取り組みなど,簡素で効率的な行政をめざすⓒ行政改革について調べる。 |
| 地方公共団体の条例 | 地方議会がⓓ法律の範囲内で独自に制定できる条例に注目して,地域の特徴に応じて制定された全国の事例を調べる。 |
| 私たちの政治と民主主義 | ⓔ民主主義の意味や住民の政治参加についてまとめ,住民が直接政治に参加できるⓕ直接請求権などの内容を調べる。 |

〔問 1〕　文中の下線ⓐに関し,地方公共団体が主に担《にな》っている仕事として適切なものを,次のア～オの中からすべて選び,その記号を書きなさい。(　　　)

ア　外国からの攻撃に対する防衛活動　　イ　ゴミの収集　　ウ　上下水道の整備

エ　警察による地域の安全確保　　オ　年金の管理運営

〔問 2〕　文中の下線ⓑに関し,図は,平成 30 年度の和歌山県と東京都における歳入の内訳を示したものです。図中のX～Zにあてはまる語を,後のア～ウの中からそれぞれ 1 つ選び,その記号を書きなさい。X(　　　)　Y(　　　)　Z(　　　)

図

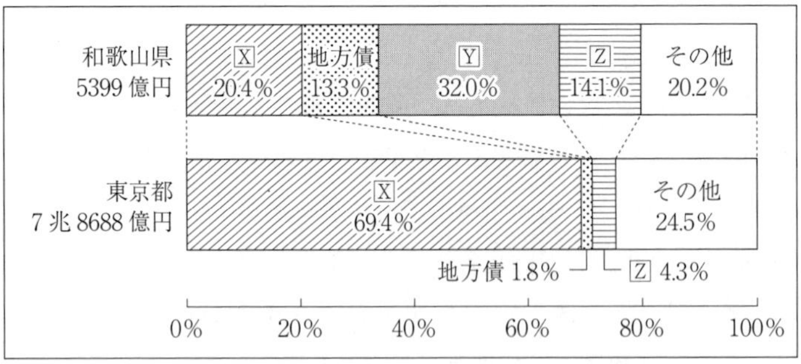


(平成 30 年度総務省資料より作成)

ア　地方交付税(地方交付税交付金)　　イ　地方税　　ウ　国庫支出金

〔問 3〕　文中の下線ⓒに関し,国の行政改革の中で,次の文で示されている取り組みを何といいますか,書きなさい。(　　　)

文

> 一定の条件のもと,かぜ薬のコンビニエンスストアでの販売やセルフ式のガソリンスタンドの導入など,政府の許認可権を見直して企業の自由な経済活動をうながす。

〔問4〕 文中の下線ⓓに関し，国会における法律の制定や改正の手続きとして適切に述べているものを，次のア～エの中から2つ選び，その記号を書きなさい。(　　　)

ア　本会議で議決される前に，通常，与党と野党の議員からなる委員会で審査される。

イ　衆議院が参議院と異なった議決をし，両院協議会でも不一致の時は衆議院の議決を優越する。

ウ　提出された議案は，衆議院から先に審議が行われる。

エ　議案の議決は，衆議院，参議院ともに，出席議員の過半数が賛成すれば可決される。

〔問5〕 文中の下線ⓔに関し，民主主義の思想の現れとされる「国民主権」について，次の語を用いて，簡潔に説明しなさい。

(　　　　　　　　　　　　　　　　　　　　　　　　　　　　　　　　　　　　　　　　)

国民　　政治

〔問6〕 文中の下線ⓕに関し，地方公共団体では，住民が条例の制定を首長に対して直接請求することができます。人口1万人の町に有権者が9割いるとした場合，町長に条例の制定を直接請求するためには，住民の署名は何人以上必要になりますか，書きなさい。(　　　　人以上)

6　次の文は，秀二さんの家族が高校2年生の兄の卒業後の進路について話し合っている会話の一部です。これを読み，〔問1〕～〔問3〕に答えなさい。

兄　：先週，学校で和歌山県が作っているこの冊子『高校生のためのわかやま就職ガイド』を使った授業があったんだ。

秀二：もうすぐ3年生だから，進路を決めないといけない時期なんだね。

兄　：これまで，進学するか就職するか迷ってきたけれど，和歌山のⓐ企業に就職するのもいいかなと思ってきたんだ。

父　：どうしてそう思うようになったんだい。

兄　：今回の授業でこの冊子を読んで，和歌山で働くイメージが変わったことが大きいかな。都会に比べて生活費も安くすむし，とても暮らしやすいところだと改めて感じたんだ。それに，地元企業の魅力についても知ることができたよ。

父　：なるほど，この冊子を読んでみると，地元の企業も新たな製品を開発したり，新たな市場を開拓したりしているようだね。

兄　：先生は，就職するには，ⓑ企業の業績やⓒ労働条件のことなど，企業について研究してから選ばないといけないと言っていたよ。

秀二：これから，たくさん準備していかないといけないんだね。

父　：色々な人の意見を参考にしながら，じっくり考えていくんだよ。

〔問1〕　文中の下線ⓐに関し，次の(1)，(2)に答えなさい。

図

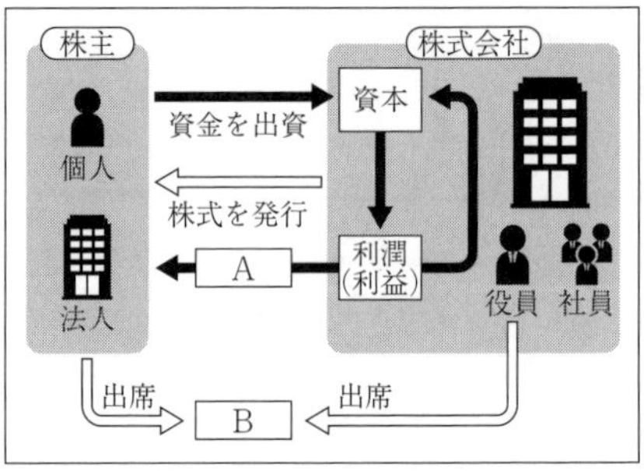


(1)　図は，企業の中で代表的な株式会社の仕組みを模式的に表したものです。図中の A ， B にそれぞれあてはまる語を，書きなさい。

A (　　　)　B (　　　)

(2)　企業の中には，社会的責任を果たすために，廃棄されるものを最小限に抑え，再利用を徹底し，環境への負荷をできる限りなくす努力をしている企業もあります。このような企業がめざす「限りある資源を有効に使う社会」を何といいますか，書きなさい。(　　　)

〔問2〕　文中の下線ⓑに関し，不景気による雇用状況の悪化などが原因で，所得格差が生じることがあります。経済活動に関わる政府の役割の中で，このような格差を是正するはたらきについて最も適切に述べているものを，次のア～エの中から1つ選び，その記号を書きなさい。(　　　)

ア　民間企業だけでは充分に供給されない社会資本や公共サービスを供給する。

イ　累進課税制度や社会保障，雇用対策を積極的に行う。

ウ　増税や減税を行ったり，公共投資を増減させたりする。

エ　独占や寡占を規制するなど，民間企業に公正で安全な経済活動をうながす。

〔問3〕　文中の下線ⓒに関し，次の(1)，(2)に答えなさい。

(1)　『高校生のためのわかやま就職ガイド』には，資料のような記載があります。この記載内容の根拠となっている法律を何といいますか，書きなさい。(　　　)

(2)　企業の雇用形態には，正規雇用と非正規雇用とがあり，近年，アルバイトや派遣社員（派遣労働者）のような非正規雇用の労働者が増加してきています。非正規雇用の労働者は，正規雇用の労働者と比べ，賃金の面でどのような課題がありますか，仕事内容や労働時間に着目して，簡潔に説明しなさい。(　　　　　　　　　　　　　)

資料

# 理科

時間　50分　　　　満点　100点

1　和美さんたちは，「自然体験を通して気づいたことを探求しよう」というテーマで，調べ学習に取り組んだ。次の〔問1〕，〔問2〕に答えなさい。

〔問1〕　次の文は，和美さんが，山でキャンプをしたときに体験した「やまびこ」について調べ，まとめたものの一部である。下の(1)～(4)に答えなさい。

> 山の中の見晴らしのよい場所で，大きな①音を出すと，向かいの山で反射した音が遅れて聞こえることがあります。この現象は「やまびこ」や「こだま」とよばれています。自分の出した音が，向かいの山で反射して，戻ってきた音を自分の②耳がとらえているのです。
>
> やまびこを用いると，③自分のいる場所から向かいの山の音が反射したところまでのおよその距離をはかることができます。距離をはかるには，「ヤッホー」と叫んでから戻ってきた音が聞こえるまでの時間をはかればよいのです。向かいの山に「ヤッホー」と叫ぶと同時にストップウォッチのスタートボタンを押して，戻ってきた「ヤッホー」という④音が聞こえた瞬間にストップウォッチを止めます。このときの音は，自分と山との間を往復しています。

(1)　下線部①について，音の高さを決める振動数は「Hz」という単位で表される。この単位のよみをカタカナで書きなさい。(　　　)

(2)　下線部②について，図1は，ヒトの耳のつくりを模式的に表したものであり，Xは空気の振動をとらえる部分である。この部分を何というか，書きなさい。(　　　)

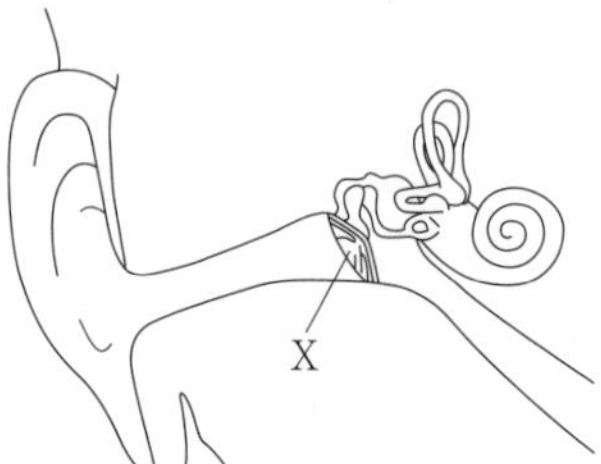

図1　ヒトの耳のつくり

(3)　下線部③について，向かいの山に向かって「ヤッホー」と叫んでから3秒後に，向かいの山で反射して戻ってきた「ヤッホー」という音が聞こえた。自分と向かいの山の音が反射したところまでのおよその距離として最も適切なものを，次のア～エの中から1つ選んで，その記号を書きなさい。ただし，音の速さは340m/sとし，ストップウォッチの操作の時間は考えないものとする。(　　　)

ア　510m　　イ　1020m　　ウ　1530m　　エ　2040m

(4)　図2は，下線部④のように刺激を受けてから反応するまでの流れを示したものである。図2の［ Y ］にあてはまる，刺激や命令の信号が伝わる順に神経を並べたものとして，最も適切なものを，あとのア～エの中から1つ選んで，その記号を書きなさい。(　　　)

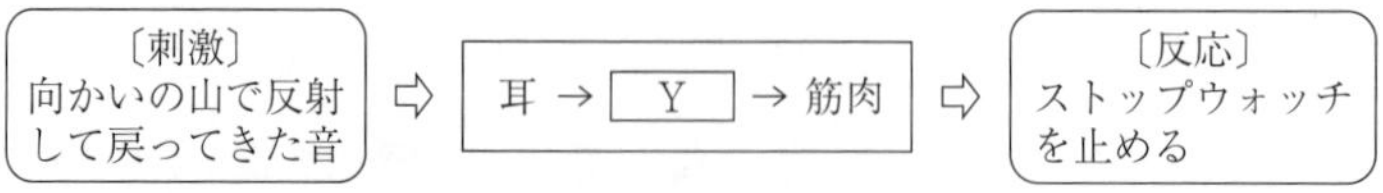

図2　刺激を受けてから反応するまでの流れ

ア　運動神経→感覚神経→中枢神経　　イ　感覚神経→中枢神経→運動神経

ウ　中枢神経→運動神経→感覚神経　　エ　中枢神経→感覚神経→運動神経

〔問2〕 次の文は，紀夫さんが，キャンプ場の近くで見つけた露頭について調べ，まとめたものの一部である。下の(1)～(4)に答えなさい。

キャンプ場の近くで，大きな露頭を見つけました。この露頭を観察すると，石灰岩の地層a，火山灰の地層b，れき，砂，泥からできた地層cの3つの地層が下から順に重なっていることがわかりました（図3）。この3つの地層にはそれぞれ特徴が見られ，より詳しく調べました。

1つ目の地層aは，石灰岩でできていました。石灰岩の主な成分は［ Z ］で，酸性化した土や川の水を①中和するために使われる石灰の材料として利用されています。

2つ目の地層bは，火山灰でできていました。その地層から，②無色で不規則な形をした鉱物を見つけることができました。この鉱物は，マグマに含まれる成分が冷え固まってできた結晶です。

3つ目の地層cは，れき，砂，泥からできていました。③この地層の粒の積もり方から，一度に大量の土砂が水の中で同時に堆積したと考えられます。

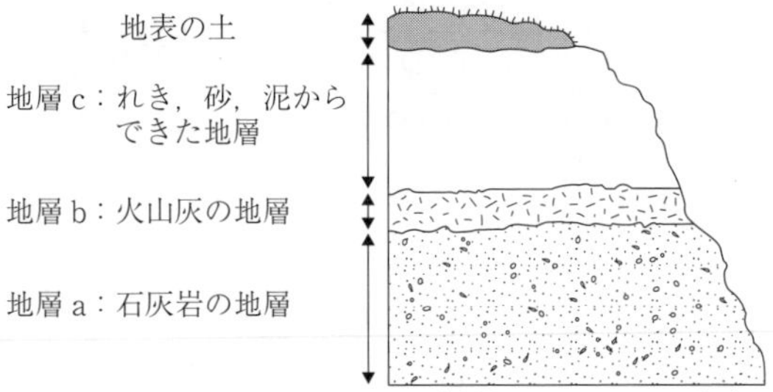

（地層cのスケッチは省略している）

図3　露頭のスケッチの一部

(1) 文中の［ Z ］にあてはまる物質の名称を書きなさい。(　　　)

(2) 下線部①について，次の式は，中和によって水が生じる反応を表したものである。［ A ］，［ B ］にあてはまるイオン式をそれぞれ書きなさい。A(　　　)　B(　　　)

［ A ］＋［ B ］→ $H_2O$

(3) 下線部②の鉱物として最も適切なものを，次のア～エの中から1つ選んで，その記号を書きなさい。(　　　)

ア　カクセンセキ　　イ　カンランセキ　　ウ　キセキ　　エ　セキエイ

(4) 下線部③について，地層cの下部，中部，上部に含まれる，主に堆積した粒の組み合わせとして最も適切なものを，右のア～エの中から1つ選んで，その記号を書きなさい。また，そのように考えた理由を簡潔に書きなさい。

| | 地層cの下部 | 地層cの中部 | 地層cの上部 |
|---|---|---|---|
| ア | 泥 | 砂 | れき |
| イ | 砂 | 泥 | れき |
| ウ | れき | 砂 | 泥 |
| エ | 砂 | れき | 泥 |

記号(　　　)

理由(　　　　　　　　　　　　　　　　　　　　　　　　　　　　)

2　植物のはたらきを調べるために，実験Ⅰ，実験Ⅱを行った。あとの〔問1〕〜〔問6〕に答えなさい。

実験Ⅰ　「オオカナダモを使った実験」

(i)　4本の試験管A〜Dを用意し，ほぼ同じ大きさのオオカナダモを試験管A，Bにそれぞれ入れた。

(ii)　青色のBTB溶液に息を吹き込んで緑色にしたものを，すべての試験管に入れて満たした後，すぐにゴム栓でふたをした（図1）。

(iii)　試験管B，Dの全体をアルミニウムはくでおおい，試験管B，Dに光が当たらないようにした。

(iv)　4本の試験管を光が十分に当たる場所に数時間置いた（図2）。

(v)　試験管のBTB溶液の色を調べ，その結果をまとめた（表1）。

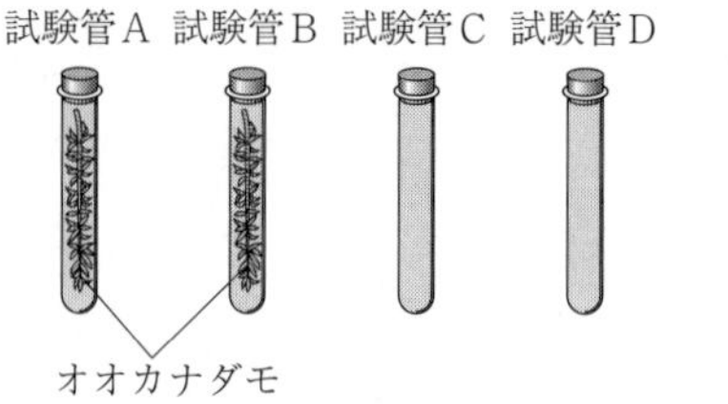


図1　BTB溶液を入れた4本の試験管

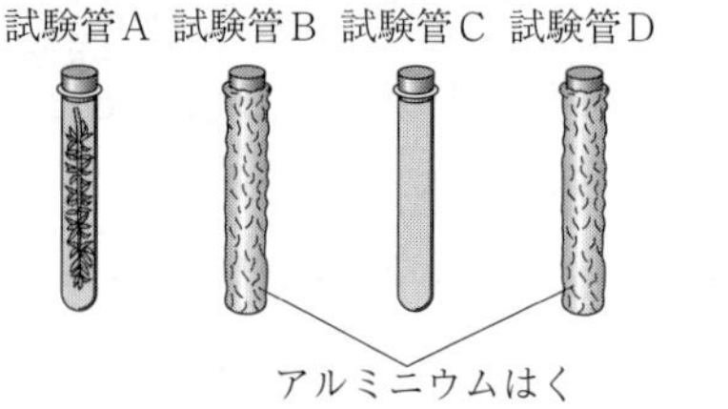


図2　光が十分に当たる場所に置いた4本の試験管

表1　実験Ⅰの結果

| 試験管 | A | B | C | D |
|---|---|---|---|---|
| BTB溶液の色 | 青色 | 黄色 | 緑色 | 緑色 |

実験Ⅱ　「アジサイを使った実験」

(i)　葉の大きさや枚数，茎の太さや長さがほぼ同じアジサイを3本用意して，それぞれに表2のような処理を行い，アジサイA，B，Cとした。

表2　処理の仕方

| アジサイ | 処理 |
|---|---|
| A | 葉の表側にワセリンをぬる |
| B | 葉の裏側にワセリンをぬる |
| C | 葉の表側と裏側にワセリンをぬる |

(ii)　同じ大きさの3本の試験管に，それぞれ同量の水と，処理したアジサイA〜Cを入れ，少量の油を注いで水面をおおった（図3）。

(iii)　アジサイA〜Cの入った試験管の質量をそれぞれ測定し，明るく風通しのよい場所に一定時間置いた後，再びそれぞれの質量を測定した。

図3　処理したアジサイと試験管

(iv)　測定した質量から試験管内の水の減少量をそれぞれ求め，その結果をまとめた（表3）。

表3　実験Ⅱの結果

| アジサイ | A | B | C |
|---|---|---|---|
| 水の減少量〔g〕 | 4.8 | 2.6 | 1.1 |

〔問1〕 実験Ⅰでは，試験管Cや試験管Dを用意し，調べたいことがら以外の条件を同じにして実験を行った。このような実験を何というか，書きなさい。(　　　)

〔問2〕 次の文は，実験Ⅰの結果を考察したものである。文中の①，②について，それぞれア，イのうち適切なものを1つ選んで，その記号を書きなさい。また文中の［ X ］にあてはまる物質の名称を書きなさい。①(　　　)　②(　　　)　X(　　　)

> 試験管Aでは，植物のはたらきである呼吸と光合成の両方が同時に行われているが，①{ア　呼吸　　イ　光合成}の割合の方が大きくなるため，オオカナダモにとり入れられる［ X ］の量が多くなり，試験管AのBTB溭液の色は青色になる。
> 一方，試験管Bでは，②{ア　呼吸　　イ　光合成}だけが行われるため，オオカナダモから出される［ X ］により，試験管BのBTB溶液の色は黄色になる。

〔問3〕 実験Ⅱについて，植物のからだの表面から，水が水蒸気となって出ていくことを何というか，書きなさい。(　　　)

〔問4〕 実験Ⅱについて，図4はアジサイの葉の表皮を拡大して模式的に表したものである。図4の［ Y ］にあてはまる，2つの三日月形の細胞で囲まれたすきまの名称を書きなさい。(　　　)

図4　アジサイの葉の表皮を拡大した模式図

〔問5〕 実験Ⅱ(ii)について，下線部の操作をしたのはなぜか，簡潔に書きなさい。
(　　　　　　　　　　　　　　　　　　　　　　　)

〔問6〕 実験Ⅱ(i)で用意したアジサイとほぼ同じものをもう1本用意し，葉のどこにもワセリンをぬらずに，実験Ⅱ(ii)～(iv)と同じ条件で，同様の実験を行った場合，試験管内の水の減少量は何gになると考えられるか。表3を参考にして，次のア～エの中から最も適切なものを1つ選んで，その記号を書きなさい。ただし，アジサイの茎からも水蒸気が出ていくものとする。(　　　)

ア　5.2g　　イ　6.3g　　ウ　7.4g　　エ　8.5g

3　天体の動きについて調べるため，よく晴れた春分の日に，日本のある地点で，観測Ⅰ，観測Ⅱを行った。下の〔問1〕～〔問7〕に答えなさい。

観測Ⅰ　「透明半球を使って太陽の動きを調べる」

(i)　画用紙に透明半球のふちと同じ大きさの円をかき，その円の中心に印（点O）をつけ，透明半球と方位磁針をセロハンテープで固定した後，円に方位を記入し，方位を合わせて水平な場所に置いた。

(ii)　9時から17時まで，2時間ごとの太陽の位置を，フェルトペンの先の影が，画用紙上の[ X ]と重なるようにして，●印で透明半球に記録した。

(iii)　●印を，記録した順に点A～Eとして，なめらかな曲線で結び，その曲線を透明半球のふちまでのばした。このとき，のばした曲線と画用紙にかいた円との交点のうち，東側の交点を点P，西側の交点を点Qとした（図1）。

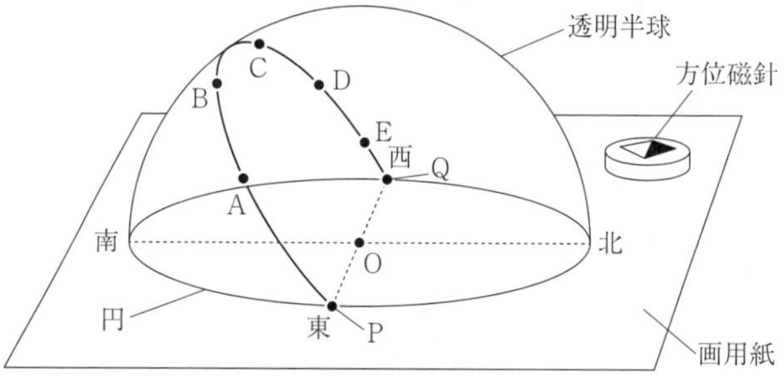


図1　透明半球に記録した太陽の動き

観測Ⅱ　「夜空の星の動きを調べる」

(i)　見晴らしのよい場所で，4台のカメラを東西南北それぞれの夜空に向け固定した。

(ii)　4台のカメラのシャッターを一定時間開け続け，東西南北それぞれの夜空の星の動きを撮影した（図2）。

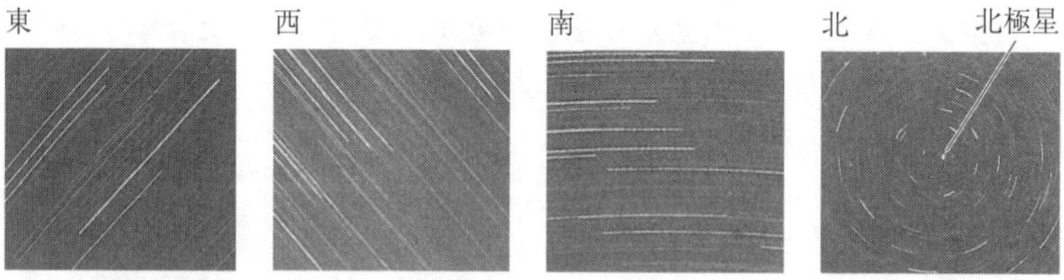


図2　東西南北それぞれの夜空の写真

〔問1〕　地球の自転による，太陽や星の一日の見かけの動きを何というか，書きなさい。(　　　)

〔問2〕　観測Ⅰ(ii)の文中の[ X ]にあてはまる適切な位置を表す語句を書きなさい。(　　　)

〔問3〕　観測Ⅰ(ii)について，次のア～エは，地球を北極点の真上から見た場合の，太陽の光と観測地点の位置を模式的に表したものである。9時における観測地点の位置として最も適切なものを，次のア～エの中から1つ選んで，その記号を書きなさい。(　　　)

ア

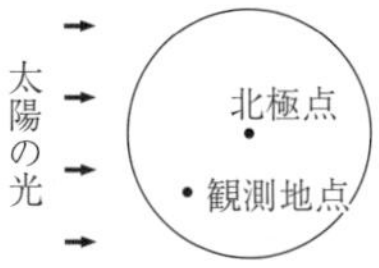


イ

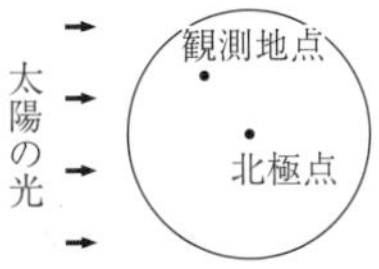


ウ

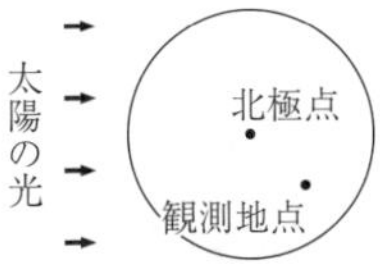


エ

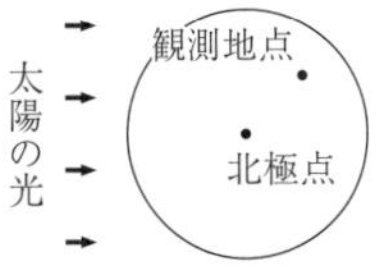


〔問4〕 観測Ⅰについて，透明半球にかいた曲線にそってAB，BC，CD，DEの長さをはかると，それぞれ7.2cmであった。同様にEQの長さをはかると，4.2cmであった。日の入りのおよその時刻として最も適切なものを，次のア～エの中から1つ選んで，その記号を書きなさい。

( )

ア 17時50分頃　イ 18時00分頃　ウ 18時10分頃　エ 18時20分頃

〔問5〕 よく晴れた春分の日に，赤道付近で太陽の観測を行った場合，観測者から見た天球（図3）上での日の出から日の入りまでの太陽の動きはどのようになるか，解答欄の図に実線（―）でかき入れなさい。

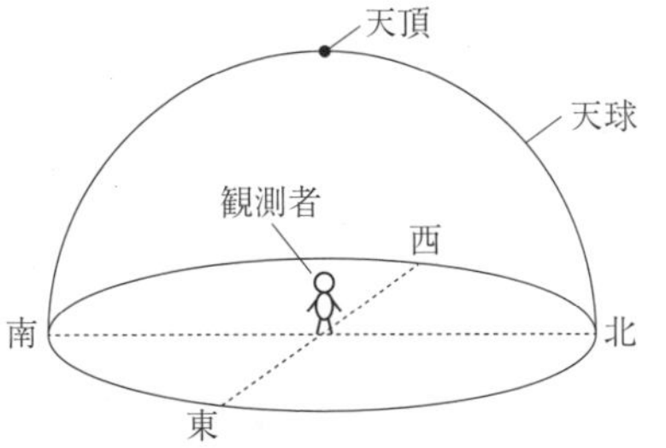


図3 赤道付近にいる観測者から見た天球

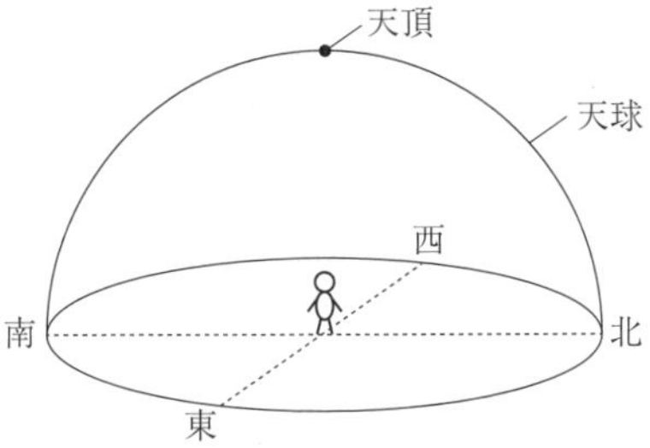


〔問6〕 観測Ⅱ(ii)について，図2の北の夜空の写真では，北極星がほとんど動いていない。その理由を簡潔に書きなさい。

( )

〔問7〕 よく晴れた日に，南半球の中緯度のある地点の見晴らしのよい場所で観測Ⅱを行った場合，東西南北それぞれの夜空の星の動きは，どのように撮影されるか。東，西，南，北での星の動きを模式的に表したものとして適切なものを，次のア～エの中からそれぞれ1つ選んで，その記号を書きなさい。東( ) 西( ) 南( ) 北( )

ア

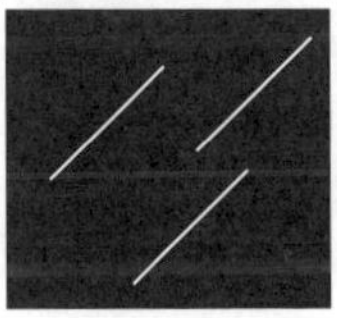

イ

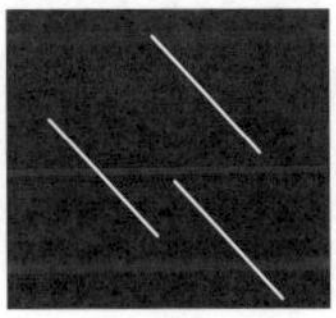

ウ

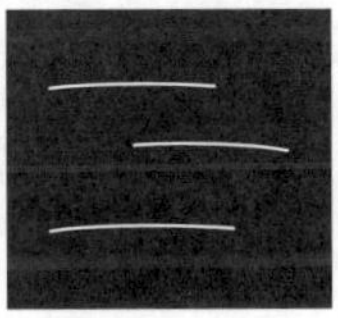

エ

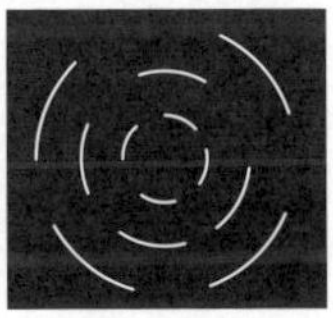

4　化学変化について調べるために，実験Ⅰ，実験Ⅱを行った。あとの〔問1〕～〔問6〕に答えなさい。

実験Ⅰ　「鉄と硫黄の混合物を加熱したときの変化」

(i)　鉄粉7.0gと硫黄の粉末4.0gをそれぞれ用意し，乳鉢と乳棒を使ってそれらをよく混ぜ合わせた混合物をつくった後，2本の試験管A，Bに半分ずつ入れた（図1）。

(ii)　試験管Aの口を脱脂綿でふたをして，混合物の上部をガスバーナーで加熱し（図2），混合物の上部が赤く変わり始めたら加熱をやめ，その後の混合物のようすを観察した。

(iii)　試験管Bは加熱せず，試験管Aがよく冷えた後，試験管A，Bにそれぞれ磁石を近づけ，そのようすを観察した（図3）。

(iv)　試験管Aの反応後の物質を少量とり出して，試験管Cに入れ，試験管Bの混合物を少量とり出して，試験管Dに入れた。

(v)　試験管C，Dにそれぞれうすい塩酸を2，3滴加え（図4），発生した気体のにおいをそれぞれ調べた。

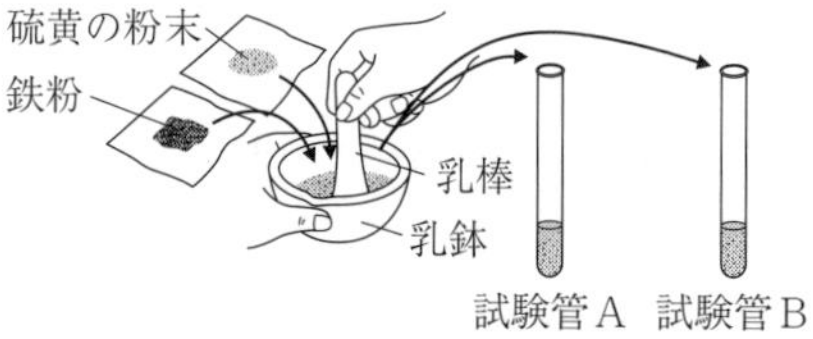


図1　混合物を試験管に入れるようす

図2　試験管Aを加熱するようす

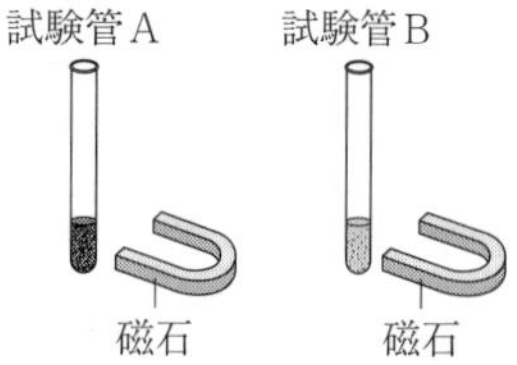


図3　試験管に磁石を近づけるようす

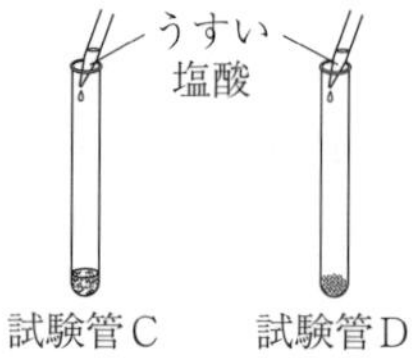


図4　うすい塩酸を加えるようす

実験Ⅱ　「銅を加熱したときの質量の変化」

(i)　ステンレス皿の質量をはかった後，銅の粉末0.60gをはかりとり，ステンレス皿にうすく広げるように入れた。

(ii)　(i)のステンレス皿をガスバーナーで加熱し（図5），そのようすを観察した。室温に戻してからステンレス皿全体の質量をはかった。その後，粉末をよくかき混ぜた。

(iii)　(ii)の操作を数回くり返して，ステンレス皿全体の質量が増加しなくなったとき，その質量を記録し，できた物質の質量を求めた。

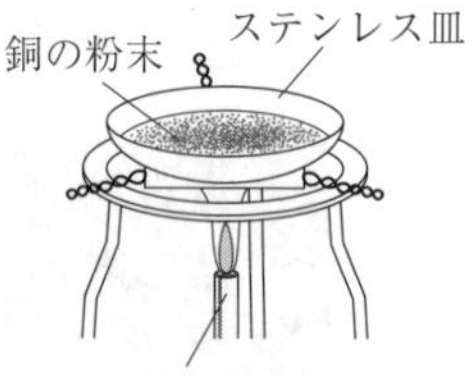


図5　銅の粉末を加熱するようす

(iv)　(i)の銅の粉末の質量を，1.20g，1.80g，2.40g，3.00gに変えて，それぞれ(i)～(iii)の操作を行った。

(v)　実験の結果を表にまとめた（表1）。

表1　実験の結果

| | | | | | |
|---|---|---|---|---|---|
| 銅の粉末の質量〔g〕 | 0.60 | 1.20 | 1.80 | 2.40 | 3.00 |
| できた物質の質量〔g〕 | 0.75 | 1.50 | 2.25 | 3.00 | 3.75 |

ただし，ステンレス皿の質量は加熱する前後で変わらないものとする。

〔問1〕　これらの実験で，図6のようなガスバーナーを使った。次のア～オは，ガスバーナーに火をつけ，炎を調節するときの操作の手順を表している。正しい順に並べて，その記号を書きなさい。

（　　→　　→　　→　　→　　）

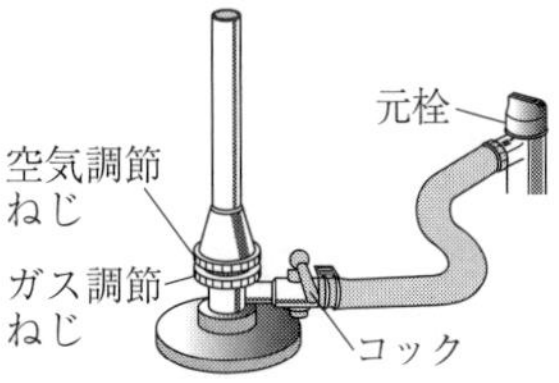

図6　ガスバーナーと元栓

ア　ガス調節ねじを回して，炎の大きさを調節する。

イ　元栓とコックを開ける。

ウ　ガスマッチ（マッチ）に火をつけ，ガス調節ねじをゆるめてガスに点火する。

エ　ガス調節ねじを動かさないようにして，空気調節ねじを回し，空気の量を調節して青色の炎にする。

オ　ガス調節ねじ，空気調節ねじが軽くしまっていることを確認する。

〔問2〕　実験Ⅰ(ii)で，加熱をやめた後も反応が続いた。その理由を簡潔に書きなさい。

（　　　　　　　　　　　　　　　　　　　　　　　　　　）

〔問3〕　次の文は，実験Ⅰで起こった反応についてまとめたものの一部である。下の(1)，(2)に答えなさい。

> 実験Ⅰ(iii)で，磁石を近づけたとき，試験管の中の物質がより磁石にひきつけられたのは，①{ア　試験管A　　イ　試験管B}であった。
> 実験Ⅰ(v)で，無臭の気体が発生したのは，②{ア　試験管C　　イ　試験管D}で，もう一方からは，特有のにおいのある気体が発生した。特有のにおいは，卵の腐ったようなにおいであったことから，この気体は，③{ア　硫化水素　　イ　塩素}であることがわかった。
> これらのことから，加熱によってできた物質は，もとの鉄や硫黄と性質の違う物質であることがわかった。

(1)　文中の①～③について，それぞれア，イのうち適切なものを1つ選んで，その記号を書きなさい。①(　　)　②(　　)　③(　　)

(2)　文中の下線部のように，2種類以上の物質が結びついて，もとの物質とは性質の違う別の1種類の物質ができる化学変化を何というか，書きなさい。(　　　)

〔問4〕　実験Ⅱ(ii)について，銅の粉末を加熱したときに見られる変化を説明した文として，最も適切なものを，次のア～エの中から1つ選んで，その記号を書きなさい。(　　)

ア　熱や光を出して反応し，金属光沢がない白色の物質に変化する。

イ　熱や光を出して反応し，金属光沢がない黒色の物質に変化する。

ウ　熱や光を出さずに反応し，金属光沢がない白色の物質に変化する。

エ　熱や光を出さずに反応し，金属光沢がない黒色の物質に変化する。

〔問 5〕 実験Ⅱについて，銅を加熱することで起こった化学変化を，化学反応式で書きなさい。

(　　　　　　　　　　)

〔問 6〕 銅の粉末 5.2g をはかりとって，実験Ⅱ(i)～(iii)の操作を行った場合，反応後にできる物質は何 g になるか，書きなさい。(　　　　g)

5　電流と磁界の関係を調べるために，コイル（エナメル線を20回巻いてつくったもの）を使って，実験Ⅰ～実験Ⅲを行った。あとの〔問1〕～〔問8〕に答えなさい。

実験Ⅰ　「電流がつくる磁界を調べる実験」

(i)　図1のような装置を組み立て，コイルのABのまわりに方位磁針を6つ置いた。

(ii)　電源装置のスイッチを入れて電流をA→B→C→Dの向きに流し，6つの方位磁針のN極がさす向きを調べた。

(iii)　方位磁針を1つだけ残し，電流の大きさは(ii)のときから変えずに，方位磁針をコイルから遠ざけていくと，方位磁針のN極のさす向きがどのように変化するかを調べた（図2）。

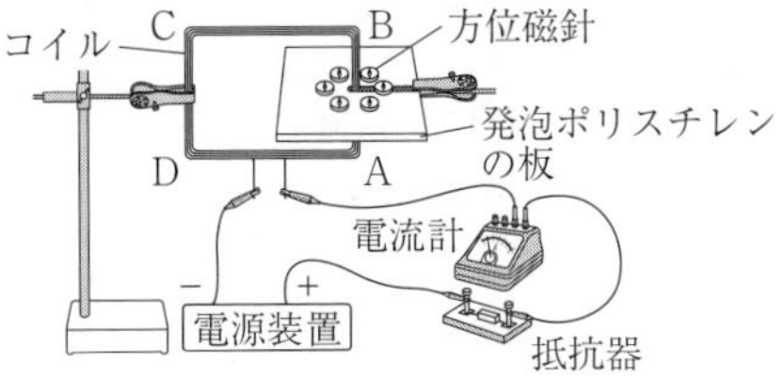


図1　実験装置

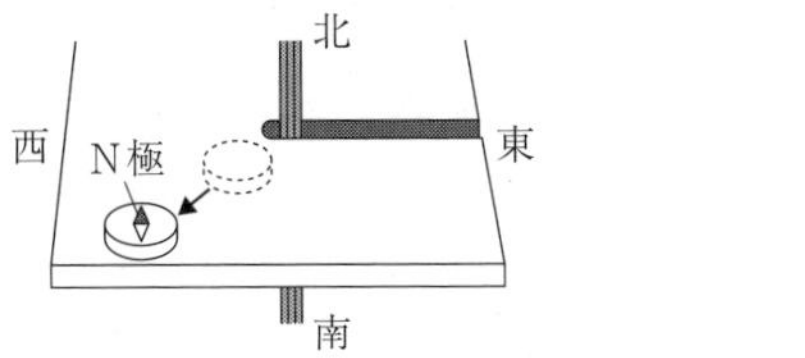


図2　方位磁針をコイルから遠ざけるようす

実験Ⅱ　「電流が磁界から受ける力について調べる実験」

(i)　図3のような装置を組み立て，回路に6Vの電圧を加えて，コイルにA→B→C→Dの向きに電流を流し，コイルの動きを調べた。

(ii)　(i)の結果を記録した（図4）。

(iii)　(i)のときより電気抵抗の小さい抵抗器にかえ，回路に6Vの電圧を加えて，コイルにD→C→B→Aの向きに電流を流し，コイルの動きを調べた。

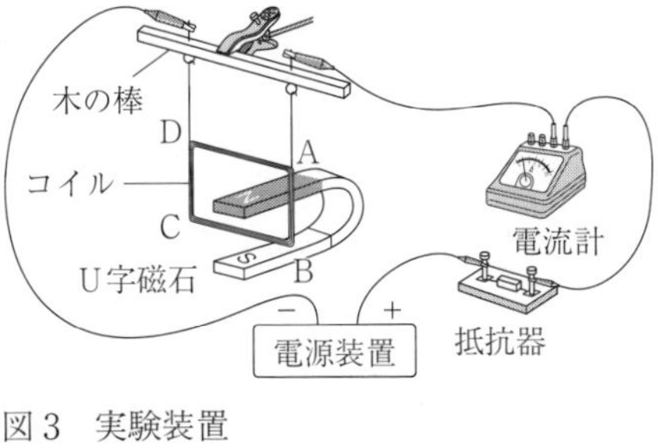


図3　実験装置

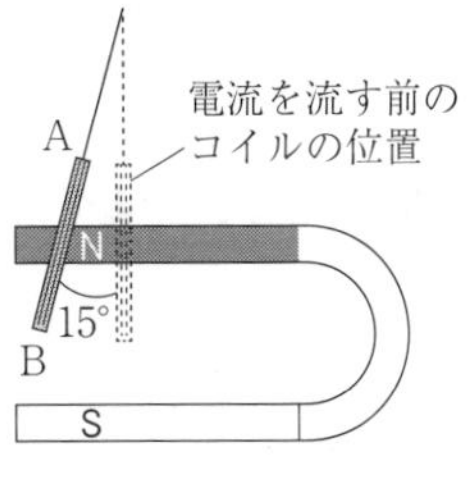


図4　実験結果の記録

実験Ⅲ　「コイルと磁石による電流の発生について調べる実験」

(i)　図5のように粘着テープで固定したコイルと検流計をつないで，棒磁石のN極をコイルに近づけたり，遠ざけたりしたときの検流計の指針のようすをまとめた（表1）。

表1　実験Ⅲ(i)の結果

| 棒磁石のN極 | 近づける | 遠ざける |
|---|---|---|
| 検流計の指針 | 右に振れた | 左に振れた |

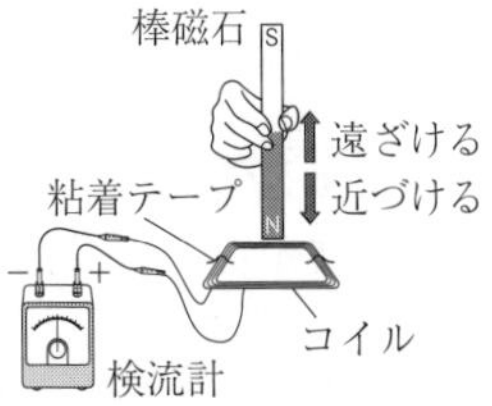


図5　棒磁石を動かすようす

(ii) (i)のときから棒磁石の極を逆にして，図6のように棒磁石のS極をコイルのすぐ上で，PからQに水平に動かしたときの検流計の指針のようすを調べた。

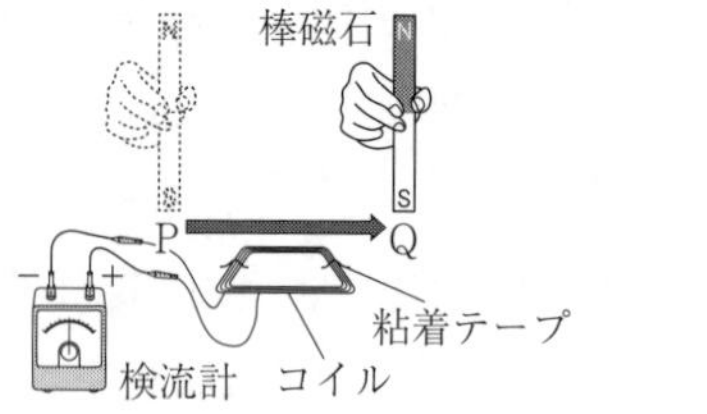

図6　棒磁石を水平に動かすようす

〔問1〕 実験Ⅰで，電流計を確認すると，電流計の指針が図7のようになっていた。このとき，回路には何Aの電流が流れているか，書きなさい。(　　　A)

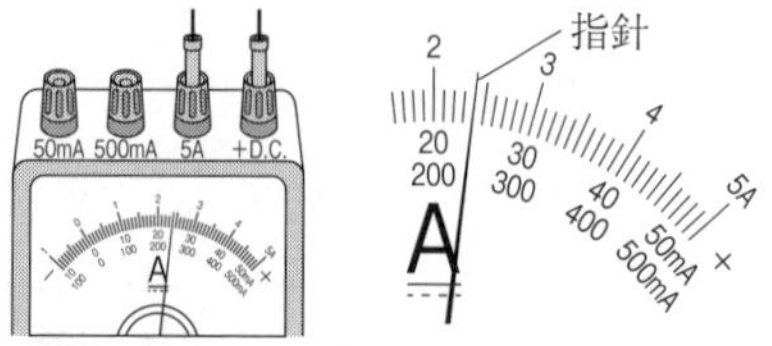

図7　電流計と目盛りの拡大図

〔問2〕 実験Ⅰ(ii)について，方位磁針を真上から見たときのN極がさす向きを記録した図として最も適切なものを，次のア～エの中から1つ選んで，その記号を書きなさい。(　　　)

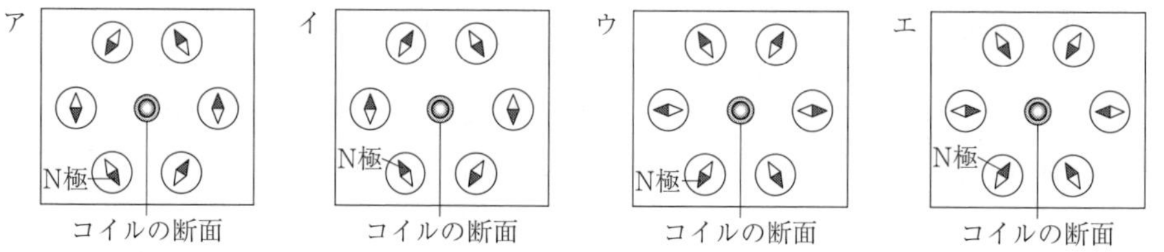


〔問3〕 実験Ⅰ(iii)の結果，方位磁針のN極はしだいに北の向きをさすようになった。この結果から，導線を流れる電流がつくる磁界の強さについてどのようなことがわかるか，簡潔に書きなさい。

(　　　　　　　　　　　　　　　　　　　　　　　　　　　　　　　　　　　)

〔問4〕 実験Ⅱ(i)のとき，電流計の指針は1.2Aを示していた。このとき回路につないだ抵抗器の電気抵抗は何Ωか，書きなさい。ただし，導線やコイル，電流計の電気抵抗はないものとする。

(　　　Ω)

〔問5〕 実験Ⅱ(iii)のとき，コイルの位置を表したものとして最も適切なものを，次のア～エの中から1つ選んで，その記号を書きなさい。(　　　)

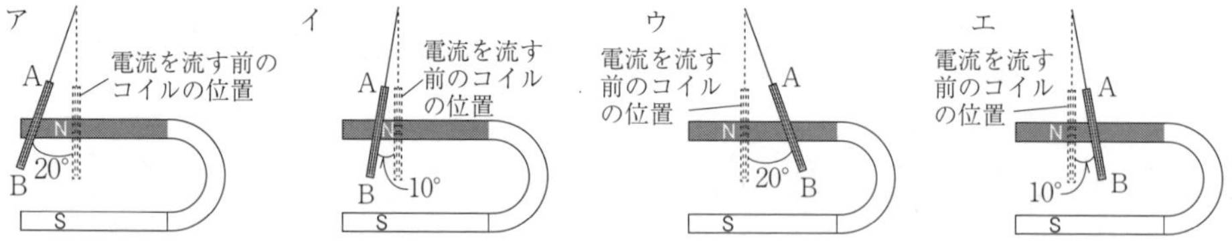


〔問6〕 実験Ⅲ(i)のように，コイルの中の磁界を変化させたときに電圧が生じて，コイルに電流が流れる現象を何というか，書きなさい。(　　　)

〔問7〕 実験Ⅲ(i)で，発生する電流の大きさを，実験器具を変えずに，より大きくするための方法を簡潔に書きなさい。

(　　　　　　　　　　　　　　　　　　　　　　　　　　　　　　　　　　　)

〔問8〕 実験Ⅲ(ii)で，検流計の指針の振れはどのようになるか，簡潔に書きなさい。

(　　　　　　　　　　　　　　　　　　　　　　　　　　　　　　　　　　　)

［条件］

(1) 原稿用紙の正しい使い方にしたがって書くこと。ただし、題名や自分の氏名は書かないこと。

(2) 二段落構成とし、八行以上、十行以内であること。

〔問6〕本文中、E森に出かけようとありますが、筆者が森に感じている魅力は、どのようなことですか。その内容として最も適切なものを、次のア〜エの中から選び、その記号を書きなさい。（　　）

ア　森は、九十万年前から動植物が生活していて、今もたくさんの生物の生命力が静かに蓄積されていること。

イ　森は、様々な生命の営みをその時々に抱えて、内に隠し持ちながら、その生命力をみなぎらせていること。

ウ　森は、近未来を彷彿とさせる建築群が並んでいた場であり、今も人々の熱気に満ちた都会を感じさせること。

エ　森は、一年を通して青々と常緑の葉を茂らせながら、つや光りする花を咲かせ、明るさを見せていること。

4　次の文章を読み、この場面におけるカズオの気持ちについて説明した上で、あなたの考えを書きなさい。ただし、あとの条件(1)、(2)にしたがうこと。

カズオは電車の中にいる。ロングシートの席に座って、さっきから胸をドキドキさせて。

目の前に、二人のおばあさんが立っている。

席をゆずらなくちゃ――。でも、カズオが立ち上がっても、シートには一人分のスペースしか空かない。おばあさん二人のうち、座れるのは一人だけだ。

歳《とし》をとっているほうのおばあさんに声をかけようか。だけど、若く見えるおばあさんは大きな荷物を持っている。遠くの駅まで乗るほうに座ってもらおうと思っても、行き先なんてわからない。二人で話し合って決めればいい？　そんなの、どうやってお願いすればいいんだろう……。

おばあさんたちは、怒っているかもしれない。それとも悲しんでいるのだろうか。カズオは二人と目が合うのが怖くて、うつむいてしまう。それだけでは足りずに、目もつぶった。座れるおばあさんと座れないおばあさんを分けてしまうのはよくないんだ、と自分に言い聞かせた。そんなの不公平だもの。座れないおばあさんがかわいそうだもの。だったら二人とも座れないほうがすっきりする……はずだ。

電車は走る。ガタゴトと揺れながら、走る。まわりのひとは、カズオのことを「やさしくない子ども」だと思っているかもしれない。ほんとうは違うのに。おばあさんが一人だけなら、すぐに席をゆずってあげたいのに。カズオは胸をドキドキさせたまま、ただじっと目をつぶって、眠ったふりをする。

（重松《しげまつ》　清《きよし》「きみの町で」より）

や光りする葉の照り返しを背景にひっそりと咲いている様に遭遇すると、なんだかぞくぞくするようだし、それなりに冬芽を蓄えて冬支度している木々もたくさんある。カシ類の、硬い鱗《うろこ》のような鱗片《りんぺん》をてかてかと光らせている冬芽は、いかにも春になったら一仕事してくれそうだ。常緑ではないけれど、森の仲間、アカメガシワは野趣※のある、鹿の袋角みたいなコートの冬芽、アオダモはメタリックな銀灰色、ホオノキなどモクレン科の冬芽はいかにもモクレン科らしい高級そうな厚手のコートと、寒さに備えて個性ある万全の構えが頼もしくも愉快だ。

ここまで冬支度を発達させてきた、その背景に、守りたい生命の営みがあることを思う。そしてそれは気が遠くなるほど連綿と続いてきた、森の意志でもある。

確実に一歩一歩力をため、やがては時を得て爆発するような生の横溢《おういつ》※を見せる生命力が、森の至る所に潜んでいる。E森に出かけよう。

（梨木香歩《なしきかほ》「やがて満ちてくる光の」より……一部省略等がある。）

（注）・月の石＝世界初の月面着陸に成功した宇宙船アポロ11号が持ち帰った月の表面の物質で、アメリカ館で展示されていたもの。
・パビリオン＝博覧会の展示用に一時的に設けられた建物。
・彷彿とさせる＝ありありと思い浮かべさせる。
・照葉樹＝広葉樹の一種で、葉が一年中落葉しない樹木。
・植生＝ある区域に集まって生育している植物全体。
・野趣＝自然のままの素朴な趣。
・横溢＝みなぎりあふれる様子。

〔問1〕本文中のAられと同じ働きで使われている「られ」を含む文を、次のア～エの中から一つ選び、その記号を書きなさい。（　）
ア　大通りを歩いていて、観光客から声をかけられる。
イ　中学生の君なら、多分、簡単に答えられる問題だ。
ウ　先生は、駅からここまで歩いて来られるのだろう。
エ　冬になると、一人で暮らす祖母の身が案じられる。

〔問2〕本文中、B人の目にふれぬ密やかな営みとありますが、筆者は、森の中のどんな様子を指して、このように表現していますか。最も適切なものを、次のア～エの中から選び、その記号を書きなさい。（　）
ア　池の中の鯉が、木の実を求めて群がっている様子。
イ　ヤマモモの実が、水中に落ちて埋もれていく様子。
ウ　イノシシ一家が、ヤマモモの実を食べに来る様子。
エ　降り積もる灰が、アズキ火山灰層を形成する様子。

〔問3〕本文中の□にあてはまる最も適切な語を、次のア～エの中から選び、その記号を書きなさい。（　）
ア　錯覚　イ　誤解　ウ　確信　エ　意識

〔問4〕本文中、C万博開催当時とありますが、筆者にとって、当時訪れた万博会場はどのようであったと述べていますか。その内容を端的に述べた部分を、文中から七字でそのまま抜き出して書きなさい。

〔問5〕本文中、Dこれもまた、森が忠実な番人のようにひそかに守り、抱え続ける記憶の一つなのだろうとありますが、筆者は、目の前の森に、どんなことを想像して、このように述べましたか。文中の言葉を用いて、六十字以内で書きなさい。（句読点やその他の符号も一字に数える。）

うに土に返り、静かに埋もれて行くのだろう。昨今のような暑い夏には、特に枝にあるときから発酵が促され、水中では溶けて跡形もなくなって、けれどその直前には近くを通りかかった鯉を、少し酔わせたりもするのだろうか。そういう、B人の目にふれぬ密《ひそ》やかな営みも、森はどこかに抱きかかえ、誰にも言わずに隠し持っているのだろう。

沈黙が、森の厚みを増していく。夏。

その道を通ったのは、もう日もだいぶ傾いた頃で、だから木々の落とす影も長く、乾いた腐葉土の上に飛び飛びに落ちる木漏れ日も、セピア色の風合いを帯びていた。歩いていると、まるでひと気のない郊外の山のなかにいるような□を覚える。もう十年も経《た》てば、辺りはさらに鬱蒼《うっそう》とした森になるだろうことが予想された。道路脇に立ててあるプレートは、神社の立て看板よりもっとさりげなく目立たないので、急ぎ足で歩いていると見落としてしまうだろう。どれどれ、とその一つを覗《のぞ》いて、アメリカ館、と書かれているのを発見したときの驚きは、何に例えたらいいだろう。そこはC万博開催当時、アメリカ館のあった敷地跡だったのだ。

私はおよそ四十年前、展示された※月の石を見るため、この辺りで五時間も並んで待った一人の小学生だった（そのようにしてやっと見た「月の石」であったが、その展示の仕方には、子ども心に違和感があったのを覚えている）。人気のある※パビリオン（なんと懐《なつ》かしい響きだろう！）はどこも長い行列待ちができ、テレビは連日その話題を伝えた。初めて見る動く歩道やモノレール、近未来を※彷彿《ほうふつ》とさせる建築群、密集した人の波のつくる熱気。会期中は六千四百万人以上の人が訪れた、まさしく非日常の異空間だった。

昔は田んぼ（或《ある》いは森、畑）だったのに、今こんなビルが建ち並ぶ都会になって、という言葉はよく聞くが、その反対は滅多《めった》にない。聞けば万博後、撤去できなかった自国の館の瓦礫《がれき》を、そのまま置いていった国も多いという。そういう瓦礫は、かつての敷地だった場所にそのまま埋められているらしい。木々はその上に植えられ、そして育った。

しんとした森で、木々の呼吸のなかに、人々のかつてのざわめきや、描いた夢が、陽炎《かげろう》のようにゆらめくさまを想像する。まるで当時の夢を抱きしめる遺跡のように、静かに地中で眠る瓦礫。

Dこれもまた、森が忠実な番人のようにひそかに守り、抱え続ける記憶の一つなのだろう。

「万博記念公園の、表通りの樹木は葉を落としましたが、森の中は暗く、常緑樹が多いことを実感します」、と先日、スタッフの方が連絡のついでに伝えてくださった。それで思い出したのだが何年前になるのか、栃木県のある美術館を訪ねたとき、周囲の森の、葉を落とした明るさ、風の吹き抜ける感じが、すっかり北国のそれであるのにとても驚いたことがあった。東京の山まではまだ※照葉樹も結構多く、西日本との差異をそれほど感じたことはなかったのだが、栃木県は北関東になるのか、まるで東北の森のようで、※植生的にはもうここから東北が始まっているのだ、と感激した。もっと北の、北海道に住む知人の鳥類学者が、冬場は鳥が見やすいので鳥の観察が楽だと言っていたことがあった。それはある程度、日本全土で言えることだろうが、北海道ではほんとうに、ずっと向こうまで見通せるほど、視界が歴然と良くなるのだ。日本の森、といってもほんとうに様々だ。

一年中同じように見える常緑樹の森でも、ヤブツバキの深紅の花がつ

ア　共感　イ　享楽　ウ　協力
エ　自由　オ　序列　カ　利益

〔問5〕【Ⅱ】の本文中、D普遍的な社会性というのは、次の三つだとありますが、この三つの社会性と、【Ⅲ】の文章中のⓐ～ⓒの組み合わせとして最も適切なものを、次のア～エの中から選び、その記号を書きなさい。（　　）

ア　見返りのない奉仕…ⓐ　互酬性…ⓑ　帰属意識…ⓒ
イ　見返りのない奉仕…ⓐ　互酬性…ⓒ　帰属意識…ⓑ
ウ　見返りのない奉仕…ⓒ　互酬性…ⓐ　帰属意識…ⓑ
エ　見返りのない奉仕…ⓑ　互酬性…ⓐ　帰属意識…ⓒ

〔問6〕【Ⅱ】の本文中の［　　］にあてはまる最も適切な語を、次のア～エの中から選び、その記号を書きなさい。（　　）

ア　本質　イ　流動　ウ　一般　エ　逆説

〔問7〕【Ⅱ】の本文中、Eそんな社会では、人間の平等意識は崩壊するでしょうとありますが、筆者がこのように考えるのはなぜですか。「そんな社会」が指す内容を示した上で、八十字以内で書きなさい。（句読点やその他の符号も一字に数える。）

3　次の文章は、筆者が大阪府にある万博記念公園の森を歩いたときの感慨を著したものです。これを読んで、〔問1〕～〔問6〕に答えなさい。なお、万博記念公園は、昭和四十五年に開催された日本万国博覧会を記念し、その跡地に森や里山等を整備した公園です。※印には（注）がある。

森の中には、不思議に記憶に残る小さな池がいくつかあって、今、頭の中に浮かんでいるのは、ふたご池である。近くに見晴らしのいい緩やかな丘があり、そこが人で賑《にぎ》わっているせいか、その近くのふたご池の辺りは、実際にはそれほど人通りがないわけでもなさそうなのに、ひっそりと寂しく感じAられた。池には鯉《こい》がいて、人が来ると水面近くに上がってくる。水面には、岸辺に立つヤマモモの木の枝が、長く差しかかっている。実がなる季節になったら、きっと、水の中にぽたぽた落ちていくのだろう。

そう想像したのは、熟し切った実が次々に落ちて、地面に濃い紫色の染《し》みをつくっている、そういうヤマモモの木のある風景を知っていたからだ。よく通う九州の山小屋近くである。地面に落ちるとそのまま微《かす》かに発酵し、イノシシの一家が夜、それを食べに来ている、と近くに住む人が教えてくれたことがあった。イノシシには毎年の饗宴《きょうえん》なのだろう。

水の中に落ちたヤマモモの実は、やはり甘酸《あまず》っぱい成分を水中に散らすのだろうか。鯉は、毎年それを楽しみにしているのだろうか。それとも水中に落ちたヤマモモの実は、ただただ降り積もり降り積もり、それを毎年繰り返しているのだろうか。この森の地下に横たわっているという、アズキ火山灰層が出来たときのように――それは、今の九州大分県の耶馬渓《やばけい》付近にあった大火山が、九十万年前に噴火したときの灰だというのだ――降り積もり降り積もりして、層をなしていくのだろうか。

もちろん、そんな貝塚のようなことはなく、他の多くの有機物と同じよ中で最もヒトに近いもの。

・離乳食＝乳離れの時期に乳児に与える食べ物。

・教鞭をとって＝教職に就いて。

【Ⅲ】

二〇二〇年夏の熊本豪雨には、阪神淡路大震災（一九九五年）を経験した神戸市の職員の皆さんも、ボランティアとして駆けつけました。指揮役を務めたTさんは震災当時中学生、自宅は損壊。全国の支援を受けた記憶が今もはっきり残っているそうです。

「あのときの恩返しがしたい。」……ⓐ

「日本のどこかが大変な時には、神戸市の職員としていつでも駆けつける。」……ⓑ

「自分が力になりたい。」……ⓒ

こんな思いで、活動が続けられていました。

また、今年は、「コロナ禍で駆けつけられないけれど、せめて物資だけでも送りたい。」という申し出もたくさんあったようです。

このことを新聞で読んだとき、私は、心が温かくなりました。そして、私も、社会の中で生きていく一人の人間として、たとえコロナ禍の世の中であっても、互いの気持ちを通じ合わせることの大切さをいつも忘れずに生活していきたいと思いました。

〔問1〕【Ⅰ】の本文中、A長い子ども期とありますが、次の文章は、筆者が考える人間の子ども期について説明したものです。[①]～[③]にあてはまる言葉を、【Ⅰ】の文中から①は三字、②、③はそれぞれ四字で、そのまま抜き出して書きなさい。

乳離れのあとの、[①]が生えるまでの長い期間を指す。その間、子どもは[②]ができず、[③]の手を必要とする。

①［　　　］　②［　　　　］　③［　　　　］

〔問2〕【Ⅰ】の本文中には、次の段落が抜けています。これは、文脈上、どこに入るのが適切ですか。【Ⅰ】の文中の[あ]～[え]の中から一つ選び、その記号を書きなさい。（　）

そして霊長類の場合、なかでも「誰と食べるか」が大事なのです。ともに食べるものをどう選ぶか、その選び方で社会が作られていくからです。

〔問3〕【Ⅰ】の本文中、B負の側面とありますが、筆者は、人類のどのような状態を「負の側面」と述べていますか。その内容として最も適切なものを、次のア～エの中から選び、その記号を書きなさい。（　）

ア　母乳を飲まなくなっても、すぐには大人と同じものが食べられないので、母親の用意した「離乳食」を食べる。

イ　ファストフード店やコンビニエンスストアで、それぞれ自分の好きなものを買い、好きなときに一人で食べる。

ウ　常に家族が全員そろって一緒に食卓を囲み、テーブルにあるものを、みんなでにぎやかに分かち合って食べる。

エ　食卓に並んだ食べ物を家族で分かち合おうとせず、好きなものを独り占めして、自分だけでゆっくりと食べる。

〔問4〕【Ⅰ】の本文中、Cその変化は、もうすでに始まっているとありますが、【Ⅱ】の本文中には、その変化の中で人間社会が見失うものが具体的に挙げられています。それにあたるものとして適切なものを、次のア～カの中からすべて選び、その記号を書きなさい。（　）

りのない地域のためにボランティア活動などを行えるのが人間です。

人間は、共感能力を成長期に身につけます。自分を最優先して愛してくれる家族に守られながら「奉仕」の精神を学んでいきます。そんな環境の中で、「誰かに何かをしてあげたい」という気持ちが育っていく。そしてその思いは家族の枠を超えて、共同体に対しても、もっと広い社会に対しても広がっていきます。

二つめは互酬性です。何かを誰かにしてもらったら、必ずお返しする。こちらがしてあげたときには、お返しが来る。これは共同体の維持のためのルールですね。会社などの組織も基本的にはこのルールのもとに成り立っています。また、お金を払ってモノやサービスなどの価値を得るという経済活動が、まさしく人間の互酬性を表しています。

三つめは帰属意識です。自分がどこに所属しているか、という意識を人間は一生、持ち続けます。たとえば私の場合は、山極《やまぎわ》家の寿一《じゅいち》という男で、京都大学で※教鞭《きょうべん》をとっている。私の帰属意識は山極という家と、京都大学という職場にあります。それがアイデンティティのひとつになる。

□的ですが、人間は帰属意識を持っているからこそ、いろんな集団を渡り歩くことができます。集団を行き来する際、常に人間は自分の所属を確認し、それを証明しなくてはいけませんが、それはほかの動物にはできないことです。人間は、帰属意識を持っているからこそ世界中を歩き回ることもできるし、自分自身の行動範囲や考え方を広げていけるのです。人間は相手との差異を認め尊重し合いつつ、きちんと付き合える能力を持っていますが、その基本に帰属意識があると思います。

家族も共同体もなくしてしまったら、人間は帰属意識も失います。人間は、互いに協力する必要性も、共感する必要性すらも見出せなくなっていくでしょう。

個人の利益さえ獲得すればいいなら、何かを誰かと分かち合う必要もありません。他人を思いやる必要もありません。遠くで誰かが苦しんでいる事実よりも、手近な享楽を選ぶでしょう。どこかの国の紛争なんて、他人事。自分に関係ないから共感なんてする必要もない。これはまさにサルの社会にほかなりません。

サルの社会に近づくということは、人間が自分の利益のために集団を作るということです。そうなれば、個人の生活は今よりも効率的で自由になります。しかし、他人と気持ちを通じ合わせることはできなくなってしまいます。

もしも本当に人間社会がサル社会のようになってしまったら、どうなるのでしょうか。サル社会は序列で成り立つピラミッド型の社会です。人を負かし自分は勝とうとする社会、とも言い換えられます。E そんな社会では、人間の平等意識は崩壊するでしょう。

今、日本ではあえて家族を作らず個人の生活を送る人も増えてきました。家族の束縛から離れて、自由で気ままに暮らそうというわけです。しかしここには見落とされているひとつの危険な事実があります。

それは「人間がひとりで生きることは、平等に生きることには結びつかない」という事実です。家族を失い、個人になってしまったとたん、人間は上下関係をルールとする社会システムの中に組み込まれやすくなってしまうのです。

（山極寿一《やまぎわじゅいち》「『サル化』する人間社会」より……一部省略等がある。）

（注）・コミュニティ＝地域社会。
・霊長類＝ヒトを含むサル類。
・類人猿＝ゴリラ・チンパンジー・オランウータンなど、霊長類の

あ∨

一方、人間の子どもは、乳離れをした後には「離乳食※」が必要な時期がありますね。これは、人間の子どもは六歳にならないと永久歯が生えてこないからです。大人と同じ食生活ができない子ども期には、食の自立ができませんから、上の世代の助けがどうしても必要になる。人間の子育てには、手間も人手もいるんですね。

ですから人類の祖先は、子どもを育てるとき、家族の中に限定しなかったはずです。また、分かち合う食を通じて家族同士のつながりを作ってもいたでしょう。人類は進化の過程の中で家族を生み、共同体を生み出したのです。

い∨

しかしながら、現在、家族の崩壊ということがよく言われます。家族という形態が、ひょっとすると現代の社会に合致しなくなってきているのではないか。そんなふうにも思えます。家族は、人間性の要とも言える部分。また、人間社会の根幹をなす集団の単位です。そこに変化が起き始めていることについて、私たちはどう考えればいいのでしょうか。

改めて家族というものを定義してみると、それは「食事をともにするものたち」と言うことができます。どんな動物にとっても、食べることは最重要課題です。いつどこで何を誰とどのように食べるか、ということは非常に重要な問題です。

う∨

人類の場合は、食を分け合う相手は基本的には家族です。何百万年もの間、人類は家族と食をともにしてきました。家族だから食を分かち合うし、分かち合うから家族なのです。しかし、その習慣は今や崩れかけていると言えます。

ファストフード店やコンビニエンスストアに行けば、いつでも個人で食事がとれてしまいます。家族で食べ物を分かち合わなくても、個人の欲望を満たす手段はいくらでもあります。家族でともに食卓を囲む必要性は薄れ、個人個人がそれぞれ好きなものを好きなときに食べればいい時代になっています。この状態は、人類がこれほどまで進化したことのB負の側面とも言えるでしょう。

え∨

コミュニケーションとしてあったはずの「共食」の習慣は消え、「個食」にとって代わられつつある。食卓が消えれば、家族は崩壊します。人間性を形づくってきたものは家族なのですから、家族の崩壊は、人間性の喪失だと私は思います。そして、家族が崩壊すれば、家族同士が協力し合う共同体も消滅していかざるを得ません。

もちろん、家族やコミュニティという形態そのものが今すぐに消えてなくなるわけではありません。政治的な単位、あるいは経済的な単位としては、今後も長く残り続けると予想できるからです。

では、家族が崩壊してしまったら、人間はどう変化していくのでしょうか。

そうなれば、人間社会はサル社会にそっくりなかたちに変わっていくでしょう。そしてCその変化は、もうすでに始まっていると私は感じています。

【Ⅱ】

人間の持っているD普遍的な社会性というのは、次の三つだと私は考えています。

ひとつは、見返りのない奉仕をすること。これは家族内では当たり前のことですが、そこに留《とど》まらないで、見ず知らずの相手や自分とはゆか

の記号を書きなさい。（　　）

ア に　イ を　ウ は　エ で

(2) 文中のB言ひ出だせるなりを現代仮名遣いに改め、すべてひらがなで書きなさい。

（　　　　）

(3) 文中、C生きとし生けるもの、いづれか歌を詠まざりけるとありますが、ここで言おうとしていることはどのようなことですか。その内容として最も適切なものを、次のア～エの中から選び、その記号を書きなさい。（　）

ア　生きているものはすべて歌を詠むということ。

イ　生きているものはすべて歌を詠まないということ。

ウ　生きているものには歌を詠むものもいるということ。

エ　生きているものには歌を詠まないものもいるということ。

2　次の【Ⅰ】、【Ⅱ】の文章は、人間社会のあり方について述べられた著書の中から二か所を取り出して示したものです。また、【Ⅲ】の文章は、ある生徒が、ボランティアについて書かれた新聞記事を読んで、自分の考えをまとめたものです。これらを読んで、〔問1〕～〔問7〕に答えなさい。※印には（注）がある。

【Ⅰ】

家族は「子どものためなら」「親のためなら」と多くのことを犠牲にし、見返りも期待せずに奉仕します。血のつながりがあるからとか、自分がおなかを痛めて産んだ子だから、といった理由でえこひいきをするのを喜びとするのです。

一方、※コミュニティでは、何かをしてあげれば相手からもしてもらえます。何かをしてもらったら、お返しをしなくてはなりません。それは互酬的な関係で、えこひいきはありません。

人間以外の動物は家族と共同体を両立できませんが、私たち人類は、この二つの集団を上手に使いながら進化してきました。

人類は共同の子育ての必要性と、食をともにすることによって生まれた分かち合いの精神によって、家族と共同体という二つの集団の両立を成功させました。

人間には、ほかの※霊長類とは違ってA長い子ども期があります。子ども期は二歳ごろから六歳ごろまでの四～五年間を指します。

オランウータンにもゴリラにもチンパンジーにも、子ども期はありません。人間以外の※類人猿の赤ちゃんは、母乳を与えられる時期が長く、ゴリラでは三歳ごろまで、チンパンジーは五歳ごろまで、そしてオランウータンはなんと七歳ごろまで母乳で育ちます。そして乳離れをした後はすぐに大人と同じものを食べて生活します。

# 国語

時間　五〇分
満点　一〇〇点

1 次の〔問1〕〜〔問4〕に答えなさい。

〔問1〕 次の①〜⑧の文の――を付した、カタカナは漢字に直して書き、漢字は読みがなをひらがなで書きなさい。

① 記録をヤブる。（　　る）
② 顔がニている。（　　て）
③ 外国とのボウエキが盛んだ。（　　）
④ セキニンのある仕事。（　　）
⑤ 腕前を競う。（　　う）
⑥ 潤いのある生活。（　　い）
⑦ 犠牲者を追悼する。（　　）
⑧ 柔和な人柄。（　　）

〔問2〕 次の文章を読んで、あとの(1)、(2)に答えなさい。

当時、私たちの学級では、勝手な行動で人に迷惑をかけたり、軽率な発言で相手をA傷つけることがよくありました。そんな時いつも、先生は「人の痛みをわかる人になりなさい」とB言いました。きっと、思いやりのある優しい子でいてほしいと考えてくださっていたからでしょう。

私は、大人になった今も、先生のこの言葉を大切にしています。

(1) 文章中の最初の一文が、文法上、適切な表現となるように、A傷つけることを書き直しなさい。
（　　）

(2) 文章中のB言いましたを、適切な敬語表現に書き直しなさい。
（　　）

〔問3〕 書写の授業では、楷書と行書の特徴を理解し、場面に応じて使い分けて書くことを学習します。次のア〜エの場面のうち、行書で書くのが適しているものを一つ選び、その記号を書きなさい。（　　）

ア 図書委員会からの連絡事項をクラスの仲間に伝えるため、教室の黒板に書く。
イ 校区に住む来年度入学予定の小学六年生に向けて、学校体験の案内状を書く。
ウ 進学を希望している高等学校の入学願書を、万年筆を使って直筆で記入する。
エ 壁新聞に載せる記事の取材で、地域の商店主にインタビューしてメモを取る。

〔問4〕 次の古文を読んで、あとの(1)〜(3)に答えなさい。

やまとうた（和歌は、）は、人の心を種として、万《よろづ》の言の葉とぞなれりける（言葉となったものだ。）。A世の中にある人、ことわざ繁《しげ》きものなれば（関わる事柄やするべきことが多いので、）、心に思ふことを、見るもの聞くものにつけて（託して、）、B言ひ出《い》だせるなり。花に鳴く鶯《うぐひす》、水に住む蛙《かはづ》の声を聞けば（聞くと、）、C生きとし生けるもの、いづれか歌を詠《よ》まざりける。

（「古今和歌集」より）

(1) 文中のA世の中にある人を現代語訳するとき、「人」のあとにどんな助詞を補えばよいですか。次のア〜エの中から一つ選び、そ

# 2021年度／解答

## 数　学

1 【解き方】〔問 1〕(2) 与式$=-1+4\times\dfrac{3}{2}=-1+6=5$　(3) 与式$=6a+15b-a-2b=5a+13b$　(4) 与式$=\dfrac{10\sqrt{2}}{2}-2\sqrt{2}=5\sqrt{2}-2\sqrt{2}=3\sqrt{2}$　(5) 与式$=x^2-4+x^2+3x-4=2x^2+3x-8$

〔問 2〕解の公式より，$x=\dfrac{-5\pm\sqrt{5^2-4\times1\times3}}{2\times1}=\dfrac{-5\pm\sqrt{13}}{2}$

〔問 3〕移項して，$3y=-4x+8$　両辺を 3 でわって，$y=-\dfrac{4}{3}x+\dfrac{8}{3}$

〔問 5〕小さい方から 5 番目の値は 20m，6 番目の値は 22m だから，中央値は，$\dfrac{20+22}{2}=21$ (m)　また，17m が最も多く 3 人いるから，最頻値は 17m。

【答】〔問 1〕(1) $-4$　(2) 5　(3) $5a+13b$　(4) $3\sqrt{2}$　(5) $2x^2+3x-8$　〔問 2〕$x=\dfrac{-5\pm\sqrt{13}}{2}$

〔問 3〕$y=-\dfrac{4}{3}x+\dfrac{8}{3}$　〔問 4〕$13.5\leqq a<14.5$　〔問 5〕(中央値) 21 (m)　(最頻値) 17 (m)

2 【解き方】〔問 1〕(2) 辺 BF，CG，FE，GH の 4 本。(3) 点 A と直線 GH との距離は線分 AH の長さとなる。△ADH は直角二等辺三角形だから，AH $=\sqrt{2}$ AD $=5\sqrt{2}$ (cm)

〔問 2〕グラフは右図のようになり，条件にあてはまるのは，$y=-x-2$ と $y=-x^2$　よって，ウとエ。

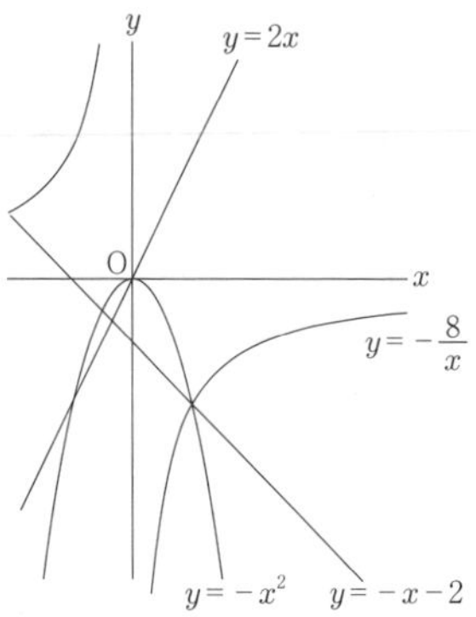


〔問 3〕(1) 1 回のカードの取り出し方は全部で 4 通り。このうち，P が B の位置にあるのは，1 または 4 のカードを取り出す 2 通りだから，確率は，$\dfrac{2}{4}=\dfrac{1}{2}$　(2) 2 回のカードの取り出し方は全部で，$4\times4=16$ (通り)　このうち，P が C の位置にあるのは，2 回の移動で合計 2 または 5 または 8 移動したときだから，(1 回目のカード，2 回目のカード)が，(1，1)，(1，4)，(2，3)，(3，1)，(3，4)，(4，1)，(4，4)の 7 通り。よって，確率は $\dfrac{7}{16}$。

〔問 4〕太郎さんが学校から家まで歩いた時間を $x$ 分，家から図書館まで自転車で移動した時間を $y$ 分とすると，時間の関係から，$x+5+y=18$……①が成り立つ。また，2 km $=$ 2000m より，道のりの関係から，$80x+240y=2000$……②が成り立つ。①を整理して，$x+y=13$……③　②÷ 80 －③より，$2y=12$ だから，$y=6$　これを③に代入して，$x+6=13$ より，$x=7$　よって，太郎さんが家に到着した時刻は午後 4 時 7 分で，その 5 分後の午後 4 時 12 分に家を出発したことになる。

【答】〔問 1〕(1) (面) AEHD (または，BFGC)　(2) 4 (本)　(3) $5\sqrt{2}$ (cm)　〔問 2〕ウ，エ

〔問 3〕(1) $\dfrac{1}{2}$　(2) $\dfrac{7}{16}$　〔問 4〕(午後 4 時) 12 (分)

3 【解き方】〔問 1〕(1) 6 番目は，5 番目のタイルの下に 6 段目として白タイル 6 枚と黒タイル 5 枚を置くので，白タイルの枚数は，$15+6=21$ (枚)，黒タイルの枚数は，$10+5=15$ (枚)　同様に考えると，黒タイルの枚数は，7 番目では，$15+(7-1)=21$ (枚)，8 番目では，$21+(8-1)=28$ (枚) となる。

〔問 2〕(1) 表 2 より，周の長さは 6 cm ずつ増えるから，$a+6=b$ と表される。(2) 50 番目の図形は，1 段目か

ら50段目まであり，50段目には白タイルが50枚，黒タイルが49枚並ぶ。したがって，図形を囲む長方形は縦が50cm，横が，$50 + 49 = 99$ (cm)だから，周の長さは，$(50 + 99) \times 2 = 298$ (cm)

**【答】**〔問1〕(1) ア．21　イ．28　(2) $n^2$ 枚になる。よって，$x + (x - n) = n^2$，$2x = n^2 + n$，$x = \frac{n^2 + n}{2}$

($n$ 番目の白タイルの枚数) $\frac{n^2 + n}{2}$ (枚)

〔問2〕(1) $a + 6 = b$　(2) 298 (cm)

4 **【解き方】**〔問1〕点PはOからAまで，$OC + CB + BA = 6 + 6 + 6 = 18$ (cm)の道のりを毎秒3cmの速さで動くから，$\frac{18}{3} = 6$ (秒後)　点QはOからAまで6cmの道のりを毎秒1cmの速さで動くから，$\frac{6}{1} = 6$ (秒後)

〔問2〕$OP = 3 \times 1 = 3$ (cm)，$OQ = 1 \times 1 = 1$ (cm)だから，P (0, 3)，Q (1, 0)　したがって，直線PQは傾きが，$\frac{0 - 3}{1 - 0} = -3$ で，切片が3だから，式は $y = -3x + 3$

〔問3〕△OPQがPO = PQの二等辺三角形となるのは，右図のように，点Pが辺CB上にあるときである。P，Qが出発してから $x$ 秒後とすると，$CP = 3x - 6$ (cm)，$OQ = 1 \times x = x$ (cm)　点PからOAに垂線PHをひくと，$CP = OH = \frac{1}{2}OQ$ だから，$3x - 6 = \frac{1}{2}x$ が成り立つ。これを解くと，$x = \frac{12}{5}$

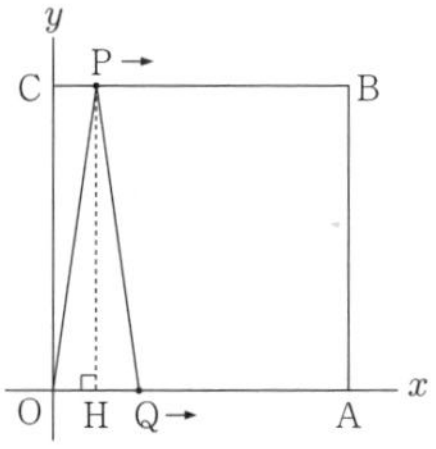


〔問4〕図2で，△OPQと△OPDの底辺をOP（共通）とすると，△OPQ = △OPDのときに高さが等しいので，OP // QDとなればよい。点Pは出発してから6秒後にAに到着することから，5秒後にはAから3cm手前の位置にある。したがって，AP = 3cmだから，P (6, 3)　また，$OQ = 1 \times 5 = 5$ (cm)だから，Q (5, 0)　直線OPの傾きは，$\frac{3 - 0}{6 - 0} = \frac{1}{2}$ だから，点Qを通り直線OPに平行な直線を $y = \frac{1}{2}x + b$ とおき，点Qの座標を代入すると，$0 = \frac{1}{2} \times 5 + b$ より，$b = -\frac{5}{2}$　よって，$y = \frac{1}{2}x - \frac{5}{2}$ に $x = 6$ を代入して，$y = \frac{1}{2} \times 6 - \frac{5}{2} = \frac{1}{2}$ だから，$D\left(6,\ \frac{1}{2}\right)$

**【答】**〔問1〕P．6 (秒後)　Q．6 (秒後)〔問2〕$y = -3x + 3$〔問3〕$\frac{12}{5}$ (秒後)〔問4〕$\left(6,\ \frac{1}{2}\right)$

5 **【解き方】**〔問1〕線分BCをひくと，△DBCはDB = DCの二等辺三角形だから，$\angle CBD = (180° - 70°) \div 2 = 55°$　$\overset{\frown}{CD}$に対する円周角だから，$\angle CAD = \angle CBD = 55°$

〔問2〕半円の弧に対する円周角だから，$\angle ADC = 90°$　△ACDは30°，60°の直角三角形だから，$AD = \frac{1}{2}AC = 2$ (cm)，$CD = \frac{\sqrt{3}}{2}AC = 2\sqrt{3}$ (cm)　線分ODをひくと，点Oは線分ACの中点だから，$\triangle OCD = \frac{1}{2}\triangle ACD = \frac{1}{2} \times \left(\frac{1}{2} \times 2 \times 2\sqrt{3}\right) = \sqrt{3}$ (cm²)　円周角の定理より，$\angle COD = 2\angle CAD = 120°$　円Oの半径は2cmだから，おうぎ形$OCD = \pi \times 2^2 \times \frac{120}{360} = \frac{4}{3}\pi$ (cm²)　よって，求める部分の面積は，おうぎ形OCD $-$ △OCD $= \frac{4}{3}\pi - \sqrt{3}$ (cm²)

〔問4〕△AEDで，三平方の定理より，$AE = \sqrt{3^2 - (\sqrt{5})^2} = 2$ (cm)　また，∠EAD = ∠DAC（共通の角），∠AED = ∠ADC = 90°で，2組の角がそれぞれ等しいから，△AED ∽ △ADC　したがって，AE：

AD ＝ AD：AC だから，2：3 ＝ 3：AC　よって，$AC = \frac{3 \times 3}{2} = \frac{9}{2}$ (cm)　$EC = AC - AE = \frac{9}{2} - 2 = \frac{5}{2}$ (cm)　ここで，BA∥CG より，△ABE ∽ △CGE で，相似比は，$AE : CE = 2 : \frac{5}{2} = 4 : 5$　したがって，面積の比は，$4^2 : 5^2 = 16 : 25$

**【答】**〔問 1〕55°　〔問 2〕$\frac{4}{3}\pi - \sqrt{3}$ ($cm^2$)

〔問 3〕△ACF と△CAD で，AC は共通……①　AC は直径で，$\overset{\frown}{AC}$に対する円周角は等しいから，∠AFC ＝ ∠CDA ＝ 90°……②　$\overset{\frown}{CF}$に対する円周角は等しいから，∠CAF ＝∠CDF……③　AC∥DF より，錯角が等しいので，∠ACD ＝∠CDF……④　③，④より，∠CAF ＝∠ACD……⑤　①，②，⑤から，直角三角形の斜辺と 1 つの鋭角がそれぞれ等しいので，△ACF ≡△CAD　よって，AF ＝ CD

〔問 4〕16：25

# 英　語

1 【解き方】〔問1〕No.1.　今は晴れている。ドアは開いているので女の子が開ける必要はない。男の子がたくさんの物を運んでいる。No.2.　店の前にテーブルはない。パンダのポスターが貼ってあり，新作映画とある。時刻は4時である。

〔問2〕No.1.　将来自分のレストランを持ちたい理由を聞かれている。Bの「私はおいしい食べ物を作って人々を幸せにしたいのです」が適切。No.2.　写真の男性が有名な音楽家だと知った女の子のせりふ。Aの「わあ，私は彼の音楽を聞きたいです」が適切。No.3.　一緒に料理をしようと提案した男の子に対する母親のせりふ。Cの「いいわよ。料理する前にテーブルを拭いてくれる？」が適切。Can you ～?＝「～してくれますか？」。

〔問3〕No.1.　太郎は「オーストラリアに行った」というせりふに続けて「そのとき，僕は中学生だった」と言っている。No.2.　太郎は「オーストラリアに行く前に，英語を一生懸命勉強した」と言っている。No.3.　太郎は「学校でマイクにはじめて会った」と言っている。for the first time＝「はじめて」。No.4.　太郎は「彼（マイク）は一週間ここ（日本）に滞在する」と言っている。No.5.　太郎はマイクが日本に来たときのことについて，「僕たちはそれ（日本の芸術）について話すつもりだ」と言っている。

【答】〔問1〕No.1.　C　No.2.　B　〔問2〕No.1.　B　No.2.　A　No.3.　C

〔問3〕No.1.　D　No.2.　C　No.3.　D　No.4.　A　No.5.　B

◀全訳▶　〔問1〕

No.1.

A.

女の子：すぐに晴れるといいな。

男の子：うん。今は曇っているね。雨が降るかもしれないよ。

B.

女の子：ドアを開けましょうか？

男の子：ありがとう。この箱はとても大きいんだ。

C.

女の子：わあ，あなたはたくさんの物を運んでいるのね。

男の子：うん。僕を手伝ってくれる？

No.2.

A.

女の子：あの店で何か買った後に話しましょう。

男の子：わかった。店の前のテーブルを使おう。

B.

女の子：あのポスターを見て。私はパンダが大好きなの。

男の子：うん。僕もパンダが大好きだよ。その新作映画を見よう。

C.

女の子：私は夕食に日本食を食べたいわ。

男の子：いいよ，でも僕は今夕食を食べることはできないな。4時30分だよ。

〔問2〕

No.1.

先生：あなたは将来何がしたいですか，ユカ？

生徒：私は自分自身のレストランを持ちたいです。

先生：あなたはなぜ自分自身のレストランを持ちたいのですか？

生徒：(私はおいしい食べ物を作って人々を幸せにしたいのです。)

No.2.

男の子：この写真を見てごらん。ギターを弾いている男性を知っているかい？

女の子：いいえ。彼は誰なの？

男の子：彼はタケシといって，日本で有名な音楽家だよ。

女の子：(わあ，私は彼の音楽を聞きたいわ。)

No.3.

男の子：僕はお腹がすいたよ，お母さん。

母親　：夕食の準備はできていないわ。

男の子：一緒に料理しようか？

母親　：(いいわよ。料理する前にテーブルを拭いてくれる？)

〔問3〕僕は生徒のためのプログラムに参加してオーストラリアに行きました。そのとき，僕は中学生でした。オーストラリアに行く前に，僕は英語を一生懸命勉強しました。しかし英語は難しかったです。

オーストラリアで，僕は学校でマイクにはじめて会いました。彼は僕にとても親切でしたが，僕は英語を話すことを恐れていました。けれども，彼はいつもほほえんで僕を励ましてくれました。すぐに僕は彼と話すときに楽しいと思い始めました。約三週間後，僕は彼の家族と買い物に行きました。僕は彼らと話すことも楽しみました。

今僕は日本にいます。僕は今でもまだマイクにｅメールを送っています。彼はオーストラリアで日本語を勉強しています。彼は来月日本に来る予定です。彼は一週間ここに滞在します。

彼は日本の芸術を愛しているので，僕たちはそれについて話すつもりです。僕は彼と日本語で話したいです。僕は彼を励まします。

質問 No.1：太郎はいつオーストラリアに行きましたか？

質問 No.2：太郎はオーストラリアに行く前に何をしましたか？

質問 No.3：太郎はどこでマイクにはじめて会いましたか？

質問 No.4：マイクはどれくらい日本に滞在する予定ですか？

質問 No.5：マイクが日本に来たら，太郎とマイクは何をするつもりですか？

2 **【解き方】**〔問1〕(1) 第1段落の前半を見る。明はオーストラリアのホストファミリーがインドからの移民だったと述べている。(2) 最終文を見る。明は「移民について勉強し続けるつもりだ」と述べている。

〔問2〕第3段落の後半を見る。「10,000人以上の人がアメリカに住んでいた」→ A がアメリカ。「ブラジルはこれらの3か国の後に来る」→ D がブラジル。「たくさんの人がオーストラリアに住んでいたが，さらに多くの人がカナダに住んでいた」→ B がカナダで，C がオーストラリア。

〔問3〕(1) エレンの質問は「あなたはその情報を得るために何をするつもりですか？」。和歌山出身の移民についての情報を得るための適切な手段を考える。解答例は「図書館に行く」。(2) ア．エレンは日本で仕事を得てうれしかったとは言っていない。イ．「エレンは明のスピーチに感動した」。エレンの最初のせりふを見る。「あなたのスピーチは素晴らしかった」と言っている。正しい。ウ．明はエレンと一緒にオーストラリアに滞在したとは言っていない。エ．明はオーストラリアでどこを訪問すればいいのか知りたかったとは言っていない。

**【答】**〔問1〕(1) イ　(2) ウ　〔問2〕A．ウ　B．イ　C．ア　D．エ　〔問3〕(1) (例) go to the library　(2) イ

**◀全訳▶**　僕はオーストラリアでホームステイをしました。僕はホストファミリーの家に滞在しました。僕のホストファザーとホストマザーはインド出身の移民でした。僕はオーストラリアでインド出身の人の家に滞在したのです！　それは興味深いことでした。僕のホストマザーは「オーストラリアには多くの国から来たたくさんの移民がいます」と言いました。

和歌山に戻ってきたとき，僕はオーストラリアの移民について僕の家族に話しました。僕の父は「お前はいい経験をしたね。実は，約 100 年前，和歌山出身の多くの移民が外国で働いていたんだよ。彼らはまた，外国の文化を和歌山に伝えた。いくつかの場所で西洋式の家が見られるよ」と言いました。僕は和歌山出身の移民についてもっと知りたいと思いました。それで僕は彼らについて勉強しました。

まず，僕は外国にいる和歌山出身の移民の数を見つけました。それから彼らについてグラフを作りました。移民は多くの国に行きました。グラフを見てください。それは 1927 年に外国に住んでいた人々の数を示しています。グラフにある国は和歌山出身の移民が多い国の上位 4 か国です。たくさんの人がオーストラリアに住んでいましたが，さらに多くの人がカナダに住んでいました。10,000 人以上の人がアメリカに住んでいました。ブラジルがこれらの 3 か国の後に来ます。

和歌山出身の移民について勉強することはとてもおもしろいです。僕はまだたくさんのことを知りたいと思っています。例えば，僕は外国での彼らの仕事について知りたいです。僕は移民について勉強し続けるつもりです。

③【解き方】〔問 1〕直後で早紀が「彼らはニュージーランド出身でした」と答えていることから，「彼らはどこの出身でしたか？」と問う文にする。場所を尋ねる疑問詞は where。

〔問 2〕①「私はただ彼に私の名前を教えただけだった」。tell A B =「A に B を教える」。② 早紀が同じせりふの中で「マイクがその寺についてたくさんの質問をした」と言っていることから，「彼が興味を持ってくれてうれしかった」とする。be interested =「興味を持つ」。③「旅行者と良い関係をつくることによって，私たちは彼らの『滞在』をより良いものにすることができる」。

〔問 3〕A. 直前に「彼はうれしそうに見えなかった」とあることから，エの「私はどうすればいいのかわからなかった」が適切。B. 直前で早紀が「マイクと日本映画について話した」と言っていることから，アの「日本映画について話すことはおもしろそうですね」が適切。

〔問 4〕直前の早紀の発言をまとめる。realize =「～に気付く」。the importance of ～ing =「～することの重要性」。make a good relationship with ～ =「～と良い関係をつくる」。

**【答】**〔問 1〕(例) Where were they from　〔問 2〕ア　〔問 3〕A. エ　B. ア

〔問 4〕早紀が，人々と良い関係をつくることの重要性に気付いたこと。(同意可)

**◀全訳▶**

トム：早紀，休暇はどうでしたか？

早紀：素晴らしかったです！　私は英語で外国の学生を案内するプログラムに参加したのです。三人の学生が私たちの町に来ました。

トム：そうだったんですね。(彼らはどこの出身でしたか)？

早紀：彼らはニュージーランド出身でした。私はその学生の一人の，マイクを案内しました。

トム：なるほど。どうでしたか？

早紀：午前中は，問題がありました。私はただ彼に私の名前を教えただけで彼を案内し始めました。私は彼にガイドブックからの情報を伝えました。けれども，彼はうれしそうに見えませんでした。私はどうすればいいのかわかりませんでした。

トム：それではなぜあなたの休暇は素晴らしかったのですか？

早紀：昼食を食べているとき，私たちは自分たちの趣味や学校などについて話しました。その後，マイクは私に一冊の本を見せてくれました。それは日本映画についてのものでした。私も日本映画が大好きなのです！私たちはニュージーランドで人気がある日本映画について話しました。

トム：いいですね！　日本映画について話すのはおもしろそうですね。あなたは昼食のときにマイクと良い関係をつくったのですね。

早紀：はい。私はマイクとの昼食の時間を本当に楽しみました。午後に，私たちは寺に行きました。私は再び彼を案内し始めました。マイクはうれしそうで，私にその寺についてたくさんの質問をしました。私は彼の質問に答えました。マイクはほほえんでいました。私は彼が興味を持ってくれてうれしかったです。

トム：きっと彼はあなたと楽しい時間を過ごしたのだと思います。

早紀：ありがとうございます。私は人々と良い関係をつくることの重要性に気付きました。

トム：それは素晴らしいですね。

早紀：旅行者と良い関係をつくることによって，私たちは彼らの滞在をより良いものにすることができるのです。

トム：その通りですね。

4 **【解き方】** 質問は「あなたは何月が一番好きですか？」。まず一番好きな月を答え，その理由を具体的に説明する。理由が複数ある場合は，First（第一に），Second（第二に）といった表現を用いるとよい。

**【答】**（例）I like November the best. I have two reasons. First, food in fall is delicious. Second, nature in November is beautiful. I often visit parks near my house to see beautiful trees.（32 語）

5 **【解き方】**〔問 1〕A. 友人たちは地球温暖化を止めるために行動することに消極的だったが，美紀はその後先生に相談している。イの「私はあきらめたくなかった」が適切。B. 第 3 段落の中ほどより，団体は地球温暖化を止めるために木を植えている。団体の人たちの言葉として適切なのは，アの「私たちは木を植えることができます！」。

〔問 2〕ⓐ「私たちにいくらかのオレンジをくれるように農家の人に頼みましょう」という意味の文。ask A to ～＝「A に～するように頼む」。give A to B ＝「A を B に与える」。ⓑ「まもなく私たちは，私たちを助けてくれる数人の農家の人を見つけました」という意味の文。主格の関係代名詞 who を用いて，some farmers を後ろから修飾する。

〔問 3〕下線部は直前の女性の発言内容を指している。〈to ＋～(動詞の原形)〉＝「～するために」。

〔問 4〕(1) 質問は「山田先生はどの教科を教えていますか？」。第 1 段落の後半を見る。彼は「科学を教えている」。(2) 質問は「農家の人を訪問するとき，美紀と彼女の友人たちはいくつのグループを作りましたか？」。第 4 段落の最初の文を見る。彼女たちは 3 つのグループを作った。

〔問 5〕美紀は山田先生に相談した（第 1 段落）→美紀はボランティア部の生徒たちに感銘を受けた（第 2 段落）→美紀と彼女の友人たちは農家の人からオレンジをもらった（第 4 段落）→美紀と彼女の友人たちはある団体のところに行った（第 7 段落）。

〔問 6〕最終段落の冒頭で，美紀が「私が自分の経験から学んだ最も大切なことがあります」と述べている。最終文をまとめる。what to do ＝「すべきこと，何をするべきか」。

**【答】**〔問 1〕A. イ　B. ア

〔問 2〕ⓐ ask farmers to give some oranges　ⓑ found some farmers who helped

〔問 3〕一人の女性が，世界を救うために，たくさんのオレンジジュースを買うということ。(同意可)

〔問 4〕(例) (1) He teaches science.　(2) They made three groups.　〔問 5〕イ→ア→ウ→エ

〔問 6〕もし私たちが世界のために何かをしたいのであれば，すべきことは私たちの身の回りで見つけることができるということ。(同意可)

**◀全訳▶**　地球温暖化は深刻な問題です。私はそれを止めたいと思っています。秋のある日，私は友人たちと話をしました。私は彼らと一緒に何かをしたいと思いました。ある女の子が「私はあなたを手伝いたいわ。でも高校生に何ができるかしら？」と言いました。ある男の子が「地球温暖化は大きな問題だ。たとえ一人か二人の生徒が何かしたとしても，僕たちには世界を変えることはできないよ」と言いました。私は悲しかったです。しかし私はあきらめたくありませんでした。私は科学の教師の，山田先生に相談しました。彼は「高校生は世界のためにたくさんのことができます。この記事を読んでください」と言いました。

その記事はある高校のボランティア部についてのものでした。その部の生徒たちは古い靴を集めてそれらを洗いました。それから彼らは外国の貧しい子どもたちにその靴を送りました。私は感銘を受けました。私は考えました，「世界にはたくさんの貧しい子どもたちがいる。それは大きな問題だわ。その生徒たちは小さなことをすることで彼らを助けたのよ。私にも地球温暖化の状況を改善することができるわ」

私は友人たちにそのボランティア部について話しました。私は「私たちは地球温暖化を止めるために特別なことをする必要はないわ。私たちは小さなことから始められるのよ」と言いました。ある男の子は「わかった。一緒に何かをしよう。木を植えるのはどう？　木は地球温暖化の原因の１つである二酸化炭素を減らしてくれる。僕は地球温暖化を止めるために木を植えている団体があることを知っているよ」と言いました。ある女の子が「あなたの考えは素晴らしいわ。でも私たちはどうやって木を買うことができるの？　私たちはたくさんのお金が必要かもしれないわ」と言いました。別の女の子が「私に考えがあるわ。オレンジは和歌山で有名だわ。お金を得るためにオレンジジュースを売るのはどうかしら？　農家の人に私たちの考えを話したら，私たちはオレンジをもらえるかもしれないわ。私たちにいくらかのオレンジをくれるように農家の人に頼みましょう」と言いました。みんなが賛成しました。

私たちは３つのグループを作りました。それぞれのグループが違う農家を訪問して，彼らに私たちの計画を話しました。農家の人たちはとても忙しかったのですが，彼らは私たちの計画を聞いてくれました。まもなく私たちは，私たちを助けてくれる農家の人を見つけました。私たちは彼らから余ったオレンジをもらいました。私たちはうれしかったです。

私たちにはすることがまだたくさんありました。例えば，おいしいオレンジジュースを作るために，私たちは一生懸命練習しました。私たちはまた，ポスターも作りました。私たちはお互いに助け合いました。

私の町では，市場が毎月開かれます。私たちはそこで私たちのオレンジジュースを売りました。私たちはたくさんの人と話しました。一人の女性が「私は世界を救うためにたくさんのオレンジジュースを買うわ！」と言いました。私はそれを聞いてうれしかったです。その日，私たちは何本かの木を買うのに十分なお金を得ました。

私たちはある団体にそのお金を持っていきました。その団体の人たちは「ありがとうございます。私たちは木を植えることができます！」と言いました。私たちはとてもうれしかったです。

さて，私が自分の経験から学んだ最も大切なことがあります。もし私たちが世界のために何かをしたいなら，私たちの身の回りですべきことを見つけることができるのです。

# 社　会

[1] **【解き方】**〔問 2〕「大豆」「鉄鉱石」がポイント。4 国の中では人口がアメリカに次いで多いこともヒント。また，ブラジルのカラジャス鉄山やイタビラ鉄山は世界最大級の鉄山。イはメキシコ，ウはカナダ，エはアメリカ。

〔問 3〕およそアルゼンチンの沖，大西洋上となる。

〔問 4〕メッカの商人ムハンマドがイスラム教を開いた。イスラム教の経典『コーラン』には信者の守るべききまりが定められている。

〔問 5〕(1) 経度 15 度差で 1 時間の時差が生じる。東京とバンクーバーの経度差は 255 度なので，時差は 17 時間となる。本初子午線をはさんで東側に位置する日本の方が時間が進んでいることに注意。(2) ロンドンは西岸海洋性気候に属している。

**【答】**〔問 1〕太平洋　〔問 2〕ア　〔問 3〕C　〔問 4〕イ・エ

〔問 5〕(1) ウ　(2) 暖流の北大西洋海流と偏西風の影響を受けているから。(同意可)

[2] **【解き方】**〔問 1〕排他的経済水域は，「領海」の外側，沿岸から 200 海里までの海域で，この海域における鉱産資源・水産資源の権利は沿岸国にある。「領海」は沿岸から 12 海里までの海域で，領土と同じようにその国の主権がおよぶ。「沖合漁業」はとる漁業に含まれる。

〔問 2〕三重県の一部は中京工業地帯に含まれるので，工業などの第 2 次産業の割合や製造品出荷額が高い。アは漁獲量が少ないので内陸県の栃木県。イは製造品出荷額が少ないので鳥取県。ウは商業やサービス業などの第 3 次産業の割合が高いので東京都。

〔問 3〕(2) 稲の成長には，夏の適度な高温と日照時間が欠かせない。

〔問 4〕宮崎平野や高知平野では，冬でも温暖な気候を利用して，ビニルハウスなどを使ってピーマンやきゅうりなどの夏野菜を栽培している。

〔問 5〕暖流と寒流が出合う潮目は，魚のえさであるプランクトンが多い海域となっている。

**【答】**〔問 1〕イ　〔問 2〕エ

〔問 3〕(1) やませ　(2) 平年と比べて夏の日照時間が短く，気温が低かったから。(同意可)　〔問 4〕促成栽培

〔問 5〕暖流と寒流がぶつかる場所だから。(同意可)

[3] **【解き方】**〔問 1〕打製石器は旧石器ともいう。旧石器時代には，土器は使用されていなかった。

〔問 2〕儒教や仏教などの文化も伝えた人々。

〔問 3〕それまでの氏姓制度に代わる制度となった。

〔問 4〕大化の改新では，地方を国・郡・里に分けて地方行政のしくみを整えること，戸籍をつくり班田収授法を行うこと，新しい租税の制度を整えることも打ち出された。

〔問 5〕鎌倉時代の女性は，結婚しても姓は変わらず，兄弟たちと同じように親から財産を受け継ぐことができ，他の時代に比べて地位が高かったと考えられている。

〔問 6〕「御伽草子」は，室町時代以降に民衆に親しまれた，文章と絵でつづった物語。「後鳥羽上皇」は，鎌倉時代に承久の乱を起こした人物。

〔問 8〕(1) おもに関ヶ原の戦い以後に徳川氏に従った大名。東北地方や九州地方など，江戸から遠く離れた地域に配置された。(2) Ⅰ．3 代将軍の徳川家光は鎖国政策をすすめ，幕藩体制を確立した。Ⅱ．徳川綱吉は 5 代将軍。質を落とした貨幣を増やした結果，物価が上昇して経済が混乱した。Ⅲ．8 代将軍の徳川吉宗が行った享保の改革の内容。

〔問 9〕説明文は平安時代に栄えた国風文化について述べたもの。

**【答】**〔問 1〕旧石器時代　〔問 2〕渡来人

〔問 3〕家がらにとらわれず，個人の才能によって役人を採用しようとした。(同意可)　〔問 4〕ウ

〔問5〕分割相続によって，女性も領地を相続できたから。(同意可)〔問6〕ア　〔問7〕管領

〔問8〕(1) 外様〔大名〕 (2) エ　〔問9〕イ

4 **【解き方】**〔問1〕欧米では金貨1枚を得るのに銀貨15枚が必要だったが，日本では銀貨5枚で交換できたと考えるとよい。

〔問2〕アは1883年，イは1894年，ウは1871年，エは1911年のできごと。

〔問3〕米騒動の責任をとって寺内正毅内閣が総辞職すると，原敬が本格的な政党内閣を初めて成立させた。

〔問4〕PKO（国連平和維持活動）協力法が成立し，自衛隊が最初に派遣された国。

**【答】**〔問1〕X. 銀　Y. 金　〔問2〕ウ→ア→イ→エ　〔問3〕米騒動　〔問4〕エ

5 **【解き方】**〔問1〕アは防衛省，オは厚生労働省の仕事。

〔問2〕X 自主財源である住民税や事業税などがあてはまる。人口が多く産業がさかんな都道府県ほど多く集めることができる。Y 地方公共団体間の財政格差を是正するために支給される国からの資金。東京都は自主財源が多いため，必要としていない。Z 義務教育や道路整備など，使い道が指定された国からの資金。

〔問3〕「小さな政府」の実現につながる考え方といえる。

〔問4〕イ．衆議院が出席議員の3分の2以上の賛成で再可決したときは法律が成立する。ウ．法律案は参議院から審議されても構わない。衆議院の優越が認められているのは，予算案の先議権。

〔問5〕大日本帝国憲法下では，主権は天皇にあった。

〔問6〕条例の制定には，原則，有権者の50分の1以上の署名が必要。9000 ÷ 50から180人以上となる。

**【答】**〔問1〕イ・ウ・エ　〔問2〕X イ　Y ア　Z ウ　〔問3〕規制緩和　〔問4〕ア・エ

〔問5〕国民が，国の政治を決定する権利を持つこと。(同意可)〔問6〕180 (人以上)

6 **【解き方】**〔問1〕(1) A．赤字で利益が出ない場合など，配当が支払われない場合もある。B．株式会社の最高意思決定機関。(2) 2000年に循環型社会形成推進基本法が制定された。

〔問2〕所得が多い人には高い税率を課して，集めた税を社会保障制度などを通じて低所得者のために用い，所得の格差を縮めることを「所得の再分配」という。

〔問3〕(2) 企業側は人件費削減や景気に応じて雇用量を調整することができることなどから，非正規雇用者の採用を増やしているが，非正規雇用者は正規雇用者と比べて，福利厚生も充実しておらず，低賃金で雇用が不安定な面がある。

**【答】**〔問1〕(1) A．配当　B．株主総会　(2) 循環型社会　〔問2〕イ

〔問3〕(1) 労働基準法　(2) 仕事内容や労働時間が同じであっても，賃金が低くおさえられている。(同意可)

# 理　科

1 **【解き方】**〔問1〕(3) 音の速さが340m/sなので，自分の声が3秒間に進んだ距離は，340 (m/s) × 3 (s) = 1020 (m)　これは，自分の声が自分と向かいの山との間を往復した距離なので，自分と向かいの山の音が反射したところまでの距離は，$\frac{1020\ (\mathrm{m})}{2}$ = 510 (m)　(4) 音の刺激は耳で受け取られ，その信号が感覚神経である聴神経を通って，脳に伝えられる。脳は音が聞こえたことを認識し，脳からストップウォッチを止めるという命令の信号が出され，運動神経を通って手の筋肉に伝えられる。

〔問2〕(2) 中和では，水素イオンと水酸化物イオンが反応して水が生じる。(3) ア～ウは有色鉱物。

**【答】**〔問1〕(1) ヘルツ　(2) 鼓膜　(3) ア　(4) イ

〔問2〕(1) 炭酸カルシウム　(2) A. $H^+$　B. $OH^-$（順不同）　(3) エ

(4)（記号）ウ　（理由）れき，砂，泥の順に粒は大きく，粒が大きいものほど速く沈むから。（同意可）

2 **【解き方】**〔問2〕BTB溶液はアルカリ性のときに青色，中性のときに緑色，酸性のときに黄色を示す。実験Ⅰの(ii)より，青色のBTB溶液に息をふきこむと，息の中にふくまれる二酸化炭素が水に溶けて中性となり，BTB溶液は緑色になる。実験Ⅰの(iii)(iv)より，試験管Aには光が十分に当たっているので，光合成がさかんに行われて，二酸化炭素がオオカナダモに取り入れられ，BTB溶液中の二酸化炭素が少なくなる。よって，試験管AのBTB溶液の色はもとの青色になる。試験管Bでは，光が当たらないので光合成は行われず，呼吸だけが行われる。オオカナダモの呼吸によって出される二酸化炭素が水に溶けて酸性になるので，BTB溶液の色は黄色になる。

〔問6〕ワセリンをぬったところからは蒸散がおこらないので，表2より，アジサイAでは葉の裏側と茎から，アジサイBでは葉の表側と茎から，アジサイCでは茎からだけ蒸散がおこると考えられる。表3より，試験管内の水の減少量は蒸散量とほぼ同じと考えると，葉の裏側と茎からの蒸散量は4.8g，葉の表側と茎からの蒸散量は2.6g，茎からの蒸散量は1.1gなので，葉の裏側からの蒸散量は，4.8 (g) − 1.1 (g) = 3.7 (g)　また，葉の表側からの蒸散量は，2.6 (g) − 1.1 (g) = 1.5 (g)　葉のどこにもワセリンをぬらないアジサイは，葉の表側，裏側，茎のすべてから蒸散がおこるので，同様の実験を行った場合の試験管内の水の減少量は，3.7 (g) + 1.5 (g) + 1.1 (g) = 6.3 (g)

**【答】**〔問1〕対照実験　〔問2〕① イ　② ア　X. 二酸化炭素　〔問3〕蒸散　〔問4〕気孔

〔問5〕水面からの水の蒸発を防ぐため。（同意可）〔問6〕イ

3 **【解き方】**〔問3〕地球は北極点の真上から見たとき，反時計回りに自転している。太陽の光は地球の左側からあたっているので，右図のように観測点が夜から昼に移るときが夜明け，太陽の正面にくるときが正午になる。よって，午前9時における観測点の位置は，夜明けと正午の中間あたりと考えられる。

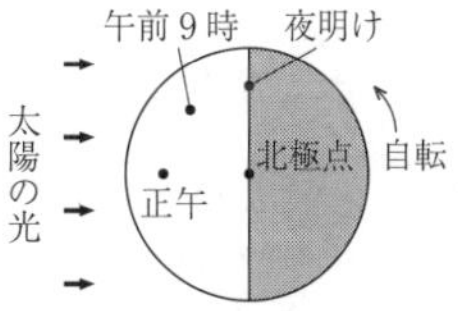


〔問4〕図1のA～Eは2時間ごとの太陽の位置で，AB，BC，CD，DEの長さが7.2cmなので，1時間に太陽が透明半球上を動く距離は，$\frac{7.2\ (\mathrm{cm})}{2\ (\text{時間})}$ = 3.6 (cm/時間)　EQの長さが4.2cmなので，太陽がEQ間を動くのにかかる時間は，$\frac{4.2\ (\mathrm{cm})}{3.6\ (\mathrm{cm}/\text{時間})} = \frac{7}{6}$ (時間)　太陽がEの位置にあるときの時刻は17時なので，太陽が日の入りのQの位置にくる時刻は，$\frac{7}{6}$時間 = 1時間10分より，17時から1時間10分後の18時10分。

〔問 5〕春分の日の赤道付近での太陽は，真東から地平線に対して垂直にのぼり，天頂を通って真西に垂直に沈む。

〔問 7〕南半球では，太陽や星は天の南極を中心に，時計回りに回転しているように見える。

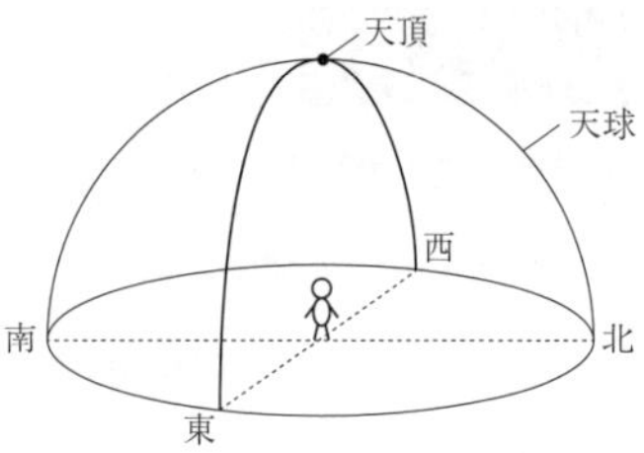


**【答】**〔問 1〕日周運動　〔問 2〕〔点〕O（または，円の中心）　〔問 3〕イ

〔問 4〕ウ　〔問 5〕（右図）

〔問 6〕北極星が地軸の延長線上にあるから。（同意可）

〔問 7〕（東）イ　（西）ア　（南）エ　（北）ウ

4 **【解き方】**〔問 3〕(1) 試験管 A・C の物質は加熱した後なので，硫化鉄になっている。試験管 B・D の物質は硫黄と鉄粉の混合物。① 磁石と引き合うのは鉄粉であり，硫化鉄は磁石とは引き合わない。② 硫黄と鉄粉の混合物に塩酸を加えると，鉄と塩酸が反応し，水素が発生する。③ 硫化鉄に塩酸を加えると，卵の腐ったようなにおいの硫化水素が発生する。

〔問 4〕銅を加熱しても熱や光は発生せず，黒色の酸化銅になる。

〔問 5〕銅と酸素が化合し，酸化銅ができる。

〔問 6〕表 1 より，銅の粉末 0.6g が完全に反応したときにできた物質の質量は 0.75g なので，銅の粉末とできた物質の質量比は，0.6（g）：0.75（g）= 4：5　よって，銅の粉末 5.2g をはかりとって完全に反応させたとき，反応後にできる物質の質量は，5.2（g）× $\frac{5}{4}$ = 6.5（g）

**【答】**〔問 1〕オ→イ→ウ→ア→エ　〔問 2〕反応が進むための熱が発生したため。（同意可）

〔問 3〕(1) ① イ　② イ　③ ア　(2) 化合　〔問 4〕エ　〔問 5〕$2Cu + O_2 \rightarrow 2CuO$　〔問 6〕6.5（g）

5 **【解き方】**〔問 1〕図 7 より，5 A の－端子につながれているので，最大の目盛りが 5 A となる上側の目盛りを読みとる。

〔問 2〕電流は図 1 の A から B に流れるので，コイルに流れる電流は，発砲ポリスチレンの板の下から上へ向いて流れている。ねじの進む向きに電流が流れると，ねじを回す向きに磁界ができるので，方位磁針を真上から見たとき，N 極は反時計回りの方向を指す。

〔問 4〕電源電圧が 6 V，回路に流れる電流が 1.2A なので，抵抗器の電気抵抗は，オームの法則より，$\frac{6\ (\mathrm{V})}{1.2\ (\mathrm{A})}$ = 5.0（Ω）

〔問 5〕(i)よりも電気抵抗を小さくするので，コイルには(i)より大きな電流が流れ，より大きく動く。また，電流を流す向きが(i)と反対なので，コイルが磁界から受ける力の向きは(i)と反対になる。

〔問 8〕表 1 より，コイルに棒磁石の N 極を近づけると検流計の指針は右に振れ，N 極を遠ざけると左に振れることがわかる。図 6 のように棒磁石を動かすと，まず S 極がコイルに近づくので，N 極を近づけるときと反対の向きに電流が流れ，検流計の指針は左に振れる。次に，コイルから S 極が遠ざかっていくので，N 極を遠ざけるときと反対の向きに電流が流れ，検流計の指針は右に振れる。

**【答】**〔問 1〕2.4（A）〔問 2〕ア

〔問 3〕導線から遠いほど磁界は弱い。（または，導線に近いほど磁界は強い。）（同意可）

〔問 4〕5.0（または，5）（Ω）〔問 5〕ウ　〔問 6〕電磁誘導　〔問 7〕磁石を速く動かす。（同意可）

〔問 8〕左に振れた後，右に振れた。（同意可）

# 国　語

1 **【解き方】**〔問2〕(1) 勝手な行動で人に「迷惑」をかけることと，軽率な発言で相手を「傷つける」ことを並列で挙げているので，両方の行動に「たり」を用いる。(2)「先生」の行動なので，「言う」の尊敬語「おっしゃる」を用いる。

〔問3〕楷書は一画一画がはっきり書かれた書体であり，行書は楷書を少しくずし，点画の連続や省略が見られる書体である。人に読んでもらうためのものには楷書が適し，自分が後で読むために短時間で書くものには行書が適している。

〔問4〕(1)「世の中にある人」はこの文の主語で，述語は「言ひ出だせるなり」なので，主語に用いる助詞を選ぶ。(2) 語頭以外の「は・ひ・ふ・へ・ほ」は「わ・い・う・え・お」にする。(3)「いづれか」の「か」は反語を表す係助詞で，「～か，いや～でない」という意味なので，「この世で生きているもので，どれが歌を詠まないことがあろうか，いや，すべてのものが詠むのだ」という訳になる。

**【答】**〔問1〕① 破(る)　② 似(て)　③ 貿易　④ 責任　⑤ きそ(う)　⑥ うるお(い)　⑦ ついとう　⑧ にゅうわ

〔問2〕(1) 傷つけたりすること　(2) おっしゃいました　〔問3〕エ　〔問4〕(1) ウ　(2) いいいだせるなり　(3) ア

**◀口語訳▶**　和歌は，人の心をもとにして，いろいろな言葉となったものだ。世の中で生きている人は，関わる事柄やするべきことが多いので，心に思うことを，見るものや聞くものに託して，言葉に表しているのである。(梅の) 花で鳴く鶯や，水に住む蛙の声を聞くと，この世で生きているもので，どれが歌を詠まないことがあろうか，いや，すべてのものが詠むのだと思うのである。

2 **【解き方】**〔問1〕乳離れしたあとの「『離乳食』が必要な時期」について，六歳で永久歯が生えることと関連させている。この時期を，「大人と同じ食生活ができない子ども期」であるとして，「食の自立ができませんから…どうしても必要になる」と述べている。

〔問2〕抜けている段落で「なかでも『誰と食べるか』が大事」と強調しているので，「いつどこで何を誰とどのように食べるか」という問題が提示されたあとに入る。

〔問3〕前の「この状態」は，家族と食をともにする必要性が薄れ，個人個人がファストフード店やコンビニエンスストアに行って，「好きなものを好きなときに」食べるという状態を指している。

〔問4〕「その変化」は，家族が崩壊した結果，人間社会が「サル社会にそっくりなかたちに変わっていく」ことを指す。【Ⅱ】の文章で，「人間の持っている普遍的な社会性」について説明したあと，「家族も共同体もなくしてしまった」場合，人間は「互いに協力する必要性」も「共感する必要性」も見出せなくなり，逆に「個人の利益」や「手近な享楽」,「効率的で自由」な生活を求めるようになると述べている。

〔問5〕「見返りのない奉仕」は，「誰かに何かをしてあげたい」という気持ちから生まれるもの。「互酬性」は，「何かを誰かにしてもらったら，必ずお返しする」「こちらがしてあげたときには，お返しが来る」という関係を表すもの。「帰属意識」は，「自分がどこに所属しているか」という意識であり，「自分自身の行動範囲や考え方」を広げてくれるもの。

〔問6〕自分の所属先を意識する気持ちを持ち続けることを述べたあとで，その意識によって，「いろんな集団を渡り歩く」ことができると述べている。「帰属」を意識することと，他の集団を歩き回ることという対照的なつながりを表す語を考える。

〔問7〕「そんな社会」は，「サル社会」のような「序列で成り立つピラミッド型の社会」「人を負かし自分は勝とうとする社会」を指す。こうした「サル社会」に近づくことを，「人間が自分の利益のために集団を作る」ことであり，「他人と気持ちを通じ合わせることはできなくなって」しまうと述べている。

**【答】**〔問1〕① 永久歯　② 食の自立　③ 上の世代　〔問2〕ウ　〔問3〕イ　〔問4〕ア・ウ　〔問5〕ウ

〔問6〕エ　〔問7〕序列で成り立つピラミッド型の社会では，人間は個人の利益さえ獲得すればよいと考えるようになり，他人と気持ちを通じ合わせることができなくなってしまうから。(75字)（同意可）

3 **【解き方】**〔問 1〕自発の働きで使われている。アは受身，イは可能，ウは尊敬の働き。

〔問 2〕池の岸辺にヤマモモの木が立っているのを見つけた筆者は，「水の中に落ちたヤマモモの実」のその後の様子を想像しながら，「他の多くの有機物と同じように…静かに埋もれて行くのだろう」「昨今のような暑い夏には…少し酔わせたりもするのだろうか」などと考えている。

〔問 3〕実際は「万博記念公園」にいるのに，「ひと気のない郊外の山のなか」にいるように感じているので，勘違いや思い違いを意味する語が入る。

〔問 4〕小学生だった筆者が「月の石」を見たことや，「初めて見る動く歩道やモノレール…密集した人の波のつくる熱気」などを思い出しながら，通常とはかけ離れた場所であると感じたことを，「まさしく…異空間だった」と表現している。

〔問 5〕万博終了後にパビリオンの瓦礫がその場所に埋められ，その上に木々が植えられて森ができたことから，目の前の森に「人々のかつてのざわめきや，描いた夢が…ゆらめくさま」を想像し，地中で眠る瓦礫を「当時の夢を抱きしめる遺跡」のように感じている。

〔問 6〕万博記念公園だけでなく栃木県や北海道の植生も考え，「日本の森，といってもほんとうに様々だ」と述べている。さらに常緑樹やそれ以外の木々の様子を思い浮かべながら，「気が遠くなるほど連綿と続いてきた，森の意志」を感じ，森には「確実に一歩一歩力をため…生の横溢を見せる生命力」が潜むと考えていることをおさえる。

**【答】**〔問 1〕エ　〔問 2〕イ　〔問 3〕ア　〔問 4〕非日常の異空間

〔問 5〕目の前にある森の地中には，パビリオンのがれきが，万博開催当時の人々のざわめきや描いた夢を抱きしめて眠っていること。(57 字)(同意可)

〔問 6〕イ

4 **【解き方】**「目の前に，二人のおばあさんが立っている」という状況で，カズオは「席をゆずらなくちゃ」と思うものの，二人の状況からいろいろ想像して，どちらに声をかけたらいいのかわからなくなっている。おばあさんたちの自分への気持ちも想像するが，結局，「二人とも座れないほうがすっきりする」はずだと考え，目をつぶってしまう。しかし，その後も「まわりのひと」の気持ちが気になり，「ほんとうは違うのに…ゆずってあげたいのに」と思い「胸をドキドキさせたまま」でいる。

**【答】**(例)

カズオはどちらのおばあさんに席をゆずるかいろいろ考えて迷うが，不公平になってはいけないと自分に言い聞かせ目をつぶってしまう。その後もまわりの反応を気にしながら葛藤を感じ，緊張した気持ちが続いている。

私は，席を立ちながら二人に向かって声をかけるのがいいと思う。その後は，反応を見て決めたり，二人に任せたりすることができる。あれこれ頭で考えるだけで何もしないより，まずは行動に移すことが大事である。(10 行)

# 和歌山県公立高等学校

## 2020年度

# 入学試験問題

# 数学

時間　50分　　　　満点　100点

1　次の〔問1〕～〔問5〕に答えなさい。

〔問1〕　次の(1)～(5)を計算しなさい。

(1)　$-8+5$　(　　　)

(2)　$1+3\times\left(-\dfrac{2}{7}\right)$　(　　　)

(3)　$2(a+4b)+3(a-2b)$　(　　　)

(4)　$\sqrt{27}-\dfrac{6}{\sqrt{3}}$　(　　　)

(5)　$(x+1)^2+(x-4)(x+2)$　(　　　)

〔問2〕　次の式を因数分解しなさい。

$9x^2-4y^2$　(　　　)

〔問3〕　$\sqrt{10-n}$ の値が自然数となるような自然数 $n$ を，すべて求めなさい。$n=$(　　　　　)

〔問4〕　右の図のように，長方形ABCDを対角線ACを折り目として折り返し，頂点Bが移った点をEとする。

$\angle \mathrm{ACE}=20°$ のとき，$\angle x$ の大きさを求めなさい。

$\angle x=$(　　　度)

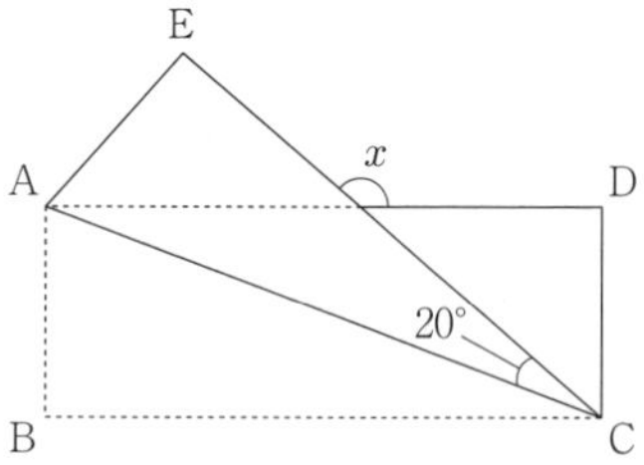


〔問5〕　和夫さんと花子さんが，それぞれ1個のさいころを同時に投げて，自分の投げたさいころの出た目の数と同じ数だけ階段を上るゲームをしている。

右の図は，和夫さんと花子さんの現在の位置を示している。

この後，2人がさいころを1回だけ投げて，花子さんが和夫さんより上の段にいる確率を求めなさい。

ただし，さいころの1から6までのどの目が出ることも同様に確からしいものとする。

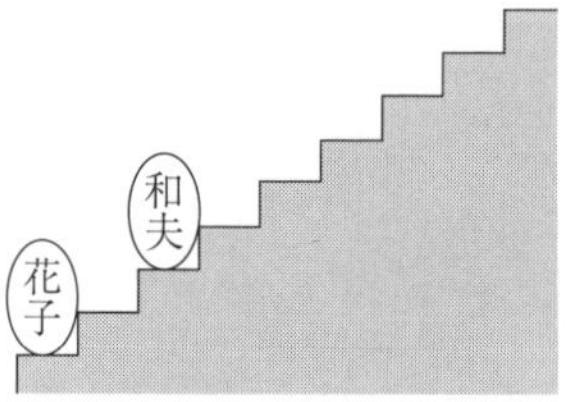


(　　　)

2　次の〔問1〕～〔問4〕に答えなさい。

〔問1〕　右の図は，円錐《すい》の投影図である。この円錐の立面図は1辺の長さが6cmの正三角形である。

このとき，この円錐の体積を求めなさい。

ただし，円周率は $\pi$ とする。(　　　$\mathrm{cm}^3$)

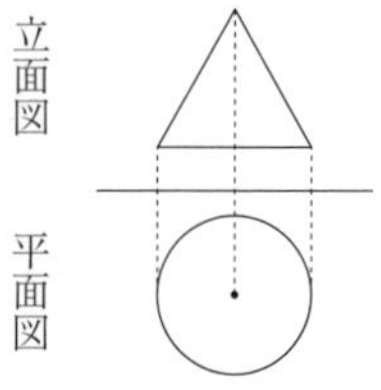

〔問2〕 右の図のように，2点A(2，6)，B(8，2)がある。次の文中の(ア)，(イ)にあてはまる数を求めなさい。(ア)(　　　) (イ)(　　　)

直線 $y = ax$ のグラフが，線分AB上の点を通るとき，$a$ の値の範囲は，(ア)≦ $a$ ≦(イ)である。

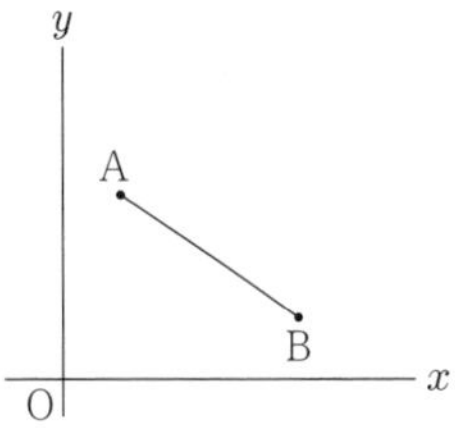


〔問3〕 右の図は，あるクラスの生徒30人が4月と5月に図書室で借りた本の冊数をそれぞれヒストグラムに表したものである。

たとえば，借りた本の冊数が0冊以上2冊未満の生徒は，4月では6人，5月では3人であることを示している。

このとき，次の(1)，(2)に答えなさい。

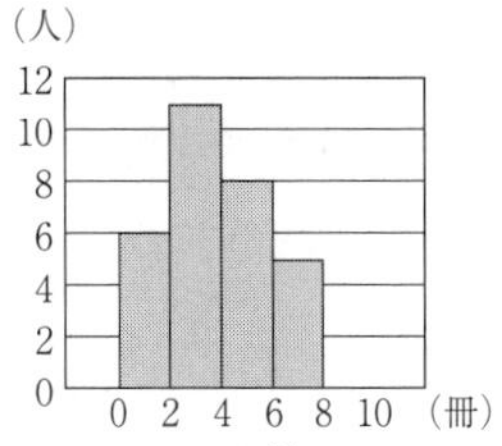

4月

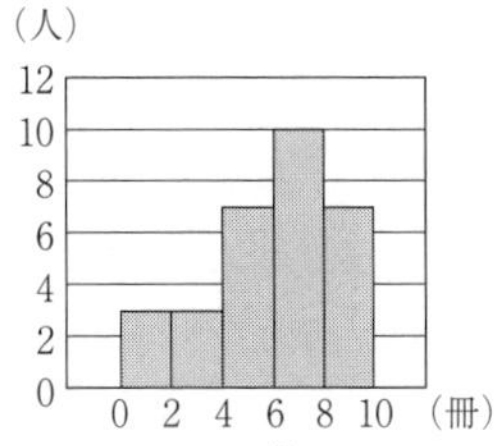

5月

(1) 4月と5月のヒストグラムを比較した内容として正しいものを，次のア～オの中からすべて選び，その記号をかきなさい。(　　　　　)

ア 階級の幅は等しい。

イ 最頻値《さいひんち》は4月の方が大きい。

ウ 中央値は5月の方が大きい。

エ 4冊以上6冊未満の階級の相対度数は5月の方が大きい。

オ 借りた冊数が6冊未満の人数は等しい。

(2) 5月に借りた本の冊数の平均値を求めなさい。(　　　冊)

〔問4〕 次の図は，ある中学校における生徒会新聞の記事の一部である。この記事を読んで，先月の公園清掃ボランティアと駅前清掃ボランティアの参加者数はそれぞれ何人か，求めなさい。

ただし，答えを求める過程がわかるようにかきなさい。

求める過程(　　　　　　　　　　　　　　　　　　　　　　　　　　　　　　　　　)

先月の公園清掃ボランティア参加者数(　　　人)

先月の駅前清掃ボランティア参加者数(　　　人)

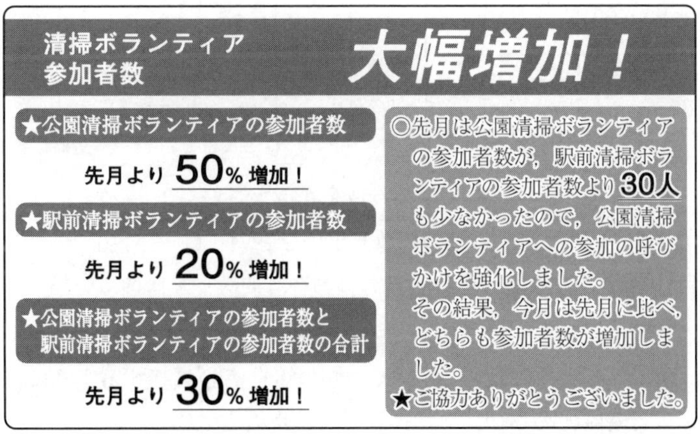

3　図1のように，同じ大きさの立方体の箱をいくつか用意し，箱を置くための十分広い空間のある倉庫に箱を規則的に置いていく。倉庫の壁Aと壁Bは垂直に交わり，2つの壁の面と床の面もそれぞれ垂直に交わっている。

各順番における箱の置き方は，まず1番目として，1個の箱を壁Aと壁Bの両方に接するように置く。

2番目は，4個の箱を2段2列に壁Aと壁Bに接するように置く。このように，3番目は9個の箱を3段3列に，4番目は16個の箱を4段4列に置いていく。なお，いずれの順番においても箱の面と面をきっちり合わせ，箱と壁や床との間にすき間がないように置いていくものとする。

このとき，次の〔問1〕，〔問2〕に答えなさい。

図1

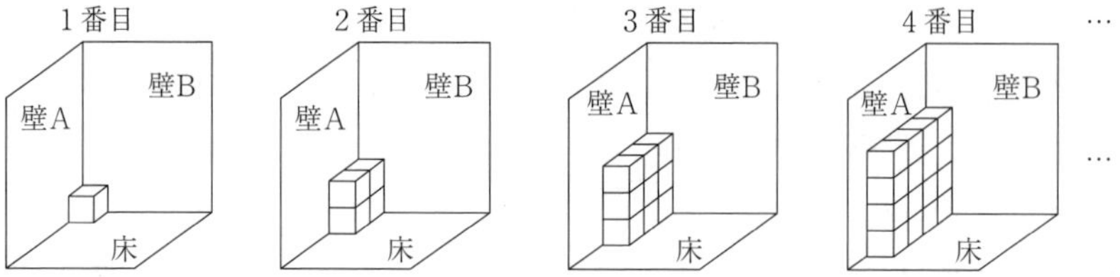


〔問1〕　各順番において，図1のように，置いた箱をすべて見わたせる方向から見たとき，それぞれの箱は1面が見えるもの，2面が見えるもの，3面が見えるもののいずれかである。

表1は，上の規則に従って箱を置いたときの順番と，1面が見える箱の個数，2面が見える箱の個数，3面が見える箱の個数，箱の合計個数についてまとめたものである。

下の(1)～(3)に答えなさい。

表1

| 順番(番目) | 1 | 2 | 3 | 4 | 5 | 6 | … | $n$ | $n+1$ | … |
|---|---|---|---|---|---|---|---|---|---|---|
| 1面が見える箱の個数(個) | 0 | 1 | 4 | 9 | * | * | … | * | * | … |
| 2面が見える箱の個数(個) | 0 | 2 | 4 | 6 | ア | * | … | * | * | … |
| 3面が見える箱の個数(個) | 1 | 1 | 1 | 1 | * | * | … | * | * | … |
| 箱の合計個数(個) | 1 | 4 | 9 | 16 | * | イ | … | * | * | … |

*は，あてはまる数や式を省略したことを表している。

(1)　表1中の ア ， イ にあてはまる数をかきなさい。ア(　　　)　イ(　　　)

(2)　8番目について，1面が見える箱の個数を求めなさい。(　　　個)

(3)　$(n+1)$番目の箱の合計個数は，$n$番目の箱の合計個数より何個多いか，$n$の式で表しなさい。

(　　　個)

〔問2〕　図2は，図1の各順番において，いくつかの箱を壁Bに接するように移動して，壁Aと壁Bにそれぞれ接する階段状の立体に並べかえたものを表している。

このとき，次の(1)，(2)に答えなさい。

図2

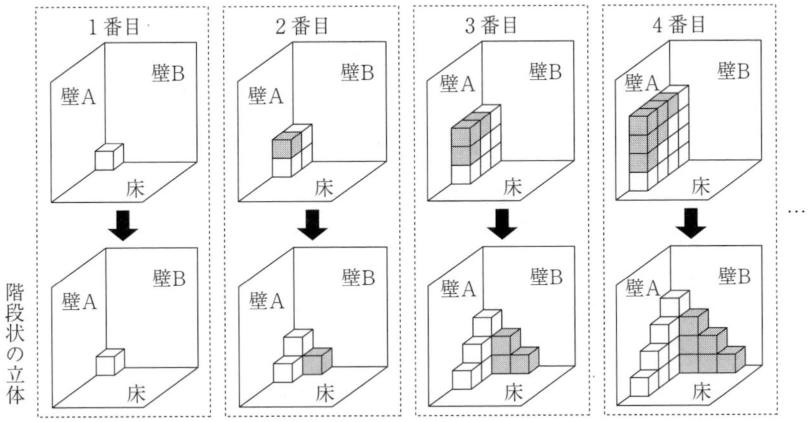


(1)　6番目について，移動した箱の個数を求めなさい。(　　　個)

(2)　階段状の立体には，壁や他の箱に囲まれて見えない箱もある。

表2は，各順番における階段状の立体の見えない箱の個数，見えている箱の個数，箱の合計個数についてまとめたものである。

$x$ 番目のとき，見えている箱の個数が111個であった。$x$ の値を求めなさい。

ただし，答えを求める過程がわかるようにかきなさい。

求める過程(　　　　　　　　　　　　　　　　　　　　　　　　)　$x$ =(　　　)

表2

| 順番(番目) | 1 | 2 | 3 | 4 | 5 | … | $x$ | … |
|---|---|---|---|---|---|---|---|---|
| 見えない箱の個数(個) | 0 | 1 | 2 | 3 | * | … | * | … |
| 見えている箱の個数(個) | 1 | 3 | 7 | 13 | * | … | 111 | … |
| 箱の合計個数(個) | 1 | 4 | 9 | 16 | * | … | * | … |

*は，あてはまる数や式を省略したことを表している。

[4]　図1のように，関数 $y = -\dfrac{1}{4}x^2$……①のグラフ上に点 A $(4,\ -4)$があり，$x$ 軸上に点 P がある。また，点 B $(-2,\ -4)$がある。

次の〔問1〕～〔問4〕に答えなさい。

図1

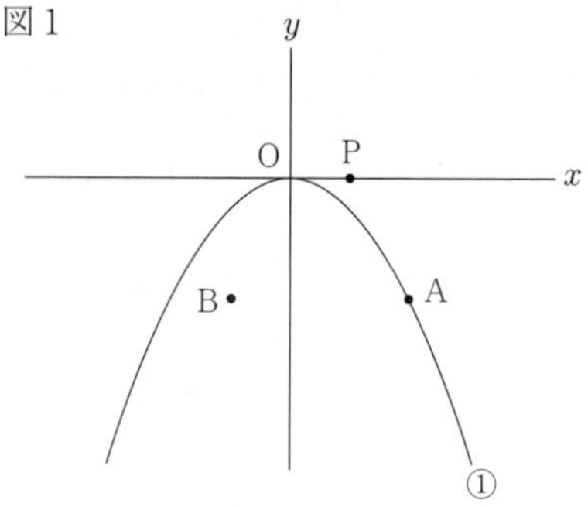


〔問1〕　関数 $y = -\dfrac{1}{4}x^2$ について，$x$ の変域が $-6 \leqq x \leqq 1$ のとき，$y$ の変域を求めなさい。(　　　)

〔問2〕　△PAB が二等辺三角形となる P はいくつあるか，求めなさい。(　　　個)

〔問3〕　図2のように，①のグラフと直線 AP が，2点 A，C で交わっている。C の $x$ 座標が $-2$ のとき，P の座標を求めなさい。P (　　，　　)

図2

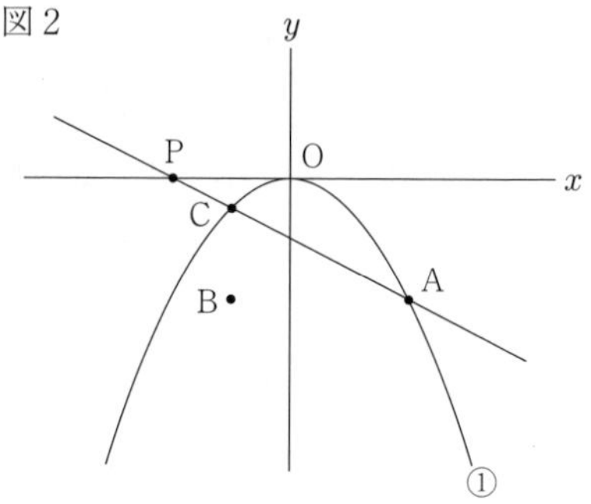


〔問4〕　図3のように，関数 $y = ax^2$ $(a > 0)$ ……②のグラフ上に，$x$ 座標が $-3$ である点 D がある。P の $x$ 座標が 4 のとき，四角形 PABD の面積が 50 となるような $a$ の値を求めなさい。$a$ = (　　　)

図3

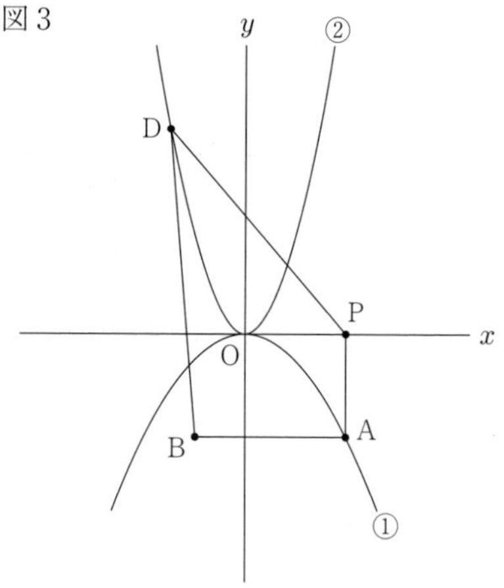

5　図1のように，点Oを中心とし線分ABを直径とする半径3cmの半円がある。$\overset{\frown}{AB}$上に2点P，Qがあり，Aに近い方をP，Bに近い方をQとする。また，線分BPと線分OQの交点をRとする。次の〔問1〕〜〔問3〕に答えなさい。

図1

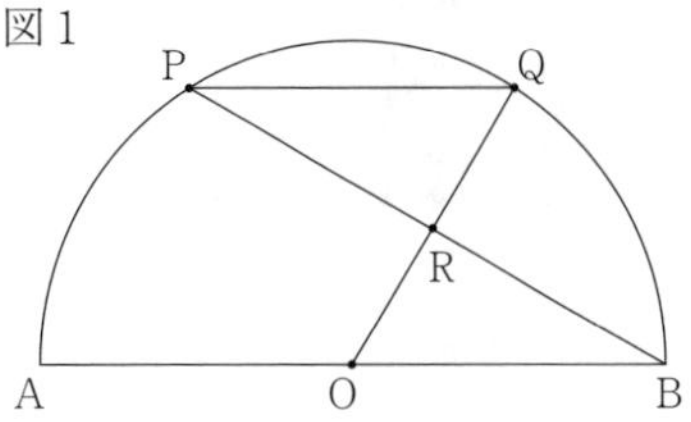


〔問1〕　PQ = 3cm，PQ $/\!\!/$ ABのとき，線分QRの長さを求めなさい。QR =（　　　cm）

〔問2〕　図2のように，∠QPB = 36°のとき，おうぎ形OBQの面積を求めなさい。

ただし，円周率は$\pi$とする。（　　　$cm^2$）

図2

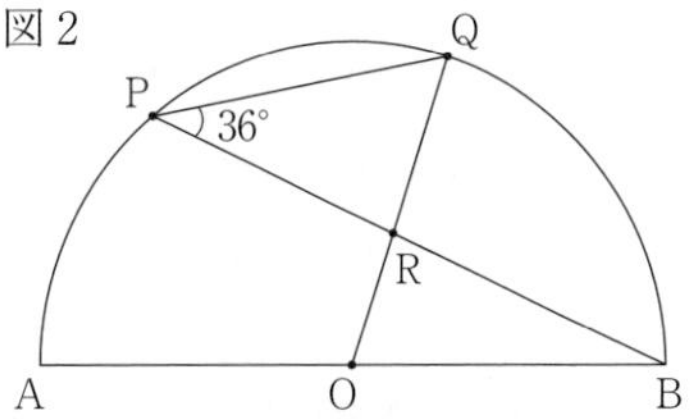


〔問3〕　図3のように，線分AQと線分BPの交点をSとする。次の(1)，(2)に答えなさい。

(1)　△RQS ∽ △RPQを証明しなさい。

〔　　　　　　　　　　　　　　　　〕

図3

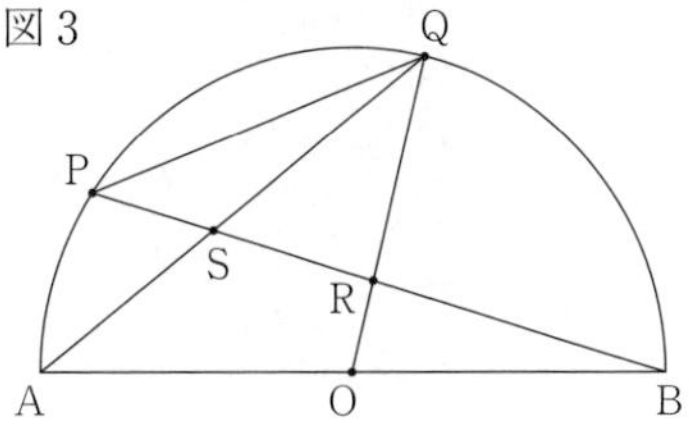


(2)　図4のように，∠QOB = 90°，OS $/\!\!/$ BQとなるとき，線分BRの長さを求めなさい。BR =（　　　cm）

図4

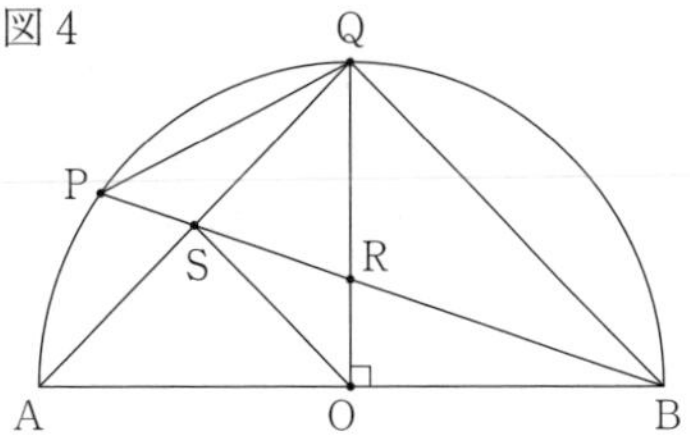

# 英語

時間　50分　　　　満点　100点

（編集部注）　放送問題の放送原稿は英語の末尾に掲載しています。
音声の再生についてはもくじをご覧ください。

1　放送をよく聞いて，次の〔問1〕～〔問3〕に答えなさい。

〔問1〕　No.1，No.2 の順に，それぞれ A，B，C 3 つの対話を 2 回放送します。No.1，No.2 の絵にある人物の対話として最も適切なものを，放送された A，B，C の中から 1 つずつ選び，その記号を書きなさい。No.1（　　）　No.2（　　）

No.1

No.2

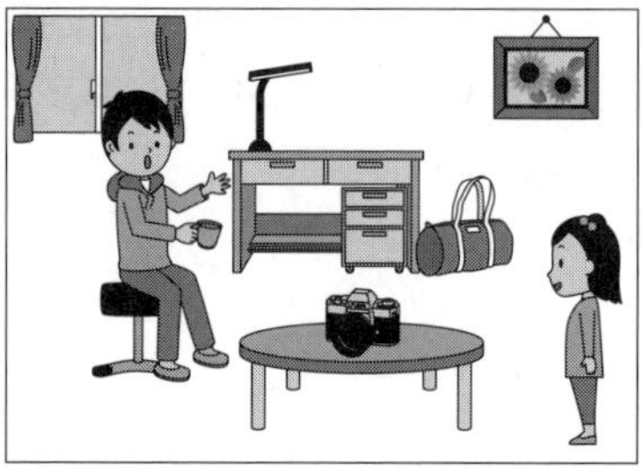

〔問2〕　No.1～No.3 の順に，二人の対話をそれぞれ 2 回ずつ放送します。対話の最後にそれぞれチャイムが鳴ります。チャイムが鳴った部分に入る最も適切なものを，A～D の中から 1 つずつ選び，その記号を書きなさい。

No.1　父親との対話（　　）

A　Oh, my favorite subjects are music and math.　　B　Oh, I love your favorite song.

C　Thank you. I want to buy it.　　D　Thank you. I want to listen to it now.

No.2　母親との対話（　　）

A　I saw it on your desk last night.　　B　I bought some books yesterday.

C　I should put it in my bag.　　D　I get up early in the morning.

No.3　教室での対話（　　）

A　I watch them every day.　　B　I watch them in my room.

C　I like movies about sports.　　D　I like to watch them with my sister.

〔問3〕　中学生の恵太（Keita）が英語の時間に行ったスピーチと，その内容について 5 つの質問を 2 回放送します。No.1～No.5 の英文が質問の答えとなるように，[　　] に入る最も適切なものを，A～D の中から 1 つずつ選び，その記号を書きなさい。

No.1　He goes to the library [　　].

A　every day　　B　after school　　C　every Sunday　　D　on Saturday

No.2　He [　　].

A　talks with his friends there　　B　uses the Internet there

C buys some books there　D reads books and studies there

No.3 He learned about it ［　　］.

A by reading a book about Australia　B by listening to people in the library

C by studying in Australia　D by talking with people in Australia

No.4 ［　　］ do.

A Keita's friends　B Keita's teachers　C The people working in the city library

D The people living in Australia

No.5 He wants ［　　］.

A to build a library　B to work in a library　C to write interesting books

D to read many books in Australia

2　次の英文は，高校生の紀子（Noriko）が，英語の授業で行った，グルメコンテストについてのスピーチの原稿です。これを読み，〔問1〕～〔問4〕に答えなさい。

We have a school festival every year. The festival has a contest. In the contest, students make lunch. There are four teams in the contest. Each team uses food from Wakayama. The team which makes the best lunch wins the contest.

We had the festival last week. My friends and I wanted to make the best lunch in the contest. We were the members of Team 1. We made *ume* hamburgers. Team 2 made peach pizza. Team 3 made persimmon sandwiches. Team 4 made orange curry.

Five judges decided the points of originality, appearance, and taste. The audience voted for their favorite lunch and decided the points of popularity. We got 25 points in popularity.

During the contest, a lot of people came to eat our lunch. Our team worked very hard to win the contest, but the winner was Team 3. We were second. In both originality and taste, persimmon sandwiches got more points than *ume* hamburgers. In originality, three teams got the same points. In appearance, persimmon sandwiches and *ume* hamburgers got the same points. When we saw the results, we were sad. We couldn't win the contest.

We want to win the contest next year. I should do many things to do so. Here is one example. I should [ ① ]. I'll do my best.

（注） contest　コンテスト　　food　食材　　*ume* hamburger　梅のハンバーガー
peach pizza　桃のピザ　　persimmon sandwich　柿のサンドイッチ　　judge　審査員
point　点数　　originality　オリジナリティ（独創性）　　appearance　見た目　　taste　味
audience　観客　　vote for ～　～に投票する　　popularity　人気　　result　結果

〔問1〕 本文の内容に合うように，次の（　　）にあてはまる最も適切なものを，ア～エの中から1つ選び，その記号を書きなさい。

Noriko (　　　) in the contest.

ア　decided the points of originality　　イ　was a member of Team 2
ウ　made persimmon sandwiches with her friends　　エ　wanted to make the best lunch

〔問2〕 次のグラフは，グルメコンテストの得点結果です。本文の内容に合うように，[ A ]～[ D ]にあてはまる4つの評価の観点（originality, appearance, taste, popularity）を，次のア～エの中から1つずつ選び，その記号を書きなさい。

A（　　　）　B（　　　）　C（　　　）　D（　　　）

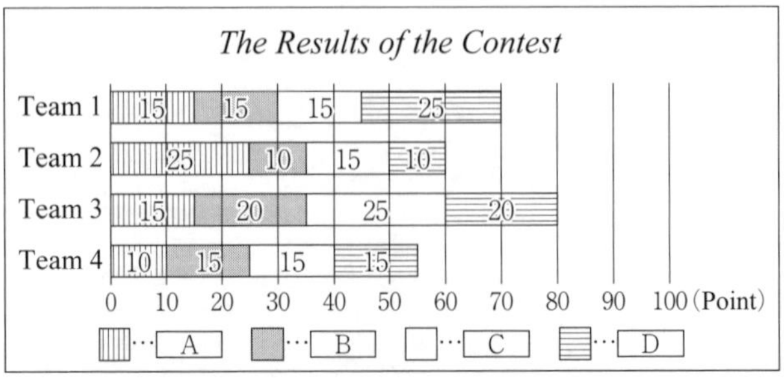

ア originality　イ appearance　ウ taste　エ popularity

〔問3〕 本文の流れに合うように，文中の ① にふさわしい英語を考えて書きなさい。ただし，語数は2語以上とし，符号（.,?!など）は語数に含まないものとする。

（　　　　　　　　　　　　　　　　　　　　　　　　　　　　　　　　　　）

〔問4〕 紀子は，スピーチ後，留学生のサム（Sam）と話をしました。次の対話文は，そのやりとりの一部です。これを読み，あとの(1)，(2)に答えなさい。

Noriko： Thank you for listening.

Sam　： I enjoyed your speech. ② But I've never eaten it.

Noriko： Really? *Umeboshi* is delicious and good for our health. My mother told me about that. She knows a lot about food.

Sam　： I see. Eating *umeboshi* is a good idea. I'll eat it.

(1) 文中の ② に，「私は梅干し（*umeboshi*）に興味があります。」という意味を表す英文を書きなさい。ただし，語数は4語以上とし，符号（.,?!など）は語数に含まないものとする。

（　　　　　　　　　　　　　　　　　　　　　　　　　　　　　　　　　　）

(2) 対話の内容に合う最も適切なものを，次のア～エの中から1つ選び，その記号を書きなさい。

（　　）

ア Noriko enjoyed eating *umeboshi* with Sam.

イ Noriko's mother has a lot of information about food.

ウ Sam gave his mother good advice for her health.

エ Sam sometimes eats *umeboshi* with his mother.

3　次の英文は，中学生の健（Ken）と留学生のエミリー（Emily）の対話です。これを読み，〔問 1〕～〔問 4〕に答えなさい。

Ken　：　Hi, Emily. Look at this picture.

Emily：　Oh, this is a very beautiful beach.

Ken　：　Yes. I went to Wakayama last week.

Emily：　〔　　〕?

Ken　：　Because I wanted to see my grandmother in Wakayama. I stayed there for three days.

Emily：　Good. I've been to Wakayama. I love its wonderful nature. [ A ]

Ken　：　I had a good time. I enjoyed cooking with my grandmother.

Emily：　That's nice. Did she [ ① ] you how to cook delicious food?

Ken　：　Yes. She also told me many other things. When I was washing rice in the kitchen, she told me what to do for the environment.

Emily：　What did she tell you?

Ken　：　She told me to use the rice rinse water. According to her, rice rinse water is a good fertilizer for plants. So she gives the water to [ ② ]. If the water goes into rivers, it may have a bad effect on some fish. Giving rice rinse water to plants is good for the environment.

Emily：　Oh, I have never [ B ]. It's amazing.

Ken　：　She also cleans plates with an old cloth before washing them. If we do this, we can save water.

Emily：　I see. That's not so difficult.

Ken　：　Right. She does [ ③ ] things to save water. She wants to protect the environment. I think that there are many things we can easily do for the environment.

Emily：　<u>That</u>'s true. Let's find and start some of them soon.

（注） environment　環境　　rice rinse water　米のとぎ汁（米を洗ったあとの白くにごった水）
according to ～　～によると　　fertilizer　肥料
have a bad effect on ～　～に悪影響を及ぼす　　plate　皿　　cloth　布切れ

〔問 1〕　対話の流れに合うように，文中の〔　　〕にふさわしい英語を考えて書きなさい。ただし，語数は 4 語以上とし，符号（.,?! など）は語数に含まないものとする。

(　　　　　　　　　　　　　　　　　　　　　　　　　　　　)?

〔問 2〕　対話の流れに合うように，文中の [ A ]，[ B ] にあてはまる最も適切なものを，それぞれア～エの中から 1 つずつ選び，その記号を書きなさい。A（　　）　B（　　）

A　ア　What time was it?　　イ　What do you mean?　　ウ　How was your stay?
　　エ　How long does it take?

B　ア　eaten delicious fish　　イ　heard about that　　ウ　visited Wakayama
　　エ　helped your grandmother

〔問3〕 文中の[ ① ]～[ ③ ]にあてはまる語の組み合わせとして最も適切なものを，次のア～エの中から1つ選び，その記号を書きなさい。(　　　)

ア ① show ② flowers ③ simple

イ ① tell ② animals ③ good

ウ ① ask ② rivers ③ easy

エ ① teach ② trees ③ wrong

〔問4〕 下線部Thatの内容を，日本語で具体的に書きなさい。

(　　　　　　　　　　　　　　　　　　　　　　　　　　)

④ 次の質問に対するあなた自身の返答を，理由や説明を含めて，30語以上の英語で書きなさい。ただし，符号（.,?!など）は語数に含まないものとする。

〔質問〕 Which do you like better, summer vacation or winter vacation?

(　　　　　　　　　　　　　　　　　　　　　　　　　　)

5　次の英文は，高校生の浩紀（Hiroki）が，英語の授業で行ったスピーチの原稿です。これを読み，〔問1〕～〔問7〕に答えなさい。

Hello. Today, I'll talk about my experience with people from foreign countries.

Last fall, I saw foreign people at a station. They were trying to buy train tickets. But they didn't know where to buy the tickets. Though I wanted to help them, I couldn't talk to them. I had no courage. I was sad.

At home, I told my father about it. He said, "When you find foreign people in need, you should talk to them. That will help them. I know you often help Japanese people. You should help not only Japanese people but also foreign people by talking to them."

A few days later, I saw a young foreign man in front of my house. His name was Robert. He was looking at a map alone on his bike. I remembered my father's words. I thought, "He may be lost. I should talk to him."

I said to him, "Hello. Can I help you?" in English. Robert said, "Hello. I'm a tourist. I'm from Australia." He began to talk about his situation. He said, "I bought a bike in Wakayama. ⓐBut it's (me, to, for, find, difficult) information about cycling courses in Wakayama." He wanted someone to help him.

I asked Robert to wait. I went back to my house and found some cycling courses on the Internet. Robert said, "Thank you for your kindness. My trip will be fun." [ A ] So I said, "Can you tell me about your trip by e-mail after you finish your trip?" He said, "Actually, I'll come back here because I'll go to the airport by bus from this town. I'll see you again."

Two weeks later, I met him in a coffee shop in a hotel. He said to me, "Thank you for your information about the cycling courses. When you talked to me for the first time, I was a little lonely. ⓑSo (encouraged, your, was, by, I) kindness." I was very glad to hear that. I was able to help a person from a foreign country.

After Robert talked about his trip, we went to the bus stop together. At the bus stop, Robert said, "Well, I'll give my bike to you because I'm going to leave Japan soon." I was surprised to hear ⓒthat. I said, "Really? Oh, thank you. I'm very happy."

These days, many foreign people are in Japan. We're going to have the Olympics and Paralympics in Japan this year. More foreign people will come to Japan.

Now, I'll tell you the most important thing I learned from my experience. When we want to help foreign people, talking to them is the first thing we can do.

（注）ticket　切符　　courage　勇気　　Robert　ロバート（男性の名前）　　map　地図
alone　一人で　　word　言葉　　be lost　道に迷っている　　tourist　旅行者
situation　状況　　cycling course　サイクリングコース　　kindness　親切　　airport　空港
coffee shop　喫茶店　　hotel　ホテル　　bus stop　バス停
the Olympics and Paralympics　オリンピックとパラリンピック

〔問1〕 下線部ⓐ，ⓑについて，それぞれ本文の流れに合うように（　　）の中の語を並べかえ，英文を完成させなさい。

ⓐ But it's (　　　　　　　　　　　　　) information about cycling courses in Wakayama.

ⓑ So (　　　　　　　　　　　　　　　　　　　　　　　　　　　　) kindness.

〔問2〕 文中の A にあてはまる最も適切なものを，ア～エの中から1つ選び，その記号を書きなさい。(　　　)

ア I didn't want to buy a bike for Robert.　イ I didn't want to talk to Robert in English.

ウ I wanted to give my bike to Robert.　エ I wanted to know about Robert's trip.

〔問3〕 下線部ⓒ thatの内容を，日本語で具体的に書きなさい。

(　　　　　　　　　　　　　　　　　　　　　　　　　　　　　　　　　)

〔問4〕 次の(1)，(2)の質問の答えを，それぞれ英語で書きなさい。

(1) When did Hiroki see foreign people at a station?

(　　　　　　　　　　　　　　　　　　　　　　　　　　　　　　　　　)

(2) Where is Robert from?

(　　　　　　　　　　　　　　　　　　　　　　　　　　　　　　　　　)

〔問5〕 次のア～エの英文を，本文の流れに合うように並べかえると，どのような順序になりますか。その記号を書きなさい。(　　)→(　　)→(　　)→(　　)

ア Hiroki talked with his father at home.

イ Hiroki found some cycling courses on the Internet.

ウ Hiroki heard about Robert's trip in a coffee shop in a hotel.

エ Hiroki saw a young foreign man who was looking at a map on his bike.

〔問6〕 浩紀が，自身の経験を通じて学んだ最も大切なことはどのようなことですか，日本語で書きなさい。

(　　　　　　　　　　　　　　　　　　　　　　　　　　　　　　　　　)

〔問7〕 浩紀のスピーチの後，先生は，クラスのある生徒と，次のようなやりとりをしました。次の対話文は，そのやりとりの一部です。

先生：　Let's think about this situation. You see a foreign man near your house. He has a map in Japanese. He is going to stay at a hotel today. But he doesn't know where it is. What will you do to help him?

生徒：　I'll talk to him and I'll B .

先生：　That's good.

対話の流れに合うように，文中の B にふさわしい英語を考えて書きなさい。ただし，語数は2語以上とし，符号（.,?!など）は語数に含まないものとする。

(　　　　　　　　　　　　　　　　　　　　　　　　　　　　　　　　　)

〈放送原稿〉

これから，2020年度和歌山県公立高等学校入学試験英語リスニング問題を行います。(10秒)

それでは，問題冊子を開きなさい。

リスニング問題は，〔問1〕，〔問2〕，〔問3〕の3つがあります。放送を聞きながら，メモをとってもかまいません。

〔問1〕は，絵の内容に合った対話を選ぶ問題です。はじめに，No.1，No.2のそれぞれの絵を見なさい。(5秒)

これから，No.1，No.2の順に，それぞれA，B，C 3つの対話を2回放送します。No.1，No.2の絵にある人物の対話として最も適切なものを，放送されたA，B，Cの中から1つずつ選び，その記号を書きなさい。それでは始めます。

No.1　A　父　親：　Can you see the animals?
　　　　　女の子：　Yes. All of them are sleeping.
　　　B　父　親：　There are some animals over there!
　　　　　女の子：　They are very cute. Two dogs are running.
　　　C　父　親：　Look at the animals!
　　　　　女の子：　Oh, a cat is sleeping in front of the door.（3秒）
　　　A　父　親：　Can you see the animals?
　　　　　女の子：　Yes. All of them are sleeping.
　　　B　父　親：　There are some animals over there!
　　　　　女の子：　They are very cute. Two dogs are running.
　　　C　父　親：　Look at the animals!
　　　　　女の子：　Oh, a cat is sleeping in front of the door.（3秒）

No.2　A　女の子：　Is my bag in this room?
　　　　　男の子：　No. There are no bags here.
　　　B　女の子：　Are you busy now?
　　　　　男の子：　Yes. I'm drawing a picture now.
　　　C　女の子：　Can I use the camera on the table?
　　　　　男の子：　Yes. You can use it.（3秒）
　　　A　女の子：　Is my bag in this room?
　　　　　男の子：　No. There are no bags here.
　　　B　女の子：　Are you busy now?
　　　　　男の子：　Yes. I'm drawing a picture now.
　　　C　女の子：　Can I use the camera on the table?
　　　　　男の子：　Yes. You can use it.（3秒）

これで，〔問1〕を終わります。

〔問2〕は，二人の対話を聞いて答える問題です。まず，〔問2〕の問題を読みなさい。(7秒)

これから，No.1からNo.3の順に，二人の対話をそれぞれ2回ずつ放送します。対話の最後にそれぞれチャイムが鳴ります。チャイムが鳴った部分に入る最も適切なものを，AからDの中から1つずつ選び，その記号を書きなさい。それでは始めます。

No.1　父親との対話

父　親：　Hi, Misa. This is a birthday present for you.

女の子：　Wow. What is it?

父　親：　It's a CD of your favorite music. I hope you will like it.

女の子：　〈チャイム音〉(7秒)

父　親：　Hi, Misa. This is a birthday present for you.

女の子：　Wow. What is it?

父　親：　It's a CD of your favorite music. I hope you will like it.

女の子：　〈チャイム音〉(7秒)

No.2　母親との対話

男の子：　Good morning, Mom.

母　親：　Good morning, Takashi. What are you doing?

男の子：　I'm looking for my English dictionary.

母　親：　〈チャイム音〉(7秒)

男の子：　Good morning, Mom.

母　親：　Good morning, Takashi. What are you doing?

男の子：　I'm looking for my English dictionary.

母　親：　〈チャイム音〉(7秒)

No.3　教室での対話

男の子：　What do you usually do on weekends?

女の子：　I often watch movies.

男の子：　What kind of movies do you like?

女の子：　〈チャイム音〉(7秒)

男の子：　What do you usually do on weekends?

女の子：　I often watch movies.

男の子：　What kind of movies do you like?

女の子：　〈チャイム音〉(7秒)

これで，〔問2〕を終わります。

〔問3〕は，英語のスピーチを聞いて，答える問題です。まず，〔問3〕の問題を読みなさい。(8秒)

これから，中学生の恵太が英語の時間に行ったスピーチと，その内容について5つの質問を2回放送します。No.1からNo.5の英文が質問の答えとなるように，空欄に入る最も適切なものを，AからDの中から1つずつ選び，その記号を書きなさい。それでは始めます。

Hi. I'm Keita. I love libraries. I'll tell you three reasons.

First, libraries are very quiet. I like to spend time in a quiet place. I go to a city library near the station every Sunday. I read books and study there. I sometimes see my friends there.

Second, there are many kinds of books in libraries. We can get a lot of information from books. When I read a book about Australia last month, I learned about its history without going there. I also learned about its culture from the book.

Third, I like people who work in libraries. I often talk with the people working in the city library. They know a lot about books. They show me interesting books. When I look for books, they always help me. They are very kind. In the future, I want to work in a library.

Libraries are wonderful places. Why don't you go to a library?

Question No.1：When does Keita go to a city library?（4秒）

Question No.2：What does Keita do when he is in the city library?（4秒）

Question No.3：How did Keita learn about the history of Australia last month?（4秒）

Question No.4：Who shows Keita interesting books?（4秒）

Question No.5：What does Keita want to do in the future?（4秒）

もう一度放送します。

Hi. I'm Keita. I love libraries. I'll tell you three reasons.

First, libraries are very quiet. I like to spend time in a quiet place. I go to a city library near the station every Sunday. I read books and study there. I sometimes see my friends there.

Second, there are many kinds of books in libraries. We can get a lot of information from books. When I read a book about Australia last month, I learned about its history without going there. I also learned about its culture from the book.

Third, I like people who work in libraries. I often talk with the people working in the city library. They know a lot about books. They show me interesting books. When I look for books, they always help me. They are very kind. In the future, I want to work in a library.

Libraries are wonderful places. Why don't you go to a library?

Question No.1：When does Keita go to a city library?（4秒）

Question No.2：What does Keita do when he is in the city library?（4秒）

Question No.3：How did Keita learn about the history of Australia last month?（4秒）

Question No.4：Who shows Keita interesting books?（4秒）

Question No.5：What does Keita want to do in the future?（4秒）

これで，リスニング問題を終わります。

# 社会

時間　50分　　　　満点　100点

1　由紀さんは，社会科の授業で，「世界と日本の関わり」をテーマにして，調べ学習を行いました。次の文は，そのレポートの一部です。これを読み，下の図1を見て，〔問1〕～〔問4〕に答えなさい。

> 私たちは，ⓐ近隣の国々をはじめ，日本から遠く離れた世界の国々と関わりをもちながら暮らしています。例えば，小麦はアメリカやカナダから，カカオ豆の多くはⓑ赤道付近にあるⓒアフリカの国々から輸入しています。また，毎日着ている衣服も日本で作られているものは少なく，中国をはじめ，ベトナムやインドネシアなどⓓアジアの国々で作られたものを多く輸入しています。
>
> その他にも，私たちの生活に必要なものがたくさん海外から輸入されており，それらの国々と日本は密接に関わっています。

図1

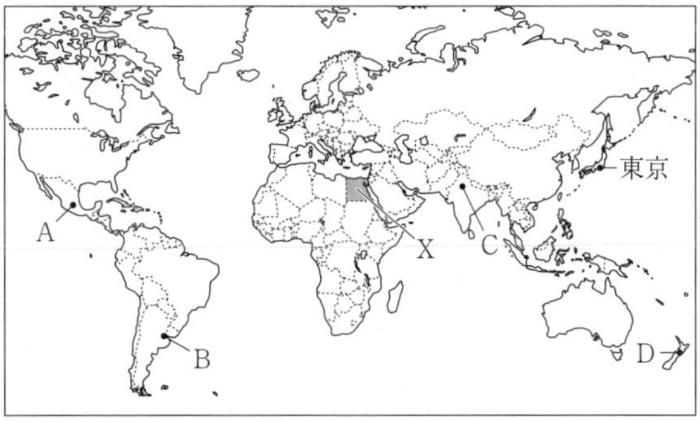


〔問1〕　文中の下線ⓐに関し，図2は，東京からの距離と方位が正しく表された地図です。これを見て，次の(1)，(2)に答えなさい。

図2

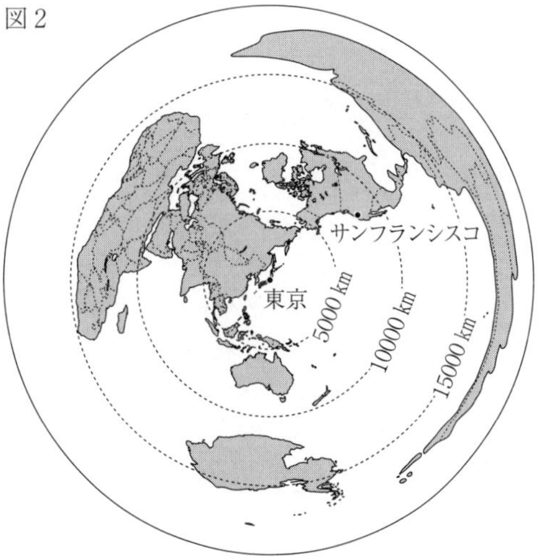


(1)　図2中の東京から見た，アメリカの都市であるサンフランシスコの方位として適切なものを，次のア～エの中から1つ選び，その記号を書きなさい。(　　　)

ア　北東　　イ　北西　　ウ　南東　　エ　南西

(2)　図1中のA～Dは，メキシコ，アルゼンチン，インド，ニュージーランドの首都を順に示しています。4つの国の首都A～Dを東京からの直線距離が短い順に並べるとどのようになりますか，図2を参考にし，その記号を順に書きな

さい。(　→　→　→　)

〔問2〕　文中の下線ⓑにある地域の中でも標高が高い地域では，1年を通して気温が低く，作物はあまり育ちません。このような地域の気候を何といいますか，書きなさい。(　　)

〔問3〕　文中の下線ⓒに関し，次の(1)，(2)に答えなさい。

(1)　図1中のXの国名を何といいますか，書きなさい。(　　)

(2)　図1中のアフリカ大陸には，直線的な国境線が見られます。その理由を，歴史的背景に着目して，簡潔に書きなさい。

(　　)

〔問4〕　文中の下線ⓓに関し，表は，中国，ベトナム，インドネシア，日本の4か国について，それぞれの国の面積，輸出総額，主要輸出品の輸出額，輸入総額，主要輸入品の輸入額を示したものです。ベトナムにあたるものを，表中のア～エの中から1つ選び，その記号を書きなさい。

(　　)

表

| | 面積<br>(千㎢) | 輸出総額<br>(百万ドル) | 主要輸出品の輸出額<br>(百万ドル) | 輸入総額<br>(百万ドル) | 主要輸入品の輸入額<br>(百万ドル) |
|---|---|---|---|---|---|
| ア | 1911 | 168810 | 石炭（20462），パーム油（18513），<br>機械類（14448），衣類（8214） | 157388 | 機械類（36521），石油製品（15873），<br>鉄鋼（8668），原油（8232） |
| イ | 378 | 698097 | 機械類（247850），自動車（144719），<br>精密機械（36914），鉄鋼（29287） | 671474 | 機械類（163937），原油（63745），<br>液化天然ガス（34913）衣類（28095） |
| ウ | 9600 | 2263371 | 機械類（979752），衣類（157464），<br>繊維品（109595），金属製品（85832） | 1843793 | 機械類（627780），原油（163821），<br>精密機械（92158），自動車（79100） |
| エ | 331 | 215119 | 機械類（86560），衣類（25037），<br>はきもの（15218），魚介類（8282） | 213215 | 機械類（86613），繊維品（14519），<br>プラスチック（10968），鉄鋼（9887） |

(「世界国勢図会 2019／20 年版」から作成)

2　次の文は，誠さんが社会科の授業で，「日本の工業と環境対策」について調べ，レポートにまとめたものの一部です。これを読み，〔問1〕～〔問5〕に答えなさい。

工業製品の原料になる鉄鉱石や，エネルギー源として利用される石油や天然ガスなどをⓐ鉱産資源といいます。

日本では，鉱産資源の輸入に便利な地域に工場が立ち並び，特に第二次世界大戦後，各地にⓑ工業の盛んな地域が形成されました。しかし，これらの一部の地域では，工場の排煙や排水による深刻な公害が発生しました。

それに対し，企業や自治体において，公害を防ぐ取り組みが進み，資源のリサイクルや環境対策などの技術が向上しました。

1990年代後半には，自動車産業において，環境に配慮したハイブリッド車の量産が始まり，また，ⓒ関東地方，中部地方，ⓓ九州地方などにおいて，循環型社会を形成することを目的としたエコタウン事業が行われてきました。エコタウンの第1号に承認された都市は，神奈川県川崎市，ⓔ長野県飯田《いいだ》市，福岡県北九州市です。

〔問1〕　文中の下線ⓐに関し，携帯電話の小型電池などに使われている金属に，コバルトやリチウムがあります。埋蔵量が少なく，生産量も限られている，これらの金属の総称を何といいますか，書きなさい。(　　　)

〔問2〕　文中の下線ⓑに関し，次のア～ウは，日本の工業のようすについて述べたものです。これらを年代の古い順に並べるとどのようになりますか，その記号を順に書きなさい。

(　　→　　→　　)

ア　内陸部の交通網が整備されて，高速道路のインターチェンジ付近に工業団地の開発が行われ，北関東に工業地域が形成されはじめた。

イ　外国製品との競争や，貿易上の問題により，工業製品の輸出先であるアメリカやヨーロッパで現地生産をはじめた。

ウ　京浜，中京，阪神，北九州の4つの地域を中心に，臨海部で工業が発達しはじめた。

〔問3〕　文中の下線ⓒに関し，日本を7地方に区分したとき，関東地方と接する東北地方の県が1県あります。その県名を書きなさい。(　　　)

〔問4〕　文中の下線ⓓに関し，次の(1)，(2)に答えなさい。

図

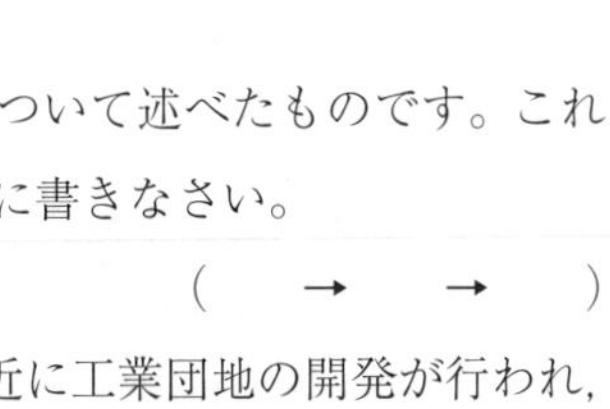

(1)　図は，南西諸島で見られる伝統的な住居です。この住居は，周囲を石垣で囲ったり，屋根のかわらをすき間なく固めたりしています。このような住居のつくりにしている理由を，簡潔に書きなさい。(　　　　　　　　　　　　　　　　)

(2)　表は，福岡県，大分県，鹿児島県，沖縄県について，それぞれの人口，人口密度，第3次産業の就業者割合，豚の産出額，地熱発電電力量を示したものです。表中の①～④にあてはまる県名の組み合わせとして正しいものを，後のア～エの中から1つ選び，その記号を書きなさい。(　　　)

表

| | 人口<br>(千人) | 人口密度<br>(人/$km^2$) | 第3次産業の<br>就業者割合<br>(%) | 豚の産出額<br>(億円) | 地熱発電<br>電力量<br>(百万kWh) |
|---|---|---|---|---|---|
| ① | 5107 | 1024.1 | 75.8 | 56 | 0 |
| ② | 1626 | 177.0 | 72.2 | 723 | 243 |
| ③ | 1443 | 632.7 | 80.7 | 113 | 0 |
| ④ | 1152 | 181.7 | 69.6 | 90 | 879 |

(「データでみる県勢 2019 年版」などから作成)

ア　①　沖縄県　②　福岡県　③　鹿児島県　④　大分県
イ　①　福岡県　②　鹿児島県　③　沖縄県　④　大分県
ウ　①　鹿児島県　②　福岡県　③　大分県　④　沖縄県
エ　①　福岡県　②　大分県　③　沖縄県　④　鹿児島県

〔問5〕　文中の下線ⓔは，中央高地に位置し，内陸性気候に区分されます。次のア〜エは，長野県飯田市を含め，北海道網走《あばしり》市，富山県富山市，高知県土佐清水《とさしみず》市のいずれかの都市の気温と降水量を表したものです。長野県飯田市にあたるものを1つ選び，その記号を書きなさい。(　　　)

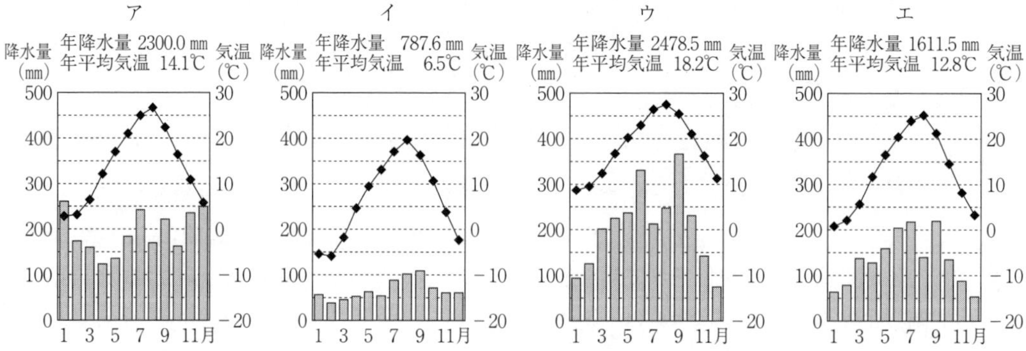


(気象庁ホームページから作成)

3　次の文と略地図は，さくらさんが自由研究で，「日本の歴史と東アジアの関わり」について調べ，レポートにまとめたものの一部です。これらを見て，〔問1〕～〔問10〕に答えなさい。

| 時代 | 日本の歴史と東アジアの関わり |
|---|---|
| 弥生 | 中国大陸や朝鮮半島から伝わった稲作が広まり，ⓐ小さな国が各地に生まれた。 |
| 古墳 | ⓑ大和政権《やまとせいけん》（ヤマト王権《おうけん》）の倭王《わおう》は，中国の南朝《なんちょう》に使いを送った。 |
| 飛鳥 | 大陸の影響を受けたⓒ仏教文化が栄えた。 |
| 〃 | ⓓ朝鮮半島に大軍を送り，唐《とう》と新羅《シルラ》《しらぎ》の連合軍と戦った。 |
| 奈良 | 唐の長安にならった平城京に都を移し，ⓔ地方をおさめる役所も整備された。 |
| 平安 | 遣唐使《けんとうし》が廃止され，日本独自の文化であるⓕ国風《こくふう》文化が栄えた。 |
| 鎌倉 | 2度にわたり元《げん》軍が九州北部に襲来した。 |
| 〃 | 中国大陸から伝わった禅宗《ぜんしゅう》などのⓖ新しい仏教が広まった。 |
| 室町 | 宋《そう》や明《みん》から輸入された貨幣が取り引きに使われるなど，ⓗ商業が活発になった。 |
| 江戸 | 徳川家光《とくがわいえみつ》の頃に貿易統制が行われたが，ⓘ東アジアとの関わりは継続された。 |
| 〃 | 江戸時代後期には，ⓙ東アジアへの進出をめざすロシア船などが接近するようになった。 |

【略地図】

〔問1〕　文中の下線ⓐに関し，吉野ヶ里《よしのがり》遺跡の位置を，略地図中のア～エの中から1つ選び，その記号を書きなさい。(　　　)

〔問2〕　文中の下線ⓑに関し，資料1は，略地図中の稲荷山古墳から出土した鉄剣《てっけん》とその一部を拡大したものです。そこには，大和政権（ヤマト王権）の大王《おおきみ》《だいおう》の一人と考えられている**ワカタケル**の名が漢字で刻まれています。また，資料1と同じように，ワカタケルの名が刻まれているとされる鉄刀《てっとう》が略地図中の江田船山古墳からも出土しています。これらの鉄剣や鉄刀に刻まれた文字からは，古墳にほうむられた人物が，ワカタケル大王に仕えていたことが読み取れます。これらのことから，当時の大和政権（ヤマト王権）の勢力について考えられることを，簡潔に書きなさい。

(　　　　　　　　　　　　　　　　　　　　　　　　　　　　)

資料1

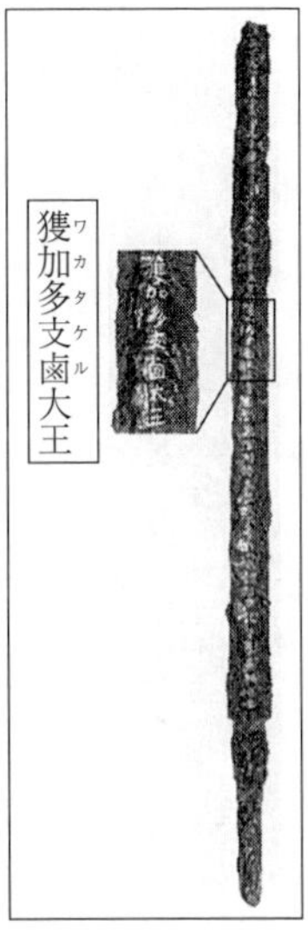


〔問3〕　文中の下線ⓒに関し，現存する世界最古の木造建築がある奈良県の寺院を何といいますか，書きなさい。(　　　)

〔問４〕　文中の下線ⓓの戦いは，略地図中の🄰で起こりました。この戦いを何といいますか。また，この戦いが起こった理由を，簡潔に書きなさい。

（　　　　の戦い）　理由（　　　　　　　　　　　　　　　　　　　　　　　　　　）

〔問５〕　文中の下線ⓔに関し，略地図中の🄱に設けられた外交や防衛も担《にな》っていた役所を何といいますか，書きなさい。（　　　）

〔問６〕　文中の下線ⓕが栄えた頃，摂政《せっしょう》や関白《かんぱく》が政治の中心となる摂関政治《せっかんせいじ》が行われました。この時代に，４人の娘を天皇の妃《きささき》にし，資料２の歌をよんだ人物はだれですか，書きなさい。

（　　　）

資料２

| |
|---|
| この世をば　我《わ》が世とぞ思う　望月《もちづき》の　かけたることも　無しと思えば |

〔問７〕　文中の下線ⓖに関し，図は，踊念仏《おどりねんぶつ》のようすを描いたものです。このように踊りを取り入れたり，念仏の札を配ったりするなど，工夫をこらしながら時宗《じしゅう》を広めた人物を，次のア～エの中から１つ選び，その記号を書きなさい。（　　　）

ア　法然《ほうねん》　　イ　日蓮《にちれん》　　ウ　一遍《いっぺん》　　エ　栄西《えいさい》《ようさい》

図

〔問８〕　文中の下線ⓗに関し，室町時代の商業について適切に述べているものを，次のア～エの中から１つ選び，その記号を書きなさい。（　　　）

ア　五街道《ごかいどう》が整備され，参勤交代《さんきんこうたい》の大名や商人のほか，荷物を運ぶ飛脚《ひきゃく》が行き来した。

イ　都の左京には東市《ひがしのいち》，右京には西市《にしのいち》がおかれ，全国から運び込まれた品物が取り引きされた。

ウ　城下町安土に楽市《らくいち》・楽座《らくざ》令が出され，だれでも自由に商工業ができるようになった。

エ　交通の盛んなところで，物資を運ぶ馬借《ばしゃく》や問《とい》とよばれる運送業者が活動した。

〔問９〕　文中の下線ⓘに関し，表は，江戸時代初期の東アジアの国や地域との関わりについて表したものです。表中の［　X　］にあてはまる品目と，［　Y　］にあてはまる藩の組み合わせとして正しいものを，下のア～エの中から１つ選び，その記号を書きなさい。（　　　）

表

| | 朝鮮 | 蝦夷地《えぞち》 |
|---|---|---|
| 日本側が交易で得た物 | ［X］ | 鮭《さけ》・こんぶ |
| 日本側の窓口となった藩 | 対馬《つしま》藩 | ［Y］ |

ア　X―木綿《もめん》・生糸・絹織物　　Y―薩摩《さつま》藩　　イ　X―木綿・生糸・絹織物　　Y―松前《まつまえ》藩

ウ　X―銀・銅　　Y―薩摩藩　　エ　X―銀・銅　　Y―松前藩

〔問10〕　文中の下線ⓙに関し，ロシアの南下をおそれた幕府は，北方の調査を行いました。幕府の命令で略地図中の🄲を調査し，この地が島であることを確認した人物はだれですか，書きなさい。

（　　　）

④ 次のA～Dのカードは，健さんが社会科の課題学習で，「紙幣に描かれた人物」についてまとめたものの一部です。これらを読み，〔問1〕～〔問5〕に答えなさい。

A 板垣退助《いたがきたいすけ》

戊辰《ぼしん》戦争で活躍し，新政府の参議《さんぎ》となりましたが，大久保利《おおくぼとし》通《みち》らと意見が対立し，政府を去りました。その後，1874 年に，ⓐ民撰議院設立建白書《みんせんぎいんせつりつけんぱくしょ》を政府に提出し，日本最初の政党を設立するなど，立憲政治の確立に大きな役割を果たしました。

百円
(1953 年発券開始)

B 伊藤博文《いとうひろぶみ》

幕末期，長州《ちょうしゅう》藩の松下村塾《しょうかそんじゅく》で学び，ⓑ尊王攘夷《そんのうじょうい》の運動に参加しました。明治維新《めいじいしん》後は，新政府の中心となり，初代内閣総理大臣に就任しました。ⓒ日露《にちろ》戦争の後，韓国統監府《かんこくとうかんふ》の初代統監に就任するなど，明治時代の政治を主導しました。

千円
(1963 年発券開始)

C 新渡戸稲造《にとべいなぞう》

札幌農《さっぽろのう》学校を卒業後，アメリカやドイツに留学しました。その後，日本の精神文化を紹介した『武士道《ぶしどう》』を著しました。1920 年には，ⓓ国際連盟《こくさいれんめい》の事務局次長を務め，国際機関の一員として世界平和のために力を尽くしました。

五千円
(1984 年発券開始)

D 福沢諭吉《ふくざわゆきち》

幕末に欧米へ渡り，帰国後，慶應義塾《けいおうぎじゅく》を創設しました。また，人間の自由・平等・権利の尊さを説く『学問のすゝ《(す)》め』を著すとともに，欧米の思想や文化を日本に紹介するなど，ⓔ人々の生活や考え方に影響を与えました。

一万円
(1984 年発券開始)

〔問1〕 文中の下線ⓐの提出をきっかけとして始まった，憲法制定や議会開設などの実現をとおして，国民が政治に参加する権利の確立をめざす運動を何といいますか，書きなさい。(　　　)

〔問2〕 文中の下線ⓑとはどのような考え方ですか，簡潔に書きなさい。

(　　　　　　　　　　　　　　　　　　　　)

〔問3〕 文中の下線ⓒに関し，表は，日清《にっしん》戦争と日露戦争における日本の戦費と死者数を，図は，ポーツマス条約調印後に発生した日比谷《ひびや》焼き打ち事件のようすを表したものです。日露戦争後，このような暴動をともなう民衆運動が起こった理由として考えられることを，表中の日清戦争と日露戦争を比較し，「**賠償金**」という語を用いて，簡潔に説明しなさい。

(　　　　　　　　　　　　　　　　　　　　　　　　　　　　　　　　　　　　)

表

| | 戦費（千円） | 死者数（人） |
|---|---|---|
| 日清戦争 | 232404 | 13825 |
| 日露戦争 | 1826290 | 85082 |

(「日本長期統計総覧」から作成)

図

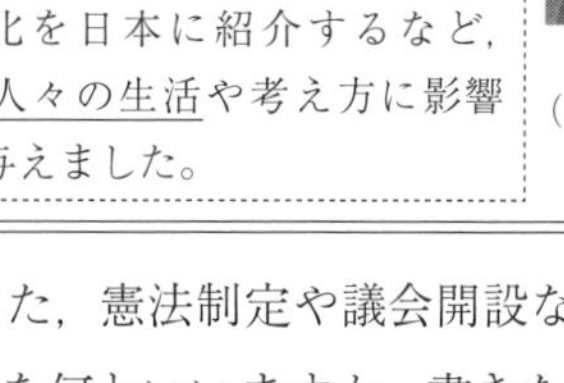

〔問4〕 文中の下線ⓓが第二次世界大戦を防げなかったという反省から，戦後，国際連合《こくさいれんごう》が設立されたものの，当初は日本の加盟が認められませんでした。その後，日本の国際連合への加盟が実現するきっかけとなったできごととして最も適切なものを，次のア～エの中から1つ選び，その記号を書きなさい。(　　　)

ア　岸信介《きしのぶすけ》内閣が日米安全保障条約を改定した。

イ　鳩山一郎《はとやまいちろう》内閣が日《にっ》ソ共同宣言《きょうどうせんげん》に調印した。

ウ　佐藤栄作《さとうえいさく》内閣が非核三原則を国の方針として定めた。

エ　田中角栄《たなかかくえい》内閣が日中共同声明《にっちゅうきょうどうせいめい》を発表した。

〔問５〕　文中の下線ⓔに関し，次のア～エは，近現代の人々の生活や文化について述べたものです。これらのできごとを年代の古い順に並べるとどのようになりますか，その記号を順に書きなさい。

（　　→　　→　　→　　）

ア　大都市の郊外に大規模な団地が建設され，テレビ，冷蔵庫などの家庭電化製品が普及し，スーパーマーケットが広がった。

イ　太陽暦《たいようれき》が採用され，れんが造りの洋館が建設された街にはガス灯や馬車が登場し，牛鍋《ぎゅうなべ》を出す店があらわれるなど，新たな食文化が広がりはじめた。

ウ　食料や衣料品などの生活必需品の配給制《はいきゅうせい》や切符制《きっぷせい》がとられ，都市の小学生たちは農村に集団で疎開《そかい》した。

エ　ラジオ放送が始まり，都市にはデパートや映画館が出現し，カレーライスやコロッケなどの洋食が広がった。

5　次の文は，一郎さんたちが社会科の授業で，「2017年に開かれた国会の動き」をテーマにして，レポートにまとめたものの一部です。これらを読み，〔問1〕～〔問4〕に答えなさい。

第193回　ⓐ国会

2017年1月20日に召集され，内閣総理大臣による演説が行われました。会期は150日間でした。

内閣から翌年度の予算案が提出され，審議されました。また，法律案についても審議され，その中で，ⓑ天皇の退位等に関する皇室典範《こうしつてんぱん》特例法が成立しました。

第194回　国会

2017年9月25日，内閣総理大臣が衆議院解散を表明したことを受けて，9月28日に召集されました。同日にⓒ衆議院が解散されたため，会期は1日でした。

これにより，前国会で継続審議となっていた法律案が，すべて廃案となりました。

第195回　国会

2017年10月22日に行われたⓓ衆議院議員の総選挙を受けて，11月1日に召集されました。会期は39日間でした。

召集日当日，衆議院と参議院の本会議において，内閣総理大臣の指名が行われました。

〔問1〕　文中の下線ⓐに関し，次の(1)，(2)に答えなさい。

(1)　第193回，第194回，第195回の国会の種類の組み合わせとして正しいものを，次のア～エの中から1つ選び，その記号を書きなさい。(　　　)

ア　第193回―特別会　　第194回―臨時会　　第195回―常会

イ　第193回―常会　　第194回―特別会　　第195回―臨時会

ウ　第193回―常会　　第194回―臨時会　　第195回―特別会

エ　第193回―臨時会　　第194回―常会　　第195回―特別会

(2)　表1は，1989年の国際連合総会において採択された条約が定めた権利をまとめたものです。国会で承認され，1994年に日本が批准《ひじゅん》した，この条約を何といいますか，書きなさい。(　　　)

表1

| 権利 | 内容 |
|---|---|
| 生きる権利 | 防げる病気などで命を失わないこと。 |
| 育つ権利 | 教育を受け，休んだり遊んだりできること。 |
| 守られる権利 | あらゆる種類の虐待《ぎゃくたい》や搾《さく》取《しゅ》から守られること。 |
| 参加する権利 | 自由に意見を表したり，団体をつくったりできること。 |

〔問２〕 文中の下線ⓑに関し，次の(1)，(2)に答えなさい。

(1) 次の日本国憲法の第１条中の［X］にあてはまる語を書きなさい。(　　　)

> 第１条 天皇は，日本国の［X］であり日本国民統合の［X］であって，この地位は，主権の存する日本国民の総意に基く。

(2) 天皇の国事行為について適切に述べているものを，次のア～オの中からすべて選び，その記号を書きなさい。(　　　)

ア 条約を公布する。 イ 国務大臣を任命する。 ウ 弾劾裁判所を設置する。

エ 内閣総理大臣を任命する。 オ 最高裁判所長官を指名する。

〔問３〕 文中の下線ⓒに関し，国会の議決において，いくつかの重要な点では，衆議院の優越が認められています。衆議院の優越が認められている理由を，「**国民の意見**」という語句を用いて，簡潔に書きなさい。

(　　　　　　　　　　　　　　　　　　　　　　　　　　　　　　　　　　　)

〔問４〕 文中の下線ⓓに関し，図は，衆議院議員総選挙における当選者に占める女性の割合の推移を，表２は，2017年の主な世界の国における下院の女性議員の割合を示したものです。図と表２から，日本の女性議員の割合について読み取れることを，簡潔に書きなさい。

(　　　　　　　　　　　　　　　　　　　　　　　　　　　　　　　　　　　)

図

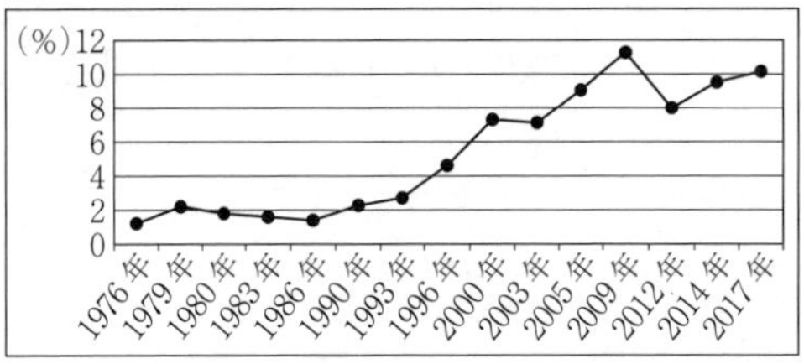


(内閣府ホームページから作成)

表２

| 国名 | 下院の女性議員の割合（%） |
|---|---|
| メキシコ | 42.6 |
| 南アフリカ | 41.8 |
| フランス | 39.0 |
| アルゼンチン | 38.1 |
| イギリス | 32.0 |
| ドイツ | 30.7 |
| 世界平均 | 23.6 |

(内閣府ホームページから作成)

6 たかこさんたちは，社会科の課題学習で，「G 20《トゥエンティ》 サミット」について調べ，発表することになりました。次の文は，その発表原稿の一部です。これを読み，〔問 1〕～〔問 5〕に答えなさい。

> 2019 年 6 月 28 日，29 日に日本が初めて議長国を務めた G20 サミットが，大阪で開催されました。G20 サミットは，金融やⓐ世界経済を主要な議題とする国際会議です。
>
> この会議は，2008 年に発生した世界金融危機に対処するため，財務大臣やⓑ日本銀行などの中央銀行の総裁が集まる G20 から，首脳が参画する会議に格上げされたものです。会議には，これまでの G20 のメンバー国に加えて，招待国やⓒ国際機関の代表が参加しています。
>
> 近年の G20 サミットでは，主要な議題に加え，気候やエネルギー，テロへの対策，移民やⓓ難民に関する問題などについても活発に議論が行われてきました。大阪で行われた G20 サミットでは「大阪首脳宣言」を通じて，自由貿易の推進や世界の経済成長と格差への対処，ⓔ環境問題など地球規模で解決しなければならない課題への貢献など，多くの分野で力強い意志を世界に発信しました。
>
> 2020 年の G20 サミットは，サウジアラビアのリヤドで開催されることが決定しています。

〔問 1〕 文中の下線ⓐに関し，次の(1)，(2)に答えなさい。

(1) 貿易を行う場合や，海外に旅行する場合，自国の通貨と他国の通貨を交換する必要があります。このときの交換比率を何といいますか，書きなさい。(　　　)

(2) 図は，円高または円安になったときに，アメリカから日本へ 2 万ドルの自動車を輸入した場合の円に換算した価格を模式的に示したものです。図中の A ～ D にあてはまる語や数値の組み合わせとして正しいものを，下のア～エの中から 1 つ選び，その記号を書きなさい。

(　　　)

図

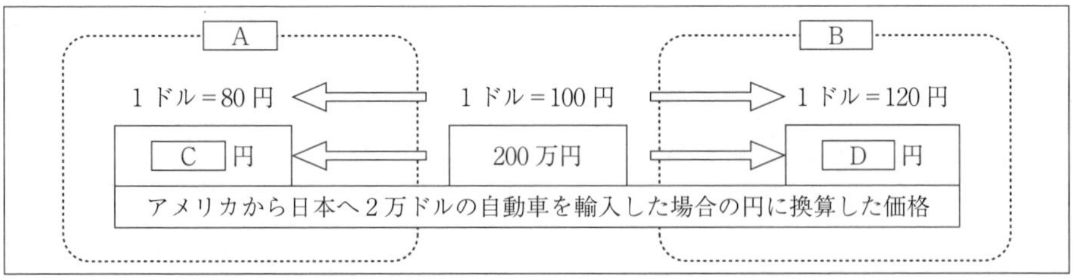


ア　A—円高　B—円安　C—240 万　D—160 万

イ　A—円安　B—円高　C—240 万　D—160 万

ウ　A—円高　B—円安　C—160 万　D—240 万

エ　A—円安　B—円高　C—160 万　D—240 万

〔問 2〕 文中の下線ⓑは，景気や物価の安定を図るため，様々な金融政策を行います。次の説明文は，日本銀行が景気の悪いときに行う公開市場操作について述べたものです。文中の①，②について，それぞれア，イのうち適切なものを１つ選び，その記号を書きなさい。

①(　　　)　②(　　　)

説明文

日本銀行は，銀行などを対象にして国債を①{ア　売る　　イ　買う} ことで，銀行の資金量を②{ア　増加　　イ　減少} させる。

〔問３〕　文中の下線ⓒに関し，1948年に設立された，世界の各国民の健康の保持と公衆衛生の向上を目的とする国際連合の専門機関を何といいますか，書きなさい。(　　　)

〔問４〕　文中の下線ⓓとは，どのような人々のことをいいますか，難民となるに至った理由も含めて，簡潔に書きなさい。

(　　　　　　　　　　　　　　　　　　　　　　　　　　　　　　)

〔問５〕　文中の下線ⓔに関し，国際社会では，現在も地球温暖化を防ぎ，先進国と発展途上国が共存しながら持続可能な社会をつくっていくための議論が続けられています。温室効果ガスの削減をめざしたしくみの１つとして考えられている「排出量取引」について，次の語を用いて，簡潔に説明しなさい。

(　　　　　　　　　　　　　　　　　　　　　　　　　　　　　　)

目標　　売買

# 理科

時間　50分　　　　満点　100点

1　和美さんたちは，「新聞記事から探求しよう」というテーマで調べ学習に取り組んだ。次の〔問1〕，〔問2〕に答えなさい。

〔問1〕　次の文は，和歌山県内初の水素ステーション開設の新聞記事の内容を和美さんが調べ，まとめたものの一部である。下の(1)～(4)に答えなさい。

水素は宇宙で最も多く存在する原子と考えられており，地球上では，ほとんどが他の原子と結びついた化合物として存在する。水素原子を含む化合物から X の水素をとり出す方法の1つとして，水の電気分解がある（図1）。

一方で，①水の電気分解と逆の化学変化（図2）を利用して水素と酸素から電気エネルギーをとり出す装置がある。この装置を利用した自動車に水素を供給する設備として，水素ステーション（図3）が，2019年に和歌山県内に開設された。水素は，②化石燃料とは異なる新しいエネルギー源としての利用が注目されている。

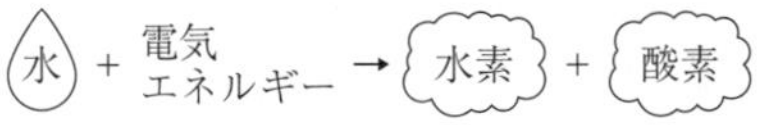


図1　水の電気分解

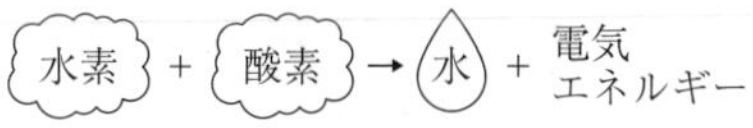


図2　水の電気分解と逆の化学変化

図3　水素ステーション

(1)　文中の X にあてはまる，1種類の原子だけでできている物質を表す語を，次のア～エの中から1つ選んで，その記号を書きなさい。(　　　)

ア　混合物　　イ　酸化物　　ウ　純物質　　エ　単体

(2)　水の電気分解に用いる電気エネルギーは，太陽光発電で得ることもできる。化石燃料のように使った分だけ資源が減少するエネルギーに対して，太陽光や水力，風力など，使っても減少することがないエネルギーを何というか，書きなさい。(　　　)

(3)　下線部①の装置を何というか，書きなさい。(　　　)

(4)　下線部②について，化石燃料を利用するのではなく，水素をエネルギー源にすると，どのような利点があるか。化学変化によって生じる物質に着目して，簡潔に書きなさい。

(　　　　　　　　　　　　　　　　　　　　　　　　)

〔問2〕　次の文は，人類初の月面着陸から50周年の新聞記事の内容を和夫さんが調べ，まとめたものの一部である。あとの(1)～(4)に答えなさい。

Ⅰ　月面着陸と地球への帰還

日本の日付で 1969 年 7 月 21 日，宇宙船（アポロ 11 号）は月に到着した。二人の宇宙飛行士は月面での活動を行った後，7 月 22 日に月を出発した。そして，7 月 25 日に無事に地球に帰還した。

Ⅱ　ロケットの打ち上げのしくみ

月に向かった宇宙船は，ロケットで打ち上げられた。ロケットを打ち上げるためには，燃料を燃焼させてできた高温の気体を下向きに噴射させ，噴射させた気体から受ける上向きの力を利用する。このとき，ロケットが高温の気体を押す力と高温の気体がロケットを押す力の間には，［ Y ］の法則が成り立っている（図 1）。

Ⅲ　宇宙服の着用

月には大気がなく，月面での温度変化は極端である。地球上と同じように③呼吸や体温の維持をしながら月面で活動できるよう，宇宙飛行士は宇宙服を着用した（図 2）。宇宙服には酸素濃度や温度等を調節するための装置が備わっていた。

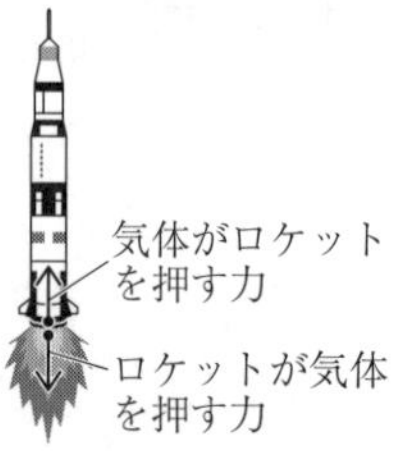

図 1　ロケット

図 2　宇宙服

(1)　月のように惑星のまわりを公転している天体を何というか，書きなさい。(　　　)

(2)　ある晴れた日の 18 時に，和歌山から図 3 のような月が見えた。このときの月の位置として最も適切なものを，図 4 のア～エの中から 1 つ選んで，その記号を書きなさい。(　　　)

図 3　ある晴れた日の 18 時の月

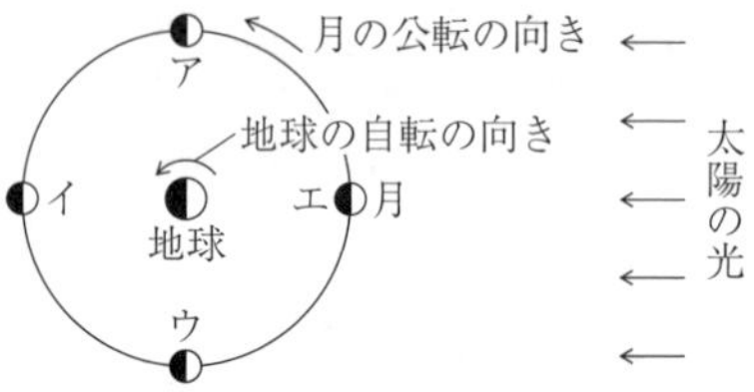

図 4　地球と月の位置関係

(3)　文中の［ Y ］にあてはまる適切な語を書きなさい。(　　　)

(4)　下線部③について，図 5 はヒトの肺のつくりを模式的に表したものである。図 5 中の［ Z ］にあてはまる，気管支の先につながる小さな袋の名称を書きなさい。

また，この小さな袋が多数あることで，酸素と二酸化炭素の交換の効率がよくなる。その理由を，簡潔に書きなさい。

Z (　　　)　理由(　　　　　　　　　　　　　　　　　　　　　　　)

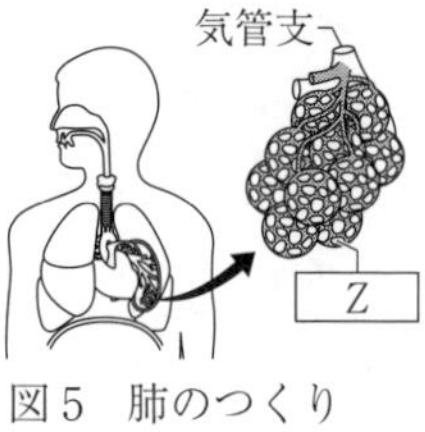

図 5　肺のつくり

2 植物の分類に関する次の文を読み，下の〔問1〕～〔問7〕に答えなさい。ただし，文中と図1の X には，同じ語があてはまる。

5種類の植物（ゼニゴケ，イヌワラビ，マツ，ツユクサ，アブラナ）を，それぞれの特徴をもとに分類した（図1）。

植物は，種子をつくらない植物と種子をつくる植物に分類することができる。

種子をつくらない植物は，①維管束のようすや，葉，茎，根のようすからコケ植物と X 植物に分類することができる。コケ植物にあたるのがゼニゴケであり， X 植物にあたるのがイヌワラビである。

種子をつくる植物は，②胚《はい》珠の状態から③裸子植物と被子植物に分類することができる。裸子植物にあたるのが④マツである。

被子植物は，芽生えのようすから，⑤単子葉類と⑥双子葉類に分類することができる。単子葉類にあたるのがツユクサであり，双子葉類にあたるのがアブラナである。

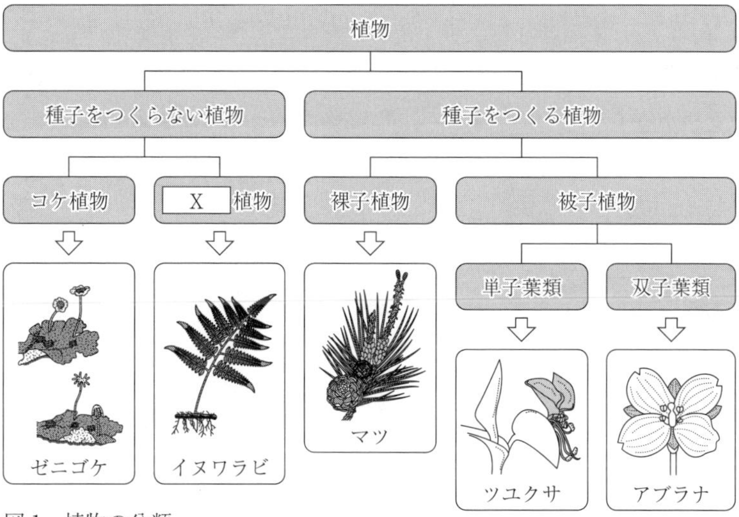


図1 植物の分類

〔問1〕 下線部①について，コケ植物の特徴として適切なものを，次のア～エの中から1つ選んで，その記号を書きなさい。(　　)

ア 維管束があり，葉，茎，根の区別もある。　イ 維管束があり，葉，茎，根の区別はない。

ウ 維管束がなく，葉，茎，根の区別はある。　エ 維管束がなく，葉，茎，根の区別もない。

〔問2〕 文中および図1の X にあてはまる適切な語を書きなさい。(　　)

〔問3〕 下線部②について，次の文の Y にあてはまる適切な内容を書きなさい。(　　)

裸子植物は，被子植物と異なり，胚珠が Y という特徴がある。

〔問4〕 下線部③について，裸子植物を次のア～エの中からすべて選んで，その記号を書きなさい。(　　)

ア アサガオ　イ イチョウ　ウ イネ　エ スギ

〔問５〕　下線部④について，次の⑴，⑵に答えなさい。

⑴　図２は，マツの枝先を模式的に表したものである。雄花はどれか，図２中のア～エの中から１つ選んで，その記号を書きなさい。(　　　)

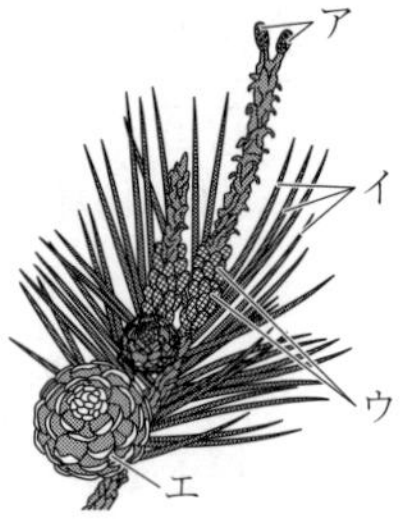


図２　マツの枝先

⑵　図３は，マツの雌花のりん片を模式的に表したものである。受粉後，種子となる部分をすべて黒く塗りなさい。

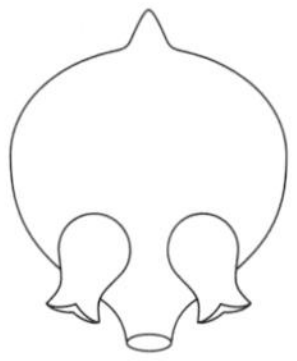

図３　マツの雌花のりん片

〔問６〕　下線部⑤について，図４は，単子葉類のつくりを模式的に表そうとしたものである。葉脈と根のようすはどのようになっているか，それぞれの特徴がわかるように，解答欄の┌┐に実線（──）でかき入れなさい。

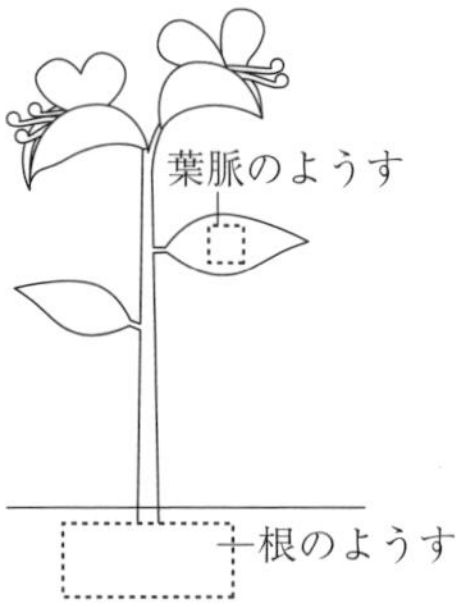


図４　単子葉類のつくり

葉脈のようす

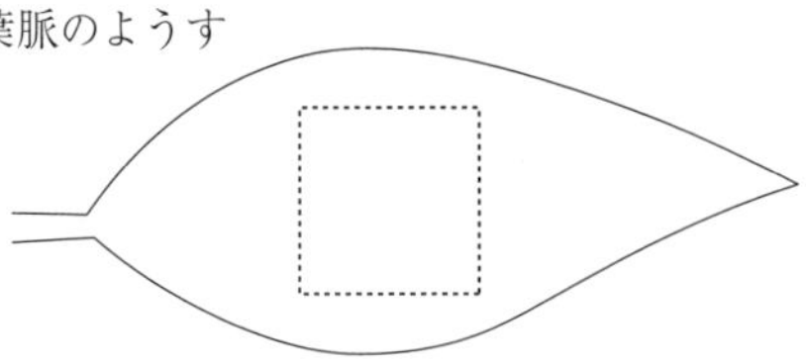

根のようす

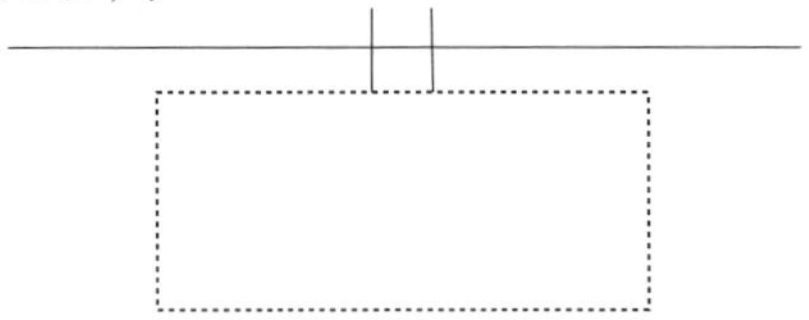

〔問７〕　下線部⑥について，双子葉類は，花のつくりによって，離弁花類と合弁花類の２つに分類することができる。離弁花類の植物を下のア～エの中からすべて選んで，その記号を書きなさい。また，離弁花類の特徴として，花のどの部分がどのようなつくりになっているか，簡潔に書きなさい。

記号(　　　)　特徴(　　　　　　　　　　　　　　　　　　　　　　　　　　　　)

ア　アブラナ　　イ　サクラ　　ウ　タンポポ　　エ　ツツジ

3　台風に関する次の文を読み，下の〔問1〕～〔問7〕に答えなさい。ただし，文中と図1の X には，同じ語があてはまる。

熱帯で発生する低気圧を熱帯低気圧とよぶ。このうち，最大風速が約17m/s以上のものを台風とよぶ。熱帯低気圧や台風の内部には①積乱雲が発達している。

台風は，台風周辺の気圧配置や上空の風の影響を受けて移動する。②台風は，通常，低緯度では西に移動し，X のまわりを北上して中緯度に達すると，上空の偏西風の影響を受けて進路を東よりに変えて速い速度で進むようになる（図1）。

表1は，ある台風が日本に上陸した日の気象観測の結果をまとめたものの一部である。

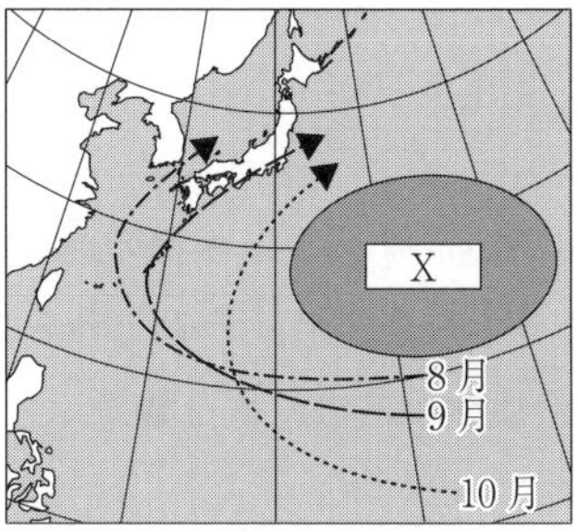

図1　台風の進路の傾向

表1　和歌山地方気象台における気象観測記録

| 時刻 | 気圧〔hPa〕 | 降水量〔mm〕 | 平均風速〔m/s〕 | 風向 |
|---|---|---|---|---|
| 12:00 | 974.7 | 3.5 | 11.7 | 東 |
| 12:10 | 972.7 | 3.5 | 12.3 | 東 |
| 12:20 | 970.7 | 6.5 | 12.6 | 東南東 |
| 12:30 | 968.3 | 8.5 | 16.0 | 東南東 |
| 12:40 | 966.8 | 8.5 | 18.7 | 南東 |
| 12:50 | 964.9 | 17.0 | 20.8 | 南南東 |
| 13:00 | 962.2 | 13.0 | 24.3 | 南南東 |
| 13:10 | 962.5 | 0.5 | 28.3 | 南 |
| 13:20 | 964.3 | 0.0 | 37.6 | 南南西 |
| 13:30 | 969.2 | 0.0 | 37.1 | 南南西 |
| 13:40 | 973.9 | 0.0 | 33.4 | 南南西 |
| 13:50 | 977.9 | 1.0 | 28.7 | 南西 |
| 14:00 | 980.3 | 0.5 | 24.1 | 南西 |

（出典　気象庁公式ウェブサイト）

〔問1〕　下線部①について，積乱雲を説明した文として正しいものを，次のア～エの中から2つ選んで，その記号を書きなさい。(　　　)

ア　積乱雲が発達すると弱い雨が広い範囲に降ることが多い。

イ　積乱雲が発達すると強い雨が局地的に降ることが多い。

ウ　積乱雲は寒冷前線を特徴づける雲である。

エ　積乱雲は温暖前線を特徴づける雲である。

〔問2〕　下線部②について，低緯度から中緯度における大気の動きを模式的に表した図として最も適切なものを，次のア～エの中から1つ選んで，その記号を書きなさい。(　　　)

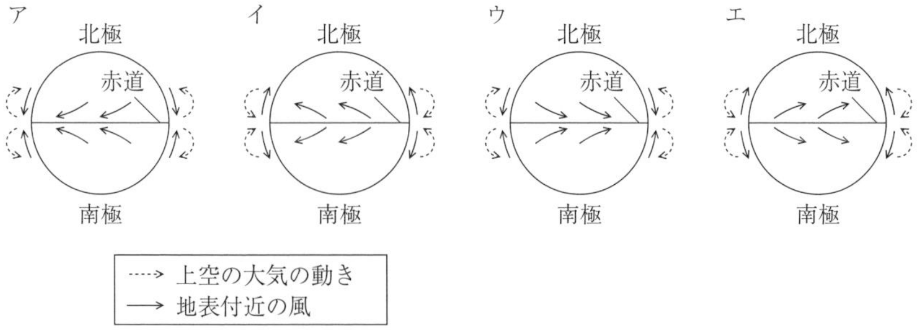


〔問3〕　文中および図1の X にあてはまる高気圧または気団の名称を書きなさい。(　　　)

〔問4〕 台風が接近すると大気中の水蒸気量が増え，降水量が多くなることがある。気温が25℃，湿度が80％のとき，1 $m^3$ の空気に含まれる水蒸気の質量は何gか。気温と飽和水蒸気量の関係（図2）より求めなさい。(　　　g)

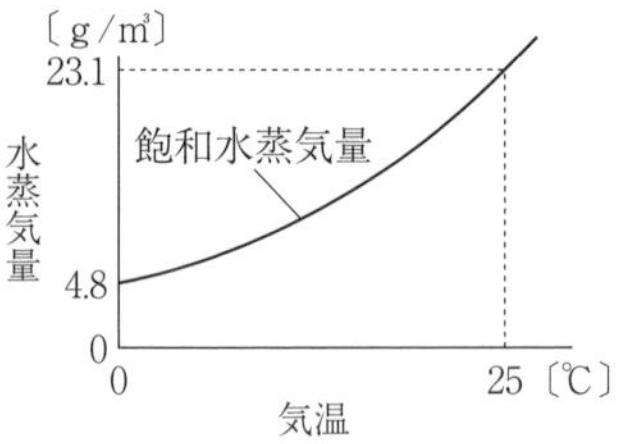


図2　気温と飽和水蒸気量の関係

〔問5〕 次の文は，雲のでき方を説明したものである。文中の①，②について，それぞれア，イのうち適切なものを1つ選んで，その記号を書きなさい。①(　　　)　②(　　　)

> 水蒸気を含む空気の塊が上昇すると，周囲の気圧が①{ア　高い　　イ　低い}ために膨張して気温が②{ア　上がる　　イ　下がる}。やがて，空気中に含みきれなくなった水蒸気が水滴になることで，雲ができる。

〔問6〕 表1の気象観測記録から，この台風はどこを進んだと考えられるか。台風の通過経路（⟶）を表した図として最も適切なものを，次のア～エの中から1つ選んで，その記号を書きなさい。ただし，表1の記録が観測された地点を■で，各時刻の台風の中心の位置を●で示している。

(　　　)

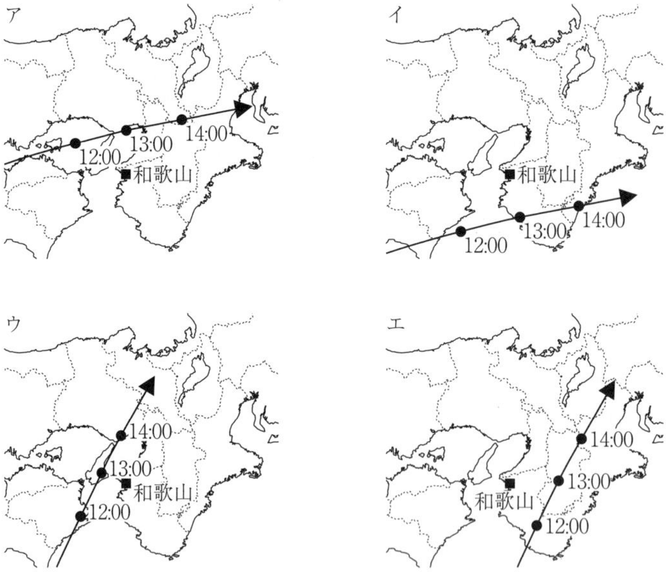


〔問7〕 台風により，高潮が発生することがある。高潮が発生するしくみを，簡潔に書きなさい。

(　　　　　　　　　　　　　　　　　　　　　　　　　　　　　　　　)

4　水溶液を電気分解したときにできる物質を調べるために，次の実験Ⅰ，実験Ⅱを行った。下の〔問1〕～〔問6〕に答えなさい。

実験Ⅰ　「塩化銅水溶液の電気分解」

(i)　図1のような装置（炭素棒電極）を組み立て，塩化銅水溶液に電流を流した。

(ii)　陰極表面に付着した物質を取り出して，薬さじの裏でこすった。

(iii)　陽極付近から発生した気体のにおいを調べた。

(iv)　実験の結果をまとめた（表1）。

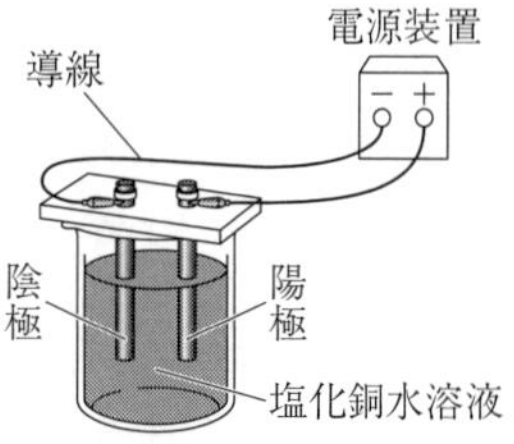


図1　実験装置

表1　実験Ⅰの結果

| 陰極 | 陽極 |
|---|---|
| ・付着した赤色の物質を薬さじの裏でこすると，金属光沢が見られた。 | ・発生した気体はプールの消毒薬のようなにおいがした。 |

実験Ⅱ　「塩酸の電気分解」

(i)　図2のように，ゴム栓をした電気分解装置（白金めっきつきチタン電極）に，①質量パーセント濃度が3.5%のうすい塩酸を入れ，電流を流した。

(ii)　どちらかの極側に気体が4目盛りまでたまったところで，電流を止めた。

(iii)　陰極側と陽極側にたまった気体のにおいをそれぞれ調べた。

(iv)　陰極側にたまった気体にマッチの火を近づけた。

(v)　陽極側の管の上部の液をスポイトで少量とって，赤インクに加えた（図3）。

(vi)　実験の結果をまとめた（表2）。

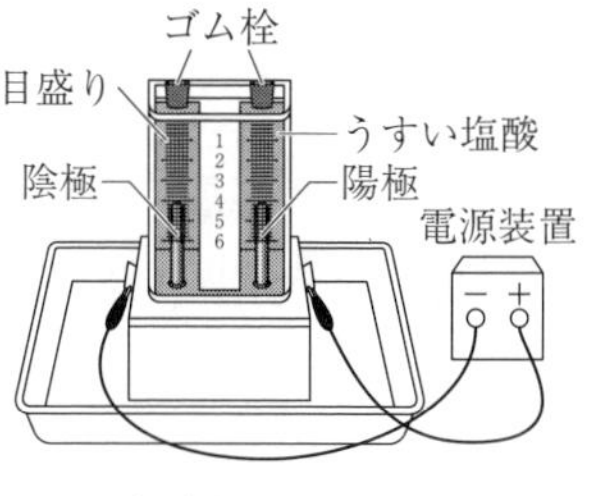


図2　実験装置

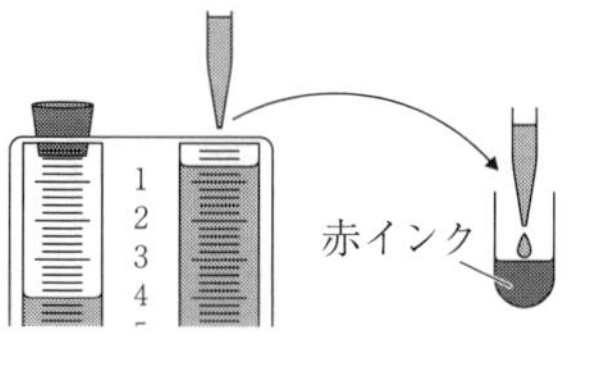


図3　赤インクに加えるようす

表2　実験Ⅱの結果

| 陰極 | 陽極 |
|---|---|
| ・4目盛りまで気体がたまった。<br>・気体は無臭であった。<br>・マッチの火を近づけると，[ X ]。 | ・たまった気体の量は陰極側より少なかった。<br>・気体はプールの消毒薬のようなにおいがした。<br>・赤インクに加えると，②インクの色が消えた。 |

〔問1〕　実験Ⅰについて，陰極の表面に付着した物質は何か，化学式で書きなさい。（　　　）

〔問2〕　実験Ⅰと実験Ⅱについて，気体のにおいを調べるときの適切なかぎ方を，簡潔に書きなさい。（　　　　　　　　　　　　　　　　　　　　　　　　　　　　　　　　　）

〔問3〕　実験Ⅰについて，水溶液中で溶質が電離しているようすをイオンのモデルで表したものとして最も適切なものを，次のア～エの中から1つ選んで，その記号を書きなさい。ただし，図中の○は陽イオンを，●は陰イオンをそれぞれ表している。(　　　)

ア　　　　イ　　　　ウ　　　　エ

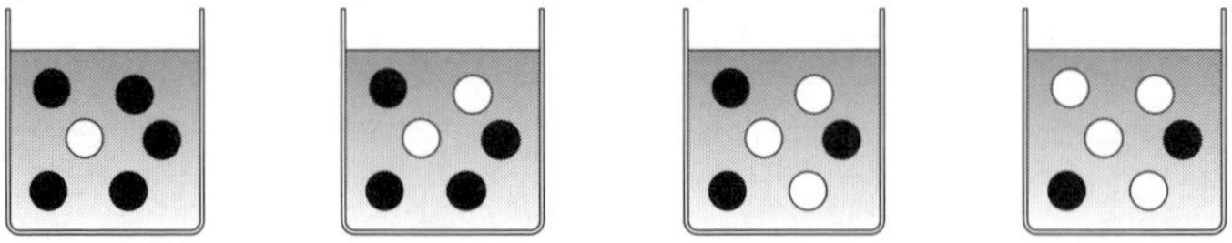

〔問4〕　実験Ⅱの下線部①について，質量パーセント濃度が35％の塩酸20gに水を加えて，3.5％のうすい塩酸をつくった。このとき加えた水の質量は何gか，書きなさい。(　　　g)

〔問5〕　実験Ⅱ(iv)について，表2の X にあてはまる適切な内容と，陰極側にたまった気体の名称を書きなさい。X(　　　　)　気体(　　　)

〔問6〕　実験Ⅰと実験Ⅱで陽極側から発生した気体は，においの特徴から，どちらも塩素であると考えられる。次の(1)～(3)に答えなさい。

(1)　塩素の特徴である，表2の下線部②のような作用を何というか，書きなさい。(　　　作用)

(2)　次の文は，塩素が陽極側から発生する理由について説明したものである。文中の①，②について，それぞれア，イのうち適切なものを1つ選んで，その記号を書きなさい。

①(　　　)　②(　　　)

> 塩素原子を含む電解質は，水溶液中で電離して塩化物イオンを生じる。塩化物イオンは，塩素原子が①{ア　電子　　イ　陽子}を1個②{ア　受けとる　　イ　失う}ことで生じ，－（マイナス）の電気を帯びている。そのため，電気分解で塩素の気体が生じるときは，陽極側から生じることになる。

(3)　実験Ⅱについて，陰極側と陽極側からは同じ体積の気体が発生すると考えられるが表2のようにたまった気体の量には違いが見られた。その理由を，簡潔に書きなさい。

(　　　　　　　　　　　　　　　　　　　　　　　　　　　　　　　　　　　　　)

5 物体にはたらく圧力について調べるため，実験Ⅰ～実験Ⅲを行った。次の〔問1〕～〔問7〕に答えなさい。

実験Ⅰ 「スポンジにはたらく圧力の違いを調べる実験」

(i) 質量が500gの直方体の物体を用意し，この物体の面積の異なる3つの面を面A，面B，面Cとした（図1)。

(ii) 直方体の物体の面A，面B，面Cをそれぞれ上にして，図2のようにスポンジの上に置き，スポンジの変形のようすを調べた。

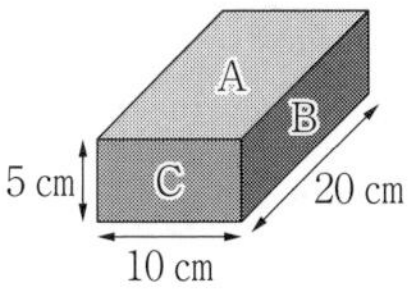


図1 直方体の物体

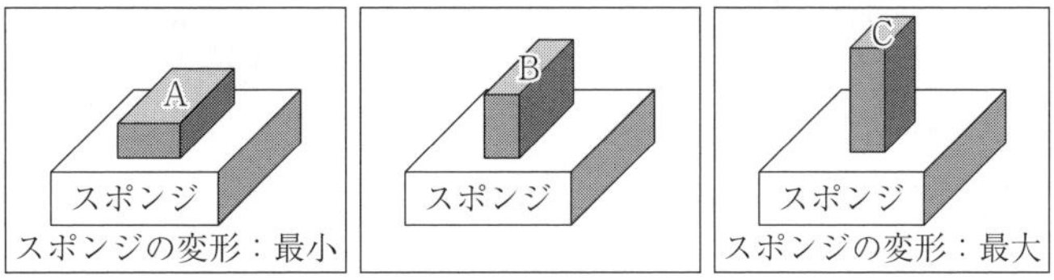


図2 物体の置き方とスポンジの変形のようす

実験Ⅱ 「水圧や浮力について調べる実験」

(i) 直方体の形をした全く同じ容器を2つ用意し，それぞれの容器の中に入れるおもりの数を変えて密閉し，容器A，容器Bとした（図3)。

(ii) 容器Aをばねばかりに取り付け，①空気中，②容器が半分水中に沈んだとき，③容器が全部水中に沈んだときの順で，ばねばかりが示す値をそれぞれ読み取った（図4)。

(iii) 容器Bに替えて(ii)と同様の操作を行った。

(iv) 実験結果を表にまとめた（表1)。

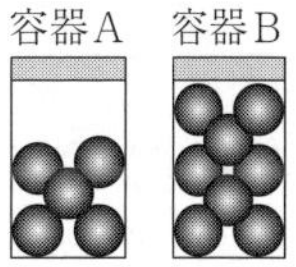


図3 2つの容器

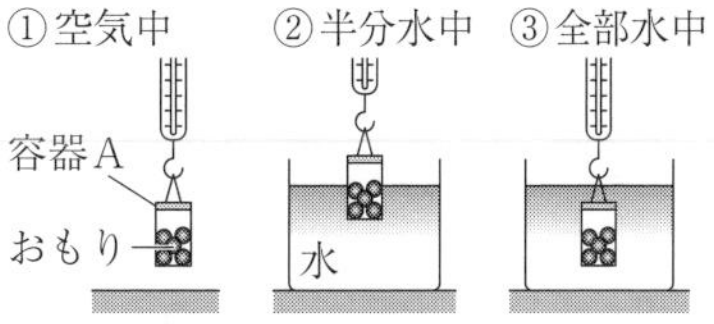


図4 測定のようす

表1 実験結果

| | 容器 | ①空気中 | ②半分水中 | ③全部水中 |
|---|---|---|---|---|
| ばねばかりが示す値〔N〕 | A | 1.00 | 0.60 | 0.20 |
| | B | 1.50 | 1.10 | 0.70 |

実験Ⅲ 「大気圧について調べる実験」

(i) フックを取り付けたゴム板をなめらかな面でできた容器の内側に押しつけて，ゴム板と容器の間の空気を追い出した（図5)。

(ii) フックに糸でおもりを取り付け，容器を逆さまにしても落ちないことを確認した（図6)。

(iii) 容器にふたをし，簡易真空ポンプを使って，容器内の空気を少しずつ抜いた（図7)。

図5 容器の内側にゴム板を置いたようす

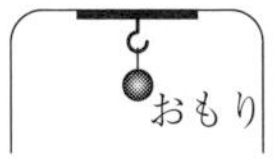


図6 容器を逆さまにしたようす

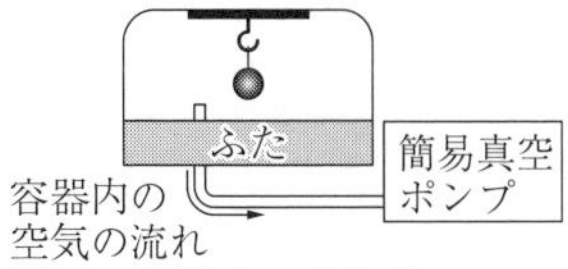


図7 容器内の空気を抜くようす

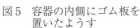

〔問１〕　圧力の大きさは「Pa」という単位で表される。この単位のよみをカタカナで書きなさい。

(　　　)

〔問２〕　図１の直方体の物体を２つ用意し，重ね方を変えながら，はみ出さないようにスポンジの上に置いた。スポンジにはたらく圧力が，図２の面Ｃを上にしたときと等しくなるものを，次のア～エの中からすべて選んで，その記号を書きなさい。(　　　)

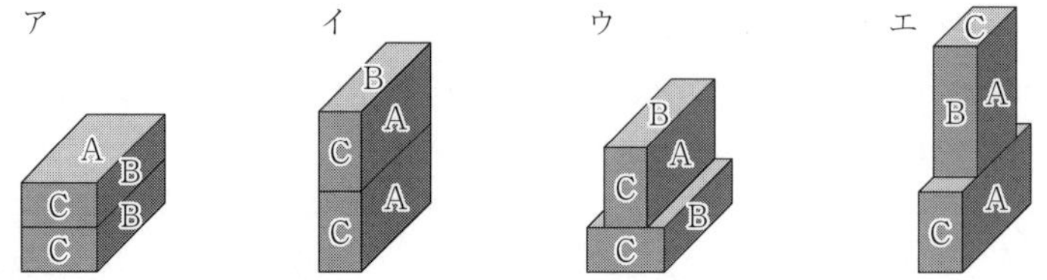


〔問３〕　やわらかい雪の上を移動するときに，スキー板をはいて歩くと，足が雪に沈みにくくなる。この理由を実験Ⅰの結果をふまえて簡潔に書きなさい。ただし，「面積」「圧力」という語を用いること。

(　　　　　　　　　　　　　　　　　　　　　　　　　　　　　　)

〔問４〕　実験Ⅱで，容器Ａが全部水中に沈んだとき，容器にはたらく水圧のようすを模式的に表したものとして最も適切なものを，次のア～エの中から１つ選んで，その記号を書きなさい。ただし，ア～エは，容器Ａを真横から見たものであり，矢印の向きは水圧のはたらく向き，矢印の長さは水圧の大きさを示している。(　　　)

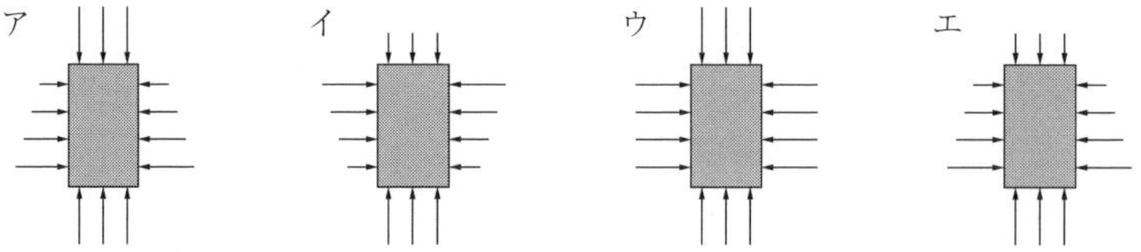


〔問５〕　次の文は，実験Ⅱの結果を考察したものである。［ X ］，［ Y ］にあてはまる適切な数値をそれぞれ書きなさい。また，［ Z ］にあてはまる適切な内容を書きなさい。

X(　　　)　Y(　　　)　Z(　　　)

> 容器Ａについて，半分水中にあるときに受ける浮力の大きさは［ X ］Nで，全部水中にあるときに受ける浮力の大きさは［ Y ］Nである。
>
> また，容器Ｂに替えたとき，容器Ａのときと水中にある部分の体積が同じであれば，受ける浮力の大きさは［ Z ］。

〔問６〕　実験Ⅲ(i)のとき，ゴム板は大気圧を受けて容器の内側にはりつき，真上に引き上げても容器からはずれなかった。このとき，ゴム板が大気から受ける力は何Ｎか，書きなさい。ただし，容器の底の大気圧を1000hPa，ゴム板の面積は25$cm^2$とする。また，１hPaは100Paである。

(　　　N)

〔問７〕　実験Ⅲ(iii)で，容器内の空気を抜いていくと，ゴム板はおもりとともに容器からはずれて落下した。ゴム板が落下した理由を，簡潔に書きなさい。ただし，実験器具は変形しないものとする。

(　　　　　　　　　　　　　　　　　　　　　　　　　　　　　　)

B案

私たちの学校では、ものの見方や考え方を深めることを目的として、異なる世代の方々と話し合う取り組みをしています。今回も、前回に引き続き、地域の福祉施設を訪問し、お年寄りの方々と交流します。

前回は、全学年から三十六名の生徒が参加してくれました。最初は、私たちも緊張していましたが、昔話を教えてもらったり、最近の流行等を紹介したりすることで話が盛り上がりました。最後は、お年寄りの方から、「色々な話ができて楽しかった。」などの言葉をかけていただきました。私たちも異なる世代の考え方を知ることができ、視野が大きく広がったように感じました。

皆さんもぜひ、積極的に参加してください。

[条件]

(1)　原稿用紙の正しい使い方にしたがって書くこと。ただし、題名や自分の氏名は書かないこと。

(2)　二段落構成とし、八行以上、十行以内であること。

(3)　第一段落には、A案と比較して、B案がどのように工夫されているかについて書きなさい。

(4)　第二段落には、第一段落で述べた工夫によって、どのような効果が期待されるかについて書きなさい。

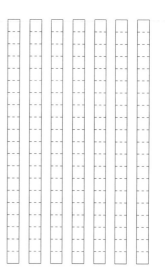

いようと決心し、図書館で棋譜をつける作業を早く済ませて、両親が待つ家に帰りたいと思っている。

イ　今日の山沢君との対局で疲れてへとへとになってしまったことを反省し、何時間かかるかわからない対局にも対応できる体力をしっかり身につけたいと思っている。

ウ　プロへの道がどれほど難しく苦しかったとしても絶対にやりぬいてみせると決心し、今日の一戦をふり返るために、早速山沢君との対局の棋譜をつけたいと思っている。

エ　将棋を続けていくことを両親がどのように考えているかはわからないが、今後対局する相手に集中していこうと決心し、山沢君の面影を早く振り払いたいと思っている。

4　ある中学校の生徒会では、ものの見方や考え方を深めることを目的として、全校生徒に参加者を募り、異なる世代の方々と話し合う取り組みをしています。

今回も、前回に引き続き、地域の福祉施設でお年寄りの方々と交流することになりました。参加者を募集するにあたり、より多くの生徒に参加してもらうために、参加を呼びかける文章を生徒会新聞に掲載することにしました。

次のA案は、生徒会長が最初に考えた文章です。B案は、A案をもとに生徒会でさらに話し合って書き改めた文章です。A案とB案を比較し、B案の表現の工夫と、そのような工夫をしたことによる効果について、あなたの考えを書きなさい。

ただし、あとの条件(1)～(4)にしたがうこと。

A案

私たちの学校では、ものの見方や考え方を深めることを目的として、異なる世代の方々と話し合う取り組みをしています。今回も、前回に引き続き、地域の福祉施設を訪問し、お年寄りの方々と交流します。前回は、たいへん多くの生徒が参加してくれました。何を話せばいいのか、考えたり悩んだりする人もいるかもしれません。しかし、お年寄りの方から色々と聞いてくださるので、あまり負担に感じることはないと思います。参加を迷っている人もいると思いますが、この活動に参加することで、私たちの世代とは異なる世代の考え方を知ることができ、視野を大きく広げることにつながると思います。

皆さんもぜひ、積極的に参加してください。

・入玉＝玉将（王将）が敵陣内に入ること。
・馬引き＝馬という駒を自陣側に動かすこと。
・研修会＝日本将棋連盟が運営する将棋の研修機関。
・奨励会＝将棋のプロ棋士を目ざす者が所属する日本将棋連盟の研修機関。
・Bコース＝将棋教室の午後の後半のコース。
・棋譜＝将棋の対局の記録。

〔問1〕本文中、A壁の時計に目をやる暇などないとありますが、山沢君と対局中の「ぼく」の様子を表す四字熟語として最も適切なものを、次のア～エの中から選び、その記号を書きなさい。（　　）

ア　一心不乱　　イ　一念発起　　ウ　一致団結　　エ　一騎当千

〔問2〕本文中、Bぼくはあらためてメガネをかけた小学2年生の実力に感心していたとありますが、このとき、「ぼく」が感心した「小学2年生の実力」とは、どのようなことですか。文中の言葉を用いて、簡潔に書きなさい。

（　　　　　　　　　　　　　　　　）

〔問3〕本文中、Cまさか、ここまで認めてもらっているとは思わなかったので、ぼくは呆然としていたとありますが、「ぼく」は、有賀先生の言葉をどのように受け取りましたか。このときの「ぼく」の心情の説明として最も適切なものを、次のア～エの中から選び、その記号を書きなさい。（　　）

ア　成長のスピードが著しく、厳しいプロの棋士の世界であっても、必ず頂点に立つ逸材であると信じてくれていると感じている。

イ　将棋の才能があるとはとても思えないが、年下に対してもやさしく、まじめで好感がもてる生徒だと受けとめてくれていると感じている。

ウ　プロを目ざす山沢君には及ばないが、これから努力を重ねれば、アマチュア初段になる力は十分にあると評価してくれていると感じている。

エ　年齢的には厳しいかもしれないが、もしかしたら、プロの棋士を目ざせるかもしれないほどの素質があると期待してくれていると感じている。

〔問4〕本文中の□には、「思いがけないことが起こって、わけがわからずぼんやりする」という意味の表現が入ります。□にあてはまる最も適切な表現を、次のア～エの中から選び、その記号を書きなさい。（　　）

ア　トラの尾を踏んだ　　イ　キツネにつままれた

ウ　ネコの手も借りたい　　エ　サルも木から落ちる

〔問5〕本文中、Dつぎの対局は負けないよ。絶対に勝ってやる、Eうん、また指そう。そして、一緒に強くなろうよとありますが、このとき、山沢君と「ぼく」は、対局の相手をそれぞれどのように考えていますか。文中の言葉を用いて八十字以内で書きなさい。（句読点やその他の符号も一字に数える。）

〔問6〕本文中、Fぼくはかけ足で図書館にむかったとありますが、このときの「ぼく」の心情の説明として最も適切なものを、次のア～エの中から選び、その記号を書きなさい。（　　）

ア　前回は全く歯が立たなかった山沢君に勝った喜びを忘れないで

どんな要件なのかと心配になりながら、ぼくは先生についていった。
「翔太君ですが、成長のスピードが著しいし、とてもまじめです。今日の一局も、じつにすばらしかった」
有賀先生によると、山沢君は小学生低学年の部で埼玉県のベスト４に入るほどの実力者なのだという。来年には研修会に入り、奨励会試験の合格、さらにはプロの棋士になることを目標にしているとのことだった。
「小学5年生の5月でアマチュア初段というのは、正直に言えば、プロを目ざすには遅すぎます。しかし野崎君には伸びしろが相当あると思いますので、親御さんのほうでも、これまで以上に応援してあげてください」
そう言うと、有賀先生は足早に廊下を戻っていった。
Ｃまさか、ここまで認めてもらっているとは思わなかったので、ぼくは呆然《ぼうぜん》としていた。将棋界のことをなにも知らない父と母は［　　］ような顔をしている。二人とも、すぐに仕事に戻らなければならないというので、詳しいことは今晩話すことにした。
１０３号室に戻り、カバンを持って出入り口にむかうと、山沢君が立っていた。ぼくより20センチは小さくて、腕も脚もまるきり細いのに、負けん気の強そうな顔でこっちを見ている。
「Ｄつぎの対局は負けないよ。絶対に勝ってやる」
「Ｅうん、また指そう。そして、一緒に強くなろうよ」
ぼくが言うと、山沢君がメガネの奥の目をつりあげた。
「なに言ってんだよ。将棋では、自分以外はみんな敵なんだ」
小学2年生らしいムキになった態度がおかしかったし、「自分以外はみんな敵だ」と、ぼくだって思っていた。
「たしかに対局中は敵だけど、盤を離れたら、同じ将棋教室に通うライバルでいいんじゃないかな。ぼくは初段になったばかりだから、三段になろうとしているきみをライバルっていうのは、おこがましいけど」
ぼくの心ははずんでいた。個人競技である将棋にチームメイトはいないが、ライバルはきっといくらでもあらわれる。勝ったり負けたりをくりかえしながら、一緒に強くなっていけばいい。
「そういえば、有賀先生のおとうさんが教えた大辻弓彦《おおつじゆみひこ》さんっていうひとが、関西の奨励会でがんばっているんだってね。大辻さんが先にプロになって、きみとぼくもプロになって、いつかプロ同士で対局できたら、すごいよね」
奨励会試験に合格するにはアマ四段の実力が必要とされる。それに試験では奨励会員との対局で五分以上の星をあげなければならない。合格して奨励会に入っても、四段＝プロになれるのは20パーセント以下だという。
それがどれほど困難なことか、正直なところ、ぼくにはよくわかっていなかった。でも、どれほど苦しい道でも、絶対にやりぬいてみせる。
「このあと、となりの図書館で棋譜※をつけるんだ。今日の、引き分けだった対局の」
ぼくが言うと、山沢君の表情がほんの少しやわらかくなった。
「それじゃあ、またね」
三つも年下のライバルに言うと、Ｆぼくはかけ足で図書館にむかった。

（佐川光晴《さがわみつはる》「駒音高く」より。一部省略等がある。）

（注）・将棋＝二人で交互に駒を動かし、相手の玉将《ぎょくしょう》（王将）という駒を先に捕獲した方が勝ちとなるゲーム。
・王手＝直接玉将（王将）を攻める手。
・玉を詰ます＝玉将（王将）の逃げ道が完全になくなる状態にすること。玉とは玉将のこと。

うにすることを第一に考えろ）

細心の注意を払って指していくうちに、形勢がぼくに傾いてきた。ただし、頭が疲れすぎていて、目がチカチカする。指がふるえて、駒をまっすぐにおけない。

「残念だけど、今日はここまでにしよう」

ぼくに手番がまわってきたところで、有賀先生が対局時計を止めた。

「もうすぐ3時だからね」

そう言われて壁の時計を見ると、短針は「3」を指し、長針が「12」にかかっている。40分どころか、1時間半も対局していたのだ。

ぼくは盤面に視線を戻した。ぼくの玉はすでに相手陣に入っていて、詰ませられることはない。山沢君も※入玉《にゅうぎょく》をねらっているが、10手あれば詰ませられそうな気がする。ただし手順がはっきり見えているわけではなかった。

「すごい勝負だったね。ぼくが将棋教室を始めてから一番の熱戦だった」

プロ五段の有賀先生から最高の賛辞をもらったが、ぼくは詰み筋を懸命に探し続けた。

「※馬引きからの7手詰めだよ」

山沢君が悔しそうに言って、ぼくの馬を動かした。

「えっ？」

まさか山沢君が話しかけてくるとは思わなかったので、ぼくはうまく返事ができなかった。

「こうして、こうなって」

詰め将棋をするように、山沢君が盤上の駒を動かしていく。

「ほら、これで詰みだよ」

（なるほど、そのとおりだ）

頭のなかで答えながら、B ぼくはあらためてメガネをかけた小学2年生の実力に感心していた。

「プロ同士の対局では、時間切れ引き分けなんてない。それは※研修会でも、※奨励会でも同じで、将棋の対局はかならず決着がつく。でも、ここは、小中学生むけのこども将棋教室だからね。今日の野崎君と山沢君の対局は引き分けとします」

有賀先生のことばに、ぼくはうなずいた。

「さあ、二人とも礼をして」

「ありがとうございました」

山沢君とぼくは同時に頭をさげた。そして顔をあげたとき、山沢君のうしろにぼくの両親が立っていた。

「えっ、あれっ。ああ、そうか」

ぼくは母が3時前に来る約束になっていたことを思いだしたが、まさか父まで来てくれるとは思ってもみなかった。もう※Bコースの生徒たちが部屋に入ってきていたので、ぼくは急いで駒を箱にしまった。

「みなさん、ちょっと注目。これから野崎君に認定書を交付します」

ふつうは教室が始まるときにするのだが、有賀先生はぼくの両親に合わせてくれたのだ。

「野崎翔太殿。あなたを、朝霧こども将棋教室初段に認定します」

みんなの前で賞状をもらうなんて、生まれて初めてだ。そのあと有賀先生の奥さんが賞状を持ったぼくと有賀先生のツーショット写真を撮ってくれた。両親が入った4人での写真も撮ってくれた。

「野崎さん、ちょっといいですか。翔太君も」

有賀先生に手招きされて、ぼくと両親は廊下に出た。

「もう少し、むこうで話しましょうか」

〔問6〕　本文の内容に合致するものとして最も適切なものを、次のア～エの中から選び、その記号を書きなさい。（　　）

ア　人間は、自然の外にいるか中にいるかを都合よく使い分けてきたが、人間のルーツは自然の中にあるということを証明するために、自然との共存を実現していく必要があるだろう。

イ　百年後の人類が現代の常識では考えられないテクノロジーをもつために、科学の力の重要性を理解し、自然を制御しコントロールする技術をますます高めていく必要があるだろう。

ウ　様々なリスクを常に抱え、改変した自然をコントロールし続けることに労力を費やす社会とならないよう、自然に対する制御とコントロールをさらに推し進める必要があるだろう。

エ　人間が持続可能な生活を続けていくには、科学の力を用いて自然を理解し、自然を制御しコントロールする技術も高めながら、自然と共存する方策を考えていく必要があるだろう。

3　次の文章を読んで、〔問1〕～〔問6〕に答えなさい。※印には（注）がある。

ぼく（野崎翔太《のざきしょうた》）は、小学5年生。公民館で偶然、※将棋教室をのぞいたことから、将棋のおもしろさに引き込まれ、将棋のプロ棋士である有賀《ありが》先生が指導する朝霧《あさか》こども将棋教室に通っている。通いだしてまだ4か月ほどだが、順調に昇級し、ついにアマチュア初段（朝霧こども将棋教室初段）になった。しかし、初段になって初めての対局（対戦）で、小学2年生でアマチュア二段の山沢《やまざわ》君に負けてしまった。悔しくてたまらないぼくは、次に対局するときは絶対に勝とうと闘志を沸き立たせ、さらに将棋の研究に取り組んだ。そして、2週間後、思いがけず再戦することになり、対局が始まった。

序盤から激しい展開で、80手を越えると双方、どこからでも※王手がかかるようになった。しかし、どちらにも決め手がない。ぼくも山沢君もとっくに持ち時間はつかいきり、ますます難しくなっていく局面を一手30秒以内で指し続ける。A壁の時計に目をやる暇などないが、たぶん40分くらい経っているのではないだろうか。持ち時間が10分の将棋は30分あれば終わるから、ぼくはこんなに長い将棋を指したことはなかった。これでは有賀先生との2局目を指す時間がなくなってしまう。

「そのまま、最後まで指しなさい」

有賀先生が言って、そうこなくちゃと、ぼくは気合いが入った。かなり疲れていたが、絶対に負けるわけにはいかない。山沢君だって、そう思っているはずだ。

（勝ちをあせるな。相手※玉を詰ますことよりも、自玉が詰まされないよ労力を費やす社会になる可能性が高いだろう。

世界中の先住民たちは、経験的、感覚的に自然を理解し、自然と共存しながら持続可能な自給自足生活を続けてきたはずだ。それが、急激に経済成長を始めた国から順次、自然を制御しコントロールしようとする価値観に急激に転換していった。そして、自然破壊と文明発展が進むと、今度は科学の力で自然への理解を深め、自然をコントロールする技術も高めつつ、再び自然と共存する道を探る段階に来ているように見える。

（林《はやし》　将之《まさゆき》「葉っぱはなぜこんな形なのか？」より。一部省略等がある。）

（注）・ルーツ＝起源。
・ミステリー＝怪奇。神秘。不可思議。
・テクノロジー＝科学技術。

〔問1〕　本文中の［a］、［b］には同じ言葉が入ります。［a］、［b］にあてはまる最も適切な言葉を、次のア～エの中から選び、その記号を書きなさい。（　　）

ア　ならびに　　イ　すなわち　　ウ　もしくは　　エ　ところで

〔問2〕　本文中、A仮に人間が地球外からの生命体に由来するのであれば、「人間が地球の自然を保護します」という表現は、何ら違和感ないとありますが、なぜ「違和感ない」と筆者は考えていますか。その理由を述べた次の文の［　］にあてはまる表現を、文中から二十字以内でそのまま抜き出して書きなさい。

［　］であるため、人間が自然の外の存在ということであれば、言葉の使い方として違和感がないから。

〔問3〕　本文中、Bリスクのある相手と共存するという意味では、相手を「車」に置き換えると理解しやすいだろうとありますが、人間は、どのようにして「車」と「共存」しようとしていますか。車のリスクと、共存する方策とがわかるように、あなたの考えを六十字以内で書きなさい。（句読点やその他の符号も一字に数える。）

〔問4〕　本文中、C完全なる制御とコントロールを推し進める社会では、〝迷惑生物〟の撲滅運動が起きるかもしれないとありますが、「完全なる制御とコントロールを推し進める社会」は、どのようになるだろうと筆者は述べていますか。その内容として最も適切なものを、次のア～エの中から選び、その記号を書きなさい。（　　）

ア　科学の力を失った日常生活を送らなければならなくなり、科学ではコントロールできない問題が起こるだろう。
イ　生物の多様性が破壊され、先住民たちのように自給自足の生活を続けていかなければならない事態に陥るだろう。
ウ　生態系の一部が崩れて、それによる問題が発生し、その問題を新たにコントロールする必要性が生まれるだろう。
エ　人間に必要のない生物をすべて絶滅させることになり、人間にとってユートピアのような世界が必ず訪れるだろう。

〔問5〕　本文中の［c］には、大型のサメを駆除した結果、ホタテやハマグリが大きく減少した理由が入ります。文中の図を踏まえて、［c］にあてはまるように、その理由を五十字以内で書きなさい。（句読点やその他の符号も一字に数える。）

者で、クマやオオカミなど危険生物は排除して、シカやイノシシの個体数は人間が管理する手法は後者である。絶滅したオオカミを再導入する行為は、両者の中間かもしれない。人間がコントロールしながらオオカミを導入し、共存へと導く手法だからである。

　個人的には、僕は前者の「自然を理解し共存する」方針に賛同したいが、かといって、大昔の原始生活に戻して、不便で危険や病気と隣り合わせのストレスフルな日常を送りたいとは思わない。誰だって便利さを求めるし、自分の生活空間には危険を減らしたいし、病気とも無縁でありたいものだ。そのためには、まず相手（自然）を理解することが不可欠だろう。相手にはどんな性質があり、どんな長所と短所があり、どう付き合えばよいか。

Ｂリスクのある相手と共存するという意味では、相手を「車」に置き換えると理解しやすいだろう。逆に、相手がカや毒ヘビであれば、特に「長所」は理解しがたいかもしれない。その点では、相手を理解するために科学の力が重要になるだろうし、適度に「制御しコントロールする」技術ももつことが賢明と思われ、それが生物としての人間の進化でもあるのだろう。

　反対に、Ｃ完全なる制御とコントロールを推し進める社会では、〝迷惑生物〟の撲滅運動が起きるかもしれない。まず、人間に必要な動物は、ウシ、ブタ、ヒツジなどの家畜とペットだけだから、オオカミやクマはもちろん、シカやイノシシも絶滅させよう。さらに、遺伝子組換えでカを根絶させる試みのように、マムシ、ハブ、スズメバチ、ムカデ、ゴキブリ、ナメクジ、ヒルなど、危険生物や不快生物はとことん絶滅させたらどうか。海の中なら、サメ、有毒クラゲ、ガンガゼ、オコゼ、イモガイあたりはぜひ絶滅させてほしい。植物なら、ウルシ科、イラクサ、シキミ、ドクウツギなどの毒やかぶれ物質をもつ植物をはじめ、手を切りやすいススキや、駆除が難しいクズあたりも、絶滅させる候補に挙がるかもしれない。もちろん、毒キノコや各種病原菌だって絶滅させた方がいいだろう。

　これらのありふれた迷惑生物を絶滅させるとどう悪影響があるのか、今の科学では正確に推測できないだろう。しかし、間違いなく生態系の一部が崩れて、何らかの別問題が発生し、そこにまたコントロールの必要性が生じることだろう。

図

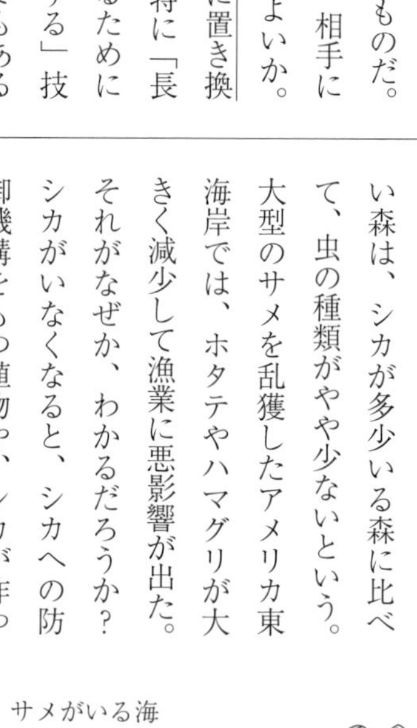


　ちなみに、シカがまったくいない森は、シカが多少いる森に比べて、虫の種類がやや少ないという。大型のサメを乱獲したアメリカ東海岸では、ホタテやハマグリが大きく減少して漁業に悪影響が出た。それがなぜか、わかるだろうか？シカがいなくなると、シカへの防御機構をもつ植物や、シカが作った草地に生える植物が、他の植物との競争に負けて姿を消し、それを食草としていた虫や、シカのフンや死体を食べていた虫もいなくなるのだろう。サメの例では、大型のサメを駆除したことで、[ c ]と推測されている。

　目障《ざわ》りな生物をすべて絶滅させれば、人間にとってユートピア（理想郷）のような世界が訪れる可能性もゼロではないだろうが、生物の多様性は連鎖的に低下し、思わぬ環境変化が起こるリスク、アレルギー（雑菌などが少ない潔癖な生活が一因との説がある）のような新たな現代病に悩まされるリスク、危険や不快感に対する適応力を失ってしまうリスクなどを常に抱え、改変した自然をコントロールし続けることに大きな

2　次の文章を読んで、〔問1〕～〔問6〕に答えなさい。※印には（注）がある。

僕はもともと、人間は間違いなく自然の一部で、生態系に組み込まれた存在、[ a ]「自然の中」と確信していた。だから、「自然保護」という言葉に違和感を感じてきた。なぜなら、自分も自然の一部なのに、自然を「保護」するというのはおかしいからだ。自分の家庭を守るのに「家庭保護」という言葉を使わないのと同様に、保護という言葉は外部の立場から使う言葉であり、「警察があなたの家庭を保護します」といった文脈で使われるべきだと思っている。「人間が地球の自然を保護します」というのであれば、人間は自然の外にいる何様だろう？　神様に近い存在か、地球外から来た生命体と考えるのが妥当だろう。ところが理科の授業では、今も昔も人間はサルから進化したと教えられている。それが真実なら、人間も間違いなく自然の中の一生物であるはずなのに、いつから外部の存在になったのだろう？

言葉のあやはともかく、少なくとも日本人は、時と場合に応じて、人間が「自然の外」か「自然の中」かを、都合よく使い分けてきたように思う。特別保護地区や外来種の判定では、人間は「自然の外」の存在だが、里山の生態系や、伝統的な野生動物の狩猟を肯定してきた点では、人間は「自然の中」と判断されているように思う。

これには宗教観も大きく影響していると思われ、日本の神道や仏教が、自然を崇《あが》めたり、人間と自然は一体であるという価値観をもつのに対して、キリスト教では、「自然は神から人間に与えられたものであり、人間が支配するもの」といった旨《むね》が聖書に記されている。日本以上に原生林を開拓し尽くしてしまったヨーロッパや、ゾウやライオンなど貴重な野生動物のハンティングを楽しむ欧米の価値観は、この宗教観によるものも大きいだろう。

そもそも、人間のルーツ※は自然の中なのか外なのか、今の僕は考えが揺らいでいる。たとえば、僕の妻は、「人間は宇宙からやってきた生命体とのハイブリッド（雑種）だよ」と言っている。ミステリー※好きの僕は、妻の話をいろいろ詳しく聞いているうちに、確かにあり得るなと思い始めた。今の科学は、人間がサルから進化したことを実証できていないし、地球上には、サルから進化したばかりの人間には成し得ないような遺跡が数多く存在するのもご存じの通りだ。確率論で考えても地球外に知的生命体、[ b ]〝宇宙人〟がいるのは間違いないわけで、今も「宇宙人なんているわけない」と信じている学者が人類の起源を研究しているなら、その研究は客観性を欠いていることになる。おそらく百年後の人類は、気軽に宇宙旅行を楽しんでいるだろうし、現代の常識では考えられないテクノロジー※をもっているはずだ。ならば、長い宇宙の歴史の中で、地球より先に文明の進んだ星から、地球にやってきている知的生命体がいても、何ら不思議はないはずだ。

話がちょっと膨らみすぎたが、人と自然の関係を追究するには、そこまで考えることも大事だと思う。A 仮に人間が地球外からの生命体に由来するのであれば、「人間が地球の自然を保護します」という表現は、何ら違和感ないのだから。

こうして人間と自然の関係性をいろいろ考えていると、両者の付き合い方には、大きく二つの価値観があることに気づき始めた。「自然を理解し共存する」という考えと、「自然を制御しコントロールする」という考えだ。前者が「自然の中」に身を置き、後者が「自然の外」に身を置く考え方ともいえるだろう。

たとえば、クマやオオカミと人間がうまく共存する術《すべ》を探る手法は前

# 国語

時間　五〇分
満点　一〇〇点

1　次の〔問1〕～〔問4〕に答えなさい。

〔問1〕　次の①～⑧の文の――を付した、カタカナは漢字に直して書き、漢字には読みがなをひらがなで書きなさい。

① 自分の名前を相手にツげる。（　　げる）
② アサい川を渡る。（　　い）
③ 昼夜のカンダンの差が激しい。（　　）
④ キンベンな学生。（　　）
⑤ 難を逃れる。（　　れる）
⑥ 店を構える。（　　える）
⑦ 渓流で釣りをする。（　　）
⑧ 材料を吟味する。（　　）

〔問2〕　次のA～Dの漢字について、楷書で書いた場合、同じ総画数になる組み合わせを、あとのア～カの中から一つ選び、その記号を書きなさい。（　　）

A 泳　B 紀　C 雪　D 祝

ア　AとB　イ　AとC　ウ　AとD
エ　BとC　オ　BとD　カ　CとD

〔問3〕　次の文のうかがうと同じ意味の「うかがう」を用いた文として最も適切なものを、あとのア～エの中から選び、その記号を書きなさい。（　　）

先輩からクラブの活動方針をうかがう。

ア　相手の顔色をうかがう。　イ　先生のお話をうかがう。
ウ　先生のお宅にうかがう。　エ　ひそかに好機をうかがう。

〔問4〕　次の古文を読んで、あとの(1)、(2)に答えなさい。

天下旱《ひでり》して、《世の中が日照りに見舞われ、》池の水も失《う》せ、食物《じきもつ》も無くして、飢《うゑ》んとして、つれづれなりける時、蛇、亀をもて使者として、《蛙のところへ亀を使者に立てて》蛙《かへる》の許《もと》へ「時のほどおはしませ。《ちょっとおいでください。》見参《げんざん》せん《お目にかかりたい》」と云《い》ふに、蛙、返事に申しけるは、「飢渇《きかつ》にせめらるれば、《あなたは飢えに苦しんでいるから、》仁義を忘れて食《じき》をのみ思ふ。情けも好《よし》みも世の常の時こそあれ。《親しく付き合うのも、普通に暮らしている時のことだ。》Aかかる比《ころ》なれば、え参らじ」とぞB返事しける。

（「沙石集《しゃせきしゅう》」より）

(1)　文中のAかかる比の内容として最も適切なものを、次のア～エの中から選び、その記号を書きなさい。（　　）

ア　飢えに苦しんでいる時　イ　何もすることがない時
ウ　普通に暮らしている時　エ　ぜひ会いたいと思う時

(2)　文中のB返事しけるの主語として最も適切なものを、次のア～エの中から選び、その記号を書きなさい。（　　）

ア　蛇　イ　亀　ウ　蛙　エ　使者

# 2020年度／解答

## 数　学

1 **【解き方】**〔問1〕(1) 与式$= -(8-5) = -3$　(2) 与式$= 1 - \frac{6}{7} = \frac{1}{7}$　(3) 与式$= 2a + 8b + 3a - 6b = 5a + 2b$　(4) 与式$= 3\sqrt{3} - \frac{2 \times 3}{\sqrt{3}} = 3\sqrt{3} - 2\sqrt{3} = \sqrt{3}$　(5) 与式$= x^2 + 2x + 1 + (x^2 - 2x - 8) = x^2 + 2x + 1 + x^2 - 2x - 8 = 2x^2 - 7$

〔問2〕与式$= (3x)^2 - (2y)^2 = (3x + 2y)(3x - 2y)$

〔問3〕$10 - n$が平方数になればよい。$n \geqq 1$だから，$0 < 10 - n \leqq 9$となり，これを満たす平方数は，1，4，9。よって，$10 - n = 1$より，$n = 9$，$10 - n = 4$より，$n = 6$，$10 - n = 9$より，$n = 1$

〔問4〕右図のように，ADとCEの交点をFとする。折り返しているので，$\angle ACB = \angle ACF = 20°$　AD∥BCより，平行線の錯角は等しいから，$\angle CFD = \angle FCB = 20° + 20° = 40°$　よって，$\angle x = 180° - 40° = 140°$

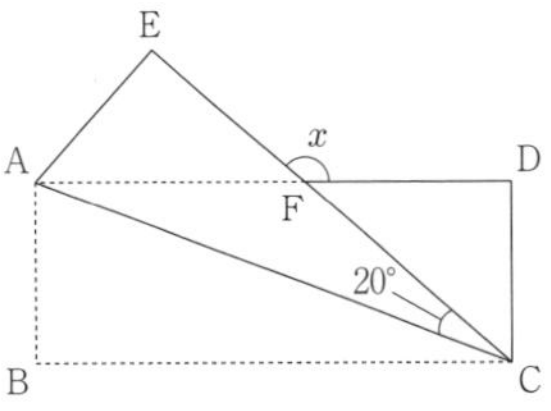


〔問5〕花子さんが出した目の数が和夫さんが出した目の数より3以上大きいとき，花子さんは和夫さんより上の段にくる。このようになる場合は，(花子さん，和夫さん)＝(4，1)，(5，1)，(5，2)，(6，1)，(6，2)，(6，3)の6通り。さいころの目の出方は全部で，$6 \times 6 = 36$(通り)だから，求める確率は，$\frac{6}{36} = \frac{1}{6}$

**【答】**〔問1〕(1) $-3$　(2) $\frac{1}{7}$　(3) $5a + 2b$　(4) $\sqrt{3}$　(5) $2x^2 - 7$　〔問2〕$(3x + 2y)(3x - 2y)$

〔問3〕$(n =)$ 1，6，9　〔問4〕$(\angle x =)$ 140(度)　〔問5〕$\frac{1}{6}$

2 **【解き方】**〔問1〕底面の円の直径は6cmだから，半径は3cm。また，円錐の高さは立面図の正三角形の高さと等しいから，$6 \times \frac{\sqrt{3}}{2} = 3\sqrt{3}$ (cm)　よって，円錐の体積は，$\frac{1}{3} \times \pi \times 3^2 \times 3\sqrt{3} = 9\sqrt{3}\pi$ (cm$^3$)

〔問2〕点Bを通るとき$a$の値は最小になり，点Aを通るとき$a$の値は最大になる。したがって，$y = ax$に$x = 8$，$y = 2$を代入して，$2 = 8a$より，$a = \frac{1}{4}$，$y = ax$に$x = 2$，$y = 6$を代入して，$6 = 2a$より，$a = 3$　よって，$\frac{1}{4} \leqq a \leqq 3$

〔問3〕(1) ア．どちらも階級の幅は2冊だから，正しい。イ．最頻値は，4月が，$\frac{2 + 4}{2} = 3$(冊)，5月が，$\frac{6 + 8}{2} = 7$(冊)だから，間違い。ウ．中央値を含む階級は，4月が2冊以上4冊未満の階級で，5月が6冊以上8冊未満の階級だから，正しい。エ．4月は，$8 \div 30 = 0.26\cdots$，5月は，$7 \div 30 = 0.23\cdots$だから，間違い。オ．4月は，$6 + 11 + 8 = 25$(人)，5月は，$3 + 3 + 7 = 13$(人)だから，間違い。(2) 30人が借りた冊数の合計は，$\frac{0 + 2}{2} \times 3 + \frac{2 + 4}{2} \times 3 + \frac{4 + 6}{2} \times 7 + \frac{6 + 8}{2} \times 10 + \frac{8 + 10}{2} \times 7 = 180$(冊)　よって，平均値は，$180 \div 30 = 6$(冊)

〔問4〕先月の公園清掃ボランティア参加者数を$x$人，先月の駅前清掃ボランティア参加者数を$y$人とする。先月の人数の関係より，$y - x = 30$……①　増加した参加者の人数について，$0.5x + 0.2y = 0.3(x + y)$……②　②の両辺を10倍して整理すると，$y = 2x$……③　これを①へ代入して，$2x - x = 30$より，$x = 30$　こ

れを③へ代入して，$y = 2 \times 30 = 60$

**【答】**〔問1〕$9\sqrt{3}\pi$ (cm$^3$)　〔問2〕(ア) $\frac{1}{4}$　(イ) 3　〔問3〕(1) ア，ウ　(2) 6 (冊)

〔問4〕(先月の公園清掃ボランティア参加者数) 30 (人)　(先月の駅前清掃ボランティア参加者数) 60 (人)

③ **【解き方】**〔問1〕(1) ア．2面が見える箱の個数は，順番が1増えるごとに2個ずつ増えていくから，$6 + 2 = 8$　イ．$6 \times 6 = 36$　(2) 8番目では，7番目までに置いた箱はすべて1面だけが見える状態になるから，$7 \times 7 = 49$ (個)　(3) $(n + 1)$番目の箱の合計個数は$(n + 1)^2$個，$n$番目の箱の合計個数は$n^2$個だから，$(n + 1)^2 - n^2 = 2n + 1$ (個)多い。

〔問2〕(1) 図2より，移動した箱の個数は，2番目では1個，3番目では，$1 + 2 = 3$ (個)，4番目では，$1 + 2 + 3 = 6$ (個)，…となるので，6番目では，$1 + 2 + 3 + 4 + 5 = 15$ (個)　(2) $x$番目について，箱の合計個数は$x^2$個。見えない箱の個数は$(x - 1)$個だから，見えている箱の個数について，$x^2 - (x - 1) = 111$が成り立つ。整理して，$x^2 - x - 110 = 0$　左辺を因数分解して，$(x + 10)(x - 11) = 0$　$x$は自然数だから，$x = 11$

**【答】**〔問1〕(1) ア．8　イ．36　(2) 49 (個)　(3) $2n + 1$ (個)　〔問2〕(1) 15 (個)　(2) ($x =$) 11

④ **【解き方】**〔問1〕$x = -6$のとき，最小値，$y = -\frac{1}{4} \times (-6)^2 = -9$，$x = 0$のとき，最大値$y = 0$となる。よって，$y$の変域は，$-9 \leqq y \leqq 0$

図Ⅰ

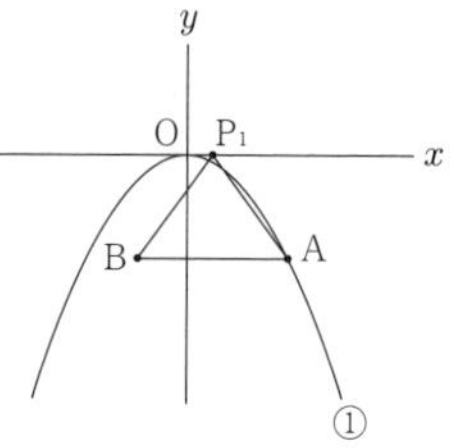


〔問2〕右図Ⅰのように，PA = PBとなる点は$P_1$の1個，右図Ⅱのように，AB = APとなる点は$P_2$，$P_3$の2個，右図Ⅲのように，BA = BPとなる点は$P_4$，$P_5$の2個ある。ここで，もし，$P_1A = P_1B = AB$だと，$P_2$，$P_5$は$P_1$と重なる。$P_1$の$x$座標は，$\frac{4 - (-2)}{2} = 1$，$P_1$からABに垂線$P_1H$を引くと，$AH = 4 - 1 = 3$，$P_1H = 4$だから，$\triangle P_1HA$で三平方の定理より，$P_1A = \sqrt{3^2 + 4^2} = 5$で，$AB = 4 - (-2) = 6$　よって，$P_1$と$P_2$，$P_5$は重ならないので，全部で5個。

図Ⅱ

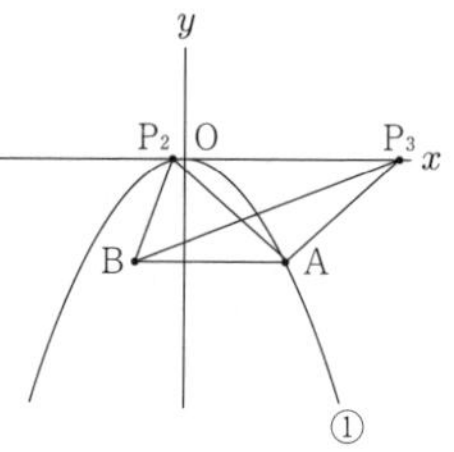


〔問3〕$y = -\frac{1}{4}x^2$に$x = -2$を代入して，$y = -\frac{1}{4} \times (-2) = -1$より，C $(-2, -1)$　直線ACは，傾きが，$\frac{-4 - (-1)}{4 - (-2)} = -\frac{1}{2}$だから，直線の式を$y = -\frac{1}{2}x + b$とおいて，点Aの座標の値を代入すると，$-4 = -\frac{1}{2} \times 4 + b$より，$b = -2$　よって，$y = -\frac{1}{2}x - 2$に$y = 0$を代入して，$0 = -\frac{1}{2}x - 2$より，$x = -4$　したがって，P $(-4, 0)$

図Ⅲ

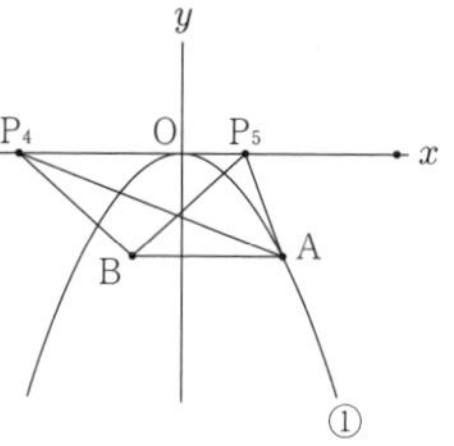


〔問4〕D $(-3, 9a)$となるから，四角形PABD = △PAD + △ABD = $\frac{1}{2} \times \{0 - (-4)\} \times \{4 - (-3)\} + \frac{1}{2} \times 6 \times \{9a - (-4)\} = 27a + 26$と表すことができる。よって，$27a + 26 = 50$が成り立つから，これを解いて，$a = \frac{8}{9}$

**【答】**〔問1〕$-9 \leqq y \leqq 0$　〔問2〕5 (個)　〔問3〕P $(-4, 0)$　〔問4〕($a =$) $\frac{8}{9}$

5 **【解き方】**〔問 1〕PQ ∥ AB より，QR : OR = PQ : BO = 3 : 3 = 1 : 1　よって，QR = OQ × $\frac{1}{1+1}$ = 3 × $\frac{1}{2}$ = $\frac{3}{2}$ (cm)

〔問 2〕$\overset{\frown}{BQ}$の円周角と中心角の関係より，∠BOQ = 2 ∠QPB = 72°　よって，求める面積は，$\pi \times 3^2 \times \frac{72}{360} = \frac{9}{5}\pi$ ($cm^2$)

〔問 3〕(2) OS ∥ BQ より，OR : QR = OS : QB = AO : AB = 1 : 2 だから，OR = OQ × $\frac{1}{1+2}$ = 3 × $\frac{1}{3}$ = 1 (cm)　よって，直角三角形 OBR において，三平方の定理より，BR = $\sqrt{3^2+1^2} = \sqrt{10}$ (cm)

**【答】**〔問 1〕(QR =) $\frac{3}{2}$ (cm)　〔問 2〕$\frac{9}{5}\pi$ ($cm^2$)

〔問 3〕(1) △RQS と△RPQ において，∠QRS = ∠PRQ……①　$\overset{\frown}{BQ}$に対する円周角より，∠RPQ = ∠OAQ……②　△OAQ は OA = OQ の二等辺三角形だから，∠OAQ = ∠RQS……③　②, ③より，∠RQS = ∠RPQ……④　①，④より，2 組の角がそれぞれ等しいので，△RQS ∽ △RPQ　(2) (BR =) $\sqrt{10}$ (cm)

# 英　語

1 【解き方】〔問1〕No.1. 2匹の犬が走っている。眠っているのは猫だけであり，猫が眠っているのは壁の前である。No.2. テーブルの上にカメラがある。部屋にはかばんが一つあり，男の子は絵を描いていない。

〔問2〕No.1. 誕生日プレゼントに自分の好きな音楽のCDをくれた父親への言葉を選ぶ。listen to ～＝「～を聞く」。No.2. look for ～＝「～を探す」。英語の辞書を探している男の子への言葉を選ぶ。No.3. どんな種類の映画が好きかという質問への言葉を選ぶ。about ～＝「～に関する」。

〔問3〕No.1. every Sunday＝「毎週日曜日に」。No.2. 「そこ（市立図書館）で本を読んだり勉強したりする」と言っている。No.3. 「オーストラリアについての本を読んだ時，そこに行かずにその歴史について学んだ」と言っている。without ～ing＝「～しないで」。No.4. 「彼ら（市立図書館で働く人々）が僕におもしろい本を見せてくれる」と言っている。No.5. 「将来，図書館で働きたい」と言っている。

【答】〔問1〕No.1. B　No.2. C　〔問2〕No.1. D　No.2. A　No.3. C

〔問3〕No.1. C　No.2. D　No.3. A　No.4. C　No.5. B

◀全訳▶　〔問1〕

No.1.

A.

父親　：動物たちが見えるかい？

女の子：うん。動物たちはみんな眠っているね。

B.

父親　：あそこに動物が何匹かいるよ！

女の子：とてもかわいいわね。2匹の犬が走っているわ。

C.

父親　：動物たちを見てごらん！

女の子：わあ，1匹の猫がドアの前で眠っているわ。

No.2.

A.

女の子：私のかばんはこの部屋にある？

男の子：ううん。ここにかばんはないよ。

B.

女の子：あなたは今忙しい？

男の子：うん。僕は今絵を描いているんだ。

C.

女の子：テーブルの上のカメラを使ってもいい？

男の子：うん。使ってもいいよ。

〔問2〕

No.1.

父親　：やあ，ミサ。これは君への誕生日プレゼントだよ。

女の子：わあ。それは何？

父親　：君の大好きな音楽のCDだよ。君がそれを気に入ってくれるといいんだけど。

女の子：(ありがとう。私はそれを今聞きたいわ。)

No.2.

男の子：おはよう，お母さん。

母親　：おはよう，タカシ。あなたは何をしているの？

男の子：僕の英語の辞書を探しているんだ。

母親　：(昨夜あなたの机の上でそれを見たわよ。)

No.3.

男の子：君はたいてい週末に何をしているの？

女の子：私はよく映画を見るわ。

男の子：君はどんな種類の映画が好きなの？

女の子：(私はスポーツについての映画が好きだわ。)

〔問3〕こんにちは。僕は恵太です。僕は図書館が大好きです。あなたたちに3つの理由を話します。

第一に，図書館はとても静かです。僕は静かな場所で時間を過ごすのが好きです。僕は毎週日曜日に駅の近くの市立図書館に行きます。僕はそこで本を読んだり勉強したりします。僕は時々そこで友達に会います。

第二に，図書館にはたくさんの種類の本があります。僕たちは本からたくさんの情報を得ることができます。先月オーストラリアについての本を読んだ時，僕はオーストラリアに行かずにその歴史について学びました。僕はまた本からその文化についても学びました。

第三に，僕は図書館で働く人々が好きです。僕はしばしば市立図書館で働いている人々と話します。彼らは本についてたくさんのことを知っています。彼らはおもしろい本を僕に見せてくれます。僕が本を探していると，彼らはいつも僕を助けてくれます。彼らはとても親切です。将来，僕は図書館で働きたいです。

図書館はすばらしい場所です。図書館に行きませんか？

質問 No.1：恵太はいつ市立図書館に行きますか？

質問 No.2：恵太は市立図書館にいる時，何をしますか？

質問 No.3：恵太は先月オーストラリアの歴史についてどのようにして学びましたか？

質問 No.4：誰が恵太におもしろい本を見せるのですか？

質問 No.5：恵太は将来何をしたいと思っていますか？

2 【解き方】〔問1〕第2段落前半を見る。wanted to ～＝「～したいと思った」。

〔問2〕第3段落最終文より，「紀子のチーム（チーム1）が人気で25点を取った」→ D が「人気」。第4段落中ほどより，「オリジナリティで3チームが同じ点数を取った」→ C が「オリジナリティ」。第4段落中ほどより，「オリジナリティと味で柿のサンドイッチ（チーム3）が梅のハンバーガー（チーム1）よりも点数が多かった」→ C がオリジナリティなので，B が「味」。第4段落後半より，「見た目で柿のサンドイッチ（チーム3）と梅のハンバーガー（チーム1）が同じ点数を取った」→ A が「見た目」。

〔問3〕来年のコンテストに勝つためにはどんなことをすればいいのかを考える。

〔問4〕(1)「～に興味がある」＝ be interested in ～。(2) ア.「紀子はサムと一緒に梅干しを食べるのを楽しんだ」とは書かれていない。イ.「紀子の母親は食材についてたくさんの知識がある」。紀子の2番目のせりふで「彼女（紀子の母親）は食材についてたくさんのことを知っている」と述べている。正しい。ウ.「サムは自分の母親に健康のためによいアドバイスをした」とは書かれていない。エ.「サムは時々母親と一緒に梅干しを食べる」とは書かれていない。

**【答】**〔問1〕エ　〔問2〕A. イ　B. ウ　C. ア　D. エ　〔問3〕(例) make lunch every Sunday

〔問4〕(1) (例) I am interested in *umeboshi*.　(2) イ

**◀全訳▶**　私たちは毎年文化祭を開催します。文化祭にはコンテストがあります。コンテストで，生徒たちは昼食を作ります。コンテストには4つのチームが参加します。それぞれのチームは和歌山産の食材を使います。最高の昼食を作るチームがコンテストで優勝します。

先週文化祭がありました。私の友達と私はコンテストで最高の昼食を作りたいと思いました。私たちはチーム1のメンバーでした。私たちは梅のハンバーガーを作りました。チーム2は桃のピザを作りました。チーム

3は柿のサンドイッチを作りました。チーム4はオレンジのカレーを作りました。

5人の審査員が，オリジナリティと見た目，味の点数を決めました。観客は自分の気に入った昼食に投票して人気の点数を決めました。私たちは人気で25点を取りました。

コンテストの間，たくさんの人々が私たちの昼食を食べに来ました。私たちのチームはコンテストに勝つためにとても一生懸命に努力しましたが，優勝したのはチーム3でした。私たちは2位でした。オリジナリティと味の両方で，柿のサンドイッチは梅のハンバーガーよりも多くの点数を取りました。オリジナリティで，3つのチームが同じ点数を取りました。見た目では，柿のサンドイッチと梅のハンバーガーが同じ点数を取りました。結果を見た時，私たちは悲しかったです。私たちはコンテストに勝つことができませんでした。

私たちは来年コンテストで優勝したいです。勝つために私はたくさんのことをしなければなりません。例を1つあげます。私は（毎週日曜日に昼食を作る）べきです。私は最善を尽くします。

3 **【解き方】**〔問1〕直後で健が和歌山に行った理由を説明している。「なぜそこに行ったのか？」と問う文にする。

〔問2〕A. 直後で健が「楽しい時を過ごした」と答えている。「そこでの滞在はどうだったか？」と問う文が適切。「～はどうだった？」= How was ～?。B. 〈have never ＋～(過去分詞)〉=「一度も～したことがない」。直前で健が米のとぎ汁の利用方法について説明している。「それについて一度も聞いたことがない」が適切。

〔問3〕① show =「(動作や言葉を用いて具体的に）教える」。② 直前で「米のとぎ汁は植物にとってよい肥料だ」と言っている→その水を「花」に与える。③ 健の同じせりふの中で「環境のために『簡単に』できることがある」と述べている。simple =「簡単な」。

**【答】**〔問1〕(例) Why did you go there　〔問2〕A. ウ　B. イ　〔問3〕ア

〔問4〕私たちが環境のために簡単にできることがたくさんあるということ。(同意可)

**◀全訳▶**

健　　　：こんにちは，エミリー。この写真を見て。

エミリー：わあ，これはとても美しい砂浜ね。

健　　　：うん。僕は先週和歌山に行ったんだ。

エミリー：(どうしてそこに行ったの)？

健　　　：和歌山にいる僕のおばあさんに会いたかったからだよ。僕は三日間そこに滞在したよ。

エミリー：いいわね。私は和歌山に行ったことがあるわ。私は和歌山のすばらしい自然が大好きよ。滞在はどうだった？

健　　　：楽しい時間を過ごしたよ。僕はおばあさんと料理するのを楽しんだよ。

エミリー：それは素敵ね。あなたのおばあさんは，おいしい料理の作り方をあなたに教えてくれた？

健　　　：うん。おばあさんはまた，他にもたくさんのことを僕に教えてくれたよ。僕が台所でお米を洗っていた時，彼女は僕に環境のために何をすればいいのか教えてくれたんだ。

エミリー：おばあさんはあなたに何を教えたの？

健　　　：おばあさんは僕に米のとぎ汁を使うように言ったよ。彼女によると，米のとぎ汁は植物にとってよい肥料だそうだよ。それで彼女はその水を花に与えているんだ。もしその水が川に流れ込めば，それは一部の魚に悪影響を及ぼすかもしれない。米のとぎ汁を植物に与えることは環境にいいことなんだ。

エミリー：へえ，私はそのことについて一度も聞いたことがなかったわ。すごいわね。

健　　　：おばあさんはまた，皿を洗う前に古い布切れでそれらをきれいにするんだ。もし僕たちがこれをしたら，僕たちは水を節約できるよ。

エミリー：なるほど。それはそんなに難しくないわね。

健　　　：その通り。おばあさんは水を節約するために簡単なことをしているんだ。彼女は環境を守りたいと思っているんだよ。僕たちが環境のために簡単にできることはたくさんあると僕は思うよ。

エミリー：本当ね。それらをいくつか見つけてすぐに始めましょう。

4 【解き方】質問は「あなたは夏休みと冬休みではどちらが好きですか？」。まずどちらがより好きなのかを答え，その理由を具体的に説明する。理由が2つ以上ある場合は，First（第一に），Second（第二に）といった表現を用いるとよい。

【答】（例）I like summer vacation better. I have two reasons. First, I can swim in the sea. Second, my birthday is in August. My parents buy a cake for me every year.（31語）

5 【解き方】〔問1〕ⓐ it's ～ for A to …＝「…するのはAにとって～だ」。ⓑ 受動態の文。〈be 動詞＋～(過去分詞)＋by …〉＝「…によって～される」。

〔問2〕直後で浩紀がロバートに旅行について教えてくれるように頼んでいることから，浩紀がロバートの旅行について知りたがっているという内容が適切。

〔問3〕直前のロバートの発言内容を受けている。give A to B＝「BにAをあげる」。

〔問4〕(1)「浩紀はいつ駅で外国人を見ましたか？」。第2段落最初の文を見る。last fall＝「昨年の秋」。(2)「ロバートはどこから来たのですか？」。第5段落前半を見る。〈be 動詞＋from ～〉＝「～から来る」。

〔問5〕「浩紀は父親と家で話した」→「浩紀は自転車に乗って地図を見ている若い外国人の男性を見た」→「浩紀はインターネットでサイクリングコースをいくつか見つけた」→「浩紀はホテルの喫茶店でロバートの旅行について聞いた」という流れ。

〔問6〕最終段落で浩紀が「自分の体験から学んだ最も大切なことを話します」と述べている。最終文の内容をまとめる。the first thing we can do は関係代名詞の目的格 that（または，which）が省略された形。

〔問7〕先生の質問は「ホテルの場所がわからない外国人を助けるために，あなたは何をしますか？」という内容。解答例は「彼と一緒にホテルを探します」。

【答】〔問1〕ⓐ difficult for me to find　ⓑ I was encouraged by your　〔問2〕エ

〔問3〕〔まもなく日本を出発するので,〕ロバートが，浩紀に自転車をあげるということ。(同意可)

〔問4〕(例) (1) He saw them last fall.　(2) He is from Australia.　〔問5〕ア→エ→イ→ウ

〔問6〕私たちが外国人を助けたい時，彼らに話をすることが，私たちができる最初のことであるということ。(同意可)

〔問7〕(例) look for the hotel with him

◀全訳▶　こんにちは。今日，私は外国から来た人々との体験について話します。

昨年の秋，私は駅で外国人を見ました。彼らは電車の切符を買おうとしていました。しかし彼らはどこでその切符を買えばいいのかわかりませんでした。私は彼らを助けたかったのですが，彼らに話をすることができませんでした。私には勇気がありませんでした。私は悲しかったです。

家で，私は父にそれについて話しました。父は「お前が困っている外国人を見つけたら，お前は彼らに話をするべきだ。そのことは彼らを助けるだろう。お前が日本人をしばしば助けているのを私は知っている。お前は日本人だけでなく外国人に話をすることで彼らのことも助けるべきだよ」と言いました。

数日後，私は家の前で一人の若い外国人の男性を見ました。彼の名前はロバートでした。彼は自転車に乗って一人で地図を見ていました。私は父の言葉を思い出しました。私は「彼は道に迷っているのかもしれない。彼に話をするべきだ」と思いました。

私は彼に「こんにちは。お困りですか？」と英語で言いました。ロバートは「こんにちは。私は旅行者です。私はオーストラリアから来ました」と言いました。彼は自分の状況について話し始めました。彼は「私は和歌山で自転車を買いました。しかし和歌山のサイクリングコースについての情報を見つけるのは私には難しいです」と言いました。彼は誰かに助けてほしいと思っていました。

私はロバートに待つように頼みました。私は家に戻って，インターネットでサイクリングコースをいくつか見つけました。ロバートは「ご親切にありがとうございます。私の旅は楽しいものになるでしょう」と言いました。私はロバートの旅行について知りたいと思いました。それで私は「あなたが旅行を終えたあとで，あなたの旅行について私にメールで教えてもらえませんか？」と言いました。彼は「実は，私はこの町からバスで空港に行くのでここに戻ってきます。また会いましょう」と言いました。

二週間後，私はホテルの喫茶店で彼と会いました。彼は私に「サイクリングコースについての情報をありがとうございました。あなたが初めて私に話をした時，私は少し心細かったのです。それで私はあなたの親切に勇気づけられました」と言いました。私はそれを聞いてとてもうれしかったです。私は外国から来た人を一人助けることができました。

ロバートが旅行について話してくれたあと，私たちは一緒にバス停に行きました。バス停で，ロバートは「ええと，私はまもなく日本を出発するので，あなたに私の自転車をあげます」と言いました。私はそれを聞いて驚きました。私は「本当ですか？　ああ，ありがとうございます。私はとてもうれしいです」と言いました。

最近，たくさんの外国人が日本にいます。今年日本でオリンピックとパラリンピックが開催される予定です。もっとたくさんの外国人が日本に来るでしょう。

さて，私は自分の体験から学んだ最も大切なことをあなたたちに話します。私たちが外国人を助けたいと思う時，彼らに話をすることが私たちにできる最初のことです。

## 社　会

1 **【解き方】**〔問 1〕(1) 正距方位図法では中心からの距離と方位が正しく，図 2 では中心（東京）から見て上が北，右が東を表す。(2) 図 1 の A～D 地点を図 2 上に移し，東京からの直線距離を測ればよい。

〔問 2〕標高 4000m をこえる地域では農作物があまり育たないため，リャマやアルパカなどの家畜を放牧している。

〔問 3〕(2) このような国境線の引き方が原因となり，現在でもアフリカでは民族紛争などが多く起こっている。

〔問 4〕「はきもの」に注目。アは「石炭」や「パーム油」からインドネシア。イは面積から日本。ウは貿易額の大きさから，現代の「世界の工場」と呼ばれている中国。

**【答】**〔問 1〕(1) ア　(2) C → D → A → B　〔問 2〕高山気候

〔問 3〕(1) エジプト　(2) かつて，アフリカの大部分を植民地にしたヨーロッパの国々が緯線や経線を使って引いた境界線を，現在も国境線として使っているから。(同意可)

〔問 4〕エ

2 **【解き方】**〔問 2〕アは 1970 年代以降，イは 1980 年代以降，ウは太平洋戦争前の日本の工業のようす。なお，イの「貿易上の問題」とは貿易摩擦のこと。

〔問 3〕東北地方の最南部に位置し，茨城県・栃木県・群馬県と接している。

〔問 4〕(1) 沖縄県は台風の通り道になりやすく，強い風による被害を防ぐため，特に伝統的な家の屋根がわらは「しっくい」で固め，家の周りには石垣や防風林が植えられている。(2) ①は「人口」の多さから福岡県，②は「豚の産出額」が最も多いので鹿児島県，③は「第 3 次産業の就業者割合」が高いので，観光業がさかんな沖縄県，④は「地熱発電電力量」が多いので大分県。

〔問 5〕長野県飯田市は中央高地の気候に属し，1 月の平均気温がほぼ 0 ℃となることがヒント。アは富山県富山市，イは北海道網走市，ウは高知県土佐清水市。

**【答】**〔問 1〕レアメタル(または，希少金属・希土類・レアアース)〔問 2〕ウ→ア→イ　〔問 3〕福島県

〔問 4〕(1) 台風から住居を守るため。(または，強風から住居を守るため。)(同意可)　(2) イ　〔問 5〕エ

3 **【解き方】**〔問 1〕吉野ヶ里遺跡は弥生時代の遺跡で，佐賀県にある。

〔問 2〕出土した鉄剣・鉄刀から埼玉県と熊本県のそれぞれの古墳に埋葬された豪族がワカタケル大王（雄略天皇）に仕えていたことがわかる。

〔問 3〕聖徳太子が建てた寺院で，世界文化遺産に登録されている。

〔問 4〕百済は日本に仏教をもたらした国で，日本との親交が深かった。

〔問 5〕大宰府の警備や北九州の防備には，主に東国の農民から選ばれた防人《さきもり》という兵士を置いた。

〔問 7〕アは浄土宗，イは法華《ほっけ》宗，エは臨済宗の開祖。

〔問 8〕アは江戸時代，イは奈良時代，ウは安土桃山時代についての文。

〔問 9〕綿花の栽培方法は朝鮮から伝わり，三河地方などで栽培が始まった。「薩摩藩」は江戸時代初期に琉球王国を征服した。

〔問 10〕Ⓒの樺太（サハリン）とユーラシア大陸との海峡は「間宮海峡」と名づけられている。

**【答】**〔問 1〕ア

〔問 2〕大和政権(または，ヤマト王権)の勢力は，九州中部(または，九州地方)から関東地方(または，東北地方南部)までおよんでいた。(または，大和政権の勢力は，広範囲におよんでいた。)(同意可)

〔問 3〕法隆寺　〔問 4〕白村江(の戦い)　(理由) 百済の復興を助けるため。(同意可)　〔問 5〕大宰府

〔問 6〕藤原道長　〔問 7〕ウ　〔問 8〕エ　〔問 9〕イ　〔問 10〕間宮林蔵

4 **【解き方】**〔問 1〕板垣退助は，政府が 1881 年に国会開設の詔を出した後に，自由党を結成した。

〔問 2〕薩英戦争や四国艦隊による下関砲撃事件によって欧米列強の実力を知った薩摩藩・長州藩が中心になり，

尊王攘夷運動は徐々に倒幕運動へ変わっていった。

〔問 3〕日露戦争の戦費をまかなうための増税に国民が耐えていたことが，暴動の背景にはあった。

〔問 4〕日ソ共同宣言が調印された後に，国際連合の安全保障理事会において拒否権を持つソビエト連邦の反対がなくなり，日本の国際連合への加盟が認められた。

〔問 5〕アは昭和時代で太平洋戦争後，イは明治時代，ウは太平洋戦争中，エは大正時代の生活や文化について述べた文。

**【答】**〔問 1〕自由民権運動 〔問 2〕天皇を尊び，外国の勢力を排除しようとする考え方。(同意可)

〔問 3〕日清戦争に比べ，日露戦争は負担が大きかったにもかかわらず，賠償金が得られなかったから。(同意可)

〔問 4〕イ 〔問 5〕イ→エ→ウ→ア

5 **【解き方】**〔問 1〕(1) 第 193 回国会は「1 月」に召集されていることがヒント。第 195 回国会は「衆議院議員の総選挙を受けて」とあるので，衆議院議員総選挙の日から 30 日以内に召集される国会だとわかる。(2) 18 歳未満の子どもを権利を持つ主体と位置づけ，大人と同じく一人の人間として尊重する条約。

〔問 2〕(2) イは内閣総理大臣，ウは国会，オは内閣の仕事。

〔問 3〕衆議院の優越が認められているものには，予算先議権や法律案の再議決などがある。

〔問 4〕2018 年，各政党で男女の候補者の数ができる限り均等になるように求める候補者男女均等法が制定されたが，選挙によって当選する女性の割合はまだ低い。「政治は男性がするもの」とか「女性は家事や育児が政治運動の足かせになるのでは」という古い価値観が背景にあるのではないかと考えられている。

**【答】**〔問 1〕(1) ウ (2) 子どもの権利条約(または，児童の権利〔に関する〕条約) 〔問 2〕(1) 象徴 (2) ア・エ

〔問 3〕衆議院は任期が短く，解散があるため，国民の意見をよく反映するから。(同意可)

〔問 4〕日本の女性議員の割合は増加してきているが，世界の割合からみると低い。(同意可)

6 **【解き方】**〔問 1〕(1) 日本は 1973 年に固定為替相場制から，市場の需給バランスによって決定する変動為替相場制に移行した。(2) 円高は外国通貨に対する円の価値が高い状態。海外の製品が安く買えるようになり，輸入産業には有利となる。

〔問 2〕不況時は国債を買うこと（買いオペ）を行い，市場に出回る通貨量を増加させ，好況時には国債を売ること（売りオペ）を行い，市場に出回る通貨量を減少させる。

〔問 4〕戦争や紛争で自国を追われた難民を保護・支援する機関として，国連難民高等弁務官事務所（UNHCR）がある。なお，近年は紛争などで住み慣れた家を追われたが，国境を越えずに避難生活を送っている「国内避難民」も増えている。

〔問 5〕先進国がより少ない投資や労力で済む排出取引を積極的に利用することは，温室効果ガスを削減するための新たな技術やシステム開発の必要性を薄れさせてしまうことも心配されている。

**【答】**〔問 1〕(1) 為替相場(または，為替レート) (2) ウ 〔問 2〕① イ ② ア

〔問 3〕世界保健機関(または，WHO)

〔問 4〕紛争や迫害などにより，住んでいた国や土地を離れざるをえなくなった人々。(同意可)

〔問 5〕温室効果ガスの排出量が目標を下まわった国と，上まわった国との間で，排出量の枠を売買するしくみ。(同意可)

# 理　科

1 **【解き方】**〔問1〕(4) 水素をエネルギー源とするとき，$2H_2 + O_2 \rightarrow 2H_2O$ という反応がおこり，水だけが生じることに着目する。

〔問2〕(2) 図3では，18時に上弦の月が南中している。上弦の月は右側から太陽光が当たっている月で，地球上で昼から夜になる頃に南の方に見える。(3) ロケットが気体を押す力と気体がロケットを押す力は，同時にはたらき，大きさは等しく，一直線上で向きは反対になっている。

**【答】**〔問1〕(1) エ　(2) 再生可能エネルギー(または，再生可能なエネルギー・自然エネルギー)　(3) 燃料電池

(4) 有害な物質を出さない。(または，二酸化炭素を出さない。)(同意可)

〔問2〕(1) 衛星　(2) ア　(3) 作用〔・〕反作用

(4) Z．肺胞　(理由) 空気に触れる表面積が大きくなるから。(同意可)

2 **【解き方】**〔問4〕ア・ウは被子植物。

〔問6〕単子葉類のつくりは，葉脈は平行脈で，根はひげ根。

〔問7〕ウ・エは合弁花類。

**【答】**〔問1〕エ　〔問2〕シダ　〔問3〕むきだしになっている(同意可)　〔問4〕イ・エ

〔問5〕(1) ウ　(2) (次図ア)　〔問6〕(次図イ)　〔問7〕(記号) ア・イ　(特徴) 花弁が分かれている。(同意可)

図ア

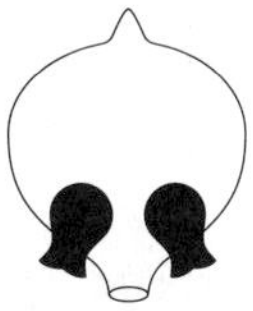

図イ

葉脈のようす

(例)

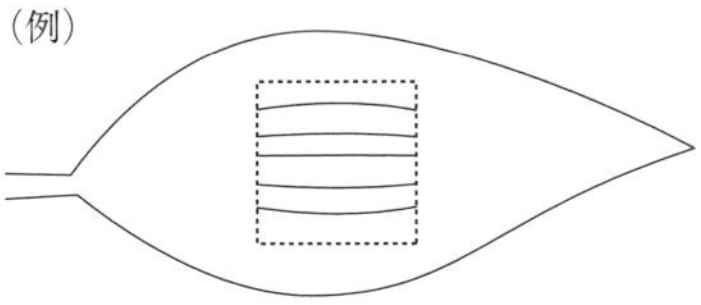

根のようす

(例)

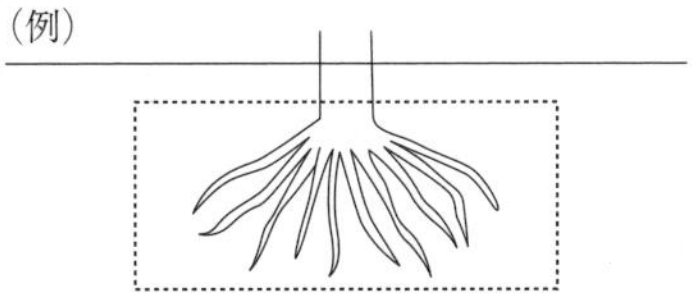

3 **【解き方】**〔問2〕低緯度では台風が西に移動することから，赤道付近の風は東から西へ向かって吹いていると考えられる。また，赤道付近では気温が高いので，上昇気流を生じる。

〔問4〕図2より，気温が25℃のときの飽和水蒸気量は $23.1g/m^3$。よって，気温25℃，湿度80%のとき，$1\,m^3$ の空気に含まれる水蒸気の質量は，$23.1\ (g/m^3) \times \frac{80}{100} = 18.48\ (g/m^3)$

〔問6〕台風は低気圧なので，北半球では反時計まわりに風が吹き込んでいる。表1より，風向は12時に東，13時に南南東，14時に南西となっているので，おおよその台風の位置は，12時頃には観測地点の南西側，13時頃は観測地点の北西側，14時頃には観測地点の北側と推測される。

**【答】**〔問1〕イ・ウ　〔問2〕ア　〔問3〕太平洋高気圧(または，小笠原気団)　〔問4〕18.48(または，18.5)(g)

〔問5〕① イ　② イ　〔問6〕ウ

〔問7〕気圧の低下により海面が吸い上げられることで発生する。(または，強風で海水が陸に吹き寄せられることで発生する。)(同意可)

4 **【解き方】**〔問1〕陰極には水溶液中の陽イオンが集まる。表1より，赤色の物質で，金属光沢があることから，陰極の表面に付着した物質は銅であると考えられる。

〔問3〕塩化銅は，$CuCl_2 \rightarrow Cu^{2+} + 2Cl^-$ のように電離するので，水溶液中の陽イオンと陰イオンの数の比は1：2。

〔問4〕質量パーセント濃度が35%の塩酸20gに含まれる塩化水素の質量は，$20\ (g) \times \frac{35}{100} = 7\ (g)$ なので，3.5%のうすい塩酸の質量は，$7\ (g) \div \frac{3.5}{100} = 200\ (g)$　よって，加えた水の質量は，$200\ (g) - 20\ (g) = 180\ (g)$

**【答】**〔問 1〕Cu　〔問 2〕手であおぐようにしてかぐ。(同意可)　〔問 3〕イ　〔問 4〕180 (g)

〔問 5〕X. 音を立てて燃えた (同意可)　(気体) 水素

〔問 6〕(1) 漂白(作用)　(2) ① ア　② ア　(3) 塩素の方が水に多く溶けたから。(または，塩素の方が水に溶けやすいから。) (同意可)

5 **【解き方】**〔問 2〕物体を 2 つ重ねてスポンジの上に置いたとき，スポンジにはたらく力の大きさは図 2 のときの 2 倍になる。圧力は，$\frac{\text{力の大きさ}}{\text{力のはたらく面積}}$ で表されるので，圧力を等しくするには，力のはたらく面積も 2 倍にすればよい。面 A，面 B，面 C の面積はそれぞれ，$20\ (\text{cm}) \times 10\ (\text{cm}) = 200\ (\text{cm}^2)$，$5\ (\text{cm}) \times 20\ (\text{cm}) = 100\ (\text{cm}^2)$，$5\ (\text{cm}) \times 10\ (\text{cm}) = 50\ (\text{cm}^2)$ で，面 B の面積は面 C の，$\frac{100\ (\text{cm}^2)}{50\ (\text{cm}^2)} = 2$ (倍)になっている。よって，面 B がスポンジに接しているものを選ぶ。

〔問 3〕足の面積とスキー板の面積の違いに注目する。

〔問 4〕水圧は水深が深くなるほど大きくなる。

〔問 5〕X. 表 1 より，容器 A についてばねばかりが示す値は，空気中で 1.00N，半分水中で 0.60N なので，容器 A が半分水中にあるときに受ける浮力の大きさは，1.00 (N) － 0.60 (N) = 0.40 (N)　Y. X と同様に考えて，1.00 (N) － 0.20 (N) = 0.80 (N)　Z. 表 1 より，容器 B についても浮力を求めると，半分水中のとき，1.50 (N) － 1.10 (N) = 0.40 (N)　全部水中のとき，1.50 (N) － 0.70 (N) = 0.80 (N)　よって，容器の重さを変えても水中にある部分の体積が同じであれば，受ける浮力の大きさは変わらない。

〔問 6〕1 hPa = 100Pa，1 Pa = $1\ \text{N/m}^2$ より，容器の底にかかる大気圧は，$1000\text{hPa} = 100000\text{N/m}^2$　また，$1\ \text{cm}^2 = 0.0001\text{m}^2$ より，ゴム板の面積は，$25\text{cm}^2 = 0.0025\text{m}^2$　よって，ゴム板が大気から受ける力は，$100000\ (\text{N/m}^2) \times 0.0025\ (\text{m}^2) = 250\ (\text{N})$

〔問 7〕ゴム板にかかるすべての力について考える。ゴム板には，上向きに容器内の空気が押す力，下向きにおもり，ゴム板，フック，糸にはたらく重力が加わっている。

**【答】**〔問 1〕パスカル　〔問 2〕イ・エ

〔問 3〕力のはたらく面積が大きくなると，圧力が小さくなるため。(同意可)　〔問 4〕エ

〔問 5〕X. 0.40　Y. 0.80　Z. 変わらない (同意可)　〔問 6〕250 (N)

〔問 7〕容器内の空気がゴム板を押す力が，おもり，ゴム板，フック，糸にはたらく重力の和よりも小さくなったため。(同意可)

# 国　語

1 **【解き方】**〔問 2〕A は八画，B は九画，C は十一画，D は九画。

〔問 3〕ア・エは「様子を見る」，イは「聞く」，ウは「行く」の意味。

〔問 4〕(1)「天下旱して，池の水も失せ，食物も無くして，飢んとして」いる時のこと。(2) 前の「返事に申しけるは」に注目。

**【答】**〔問 1〕① 告(げる)　② 浅(い)　③ 寒暖　④ 勤勉　⑤ のが(れる)　⑥ かま(える)　⑦ けいりゅう　⑧ ぎんみ

〔問 2〕オ　〔問 3〕イ　〔問 4〕(1) ア　(2) ウ

**◀口語訳▶**　世の中が日照りに見舞われ，池の水も無くなり，食物も無くなって，飢えそうになって，何もすることが無くなった時，蛇が，蛙のところへ亀を使者に立てて，蛙に「ちょっとおいでください。お目にかかりたい」と言ったところ，蛙が，返事として申しあげたことには，「あなたは飢えに苦しんでいるから，道徳や義理を忘れて食べることのみを考えている。思いやりも親しく付き合うのも，普通に暮らしている時のことだ。このような時であるから，そちらへ参るわけにはいかない」と返したということだ。

2 **【解き方】**〔問 1〕a は，「自然の一部で，生態系に組み込まれた存在」を，「自然の中」と言い換えている。b は，「地球外に知的生命体」を，「宇宙人」と言い換えている。

〔問 2〕筆者は「自然を保護」という表現に違和感を持っているので，「自分も自然の一部なのに…おかしい」「保護という言葉は…といった文脈で使われるべきだ」と考えていることに着目する。

〔問 3〕「相手には…どんな長所と短所があり，どう付き合えばよいか」とあるので，車の「短所」を車と付き合う上でのリスクとして挙げ，それを「制御しコントロールする」方法について，自分の考えを書く。

〔問 4〕絶滅させた方がいい生物を挙げ，「これらのありふれた迷惑生物を絶滅させると…正確に推測できないだろう」「間違いなく…コントロールの必要性が生じることだろう」と予測している。

〔問 5〕図を見ると，サメがいる海に描かれているエイは二匹で，ハマグリとホタテは三つずつだが，サメがいなくなった場合の海ではエイが四匹に増え，ハマグリとホタテが一つずつに減っている変化をおさえる。

〔問 6〕最後に，「自然破壊と文明発展が進むと，今度は科学の力で自然への理解を深め…再び自然と共存する道を探る段階に来ているように見える」と述べている。

**【答】**〔問 1〕イ　〔問 2〕保護という言葉は外部の立場から使う言葉（19 字）

〔問 3〕(例) 車の排気ガスが環境に悪影響を与えるため，電気自動車など，排気ガスを出さない車を造ることによって，共存しようとしている。(59 字)

〔問 4〕ウ

〔問 5〕その〔サメの〕えじきになっていたエイが増え，そのエイが好むホタテ，ハマグリなどが大量に食べられたため（45 字，または 48 字）(同意可)

〔問 6〕エ

3 **【解き方】**〔問 1〕アは，他のものが目に入らないほど熱心である様子。イは，何かをしようと決意すること。ウは，ある目的のために多くの人が心を一つにすること。エは，他の人より飛びぬけて優れた能力や技術を持っていること。

〔問 2〕「なるほど，そのとおりだ」に注目。「ぼく」が懸命に探し続けていた「詰み筋」を，山沢君が「馬引きからの 7 手詰めだよ」と示してみせたことに感心している。

〔問 3〕有賀先生が，「小学 5 年生…プロを目ざすには遅すぎます。しかし野崎君には伸びしろが相当あると思いますので」と言ってくれたことに着目する。

〔問 4〕アは，あまりに危険なことに手を出してしまうこと。ウは，とても忙しい様子。エは，どんな名人や達人でも失敗するということ。

〔問 5〕山沢君は，「ぼく」の「一緒に強くなろうよ」という言葉に対して，「なに言ってんだよ…みんな敵なんだ」と反論している。それに対して「ぼく」は，「対局中は敵だけど…ライバルでいいんじゃないかな」と返し，「個人競技である将棋にチームメイトはいないが…一緒に強くなっていけばいい」と考えている。

〔問 6〕「でも，どれほど苦しい道でも，絶対にやりぬいてみせる」という決意を固めながら，「ぼく」は山沢君に「このあと，となりの図書館で棋譜をつけるんだ」と言っている。

**【答】**〔問 1〕ア　〔問 2〕ぼくがわからなかった詰み筋を見通していたこと（同意可）〔問 3〕エ　〔問 4〕イ

〔問 5〕山沢君は，自分以外はみんな敵だと考えているが，ぼくは，対局中は敵でも，勝ったり負けたりをくりかえしながら，一緒に強くなっていけるライバルだと考えている。(76 字）(同意可）

〔問 6〕ウ

4 **【解き方】**B 案では「前回は，全学年から三十六名の生徒が参加」「昔話を教えてもらったり…盛り上がりました」「最後は，お年寄りの方から…言葉をかけていただきました」といった具体的な内容が入っている。これらの点に着目し，期待される効果を考える。

**【答】**（例）

B 案では，前回参加した生徒の人数や，お年寄りの方との会話の様子などが具体的に書かれています。

このような書き手の実際の体験を書くという工夫により，お年寄りの方々との交流がどのようなものであるのかが想像しやすくなります。参加を迷っている生徒たちも不安が取り除かれ，参加しやすくなるという効果が期待できると思います。(9 行）

2025 年度受験用

公立高校入試対策シリーズ 3030

# 和歌山県公立高等学校

別冊

# 解答用紙

● この冊子は本体から取りはずしてご使用いただけます。

● 解答用紙（本書掲載分）をダウンロードする場合はこちら↓
https://book.eisyun.jp/

※なお，予告なくダウンロードを終了することがあります。

英俊社

●解答用紙の四隅にあるガイドに合わせて指定の倍率で拡大すると，実物とほぼ同じ大きさでご使用いただけます(一部例外がございます)。

# 令和６年度学力検査　数学科解答用紙

| 受検番号 | |
|---|---|

| | | | | |
|---|---|---|---|---|
| 1 | 〔問１〕 | （1） | | |
| | | （2） | | |
| | | （3） | | |
| | | （4） | | |
| | | （5） | | |
| | 〔問２〕 | $x$ = | | |
| | 〔問３〕 | $n$ = | | |
| | 〔問４〕 | | | |
| | 〔問５〕 | （1） | | 個 |
| | | （2） | ア | 度 |
| | | | イ | 直線 |
| | 〔問６〕 | $\angle x$ = | | 度 |

| | | |
|---|---|---|
| 2 | 〔問１〕 | |
| | 〔問２〕 | （求める過程）<br>一般道路　　km<br>高速道路　　km |
| | 〔問３〕 | |
| | 〔問４〕 | |
| | 〔問５〕 | （1） |
| | | （2）（説明） |

| | | |
|---|---|---|
| 3 | 〔問１〕 | |
| | 〔問２〕 | |
| | 〔問３〕 | AB : BD =　　： |
| | 〔問４〕 | |

| | | | |
|---|---|---|---|
| 4 | 〔問１〕 | BH = | cm |
| | 〔問２〕 | $\angle x$ = | 度 |
| | 〔問３〕 | （1） | $cm^2$ |
| | | （2）（証明） | |

※実物の大きさ：195% 拡大（A3 用紙）

# 令和６年度学力検査　英語科解答用紙

| 受検番号 | |
|---|---|

| | | | |
|---|---|---|---|
| 1 | 〔問１〕 | No. 1 | |
| | | No. 2 | |
| | | No. 3 | |
| | 〔問２〕 | No. 1 | |
| | | No. 2 | |
| | 〔問３〕 | No. 1 | |
| | | No. 2 | |
| | | No. 3 | |
| | | No. 4 | |
| | | No. 5 | |
| 2 | 〔問１〕 | (1) | |
| | | (2) | |
| | 〔問２〕 | (1) | |
| | | (2) | A　　B　　C |
| | 〔問３〕 | (1) | |
| | | (2) | |
| 3 | 〔問１〕 | | (　　)→(　　)→(　　)→(　　) |
| | 〔問２〕 | | |
| | 〔問３〕 | | |
| | 〔問４〕 | (1) | |
| | | (2) | |
| | 〔問５〕 | | |
| 4 | I will join Event〔　〕. | | |
| 5 | 〔問１〕 | A | |
| | | B | |
| | | C | |
| | 〔問２〕 | | |
| | 〔問３〕 | (1) | |
| | | (2) | |
| | 〔問４〕 | | |
| | 〔問５〕 | | |

※実物の大きさ：195% 拡大（A3 用紙）

# 令和６年度学力検査　社会科解答用紙

| 受検番号 | |
|---|---|

| | | | |
|---|---|---|---|
| 1 | 〔問１〕 | | |
| | 〔問２〕 | | 山脈 |
| | 〔問３〕 | | |
| | 〔問４〕 | | |
| | 〔問５〕 | | |
| | 〔問６〕 | | |

| | | | |
|---|---|---|---|
| 2 | 〔問１〕 | 県 | 県庁所在地名　市 |
| | 〔問２〕 | (1) | X |
| | | | Y |
| | | | Z |
| | | (2) | |
| | 〔問３〕 | (1) | |
| | | (2) | |
| | 〔問４〕 | | |

| | | | |
|---|---|---|---|
| 3 | 〔問１〕 | →　→ | |
| | 〔問２〕 | | |
| | 〔問３〕 | | |
| | 〔問４〕 | | |
| | 〔問５〕 | | |
| | 〔問６〕 | | |
| | 〔問７〕 | | |
| | 〔問８〕 | ① | |
| | | ② | |
| | | ③ | |
| 3 | 〔問９〕 | | |

| | | | |
|---|---|---|---|
| 4 | 〔問１〕 | | |
| | 〔問２〕 | | |
| | 〔問３〕 | (1) | |
| | | (2) | |
| | 〔問４〕 | | |

| | | | |
|---|---|---|---|
| 5 | 〔問１〕 | | |
| | 〔問２〕 | | |
| | 〔問３〕 | | |
| | 〔問４〕 | X | |
| | | Y | |
| | | Z | |
| | 〔問５〕 | | |
| | 〔問６〕 | | |

| | | | |
|---|---|---|---|
| 6 | 〔問１〕 | | |
| | 〔問２〕 | | 法 |
| | 〔問３〕 | X | |
| | | Y | |
| | | Z | |
| | 〔問４〕 | | |
| | 〔問５〕 | | |
| | 〔問６〕 | | |

※実物の大きさ：195% 拡大（A3 用紙）

# 令和６年度学力検査　理科解答用紙

| 受検番号 | |
|---|---|

| | | | |
|---|---|---|---|
| 1 | 〔問1〕 | (1) | |
| | | (2) | |
| | 〔問2〕 | (1) | |
| | | (2) | |
| | 〔問3〕 | (1) | |
| | | (2) | |
| | 〔問4〕 | (1) | |
| | | (2) | |

| | | | | | |
|---|---|---|---|---|---|
| 2 | 〔問1〕 | (1) | | | |
| | | (2) | X　　　　レンズ | | |
| | | | Y　　　　レンズ | | |
| | | (3) | | | |
| | 〔問2〕 | (1) | | | |
| | | (2) | | | |
| | | (3) | a | b | c |
| | | | d | e | |
| | | (4) | | | |

| | | | | | |
|---|---|---|---|---|---|
| 3 | 〔問1〕 | (1) | | | |
| | | (2) | | | |
| | | (3) | m³ | | |
| | 〔問2〕 | (1) | | | |
| | | (2) | ① | ② | ③ |
| | | (3) | 気団 | | |
| | | (4) | 風向 | 風力 | |
| | | | 天気 | | |
| | | (5) | 水蒸気の量 | | |
| | | | 理由 | | |

| | | | |
|---|---|---|---|
| 4 | 〔問1〕 | | |
| | 〔問2〕 | | |
| | 〔問3〕 | | |
| | 〔問4〕 | | |
| | 〔問5〕 | | |
| | 〔問6〕 | ① | ② |
| | 〔問7〕 | % | |

| | | | |
|---|---|---|---|
| 5 | 〔問1〕 | (1) | |
| | | (2) | Hz |
| | | (3) | 音の高さ |
| | | | 波形 |
| | 〔問2〕 | (1) | 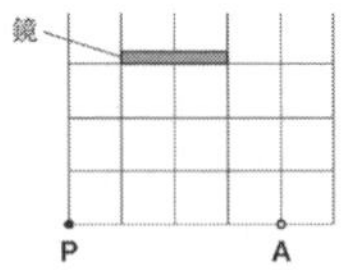 |
| | | (2) | |
| | 〔問3〕 | (1) | |
| | | (2) | |



※実物の大きさ：195% 拡大（A3 用紙）

# 令和六年度学力検査　国語科解答用紙

受検番号

## 一

〔問1〕 ①（う）　②（う）　③　④　⑤（む）　⑥（みる）　⑦　⑧

〔問2〕

〔問3〕

〔問4〕 (1)　(2) 欲シ窮メント千里ノ目ヲ

## 二

〔問1〕

〔問2〕

〔問3〕 ～ ができているから。

〔問4〕 社会が全く存在しない状況を例として挙げることによって、

50

〔問5〕 Ⅰ　Ⅱ

〔問6〕

80

## 三

〔問1〕

〔問2〕

〔問3〕

35

〔問4〕

〔問5〕

60

## 四

※実物の大きさ：195% 拡大（A3 用紙）

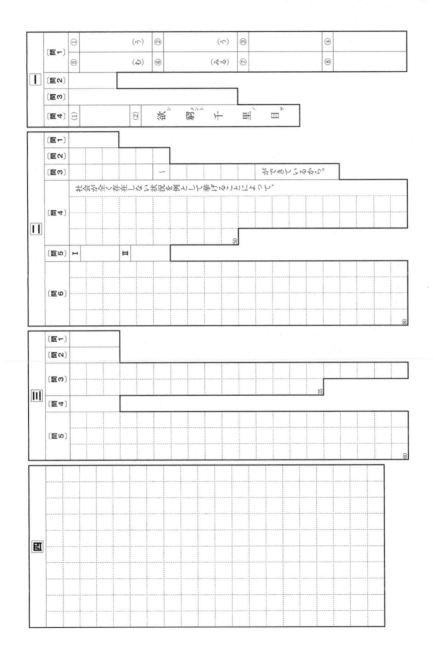

## 2024 年度　和歌山県公立高等学校［配点］

### 【数　　学】

1 〔問1〕3点×5　〔問2〕～〔問4〕4点×3　〔問5〕2点×3　〔問6〕4点

2 〔問1〕4点　〔問2〕6点　〔問3〕4点　〔問4〕4点　〔問5〕(1)2点　(2)5点

3 〔問1〕3点　〔問2〕4点　〔問3〕5点　〔問4〕6点

4 〔問1〕3点　〔問2〕4点　〔問3〕(1)5点　(2)8点

### 【英　　語】

1 〔問1〕2点×3　〔問2〕2点×2　〔問3〕3点×5

2 〔問1〕3点×2　〔問2〕(1)3点　(2)1点×3　〔問3〕3点×2

3 〔問1〕3点　〔問2〕3点　〔問3〕4点　〔問4〕4点×2　〔問5〕3点　　4 10点

5 〔問1〕2点×3　〔問2〕4点　〔問3〕3点×2　〔問4〕4点　〔問5〕3点×2

### 【社　　会】

1 〔問1〕2点　〔問2〕～〔問6〕3点×5

2 〔問1〕3点（完答）〔問2〕(1)3点（完答）(2)2点　〔問3〕(1)2点　(2)3点　〔問4〕3点

3 〔問1〕～〔問4〕2点×4　〔問5〕3点　〔問6〕2点　〔問7〕～〔問9〕3点×3（〔問8〕は完答）

4 〔問1〕3点　〔問2〕3点　〔問3〕2点×2　〔問4〕2点

5 〔問1〕～〔問3〕3点×3　〔問4〕2点（完答）〔問5〕2点　〔問6〕3点

6 〔問1〕～〔問4〕3点×4（〔問3〕は完答）〔問5〕2点　〔問6〕3点

### 【理　　科】

1 〔問1〕(1)2点　(2)3点　〔問2〕(1)3点　(2)2点　〔問3〕(1)3点　(2)2点　〔問4〕(1)2点　(2)3点

2 〔問1〕3点×3（(2),(3)は完答）〔問2〕(1)3点　(2)2点　(3)3点（完答）(4)3点

3 〔問1〕(1)3点　(2)2点　(3)3点　〔問2〕(1)～(3)2点×3（(2)は完答）(4)3点（完答）(5)3点（完答）

4 〔問1〕2点　〔問2〕～〔問7〕3点×6（〔問6〕は完答）

5 〔問1〕(1)2点　(2)3点　(3)3点（完答）〔問2〕3点×2（(2)は完答）〔問3〕3点×2

### 【国　　語】

一 〔問1〕2点×8　〔問2〕～〔問4〕3点×4

二 〔問1〕3点　〔問2〕4点　〔問3〕4点　〔問4〕6点　〔問5〕3点×2　〔問6〕8点

三 〔問1〕4点　〔問2〕4点　〔問3〕6点　〔問4〕4点　〔問5〕8点

四 15点

# 令和５年度学力検査　数学科解答用紙

| 受検番号 | |
|---|---|

| | | | |
|---|---|---|---|
| 1 | 〔問1〕 | (1) | |
| | | (2) | |
| | | (3) | |
| | | (4) | |
| | | (5) | |
| | 〔問2〕 | | |
| | 〔問3〕 | | 個 |
| | 〔問4〕 | ア | |
| | | イ | |
| | 〔問5〕 | | |
| | 〔問6〕 | $\angle x =$ | 度 |

| | | | |
|---|---|---|---|
| 2 | 〔問1〕 | (1) | |
| | | (2) | $Q$の体積：$R$の体積＝　　： |
| | 〔問2〕 | (1) | 色 |
| | | (2) | cm |
| | 〔問3〕 | | |
| | 〔問4〕 | （求める過程） | ドーナツ　　個<br>カップケーキ　　個 |
| | 〔問5〕 | （理由） | |

| | | |
|---|---|---|
| 3 | 〔問1〕 | |
| | 〔問2〕 | |
| | 〔問3〕 | |
| | 〔問4〕 | |

| | | |
|---|---|---|
| 4 | 〔問1〕 | $\angle BAE =$　　度 |
| | 〔問2〕 | $DE =$　　cm |
| | 〔問3〕 | |
| | 〔問4〕 | 倍 |

※実物の大きさ：195% 拡大（A3 用紙）

# 令和５年度学力検査　英語科解答用紙

| 受検番号 | |
|---|---|

| | | | |
|---|---|---|---|
| 1 | 〔問１〕 | No. 1 | |
| | | No. 2 | |
| | | No. 3 | |
| | 〔問２〕 | No. 1 | |
| | | No. 2 | |
| | 〔問３〕 | No. 1 | |
| | | No. 2 | |
| | | No. 3 | |
| | | No. 4 | |
| | | No. 5 | |

| | | | | | | |
|---|---|---|---|---|---|---|
| 2 | 〔問１〕 | (1) | | | | |
| | | (2) | | | | |
| | 〔問２〕 | | A | B | C | D |
| | 〔問３〕 | (1) | | | | |
| | | (2) | | | | |

| | | | |
|---|---|---|---|
| 3 | 〔問１〕 | | |
| | 〔問２〕 | | |
| | 〔問３〕 | (1) | |
| | | (2) | |
| | 〔問４〕 | | |
| | 〔問５〕 | | |

| | |
|---|---|
| 4 | |

| | | | |
|---|---|---|---|
| 5 | 〔問１〕 | A | |
| | | B | |
| | 〔問２〕 | ⓐ | After talking with my great-grandfather, ( ) wars in the world. |
| | | ⓒ | Now my friends, my dream is to ( ). |
| | 〔問３〕 | | |
| | 〔問４〕 | (1) | |
| | | (2) | |
| | 〔問５〕 | | ( ) → ( ) → ( ) → ( ) |
| | 〔問６〕 | | |

※実物の大きさ：195% 拡大（A3 用紙）

# 令和５年度学力検査　社会科解答用紙

| 受検番号 | |
|---|---|

| | | | |
|---|---|---|---|
| 1 | 〔問１〕 | | |
| | 〔問２〕 | ⑴ | |
| | | ⑵ | |
| | 〔問３〕 | | |
| | 〔問４〕 | A | |
| | | B | |
| | | C | |
| | 〔問５〕 | | |

| | | | |
|---|---|---|---|
| 2 | 〔問１〕 | | |
| | 〔問２〕 | A | |
| | | B | |
| | | C | |
| | 〔問３〕 | | |
| | 〔問４〕 | | |
| | 〔問５〕 | | |
| | 〔問６〕 | 〔特徴〕 | |
| | | 〔理由〕 | |

| | | | |
|---|---|---|---|
| 3 | 〔問１〕 | 天皇 | |
| | 〔問２〕 | ⑴ | |
| | | ⑵ | |
| | 〔問３〕 | | |
| | 〔問４〕 | | |
| | 〔問５〕 | | |
| | 〔問６〕 | | |
| | 〔問７〕 | | |
| | 〔問８〕 | | |

| | | | |
|---|---|---|---|
| 4 | 〔問１〕 | → → | |
| | 〔問２〕 | | |
| | 〔問３〕 | | |
| | 〔問４〕 | 国名 | |
| | | 政策 | |
| | 〔問５〕 | | |

| | | | |
|---|---|---|---|
| 5 | 〔問１〕 | | |
| | 〔問２〕 | | |
| | 〔問３〕 | | |
| | 〔問４〕 | A | |
| | | B | |
| | 〔問５〕 | | |
| | 〔問６〕 | | |

| | | | |
|---|---|---|---|
| 6 | 〔問１〕 | | |
| | 〔問２〕 | | |
| | 〔問３〕 | | |
| | 〔問４〕 | | |
| | 〔問５〕 | ⑴ | |
| | | ⑵ | |

※実物の大きさ：195% 拡大（A3 用紙）

## 令和５年度学力検査　理科解答用紙

| 受検番号 | |
|---|---|

| | | | |
|---|---|---|---|
| 1 | 〔問1〕 | (1) | の法則 |
| | | (2) | |
| | 〔問2〕 | (1) | |
| | | (2) | |
| | | (3) | |
| | | (4) | |
| | 〔問3〕 | (1) | |
| | | (2) | |

| | | | |
|---|---|---|---|
| 2 | 〔問1〕 | (1) | |
| | | (2) | めしべ→　　→　　→ |
| | | (3) | |
| | | (4) | |
| | 〔問2〕 | (1) | X  Y 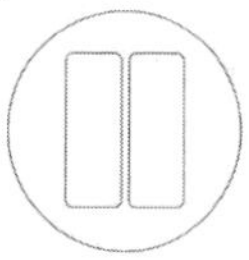 |
| | | (2) | 形質 |
| | | (3) | |
| | | (4) | 減数分裂によって， |

| | | |
|---|---|---|
| 3 | 〔問1〕 | |
| | 〔問2〕 | |
| | 〔問3〕 | |
| | 〔問4〕 | |
| | 〔問5〕 | |
| | 〔問6〕 | |
| | 〔問7〕 | |

| | | | |
|---|---|---|---|
| 4 | 〔問1〕 | | |
| | 〔問2〕 | (1) | |
| | | (2) | |
| | 〔問3〕 | | |
| | 〔問4〕 | | |
| | 〔問5〕 | X | |
| | | Y | |
| | 〔問6〕 | | g |

| | | | |
|---|---|---|---|
| 5 | 〔問1〕 | (1) | の法則 |
| | | (2) | A |
| | | (3) | 電源装置 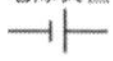 |
| | | (4) | |
| | 〔問2〕 | (1) | A |
| | | (2) | J |
| | | (3) | |

# 令和五年度学力検査　国語科解答用紙

受検番号

## 一

〔問1〕 ①（む）　②（える）　③　④　⑤（わす）　⑥（らす）　⑦　⑧

〔問2〕 (1)　(2)

〔問3〕 (1) a　b　(2)　(3)

〔問4〕 (1) 擇《ビテ》 其《ノ》 善《ナル》 者《ヲ》　(2)

## 二

〔問1〕 彼女は、　〜　から。

〔問2〕

〔問3〕 品詞名　文

〔問4〕 35

〔問5〕 25

〔問6〕

## 三

〔問1〕

〔問2〕 30

〔問3〕 表現技法　効果

〔問4〕

〔問5〕 80

〔問6〕

## 四

私なら、「読書は『□』」というキャッチコピーにする。

※実物の大きさ：195% 拡大（A3 用紙）

## 【数　　学】

1 〔問1〕3点×5　〔問2〕3点　〔問3〕4点　〔問4〕2点×2　〔問5〕4点　〔問6〕4点
2 〔問1〕(1)3点　(2)4点　〔問2〕(1)3点　(2)4点　〔問3〕4点　〔問4〕6点　〔問5〕5点
3 〔問1〕3点　〔問2〕4点　〔問3〕5点　〔問4〕6点
4 〔問1〕3点　〔問2〕4点　〔問3〕7点　〔問4〕5点

## 【英　　語】

1 〔問1〕2点×3　〔問2〕2点×2　〔問3〕3点×5
2 〔問1〕3点×2　〔問2〕1点×4　〔問3〕3点×2
3 〔問1〕～〔問3〕3点×4　〔問4〕4点　〔問5〕3点　4 10点
5 〔問1〕3点×2　〔問2〕3点×2　〔問3〕4点　〔問4〕3点×2　〔問5〕4点　〔問6〕4点

## 【社　　会】

1 〔問1〕2点　〔問2〕～〔問5〕3点×5（〔問4〕は完答）
2 〔問1〕3点　〔問2〕3点（完答）〔問3〕2点　〔問4〕3点　〔問5〕2点　〔問6〕3点（完答）
3 〔問1〕3点　〔問2〕2点×2　〔問3〕2点　〔問4〕3点　〔問5〕3点　〔問6〕2点　〔問7〕3点
〔問8〕2点
4 〔問1〕～〔問3〕2点×3　〔問4〕3点　〔問5〕3点
5 〔問1〕3点　〔問2〕2点　〔問3〕3点　〔問4〕3点（完答）〔問5〕2点　〔問6〕3点
6 〔問1〕～〔問4〕3点×4　〔問5〕(1)2点　(2)3点

## 【理　　科】

1 〔問1〕(1)3点　(2)2点　〔問2〕(1)2点　(2)3点　(3)3点　(4)2点　〔問3〕(1)3点　(2)2点
2 〔問1〕(1)2点　(2)3点　(3)2点　(4)2点　〔問2〕(1)3点（完答）(2)2点　(3)3点　(4)3点
3 〔問1〕3点　〔問2〕3点　〔問3〕2点　〔問4〕～〔問7〕3点×4
4 〔問1〕2点　〔問2〕3点×2　〔問3〕2点　〔問4〕3点　〔問5〕2点×2　〔問6〕3点
5 〔問1〕(1)2点　(2)～(4)3点×3　〔問2〕3点×3

## 【国　　語】

一 2点×15（〔問3〕(1)は完答）
二 〔問1〕4点　〔問2〕3点　〔問3〕3点（完答）〔問4〕6点　〔問5〕5点　〔問6〕3点×2
三 〔問1〕3点　〔問2〕5点　〔問3〕4点（完答）〔問4〕3点　〔問5〕8点　〔問6〕5点
四 15点

# 令和４年度学力検査　数学科解答用紙

| 受検番号 | |
|---|---|

**1**

| | | |
|---|---|---|
| 〔問１〕 | (１) | |
| | (２) | |
| | (３) | |
| | (４) | |
| | (５) | |
| 〔問２〕 | $x$ = | |
| 〔問３〕 | $n$ = | |
| 〔問４〕 | $y$ = | |
| 〔問５〕 | ∠$x$ = | 度 |
| 〔問６〕 | | $cm^3$ |

**2**

| | | | |
|---|---|---|---|
| 〔問１〕 | | | |
| 〔問２〕 | (１) | | 色 |
| | (２) | | 個 |
| 〔問３〕 | (求める過程) | | |
| | 唐揚げ弁当１個の定価 | | 円 |
| | エビフライ弁当１個の定価 | | 円 |
| 〔問４〕 | (１) | (Ⅰ) | |
| | | (Ⅱ) | |
| | | (Ⅲ) | |
| | (２) | | |

**2**

| | | |
|---|---|---|
| 〔問４〕 | (３) | (理由) |

**3**

| | | |
|---|---|---|
| 〔問１〕 | | |
| 〔問２〕 | (ア) | |
| | (イ) | |
| 〔問３〕 | $x$座標が最も大きい座標　B (　　, 　　) | |
| | $x$座標が最も小さい座標　B (　　, 　　) | |
| 〔問４〕 | | |

**4**

| | | | |
|---|---|---|---|
| 〔問１〕 | (１) | ∠PAQ = | 度 |
| | (２) | | $cm^2$ |
| 〔問２〕 | (証明) | | |
| 〔問３〕 | | | cm |

※実物の大きさ：195% 拡大（A3 用紙）

# 令和４年度学力検査　英語科解答用紙

| 受検番号 | |
|---|---|

| | | | |
|---|---|---|---|
| 1 | 〔問１〕 | No. 1 | |
| | | No. 2 | |
| | | No. 3 | |
| | 〔問２〕 | No. 1 | |
| | | No. 2 | |
| | 〔問３〕 | No. 1 | |
| | | No. 2 | |
| | | No. 3 | |
| | | No. 4 | |
| | | No. 5 | |

| | | | | | | |
|---|---|---|---|---|---|---|
| 2 | 〔問１〕 | | | | | |
| | 〔問２〕 | | A | B | C | D |
| | 〔問３〕 | | | | | |
| | 〔問４〕 | (1) | | | | |
| | | (2) | | | | |

| | | | |
|---|---|---|---|
| 3 | 〔問１〕 | | 〔　　〕? |
| | 〔問２〕 | A | |
| | | B | |
| | 〔問３〕 | | |
| | 〔問４〕 | | |

| | |
|---|---|
| 4 | |

| | | | |
|---|---|---|---|
| 5 | 〔問１〕 | A | |
| | | B | |
| | 〔問２〕 | | |
| | 〔問３〕 | ⓑ | I talked with Shiho (　　). |
| | | ⓒ | I also (　　) and graduates. |
| | 〔問４〕 | (1) | |
| | | (2) | |
| | 〔問５〕 | | (　　) → (　　) → (　　) → (　　) |
| | 〔問６〕 | | |

※実物の大きさ：195% 拡大（A3 用紙）

# 令和４年度学力検査　社会科解答用紙

| 受検番号 | |
|---|---|

**1**

| | |
|---|---|
| 〔問１〕 | |
| 〔問２〕 | |
| 〔問３〕 | |
| 〔問４〕 | |
| 〔問５〕 | A |
| | B |
| | C |
| 〔問６〕 | |

**2**

| | |
|---|---|
| 〔問１〕 | |
| 〔問２〕 | |
| 〔問３〕 | 地域 |
| | 説明 |
| 〔問４〕 | |
| 〔問５〕 | |
| 〔問６〕 | A |
| | B |
| | C |

**3**

| | |
|---|---|
| 〔問１〕 | |
| 〔問２〕 | |
| 〔問３〕 | |
| 〔問４〕 | |
| 〔問５〕 | |
| 〔問６〕 | → → |
| 〔問７〕 | |
| 〔問８〕 | |
| 〔問９〕 | |

**4**

| | |
|---|---|
| 〔問１〕 | 地名 |
| | 位置 |
| 〔問２〕 | → → |
| 〔問３〕 | |
| 〔問４〕 | |
| 〔問５〕 | |

**5**

| | | |
|---|---|---|
| 〔問１〕 | | |
| 〔問２〕 | | |
| 〔問３〕 | (1) | |
| | (2) | |
| 〔問４〕 | | |
| 〔問５〕 | | |

**6**

| | | |
|---|---|---|
| 〔問１〕 | の原則 | |
| 〔問２〕 | | |
| 〔問３〕 | | |
| 〔問４〕 | (1) | ① |
| | | ② |
| | (2) | |
| 〔問５〕 | | |

※実物の大きさ：195% 拡大（A3 用紙）

# 令和４年度学力検査　理科解答用紙

| 受検番号 | |
|---|---|

| | | | |
|---|---|---|---|
| 1 | 〔問１〕 | （1） | |
| | | （2） | |
| | | （3） | |
| | | （4） | 瞳の大きさ<br>記号 |
| | 〔問２〕 | （1） | |
| | | （2） | |
| | | （3） | |
| | | （4） | 光が |

| | | | |
|---|---|---|---|
| 2 | 〔問１〕 | （1） | |
| | | （2） | |
| | | （3） | |
| | | （4） | |
| | 〔問２〕 | （1） | |
| | | （2） | |
| | | （3） | |
| | | （4） | a<br>b |

| | | |
|---|---|---|
| 3 | 〔問１〕 | |
| | 〔問２〕 | |
| | 〔問３〕 | |
| | 〔問４〕 | km/s |
| | 〔問５〕 | プレート |
| | 〔問６〕 | |
| | 〔問７〕 | |
| | 〔問８〕 | |

| | | |
|---|---|---|
| 4 | 〔問１〕 | |
| | 〔問２〕 | X　　Y |
| | 〔問３〕 | |
| | 〔問４〕 | |
| | 〔問５〕 | 電池 |
| | 〔問６〕 | |
| | 〔問７〕 | |
| | 〔問８〕 | |

| | | | |
|---|---|---|---|
| 5 | 〔問１〕 | | |
| | 〔問２〕 | | N |
| | 〔問３〕 | | |
| | 〔問４〕 | | % |
| | 〔問５〕 | | おもりの位置エネルギーの一部が |
| | 〔問６〕 | | |
| | 〔問７〕 | （1） | |
| | | （2） | 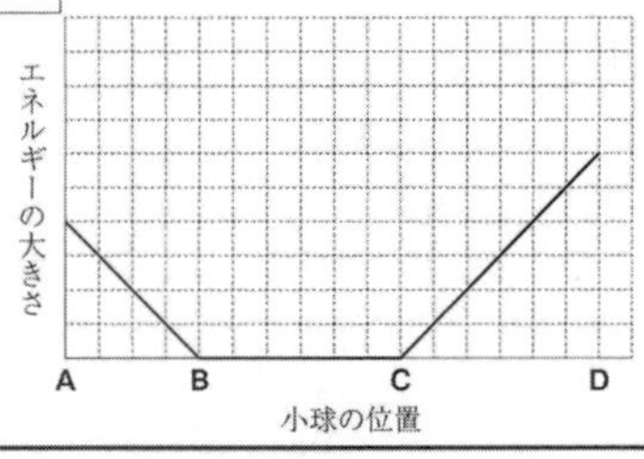 |



※実物の大きさ：195% 拡大（A3 用紙）

# 令和四年度学力検査　国語科解答用紙

受検番号

## 一

〔問1〕 ①（びる） ②（める） ③ ④ ⑤ ⑥（たり） ⑦ ⑧

〔問2〕 (1) (2) ① ②

〔問3〕 (1) (2) (3) (4)

## 二

〔問1〕 50

〔問2〕 a b c d

〔問3〕 役割 役割

〔問4〕

〔問5〕 → →

〔問6〕

## 三

〔問1〕 60 という思い。

〔問2〕

〔問3〕

〔問4〕

〔問5〕

〔問6〕 80

## 四

選んだポスター

※実物の大きさ：195% 拡大（A3 用紙）

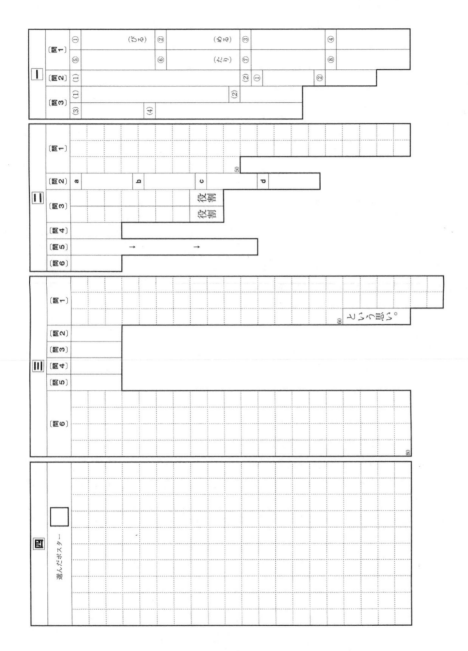

## 【数　　学】

1 〔問 1〕 3 点×5 〔問 2〕 3 点 〔問 3〕～〔問 6〕 4 点×4

2 〔問 1〕 4 点 〔問 2〕(1)3 点 (2)4 点 〔問 3〕 6 点 〔問 4〕(1)2 点×3 (2)3 点 (3)4 点

3 〔問 1〕 3 点 〔問 2〕 2 点×2 〔問 3〕 2 点×2 〔問 4〕 6 点

4 〔問 1〕(1)3 点 (2)4 点 〔問 2〕 7 点 〔問 3〕 5 点

## 【英　　語】

1 〔問 1〕 2 点×3 〔問 2〕 2 点×2 〔問 3〕 3 点×5

2 〔問 1〕 3 点 〔問 2〕 1 点×4 〔問 3〕 3 点 〔問 4〕(1)4 点 (2)3 点

3 〔問 1〕 4 点 〔問 2〕 3 点×2 〔問 3〕 4 点 〔問 4〕 3 点　　4 10 点

5 〔問 1〕 3 点×2 〔問 2〕 4 点 〔問 3〕～〔問 5〕 3 点×5 〔問 6〕 6 点

## 【社　　会】

1 〔問 1〕 2 点 〔問 2〕 2 点 〔問 3〕～〔問 6〕 3 点×4（〔問 5〕は完答）

2 〔問 1〕 2 点 〔問 2〕～〔問 6〕 3 点×5（〔問 3〕・〔問 6〕は各完答）

3 〔問 1〕～〔問 3〕 2 点×3 〔問 4〕～〔問 6〕 3 点×3 〔問 7〕 2 点 〔問 8〕 3 点 〔問 9〕 2 点

4 〔問 1〕 2 点（完答） 〔問 2〕 3 点 〔問 3〕 3 点 〔問 4〕 2 点 〔問 5〕 2 点

5 〔問 1〕 2 点 〔問 2〕 3 点 〔問 3〕(1)3 点 (2)2 点 〔問 4〕 3 点 〔問 5〕 3 点

6 〔問 1〕～〔問 4〕 3 点×5（〔問 4〕(1)は完答） 〔問 5〕 2 点

## 【理　　科】

1 〔問 1〕(1)2 点 (2)3 点 (3)2 点 (4)3 点 〔問 2〕(1)2 点 (2)3 点 (3)2 点 (4)3 点

2 〔問 1〕(1)2 点 (2)3 点 (3)2 点 (4)3 点 〔問 2〕 2 点×5

3 〔問 1〕 2 点 〔問 2〕 2 点 〔問 3〕 3 点 〔問 4〕 3 点 〔問 5〕 2 点 〔問 6〕 3 点 〔問 7〕 3 点 〔問 8〕 2 点

4 〔問 1〕 2 点 〔問 2〕 3 点 〔問 3〕 2 点 〔問 4〕 3 点 〔問 5〕 2 点 〔問 6〕 2 点 〔問 7〕 3 点 〔問 8〕 3 点

5 〔問 1〕 2 点 〔問 2〕 3 点 〔問 3〕 2 点 〔問 4〕 3 点 〔問 5〕 3 点 〔問 6〕 2 点 〔問 7〕(1)2 点 (2)3 点

## 【国　　語】

一 〔問 1〕 2 点×8 〔問 2〕 2 点×2 〔問 3〕(1)2 点 (2)3 点 (3)3 点 (4)2 点

二 〔問 1〕 6 点 〔問 2〕 3 点（完答） 〔問 3〕 3 点×2 〔問 4〕 3 点 〔問 5〕 4 点 〔問 6〕 5 点

三 〔問 1〕 6 点 〔問 2〕 3 点 〔問 3〕 4 点 〔問 4〕 4 点 〔問 5〕 3 点 〔問 6〕 8 点　　四 15 点

# 令和３年度学力検査　数学科解答用紙

| 受検番号 | |
|---|---|

| | | | |
|---|---|---|---|
| 1 | 〔問１〕 | (1) | |
| | | (2) | |
| | | (3) | |
| | | (4) | |
| | | (5) | |
| | 〔問２〕 | $x=$ | |
| | 〔問３〕 | | |
| | 〔問４〕 | | |
| | 〔問５〕 | 中央値（メジアン） | m |
| | | 最頻値（モード） | m |

| | | | |
|---|---|---|---|
| 2 | 〔問１〕 | (1) | 面 |
| | | (2) | 本 |
| | | (3) | cm |
| | 〔問２〕 | | |
| | 〔問３〕 | (1) | |
| | | (2) | |
| | 〔問４〕 | (求める過程) | 午後４時　　分 |

| | | | | |
|---|---|---|---|---|
| 3 | 〔問１〕 | (1) | ア | |
| | | | イ | |
| | | (2) | | |
| | | $n$ 番目の白タイルの枚数 | | 枚 |
| | 〔問２〕 | (1) | | |
| | | (2) | | cm |

| | | | |
|---|---|---|---|
| 4 | 〔問１〕 | P | 秒後 |
| | | Q | 秒後 |
| | 〔問２〕 | | |
| | 〔問３〕 | | 秒後 |
| | 〔問４〕 | D（　　　,　　　） | |

| | | | |
|---|---|---|---|
| 5 | 〔問１〕 | $\angle$CAD = | 度 |
| | 〔問２〕 | | $cm^2$ |
| | 〔問３〕 | (証明) | |
| | 〔問４〕 | $\triangle$ABE : $\triangle$CGE =　　　： | |

※実物の大きさ：195% 拡大（A3 用紙）

# 令和３年度学力検査　英語科解答用紙

| 受検番号 | |
|---|---|

| | | | |
|---|---|---|---|
| 1 | 〔問１〕 | No. 1 | |
| | | No. 2 | |
| | 〔問２〕 | No. 1 | |
| | | No. 2 | |
| | | No. 3 | |
| | 〔問３〕 | No. 1 | |
| | | No. 2 | |
| | | No. 3 | |
| | | No. 4 | |
| | | No. 5 | |

| | | | | | | |
|---|---|---|---|---|---|---|
| 2 | 〔問１〕 | (1) | | | | |
| | | (2) | | | | |
| | 〔問２〕 | | A | B | C | D |
| | 〔問３〕 | (1) | | | | |
| | | (2) | | | | |

| | | | |
|---|---|---|---|
| 3 | 〔問１〕 | | 〔　　　〕? |
| | 〔問２〕 | | |
| | 〔問３〕 | A | |
| | | B | |
| | 〔問４〕 | | |

| | |
|---|---|
| 4 | |

| | | | |
|---|---|---|---|
| 5 | 〔問１〕 | A | |
| | | B | |
| | 〔問２〕 | ⓐ | Let's (　　　) to us. |
| | | ⓑ | Soon we (　　　) us. |
| | 〔問３〕 | | |
| | 〔問４〕 | (1) | |
| | | (2) | |
| | 〔問５〕 | | (　　) → (　　) → (　　) → (　　) |
| | 〔問６〕 | | |

※実物の大きさ：195% 拡大（A3 用紙）

## 令和３年度学力検査　社会科解答用紙

| 受検番号 | |
|---|---|

**1**

| | | |
|---|---|---|
| 〔問１〕 | | |
| 〔問２〕 | | |
| 〔問３〕 | | |
| 〔問４〕 | | |
| 〔問５〕 | (1) | |
| | (2) | |

**2**

| | | |
|---|---|---|
| 〔問１〕 | | |
| 〔問２〕 | | |
| 〔問３〕 | (1) | |
| | (2) | |
| 〔問４〕 | | |
| 〔問５〕 | | |

**3**

| | | |
|---|---|---|
| 〔問１〕 | | |
| 〔問２〕 | | |
| 〔問３〕 | | |
| 〔問４〕 | | |
| 〔問５〕 | | |
| 〔問６〕 | | |
| 〔問７〕 | | |
| 〔問８〕 | (1) | |
| | (2) | |
| 〔問９〕 | | |

**4**

| | | |
|---|---|---|
| 〔問１〕 | X | |
| | Y | |
| 〔問２〕 | →　→　→ | |
| 〔問３〕 | | |
| 〔問４〕 | | |

**5**

| | | |
|---|---|---|
| 〔問１〕 | | |
| 〔問２〕 | X | |
| | Y | |
| | Z | |
| 〔問３〕 | | |
| 〔問４〕 | | |
| 〔問５〕 | | |
| 〔問６〕 | 人以上 | |

**6**

| | | |
|---|---|---|
| 〔問１〕 | (1) | A |
| | | B |
| | (2) | |
| 〔問２〕 | | |
| 〔問３〕 | (1) | |
| | (2) | |

※実物の大きさ：195% 拡大（A3 用紙）

## 令和３年度学力検査　理科解答用紙

| 受検番号 | |
|---|---|

| | | | |
|---|---|---|---|
| 1 | 〔問１〕 | (１) | |
| | | (２) | |
| | | (３) | |
| | | (４) | |
| | 〔問２〕 | (１) | |
| | | (２) | A　　B |
| | | (３) | |
| | | (４) | 記号<br>理由 |

| | | |
|---|---|---|
| 2 | 〔問１〕 | |
| | 〔問２〕 | ①　②　X |
| | 〔問３〕 | |
| | 〔問４〕 | |
| | 〔問５〕 | |
| | 〔問６〕 | |

| | | |
|---|---|---|
| 3 | 〔問１〕 | |
| | 〔問２〕 | |
| | 〔問３〕 | |
| | 〔問４〕 | |
| | 〔問５〕 | 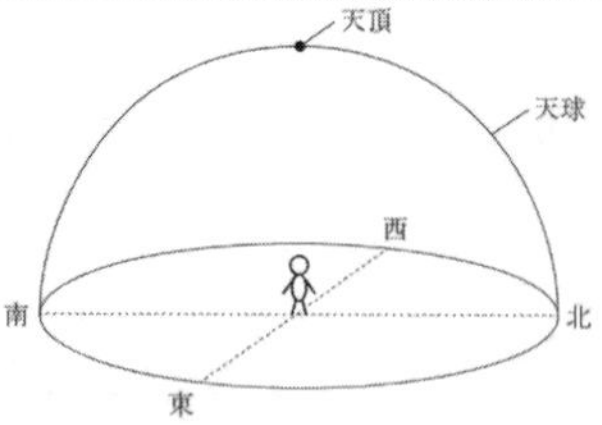 |
| | 〔問６〕 | |
| | 〔問７〕 | 東　西　南　北 |



| | | | |
|---|---|---|---|
| 4 | 〔問１〕 | | →　→　→　→ |
| | 〔問２〕 | | |
| | 〔問３〕 | (１) | ①　②　③ |
| | | (２) | |
| | 〔問４〕 | | |
| | 〔問５〕 | | |
| | 〔問６〕 | | g |

| | | |
|---|---|---|
| 5 | 〔問１〕 | A |
| | 〔問２〕 | |
| | 〔問３〕 | |
| | 〔問４〕 | Ω |
| | 〔問５〕 | |
| | 〔問６〕 | |
| | 〔問７〕 | |
| | 〔問８〕 | |

※実物の大きさ：195% 拡大（A3 用紙）

# 令和三年度学力検査　国語科解答用紙

受検番号

一

〔問1〕 ①（る） ② （て） ③ ④
⑤（う） ⑥（い） ⑦ ⑧

〔問2〕 (1) (2)

〔問3〕

〔問4〕 (1) (2) (3)

二

〔問1〕 ❶ ❷ ❸

〔問2〕

〔問3〕

〔問4〕

〔問5〕

〔問6〕

〔問7〕

80

三

〔問1〕

〔問2〕

〔問3〕

〔問4〕

〔問5〕

60

〔問6〕

四

※実物の大きさ：195% 拡大（A3 用紙）

## 【数　　学】

1 〔問1〕～〔問3〕 3点×7　〔問4〕 4点　〔問5〕 2点×2

2 〔問1〕(1)2点　(2)2点　(3)3点　〔問2〕 3点　〔問3〕(1)3点　(2)4点　〔問4〕 6点

3 〔問1〕(1)2点×2　(2)4点　〔問2〕(1)3点　(2)5点

4 〔問1〕 2点　〔問2〕 3点　〔問3〕 5点　〔問4〕 6点

5 〔問1〕 2点　〔問2〕 4点　〔問3〕 6点　〔問4〕 4点

## 【英　　語】

1 〔問1〕 2点×2　〔問2〕 2点×3　〔問3〕 3点×5

2 〔問1〕 3点×2　〔問2〕 1点×4　〔問3〕(1)4点　(2)3点

3 〔問1〕 4点　〔問2〕 3点　〔問3〕 3点×2　〔問4〕 4点　　4 10点

5 〔問1〕 3点×2　〔問2〕 3点×2　〔問3〕 4点　〔問4〕 3点×2　〔問5〕 3点　〔問6〕 6点

## 【社　　会】

1 〔問1〕 2点　〔問2〕 3点　〔問3〕 2点　〔問4〕 3点　〔問5〕 3点×2

2 〔問1〕 3点　〔問2〕 3点　〔問3〕(1)2点　(2)3点　〔問4〕 3点　〔問5〕 3点

3 〔問1〕 2点　〔問2〕 2点　〔問3〕～〔問5〕 3点×3　〔問6〕 2点　〔問7〕 3点　〔問8〕 2点×2
〔問9〕 3点

4 〔問1〕～〔問3〕 3点×3　〔問4〕 2点　　5 〔問1〕 2点　〔問2〕～〔問5〕 3点×4　〔問6〕 2点

6 〔問1〕(1)2点×2　(2)3点　〔問2〕 2点　〔問3〕 3点×2

## 【理　　科】

1 〔問1〕(1)2点　(2)2点　(3)3点　(4)2点　〔問2〕(1)2点　(2)3点　(3)2点　(4)4点

2 〔問1〕～〔問4〕 3点×4　〔問5〕 4点　〔問6〕 4点

3 〔問1〕～〔問3〕 2点×3　〔問4〕 3点　〔問5〕 4点　〔問6〕 4点　〔問7〕 3点

4 〔問1〕 2点　〔問2〕 3点　〔問3〕(1)3点　(2)2点　〔問4〕 2点　〔問5〕 4点　〔問6〕 4点

5 〔問1〕 2点　〔問2〕 2点　〔問3〕 3点　〔問4〕 2点　〔問5〕 3点　〔問6〕 2点　〔問7〕 3点　〔問8〕 3点

## 【国　　語】

一 2点×14

二 〔問1〕 4点　〔問2〕 4点　〔問3〕 3点　〔問4〕 5点　〔問5〕 4点　〔問6〕 3点　〔問7〕 8点

三 〔問1〕～〔問3〕 3点×3　〔問4〕 5点　〔問5〕 7点　〔問6〕 5点　　四 15点

# 令和２年度学力検査　数学科解答用紙

| 受検番号 | |
|---|---|

| | | | |
|---|---|---|---|
| 1 | 〔問１〕 | (1) | |
| | | (2) | |
| | | (3) | |
| | | (4) | |
| | | (5) | |
| | 〔問２〕 | | |
| | 〔問３〕 | $n=$ | |
| | 〔問４〕 | $\angle x=$ | 度 |
| | 〔問５〕 | | |

| | | | |
|---|---|---|---|
| 2 | 〔問１〕 | | $cm^3$ |
| | 〔問２〕 | (ア) | |
| | | (イ) | |
| | 〔問３〕 | (1) | |
| | | (2) | 冊 |
| | 〔問４〕 | (求める過程)<br>先月の公園清掃ボランティア参加者数　人<br>先月の駅前清掃ボランティア参加者数　人 | |

| | | | | |
|---|---|---|---|---|
| 3 | 〔問１〕 | (1) | ア | |
| | | | イ | |
| | | (2) | | 個 |
| | | (3) | | 個 |
| | 〔問２〕 | (1) | | 個 |
| | | (2) | (求める過程)<br>$x=$ | |

| | | | |
|---|---|---|---|
| 4 | 〔問１〕 | | |
| | 〔問２〕 | | 個 |
| | 〔問３〕 | P（　　，　　） | |
| | 〔問４〕 | $a=$ | |

| | | | |
|---|---|---|---|
| 5 | 〔問１〕 | QR = | cm |
| | 〔問２〕 | | $cm^2$ |
| | 〔問３〕 | (1) | (証明) |
| | | (2) | BR =　　cm |

# 令和２年度学力検査　英語科解答用紙

| 受検番号 | |
|---|---|

| | | | |
|---|---|---|---|
| 1 | 〔問1〕 | No. 1 | |
| | | No. 2 | |
| | 〔問2〕 | No. 1 | |
| | | No. 2 | |
| | | No. 3 | |
| | 〔問3〕 | No. 1 | |
| | | No. 2 | |
| | | No. 3 | |
| | | No. 4 | |
| | | No. 5 | |

| | | | | | | |
|---|---|---|---|---|---|---|
| 2 | 〔問1〕 | | | | | |
| | 〔問2〕 | | A | B | C | D |
| | 〔問3〕 | | | | | |
| | 〔問4〕 | (1) | | | | |
| | | (2) | | | | |

| | | | |
|---|---|---|---|
| 3 | 〔問1〕 | | 〔　　〕? |
| | 〔問2〕 | A | |
| | | B | |
| | 〔問3〕 | | |
| | 〔問4〕 | | |

| | |
|---|---|
| 4 | |

| | | | |
|---|---|---|---|
| 5 | 〔問1〕 | ⓐ | But it's (　　) information about cycling courses in Wakayama. |
| | | ⓑ | So (　　) kindness. |
| | 〔問2〕 | | |
| | 〔問3〕 | | |
| | 〔問4〕 | (1) | |
| | | (2) | |
| | 〔問5〕 | | (　　) → (　　) → (　　) → (　　) |
| | 〔問6〕 | | |
| | 〔問7〕 | | |

※実物の大きさ：195% 拡大（A3 用紙）

# 令和２年度学力検査　社会科解答用紙

| 受検番号 | |
|---|---|

**1**

| | | |
|---|---|---|
| 〔問１〕 | (1) | |
| | (2) | →　→　→ |
| 〔問２〕 | | |
| 〔問３〕 | (1) | |
| | (2) | |
| 〔問４〕 | | |

**2**

| | | |
|---|---|---|
| 〔問１〕 | | |
| 〔問２〕 | | →　→ |
| 〔問３〕 | | |
| 〔問４〕 | (1) | |
| | (2) | |
| 〔問５〕 | | |

**3**

| | |
|---|---|
| 〔問１〕 | |
| 〔問２〕 | |
| 〔問３〕 | |
| 〔問４〕 | の戦い |
| | 〔理由〕 |
| 〔問５〕 | |
| 〔問６〕 | |
| 〔問７〕 | |
| 〔問８〕 | |
| 〔問９〕 | |
| 〔問10〕 | |

**4**

| | |
|---|---|
| 〔問１〕 | |
| 〔問２〕 | |
| 〔問３〕 | |
| 〔問４〕 | |
| 〔問５〕 | →　→　→ |

**5**

| | | |
|---|---|---|
| 〔問１〕 | (1) | |
| | (2) | |
| 〔問２〕 | (1) | |
| | (2) | |
| 〔問３〕 | | |
| 〔問４〕 | | |

**6**

| | | |
|---|---|---|
| 〔問１〕 | (1) | |
| | (2) | |
| 〔問２〕 | ① | ② |
| 〔問３〕 | | |
| 〔問４〕 | | |
| 〔問５〕 | | |

※実物の大きさ：195% 拡大（A3 用紙）

# 令和２年度学力検査　理科解答用紙

| 受検番号 | |
|---|---|

| | | | |
|---|---|---|---|
| 1 | 〔問1〕 | (1) | |
| | | (2) | |
| | | (3) | |
| | | (4) | |
| | 〔問2〕 | (1) | |
| | | (2) | |
| | | (3) | |
| | | (4) | Z |
| | | | 理由 |

| | | | |
|---|---|---|---|
| 2 | 〔問1〕 | | |
| | 〔問2〕 | | |
| | 〔問3〕 | | |
| | 〔問4〕 | | |
| | 〔問5〕 | (1) | |
| | | (2) |  |
| | 〔問6〕 | 葉脈のようす | 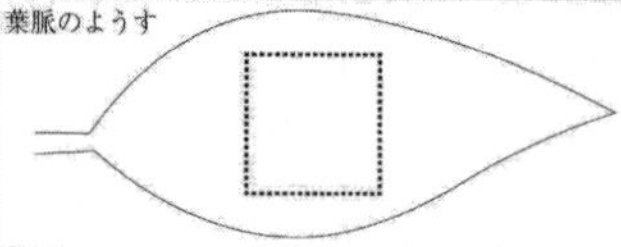 |
| | | 根のようす | 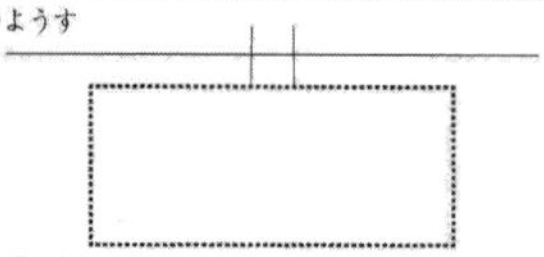 |
| | 〔問7〕 | 記号 | |
| | | 特徴 | |

| | | |
|---|---|---|
| 3 | 〔問1〕 | |
| | 〔問2〕 | |
| | 〔問3〕 | |
| | 〔問4〕 | g |
| | 〔問5〕 | ①　　②|
| | 〔問6〕 | |
| | 〔問7〕 | |

| | | | |
|---|---|---|---|
| 4 | 〔問1〕 | | |
| | 〔問2〕 | | |
| | 〔問3〕 | | |
| | 〔問4〕 | | g |
| | 〔問5〕 | | X |
| | | | 気体 |
| | 〔問6〕 | (1) | 作用 |
| | | (2) | ①　　② |
| | | (3) | |

| | | |
|---|---|---|
| 5 | 〔問1〕 | |
| | 〔問2〕 | |
| | 〔問3〕 | |
| | 〔問4〕 | |
| | 〔問5〕 | X　　Y |
| | | Z |
| | 〔問6〕 | N |
| | 〔問7〕 | |

※実物の大きさ：195% 拡大（A3 用紙）

# 令和二年度学力検査　国語科解答用紙

受検番号

一

〔問1〕 ①（げる） ②（い） ③ ④ ⑤（れる） ⑥（える） ⑦ ⑧

〔問2〕

〔問3〕

〔問4〕 (1) (2)

二

〔問1〕

〔問2〕 20

〔問3〕 60

〔問4〕

〔問5〕 50

〔問6〕

三

〔問1〕

〔問2〕

〔問3〕

〔問4〕

〔問5〕 80

〔問6〕

四

※実物の大きさ：195% 拡大（A3 用紙）

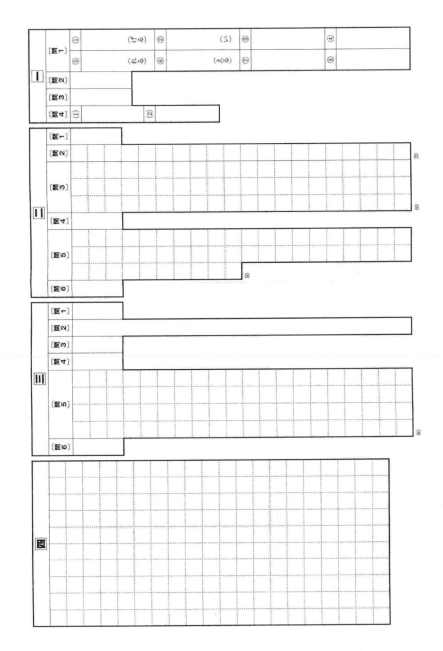

## 【数　学】

1 〔問1〕～〔問3〕 3点×7　〔問4〕 4点　〔問5〕 4点

2 〔問1〕 4点　〔問2〕 2点×2　〔問3〕 3点×2　〔問4〕 6点

3 〔問1〕(1)2点×2　(2)2点　(3)3点　〔問2〕(1)3点　(2)6点

4 〔問1〕 3点　〔問2〕 4点　〔問3〕 4点　〔問4〕 5点

5 〔問1〕 3点　〔問2〕 3点　〔問3〕(1)6点　(2)5点

## 【英　語】

1 〔問1〕 2点×2　〔問2〕 2点×3　〔問3〕 3点×5

2 〔問1〕 3点　〔問2〕 1点×4　〔問3〕 4点　〔問4〕 3点×2

3 〔問1〕 4点　〔問2〕 3点×2　〔問3〕 3点　〔問4〕 4点　　4 10点

5 〔問1〕～〔問5〕 3点×7　〔問6〕 6点　〔問7〕 4点

## 【社　会】

1 〔問1〕(1)2点　(2)3点　〔問2〕 3点　〔問3〕(1)2点　(2)4点　〔問4〕 3点

2 〔問1〕 2点　〔問2〕～〔問5〕 3点×5

3 〔問1〕 2点　〔問2〕 3点　〔問3〕 2点　〔問4〕 3点　〔問5〕～〔問10〕 2点×6

4 〔問1〕 2点　〔問2〕 3点　〔問3〕 3点　〔問4〕 2点　〔問5〕 3点

5 〔問1〕 2点×2　〔問2〕(1)2点　(2)3点　〔問3〕 3点　〔問4〕 3点

6 〔問1〕(1)2点　(2)3点　〔問2〕 2点　〔問3〕 2点　〔問4〕 3点　〔問5〕 4点

## 【理　科】

1 〔問1〕(1)～(3)2点×3　(4)3点　〔問2〕(1)～(3)2点×3　(4)5点

2 〔問1〕～〔問6〕 2点×8　〔問7〕 2点×2

3 〔問1〕 3点　〔問2〕 3点　〔問3〕 2点　〔問4〕～〔問7〕 3点×4

4 〔問1〕～〔問3〕 2点×3　〔問4〕 3点　〔問5〕 3点　〔問6〕(1)2点　(2)3点　(3)3点

5 〔問1〕 2点　〔問2〕 3点　〔問3〕 3点　〔問4〕 2点　〔問5〕 4点　〔問6〕 3点　〔問7〕 3点

## 【国　語】

一 〔問1〕 2点×8　〔問2〕～〔問4〕 3点×4

二 〔問1〕 3点　〔問2〕 4点　〔問3〕 7点　〔問4〕 3点　〔問5〕 7点　〔問6〕 5点

三 〔問1〕 3点　〔問2〕 5点　〔問3〕 3点　〔問4〕 3点　〔問5〕 8点　〔問6〕 6点　　四 15点

2025年度 受験用

# 高校別入試対策シリーズ(赤本) ラインナップ

**学校案内** 各高校の基本情報や過去の入試データ,募集要項,卒業生の進路など,受験に役立つ情報を掲載しています。

**傾向と対策** 過去の出題問題の内容・傾向などを各教科別に分析した,来年度の入試に対する受験対策を掲載してあります。

**入試問題と模範解答** 各高校の出題問題を収録。その模範解答と詳しくていねいな解き方・考え方,および英語長文の全訳,古文の口語訳を付けています。

## 学校一覧表(アイウエオ順)

### ▼近畿

285 アサンプション国際高
223 芦屋学園高
152 アナン学園高
189 あべの翔学高
271 綾羽高
121 育英高
244 育英西高
273 市川高
113 上宮高
270 上宮太子高
256 英真学園高
225 追手門学院高
231 近江高
261 近江兄弟社高
111 大阪高
160 大阪偕星学園高
229 大阪学院大高
124 大阪学芸高
148 大阪教育大附高池田校
134 大阪教育大附高平野校
166 大阪暁光高
138 大阪薫英女学院高
154 大阪国際高
112 大阪産業大附高
127 大阪商業大高
185 大阪商業大堺高
105 大阪女学院高
104 大阪信愛学院高
262 大阪成蹊女子高
123 大阪星光学院高
246 大阪青凌高
164 大阪体育大学浪商高
157 大阪電気通信大高
258 大阪桐蔭高
116 大阪夕陽丘学園高
211 大阪緑涼高
142 大谷高
268 開智高
183 開明高
186 香ヶ丘リベルテ高
226 橿原学院高
175 華頂女子高
103 関西大倉高
283 関西創価高
281 関西大学高
129 関西大学第一高
135 関西大学北陽高
191 関西福祉科学大学高
149 関西学院高
214 京都外大西高
174 京都先端科学大学附高
274 京都教育大附高
176 京都光華高
251 京都廣学館高
177 京都産業大附高
141 京都女子高
171 京都精華学園高
250 京都成章高
213 京都橘高
215 京都西山高
170 京都文教高
172 京都明徳高
265 京都両洋高
106 近畿大附高
264 近畿大泉州高
234 近畿大附和歌山高
150 金蘭会高
245 賢明学院高
109 興國高
190 甲子園学院高
263 光泉カトリック高
162 好文学園女子高
203 神戸学院大附高
128 神戸弘陵学園高
207 神戸国際大附高
202 神戸星城高
201 神戸第一高
222 神戸常盤女子高
205 神戸野田高
276 神戸山手グローバル高
206 神戸龍谷高
277 香里ヌヴェール学院高
235 金光大阪高
228 金光藤蔭高
254 金光八尾高
180 彩星工科高
232 三田学園高
208 三田松聖高
267 滋賀学園高
240 滋賀短期大学附高
125 四條畷学園高
114 四天王寺高
284 四天王寺東高
126 樟蔭高
210 常翔学園高
151 常翔啓光学園高
192 城南学園高
167 昇陽高
204 神港学園高
200 須磨学園高
260 精華高
163 清教学園高
161 星翔高
110 清風高
133 清風南海高
102 清明学院高
184 宣真高
187 相愛高
120 園田学園高
158 大商学園高
132 太成学院大高
119 滝川高
248 滝川第二高
227 智辯学園高
241 智辯学園和歌山高
199 帝塚山高
282 帝塚山学院泉ヶ丘高
197 天理高
236 東海大付大阪仰星高
193 同志社高
221 同志社国際高
179 東洋大附姫路高
155 灘高
131 浪速高
198 奈良育英高
243 奈良学園高
286 奈良県立大附高【新刊】
220 奈良女子高
217 奈良大附高
218 奈良文化高
238 仁川学院高
252 西大和学園高
278 ノートルダム女学院高
144 梅花高
249 白陵高
188 羽衣学園高
247 初芝富田林高
266 初芝橋本高
108 初芝立命館高
196 花園高
137 阪南大学高
219 比叡山高
159 東大阪大学柏原高
136 東大阪大学敬愛高
209 東大谷高
139 東山高
269 日ノ本学園高
239 雲雀丘学園高
233 姫路女学院高
169 兵庫大附須磨ノ浦高
117 プール学院高
195 平安女学院高
145 報徳学園高
255 箕面学園高
237 箕面自由学園高
122 武庫川女子大附高
101 明浄学院高
115 明星高
118 桃山学院高
173 洛南高
216 洛陽総合高
165 履正社高
143 立命館高
253 立命館宇治高
279 立命館守山高
140 龍谷大付平安高
242 和歌山信愛高
212 早稲田大阪高

### ▼福岡・鹿児島

427 九州国際大付高
421 九州産業大付九州高
401 久留米大附高
405 西南学院高
406 筑紫女学園高
408 筑陽学園高
409 東海大付福岡高
411 中村学園女子高
415 東福岡高
422 福岡工業大附城東高
416 福岡大附大濠高
423 福岡大附若葉高
402 ラ・サール高

## 学校一覧表(都府県順)

### ▼高専

5010 沼津工業高専
5011 豊田工業高専
5012 鈴鹿工業高専
5013 鳥羽商船高専
5014 岐阜工業高専
5015 舞鶴工業高専
5001 大阪公立大学工業高専
5002 神戸市立工業高専
5003 明石工業高専
5004 奈良工業高専
5016 和歌山工業高専
5017 津山工業高専
5018 呉工業高専
5019 広島商船高専
5020 宇部工業高専
5021 大島商船高専
5022 徳山工業高専
5023 阿南工業高専
5024 香川高専
5025 新居浜工業高専
5026 弓削商船高専
5005 北九州工業高専
5006 久留米工業高専
5027 有明工業高専
5028 大分工業高専
5029 佐世保工業高専
5030 熊本高専
5031 鹿児島工業高専